D1663620

Angelika Lüttig - Juliane Kasten

HAGEBUTTE & CO.

Blüten, Früchte und Ausbreitung europäischer Pflanzen

Fauna Verlag

Umschlag vorne: Hagebutten der Kartoffelrose (*Rosa rugosa*)
Umschlag hinten: Blüte der Hundsrose (*Rosa canina*)

Fotos: Mit Ausnahme der besonders gekennzeichneten,
         stammen alle übrigen Fotos von den Autorinnen.

Zeichnungen: Angelika Lüttig, Juliane Kasten

Die Deutsche Bibliothek -
CIP-Einheitsaufnahme

Ein Titeldatensatz für diese Publikation ist bei
Der Deutschen Bibliothek erhältlich.

Fauna Verlag

© 2003 by Fauna Verlag
Nachtigallengrund 11, D- 48301 Nottuln
info@faunaverlag.de

Satz & Layout: Matthias Schliermann, Nottuln
Lithographie: Anne Bauer Publishing, Keltern
Druck: Druckhaus Frankenbach, Lindenberg
Printed in Bundesrepublik Deutschland

ISBN 3-935980-90-6

Inhalt

Vorwort

Blüten und Früchte europäischer Pflanzen – weshalb solch ein Buch? Der botanisch interessierte Laie kann in jedem gut sortierten Buchladen zahlreiche Bildbände, Bestimmungsbücher und Naturführer erstehen. Bei all diesen Büchern steht jedoch das Interesse an den farbenprächtigen Blüten im Vordergrund, während Früchte eine unbedeutende Rolle spielen. Nun sind die attraktiv gefärbten Hagebutten der Wildrosen wohl auch jedem bekannt, wer kennt jedoch die zarten, federballartigen Früchte des Baldrian oder die korkenzieherartig eingerollten Früchte der Geranien und Pelargonien? Diese fast schon kunstvollen, nur auf dem ersten Blick unauffälligen Früchte wollen wir dem Leser anhand zahlreicher Makrofotografien näher bringen. In dem vorliegenden Buch wird so der gesamte Kreislauf der Pflanzen, beginnend von der Blüte und ihrer Bestäubung und abschließend mit der Entstehung der Früchte und ihrer Ausbreitung anhand von Texten, Abbildungen und Fotografien beschrieben.

Aus der Fülle der Blütenpflanzen Europas haben wir eine repräsentative Auswahl an Pflanzenarten (Kräuter, Stauden und Gehölze) zusammengestellt. Der Schwerpunkt liegt bei den Pflanzen des mitteleuropäischen Raumes, aber auch Kulturpflanzen und bekannte Pflanzen der Mittelmeerländer, wie Feigenkaktus und Ölbaum, dürfen natürlich nicht fehlen.

Das Buch ist nach den gängigen Fruchttypen – Balg, Schote, Hülse, Kapsel, Beere, Steinfrucht und Nuß – in sieben Fruchtkapitel unterteilt. Da wir auch den interessierten Laien erreichen wollen, wurden den Artbeschreibungen ausführliche Kapitel mit grundlegenden botanischen Inhalten vorangestellt: Mit Hilfe zahlreicher Abbildungen werden hier Grundbegriffe der Blütenpflanzen – Blütenaufbau, Bestäubungsbiologie, Früchte und ihre Ausbreitungstypen – beschrieben.

Unsere fotografischen Aufnahmen stammen aus Berlin, Brandenburg, Mecklenburg-Vorpommern und Süddeutschland. Auch in der Schweiz, Norditalien, Spanien (Kanaren, Mallorca) und Griechenland boten sich uns zahlreiche, fotogene Pflanzen. Die Aufnahmen wurden mit folgenden Kameras durchgeführt: Canon A1 (mit Konverter und Ring), Canon EOS 500N (mit der Schnecke von Zörk). Im beginnenden Zeitalter der digitalen Fotografie wurden einige Makroaufnahmen mit der Coolpix 995 von Nikon fotografiert.

Wir danken Wolf-Henning Kusber, der uns freundlicherweise einige Dias zur Verfügung gestellt hat. Diplom-Biologin Nadja Diane danken wir für die kritische Durchsicht der ersten 4 Kapitel. Nicht zuletzt geht ein beträchtlicher und herzlicher Dank an unseren Verleger Dr. Schliermann, der das nicht zu unterschätzende Wagnis einging, in den heutigen Zeiten eine solch aufwendige Buchproduktion zu realisieren.

Kein Mensch ist frei von Fehlern und so hoffen wir auf Unterstützung durch den Leser, der uns durch eine kurze Nachricht Kritik oder auch Anregungen mitteilen kann: hagebutte@luettig-berlin.de.

Berlin, Frühjahr 2003
Angelika Lüttig
Juliane Kasten

Alphabetisches Namensverzeichnis

꧁ Und wie Amor zuletzt Blüten und Früchte gezeugt.
Denke, wie mannigfach bald die, bald jene Gestalten,
Still entfaltend, Natur unsern Gefühlen geliehn! ꧂

Aus Goethe: „Metamorphose der Pflanzen, eine Elegie"

Eine Blütenpflanze besteht aus den 3 Grundorganen Wurzel, Sproßachse (Stengel bzw. Stamm) und Blätter (Abb. 1-1). Die Wurzel dient der Verankerung im Boden sowie der Wasser- und Nährstoffaufnahme. Die Sproßachse trägt die Blätter, wächst und verzweigt sich. Sie transportiert Wasser und Nährstoffe von den Wurzeln zu den Blättern, Verzweigungen, Blüten und Früchten. Die ersten Blätter einer jungen Pflanze – eines Keimlings – sind die Keimblätter. Mit weiterem Wachstum entwickeln sich die Laubblätter entlang des Stengels und seiner Verzweigungen. Am Ende der Sproßachse entwickeln sich die Blüten, einzeln oder zu vielen.

1. Die Blüte

Die Blütenpflanzen, auch Samenpflanzen (Spermatophyta) genannt, umfassen die beiden großen Gruppen der Gymnospermen (Nacktsamer) und Angiospermen (Bedecktsamer). Die Gymnospermen sind die stammesgeschichtlich ältere und primitivere Gruppe. Sie bestimmten vom späten Paläozoikum bis ins Tertiär hinein (vor etwa 350 bis 65 Mio. Jahren) mit ihren Palmfarnen, Koniferen und Gingkobäumen das Vegetationsbild unserer Erde. Sie präsentieren ihre Samenanlagen – in denen sich nach erfolgter Befruchtung der Embryo entwickelt – freiliegend auf Samenschuppen, die oftmals wie bei Kiefern (*Pinus*) oder Tannen (*Abies*) in Zapfen angeordnet sind und sehr einfache, farblose Blüten darstellen, die vom Wind bestäubt werden. Die ersten Angiospermen traten vor 127 Mio. Jahren in der Kreidezeit auf, verbreiteten sowie differenzierten sich und stellen seit dem Ende der Kreidezeit vor 65 Mio. Jahren die beherrschende Pflanzengruppe der Erde dar. Heute zählt man rund 235.000 Arten unter den Angiospermen, während die Gymnospermen weltweit nur noch rund 800 Arten stellen. Etwa 45.000 Moos- und Farnarten sowie ca. 33.000 Algenarten runden das Bild der heutigen Pflanzenwelt ab.

Eine der Errungenschaften der Angiospermen ist die Differenzierung der Blüten im Hinblick auf ihre Bestäubung durch Tiere. Eine auffällig gefärbte Blütenhülle entwickelte sich und dient der Anlockung von Insekten, Vögeln oder Fledermäusen. Die Samenanlagen werden nun von Fruchtblättern umhüllt und so vor Tierfraß geschützt.

Blüten dienen der geschlechtlichen Fortpflanzung. Sie sind sehr verschieden gestaltet, lassen sich jedoch bei den Bedecktsamern immer auf die gleichen Grundorgane – Kelch, Krone, Staub- und Fruchtblätter – zurückführen, die jeweils in Kreisen bzw. Wirteln angeordnet sind (Abb. 1-2).

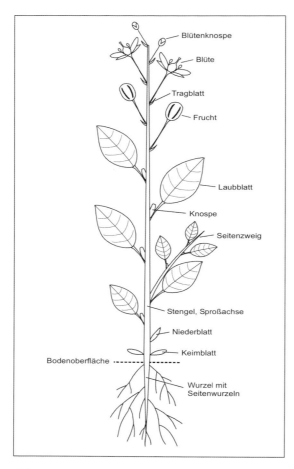

Abb. 1-1: Bau einer Blütenpflanze.

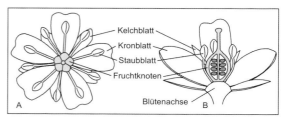

Abb. 1-2: Blütenschema. A: Blüte in Aufsicht. Je ein Kreis mit 5 Kelch- und Kronblättern, 2 Kreise mit Staubblättern. Der Fruchtknoten (hellgrau) besteht aus 5 verwachsenen Fruchtblättern. B: Blüte längs geschnitten, wodurch die im Fruchtknoten verborgenen Samenanlagen (dunkelgrau) sichtbar werden. Die Blütenorgane sitzen der Blütenachse an, die in den Blütenstiel übergeht.

Die Blüte wird mit einem Kreis meist grüner Kelchblätter (Sepalen) eingeleitet, welche die Blüte im Knospenstadium schützen. Es folgen die oftmals farbenfrohen Kronblätter (Petalen), die als Schauapparat der Anlockung zahlreicher Bestäuber – in unseren Breiten zumeist Insekten – dienen. Im Zentrum befinden sich die Staub- und Fruchtblätter, die Geschlechtsorgane der Blütenpflanzen. Oft besitzen Blüten weiterhin Nektarien, eine Art kleiner Honigtöpfchen, die mit ihrem zuckerhaltigen Saft Bestäuber anlocken und verköstigen.

Der Aufbau einer Blüte ist vielfach seitens der Natur variiert worden, aber auch die komplizierten Blüten der Seidenblumen (Asclepiadaceae) und Orchideen (Orchidaceae), lassen sich auf die Grundorgane – Kelch, Krone, Staub- und Fruchtblätter – zurückführen.

In der botanischen Terminologie ist eine Blüte als Sproß begrenzten Wachstums, der im Dienste der Fortpflanzung steht, aufzufassen. Die einzelnen Organe einer Blüte stellen eigentlich umgewandelte Laubblätter dar, welche der verkürzten Blütenachse von unten nach oben in Kreisen ansitzen. Dieses Phänomen beschrieb zuerst Goethe, der sich als Dichter wie Naturforscher verstand, sehr poetisch: „Es mag nun die Pflanze sprossen, blühen oder Früchte bringen, so sind es doch nur immer dieselbigen Organe welche in vielfältigen Bestimmungen und unter oft veränderten Gestalten die Vorschrift der Natur erfüllen. Dasselbe Organ welches am Stengel als Blatt sich ausgedehnt und eine höchst mannigfaltige Gestalt angenommen hat, zieht sich nun im Kelche zusammen, dehnt sich im Blumenblatte wieder aus, zieht sich in den Geschlechtswerkzeugen zusammen, um sich als Frucht zum letztenmal auszudehnen." Diese Überlegungen mündeten schließlich in der 1799 erschienenen „Metamorphose der Pflanzen, eine Elegie".

Die meisten Blüten der Bedecktsamer sind zwittrig (zweigeschlechtlich), d. h. sie enthalten Staub- und Fruchtblätter in einer Blüte. Nur solche Blüten ermöglichen bei Tierbestäubung die gleichzeitige Aufnahme und Abgabe des Pollens. Wenn eine Blüte nur Staub- oder nur Fruchtblätter besitzt, ist sie eingeschlechtlich und dann entweder weiblich oder männlich. Kommen eingeschlechtliche männliche und weibliche Blüten auf einer Pflanze vor, spricht man von einer einhäusigen (monöcischen) Art, wie bei der Rotbuche (*Fagus sylvatica*). Sind die Geschlechter auf verschiedenen Pflanzenindividuen verteilt, ist die Pflanzenart zweihäusig (diöcisch). Zweihäusigkeit tritt wesentlich seltener auf und wird deshalb oftmals als Artbezeichnung dieser Pflanzen, wie bei der Zweihäusigen Rübe (*Bryonia dioica*) oder der Großen Brennessel (*Urtica dioica*), verwendet.

Die Blütenorgane

Bei vielen Bedecktsamern ist die Blütenhülle deutlich in einen Kelch und eine Krone unterscheidbar. Sie besitzen also eine doppelte Blütenhülle, ein Perianth. Bei bestimmten Pflanzen, wie Lilien (*Lilium*) und Tulpen (*Tulipa*), kann man keine Unterscheidung in Kelch und Krone treffen, hier sind alle Blütenhüllblätter gleich gestaltet und gefärbt. Man spricht von einer einfachen Blütenhülle, einem Perigon.

Kelch

Kelchblätter sind meist unauffällig grün gefärbt und derber als die zarten Kronblätter. Sie können miteinander verwachsen oder auch freiblättrig sein. Sie schützen die Blütenknospe und fallen häufig nach dem Aufblühen ab. Bei einigen Pflanzen verbleiben sie jedoch, während die Kronblätter verwelken und abfallen, an der Frucht und spielen dort eine wichtige Rolle bei deren Ausbreitung, wie bei den Lippenblütlern und Rauhblattgewächsen (Lamiaceae, Boraginaceae).

Der Kelch der Korbblütler (Asteraceae) ist nicht blättrig, sondern borstenförmig ausgebildet und wächst während der Fruchtentwicklung zu einer Art Fallschirm heran. Er sorgt dafür, daß die kleinen Früchte wie beim Gemeinen Löwenzahn (*Taraxacum officinale*) vom Winde fortgetragen und ausgebreitet werden. Bei der Judenkirsche (*Physalis alkekengi*) ist der Kelch bei Fruchtreife zu einem großen, auffällig orange gefärbten Gebilde herangewachsen, das gerne für Trockensträuße verwendet wird. Auch ein zweiter Kelch, ein sogenannter Außenkelch, der noch vor dem eigentlichen Kelch sitzt, kann wie bei der Erdbeere (*Fragaria*) und den Windengewächsen (Convolvulaceae) ausgebildet sein.

Krone

Die Kronblätter sind im Gegensatz zu den Kelchblättern meist größer und auffällig gefärbt. Sie dienen der Anlockung von Bestäubern, dienen also als Schauapparat. Im Knospenstadium ist die Krone noch grün gefärbt und erreicht erst beim Aufblühen ihre charakteristische Färbung. Eine satte, gelbe Blütenfarbe wie bei der Sumpfdotterblume (*Caltha palustris*) entsteht durch den Gehalt von fettlöslichen Karotinoiden in den Chromoplasten der Zellen. Die rote Farbe der Pfingstrosen (*Paeonia*), die violetten Farben der Malven (*Malva*) und die blaue Krone des Rittersporn (*Consolida*) wird durch wasserlösliche Anthocyane hervorgerufen, die sich im Saft der Zellvakuole befinden. Dagegen kommt die weiße Blütenfarbe – ähnlich wie bei Schnee, weißer Watte und weißen Federn

– durch die Totalreflektion des eingestrahlten Lichtes an den vielen luftgefüllten Zellzwischenräumen (Interzellularen) im Inneren der uns weiß erscheinenden Blütenblätter zustande.

Kronblätter können ebenso wie die Kelchblätter miteinander verwachsen (nur an den oft freien Zipfeln ist dann die Anzahl der Kronblätter zu erkennen) oder gänzlich unverwachsen, also freiblättrig sein.

Staubblätter

Die männlichen Geschlechtsorgane der Blütenpflanzen sind die Staubblätter (Stamina). In ihrer Gesamtheit werden sie Androeceum (griech. *andros*=Mann, *oikeion*=Haus, also Haus des Mannes) genannt. Ein Staubblatt (Stamen) besteht aus dem Staubbeutel (Anthere), der von einem Stielchen, dem Staubfaden (Filament) getragen wird (Abb. 1-3). Der Staubbeutel ist in 2 Hälften, die Theken (griech. *theke*=Behälter) geteilt, die jeweils 2 Pollensäcke beinhalten. In den 4 Pollensäcken reifen die winzigen Pollenkörner heran. Wenn der Pollen (Gesamtheit der Pollenkörner) reif ist, reißen die Pollensäcke auf und entlassen ihren meist gelben Pollen zur Bestäubung durch Wind, Insekten oder Wasser. Einige Pflanzen produzieren große Mengen von Pollenkörnern, wie die Weiden (*Salix*), deren Pollen im Frühjahr auf den Gewässern gelbliche Schlieren bildet.

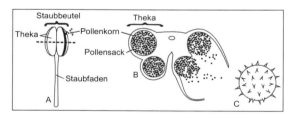

Abb. 1-3: Bau eines Staubblattes. A: Staubblatt in Staubbeutel und Staubfaden gegliedert. B: Staubbeutel quer geschnitten mit 4 Pollensäcken, teilweise geöffnet. C: Ein etwa 0,04 mm großes Pollenkorn der Sonnenblume (*Helianthus*).

Fruchtblätter

Im Zentrum der Blüte befinden sich die weiblichen Geschlechtsorgane, die Fruchtblätter, auch Karpelle genannt (griech. *karpos*=Frucht). Die Fruchtblätter einer Blüte werden in ihrer Gesamtheit Gynoeceum (griech. *gyne*=Weib, *oikeion*=Haus, also Haus des Weibes) genannt. Diese blattähnlichen, grünen Organe umhüllen die Samenanlagen. Eine Blüte kann ein oder mehrere Fruchtblätter besitzen. Sie können einzeln stehen (freies bzw. chorikarpes Gynoeceum) oder auch miteinander verwachsen sein (verwachsenes bzw. coenokarpes Gynoeceum) (Abb. 1-4).

Ob nun frei oder miteinander verwachsen, man kann fast immer eine typische Gliederung der Fruchtblätter erkennen (Abb. 1-5 u. 1-6): Der untere, fruchtbare Bereich – Fruchtknoten oder Ovar – umschließt einen Hohlraum mit den Samenanlagen. Der sich nach oben verjüngende Abschnitt stellt den unfruchtbaren Teil der Fruchtblätter dar, den Griffel. An dessen Spitze befindet sich die Narbe, auf deren klebrige Oberfläche die Pollenkörner bei der Bestäubung gelangen.

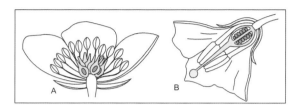

Abb. 1-4: Blüten längs geschnitten mit verschiedenen Gynoeceen (hellgrau). A: Scharfer Hahnenfuß (*Ranunculus acris*) mit vielen freien Fruchtblättern (chorikarpes Gynoeceum). B: Tomate (*Solanum lycopersicum*). Blüte mit verwachsenen Fruchtblättern (coenokarpes Gynoeceum).

Die in der Kreidezeit (vor 136–65 Mio. Jahren) entstandenen Blütenpflanzen haben sich über die gesamte Erde in zahlreichen Arten entwickelt und verbreitet. Die Zartheit der Blüten bringt jedoch mit sich, daß nur äußerst selten – im Gegensatz zum Pflanzensproß und den widerstandsfähigen Pollenkörnern – Blüten fossil erhalten sind. Man geht davon aus, daß sich die Fruchtblätter – wie die übrigen Blütenorgane auch – entwicklungsgeschichtlich betrachtet aus Laubblättern entwickelt haben. Diese Metamorphose soll kurz anhand des vereinfachten Schemas in Abb. 1-5 erläutert werden: Man stelle sich ein Laubblatt vor, dessen beide Ränder (dort denken wir uns die Samenanlagen) sich aneinander legen und dann verwachsen, schon haben wir ein Fruchtblatt, das nun in einem Hohlraum die Samenanlagen birgt. Die Verwachsungsnaht wird als sogenannte Bauchnaht bezeichnet. Die Mittelrippe des Laubblattes wird zur Rük-

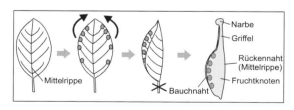

Abb. 1-5: Vermutete Evolution der Fruchtblätter schematisch dargestellt. Ein Laubblatt mit offen liegenden, randständigen Samenanlagen (dunkelgrau) entwickelt sich zu einem Fruchtblatt, das die Samenanlagen im Inneren verbirgt. Ganz rechts ein typisches Fruchtblatt. Die Bauchnaht stellt die Verwachsungsnaht dar.

kennaht. Solch ein typisches Fruchtblatt ist also mit sich selbst an seiner Bauchseite verwachsen und bildet ein flaschenförmiges, hohles Organ. Die Blattspitze ist in einen langen Griffel und seine Narbe ausgezogen, während der Blattstiel meistens nicht mehr vorhanden ist. Einige Pflanzen, wie der Winterling (*Eranthis hyemalis*), besitzen auch heute noch gestielte Fruchtblätter. Das Fruchtblatt dient als Behälter der Samenanlagen, was sich auch in der Bezeichnung Angiospermae, der Abteilung der Blütenpflanzen, niederschlägt (griech. *angeion*=Gefäß, Behälter; *sperma*=Samen).

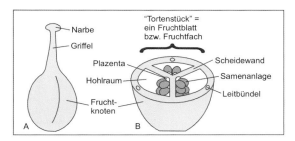

Abb. 1-6: Coenokarpes Gynoeceum aus 3 verwachsenen Fruchtblättern. A: Ansicht. B: Räumlicher Einblick in den quer geschnittenen, 3fächerigen Fruchtknoten. Die Samenlagen sitzen an einer Leiste – der Plazenta – der Wand des Fruchtknotens an.

Die meisten Blüten der Bedecktsamer besitzen mehrere Fruchtblätter, die zu einem kompakten Fruchtknoten verwachsen sind. Solch ein verwachsenes Gynoeceum nannte man früher auch Stempel, da seine Form oft dem Pistill des Apothekers ähnelt. Auch bei diesen coenokarpen Gynoeceen kann man eine deutliche Gliederung in Narbe, Griffel und Fruchtknoten erkennen. Je nach Verwachsungsgrad sind nur die Fruchtknoten oder auch Griffel und Narbe miteinander verwachsen. Oftmals bleiben die Narben frei, und man kann aus ihrer Zahl auf die Zahl der verwachsenen Fruchtblätter schließen. Der Querschnitt durch ein coenokarpes Gynoeceum in Abb. 1-6 zeigt 3 „Tortenstücke". Jedes dieser „Tortenstücke" stellt ein Fruchtblatt dar, das mit dem benachbarten Fruchtblatt an den Randflächen fest verwachsen ist.

Die Verwachsung der Randflächen zweier benachbarter Fruchtblätter nennt man Scheidewand. Die 3 Scheidewände in unserem Beispiel teilen den Fruchtknoten in 3 luftgefüllte Hohlräume oder Fächer. Im Zentrum sitzen die Samenanlagen jedes Fruchtblattes, aus welchen sich nach der Befruchtung die Samen entwickeln. Jede Samenanlage sitzt an einer kleinen, hervorspringenden Leiste – der Plazenta – den Fruchtblättern fest an. Für die energieaufwendige Fruchtentwicklung ist die Versorgung der Fruchtblät-

ter mit Nährstoffen und Wasser durch die Pflanze elementar. Deshalb wird jedes Fruchtblatt von mehreren Leitbündeln durchzogen, die der Nährstoff- und Wasserversorgung dienen. Über die Plazenta werden diese – ähnlich wie bei der Plazenta der Säugetiere – in die Samenanlagen und damit zum Embryo geleitet.

Die ersten Blütenpflanzen zeichneten sich durch mehrere freie Fruchtblätter in den Blüten aus. Solche chorikarpen Gynoeceen werden deshalb als ursprünglich bezeichnet. Auch heute noch finden sich diese ursprünglichen Formen, besonders bei den Hahnenfußgewächsen (Ranunculaceae). Aus dem freiblättrigen Gynoeceum hat sich im Laufe der Evolution das verwachsene Gynoeceum entwickelt, in dem die freien Fruchtblätter aneinander rückten, die benachbarten Seiten der Fruchtblätter miteinander verwachsen sind und ein einheitliches Gehäuse bildeten (Abb. 1-7). Dabei sind im Laufe der langen Evolutionsgeschichte der Blütenpflanzen verschiedene Formen von coenokarpen Gynoeceen entstanden, deren häufigste näher beschrieben werden sollen.

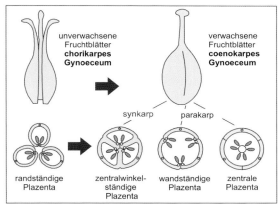

Abb. 1-7: Entwicklung eines ursprünglichen, aus 3 freien Fruchtblättern bestehenden Fruchtknotens (chorikarpes Gynoeceum) zu einem verwachsenen, 3fächerigen Fruchtknoten (coenokarpes Gynoeceum). Oben als Ansicht, unten mit Querschnitten. Beim coenokarpen Gynoeceum wurden 3 häufige Typen der Plazentation dargestellt.

So ist der coenokarp-synkarpe Fruchtknoten vollständig durch Scheidewände gefächert, die Samenanlagen sitzen mittig im Fruchtknoten einer zentralwinkelständigen Plazenta an. Diese gefächerten Gynoeceen sind im Pflanzenreich weit verbreitet und beispielsweise für Malve (*Malva*), Tomate (*Solanum lycopersicum*) und Apfel (*Malus*) typisch. Besonders einfach ist solch ein synkarpes Gynoeceum bei den großblütigen Tulpen (*Tulipa*) zu erkennen, indem man den sehr großen Fruchtknoten mit einer Rasierklinge querschneidet und sich das Innere mit einer Handlupe anschaut.

Der parakarp-coenokarpe Fruchtknoten wiederum besteht aus einem einzigen großen Fach, die Scheidewände wurden im Laufe der Evolution „eingespart". Die Samenanlagen sitzen wie bei Johannis- und Stachelbeere (*Ribes*) oder Veilchen (*Viola*) an der Wand des Fruchtknotens (wandständige Plazenta). Bei Primeln (*Primula*) und Alpenveilchen (*Cyclamen*) hingegen sitzen die Samenanlagen im Zentrum des einfächrigen Fruchtknotens einer säulenförmigen Plazenta an (zentrale Plazenta).

Samenanlagen

Im Inneren des Fruchtknotens liegen die Samenanlagen, aus denen sich nach der Befruchtung die Samen entwickeln (Abb. 1-8). Sie sitzen mit einem Stielchen, Funikulus genannt, der Plazenta des Fruchtblattes an. Der Funikulus wird von einem Strang Leitbündel durchzogen, welcher die heranwachsende Samenanlage mit Nährstoffen versorgt. Im zentralen Bereich der Samenanlage befindet sich der Embryosack, der u. a. die Eizelle enthält und in dem die Befruchtung stattfindet. Die äußeren Bereiche der Samenanlagen werden von ein oder zwei Schichten, den Integumenten (lat. *integument*=Decke, Hülle) gebildet, die an der sogenannten Chalaza, der Basis der Samenanlage, sitzen. Sie lassen eine kleine Öffnung – Mikropyle – frei, durch die der Pollenschlauch auf dem Weg zum Embryosack wächst. Das äußere Integument ist an einer Seite mit dem Funikulus verwachsen, der Bereich wird als Raphe bezeichnet.

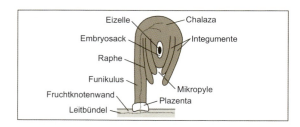

Abb. 1-8: Bau einer Samenanlage.

Blütenboden

Der Blütenboden, auch Blütenachse genannt, trägt die Blütenorgane: Kelch, Krone, Staub- und Fruchtblätter. Je nach der Gestalt des Blütenbodens und der Stellung des Gynoeceums lassen sich folgende Typen unterscheiden (Abb. 1-9):

Meist ist der Blütenboden von kurzer, etwas verdickter Gestalt und trägt an seiner Spitze das Gynoeceum, während die übrigen Blütenorgane etwas tiefer ansitzen. Solche oberständigen Fruchtknoten kommen

häufig vor und finden sich beispielsweise bei den Schmetterlingsblüten- (Fabaceae) und Hahnenfußgewächsen (Ranunculaceae).

Für bestimmte Pflanzenarten ist die Bildung eines Blütenbechers typisch. Ist dabei das Gynoeceum vollständig von der krug- oder becherförmigen Blütenachse umhüllt, handelt es sich um einen unterständigen Fruchtknoten. Die Wand des Fruchtknotens ist hierbei fest mit dem Blütenbecher verwachsen und somit an der späteren Fruchtbildung beteiligt. Blütenbecher und Fruchtknoten stellen eine Einheit dar und sind häufig nicht mehr voneinander zu unterscheiden. Die übrigen Blütenorgane sitzen dem Rand des Blütenbechers an und werden über das Gynoeceum gehoben. Dieser unterständige Fruchtknoten ist z. B. für Tulpen (*Tulipa*), Schneeglöckchen (*Galanthus nivalis*) und den Apfel (*Malus*) typisch.

Abb. 1-9: Verschiedene Bildungen der Blütenachse (mittelgrau) im Verhältnis zum Gynoeceum (hellgrau). Daraus resultieren ober-, mittel- und unterständiger Fruchtknoten.

Zwischen dem ober- und unterständigen Fruchtknoten vermittelt der wesentlich seltener auftretende mittelständige Fruchtknoten, der für Kirschen und Pflaumen (*Prunus*) charakteristisch ist. Kelch-, Kron- und Staubblätter sitzen wie beim unterständigen Gynoeceum dem Rand des Blütenbechers an, der schüsselförmige Blütenbecher ist jedoch nicht mit dem Fruchtknoten verwachsen.

Blütensymmetrie

Fast alle Blüten zeigen einen symmetrischen Aufbau. Kelch, Krone, Staub- und Fruchtblätter sind in jeweils getrennten Kreisen bzw. Wirteln angeordnet. Die Blütenorgane eines Kreises sind gleichgestaltet, jeder Kreis weist die gleiche Zahl von Organen auf. Die aufeinanderfolgenden Kreise stehen auf Lücke, alternieren also (Regel von der Alternanz).

Eine Blüte ist strahlig oder radiärsymmetrisch, wenn sie durch mehr als 2 Schnittebenen in 2 spiegelbildliche Hälften zerlegt werden kann (Abb. 1-10A). Radiäre Blüten kommen häufig vor und sind besonders für die Rosen- und viele Vertreter unter den Hahnenfußgewächsen (Rosaceae, Ranunculaceae) typisch. Disymmetrische oder bilaterale Blüten liegen vor, wenn 2 aufeinander senkrecht stehende Schnittebenen die Blüte in je 2 spiegelbildliche Hälften zerlegen (Abb. 1-10B). Als typisches Familienmerkmal der Kreuzblütler (Brassicaceae) stehen die jeweils 4 Kelch- und Kronblätter gekreuzt (Name!) zueinander. Blüten sind dorsiventral oder zygomorph, wenn sie sich nur durch eine Schnittebene in 2 spiegelbildliche Hälften zerlegen lassen (Abb. 1-10C). Solche Blüten sind typisch für die Schmetterlingsblütengewächse (Fabaceae), Lippen- und Rachenblütler (Lamiaceae, Scrophulariaceae).

In der Regel läßt sich durch jede Blüte mindestens eine Symmetrieebene legen, gelingt dies nicht, so ist die Blüte asymmetrisch. Blüten ohne jede Symmetrieebene finden sich in der europäischen Flora nur bei den Baldriangewächsen (Valerianaceae).

Bei einigen ursprünglichen Blütenpflanzen, wie den Magnolien (*Magnolia*) und Anemonen (*Anemone*), sind die Blütenorgane nicht in Kreisen angeordnet, sondern schraubig gestellt. Streng genommen sind diese Blüten also auch asymmetrisch. Sie werden jedoch häufig zu den radiärsymmetrischen Blüten gezählt.

Anhand von Blütendiagrammen lassen sich die natürlichen Lagebeziehungen der Blütenorgane, also ihr Grundriß, darstellen, wodurch auch die Blütensym-

metrie deutlicher zu erkennen ist. Im Zentrum befinden sich die Fruchtblätter, es folgen Staubblätter, Kron- und schließlich Kelchblätter.

Blütenstände

Nur sehr wenige Blütenpflanzen bilden, wie die Tulpen (*Tulipa*), lediglich eine einzige Blüte am Ende des Triebes. In der Regel werden mehrere oder viele Blüten an einer Pflanze gebildet, die sehr unterschiedlich angeordnet sein können. Der blütentragende Sproßbereich (auch jede Verzweigung, die Blüten trägt) wird als Blütenstand (Infloreszenz) bezeichnet und ist deutlich von dem übrigen, vegetativen Abschnitt der Pflanze unterscheidbar. Jede Blüte wird von einem Blättchen (Tragblatt) eingeleitet, das zumeist von den Laubblättern der übrigen Sproßachse deutlich verschieden ist. Die Sproßachse wird im Bereich des Blütenstandes als Blütenstandsachse bezeichnet.

Botaniker haben die Blütenstände der Pflanzen einer genauen Analyse unterzogen und verschiedene Typen von Blütenständen definiert, die in ihrem Aufbau mitunter sehr kompliziert sind. Nur die einfachsten und häufigsten Blütenstände sollen hier kurz anhand der üblichen Schemazeichnungen in Abb. 1-11 erläutert werden.

Traube

An der Blütenstandsachse der Traube stehen in den Achseln kleiner, schuppenförmiger Tragblätter zahlreiche gestielte Blüten. Diese entfalten sich von unten nach oben und werden von ihren Bestäubern auch in dieser Reihenfolge besucht. Beispiele sind: Kreuzblütler (Brassicaceae), Lupinen (*Lupinus*) und Johannisbeere (*Ribes rubrum*).

Ähre

Ähnlich wie die Traube ist die Ähre aufgebaut. Bei dieser unterbleibt jedoch die Bildung eines Blütenstiels, die winzigen, unscheinbaren Einzelblüten sitzen direkt der Blütenstandsachse an. Typische Ähren bilden Wegerich (*Plantago*) sowie die Kätzchen der Weiden (*Salix*) und Pappeln (*Populus*).

Kolben

Der Kolben ist durch eine kolbenförmig verdickte Blütenstandsachse, an der zahlreiche, ungestielte, kleine Blüten sitzen, charakterisiert. Kolben sind für die Familie der Aronstabgewächse (Araceae) und den Mais (*Zea mays*) typisch.

Abb. 1-10: Blütensymmetrie anhand von Blütendiagrammen. A: Gift-Hahnenfuß (*Ranunculus sceleratus*) mit radiärsymmetrischer Blüte. B: Raps (*Brassica oleracea*) mit bisymmetrischer Blüte. C: Wicke (*Vicia* spec.) mit dorsiventraler Blüte. Alle Blüten mit Angabe der jeweiligen Symmetrieebenen. Grün=Kelchblatt, rot=Kronblatt, gelb=Staubblatt, blau=Fruchtblatt.

Körbchen

Für die artenreiche Familie der Korbblütler (Asteraceae) ist das Körbchen der typische Blütenstand. Die Blütenstandsachse ist scheibenförmig entwickelt und trägt zahlreiche kleine Einzelblüten. Das gesamte Körbchen ist von Hüllblättern eingefaßt. Da die vielen, kleinen Einzelblüten so dicht beieinander stehen, hat man den Eindruck einer einzigen großen Blüte, wie beim Gemeinen Löwenzahn (*Taraxacum officinale*), der Sonnenblume (*Helianthus annuus*) oder der Margerite (*Chrysanthemum leucanthemum*).

Dolde und Doppeldolde

Eine Dolde kann man sich wie eine abgewandelte Traube vorstellen, bei der die Blütenstandsachse jedoch nicht gestreckt, sondern vielmehr stark gestaucht ist. Dadurch stehen bei einer Dolde die gestielten Blüten alle in einer Ebene. Efeu (*Hedera helix*), Apfel (*Malus*) und Kirschen (*Prunus avium, P. cerasus*) bilden typische Dolden. Wenn anstelle der Einzelblüten wiederum kleinere Dolden, sog. Döldchen stehen, spricht man von Doppeldolden, die für die Familie der Doldengewächse (Apiaceae) charakteristisch sind.

Rispe

Namensgebend ist die Gattung der Rispengräser (*Poa*), deren reichblütiger Blütenstand – die Rispe – viele sehr zarte Verzweigungen zeigt. Aber auch Flieder (*Syringa*) und Weinrebe (*Vitis vinifera*) sind für solche Verzweigungssysteme, die sich zur Spitze hin verjüngen, bekannt.

Nomenklatur

Die Art (lat. *species*), die sich von anderen „Sippeneinheiten" durch konstante, erbliche Merkmale unterscheidet, unter sich fruchtbar ist und ein relativ einheitliches Aussehen hat, bildet den von der Natur vorgegebenen Grundbaustein innerhalb der Pflanzenklassifizierung. Innerhalb eines vom Menschen erdachten Systems werden Arten mit ähnlichen Merkmalen und Eigenschaften, die untereinander verwandt sind, zu einer Gattung (lat. *genus*) zusammengefaßt. Nach dem gleichen Prinzip werden Gattungen zu Familien, Familien zu Ordnungen, Ordnungen zu Klassen und Klassen schließlich zu Abteilungen geordnet.

Mitunter ist es sinnvoll eine Art aufgrund zahlreicher, natürlicher Abweichungen in kleinere Einheiten zu unterteilen. Diese Unterarten (subspecies, abgekürzt

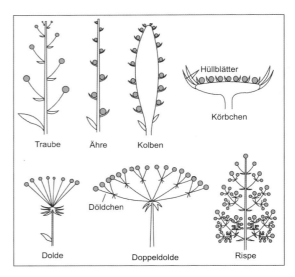

Abb. 1-11: Verschiedene Blütenstände schematisch dargestellt. Die grau markierten Blüten sind auf unterschiedliche Weise an der Blütenstandsachse angeordnet.

subsp. oder ssp.), Varietäten (varietas, abgekürzt var.) oder Formen (forma, abgekürzt f.) sind beispielsweise durch abweichende Behaarung oder kleineren Wuchs oder aber auch eine gesonderte geographische Verbreitung gekennzeichnet. Diese Unterschiede werden jedoch als zu gering interpretiert, um einen eigenen Artrang zu rechtfertigen.

Durch gezielte Züchtung, also durch Eingriff seitens des Menschen, sind Abwandlungen der ursprünglichen Arten entstanden, die als Sorten bezeichnet werden. Sie stellen oftmals Verbesserungen bezogen auf Blütenfarbe oder -größe, Pflanzenform, Größe der Früchte, höhere Ernteerträge usw. gegenüber der ursprünglichen Art dar und spielen in den Sortimenten der Gärtnereien in der Regel eine größere Rolle als die eigentliche Art. So entstanden zahlreiche Sorten unter den Kultur- und Zierpflanzen. Beispielsweise besitzt die Sibirische Schwertlilie *Iris sibirica* „White Swirl" von der violettblühenden Wildform abweichende reinweiße Blütenblätter.

Bastarde oder Hybride können auf natürlichem Wege, aber auch künstlich durch den Menschen herbeigeführt werden. Sie können aus 2 Arten derselben Gattung oder verschiedener Gattungen entstehen. Natürliche Bastarde wie bei den Weiden (*Salix*) werden mit den entsprechenden Artnamen beider Eltern bezeichnet: Der Bastard *Salix alba* x *fragilis* ist ein Produkt aus *Salix alba* und *S. fragilis*. Die Garten-Erdbeere (*Fragaria* x *ananassa*) ist aus der künstlichen Kreuzung zweier amerikanischer Arten, nämlich der Chile-Erdbeere (*F. chiloensis*) und Scharlach-Erdbeere (*F. virginiana*) zu Beginn des 18. Jahrhunderts in

Holland entstanden. Solche Kreuzungsprodukte erhalten zumeist eine neue Artbezeichnung, wobei der Bastardname durch ein vorangestelltes x kenntlich gemacht wird.

Pflanzen besitzen neben ihren oft zahlreichen landessprachlichen- bzw. Volksnamen einen einheitlichen wissenschaftlichen Namen. So wird der Gemeine Löwenzahn in Deutschland auch als „Kuh-, Butter- oder Pusteblume", in Süddeutschland wegen der entwässernden Eigenschaften auch „Bettseicher" bezeichnet. In Großbritannien wird die Pflanze „Dandelion", in Frankreich „Dent de Lion", in Italien „dente die leone" genannt, während der botanische Name *Taraxacum officinale* überall derselbe ist.

Das Beschreiben und das Benennen der Pflanzen erfolgt nach international festgelegten Regeln. Carl von Linné (1707–1778), der berühmte schwedische Naturforscher führte die binäre Nomenklatur ein, nach der für die wissenschaftliche Namensgebung von Pflanzen 2 lateinische Namen verwendet werden: an erster Stelle die Gattung, gefolgt von der Art. Diese doppelte Namensgebung, wie sie auch bei Menschen durch Namen (Familiennamen z. B. Schwarz) und Vornamen (z.B. Maria) üblich ist, ermöglicht es, eine Pflanze eindeutig zu benennen.

Zur weiteren Kennzeichnung einer Gattung oder Art steht hinter dem wissenschaftlichen Namen der Autorenname. Es ist der Name derjenigen Person, die der Pflanze den Namen gegeben bzw. den betreffenden wissenschaftlichen Namen als erstes veröffentlicht hat. Ein kurzer Autorenname wird ausgeschrieben, während lange und häufig auftretende Autorennamen abgekürzt werden. Letzteres gilt besonders für den häufigsten aller Autorennamen: Linné. Die Bezeichnung *Galanthus* (Gattungsname) *nivalis* (Artname) L. (Autorenname) weißt also darauf hin, daß das Schneeglöckchen als erstes von Linné beschrieben worden ist.

2. Bestäubung und Befruchtung

Bei der geschlechtlichen Fortpflanzung der Blütenpflanzen muß zuerst die Bestäubung, also die Übertragung der Pollenkörner auf die Narbe erfolgen, bevor es zur Befruchtung kommen kann. Wenn die reifen Staubbeutel aufreißen, gelangen die Pollenkörner durch den Wind (Windbestäubung oder Anemogamie), durch Tiere (Tierbestäubung oder Zoogamie) oder seltener auch durch das Wasser (Wasserbestäubung oder Hydrogamie) auf die Narbe. Auch bestäuben sich viele Pflanzen selbst, wenn es zu keiner Fremdbestäubung gekommen ist. Selbstbestäubung (Autogamie) bedeutet, daß der Pollen einer Blüte auf die Narbe derselben Blüte bzw. einer Blüte derselben Pflanze gelangt und diese bestäubt. Dies führt jedoch zu einer eingeschränkten genetischen Variationsbreite der nachfolgenden Pflanzengenerationen, so daß bei vielen Pflanzen Mechanismen entstanden sind, die eine Selbstbestäubung erschweren oder unterbinden. Hier sei nur der unterschiedliche Zeitpunkt der Reife von Staub- und Fruchtblättern genannt. So werden beim Wiesen-Salbei (*Salvia pratensis*) zuerst die Staubblätter reif. Erst wenn diese verwelken, ist die Narbe empfängnisbereit. Diese Vormännlichkeit, auch Proterandrie genannt, kommt im Pflanzenreich häufig vor, während vorweibliche (proterogyne) Pflanzen wesentlich seltener zu finden sind.

Die Natur hat verschiedenste Anpassungen an die Bestäubung der Blütenpflanzen hervorgebracht. In den Tropen und Subtropen spielt die Bestäubung durch Vögel (Ornithogamie) eine bedeutende Rolle. In Kalifornien kann man Nektar trinkende Kolibris an zahlreichen farbenfrohen Blüten beobachten. In Afrika ernähren sich ebenfalls Vögel, sogenannte Honigsauger, vom Nektar einer bananenverwandten Strelitzia (*Strelitzia reginae*) und dienen gleichzeitig der Bestäubung. Fledermäuse, die Nektar lecken und Pollen fressen, sind in den Tropen der Alten wie Neuen Welt häufige Bestäuber. In Europa werden nur die Agaven des Mittelmeerraumes von Fledermäusen bestäubt.

Am vielfältigsten ist im europäischen Raum die Insektenbestäubung (Entomogamie) ausgeprägt. Durch das Zusammenspiel verschiedener Insektengruppen mit ihren „Wirtspflanzen" haben sich über Jahrmillionen verschiedene, an ihre Bestäuber angepaßte, ökologische Blütenformen entwickelt. Man spricht hier von Co-Evolution, einer wechselseitigen Anpassung beider Partner (Tier-Pflanze) von der zumeist beide profitieren. Für die Pflanze wird die Bestäubung mit Fremdpollen gesichert, der Bestäuber hat sich eine verläßliche Nahrungsquelle erschlossen.

Insektenbestäubung

Blütenpflanzen werben mit Hilfe von Lockmitteln und „Wegweisern" um ihre tierischen Bestäuber. Sie bieten den Insekten Nahrung in Form von Pollen und Nektar an. Pollen ist besonders eiweißreich. Pollenkörner tierbestäubter Blüten sind meist stachelig oder klebrig und bleiben dadurch leicht am Besucher kleben, wie am Haarkleid der Bienen und Hummeln. Nektarlose Blüten wie Klatschmohn (*Papaver rhoeas*), Rosen (*Rosa*) und Zistrosen (*Cistus*) produzieren in der Regel viel Pollen. Der Grund für solch ein reichhaltiges Pollenangebot ist, daß dieser der Bestäubung wie der Verköstigung dienen muß.

Nektar (griech. *nektar*=Göttertrank) enthält Saccharose, die im Bienenmagen in Glucose und Fructose gespalten wird. Bienen, als bekannteste Nektarsammler, nutzen nur einen Bruchteil des gesammelten Nektars für ihren eigenen Nahrungsbedarf, der Großteil wird als Futter für die Brut in die Waben eingebracht. Der Nektar wird in den Blüten in besonderen Drüsen – den Nektarien – gebildet und abgesondert.

Nektarien können sehr unterschiedlich gestaltet sein, daran gekoppelt ist ihre Zugänglichkeit für den Blütenbestäuber (Abb. 2-1). Ein ringförmiger Nektardiskus am Grund des Blütenbodens wie bei den Nachtschatten- und Nelkengewächsen (Solanaceae, Caryophyllaceae), bietet leicht zugänglichen Nektar an. Der becherförmige Blütenboden von Vogelkirsche (*Prunus avium*) und Apfel (*Malus domestica*) ist mit einem flächigen Nektarium ausgekleidet. Bei den Doldengewächsen (Apiaceae) befindet sich an der Spitze des Fruchtknotens ein Nektardiskus, der kleine Nektartropfen absondert.

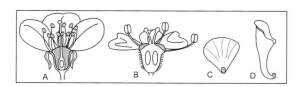

Abb. 2-1: Verschiedene Nektarien (grau). A: Blüte der Vogelkirsche (*Prunus avium*) längs. Der Blütenbecher scheidet nach innen Nektartropfen ab. B: Blüte der Wilden Möhre (*Daucus carota*) längs, als Beispiel für die Doldengewächse (Apiaceae). Auf der Spitze des Fruchtknotens befindet sich der Nektardiskus. C: Scharfer Hahnenfuß (*Ranunculus acris*). An der Blütenblattbasis befindet sich eine kleine Nektarschuppe. D: Akelei (*Aquilegia vularis*). Nektargefüllter Sporn.

Typisch für viele Hahnenfuß-Arten (*Ranunculus*) sind die kleinen, unauffälligen Nektarschuppen an der Basis der Blütenblätter. Im Gegensatz zu diesen für die Bestäuber leicht zugänglichen Nektarien, stehen besonders geformte Nektarien, die nur wenigen, speziell angepaßten Bestäubern einen Zugang gewähren. Sehr kunstvolle Nektartaschen findet man bei der Jungfer im Grünen (*Nigella damascena*), deren Nektar im Gegensatz zu den vorgenannten Beispielen nur langrüsseligen Bienen und Hummeln zugänglich ist. Auffällig sind die nektargefüllten Sporne der Akelei (*Aquilegia vulgaris*), die aus den Kronblättern hervorgegangen sind. Das Nektarium befindet sich in der Spornspitze, der Sporn dient als Nektarbehälter. Bei Leinkraut (*Linaria*) und Löwenmäulchen (*Antirrhinum*) wird der Nektar vom Blütengrund gebildet und fließt in den Sporn ab. Um an den Nektar zu gelangen bedarf es eines sehr langen Rüssels.

Viele Liliengewächse (Liliaceae) haben ihre Nektarien in den Scheidewänden des Fruchtknotens versteckt (Septalnektarien) und geben Nektartropfen nach außen zur Basis des Fruchtknotens ab. Da dieser in der Regel von einer langen, verengten Blütenhülle umgeben wird, ist der Nektar nur langrüsseligen Besuchern zugänglich. Mitunter wird, wie beim Sumpf-Herzblatt (*Parnassia palustris*), durch glänzende Bildungen Nektar vorgetäuscht, um Bestäuber anzulocken. Oftmals kann man auch Ameisen in einigen Blüten beobachten. Diese „naschen" an leicht zugänglichem Nektar, ohne der Bestäubung zu dienen.

Verborgen liegender Nektar ist nur bestimmten, angepaßten Besuchern zugänglich. Dessen ungeachtet, gibt es Besucher, denen der Zugang einer verführerisch nach Honig duftenden Blüte aufgrund eines zu kurzen Rüssels nicht möglich ist. So beißt die kurzrüsselige Erdhummel einfach ein Loch in das den Nektar enthaltende Organ, um an den Nektar zu gelangen und betätigt sich so als „Honigräuber" ohne der Bestäubung zu dienen. Honigbienen rauben oftmals den Nektar aus Blüten, die sich noch gar nicht entfaltet haben. „Nektardiebstähle" bzw. „Einbruchslöcher" als beredte Zeugnisse des „Honigraubes" kann man häufig an Pflanzen mit langem Sporn beobachten wie beim Hohlen Lerchensporn (*Corydalis cava*) oder Rittersporn (*Consolida, Delphinium*).

Als Wegweiser für Insekten dienen Blütenfarbe und Form der Blüte, die an den jeweiligen Bestäuber mehr oder weniger angepaßt sind. Saftmale sind besondere Färbungen der Blütenkronblätter, die den Besucher zum Nektar leiten. Sie können, wie beim Roten Fingerhut (*Digitalis purpurea*), für das menschliche Auge sichtbar sein oder im für den Menschen unsichtbaren UV-Bereich liegen, der jedoch von Bienen wahrgenommen wird. Auch durch Duftstoffe lockt eine Pflanze Insekten an. Sie entstehen durch ätherische Öle – die Grundlage vieler Parfüms sind -, werden als Duftmoleküle in die Luft abgegeben und dienen so als Wegweiser. Bienen besitzen an ihren Fühlern rund 60.000 Duftrezeptoren, mit denen sie die verschiedenen Duftstoffe erkennen können. Aber auch – zumindest für den Menschen – überriechende, z. B. ammoniakhaltige Stoffe sind bei einigen Fliegen gefragt.

Die Bestäubung ist keine gezielt ausgeführte Handlung der Insekten, sondern passiert nebenbei und ungewollt. Beim Blütenbesuch, auf der Suche nach nahrhaftem Pollen oder Nektar, werden die Besucher eingestäubt und geben den Pollen an einer anderen Blüte an den Narben ab. Vorbedingung für eine Bestäubung durch Tiere ist der Schutz der Samenanlagen vor Tierfraß, weshalb diese im Inneren des Fruchtknotens verborgen sind. Größtmöglichen Fraßschutz bieten unterständige Fruchtknoten, die in den Blütenboden eingesenkt sind. Im folgenden werden die Insektengruppen, die bei der Bestäubung eine wichtige Rolle spielen, kurz charakterisiert. Bienen, Hummeln und Käfer halten dabei den Hauptanteil bei der Bestäubung.

Bienen und Hummeln

Keine andere Insektengruppe besucht so viele Blüten nacheinander wie die Bienen und Hummeln. Ausgewachsene Bienen ernähren sich ausschließlich von zuckerhaltigem Nektar, während sie ihre Larven mit einem Gemisch aus Pollen und Nektar füttern. Egal ob nun solitär oder sozial lebend (Honigbiene und nächste Verwandte), alle Bienen und Hummeln betreiben Brutfürsorge, weshalb sie weitaus öfter Blüten aufsuchen müssen als Käfer, Falter, Wespen oder Fliegen, die nur sich selbst versorgen. Eine einzige Hummel besucht in einer Stunde etwa 1.500 Blüten und ist damit sogar fleißiger als die Bienen.

Die Weibchen und Arbeiterinnen besitzen in der Regel spezielle Vorrichtungen, die an das Sammeln und den Transport von Pollen und Nektar angepaßt sind: In ihren Beintaschen, den gut sichtbaren „Höschen", oder auch in den Bauchbürsten, wie bei den Mauerbienen, sammeln sie Pollen, den sie in die Waben eintragen. Ein großer Teil des Pollens bleibt dabei an ihrem Haarkleid haften und wird beim nächsten Blütenbesuch auf die Narbe gestreift.

Mit ihrem leckend-saugenden Rüssel sammeln Bienen und Hummeln den Nektar der Blüten ab. Tief in einer Kronröhre verborgener Nektar ist jedoch nur für langrüsselige Bienen erreichbar. Zu diesen zählt die Honigbiene, mit einem 6 mm langen Rüssel und ebenso die Pelzbiene. Die Maskenbienen besitzen einen nur etwa 1 mm langen Rüssel und sammeln deshalb ausschließlich Pollen. Hummeln sind durch generell längere Rüssel charakterisiert. Den Spitzenwert von 22 mm Rüssellänge erreicht die Gartenhummel.

In Mitteleuropa gibt es etwa 600 verschiedene Bienen- und Hummelarten, entsprechend ihrer wichtigen Rolle als Bestäuber haben sich seitens der Pflanzen zahlreiche, blütenökologische Anpassungen und Spezialisierungen entwickelt. Beispielhaft soll hier der ausgefeilte Bestäubungsmechanismus des Wiesen-Salbei (*Salvia pratensis*) erläutert werden (Abb. 2-2).

Der Wiesen-Salbei hat sich mittels eines Hebelmechanismus an seine Bestäuber – Hummeln – angepaßt. Von der blauen Blütenfarbe und dem tief am Blütengrund liegenden Nektar angelockt, kriecht eine Hummel in die Blüte. Die Blüten sind vormännlich (Proterandrie), es werden also zuerst die Staubblätter reif. Die Hummel stößt auf der Suche nach dem am Blütengrund liegenden Nektar an die plattenförmig ausgebildete Basis der Staubblätter, die den Zugang zum Nektar verschließt. Dabei drückt sie die Platte nach oben, wodurch die Pollenkörner aus dem Staubbeutel auf ihren Rücken herabrieseln. Gelangt die eingestäubte Hummel beim nächsten Blütenbesuch an eine ältere Blüte, hat sich der Griffel nach unten gesenkt und präsentiert nun die reifen Narben (weibliches Stadium). Der mitgebrachte Pollen wird beim Blütenbesuch an der Narbe abgestreift.

Die Anlockung der Bestäuber geschieht über den duftenden Nektar, die meist gelben Staubblätter und über die Farbgebung der Blütenblätter. Bienen und Hummeln können nur Ultraviolett, Blau- und Gelbtöne wahrnehmen, Rot erscheint als Schwarz. Die meisten Bienenblumen besitzen leuchtend blau oder gelb gefärbte Blütenblätter. Grüntöne nehmen Bienen als grau wahr, so daß sich die Blütenfarben gut aus der grauen Masse des Blattwerkes hervorheben. Aber auch rote Blüten werden besucht. Diese besitzen entweder auch einen Blauanteil oder die Blüten reflektieren UV-Strahlung, so daß die Bienen wie beim Klatschmohn (*Papaver rhoeas*) statt rot ultraviolett sehen. Oftmals weisen auch Farb- bzw. Saftmale wie beim Roten Fingerhut (*Digitalis purpurea*) zum Nektar.

Honigbienen sind temperaturempfindlicher als Hummeln. Wenn die Obstbaumblüte in eine Schlechtwetterperiode fällt, fliegen die Honigbienen kaum aus, während Hummeln auch bei kühleren Temperaturen ausfliegen und so oftmals die Obsternte retten. Hummeln fliegen schon bei Temperaturen ab + 3 Grad – vor dem Abflug aus dem Nest heizen sie sich durch Flügelbewegungen auf etwa 33 Grad auf – und zählen damit zu den ersten Bestäubern im Jahr.

Viele Bienen und Hummeln bevorzugen dorsiventrale Blüten mit einem „Landeplatz", wie beispielsweise die sogenannten Schmetterlingsblumen (siehe Abb. 2-3A). Hierbei handelt es sich um spezielle, auf die Familie der Schmetterlingsblütengewächse (Fabaceae) begrenzte Blüten, die durch besondere Klapp-, Pump- und Bürstenmechanismen den Besucher einstäuben (siehe Kap. 6).

Sogenannte Glockenblumen besitzen hängende, oftmals glockenförmige Blüten. Die Staubblätter sind zu einem Streukegel verbunden – einer sogenannten Streukegeleinrichtung – und ragen aus der Blüte heraus, so daß bei Berührung der Pollen auf den Besucher herabrieselt (siehe Abb. 2-3F). Solche Mechanismen findet man beim Boretsch (*Borago officinalis*) und beim Alpenveilchen (*Cyclamen*). Die Gattung der Glockenblumen (*Campanula*) besitzt ebenfalls Streukegel, der Pollen wird nur zuvor schon auf die Griffelbürste abgegeben und rieselt durch Berührung auf den Blütenbesucher.

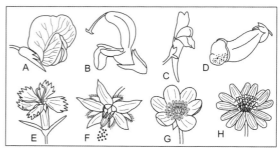

Abb 2-3: Auswahl einiger blütenökologischer Formen mit Angabe der hauptsächlichen Bestäuber. A: Schmetterlingsblume – Bienen, Hummeln. B: Lippenblume – Bienen. C: Maskenblume – Hummeln. D: Rachenblume – Hummeln. E: Röhrenblume – Falter. F: Streukegelmechanismus – Bienen, Hummeln. G-H: Scheibenblumen – pollensammelnde Insekten (Käfer, Schwebfliegen). G: Einzelblüte. H: Blütenstand der Korbblütler (Asteraceae) als Körbchen. Die ökologischen Formen A-F stellen spezialisierte, an die Bestäuber angepaßte Formen dar, während G-H keine Anpassung an bestimmte Bestäubergruppen zeigen.

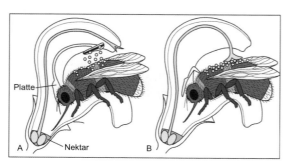

Abb. 2-2: Hebelmechanismus des vormännlichen Wiesen-Salbei (*Salvia pratensis*) anhand von Blütenlängsschnitten. A: Blütenbesuch einer Hummel mit zuerst reifen Staubblättern. B: Besuch einer älteren Blüte, bei der die Staubbeutel bereits verwelkt sind und nun die Narbe reif ist.

Speziell an die langrüsseligen Hummeln angepaßte Blüten (Hummelblumen) zeichnen sich durch schwer zugängliche Blüteneingänge aus. Oft handelt es sich, wie beim Löwenmäulchen (*Antirrhinum*), um sogenannte Masken- oder Kraftblumen, deren Nektar nur kräftigen Besuchern zugänglich ist (siehe Abb. 2-3C). Typische Bienenblumen finden wir neben den Schmetterlingsblütengewächsen (Fabaceae) bei den Rachen- und Lippenblütlern (Scrophulariaceae, Lamiaceae). Aber auch die einfach gestalteten Scheibenblumen der Korbblütler (Asteraceae), die keine Anpassung an Bestäuber zeigen und deshalb besonders von Käfern und Schwebfliegen bestäubt werden, werden von Bienen und Hummeln aufgesucht.

Käfer

Viele unserer Blütenpflanzen werden heute hauptsächlich von Käfern bestäubt. Bei Käfern ist der Geruchssinn wesentlich stärker ausgebildet als das Sehvermögen, weshalb die von Käfern bestäubten Blumen häufig einen starken, für uns eher unangenehmen Duft ausscheiden. Ihre Blütenfarbe ist meistens weiß. Die Samenanlagen befinden sich, gut geschützt vor den beißenden Mundwerkzeugen, in einem unterständigen Fruchtknoten.

Blütenökologisch handelt es sich um einfach gestaltete Scheibenblumen ohne spezielle Anpassungen. Hierbei ist die Blütenkrone, wie beim Leberblümchen (*Hepatica nobilis*) und vielen Rosengewächsen (Rosaceae) radiärsymmetrisch aufgebaut, so daß die zahlreichen Staub- und Fruchtblätter offen präsentiert werden (siehe Abb. 2-3G-H). Der Besucher läßt sich mitten auf der Blüte nieder und wird beim Herumlaufen mit Pollen eingestäubt bzw. gibt den mitgebrachten Pollen an die Narbe weiter. Auch ganze Blütenstände, die aus einer Vielzahl von kleinen, unscheinbaren Blüten zusammengesetzt sind, wie bei Doldengewächsen (Apiaceae) und Korbblütlern (Asteraceae) zählen zu beliebten Käferblumen. Die Doldenblütler locken mit leicht zugänglichem Nektar (siehe Abb. 2-1B.), die Korbblütler mit einem hohen Pollenangebot. Nektarführende Scheibenblumen werden aber auch von Bienen und Hummeln sowie Tagfaltern bestäubt.

Tag- und Nachtfalter

Falter sind u. a. durch ihren langen Rüssel, mit dem sie den Nektar aus den Blüten saugen, charakterisiert. Tagfalter erreichen, je nach Art, Rüssellängen von 5 bis 28 mm, während Schwärmer Rüssellängen bis zu 100 mm aufweisen können. Auch Falter decken hierbei lediglich ihren eigenen Bedarf, eine Brutfürsorge, wie bei den Bienen, gibt es nicht. Nur wenige Arten nutzen auch den Pollen als Nahrung.

Es gibt spezielle, blütenökologische Anpassungen der Blüten an die Falter, die in der Regel von keinem anderen Insekt bestäubt werden können. Es handelt sich

um sogenannte Röhrenblumen, die sich durch enge, oft lange Blütenröhren oder Sporne, in denen der Nektar tief am Grund verborgen ist, auszeichnen (siehe Abb. 2-3E). Falter werden durch den Blütenduft angelockt. Nachtschwärmer sind in der Lage, wie Kolibris im Schwebflug zu saugen und können dadurch auf einen Landeplatz verzichten.

Von Nachtfaltern – zumeist Schwärmer und Eulen – bestäubte Blüten sind helle, sich oft erst abends öffnende Blumen mit schwerem, süßlichem Duft, die sich morgens meist wieder schließen. Der Ligusterschwärmer bestäubt mit seinem bis 42 mm langen Rüssel die weißen, schwer duftenden Blüten des Ligusters (*Ligustrum vulgare*). Die großen Blüten der Winden (*Convolvulus*) werden vom Windenschwärmer bestäubt, der mit seinem 80-100 mm langen Rüssel an den tief gelegenen Nektar gelangt. Von Nachtfaltern bestäubt werden auch Stechapfel (*Datura*), Gemeine Nachtkerze (*Oenothera biennis*), verschiedene Lilien (*Lilium*) und Jelängerjelieber (*Lonicera caprifolium*).

Tagfalterblumen zeichnen sich durch leuchtend rote, aber auch blaue oder gelbe Blütenfarben aus. An die Bestäubung von Tagfaltern angepaßt sind die Rote Lichtnelke (*Silene dioica*), verschiedene Nelken der Gattung *Dianthus* und der Frühlings-Enzian (*Gentiana verna*). Das Wiesen-Schaumkraut (*Cardamine pratensis*) wird vom Aurorafalter bestäubt.

Fliegen

Der kurze Rüssel der Fliegen und Schwebfliegen ermöglicht nur eine leckend-saugende Nahrungsaufnahme von freiliegenden Flüssigkeiten. Sie können deshalb ausschließlich leicht zugänglichen Nektar nutzen. Schwebfliegen schwemmen auch Pollen mit ihrer Speichelflüssigkeit auf, den sie dann mit aufsaugen können. Fliegen nehmen Nektar ausschließlich für den Eigenbedarf auf und sind als Bestäuber im Vergleich zu den eifrigen Bienen von untergeordneter Bedeutung, da sie sich auch von Blut, Dung und Fäulnisprodukten ernähren. Schwebfliegen ernähren sich ausschließlich von Pollen und Nektar und sind deshalb oft zu beobachtende Blütenbesucher und wichtige Bestäuber. Fliegen und Schwebfliegen bevorzugen geruchlose oder unangenehm riechende Blüten ohne auffällige Farben (weißlich bis grünlich).

Blüten, die von Schwebfliegen aufgesucht werden, zeigen meist gelb gefärbte Staubbeutel und Pollen. Kleine, gelbe Saftmale wie der Schlundring beim Vergißmeinnicht (*Myosotis*) weisen den Zugang zu Nektar und Pollen. Blütenökologisch handelt es sich bei Blüten, die von Fliegen und Schwebfliegen bestäubt werden, zumeist um einfache Blüten oder Blütenstände, also Scheibenblumen mit leichtem Zugang zum Nektar, der oft von einem Diskus abgeschieden wird (siehe Abb. 2-3G-H). Das trifft besonders auf die vielen Doldengewächse (Apiaceae), Wolfsmilchgewächse (Euphorbiaceae) sowie den Efeu (*Hedera helix*) zu. Viele Wasser- und Sumpfpflanzen werden in erster Linie von Schwebfliegen bestäubt, wie die Schwanenblume (*Butomus umbellatus*) sowie der Wasserschlauch (*Utricularia vulgaris*) mit seinen maskierten Blüten, die von den Schwebfliegen ohne Probleme aufgedrückt werden können.

Spezielle blütenökologische Anpassungen finden sich bei den Insektenfallenblumen der Schwalbenwurz (*Vincetoxicum hirundinaria*) und beim Aronstab (*Arum*), die bestimmte Fliegen mit nach Ammoniak riechenden Düften anlocken, sie festhalten und erst nach durchgeführter Bestäubung wieder freigeben. Eine Besonderheit unter den Fliegen stellt der Hummelschweber (*Bombylius major*) dar, der mit seinem langen Rüssel und dichtem Haarkleid den Hummeln ähnelt und im Mittelmeerraum als häufiger Bestäuber zu beobachten ist.

Wespen

Die sozial lebenden Wespen ernähren ihre Brut fast ausschließlich mit tierischer Nahrung, weshalb ihre Bedeutung als Bestäuber im Vergleich zu den übrigen Insektengruppen gering ist. Die erwachsenen Tiere nehmen jedoch zusätzlich Nektar für den Eigenbedarf zu sich. Das geschieht besonders im Herbst, wenn sich das Angebot an tierischer Nahrung stetig verringert. Die Mundwerkzeuge der Wespen sind beißend und leckend, die Zunge ist nur wenige Millimeter lang und kann – ähnlich wie bei den Fliegen – nur offen angebotenen Nektar aufnehmen. Deshalb sind vor allem die blütenökologisch einfach gestalteten Scheibenblumen mit leicht zugänglichem Nektar, wie die der Doldengewächse (Apiaceae), für Wespen von Bedeutung. Gut beobachten kann man auch den häufigen Wespenbesuch an den erst im Herbst erscheinenden Blüten des Efeu (*Hedera helix*). Aber auch unter den Wespen gibt es einige Spezialisierungen. Die komplizierten Blüten vieler Orchideen, vor allem südeuropäischer Arten, werden von Wespen bestäubt. Die auch in Mitteleuropa vorkommende Fliegenragwurz (*Ophrys insectifera*) wird ausschließlich von den Männchen einer Grabwespe (*Gorytes mystaceus*) bestäubt. Wespen besuchen auch eifrig die Stendelwurz (*Epipactis helleborine*), da reichlich Nektar in einem schüsselförmigen, leicht zugänglichen Nektarium angeboten wird. Extreme Anpassungen findet man bei dem mediterranen Feigenbaum (*Ficus carica*). Er wird von kleinen Gallwespen bestäubt, die ihre Eier in den winzigen Blüten ablegen, die dann wiederum zum Teil der Ernährung der Brut dienen.

Windbestäubung

Gräser sowie viele Bäume Europas werden durch den Wind, die meisten krautigen Pflanzen und Stauden hingegen durch Insekten bestäubt. So sind alle Koniferen, deren Samenanlagen in Zapfen liegen – wie Kiefern (*Pinus*), Tannen (*Abies*) und Fichten (*Picea*) – Windblütler. Auch unter den Laubbäumen ist die Windbestäubung weit verbreitet und beispielsweise bei Pappel (*Populus*), Erle (*Alnus*), Eiche (*Quercus*) und Haselnuß (*Corylus avellana*) realisiert. All diesen Blüten ist die Reduzierung ihrer Blüten auf die Fortpflanzungsorgane gemeinsam. Eine auffällige Blütenhülle oder Anlockungsmittel wie Nektar fehlen. Stattdessen wird eine Vielzahl von Staubblättern gebildet, die wie bei der Birke (*Betula*) oft in herabhängenden Kätzchen angeordnet sind. Schon leichter Wind trägt die leichten Pollenkörner mit sich fort und die großen, klebrigen Narben streifen den Pollen aus der Luft. Die Reproduktion der Windblütler kann nur durch ein sehr hohes Pollenangebot gewährleistet werden, da lediglich durch Zufall der Pollen auf einer artgleichen Narbe landet.

3. Samen und Früchte

Befruchtung

Durch die Bestäubung gelangt der Pollen auf die Narben. Deren Oberfläche ist dicht mit kleinen Papillen besetzt, in deren Lücken sich die in der Größe passenden Pollenkörner der gleichen Art festsetzen. Natürlich gelangt nicht nur Pollen derselben Art auf die Narbe. Artfremde Pollenkörner werden jedoch durch die Narbensekrete am Auskeimen gehindert.

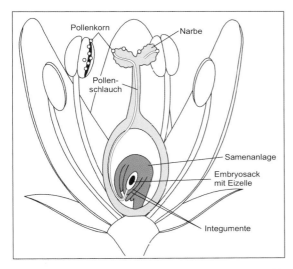

Abb 3-1: Befruchtung. Schema einer Blüte im Längsschnitt. Im Fruchtknoten (hellgrau) befindet sich eine Samenanlage. In deren Zentrum findet im Embryosack die Befruchtung statt.

Artgleiche Pollenkörner keimen auf der Narbe aus und bilden einen Pollenschlauch (Abb. 3-1). Dieser wächst durch das Gewebe des Griffels nach unten in die Höhle des Fruchtknotens, wo er schließlich durch die kleine Öffnung der Samenanlage (Mikropyle) in den Embryosack, der die Eizelle und weitere Kerne beinhaltet, tritt. Er entleert seinen Inhalt – 2 Spermazellen – und es kommt zu der für die Blütenpflanzen typischen *doppelten Befruchtung*: Eine der Spermazellen verschmilzt mit dem Kern der Eizelle zur Zygote, die weiter zum Embryo heranwächst. Die zweite Spermazelle verschmilzt mit einem der Kerne des Embryosackes und entwickelt sich zum Nährgewebe des Embryos.

Samen

Nach der Befruchtung entwickelt sich aus der Samenanlage der Samen: Die im Inneren liegende, befruchtete Eizelle wächst zum Embryo heran, an dem man bald die 3 Grundorgane – Blatt, Sproß und Wurzel – erkennen kann. Am auffälligsten sind die Keimblätter (Kotyledonen), nach deren Anzahl die Bedecktsamer in die Zweikeimblättrigen (Dikotyledonen) und Einkeimblättrigen (Monokotyledonen) eingeteilt werden. Die Keimblätter sitzen an einer kurzen Keimachse, dem Hypokotyl. An dessen basalem Ende sich die Wurzelanlage, ihr gegenüber die Anlage für die Sproßachse (Plumula) befindet. Der Embryo liegt zumeist in einem Nährgewebe (Endosperm), das seiner Ernährung während der späteren Keimung dient. Anschaulich ist der Aufbau beim längsgeschnittenen Samen des Wunderbaumes (*Ricinus communis*) zu erkennen (Abb. 3-2).

Das Nährgewebe liegt jedoch nicht immer als separates Gewebe im Samen, es kann auch als kompaktes Speichergewebe in den Keimblättern eingelagert sein. Die Keimblätter füllen dann den ganzen Samen aus, ihre blattähnliche Gestalt haben sie verloren. Solche Samen sind bei Eichen (*Quercus*) und Bohnen (*Phaseolus*) typisch. Bekanntestes Beispiel sind die nährstoffreichen Keimblätter der Walnuß (*Juglans regia*), deren beide Keimblätter auch der Mensch gerne verzehrt.

Aus den Integumenten der Samenanlage bildet sich die Samenschale (Testa). Während der Reifung verhärtet die Samenschale und ist schließlich von einer wasserabweisenden Wachsschicht (Kutikula) überzogen, wodurch der Embryo vor äußeren Einflüssen geschützt wird. Die Samenschalen vieler Beeren sind

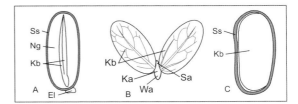

Abb. 3-2: Aufbau des Samen. A-B: Wunderbaum (*Ricinus communis*): A: Same längs mit Nährgewebe. B: Embryo aus dem Samen herauspräpariert. Gliederung des Embryos in 2 Keimblätter. C: Längsschnitt durch den Samen einer Bohne (*Phaseolus*) mit Speicherkeimblättern, die den Samen ausfüllen. Ka = Keimachse, Sa = Sproßanlage, Wa = Wurzelanlage, Kb = Keimblatt, Ss = Samenschale, Ng = Nährgewebe, El = Elaiosom.

besonders dick und hart ausgebildet, da der Embryo vor Tierfraß geschützt werden muß. Dünne Samenschalen findet man bei den Nuß- und Steinfrüchten, da hier der Schutz von der sehr harten Fruchtwand übernommen wird.

Die Oberfläche der Samenschale kann sehr mannigfaltig gestaltet sein: glatt, warzig, skulpturiert oder mit Leisten versehen. Bei Tomaten (*Solanum lycopersicum*) und Johannis- wie Stachelbeeren (*Ribes rubrum, R. uva-crispa*) verschleimt die äußere Schicht der Samenschale. Form, Farbe und Größe der Samen variieren sehr stark. Auch Flügel und Haare, die im Dienste der Ausbreitung stehen, können gebildet werden.

Nach der Samenreife unterliegen die meisten Samen einer sogenannten „Samenruhe". Während dieser Zeit wird ihr Stoffwechsel – ähnlich dem Winterschlaf einiger Tiere – reduziert. Samen können so mitunter Jahrzehnte bis Jahrhunderte ihre Keimfähigkeit bewahren. Bei den Samen der Weiden (*Salix*) liegt sie jedoch nur bei wenigen Tagen. Unter geeigneten Umweltbedingungen keimen die meisten Samen im Laufe des folgenden Frühjahrs aus. Dies geschieht durch Wasseraufnahme, die durch Quellung zu einer Volumenzunahme des Samens und dadurch zum Zerreißen der Samenschale führt. Der Keimling verankert sich mit Hilfe seiner Wurzelanlage im Erdboden und wächst mit seiner Sproßanlage in die Höhe.

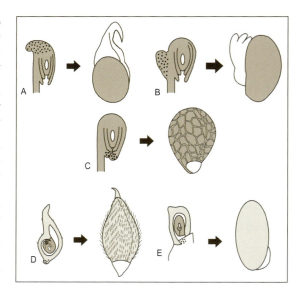

Abb 3-3: Verschiedene Bildungsmöglichkeiten von Elaiosomen. A-C: Entstehung aus der Samenanlage. A: Schneeglöckchen (*Galanthus nivalis*). B: Schöllkraut (*Chelidonium majus*). C: Sonnenwend-Wolfsmilch (*Euphorbia helioscopia*). D: Leberblümchen (*Hepatica nobilis*). Das Elaiosom wird von der Basis des Fruchtblattes gebildet. E: Rosmarin (*Rosmarinus officinalis*). Aus dem Blütenboden entwickelt sich das Elaiosom. Die Bereiche, aus denen sich das Elaiosom entwickelt, sind punktiert. Bei den reifen Samen sind die Elaiosomen weiß dargestellt.

Elaiosomen

Eine Besonderheit stellen Elaiosomen oder Ölkörper dar, kleine nährstoffreiche Anhängsel am Samen, die als „Botenbrot" der Ausbreitung durch Ameisen dienen (Myrmechorie). Es handelt sich um zumeist hellgefärbte Gewebebildungen, die sich bei einigen Pflanzen aus verschiedenen Teilen der Samenanlage, des Fruchtblattes oder des Blütenbodens entwickeln können und Öle, Fette, Stärke oder Zucker enthalten (Abb. 3-3).

Beim Schneeglöckchen (*Galanthus nivalis*) vergrößert sich die Basis (Chalaza) der Samenanlage mützenförmig. Bei Nieswurz (*Helleborus*), Veilchen (*Viola*) und Schöllkraut (*Chelidonium majus*) kann man auf der Samenoberfläche eine dünne Rinne erkennen, welche die Verwachsungsnaht des Funikulus mit der seitlich sitzenden Samenanlage zeigt. Diese Raphe wächst zu einem langen weißlichen Elaiosom heran. Für viele Wolfsmilch-Arten (*Euphorbia*) ist ein Elaiosom aus dem äußeren Integument im Umkreis der Mikropyle typisch. Auch aus dem Blütenboden können Elaiosomen entstehen, was für einige Lippenblütler (Lamiaceae), wie dem Rosmarin (*Rosmarinus officinalis*) charakteristisch ist. Manche Pflanzen bilden das Elaiosom aus Teilen der Fruchtwand. Beim Leberblümchen (*Hepatica nobilis*) ist der kurze Fruchtstiel als ölhalti-

ges, helles Elaiosom ausgebildet. Die Nüßchen des Frühlings-Adonisröschen (*Adonis vernalis*) besitzen in der Fruchtwand ein fetthaltiges Elaiosom. Dieses ist im Gegensatz zu den vorgenannten Elaiosomen äußerlich nicht als separate Bildung oder durch eine andere Färbung o. ä. erkennbar.

Früchte

Gleichzeitig mit der Samenentwicklung verläuft die Umbildung der Blüte zur Frucht. Von den Botanikern wird die Frucht „als Blüte im Zustand der Samenreife" definiert. In erster Linie wandelt sich der Fruchtknoten, der die Samenanlagen schützend umschließt, zur Frucht um. Zusätzlich können auch – je nach Pflanzenart – Kelch und Griffel an der Fruchtbildung beteiligt sein. Bei unterständigen Gynoeceen ist immer auch der Blütenboden, der fest mit dem Fruchtknoten verwachsen ist, an der Fruchtbildung beteiligt. Das Wachstum und die Entwicklung des Fruchtknotens verläuft gleichzeitig mit den sich entwickelnden Samen, denen der Fruchtknoten bzw. die entstehende Frucht durch Volumenzunahme weiterhin genügend Raum bietet.

Fruchtentwicklung

Nach der Befruchtung vertrocknen Staubblätter, Griffel sowie Kronblätter und fallen schließlich ab. Jede befruchtete Samenanlage entwickelt sich zu einem Samen. In diesem entsteht der Embryo mit seinem Nährgewebe, der von einer schützenden Samenschale umgeben ist. Die Wand des Fruchtknotens beginnt sich nun in die Fruchtwand, das Perikarp (griech. *peri*=um, herum; *karpos*=Frucht), umzuwandeln. Bei unterständigen Gynoeceen, deren Blütenboden fest mit der Wand des Fruchtknotens verwachsen ist, ist dieser ebenfalls an der Bildung der Fruchtwand beteiligt. Der Fruchtknoten vergrößert sich innerhalb der ersten Wochen durch Zellvermehrung und anschließende Zellstreckung. Schon bald differenzieren sich die Zellen der jungen Fruchtwand in verschiedene Gewebeschichten, die je nach Fruchttyp unterschiedlich ausgeprägt sind.

Die äußere Schicht der Fruchtwand, das Exokarp, bildet das Abschlußgewebe der Fruchtwand. Diese kann wie bei den Süß- und Sauer-Kirschen als dünnes Häutchen oder auch als feste Schale, wie bei Apfel oder Banane, ausgebildet sein. Es folgt eine Mittelschicht, das Mesokarp, eine bei den Beeren und Steinfrüchten fleischige, dicke, bei Nüssen und Kapseln jedoch wesentlich dünner ausgebildete Schicht. Bei Schwimmfrüchten entwickelt sich daraus zumeist das luftgefüllte Schwimmgewebe, wie bei der Kokosnuß. Die innere Abschlußschicht wird von einem meist dünnen Häutchen, dem Endokarp gebildet. Im Zentrum der Frucht befinden sich die Samen, geschützt durch die je nach Fruchttyp unterschiedlich ausgebildete Fruchtwand. Bei Fruchtreife lösen sich die Zellverbände auf, die Zellen sterben ab. So wird das ehemals harte, ungenießbare Fruchtfleisch von Beeren und Steinfrüchten bei Reife fleischig-weich.

In Abb. 3-4 wird die Fruchtentwicklung des Scharfen Hahnenfuß (*Ranunculus acris*), einer häufigen Pflanze unserer Fettwiesen, dargestellt. Das oberständige Gynoeceum des Scharfen Hahnenfuß besteht aus einer Vielzahl winziger, unverwachsener Fruchtblätter (chorikarpes Gynoeceum), die sich im Laufe der Fruchtentwicklung vergrößern und in abgeflachte, dunkelbraune, 3-4 mm große Früchte – Nüßchen – umwandeln, deren Fruchtwand verhärtet.

Die Entwicklung des Embryos, des Samens und der gesamten Frucht wird durch Pflanzenhormone gesteuert, die besonders bei Kulturpflanzen eine wichtige Rolle spielen. So werden beispielsweise Tomaten, Orangen und Bananen im unreifen, also noch grünen Zustand geerntet und in die Verbraucherländer transportiert. Erst dort werden sie in speziellen Hallen unter Ethylenbegasung zur Reife gebracht. Ethy-

len ist ein pflanzeneigenes Wachstumshormon, das von den Geweben als Gas abgegeben wird und die Fruchtreifung fördert. Es wird auch zur Beschleunigung der Reifung von Walnüssen und Weintrauben appliziert.

Die Fruchtentwicklung ist sehr energieintensiv, Kohlenhydrate werden der übrigen Pflanze entzogen, was eine Minderung des vegetativen Wachstums zur Folge hat. Pflanzen, deren Früchte sehr schnell reifen, vergrößern deshalb oftmals ihren Kelch oder ihre Hochblätter für eine verstärkte Photosyntheseleistung, um die Nährstoffbereitstellung in Fruchtnähe zu erhöhen.

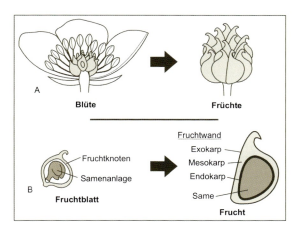

Abb. 3-4: Blüte und Früchte des Scharfen Hahnenfuß (*Ranunculus acris*). A: Aus einem vielblättrigen (chorikarpen) Gynoeceum entwickeln sich eine Vielzahl kleiner Nußfrüchte. B: Fruchtblatt und Nußfrucht im Längsschnitt.

Bei vielen Kulturpflanzen findet die Fruchtbildung ohne Befruchtung und Samenentwicklung statt. Dieses Phänomen wird als Parthenokarpie bezeichnet (griech. *parthenos*=Jungfrau, *karpos*=Frucht) und kommt natürlicherweise recht selten im Pflanzenreich vor, wie beispielsweise beim Gemeinen Löwenzahn (*Taraxacum officinale*) und bei den Habichtskräutern (*Hieracium*).

Heute macht man sich die Parthenokarpie bei Bananen, bestimmten Orangen- und Weinrebensorten zu Nutze, um die beim Verzehr störenden Samen auszuschließen. Parthenokarpie kann durch Züchtung wie durch Anwendung von Pflanzenhormonen hervorgerufen werden. So erhält man samenlose Tomaten, Gurken und Auberginen durch die Applikation von Auxin, samenlose Äpfel und Johannisbeeren durch Gibberelline.

Fruchtfärbung

Pflanzliches Gewebe, das Photosynthese durchführt, ist durch Pigmente – das fettlösliche Chlorophyll – grün gefärbt. Die Pigmente sitzen in kleinen Körperchen, den Plastiden, im Zellplasma. Fruchtknoten und junge Früchte sind wie Laubblätter durch Chlorophyll grün gefärbt. Im Laufe der Fruchtreifung wird das Chlorophyll abgebaut und Karotinoide kommen zur Geltung (Abb. 3-5A). Diese bewirken eine gelb-, orange- oder hellrote Färbung der reifen Frucht, wie z. B. bei der Tomate (*Solanum lycopersicum*). Viele Früchte sind bei Reife dunkelrot oder dunkelblau. Hier sitzen die Pigmente nicht in den Plastiden im Zellplasma, sondern im Zellsaft, auch Vakuole genannt. Es handelt sich um wasserlösliche Anthocyane. Diese werden im Zuge der Fruchtreifung gebildet, während das Chlorophyll abgebaut wird. So kommen die Anthocyane in der reifen Frucht zur Geltung und färben sie wie bei den Beeren des Efeu (*Hedera helix*) dunkelblau (Abb. 3-5B). Die hellbraune bis beige Färbung vieler Kapselfrüchte beruht hingegen auf dem Fehlen von Farbpigmenten.

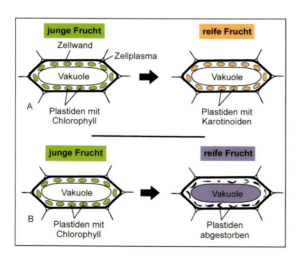

Abb. 3-5: Darstellung der Fruchtverfärbung anhand einer schematischen Pflanzenzelle der Fruchtwand. A: Verfärbung durch Karotinoide in den Plastiden bei farbloser Vakuole. B: Verfärbung durch Anthocyane in der Vakuole.

Unreife Früchte können, wie bei Banane und Apfel, durch einen hohen Stärkegehalt ungenießbar sein. Im Zuge der Fruchtreifung wird das Fruchtfleisch genießbar, da die Stärke in Zucker umgewandelt wird. Die Fruchtwand trocknet bei vielen Früchten auch einfach aus. Solche Früchte, wie die Kapseln des Mohns (*Papaver*), sind ungenießbar, ihre abgestorbenen Zellen besitzen keinen Nährwert. Oftmals sind Früchte

mit Stacheln oder Dornen bewehrt. Diese schützen zum einen die sich entwickelnden Samen vor Tierfraß, bei Reife dienen sie als Klettvorrichtung der Ausbreitung.

Fruchttypen

Der Naturliebhaber kennt die im Herbst auffällig gefärbten, aufgrund ihres saftigen Fruchtfleisches bei Tier und Mensch begehrten Wildbeeren wie Blaubeere (*Vaccinium myrtillus*) oder Vogelbeere (*Sorbus aucuparia*). Im Supermarkt können wir zahlreiche, meist importierte Beeren kaufen, die, wie Orange und Zitrone (*Citrus sinensis, C. limon*) oder Banane (*Musa x paradisiaca*), schon seit mehreren Jahrtausenden vom Menschen kultiviert werden. Oft weist die Namensgebung, wie bei Stachel- und Johannisbeere (*Ribes uva-crispa, R. rubrum*) darauf hin, daß es sich um Beeren handelt. Ein vom Verbraucher nahezu unerkanntes Dasein als Beeren führen dagegen einige als Gemüse bekannte Arten wie Tomate (*Solanum lycopersicum*), Paprika (*Capsicum annuum*), Avocado (*Persea americana*), Kürbis (*Cucurbita pepo*) und Zucchini (*C. pepo* convarietät *giromontiina*). Die Erdbeere (*Fragaria*) wiederum führt uns an der Nase herum, denn sie ist gar keine Beere, sondern eine sog. Sammelfrucht. So begleiten uns sprachliche Irrungen und Wirrungen, die wir in diesem Buch versuchen auszuräumen.

Neben den Beerenfrüchten gibt es eine Vielzahl weiterer, auf den ersten Blick weniger auffällige Fruchttypen. Sie sind ebenso vielgestaltig wie die Blüten und machen es dem Botaniker schon seit Jahrzehnten schwer ein allgemeingültiges und leicht verständliches Fruchtsystem aufzustellen. Man kann die verschiedenen Früchte anhand ihrer Öffnungsweise in zwei große Hauptgruppen unterteilen. Wenn sich eine Frucht bei Samenreife öffnet und dabei ihre Samen ausstreut, handelt es sich um eine Öffnungsfrucht, die auch Streufrucht genannt wird. Schließfrüchte liegen vor, wenn die Samen bei Fruchtreife von der Fruchtwand umschlossen bleiben und mit der Frucht gemeinsam ausgebreitet werden. Im folgenden werden die verschiedenen Fruchttypen kurz dargestellt, ausführlicher werden sie im Hauptteil des Buches behandelt.

Öffnungsfrüchte

Öffnungsfrüchte öffnen sich bei Reife und streuen ihre Samen aus (Abb. 3-6). Ihre Fruchtwand ist dünn, bei unreifen Früchten ist sie durch Chlorophyll grün gefärbt. Das Exokarp ist als dünne Abschlußschicht ausgebildet, dem das mehrschichtige Mesokarp und ein dünnes Endokarp folgen. Bei Reife wird die Fruchtwand in der Regel infolge der Austrocknung durch Sonne und Wind hellbraun und pergamentartig. Der

Wasserentzug in der Fruchtwand führt zu Gewebespannungen und zum Aufreißen der Fruchtwand an bestimmten Sollbruchstellen. Diese bestehen aus einem speziellen Trenngewebe aus dünnwandigen, zarten Zellen, die bereits in der Blütenknospe im Fruchtknoten angelegt werden. Meist handelt es sich um senkrecht verlaufende Trennlinien. Wenn sich eine Frucht infolge Austrocknung öffnet, nennt man diesen Vorgang Xerochasie (griech. *xeros*=trocken; *chasis*=Spalt, Schlund). Die Wand solcher Früchte besteht aus zwei verschiedenen Gewebetypen, deren Zellen bei Fruchtreife absterben: Ein Grundgewebe aus dünnwandigen Zellen, das bei Wasserentzug einschrumpft, liegt einem Gewebe mit verdickten oder verholzten Zellwänden gegenüber, das bei Wasserverlust weiterhin seine Form hält und als Widerlager

dient. Dadurch kommt es zu einer Zugspannung, der die Fruchtwand schließlich nicht mehr standhalten kann und die Früchte reißen an ihren vorgegebenen, dünnen Trennlinien auf. Weit seltener ist ein Öffnen der Früchte infolge von Benetzung oder Feuchtigkeit, indem die Zellwände Wasser aufnehmen und dadurch quellen. Dieser Vorgang wird als Hygrochasie (griech. *hygros*=nass, feucht) bezeichnet und kommt vor allem bei Sumpf- und Steppenpflanzen vor.

Balg

Der Balg besteht aus einem einzigen Fruchtblatt, das sich bei Reife in der Regel durch einen Längsspalt (Bauchnaht) auf der Bauchseite öffnet und die Samen entläßt. Balgfrüchte sind für viele Vertreter der Hahnenfußgewächse (Ranunculaceae) typisch. Sie entwickeln sich aus einem freiblättrigen (chorikarp) Gynoeceum, so daß meistens aus einer Blüte mehrere Balgfrüchte entstehen.

Hülse

Auch die Hülse wird aus lediglich einem Fruchtblatt gebildet. Sie öffnet sich jedoch an 2 Nähten, der Bauch- und der gegenüberliegenden Rückennaht, wodurch die Fruchtwand in 2 Fruchtklappen geteilt wird. Reife Hülsen reißen an den beiden Nähten von der Spitze zur Basis hin auf, was zumeist blitzschnell geschieht, und rollen sich dann ein. Hülsen sind spezielle Früchte der Schmetterlingsblüten- (Fabaceae) und Mimosengewächse (Mimosaceae).

Schote

Die Schote besteht aus 2 verwachsenen (coenokarpes Gynoeceum) Fruchtblättern, die sich bei Fruchtreife durch Austrocknung entlang ihrer Verwachsungsnähte als 2 Fruchtklappen voneinander lösen. Am Fruchtstiel bleibt oft eine dünne, pergamentartige Membran, die Scheidewand des Fruchtknotens – wie beim bekannten Silberblatt (*Lunaria*) – zurück, die von einem Rahmen umgeben ist, an dem die Samen ansitzen. Schoten sind die typische Fruchtform der Kreuzblütler (Brassicaceae).

Kapsel

Sehr verschiedene Kapseltypen können aus einem verwachsenen Fruchtknoten (coenokarpes Gynoeceum) entstehen. Je nach Bau des Fruchtknotens ist die Kapsel gefächert oder ungefächert. Sie kann sich über Längsspalten (Spaltkapsel), Zähnchen (Zahnkapsel), kleine Löcher (Porenkapsel) oder durch einen sich ablösenden Deckel (Deckelkapsel) öffnen. Auch gibt es Kapseln, die sich plötzlich und schnell öffnen, sogenannte Explosionskapseln. Leicht zu erkennende Kapseln sind die Porenkapseln des Mohn (*Papaver*) und die Spaltkapseln der Schwertlilien (*Iris*).

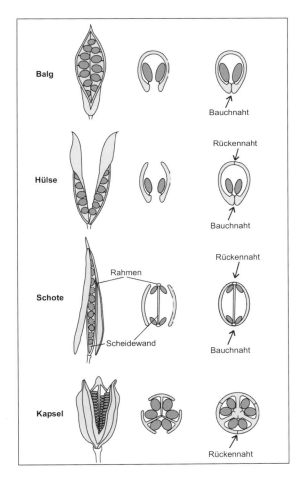

Abb. 3-6: Verschiedene Öffnungsfrüchte im Habitus der geöffneten Frucht. Querschnitte zeigen die Fruchttypen im offenen wie geschlossenen Zustand. Die Fruchtwand ist in hellgrau, die Samen in dunkelgrau dargestellt.

Schließfrüchte

Im Gegensatz zu den Öffnungsfrüchten bleiben die Schließfrüchte bei Fruchtreife geschlossen und behalten ihre Samen (Abb. 3-7). Schließfrüchte fallen im reifen Zustand von der Mutterpflanze ab und werden – die Samen eingeschlossen – ausgebreitet. Die Samen werden erst frei, wenn, wie bei den Nußfrüchten die Fruchtwand verrottet oder wie bei den Beeren und Steinfrüchten die gesamte Frucht verzehrt und die Samen ausgeschieden werden. Beeren und Steinfrüchte sind saftig-fleischige Schließfrüchte, während Nußfrüchte aus einer trockenen, harten Fruchtwand bestehen.

Beeren

Aufgrund ihres saftigen Fruchtfleisches sind Beeren bei Mensch und Tier begehrte Früchte. Ihre Fruchtwand besteht aus einem mächtigen, bei Fruchtreife weichen, oft auffällig gefärbten Fruchtfleisch. Das Exokarp ist oft als feste Schale ausgebildet, das Fruchtfleisch wird vom Meso- oder Endokarp, mitunter auch von der Plazenta gebildet. Beeren werden gefressen, wobei die keimfähigen Samen auf dem Verdauungswege entlassen werden. Typische Beeren sind Johannis- und Stachelbeeren (*Ribes rubrum, R. uvacrispa*), alle Zitrusfrüchte (*Citrus*), aber auch Tomate (*Solanum lycopersicum*) und Paprika (*Capsicum annuum*) sowie Apfel (*Malus*) und Banane (*Musa x paradisiaca*).

Steinfrüchte

Ebenso wie die Beeren sind Steinfrüchte saftig-fleischige Früchte. Der dünnen Schale bzw. Hülle (Exokarp) folgt ein saftiges Fruchtfleisch, das Mesokarp. Der innere Bereich der Fruchtwand – das Endokarp – wird zur Reife äußerst hart und umhüllt als sogenannter Steinkern schützend den Samen. Die Bezeichnung Steinobst für Kirschen, Pfirsich, Aprikose und Mandel, die allesamt der Gattung *Prunus* angehören, bezieht sich auf diesen Steinkern.

Eine Besonderheit sind Brom- und Himbeeren (*Rubus fruticosus, R. idaeus*). Ihre Blüten besitzen im Gegensatz zu den typischen Steinfrüchten ein Gynoeceum aus zahlreichen winzigen Fruchtblättern (chorikarpes Gynoeceum). Jedes dieser Fruchtblätter entwickelt sich zu einer kleinen Steinfrucht. An der kegelförmigen Blütenachse sitzen so zahlreiche Steinfrüchtchen, die sich bei Reife von dieser als Einheit – Sammelsteinfrucht – ablösen.

Nußfrüchte

Bei den Nußfrüchten entwickelt sich die gesamte Fruchtwand zu einem harten, dickwandigen Gehäuse, das meist nur einen Samen schützend umschließt. Erst wenn die harte Fruchtwand verrottet, kann der Same auskeimen. Ganz **typische Nüsse** sind Haselnuß (*Corylus avellana*) und Buchecker (*Fagus sylvatica*). Auch die bedeutend kleineren, harten Früchtchen des Hahnenfuß (*Ranunculus*) und der Waldrebe (*Clematis*) werden zu den Nüssen gezählt. Neben diesen typischen Nüssen gibt es eine große Anzahl verschiedenster Nußfrüchte, was die Komplexität dieses Fruchttyps unterstreicht:

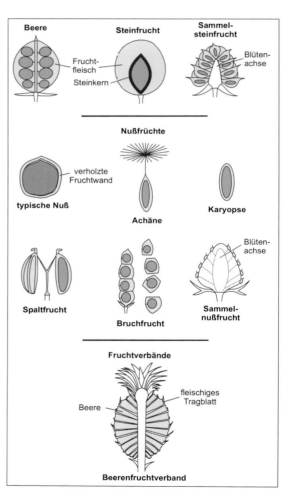

Abb. 3-7: Verschiedene Schließfrüchte im Längsschnitt. Die Samen sind in dunkelgrau, die Fruchtwand in hellgrau dargestellt

Die **Achäne** ist die Fruchtform der Korbblütler (Asteraceae), Baldrian- (Valerianaceae) und Kardengewächse (Dipsacaceae). Fruchtwand und Samenschale sind aneinandergepreßt, der Fruchtknoten ist unterständig. Häufig ist die Achäne, wie beim Gemeinen Löwenzahn (*Taraxacum officinale*), an der Spitze mit einem Haarkranz – Pappus genannt – ausgestattet, welcher der Windausbreitung dient.

Die kleinen Nüßchen der Süßgräser (Poaceae), zu denen auch die Getreidearten gehören, sind unscheinbar und doch so wichtig für unsere Ernährung. Die dünne Samenschale dieser **Karyopsen** ist fest mit der Fruchtwand verwachsen. Dieser Fruchttyp wird nicht näher behandelt.

Spaltfrüchte sind über das gesamte Pflanzenreich verstreut und deshalb sehr verschieden gestaltet. Sie besitzen jedoch alle folgendes Grundprinzip: Es handelt sich stets um ein aus mehreren verwachsenen Fruchtblättern bestehendes Gynoeceum (coenokarp). Die Fruchtblätter trennen oder spalten sich bei Fruchtreife voneinander ab und werden einzeln ausgebreitet. Jede Teilfrucht stellt ein einsamiges Nüßchen dar. Anschauliche Beispiele sind die Flügelnüsse der Ahornbäume (*Acer*) oder die Früchte der Doldengewächse (Apiaceae) und Malven (*Malva*). Die winzigen, unscheinbaren Spaltfrüchte der Lippenblütler (Lamiaceae) und Rauhblattgewächse (Boraginaceae) werden als **Klausen** bezeichnet.

Bruchfrüchte sind längliche Früchte, die durch Querteilung in kleine einsamige Glieder – Nüßchen – zerfallen. Diesen in Europa nur bei wenigen Pflanzen ausgebildeten Fruchttyp findet man beispielsweise bei den Gliederhülsen der Kronwicken (*Coronilla*, *Securigera*) und dem Hufeisenklee (*Hippocrepis*).

Sammelfrüchte

Einige Pflanzenfamilien zeichnen sich durch ein chorikarpes Gynoeceum aus, d. h. in einer Blüte befinden sich mehrere bis zahlreiche, unverwachsene Fruchtblätter, die sich jeweils zu einer kleinen Frucht entwickeln. Aus einer einzigen Blüte entwickelt sich so eine Vielzahl von Früchten. Bei Reife erscheinen diese Früchtchen als eine einzige, große Frucht. Wenn sich die Früchtchen in ihrer Gesamtheit ablösen und ausbreiten, spricht man nach Rauh (1950) von einer „Sammelfrucht". Die bekannteste Sammelnußfrucht ist sicherlich die Wald- oder Garten-Erdbeere (*Fragaria vesca*, *F. x ananassa*), deren zahlreiche winzige Nüßchen der stark vergrößerten, eßbaren Blütenachse ansitzen. Ähnlich gebaut sind die Sammelsteinfrüchte der Brom- und Himbeere (*Rubus fruticosus*, *R. idaeus*). Sammelfrüchte werden unter ihrem entsprechenden Fruchttyp, also als Nuß bzw. Steinfrucht beschrieben.

Fruchtverbände

Fruchtverbände gehen aus einem ganzen Blütenstand hervor, indem die zahlreichen, eng beieinander sitzenden Blüten jeweils kleine Früchte bilden und bei Reife das Aussehen einer einzigen Frucht annehmen. Gleich den Sammelfrüchten lösen sie sich in ihrer Gesamtheit ab, auch hier spielt die Blütenachse eine wichtige Rolle. Bei der tropischen Ananas (*Ananas comosus*) entwickelt sich aus dem Fruchtknoten jeder Blüte eine kleine Beere. Auch die Tragblätter zwischen den Blüten werden fleischig, so daß wir schließlich die Ananas als Beerenfruchtstand verzehren. In Europa sind Fruchtverbände selten, bekannte Beispiele sind die saftigen Feigen (*Ficus*) und Maulbeeren (*Morus*).

4. Ausbreitungsbiologie

Eine der herkömmlichen Vorstellungen von Blütenpflanzen ist die der festsitzenden Lebensweise. Im Gegensatz zu den Tieren können sie sich generell von ihrem Standort nicht fortbewegen. Das ist nur bedingt richtig, denn Samen und Früchte können sehr wohl kurze, mitunter aber auch sehr weite Entfernungen zurücklegen, um sich aus der unmittelbaren Nähe zur Mutter- oder Stammpflanze zu entfernen und sich andernorts zu etablieren. Durch ihre „beweglichen" Samen und Früchte sind Pflanzen in der Lage neue, vegetationslose Gebiete zu besiedeln. C. K. Sprengel, der Begründer der Blütenökologie, beschrieb als erster Wissenschaftler 1793 seine Beobachtungen zur Ausbreitungsbiologie der Pflanzen: „So wie die Blumen entweder auf eine mechanische Art, oder durch die Insekten befruchtet werden, so werden auch die in den Früchten enthaltenen Pflanzenkeime, welche man Samen nennet, entweder auf eine mechanische Art, oder von Thieren in den mütterlichen Schoß der Erde gebracht. [...] Verschiedene Arten von Vögeln verzehren verschiedene Arten von Beeren, und verdauen zwar das Fleisch derselben, aber nicht ihre Samenkörner, sondern geben diese unverdaut und unbeschädigt wieder von sich. Da unterdessen aber eine geraume Zeit verflossen ist, und sie sich folglich an einem von derjenigen Pflanze, welche ihnen die Beeren lieferte, entfernten Ort befinden: so befördern sie dadurch die Absicht der Natur, welche dahin geht, daß die Samenkörner in weiten Entfernungen von der Mutterpflanze ausgesäet werden sollen."

Etwa 100 Jahre nach Sprengels Beschreibungen publizierte der Freiburger Botanik-Professor F. Hildebrand das erste Standardwerk zur Ausbreitungsbiologie: „Die Verbreitungsmittel der Pflanzen". Die Ausbreitungsbiologie – auch Diasporologie genannt – beschäftigt sich mit den vielfältigen Strategien der Pflanzen mit Hilfe ihrer Samen und Früchte zu „wandern". Bei Öffnungsfrüchten werden die Samen, bei Schließfrüchten die Früchte einschließlich der Samen ausgebreitet. Auch größere Pflanzenteile, sogar ganze Pflanzen können ausgebreitet werden. Der Teil der Pflanze, der ausgebreitet wird, stellt eine Ausbreitungseinheit, auch Diaspore (griech. *diaspora*=Zerstreuung, *diaspeiro*=ich säe aus) genannt, dar. Man verwendet den Begriff der Diaspore bzw. Ausbreitungseinheit gern, um nicht näher charakterisieren zu müssen, welcher Teil der Pflanze ausgebreitet wird.

Analog zur Vielfalt der Samen und Früchte haben die Blütenpflanzen eine Vielzahl unterschiedlicher Ausbreitungsstrategien entwickelt. Man kann 6 übergeordnete Ausbreitungstypen in unserer heimischen Flora erkennen, die in Abb. 4-1 dargestellt werden. Die Beweglichkeit der Samen wird durch die griech. Endung *...chor, choreo*=ich wandere, beschrieben. Die Ausbreitung geschieht durch Wind (Anemochorie), Tiere (Zoochorie), Wasser (Hydrochorie), oder ohne ein entsprechendes Transportmedium mittels Selbstausbreitung (Autochorie). Auch die Rolle des Menschen ist bedeutend, wurden und werden doch durch ihn zahlreiche Kulturpflanzen weltweit ausgebreitet (Hemerochorie). Samen können auch durch Windbewegung oder Berührung durch Tiere aus ihren Früchten wie aus einer Streubüchse ausgestreut werden, was als Streuausbreitung (Semachorie) beschrieben wird.

Um die verschiedenen Ausbreitungsstrategien effektiv zu nutzen, benötigt es seitens der Pflanzenwelt vielfältige Anpassungen. Dient der Wind als Ausbreitungsmedium, besitzen die federleichten Früchte oder Samen spezielle Flugeinrichtungen, um über möglichst weite Strecken vom Wind getragen zu werden. Bei der Ausbreitung durch Tiere bieten viele Pflanzen fleischige, auffällig gefärbte Früchte an, die gefressen werden. Die Samen werden an anderer Stelle unbeschädigt ausgeschieden. So gehen Tier und Pflanze eine Art Geschäftsverbindung zu beiderseitigem Nutzen ein.

Oftmals ist eine Pflanzenart nicht nur auf einen Ausbreitungstyp festgelegt, sondern nutzt verschiedene Medien als Transportmittel. Beispielsweise werden viele Diasporen mit Schwerpunkt Windausbreitung auch durch Tiere oder Wasser ausgebreitet.

Die Ausbreitung von Diasporen kann über geringe Distanzen bis etwa 100 m (Nahausbreitung) und darüber hinaus (Fernausbreitung) erfolgen. Meistens legen Diasporen jedoch nur kurze Strecken zurück.

Anemochorie – Ausbreitung durch den Wind

Windausbreitung ist die ursprünglichste Ausbreitungsform, die schon von den ersten Landpflanzen (Pilze, Moose, Farne, Bärlappgewächse, Schachtelhalme) der Erde genutzt wurde. Diese Vertreter bilden weder Samen noch Früchte, sondern winzige Sporen, die vom Wind fortgeweht und ausgebreitet werden, was ihre Nachkommen auch heute noch machen. Auch unter den Blütenpflanzen stellt die Anemochorie die

Anemochorie - Ausbreitung durch den Wind (*anemos*=Wind)

Meteorochorie - Ausbreitung durch Flieger (*meteora*=Höhen)
- Diasporen mit Haaren/Schirmen
- Geflügelte Diasporen
- Körnchen- und Ballonflieger

Chamaechorie - Ausbreitung durch Bodenroller (*chamai*=Boden)

Zoochorie - Ausbreitung durch Tiere (*zoon*=Tier)

Epichorie - Ausbreitung durch Anhaftung (*epi*=darauf)
- Kletthafter
- Adhäsionshafter
- Klebhafter

Endochorie - Verdauungsausbreitung (*endon*=drinnen)

Myrmechorie - Ameisenausbreitung (*myrmex*=Ameise)

Dysochorie - Zufallsausbreitung (*dys*=miß...)
- Versteckausbreitung
- Bearbeitungsausbreitung
- Ausbreitung während des Nestbaus

Semachorie - Streuausbreitung durch Wind und Tiere (*semer*=säen)

- Windstreuer

- Tierstreuer

Hydrochorie - Ausbreitung durch Wasser (*hydor*=Wasser)

Nautochorie - Schwimmausbreitung (*naus*=Schiff)

Bythisochorie - Ausbreitung durch die Strömung von Fließgewässern (*bythis*=sinken)

Ombrochorie - Ausbreitung durch Regentropfen (*ombros*=Regen)
- Regenschwemmlinge
- Regenballisten

Hemerochorie - Ausbreitung durch den Menschen (*hemeros*=kultiviert)

Ethelochorie - Ausbreitung als Saatgut (*ethelo*=ich will)

Speirochorie - Ausbreitung als Saatgutbegleiter (*speiro*=ich säe)

Agochorie - Ausbreitung durch unbeabsichtigten Transport
(*ago*=Führung)

Autochorie - Selbstausbreitung (*auto* = selbst)

Ballochorie - Ausbreitung durch Schleudermechanismen
(*ballein*=werfen)
- Saftdruckstreuer
- Austrocknungsstreuer

Herpechorie - Ausbreitung durch Bodenkriecher (*herpos*=krieche)

Barochorie - Ausbreitung durch Schwerkraft (*baros*=Schwere)

Blastochorie - Ausbreitung durch Selbstableger (*blastano*=ich wachse)

Abb. 4-1: Übersicht über die Ausbreitungstypen (die Herleitung erfolgt aus dem Griechischen, die Endsilbe griech. *chor*=ich wandere).

häufigste Ausbreitungsform mit einer Vielzahl von speziell an den Wind angepaßten Bautypen dar.

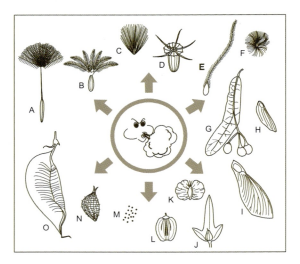

Abb. 4-2: Anemochore Diasporen. A-D: Schirmchenflieger. A: Wiesen-Bocksbart (*Tragopogon pratensis*). B: Echter Arznei-Baldrian (*Valeriana officinalis*). C: Lorbeer-Weide (*Salix pentandra*). D: Tauben-Skabiose (*Scabiosa columbaria*). E: Gemeine Waldrebe (*Clematis vitalba*) als Federschweifflieger. F: Großes Windröschen (*Anemone sylvestris*) als Haarflieger. G-J: Dynamikflieger. G: Winter-Linde (*Tilia cordata*). H: Wald-Kiefer (*Pinus sylvestris*). I: Ahorn (*Acer*). J: Hainbuche (*Carpinus betulus*). K-L: Gleitflieger. K: Hänge-Birke (*Betula pendula*). L: Wiesen-Bärenklau (*Heracleum spondylium*). M: Orchideensamen als Körnchenflieger. N: Persischer Klee (*Trifolium resupinatum*) als Bodenroller. O: Blasenstrauch (*Colutea arborescens*) als Ballonflieger.

Zahlreiche Diasporen nutzen den Wind als Transportmedium. Denken wir nur an den lauen Sommerwind, den bewegten Wind an der Küste, die oft windkanalähnlichen Winde in den Häuserschluchten unserer Städte und die heftigen, oft orkanartigen Herbststürme, so wird deutlich, daß die Oberfläche unserer Erde 24 Stunden täglich Turbulenzen unterschiedlicher Stärke und Qualität ausgesetzt ist. Dies macht sich die Natur auf sehr vielfältige Art und Weise zunutze. So besteht beispielsweise die Vegetation der Alpen zu 60 % aus Pflanzenarten, die durch den Wind ausgebreitet werden. In den europäischen Wäldern und Forsten breiten sich die meisten Bäume mit Hilfe des Windes aus.

Regenwetter oder auch nur eine hohe Luftfeuchtigkeit setzen den Transport durch den Wind stark herab. Die Bereitstellung der anemochoren Diasporen ist deshalb an trockenes Wetter gekoppelt. So öffnen sich zahlreiche Kapseln sowie die holzigen Zapfen vieler Koniferen erst infolge von Austrocknung (Xerochasie, griech. *xerochas*=trocken), die Samen werden also erst bei Trockenheit dem Wind präsentiert.

Anemochore Pflanzen haben verschiedene Strategien und Bautypen entwickelt, um den Wind zu nutzen. Man unterscheidet 2 Gruppen: Die eigentlichen Flieger (Meteorochore) werden durch den Wind über kurze oder lange Strecken in der Luft gehalten, während die Bodenroller (Chamaechore) aufgrund ihrer Schwere mit Hilfe des Windes über den Boden rollen oder hüpfen.

Meteorochorie – Ausbreitung durch Flieger

Um die Sinkgeschwindigkeit zu reduzieren, verringern die Flieger ihr spezifisches Gewicht durch luftgefüllte Hohlräume und/oder vergrößern durch verschiedene Ausbildungen der Oberfläche (Flügel, Flughaare, Fallschirme) ihren Luftwiderstand. Dabei gilt, daß eine scheibenförmige Gestalt einen deutlich höheren Luftwiderstand bewirkt, als eine Kugel oder ein Stromlinienkörper.

Diasporen mit Haaren oder Schirmen

Ein häufiges und auffälliges Bauprinzip stellt der Pappus vieler Korbblütler (Asteraceae) und Baldriangewächse (Valerianaceae) dar, der den Diasporen als Fallschirm dient (Abb. 4-2A-B). Hierbei handelt es sich um schopfartige Haarbildungen an der Spitze der Diaspore, die es einigen Diasporen ermöglichen als **Schirmchenflieger** kilometerweit vom Wind getragen zu werden (Fernausbreitung). Anfang des 19. Jahrhunderts zeichnete der britische Mathematiker Sir George Cayley einen Fallschirm nach dem Vorbild der Achänen des Wiesen-Bocksbart (*Tragopogon pratensis*). Fallschirm wie auch die Achäne mit ihrem Pappus funktionieren auf dieselbe Art: Beide sinken zu Boden und drücken dabei die Luft unter sich zusammen. Es entsteht ein Luftpolster, auf dem Achäne und Fallschirm langsam abwärts gleiten.

Bei einigen Pflanzen bricht der Pappus, wie bei der Acker-Kratzdistel (*Cirsium arvense*), sehr leicht ab, die Früchte bleiben dann in unmittelbarer Umgebung ihrer Mutterpflanze (Nahausbreitung) liegen. Schopfförmige Haarbildungen besitzen auch die Weiden (*Salix*) und Pappeln (*Populus*), Weidenröschen (*Epilobium*), Seidenblumen (Asclepiadaceae) und der Oleander (*Nerium oleander*). Eindrucksvoll sind die Diasporen der Skabiosen (*Scabiosa*), deren zarter, häutiger Außenkelch einem Federball ähnelt (Abb.4-2D).

Die Diasporen vieler Arten, die sich als erste auf neu zu besiedelnden Flächen einfinden, sogenannte Pionierpflanzen, sind Schirmchenflieger, wie Berufkraut (*Erigeron*), Goldrute (*Solidago*) und Weiden (*Salix*).

Artname	cm/Sek.
Schirmchenflieger	
Zitter-Pappel (*Populus tremula*)	11
Zottiges Weidenröschen (*Epilobium hirsutum*)	19
Lorbeer-Weide (*Salix pentandra*)	24
Acker-Kratzdistel (*Cirsium arvense*)	26
Gemeiner Löwenzahn (*Taraxacum officinale*)	33
Gleitflieger	
Hänge-Birke (*Betula pendula*)	25
Berg-Ulme (*Ulmus glabra*)	67
Schraubendrehflieger	
Wald-Kiefer (*Pinus sylvestris*)	43-83
Weiß-Tanne (*Abies alba*)	106
Spitz-Ahorn (*Acer platanoides*)	107
Hainbuche (*Carpinus betulus*)	120
Tulpenbaum (*Liriodendron tulipifera*)	125
Gemeine Esche (*Fraxinus excelsior*)	200
Körnchenflieger	
Echte Sumpfwurz (*Epipactis palustris*)	20
Laubmoose (*Polytrichum*)	23

Abb. 4-3: Sinkgeschwindigkeiten einiger Flieger (Meteorochoren) in cm/Sekunde nach Müller-Schneider (1977), verändert.

Neben den Schirmchenfliegern gibt es einige Vertreter, deren Griffel im Zuge der Fruchtreifung zu einem langen Federschweif umgebildet wird, sogenannte **Federschweifflieger** (Abb.4-2E). Die Früchte von Waldrebe (*Clematis vitalba*), Küchenschelle (*Pulsatilla*), Silberwurz (*Dryas octopetala*), Nelkenwurz (*Geum*) und Reiherschnabel (*Erodium*) besitzen solch einen Federschweif aus feinen Härchen, der den Luftwiderstand der Frucht deutlich erhöht. Besonders auffällige, bis zu 40 cm lange, behaarte Grannen besitzen die Federgräser (*Stipa*). Sehr selten sind Diasporen mit einem allseitigen Haarkleid besetzt, wie beim Großen Windröschen (*Anemone sylvestris*) und der Baumwolle (*Gossypium*). Sie werden **Haarflieger** genannt (Abb. 4-2F). Diasporen mit Haaren oder Schirmen bleiben bei Nässe oft auch als Wasserhafter am Tierfell kleben (Epichorie).

Geflügelte Diasporen

Flügelflieger sind Nußfrüchte oder geflügelte Samen, die einen bzw. mehrere Flügel oder einen Flügelsaum als Tragfläche besitzen. Sie werden fast immer offen dem Wind angeboten. Ein kräftiger Windstoß genügt für das Losreißen der Früchte. Lediglich bei den Koniferen wie Lärche (*Larix*) oder Kiefer (*Pinus*) muß sich zuerst der Zapfen öffnen, um die geflügelten Samen dem Wind zu präsentieren. Flügelflieger sind häufig bei Bäumen zu finden, da die relativ schweren Diasporen nur ihre volle Flugfähigkeit erreichen, wenn sie ihren Flug in großer Höhe starten können.

Anhand der aerodynamischen Wirksamkeit kann man 2 Bautypen unterscheiden: Der flache, geflügelte **Gleit-** bzw. **Segelflieger** ist symmetrisch gebaut, sein Schwerpunkt liegt im Zentrum und er kann wie ein Segelflugzeug durch die Luft gleiten (Abb. 4-2K-L). Gleitflieger sind beispielsweise die Früchte der Erlen (*Alnus*), Birken (*Betula*) und Ulmen (*Ulmus*). Dagegen ist der **Dynamikflieger** nur zu Drehbewegungen in der Lage, da aufgrund seiner Asymmetrie der Schwerpunkt nicht in der Mitte liegt (Abb. 4-2G-J). Durch diese Drehbewegungen verlängert die Diaspore ihre Flugbahn, die schraubenförmig wird, weshalb die Dynamikflieger auch **Schraubendrehflieger** genannt werden. Anschauliche Beispiele sind Ahorn (*Acer*), Gemeine Esche (*Fraxinus excelsior*) und Götterbaum (*Ailanthus altissima*), deren flache Nußfrüchte immer nur einen langen Flügel besitzen und sich deshalb um ihre eigene Längsachse drehen. Ähnliche Bauprinzipien besitzen Fichte (*Picea*), Kiefer (*Pinus*), Hainbuche (*Carpinus betulus*) und die Linden (*Tilia*).

Unter den krautigen Pflanzen gibt es nur wenige Beispiele für geflügelte Diasporen. Auffällige, stark abgeflachte, scheibenförmige Nüßchen mit einem schmalen Flügelsaum rundherum bilden Bärenklau (*Heracleum*, Abb. 4-2L) und Brillenschötchen (*Biscutella*). Auch die verschiedenen, in den Bergen wachsenden Enzian-Arten (*Gentiana*) breiten sich mit scheibenförmigen Segelfliegern aus. Bei Reife ragen die Fruchtstände über die übrige Vegetation heraus. Die Segelflieger krautiger Arten werden – außer in montanen Regionen – jedoch nur über kurze Strecken vom Wind mitgetragen, da der Flug in zu geringer Höhe beginnt. Die kleinen, dreiflügeligen Nußfrüchte einiger Ampfer- und Rhabarberarten (*Rumex*, *Rheum*) werden als Dynamikflieger ausgebreitet.

Die Flugbahn und Flugweite von Diasporen in natürlicher Umgebung zu beobachten, ist äußerst schwierig. Generell kann man jedoch davon ausgehen, daß bei den Dynamikfliegern die Mehrzahl der Diasporen in der Nähe der Mutterpflanze landet, während Segelflieger eine längere Flugbahn besitzen (Fernausbreitung).

Bionik – Technik nach dem Vorbild der Natur

Die bedeutenden Segeleigenschaften der Flugsamen der tropischen *Zanonia* (auch *Makrozanonia* genannt) *macrocarpa* inspirierten den österreichischen Flugzeugkonstrukteur Igo Etrich (1879-1967) zum Bau der „Etrich-Taube", deren verbesserter Typ im 1. Weltkrieg als Aufklärungsflugzeug genutzt wurde.

Ausgangspunkt der Flugzeugkonstruktion war die Reise des Botanikers Gottfried Haberlandt, der 1892 die Flugsamen von *Z. macrocarpa*, eines Kürbisgewächses, aus Java nach Wien brachte. Begeistert schrieb dieser: „Ein anderes, noch interessanteres Beispiel liefern die geflügelten Samen von Zanonia macrocarpa, einer Liane aus der Familie der Cucurbitaceen [...].[...] in der Höhe (sieht man) wie grosse Glocken, die braunen Früchte hängen; wartet man nun, bis ein Windstoss sie in Bewegung setzt, dann glaubt man plötzlich eine ganze Schar von grossen, atlasglänzenden Schmetterlingen daraus hervorschwirren zu sehen. [...] (Die Samen) gehören zu dem Schönsten und Vollkommensten, was es auf diesem Gebiete gibt."

Der Hamburger Professor Ahlhorn veröffentlichte im Jahre 1897 eine Studie über die außergewöhnlichen Flugeigenschaften der Samen von *Z. macrocarpa* und ihre Eignung zum Flugzeugbau. Hier einige technische Details: Die länglichen Samen besitzen eine Spannweite von etwa 15 cm und sind lediglich 200 mg schwer. Die Samenschale ist zu dünnen, papierartigen, durchsichtigen Flügeln ausgewachsen und sichelförmig nach hinten gebogen. Der Schwerpunkt liegt zwischen erstem und zweiten Drittel der Längsachse. Ihre Sinkgeschwindigkeit liegt bei rund 18 cm pro Sekunde, was bedeutet, daß die Flugsamen aus einer Abflughöhe von 30 m etwa 240 m im Gleitflug bei Windstille zurücklegen können.

Etrich und der Pilot Franz Wels entwickelten daraufhin in Österreich einen dem *Zanonia*-Samen nachgebildeten Zanonia-Gleiter. Schließlich baute Etrich 1909, nun gemeinsam mit Karl Illner, ein Eindekker-Motorflugzeug mit einem Porschemotor, die sogenannte Etrich-Taube. Die, wie bei der Haustaube nach hinten gezogenen Flügelenden, waren für die Namensgebung verantwortlich. Die Flügel – aus Holz, Spannstoff und Bambusstäben – waren aerodynamisch autostabil. Damit konnte eine Flugstrecke von 40 km in 30 Minuten bewältigt werden. In Deutschland entwickelte der Konstrukteur Edmund Rumpler das Flugzeug weiter und ging ab 1910 auf dem Flugplatz Berlin-Johannisthal mit der „Rumpler Taube" in die Produktion. Schließlich wurde die Taube von rund 50 Herstellern gebaut und avancierte im deutschsprachigen Raum für kurze Zeit zu einem der erfolgreichsten Motorflugzeuge. Das sehr stabile Flugzeug besaß jedoch aufgrund seiner unzähligen Spann- und Steuerdrähte einen hohen Luftwiderstand, wurde dadurch zu langsam (80–110 km/Stunde) und schon bald von anderen Flugzeugtypen verdrängt.

Körnchenflieger

Winzige Diasporen mit einem spezifischen Gewicht zwischen 0,001 bis 0,005 mg werden Körnchenflieger genannt und zählen zu den kleinsten und leichtesten Samen der Blütenpflanzen. Aber auch die winzigen Sporen der Pilze, Moose und Farne werden als Körnchenflieger ausgebreitet. Die ungewöhnlich leichten Körnchenflieger können oftmals wie der Pollen der Blütenpflanzen durch Luftströmungen (also ohne Wind) hunderte von Kilometern fortgetragen werden.

Optimal sind die staubartigen Samen der Orchideen (Orchidaceae), die zu Tausenden aus den geöffneten Kapseln vom Wind herausgeblasen werden, an die Windausbreitung angepaßt. Sie besitzen eine blasig aufgetriebene Samenschale. Diese ballonartige Einrichtung steigert die Flugfähigkeit der Orchideensamen. Ähnliche Einrichtungen besitzen auch die Samen des Rundblättrigen Sonnentau (*Drosera rotundifolia*) sowie vieler Dickblatt- (Crassulaceae) und Heidekrautgewächse (Ericaceae). Pflanzen, die sich als Körnchenflieger ausbreiten, zeichnen sich durch eine sehr hohe Produktion an winzigen Samen aus. Ihre Samenschale ist sehr dünn, ihre Oberfläche netzartig gerippt und dadurch nahezu unbenetzbar.

Ballonflieger

Wesentlich größere Diasporen stellen die Ballonflieger dar. Durch Lufteinschluß (Pneumokarpie) während der Fruchtentwicklung sind Ballonflieger blasig aufgetrieben. Im europäischen Raum gibt es nur wenige Beispiele wie den Blasenstrauch (*Colutea arborescens*) mit bis zu 8 cm großen, luftgefüllten Früchten sowie die Diasporen der Hopfenbuche (*Ostrya carpinifolia*), die durch starken Wind ausgebreitet werden.

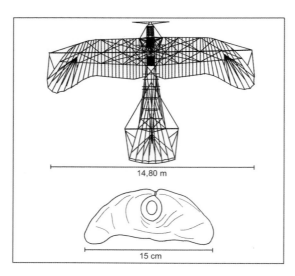

14,80 m

15 cm

Abb. 4-4: Die Etrich-Taube nach dem Vorbild eines Flugsamen von *Zanonia macrocarpa*.

Chamaechorie – Ausbreitung durch Bodenroller

Früchte, ganze Pflanzen oder Teile von ihnen, können losgelöst und als Bodenroller oder Bodenläufer vom Wind entlang der Bodenoberfläche getrieben werden. Die Diasporen besitzen eine kugelförmige Gestalt und sind zu schwerfällig, um länger in der Luft zu bleiben. Zumeist handelt es sich um Steppenpflanzen, so daß die Diasporen über weite Strecken ohne Hindernis ausgebreitet werden können. Sie sind durch Lufteinschlüsse in oder an der Frucht sehr leicht.

Bodenroller sind besonders unter den Schmetterlingsblütengewächsen (Fabaceae) vertreten: Der mediterrane Scheiben-Schneckenklee (*Medicago orbicularis*) besitzt eine schneckenförmig eingerollte Nußfrucht, deren Fruchtwand bei Reife dünn und luftgefüllt ist. Die unscheinbaren Nüßchen des Wundklee (*Anthyllis vulneraria*) und des mediterranen Persischen Klee (*Trifolium resupinatum*) sind vom blasig aufgetriebenen Kelch umschlossen und werden gemeinsam mit diesem als Bodenroller ausgebreitet. Weitere typische Bodenroller sind die schwarzen Früchte des Kicher-Tragant (*Astragalus cicer*) und die blasig aufgetriebenen Früchte des Blasenstrauchs (*Colutea arborescens*), der auch als Ballonflieger ausgebreitet wird.

Auch ganze Pflanzen können vom Wind ausgebreitet werden, wie das an den Küsten Mitteleuropas wachsende und die russischen Steppen bewohnende Salzkraut (*Salsola kali*), dessen vertrocknete Büsche infolge der Herbststürme losgerissen werden und als sogenannte Steppenhexen über die Ebene tanzen. Auch der sparrige Feld-Mannstreu *(Eryngium campestre)* und der Meersenf (*Cakile maritima*) werden oftmals von ihren Wurzeln losgerissen und als Ganzes vom Wind über den Boden gerollt. Ebenso wird die im östlichen Mittelmeergebiet sowie in Nordafrika wachsende und als Rose von Jericho bekannte *Anastatica hierochuntica* als Steppenläufer ausgebreitet.

Zoochorie – Ausbreitung durch Tiere

Zahlreiche Pflanzen haben sich durch spezielle Einrichtungen an ihren Früchten oder Samen an die Ausbreitung durch Tiere angepaßt. Man unterscheidet 4 Hauptgruppen: Die Epichorie beschreibt die Ausbreitung der Diaspore als Klettfrucht an Fell oder Gefieder. Bei der Endochorie – Ausbreitung über den Verdauungsweg – werden die Diasporen gefressen und meist keimfähig ausgeschieden. Die Myrmechorie ist speziell den Ameisen vorbehalten, die in erster Linie gar nicht an der Diaspore selbst, sondern an einem

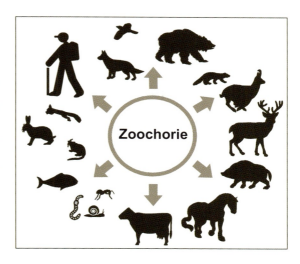

Abb. 4-5: An der Zoochorie beteiligte Tiergruppen.

kleinen nährstoffreichen Anhängsel, dem Elaiosom, interessiert sind. Zu guter Letzt ist die Dysochorie, die Zufallsausbreitung, zu nennen. Hier handelt es sich um eine Sammelgruppe, in der Diasporen eigentlich nur zufällig dem Verzehr entgehen und so die Chance erhalten auszukeimen.

Neben den zahlreichen Vögeln sind viele in unserer heutigen Kulturlandschaft lebenden Säugetiere wichtige Ausbreiter: Feldhase und Kaninchen, Nagetiere (z. B. Eichhörnchen, Murmeltier, Biber, Garten- und Siebenschläfer), Raubtiere (z. B. Rotfuchs, Marder, Dachs, Iltis) sowie Rot-, Reh- und Damwild, Wildschwein sowie Nutztiere (Rinder, Pferde, Ziegen und Schafe). In den Alpen dienen auch Gemse und Steinbock der Ausbreitung von Diasporen. Früher waren in unseren Breiten auch Bären und Wildpferde wichtige Ausbreiter, die im asiatischen Raum auch heute noch wild vorkommen (Abb.4-5).

Epichorie – Ausbreitung durch Anhaftung

Diasporen bleiben an der Oberfläche von Tieren und Menschen haften und werden so durch deren Fortbewegung mittransportiert und ausgebreitet. Die Länge der zurückgelegten Strecke ist abhängig von der Fellstruktur und dem Putzverhalten des Tieres. Weiterhin bestimmend ist die Haftfähigkeit der Diasporen durch eine speziell ausgeprägte Oberflächenstruktur. Diese kann behaart, rauh, warzig, stachelig, mit Widerhaken besetzt, sehr glatt oder auch schleimig sein.

Kletthafter

Die Diasporen der Kletthafter – oft auch Kletten genannt – besitzen eine behaarte, rauhe, stachelige oder mit Widerhaken besetzte Oberfläche, wodurch sie sich im Tierfell, an Pfoten oder Hufen festsetzen und forttransportiert werden. Vögel eignen sich, aufgrund der geringen Haftfähigkeit des Gefieders und ihres starken Putzverhaltens, nicht als Transportmittel für Kletthafter.

Epichore Diasporen zeigen sehr unterschiedliche Klettvorrichtungen (Abb. 4-6A-I). Bei den Nüßchen der Nelkenwurz (*Geum*) dient der zu einem langen Haken umgebildete Griffel als Klettorgan. Der ungewöhnlich geformte Pappus des Zweizahn (*Bidens*) besteht aus 2–3 festen, widerhakigen Borsten, die sich im Tierfell verhaken. Oft ist die gesamte Fruchtoberfläche mit kleinen Haken ausgestattet, wie bei den Nüßchen des Acker-Hahnenfuß (*Ranunculus arvensis*) und einigen Arten des Schneckenklee (*Medicago minima, M. arabica, M. polymorpha*). Ähnlich mit kleinen Stacheln bewehrt sind die Spaltfrüchte einiger Doldengewächse wie Wilde Möhre (*Daucus carota*) und Klettenkerbel (*Torilis*). Der Fruchtbecher des Odermennig (*Agrimonia*) ist ebenfalls mit Widerhaken besetzt. Beim Klebkraut (*Galium aparine*) können die mit kleinen Widerhaken besetzten rundlichen Nußfrüchte, aber auch ganze Pflanzenteile oder die gesamte Pflanze mitgerissen werden. Diese bleiben auch gern an Socken und Schnürsenkeln des Menschen kleben und werden so ausgebreitet.

Als Besonderheit sind die Trampelkletten zu nennen, die jedoch nur bei Steppen- und Wüstenpflanzen vorkommen. Es handelt sich um niederliegende Pflanzen, deren Diasporen ein sehr festes Gehäuse besitzen, das mit äußerst harten Stacheln und Krallen bewehrt ist. Wenn ein Tier, meist ein Huftier, sich solche Diasporen eintritt, bleiben diese am Fuß fest haften und werden über lange Strecken unbeschadet mitgeführt, wie bei dem im Mittelmeerraum wachsenden Erdburzeldorn (*Tribulus terrestris*).

Auch ganze Fruchtstände können ausgebreitet werden, so die Kletten (*Arctium*), Spitzkletten (*Xanthium*) und Karden (*Dipsacus*). Die eigentlichen Früchte, die kleinen Achänen befinden sich im Fruchtköpfchen, das von hakigen Hüllbättern umgeben ist. Vorbeistreifende Tiere bleiben daran hängen und reißen oftmals die ganzen Fruchtköpfchen ab, die sich im Fell festhaken.

Adhäsionshafter

Mittels Schlamm oder Wasser bleiben kleine, abgeflachte Diasporen mit glatter Oberfläche an nassem Tierfell, Füßen oder Gefieder von Vögeln kleben (Abb. 4-6J-L). Am wirksamsten ist die Schlammhaftung, da Schlamm weit besser und länger anhaftet als Wasser

allein. Selbst beim Trocknen fällt der Schlamm nicht ohne weiteres ab. Die Diasporen vieler Sumpf- und Wasserpflanzen werden durch Wasserhaftung am Gefieder und Schlammhaftung an den Füßen ausgebreitet. Beispiele hierfür sind verschiedene Hahnenfuß-Arten (*Ranunculus sceleratus, R. flammula, R. aquatilis*), Pfeilkraut (*Sagittaria sagittifolia*), Blutweiderich (*Lythrum salicifolia*), Wasserschwaden (*Glyceria*) und Binsen (*Juncus*). Die mögliche Rolle von Zugvögeln für die Fernausbreitung ist in dieser Hinsicht erst wenig untersucht. Auch der Mensch kann mit Hilfe der Schmutzkruste an seinen Schuhen bzw. im Reifenprofil von Autos der Nah- wie Fernausbreitung dienen.

Wasser- und Teichlinsen (*Lemna, Spirodela*) – kleine Pflänzchen („Entengrütze") auf der Oberfläche von Stillgewässern – werden als Ganzes ausgebreitet. Viele anemochore Diasporen, wie die Gleit- und Schirmchenflieger, können über kurze Strecken ebenfalls als Wasserhafter ausgebreitet werden.

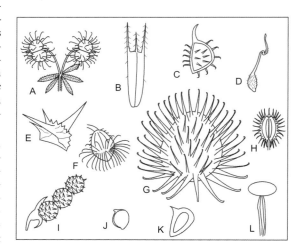

Abb. 4-6: Epichore Diasporen. A-I: Kletthafter (Kletten). A: Klebkraut (*Galium aparine*). B: Dreiteiliger Zweizahn (*Bidens tripartita*). C: Acker-Hahnenfuß (*Ranunculus arvensis*). D: Echte Nelkenwurz (*Geum urbanum*). E: Erdburzeldorn (*Tribulus terrestris*). F: Wohlriechender Odermennig (*Agrimonia procera*). G: Große Klette (*Arctium lappa*). H: Wilde Möhre (*Daucus carota*). I: Dorniger Süßklee (*Hedysarum spinosissimum*). J-L: Adhäsionshafter. J: Gift-Hahnenfuß (*Ranunculus sceleratus*). K: Pfeilkraut (*Sagittaria sagittifolia*). L: Teichlinse (*Spirodela polyrhiza*).

Klebhafter

Wesentlich seltener findet man in unseren Breiten klebrige oder schleimige Samen bzw. Diasporen. Die Samen von Flatter- und Krötenbinse (*Juncus effusus, J. bufonius*) quellen bei Nässe schleimig auf, verkleben miteinander und bleiben an Fell oder Gefieder haften. Bei den Explosionsfrüchten von Sauerklee (*Oxalis*) und Spritzgurke (*Ecballium elaterium*) bleiben die klebrigen Samen im Fell vorüberstreifender Tiere kleben. Andere Diasporen verschleimen bei Nässe, was vermutlich in erster Linie der Befestigung der Samen in der Erde dient, damit diese auskeimen können. Beispiele hierfür sind die Samen des Lein (*Linum usitatissimum*) und Breit-Wegerich (*Plantago media*).

Endochorie – Verdauungsausbreitung

Bei der als Endochorie bezeichneten Verdauungsausbreitung werden die Diasporen gefressen und die hartschaligen Samen, Steinkerne und Nüßchen in der Regel unverdaut ausgeschieden. Nur ein kleiner Prozentsatz der Samen ist danach nicht mehr keimfähig. Das ist erstaunlich, denn der Embryo könnte beim Zerkleinern durch die Zähne zerstört werden, auch ist eine vollständige Verdauung nicht immer vermeidbar. Verschiedene Säuren wirken auf den Verdauungsbrei ein. Auch kommt es zu mechanischen Einwirkungen durch ebenfalls aufgenommenen Sand oder kleine Steinchen.

Die Ausbreitungsdistanz der Diasporen hängt von der Dauer des Verdauungsvorganges des Tieres sowie seinen Aktionsradius ab und kann zwischen wenigen Metern und einigen Kilometern liegen. Fernausbreitung findet überaus selten statt, da sich die meisten Tiere innerhalb ihres spezifischen Lebensraums aufhalten. Die Verdauungssäfte bereiten die Samenschale oftmals auf die Keimung vor. Mitunter sind sie auch Voraussetzung für die Keimung wie bei der Himbeere (*Rubus idaeus*). Der Kot dient der Jungpflanze häufig als Dünger, wie u. a. bei der Verdauungsausbreitung durch Regenwürmer nachgewiesen wurde.

Zahlreiche Diasporen sind fleischig und saftig und dienen deshalb einer Vielzahl von Tieren als Nahrung (Abb. 4-7). Fast immer handelt es sich um Früchte (Beeren, Steinfrüchte und Sammelfrüchte), selten sind es die Samen, die fleischig werden, wie bei Pfaffenhütchen (*Euonymus*), Magnolie (*Magnolia*) und Gingkobaum (*Gingko*).

Fleischige Diasporen sind für Tiere besonders attraktiv. Solche Diasporen besitzen, damit die Samen sich vollständig entwickeln können, verschiedene Schutzmechanismen gegen den Tierfraß im unreifen Zustand: Bitterer oder saurer Geschmack, toxische Substanzen, ein noch festes Fruchtfleisch und eine unauffällige grüne Färbung, die sich nicht von übrigen Blattwerk unterscheidet. Im reifen Zustand werden die Ausbreiter über eine auffällige Farbgebung, süßlichen Geruch sowie Geschmack im Sinne von Genießbarkeit angelockt. In dem mächtigen Fruchtfleisch sind die Samen eingebettet und werden somit vor dem

Zerbeißen geschützt, die kleinen Samen heruntergeschluckt. Sie besitzen eine feste Samenschale, bei den Steinfrüchten der Pflaumen, Kirschen und Mandeln ist der zarte Same durch den harten Steinkern geschützt. Die feste Samenschale bzw. Steinkerne bewahren den Embryo in der Regel auch vor der Verdauung.

Als Signalfarbe der fleischigen Diasporen dient für Vögel und viele Säugetiere, einschließlich des Menschen, zumeist die Farbe Rot. Es kommen auch dunkelblaue bis fast schwarze Beeren vor, die oftmals bei Gehölzen zu finden sind, die im grün- oder buntbelaubten Zustand fruchten, so daß sich die Früchte optisch abheben.

Im Gegensatz zu den attraktiven, saftig-fleischigen Diasporen wird eine Vielzahl von kleinen, unscheinbaren Nußfrüchten und Samen von Weidevieh, Reh- und Rotwild mitsamt dem Grünfutter – hier dient das grüne, saftige Blattgrün als Lockmittel – aufgenommen. Auch diese Diasporen passieren unbeschadet den Darmkanal und werden meist keimfähig abgegeben. Die Fruchtwand der Nußfrüchte ist meist sehr hart, auch die geringe Größe der Diasporen schützt vor Zerstörung durch den Fraßvorgang und die Verdauung. Einige Autoren stellen diese vergleichsweise unauffällige Endochorie unscheinbarer, nicht fleischiger Diasporen zur Dysochorie (Zufallsausbreitung).

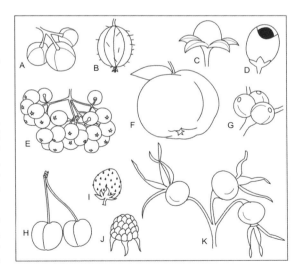

Abb. 4-7: Endochore fleischig-saftige Diasporen. A-G: Beerenfrüchte. A: Vielblütige Weißwurz (*Poylgonatum multiflorum*). B: Stachelbeere (*Ribes uva-crispa*). C: Tollkirsche (*Atropa belladonna*). D: Beerenartige Samen der Eibe (*Taxus baccata*). E: Vogelbeere (*Sorbus aucuparia*). F: Kultur-Apfel (*Malus domestica*). G: Mistel (*Viscum album*). H: Steinfrüchte der Süßkirsche (*Prunus avium*). I-K: Sammelfrüchte. I: Wald-Erdbeere (*Fragaria vesca*). J: Brombeere (*Rubus fruticosus*). K: Kartoffelrose (*Rosa rugosa*).

Ausbreitung durch Vögel

Die wichtigsten endochoren Ausbreiter stellen die Vögel dar. Vor allem Drosseln, Stare, Dohlen, Krähen, Rotkehlchen und Seidenschwänze sind eifrige Fruchtfresser. Besonders in der insektenarmen Winterzeit sind Vögel verstärkt auf Früchte angewiesen, die als sogenannte Wintersteher ein reiches Nahrungsangebot bieten. Begehrt sind Gehölze mit Beeren-, Stein- und fleischigen Sammelfrüchten, deren Früchte man deshalb auch als „Vogelbeeren" bezeichnet. Nahezu konkurrenzlos sind die erst im Spätherbst reifen Hagebutten der Wildrosen (*Rosa*) und die im Frühjahr reifen Beeren des Efeu (*Hedera helix*).

Ausschließlich von Vögeln ausgebreitet werden die weißen Beeren der Mistel (*Viscum album*), einem Baumschmarotzer, den man im Winter in den blattlosen Kronen beispielsweise von Pappeln, Kiefern oder Obstbäumen sehen kann. Die Beeren werden nicht vollständig verdaut, eine zähe Klebschicht samt Samen wird ausgeschieden. Landet beides auf einem Ast, so leimt die Klebschicht die Samen fest an die Borke und die Mistel kann auskeimen. Fleißige Ausbreiter der Mistel sind Amsel, Drossel (u. a. die Misteldrossel) und Star.

Unter den krautigen Pflanzen werden Maiglöckchen (*Convallaria majalis*), Erdbeere (*Fragaria*) und Vielblütige Weißwurz (*Polygonatum multiflorum*) endochor durch Vögel ausgebreitet.

Gehölzart	Anzahl der Vogelarten
Vogelbeere (*Sorbus aucuparia*)	63
Schwarzer Holunder (*Sambucus nigra*)	62
Traubenholunder (*Sambucus racemosa*)	47
Wacholder (*Juniperus communis*)	43
Süßkirsche (*Prunus avium*)	41
Faulbaum (*Frangula alnus*)	36
Rote Johannisbeere (*Ribes rubrum*)	34
Weißdorn (*Crataegus*)	32
Wildrosen (*Rosa*)	27
Roter Hartriegel (*Cornus sanguinea*)	24
Europäisches Pfaffenhütchen (*Euonymus europaea*)	24
Traubenkirsche (*Prunus padus*)	24
Eibe (*Taxus baccata*)	24
Blaubeere (*Vaccinium myrtillus*)	22
Gemeiner Schneeball (*Viburnum opulus*)	22
Liguster (*Ligustrum vulgare*)	21
Schlehe (*Prunus spinosa*)	20
Himbeere (*Rubus idaeus*)	20
Mistel (*Viscum album*)	12

Abb. 4-8: Gehölze, die durch verschiedene Vogelarten endochor ausgebreitet werden.

Wenn Millionen Vögel im Herbst Richtung Süden in wärmere Länder ziehen, bieten Wälder und Hecken eine verlockende Beerenpracht an. „Vogelbeeren" besitzen bei Reife eine auffällige Färbung, die als Signalfarbe inmitten der herbstlichen und winterlichen Landschaft wirkt. Deutlich wird dabei, daß Vögel eine Rotfärbung bevorzugen. Zu den beliebtesten Vogelbeeren zählen die durch Karotinoide attraktiv rotgefärbten Beeren der Vogelbeere (*Sorbus aucuparia*), die von 63 Vogelarten endochor ausgebreitet wird (siehe Abb. 4-8). Ihre getrockneten Beeren wurden deshalb früher als Lockmittel für den Vogelfang benutzt, die Artbezeichnung leitet sich davon ab (lat. *avis*=Vogel, *capere*=fangen).

Einige dunkel gefärbte Früchte – wie die Pflaumen (*Prunus domestica*) – besitzen eine Wachsschicht, die UV-Licht stark reflektiert. Viele Vögel können, im Gegensatz zum Menschen, UV-Strahlen wahrnehmen. Vögel sind auf eine optische Signalwirkung ausgerichtet, da ihr Geruchsinn im Gegensatz zu den Säugetieren nur schwach ausgebildet ist oder völlig fehlt.

Kleine Früchte werden von den Vögeln verschluckt ohne zerkleinert zu werden, wodurch die Samen nicht gefährdet werden. Entweder sie würgen die unverdaulichen Reste der Diasporen mit dem Gewölle aus, noch bevor sie in den Magen-Darmtrakt gelangen oder die Samen werden nach der Darmpassage unbeschadet ausgeschieden.

Vögel tragen durch ihren reichhaltigen Verzehr an fleischigen Diasporen zur Gehölzausbreitung bei und „bauen sich selbst ihren eigenen Lebensraum". Diesen Umstand nutzt man heute in der Landschaftsplanung, in dem man verstärkt Gehölze mit heimischen „Vogelbeeren" anpflanzt. Ihre Früchte werden dann von Vögeln ausgebreitet, die so der natürlichen Sukzession dienen.

Auch unscheinbare Nußfrüchte werden von Vögeln endochor ausgebreitet. Enten verschlucken bei der Futtersuche im Wasser schwimmende Diasporen der Laichkräuter (*Potamogeton*), des Igelkolben (*Sparganium*) sowie vieler Seggen (*Carex*) und scheiden diese an anderer Stelle keimfähig aus.

Untersuchungen haben ergeben, daß die Ausbreitungsdistanzen durch die meisten Vögel nur 25-50 m betragen. Dies liegt am häufig geringen Aktionsradius und dem kurzen Verdauungsvorgang, so daß viele Diasporen schon nach 30 Minuten ausgeschieden werden. Nur Wasser- und Küstenvögel behalten ihre Diasporen über viele Stunden im Darmtrakt und breiten sie so über weite Strecken aus (Fernausbreitung).

Ausbreitung durch Säugetiere

Fleischige Diasporen stehen auch bei den Kleinsäugern und dem Wild auf dem Speisezettel. Reh-, Rot- und Damwild zerkleinern jedoch fleischige Diasporen so stark, daß die Samen zerstört werden und diese somit nicht der endochoren Ausbreitung dienen. Die endochore Ausbreitung durch Wildschweine wurde bis heute nur wenig untersucht, so daß hierüber keine Angaben gemacht werden können.

Nagetiere, wie Waldmäuse, Garten- und Siebenschläfer, verfeinern ihre Mahlzeiten mit Wald-Erdbeere (*Fragaria vesca*), Himbeere (*Rubus idaeus*), Tomate (*Solanum lycopersicum*) sowie Blaubeere (*Vaccinium myrtillus*) und dienen dabei der endochoren Ausbreitung. Der Feldhase – wie auch das Kaninchen – frißt die Hagebutten der Wildrosen (*Rosa*), die Früchte der Süßkirsche (*Prunus avium*) und des Holz-Apfels (*Malus sylvestris*) und breitet diese über mehrere 100 m aus. Die Anlockung erfolgt weniger über Farben als vielmehr über den süßlichen Geruch des Fruchtfleisches, da Hasen und Kaninchen einen ausgeprägten Geruchssinn besitzen. Nager fressen eine Vielzahl von trockenen Nußfrüchten, am bekanntesten ist das Eichhörnchen, das sich vor allem von Bucheckern (*Fagus sylvatica*) und Eicheln (*Quercus*) ernährt. Die Samen dieser Nußfrüchte werden jedoch durch das Zerkleinern zerstört, so daß keine endochore Ausbreitung stattfindet.

Kleine Raubtiere wie Dachs, Marder und Rotfuchs ernähren sich nicht nur von tierischer Nahrung, sondern befriedigen gerade im Herbst ihren durch das Wachsen des Winterpelzes erhöhten Nahrungsbedarf auch durch Früchte. Besonders großfrüchtige Diasporen wie Kultur-Apfel (*Malus domestica*) und Birne (*Pyrus communis*) – weitere Arten siehe Abb. 4-9 – werden gefressen und die Samen über größere Distanzen ausgebreitet. Die ursprünglichen Apfel-Wildarten bildeten etwa kirschgroße Äpfel, die durch Vögel endochor ausgebreitet wurden. Im Zuge der Evolution wurden durch Säugetiere (Bären, Wildpferde, Esel) großfrüchtige Wild-Apfelarten – ähnlich unseres Kultur-Apfels – selektiert. So entwickelte sich aus einer ursprünglichen, kleinen „Vogelbeere" im Laufe der Evolution über Jahrtausende eine typische, großfrüchtige „Säugetierbeere".

Bei der endochoren Ausbreitung durch Säugetiere werden jedoch nicht nur saftige und attraktiv gefärbte Beeren und Steinfrüchte als Lockmittel angeboten. Eine Vielzahl trockener, unscheinbarer Nußfrüchte wird vom Weidevieh (Schafe, Ziegen, Rinder, Pferde) und vom Wild (Reh-, Rot- und Damwild) beim Abweiden des Grünfutters mitgefressen. Es handelt sich hierbei um Grasfresser, welche die Diasporen mit dem Grünfutter oder dem Heu aufnehmen. Als Lockmittel dienen in diesen Fällen nicht die Früchte, sondern die vegetativen Teile der Pflanze, hauptsächlich die in großer Menge gebildeten Blätter. So werden eine große Anzahl an Wiesen- und Weidepflanzen wie Wiesenkerbel (*Anthriscus sylvestris*), Scharfer Hahnenfuß (*Ranunculus acris*) und Wundklee (*Anthyllis vulneraria*) sowie Gräser, aber auch die Kräuter der Wälder ausgebreitet. Reh-, Rot- und Damwild breiten diese kleinen Diasporen aufgrund ihres großen Aktionsradius über weite Strecken aus.

Ausbreitung durch andere Wirbeltiere

Reptilien spielen in Mitteleuropa bei der endochoren Ausbreitung von Früchten kaum eine Rolle. In Südeuropa werden durch Schildkröten verschiedene Süßgräser (Poaceae) ausgebreitet. Einige Landschildkröten Südafrikas, wie die Pantherschildkröte (*Geochelone pardalis*) breiten abgelöste Früchte des Feigenkaktus (*Opuntia ficus-indica*) endochor aus. Die sehr harten Samen verbleiben etwa 2 Wochen im Darmtrakt bis sie ausgeschieden werden. Die Schildkröte legt etwa 600 m pro Tag zurück, so daß es zur Fernausbreitung von mehreren Kilometern kommen kann.

Im Gegensatz zu Mitteleuropa spielen Fledermäuse und Flughunde in den Tropen eine wichtige Rolle bei der Bestäubung von Blütenpflanzen und auch bei deren Ausbreitung. Kleine, saftige Beeren vieler Pionierpflanzen z. B. einige Nachtschatten- (*Solanum*) und Pfefferarten (*Piper*) werden von diesen endochor ausgebreitet. Bei sehr kurzen Retentionszeiten von oft nur 20 Minuten prasseln regelrechte „Samenregen" Nacht für Nacht auf die Erde nieder.

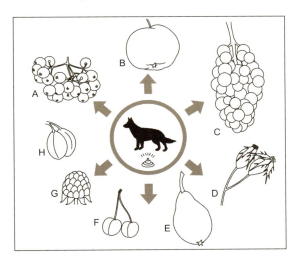

Abb 4-9: Vom Rotfuchs endochor ausgebreitete fleischige Diasporen. A: Vogelbeere (*Sorbus aucuparia*). B: Kultur-Apfel (*Malus domestica*). C: Weinrebe (*Vitis vinifera*). D: Hundsrose (*Rosa canina*). E: Garten-Birne (*Pyrus communis*). F: Süßkirsche (*Prunus avium*). G: Brombeere (*Rubus fruticosus*). H: Pflaume (*Prunus domestica*).

Von den tropischen Regenwäldern ist bekannt, daß viele am Fluß stehende Bäume ihre Früchte einfach ins Wasser fallen lassen, wo sie von zahlreichen Fischen endochor ausgebreitet werden. Durch Süßwasserfische werden vermutlich auch im klimatisch gemäßigten Mitteleuropa die Samen und Früchte einer Vielzahl von Wasser- und Uferpflanzen endochor ausgebreitet, was jedoch wenig erforscht ist. Nachgewiesen ist dies jedoch bereits für viele Laichkräuter (*Potamogeton*), Fieberklee (*Menyanthes trifoliata*), Pfeilkraut (*Sagittaria sagittifolia*) und Froschlöffel (*Alisma plantago-aquatica*).

Ausbreitung durch Wirbellose

Auch Schnecken tragen zur Ausbreitung einiger Diasporen bei. Baum-, Weg- und Weinbergschnecken fressen die Steinfrüchtchen von Him- und Brombeere (*Rubus idaeus, R. fruticosus*) sowie die Nüßchen der Wald- und Garten-Erdbeere (*Fragaria vesca, F. x ananassa*). Die Ausbreitungsdistanz hängt von der langen Verdauungszeit (10-12 Stunden) und der langsamen Kriechgeschwindigkeit von etwa 6 m/Stunde ab. So gehören Schnecken mit nur wenigen Metern Ausbreitungsdistanz zu den Nahausbreitern.

Regenwürmer fressen neben den Sporen von Moosen und Farnen auch die winzigen Achänen des Gänseblümchen (*Bellis perennis*), die Samen des Hirtentäschel (*Capsella bursa-pastoris*) und sogar die bestachelten Nußfrüchtchen der Wilden Möhre (*Daucus carota*). Oftmals wird durch die Verdauung die Keimfähigkeit der Samen sogar erhöht. Regenwürmer dienen aufgrund ihres geringen Aktionsradius der Nahausbreitung. Theoretisch kann es jedoch sekundär auch zur Ausbreitung über weite Strecken kommen, da Regenwürmer ein beliebtes Futter von Vögeln darstellen.

Mitunter fressen auch Ameisen fleischige Früchte. Dies ist jedoch in der Regel ohne ausbreitungsbiologische Bedeutung, da hierbei nur das Fruchtfleisch gefressen wird und die Samen am Fundort verbleiben.

Myrmechorie – Ameisenausbreitung

An die Ausbreitung von Diasporen durch Ameisen ist eine Vielzahl der Blütenpflanzen angepaßt. Ihre Diasporen sind mit einem nährstoffreichen Anhängsel, dem Elaiosom bzw. Ölkörper versehen, dessen Entstehungsmöglichkeiten in Kapitel 3 beschrieben werden. Elaiosomen sind bei Ameisen als Nahrungsmittel äußerst beliebt und führen dazu, daß die Diaspore in die Ameisenbauten eingetragen wird. Dort wird das Elaiosom abgetrennt und die ansonsten unbeschädigte Diaspore nach außen transportiert, wo sie – bei entsprechenden Bedingungen – auskeimen kann. Es werden also nicht die Diasporen gefressen, sondern lediglich das Elaiosom, das als sogenanntes „Botenbrot" dient.

Die Ausbreitung bestimmter Diasporen mit einem Elaiosom durch Ameisen wurde als erstes von dem schwedischen Botaniker Johan Rutger Sernander im Jahre 1906 beschrieben. In den folgenden Jahrzehnten wurde dieses Phänomen weltweit, mit Ausnahme der Antarktis, beobachtet. Besonders in den Mischwäldern Europas und Nordamerikas sowie in den Savannen Ostaustraliens und Südafrikas sind myrmechore Pflanzen zu finden.

Ameisen sind soziale Insekten, die in Staaten leben, deren größten Anteil die Arbeiterinnen ausmachen. Sie leben von tierischer Nahrung (zumeist tote Insekten, Kleintiere), verschiedenen Pflanzensäften sowie dem Honigtau der Blattläuse. Auch Nektar nehmen sie zu sich, ohne jedoch dabei der Bestäubung zu dienen. Die nährstoffreichen Elaiosomen dienen besonders in Frühjahr und Frühsommer der Ernährung, wenn tierische Nahrung noch nicht in großen Mengen verfügbar ist. Die Rote Waldameise (*Formica rufa*), die zu den hügelbauenden Ameisen der Wälder Mitteleuropas gehört, kann man mit etwas Geduld beim Sammeln von Diasporen mit Elaiosom beobachten. In Mitteleuropa dienen besonders Ameisen aus den Gattungen *Myrmica*, *Lasius* und *Formica* der myrmechoren Ausbreitung.

Bei fast allen myrmechor ausgebreiteten Diasporen stellen die Elaiosomen deutlich ausgeprägte, äußerliche Anhängsel dar, die sich durch eine helle Färbung deutlich von Frucht oder Samen absetzen. Bei einigen Arten befindet sich jedoch das nährstoffhaltige Gewebe in der Fruchtschale der Nußfrucht, wie beim Frühlings-Adonisröschen (*Adonis vernalis*) oder in der Samenschale des Milchstern (*Ornithogalum*). Solche Elaiosomen sind weder für uns Menschen (ausser unter dem Mikroskop) noch für Ameisen sichtbar, deren Sehvermögen generell sehr gering ausgebildet ist. Ameisen nehmen Elaiosomen stattdessen über den Geruch wahr: Futtersuche, Nestbau und Verständigung der Ameisen untereinander geschehen im wesentlichen über Duft- und Geschmacksstoffe, also über den Geruch. Diese chemischen Signale werden über 20 bis 30 verschiedene Drüsen wahrgenommen.

Untersuchungen haben ergeben, daß Elaiosomen eine Fettsäure – Ricinolsäure – enthalten, die auch in Tierleichen vorkommt und die Ameisen dort zum Abtransport der toten Tiere anregt. Man nimmt an, daß die Ricinolsäure in den Elaiosomen ebenfalls als Lockmittel dient. Ist die Ameise am Fundort angekommen, wird die Diaspore mit den Antennen betastet und dann in den Ameisenbau eingetragen. Dort werden die Elaiosomen abgetrennt und zur Ernährung der Brut gelagert, während die unbeschädigten Diasporen selbst aus dem Bau entfernt oder in alten Gängen des Baus abgelegt werden und auskeimen können. Mitunter wird das Elaiosom schon beim Transport gefressen, so daß Früchte und Samen an den

Ameisenstraßen liegen bleiben und dort bei geeigneten Bedingungen auskeimen.

In den sandigen Küstenregionen des Mittelmeerraumes kann man im Frühjahr zahlreiche Ameisenvölker beobachten, die u. a. fleißig mit dem Sammeln von Samen und Früchten beschäftigt sind. Im Umkreis ihres Baus lagern sie die nicht mehr benötigten pflanzlichen Überreste in großen Mengen ab.

Das soziale Verhalten der Ameisen kommt den Pflanzen zugute, denn nur dadurch, daß Ameisen die Elaiosomen in der Regel nicht am Fundort, dem Standort der Pflanze, fressen, sondern die gesamte Diaspore in den Bau transportieren, kommt es zu einer gewissen Ausbreitungsdistanz. Entscheidend ist auch, daß die Diasporen durch die Ameisen nicht beschädigt werden, ihre Keimfähigkeit also erhalten bleibt.

Eine Vielzahl europäischer Pflanzen hat sich perfekt an die Ausbreitung durch Ameisen angepaßt. Es handelt sich dabei meistens um Frühblüher unserer Wälder. Frucht- und Samenreife dieser Pflanzen verlaufen schnell, so daß die Diasporen zur Hauptsammelzeit der Ameisen im Spätfrühling und Frühsommer ausgereift sind. Das tierische Nahrungsangebot ist zu dieser Zeit noch sehr gering und tritt deshalb als bevorzugte Nahrung in den Hintergrund. Um die zur Samen- und Fruchtreife benötigten Kohlenhydrate möglich schnell verfügbar zu haben, vergrößern einige Pflanzen in unmittelbarer Nähe zur Frucht ihre grünen, assimilierenden Blätter oder den Kelch, damit diese verstärkt zur Stoffproduktion beitragen können. Größere, zeitraubende Stofftransporte durch die Pflanze werden so vermieden.

Viele der myrmechoren Pflanzen präsentieren den Ameisen regelrecht ihr Speiseangebot: Das Leberblümchen (*Hepatica nobilis*) neigt das ganze Fruchtköpfchen zum Boden, die kleinen Nüßchen fallen auf die Erde und werden den Ameisen regelrecht vorgelegt. Beim Schneeglöckchen (*Galanthus nivalis*) erschlafft der unverholzte Stengel, so daß die Kapsel mitsamt des Stengels nach der Blütezeit auf den Boden sinkt, sich dort öffnet, so daß die Samen ausgeräumt werden können (Abb. 4-10).

Bei einigen myrmechoren Pflanzen kann man zusätzlich die Koppelung mit einem weiteren Ausbreitungstyp feststellen. Die Kapseln vieler Veilchen bzw. Stiefmütterchen (*Viola*) streuen ihre Samen aus eigener Kraft bis etwa 2 m fort. Sie werden von Ameisen eingesammelt und wegtransportiert. Veilchen sind also hauptsächlich Selbstausbreiter und nicht auf Ameisen als Ausbreiter angewiesen. Auch die Samen des Wunderbaumes (*Ricinus communis*) und vieler Wolfsmilch-Arten (*Euphorbia*) werden zuerst explosionsartig aus ihrer Kapsel geschleudert und dann aufgrund ihres großen Elaiosoms eingesammelt.

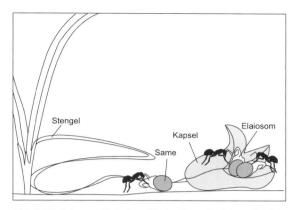

Abb.4-10: Schneeglöckchen (*Galanthus nivalis*) zur Fruchtreife. Der unverholzte Stengel ist zur Erde gesunken, Ameisen holen die Samen mit dem kapuzenförmigen Elaiosom aus der aufgesprungenen Kapsel.

Dysochorie – Zufallsausbreitung

Versteckausbreitung

Viele Tiere sammeln Früchte und Samen nicht nur zum sofortigen Verzehr, sondern auch um Nahrungsvorräte für den Winter anzulegen (Abb.4-11). Diese enthalten große Mengen nährstoff- und energiereicher Öle und Fette, so daß sie besonders im Winter zu einer begehrten Nahrung werden. Vergessene oder nicht wiedergefundene Diasporen können in den Verstecken auskeimen.

Nagetiere, wie Eichhörnchen, Siebenschläfer, Wald-, Feld- und Schlafmaus legen Wintervorräte an. Begehrt sind Walnuß (*Juglans regia*), Haselnuß (*Corylus avellana*), die Buchecker der Rotbuche (*Fagus sylvatica*), Edelkastanie (*Castanea sativa*), Arve (*Pinus cembra*) und Eicheln (*Quercus*), die alle einen großen, nährstoffreichen Samen besitzen. Getreidevorräte (Karyopsen der Gräser) werden von Hamster und Feldmaus zusammengetragen. Der sprichwörtliche Sammeleifer der Hamster ist wohlbekannt. Eichhörnchen machen sich als regelrechte „Baumpflanzer" verdient, vergessen sie doch allzu oft ihre versteckten Früchte, die dann auskeimen können. Auch fleischige Diasporen wie Beeren- und Steinobst oder auch Pilze werden für den Winter gelagert. Damit diese nicht verderben, werden Trockenfrüchte hergestellt: Das Eichhörnchen klemmt eine geerntete Frucht in eine Astgabel und läßt sie von Wind und Sonne trocknen, wobei die Samen herunterfallen können.

Nur wenige Vogelarten wie Eichel- und Tannenhäher, welche die Diasporen einzeln im Erdboden vergraben, besitzen die Fähigkeit Nahrungsreserven für den Winter anzulegen. Eichelhäher fressen Nußfrüchte oft nicht sofort, sondern fliegen damit an ein ruhiges

Plätzchen, um sie aufzuschlagen oder als Wintervorrat zu verstecken. Sie transportieren oft mehrere Eicheln auf einmal: Eine Eichel im Schnabel und die anderen in der Kehle, aus der sie zur Einlagerung herausgewürgt werden. Alle paar Jahre erzeugen Eichen mit einer sogenannten Eichelmast einen Überschuß an Eicheln, der zu regen Sammelaktivitäten von Eichelhäher und Eichhörnchen führt. In dieser Zeit werden Tausende von Eichelverstecken angelegt, die längst nicht alle wiedergefunden werden. Diese entgehen damit dem Verzehr und dienen so der natürlichen Verjüngung der Wälder, in dem sie auskeimen. Die enge Bindung von Eichelhäher und Eichhörnchen an die Eicheln wird bereits in der Namensgebung deutlich.

Der Kleiber ist dafür bekannt, seinen Wintervorrat an Nüssen in Borkenrissen oder Mauerfugen einzuklemmen. Vergessene Früchte können an diesen Stellen jedoch in der Regel nicht auskeimen, der Kleiber trägt somit nicht zur Ausbreitung bei.

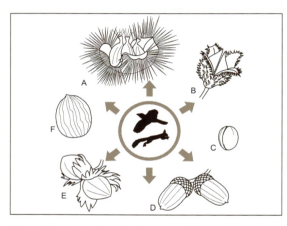

Abb. 4-11: Versteckausbreitung verschiedener Diasporen durch Eichelhäher und Eichhörnchen. A: Edelkastanie (*Castanea sativa*). B: Buchecker der Rotbuche (*Fagus sylvatica*). C: Steinkern der Süßkirsche (*Prunus avium*). D: Eicheln der Stieleiche (*Quercus robur*). E: Haselnuß (*Corylus avellana*). F: Steinkern der Walnuß (*Juglans regia*).

Bearbeitungsausbreitung

Die Samen vieler Zapfen von Nadelbäumen oder Erlen (*Alnus*) werden nicht ausschließlich anemochor ausgebreitet. Vielmehr stellen sie auch eine begehrte Nahrung für Nager und Vögel dar. Da die Samen jedoch in den Zapfen eingeschlossen sind, müssen die Zapfen zunächst bearbeitet werden. Dabei können einige der freigelegten Samen unbeabsichtigt herausfallen und unter geeigneten Bedingungen auskeimen. Der sich im Winter von den Samen der Nadelhölzer des Waldes ernährende Buntspecht hat folgende Methode entwickelt, um an die schwer zugänglichen

Samen zu gelangen: Mit dem Schnabel bricht er einen Zapfen vom Ast ab, fliegt zu einem alten Baum mit rissiger Borke um ihn in dieser festzuklemmen. So kann er die Samen heraushacken, wobei natürlich auch einige Samen auf die Erde fallen.

Immer wieder kann man Finkenschwärme beobachten, wie sie auf Brachflächen die Disteln (*Carduus*) und Kletten (*Arctium*), aber auch Wegwarte (*Cichorium intybus*), Goldruten (*Solidago*), Ampfer (*Rumex*) und Knöterich (*Polygonum*) „abernten". Besonders der Distelfink – auch Stieglitz genannt – ist bekannt für sein Herauspicken der Achänen und Nüßchen aus den Fruchtständen. Dabei werden viele der Diasporen verstreut und entgehen so dem Verzehr.

Das Eichhörnchen wiederum nagt die Samen aus den Zapfen heraus, dabei fallen ebenfalls einige zu Boden. Fichten- oder Kiefernkreuzschnabel schneiden mit ihrem speziellen Kreuzschnabel die Schuppen der Zapfen auf und ziehen die Samen heraus. Wenn die zur Erde gefallenen Samen nicht von anderen Tieren gefressen werden, können auch diese auskeimen.

Die mediterranen Ernteameisen sammeln Getreidekörner (Karyopsen), deren Spelzen sie in ihrem Bau entfernen. Der Sameninhalt wird mit Hilfe des Speichels zerkaut, was eine Umwandlung von Stärke in Zucker bewirkt. An einem Getreidekorn kauen rund 100 Arbeiterinnen 2 Tage lang. Das Endprodukt ist das sogenannte Ameisenbrot, das frisch oder nach Lagerung verspeist wird. So werden die meisten eingetragenen Körner verspeist, bereits keimende Samen können jedoch nicht mehr verarbeitet werden. Sie werden aus dem Bau getragen, so daß es rund um diesen wächst und gedeiht.

Ausbreitung während des Nestbaus

Einige Diasporen eignen sich vorzüglich zum Nestbau. Die flauschigen Früchte der Waldrebe (*Clematis vitalba*) und der Weiden (*Salix*) werden von Vögeln gern als Nistmaterial genutzt. Auf den Transportflügen gehen unbeabsichtigt einige Diasporen verloren und können so unter geeigneten Bedingungen auskeimen.

Manch einer kennt vielleicht auch die Gehäuse der Köcherfliegen. Ihre im Wasser lebenden Larven bauen sich kunstvolle Gehäuse aus sehr unterschiedlichen Baumaterialien für ihre Verpuppung. Neben Sand, Steinchen, Blättern, Halmen, Schneckengehäusen und anderen Stoffen werden auch kleine Diasporen von Wasserpflanzen verbaut. Belegt ist das beispielsweise für die Diasporen des Froschlöffel (*Alisma plantago-aquatica*), Pfeilkraut (*Sagittaria sagittifolia*), Sumpf-Schwertlilie (*Iris pseudacorus*), Wolfstrapp (*Lycopus europaeus*), Laichkräuter (*Potamogeton*) und Wasserschlauch (*Utricularia vulgaris*). Zerfällt das Gehäuse, können die Diasporen auskeimen.

Semachorie – Ausbreitung durch Wind- und Tierstreuer

Eine Vielzahl von Kapseln, Schoten, Balgfrüchten sowie die Fruchtköpfchen einiger Korbblütler (Asteraceae) sind sogenannte Wind- oder Tierstreuer, die ihre Samen mehrere Meter weit ausstreuen. Durch den Wind oder vorbeistreifende Tiere werden die infolge Austrocknung (Xerochasie) geöffneten Früchte bzw. Fruchtstände aus dem Gleichgewicht gebracht, sie schnellen zurück, so daß die Samen allmählich, wie aus einer Streubüchse, ausgestreut werden. Meistens ist eine Pflanze zugleich Wind- und Tierstreuer, da der Bautyp solcher Pflanzen sehr ähnlich ist.

Windstreuer sind Pflanzen, deren geöffnete Früchte durch das Spiel des Windes ihre Samen ausstreuen (Abb. 4-12). Die Früchte der Tierstreuer besitzen zusätzlich eine stachelige oder hakige Oberfläche, an der vorbeistreifende Tiere kurz hängenbleiben und sich losreißen. Dabei schnellt die Pflanze zurück und streut die Samen aus. Viele dieser Pflanzen sind sehr ausladend gebaut, so daß sich leicht ein Tier daran verhakt.

Streuer zeigen folgende typische Merkmale: Es handelt sich zumeist um Öffnungsfrüchte mit langen, elastischen Fruchtstielen, die gesamte Pflanze besitzt elastische Stengel. Oft haben sich diese während des Fruchtwachstums stark verlängert, um aus der umgebenden Vegetation emporzuwachsen. Die Samen sind klein und winzig. Sie können jedoch weder fliegen noch schweben, wie die anemochoren Diasporen. Oft besitzen die Früchte wie beim Bilsenkraut (*Hyoscyamus*) einen „Windfang" aus vergrößerten Kelch- oder Hochblättern. Häufig ist die Frucht selbst, meist eine Kapsel, blasig aufgetrieben und dient ebenso als Windfang. Meist ist die ganze Pflanze mit Dornen oder Stacheln bewehrt, bei anderen sind nur die Früchte oder Kelche stachelig, spitz oder hakig ausgeprägt, damit sich Tiere daran verhaken.

Typische Windstreuer sind die Porenkapseln der Glockenblumen (*Campanula*) und des Mohns (*Papaver*). Bei den schotenfrüchtigen Kreuzblütlern (Brassicaceae) bleiben häufig die Samen nach Abfallen der Fruchtklappen an der Scheidewand sitzen. Diese dient, wie die silbrig glänzende Scheidewand beim Silberblatt (*Lunaria rediviva*), als Windfang. Auch die wenigen, pappuslosen Vertreter unter den Korbblütlern (Asteraceae), wie das Gänseblümchen (*Bellis perennis*), gehören zu den Windstreuern. Typische Tierstreuer sind Stechapfel (*Datura stramonium*), Bilsenkraut (*Hyoscyamus niger*), viele Lippenblütler (Lamiaceae) und einige Nelkengewächse (Silenoideae) mit Zähnchenkapseln.

Tierstreuer finden sich auch unter den Korbblütlern wie den Kratzdisteln (*Cirsium*), Kletten (*Arctium*) und Karden (*Dipsacus*). Bei diesen sind die vielen Achänen von stacheligen Hüllblättern umschlossen. Am Fell vorbeistreifender Tiere bleiben die Fruchtköpfchen hängen, werden als Ganzes von der Pflanze abgerissen und mitgeführt, was als Klettausbreitung (Epichorie) anzusprechen ist. Häufig wird jedoch nur das Fruchtköpfchen an der Pflanze aufgerissen und die Achänen ausgestreut (Semachorie).

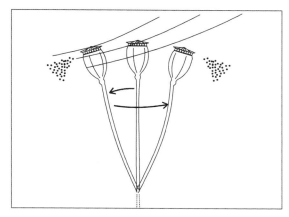

Abb. 4-12: Klatsch-Mohn (*Papaver rhoeas*) als Windstreuer. Aus den winzigen Poren unter dem Deckel werden die Samen durch die Bewegung des Windes gleichmäßig ausgestreut.

Hydrochorie – Ausbreitung durch Wasser

Wasser wird von Pflanzen auf unterschiedliche Weise als Transportmittel genutzt. Viele am oder im Wasser lebende Blütenpflanzen bilden schwimmfähige Diasporen aus, die über fließendes oder stehendes Wasser ausgebreitet werden (Nautochorie). Eine Vielzahl von Diasporen wird auch flußabwärts vom Wasser fortgetragen und über weite Strecken fortgeschwemmt ohne jedoch schwimmfähig zu sein (Bythisochorie). Aber auch Wasser in Form von Regentropfen stellt das Ausbreitungsmedium einiger Pflanzen dar (Ombrochorie).

Nautochorie – Schwimmausbreitung

Wasser- und Uferpflanzen bilden in der Regel schwimmfähige Diasporen, die auf der Wasseroberfläche liegend, vom Wasser transportiert werden (Abb. 4-14). Diese sogenannten Schwimmer besitzen ein niedriges spezifisches Gewicht und sind durch Wachsüberzüge und/oder eine dicke Kutikula unbenetzbar.

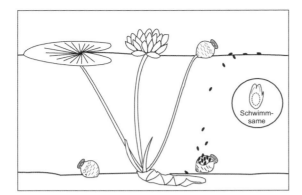

Abb. 4-13: Weiße Seerose (*Nymphaea alba*) mit Blüte und Früchten. Reife Früchte sinken auf den Gewässergrund und entlassen nach Verrottung der Fruchtwand ihre Samen, die durch ihre luftgefüllte Schwimmhülle nach oben steigen. Rechts ist ein Same mit seiner Schwimmhülle vergrößert dargestellt.

Letztere verhindert sogar das Eindringen von Meersalzen. Die Wand der Samen oder Früchte ist durch ein Schwimmgewebe aus luftgefüllten Hohlräumen oder Zellen gekennzeichnet. Wohl der bekannteste Schwimmer ist die aus den Tropen stammende Kokosnuß der Kokospalme (*Cocos nucifera*). In den Handel gelangt jedoch nicht die ganze Steinfrucht, sondern nur der äußerst feste Steinkern (siehe Abb. 10-2). Der Steinkern wird natürlicherweise von einem mächtigen, lufthaltigen Fasergewebe umhüllt. Dieses dient als Schwimmgewebe und ermöglicht der Kokosnuß, hunderte von Kilometern von der Meeresströmung mitgetragen zu werden.

Typische Schwimmer unserer Breiten sind die Schwimmsamen der am Gewässerufer wachsenden Sumpfdotterblume (*Caltha palustris*) und der Sumpf-Schwertlilie (*Iris pseudacorus*), die bei Reife ins Wasser fallen. Wasserpflanzen wie Wasser-Hahnenfuß (*Ranunculus aquatilis*) und Laichkräuter (*Potamogeton*) bilden zahlreiche kleine, schwimmfähige Nußfrüchte, die sich bei Reife ablösen, im Wasser treiben lassen, irgendwann zum Gewässerboden sinken und dort auskeimen. Einige Doldengewächse, die wie der Wasser-Schierling (*Cicuta virosa*) am Gewässerrand wachsen, besitzen deutlich gerippte Teilfrüchte (Nüßchen) mit einem lufthaltigen Schwimmgewebe (Abb. 4-15D-E).

Die Früchte der Weißen Seerose (*Nymphaea alba*) sinken bei Reife als Ganzes auf den Gewässergrund, zerfallen durch Verwitterung und entlassen dadurch ihre zahlreichen Samen (Abb. 4-13). Diese sind von einem weißlichen, luftgefüllten Schwimmgewebe umhüllt, das ein Aufsteigen der Samen an die Wasseroberfläche ermöglicht. Dort werden sie mit der Strömung weitergetragen bis nach etwa 24 Stunden ihre Schwimmhülle abgebaut ist und die Samen wieder-

um auf den Gewässergrund sinken und dort schließlich auskeimen.

Auch viele am Wasser lebende Sauergräser wie Seggen, Simsen und Binsen (*Carex, Scirpus, Scheuchzeria*) bilden schwimmende Früchte. Sehr einfache Schwimmer bilden hierbei die Seggen wie die Zypergrasähnliche Segge (*Carex pseudocyperus*). Ihre nur wenige Millimeter langen Nüßchen werden von einem Schlauch (Utriculus) umhüllt, der eine Luftblase einschließt (Abb. 4-15C).

Typische Schwimmer mit Schwimmgewebe:
Gemeiner Froschlöffel (*Alisma plantago-aquatica*)
Schwarz-Erle (*Alnus glutinosa*)
Meersenf (*Cakile maritima*)
Sumpf-Calla (*Calla palustris*)
Sumpfdotterblume (*Caltha palustris*)
Seggen (z. B. *Carex acutiformis, C. pseudo-cyperus, C. rostrata, C. vesicaria*)
Wasser-Schierling (*Cicuta virosa*)
Sumpf-Schwertlilie (*Iris pseudacorus*)
Straußblütiger Gilbweiderich (*Lysimachia thyrsifolia*)
Fieberklee (*Menyanthes trifoliata*)
Gelbe Teichrose (*Nuphar lutea*)
Weiße Seerose (*Nymphaea alba*)
Wasserfenchel (*Oenanthe aquatica*)
Laichkräuter (*Potamogeton*)
Sumpf-Blutauge (*Potentilla palustris*)
Wasser-Hahnenfuß (*Ranunculus aquatilis*)
Gift-Hahnenfuß (*Ranunculus sceleratus*)
Fluß-Ampfer (*Rumex hydrolapathum*)
Sumpf- Pfeilkraut (*Sagittaria sagittifolia*)
Blumenbinse (*Scheuchzeria palustris*)
Gewöhnliche Strandsimse (*Scirpus maritimus*)
Berle (*Sium erectum*)
Ästiger Igelkolben (*Sparganium erectum*)
Wassernuss (*Trapa natans*)

Abb. 4-14: Pflanzenarten, die sich durch Nautochorie ausbreiten.

Zu erwähnen ist auch die mittlerweile in Europa nur noch selten vorkommende Wassernuß (*Trapa natans*). Sie bildet 3-4 cm breite, 3kantige Nüsse mit meist 4 dornartigen Fortsätzen (Abb. 4-15A-B). Die ungewöhnlich leichten, einsamigen Früchte lösen sich bei Reife vom Fruchtstiel ab und werden als Schwimmer ausgebreitet. Irgendwann sinken sie auf den Gewässerboden ab und verankern sich mithilfe ihrer Fortsätze im Schlamm, um auszukeimen, weshalb die Früchte auch Ankerketten genannt werden.

Ein Beispiel für die vegetative Ausbreitung ganzer Wasserpflanzen sind die kleinen Wasser- und Teichlinsen (*Lemna, Spirodela*), die oftmals die Wasseroberflächen stehender, eutropher Gewässer bedecken. Ihre kleinen Wurzeln ragen in den Wasserkörper, sind jedoch nicht im Gewässerboden befestigt. Durch Wellen werden sie weiter transportiert.

Im Gegensatz zu fließenden Gewässern und den Meeren sind die Ausbreitungsdistanzen in stehenden Gewässern natürlicherweise begrenzt. Bei den Süßwasserpflanzen kann man beobachten, daß viele Diasporen über die Anhaftung am Gefieder von Wasservögeln (Epichorie) zu benachbarten Gewässern gelangen.

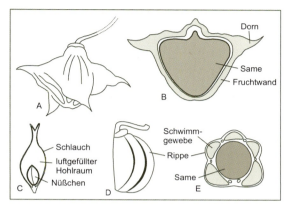

Abb. 4-15: Verschiedene Schwimmer. A-B: Wassernuß (*Trapa natans*). A: Ansicht der mit 4 Fortsätzen ausgestatteten Nuss. B: Frucht längs. C: Zypergrasähnliche Segge (*Carex pseudocyperus*) längs mit Lufteinschluß. D-E: Wasser-Schierling (*Cicuta virosa*). D: Ansicht einer Teilfrucht. E: Teilfrucht quer geschnitten.

Bythisochorie – Ausbreitung durch die Strömung von Fließgewässern

Flüsse sind bevorzugte Wanderwege für eine Vielzahl von Pflanzen. Die Diasporen werden dabei flußabwärts transportiert, doch längst nicht alle mit dem Wasser transportierten Arten sind schwimmfähig, sondern sinken ab und werden mit der Strömung fortgerissen. Solche Gebirgs- und Flußschwemmlinge werden von Bächen und Flüssen besonders zu Hochwasserzeiten nach unten ins Tal geschwemmt. Dabei handelt es sich oftmals um Pflanzen der alpinen und montanen Regionen, die im Einzugsbereich der Hochwasser wachsen und sonst hauptsächlich über andere Ausbreitungsstrategien (zumeist Anemochorie) ausgebreitet werden. Diese bythisochoren Pflanzen besitzen somit keine speziellen Vorrichtungen für einen Wassertransport. Laut Ellenberg (1996) beträgt die durchschnittliche Fließgeschwindigkeit eines Alpenflusses rund 2,25 m/s, eine Diaspore kann so innerhalb von 24 Stunden etwa 200 km zurücklegen. Als Gebirgsschwemmling werden Silberwurz (*Dryas octopetala*), Wundklee (*Anthyllis vulneraria*) und Zimbelkraut (*Linaria cymbalaria*) ausgebreitet. Auch die Samen von Geophyten wie Krokus (*Crocus*) und Schneeglöckchen (*Galanthus nivalis*) können über Gebirgsbäche fortgetragen werden. Einjähriger Beifuß

(*Artemisia annua*) und Schmalblättriger Ampfer (*Rumex stenophyllus*), zwei Stromtalpflanzen, werden als Flußschwemmlinge im Tiefland ausgebreitet. Eine Vielzahl der Schwemmlinge keimt interessanterweise schon während des Wassertransportes, damit sie sich an Land schneller etablieren können.

Ombrochorie – Ausbreitung durch Regentropfen

Einige Diasporen werden nur bei Regen ausgebreitet, indem sie die Regentropfen zu ihrer Ausbreitung nutzen (Abb. 4-16). Solche Regenballisten nutzen die Kraft der Regentropfen, die die Diasporen fortkatapultieren. Bei den Regenschwemmlingen werden aus den weit geöffneten Früchten die Samen herausgespült bzw. -geschwemmt. Oftmals werden die auf den Boden katapultierten oder gespülten Diasporen anschließend durch den Regen weiter fortgeschwemmt.

Viele Sumpfpflanzen sind an die Ombrochorie angepaßt. Aber auch bei vielen an Trockenheit angepaßten Steppen- und Wüstenpflanzen sind ombrochore Ausbreitungsstrategien zu beobachten. So findet die Ausbreitung ihrer Diasporen ausschließlich bei Regen statt, da Pflanzen zum Auskeimen stets Nässe benötigen.

Regenschwemmlinge

Einige Kapseln und Balgfrüchte öffnen sich nur bei Feuchtigkeit durch Wasseraufnahme und anschließende Quellung (Hygrochasie). Bei Trockenheit bleiben die Früchte geschlossen und die Samen können nicht herausfallen. Die Früchte öffnen sich so weit, daß sie ihre zahlreichen Samen dem herabfallenden Regen präsentieren. Die Samen werden aus ihren Fruchtbehältern heraus auf den Erdboden geschwemmt. Je nach Stärke des Regens können die Samen mit den Wassermassen weiter fortgespült werden. Typische Regenschwemmlinge sind Sumpfdotterblume (*Caltha palustris,* Abb. 4-16A), Winterling (*Eranthis hyemalis*) und einige Veronica-Arten (*Veronica scutellata, V. beccabunga, V. arvensis, V. chamaedrys*). Pflanzen trockener Standorte wie der Mauerpfeffer (*Sedum acre*) breiten sich ebenfalls auf diese Weise aus.

Regenballisten

Eindrucksvoll sind die Hebelmechanismen einiger Lippenblütler (Lamiaceae) ausgebildet, welche die Energie der herabfallenden Regentropfen zur Ausbreitung ihrer Nüßchen (Klausen) nutzen. Die Nüßchen des Helmkrautes (*Scutellaria*) werden vom waagrecht orientierten Kelch schützend umschlossen. Dieser besteht aus einer Unter- und Oberlippe, welche über ein kleines Gelenk miteinander verbunden sind. Bei

Reife entsteht zwischen Ober- und Unterlippe ein kleiner Spalt (Abb. 4-16B). Auf die schüsselförmig gewölbte Kelchoberlippe fallende Regentropfen drükken den gesamten Kelch kurz nach unten, wodurch die Nüßchen im Inneren gelöst werden. Beim Zurückschnellen des Kelches werden die Nüßchen gegen den kleinen Spalt, die Oberlippe nach oben gedrückt und die Nüßchen einige Zentimeter herausgeschleudert.

Typische Ballisten unter den Lippenblütlern sind auch Salbei (*Salvia*), Braunelle (*Prunella*) und der als Küchenkraut beliebte Basilikum (*Ocimum basilicum*). Unter den Kreuzblütlern (Brassicaceae) findet man Regenballisten bei der Doldigen Schleifenblume (*Iberis umbellatus*) und dem Stengelumfassendem Hellerkraut (*Thlaspi perfoliatum*).

Hemerochorie – Ausbreitung durch den Menschen

Der Mensch besitzt, wie kein anderes Lebenwesen, die Fähigkeit, in seine Umwelt einzugreifen und diese zu verändern. Damit einhergehend hat er bewußt wie unbewußt dazu beigetragen, daß eine Vielzahl von Pflanzen über natürliche Ausbreitungsbarrieren (Meere, Gebirge, Wüsten) hinweg in ferne Länder und Kulturen ausgebreitet wurden. Die Hemerochorie bezieht sich auf Pflanzen, die nur mit direkter oder indirekter Hilfe des Menschen in ein neues Gebiet gelangen, das sie auf natürlichem Wege nicht hätten erreichen können.

Ende der letzten Eiszeit (vor etwa 10.000 Jahren), die ganz Nordeuropa und Teile Mitteleuropas mit Gletschern überzog, begannen sich mit dem Rückgang des Eises flächendeckend Wälder zu entwickeln. Jäger und Sammler wanderten aus dem Süden nach Mitteleuropa ein. Der mitteleuropäische Mensch lebte als Nomade, in kleinen Sippen herumziehend, überwiegend von der Jagd, dem Fischfang und dem Sammeln von eßbaren Früchten. Erste deutliche Einflüsse des Menschen auf die Vegetation Mitteleuropas treten erst in der Jungsteinzeit (Neolithikum vor 6.500–3.800 Jahren) mit dem beginnenden Ackerbau auf.

In Vorderasien begannen die Menschen bereits vor etwa 10.000 Jahren im Gebiet des „fruchtbaren Halbmondes" den Ackerbau zu entwickeln. In diesen halbmondförmigen, nördlich der arabischen Halbinsel liegenden, fruchtbaren Flußtälern des Euphrat, Tigris und Nil wurden mit Hilfe von Bewässerungssystemen beispielsweise Gerste und Weizen, Erbsen, Lein und Wicken angebaut.

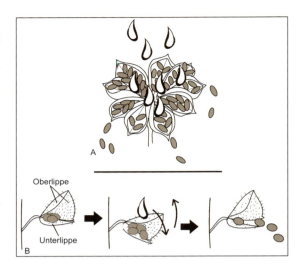

Abb. 4-16: A: Sumpfdotterblume (*Caltha palustris*) als Regenschwemmling. Aus den sternförmig geöffneten Balgfrüchten werden die Samen vom Regen herausgeschwemmt. B: Helmkraut (*Scutellaria*) als Regenballist. Im Kelch eingeschlossen befinden sich 4 Nüßchen (Klausen). Auf den Kelch herabfallende Regentropfen bewirken ein Herausschleudern der Nüßchen.

Mit Beginn der Jungsteinzeit vor etwa 6.500 Jahren wanderten über Griechenland und den Balkan Menschen nach Mitteleuropa ein und brachten den Akkerbau und die Viehzucht in diesen Raum. Der Mensch begann nun auch dort seßhaft zu werden. Zunächst wurden die fruchtbaren Löß- und Lehmgebiete besiedelt, auf denen mitgebrachte Kulturpflanzen angebaut wurden: Einkorn, Saatweizen, Gerste, Dinkel, Emmer, Erbsen, Linsen, Ackerbohnen, Lein und Mohn. Neben den Getreidearten und anderen Nutzpflanzen kamen mit dem Saatgut auch die sie begleitenden Wildkräuter in unsere Breiten.

Auch durch den Handel, der im Laufe der Jahrtausende immer weitere Entfernungen überwand, wurden zahlreiche Pflanzen ausgebreitet. Wichtige alte Handelswege, über die unsere Kulturpflanzen und Wildkräuter ausgebreitet wurden, waren beispielsweise die Schiffsverbindungen vom Orient in den Mittelmeerraum. Erst seit dem 16. Jahrhundert existiert eine Schiffsverbindung nach Amerika. Auch über die Seidenstraße – eine bedeutende, vor etwa 2.000 Jahren entstandene Handelsverbindung (Karawanenstraße) zwischen Zentralasien und dem Römischen Reich – gelangten neben chinesischer Seide und Gewürzen auch die in diesem Einzugsbereich kultivierten Früchte nach Südeuropa. Man nimmt an, daß im Zuge der verschiedenen Völkerwanderungen, unter anderem zu den „Getreidekammern des Südens", zahlreiche Früchte und Samen eingeschleppt wurden.

Oftmals ist es schwierig die tatsächliche Herkunft von Pflanzen, also ihre Heimat, zu erkunden. Hilfreich sind dabei archäologische Funde von Früchten, Samen und Pollen. Auch die Darstellung bestimmter Pflanzen auf Tongefäßen oder als Verzierungen an mittelalterlichen Hausfassaden weist auf die frühere Nutzung bestimmter Pflanzen hin. Aus der spätminoischen, vorgriechischen Kultur Kretas (vor etwa 3.500 Jahren) stammt z. B. die Darstellung einer schlafenden Göttin, die auf ihrem Kopfschmuck Kapseln des Schlafmohns (*Papaver somniferum*) trägt. Sie zeugt von der schlafbringenden Bedeutung dieser Pflanze.

Auch schriftliche Quellen der alten Griechen, die über viele Heilkräuter, aber auch den Obstanbau Buch führten, geben uns heute Auskunft über die damaligen Kulturen. Als Autorität auf den Gebieten der Botanik und Pharmakologie galt der vielgereiste griechische Arzt Dioskurides (1. Jahrhundert n. Chr.), dessen „Materia medica" bis ins 16. Jahrhundert das Standardwerk schlechthin darstellte. Cajus Secundus Plinius (Plinius Major) (23–79 n. Chr) trug in seiner 37 bändigen „Historia naturalis" alles Wissenswerte über die Naturwissenschaften zusammen. Für die Zeit des frühen Mittelalters stellt die Landgüterverordnung Karl des Großen, das „Capitulare de villis", eine wertvolle Quelle dar. Die Ende des 8. Jahrhunderts entstandene Verordnung listet zahlreiche Heil- und Gewürzpflanzen, Gemüse- und Zierpflanzen auf. Diese sollten in den Gärten der kaiserlichen Landgüter zur Sicherstellung der Ernährung und medizinischen Versorgung der großen Fürstenhöfe angebaut werden. Kräuterbücher aus dem Mittelalter, besonders die Aufzeichnungen von Hildegard von Bingen (1098–1179), einer Benediktinerin, die u. a. auch naturkundliche Werke veröffentlichte, stellen heute eine der wichtigsten Quellen zu Pflanzen und deren Nutzung für das frühe Mittelalter Europas dar.

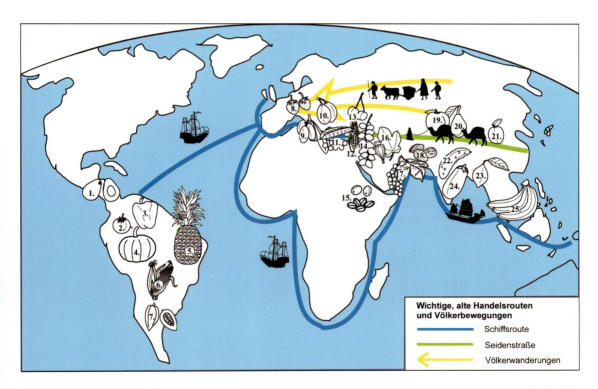

Abb. 4-17: Hemerochorie. Früchte liefernde Kulturpflanzen mit ihren Ursprungsorten. Exemplarisch wurden die wichtigsten, überregionalen Ausbreitungsbewegungen (Handel und Völkerwanderungen) dargestellt. 1. Avocado (*Persea americana*), 2. Tomate (*Solanum lycopersicum*), 3. Paprika (*Capsicum annuum*), 4. Riesenkürbis (*Cucurbita maxima*), 5. Ananas (*Ananas comosus*). Mais (*Zea mays*), 7. Kakaobaum (*Theobroma cacao*), 8. Kultur-Erdbeere (*Fragaria x ananassa*), 9. Ölbaum (*Olea europaea*), 10. Pflaume (*Prunus domestica*), 11. Erbse (*Pisum sativum*), 12. Weizen (*Triticum aestivum*), 13. Süßkirsche (*Prunus avium*), 14. Dattelpalme (*Phoenix dactylifera*). 15. Kaffeestrauch (*Coffea arabica*), 16. Feigenbaum (*Ficus carica*), 17. Weinrebe (*Vitis vinifera*), 18. Mandel (*Prunus dulcis*), 19. Kultur-Apfel (*Malus domestica*), 20. Kultur-Birne (*Pyrus communis*), 21. Pfirsich (*Prunus persica*), 22. Gurke (*Cucumis sativus*), 23. Zitrusfrüchte (*Citrus*), 24. Aubergine (*Solanum melongena*), 25. Banane (*Musa x paradisiaca*).

Neophyten und Archäophyten

Viele durch die letzte Eiszeit verdrängte Pflanzenarten kehrten aus ihren mediterranen Rückzugsgebieten nach Mittel- und Nordeuropa zurück. Dies geschah über die natürlichen Ausbreitungsstrategien, häufig aber auch durch Einwirkung des Menschen. Als heimische, sogenannte indigene Pflanzen werden Arten verstanden, die schon vor dem Eingreifen des Menschen zur mitteleuropäischen Flora gehörten. Archäophyten bzw. Altbürger (griech. *archaios*=alt, althergebracht, *phyton*=Pflanze) sind Pflanzen, die seit der Jungsteinzeit bis zum Ende des Mittelalters nach Mitteleuropa gelangten. Als Neubürger oder Neophyten (griech. *neos*=neu) werden Pflanzen bezeichnet, die erst ab dem Jahre 1492 – der Entdeckung Amerikas durch Christoph Columbus – im Zuge der neuzeitlichen Handelswege unter direkter oder indirekter Mitwirkung des Menschen in Mitteleuropa Fuß faßten. Da sie sich auf natürlichem Wege fortpflanzen und ausbreiten können, gelten sie in unserer Pflanzenwelt als eingebürgert.

Pflanzen, die sich nur vorübergehend etablieren konnten, meist an Bahn- oder Hafenanlagen, werden als Adventivpflanzen (lat. *advenire*=hinzukommen) bezeichnet. Die Neophyten stammen größtenteils aus Nordamerika, daneben treten jedoch auch Arten wie der Japanische Staudenknöterich (*Reynoutria japonica*) auf, die in Asien beheimatet sind (Abb. 4-18).

Wie groß der Anteil nichtheimischer Arten ist, läßt sich am Beispiel der Stadt Berlin aufzeigen: Von den dort insgesamt 1.432 wild vorkommenden Pflanzenarten sind 42 % nichtheimische Arten, darunter 12 % Archäophyten und 30 % Neophyten. Einige Neophyten breiten sich hemmungslos aus und verdrängen dabei andere Pflanzen. Der Riesen-Bärenklau (*Heracleum mantegazzianum*), eine bis 4 m hohe, sehr giftige Staude, stammt aus dem Kaukasus und wurde Ende des 19. Jahrhunderts an den englischen Hof gebracht. Was als Zierpflanze und Bienenweide gedacht war, brachte jedoch aufgrund seiner hohen Ausbreitungskapazität die heimische Flora an Bach- und Flußufern in Bedrängnis. Eine Pflanze bildet weit über 10.000 Diasporen, die als Segelflieger und Schwimmer über weite Strecken transportiert werden können.

Name	Bemerkung
Heimat Nordamerika	
Eschenahorn (*Acer negundo*)	1688 in Europa eingeführt und als Zier- und Forstbaum kultiviert, verwilderte und bürgerte sich ein.
Schwarzfrüchtiger Zweizahn (*Bidens frondosa*)	Seit 1891 in Deutschland nachgewiesen, entlang großer Flüsse eingebürgert.
Weißer Fuchsschwanz (*Amaranthus albus*)	Seit 1880 als Pionierpflanze auf Bahnflächen, Äckern und Ruderalflächen etabliert.
Kanadisches Berufkraut (*Conyza canadensis*)	Seit etwa 1700 eingeschleppt und bald auf Ackerbrachen und Ruderalstandorten eingebürgert.
Kanadische Wasserpest (*Elodea canadensis*)	Wurde vermutlich mit Holztransporten 1836 nach Irland eingeschleppt und breitete sich rasch in ganz Mitteleuropa aus, was durch Anpflanzungen in Botanischen Gärten unterstützt wurde. Die Massenentwicklung behinderte Wasserwege und Fischfang.
Vielblättrige Lupine (*Lupinus polyphyllus*)	Als Zierpflanze eingeführt, verwildert und seit dem 19. Jahrhundert teilweise in Waldsäumen eingebürgert.
Strahlenlose Kamille (*Matricaria discoidea*)	1852 aus dem Berliner Botanischen Garten geflüchtet (sicherlich nicht nur dort) und auf Ödland eingebürgert.
Gewöhnliche Nachtkerze (*Oenothera biennis*)	Wurde ab 1619 nach Europa als Zierpflanze eingeführt. Sie verwilderte rasch aus Privatgärten und bürgerte sich auf Ruderalflächen und Bahndämmen ein.
Europäischer Sauerklee (*Oxalis fontana*)	Wurde eingeschleppt, 1799 erstmals in Deutschland nachgewiesen und etablierte sich auf Äckern, Ruderalstellen und in Gärten.
Späte Traubenkirsche (*Prunus serotina*)	In Mitteleuropa als Zierpflanze anfangs des 17. Jahrhunderts eingeführt. In Deutschland gegen Ende des 18. Jh. vereinzelt, gegen Ende des 19. Jh. verstärkt forstlich kultiviert; gilt heute als „Forstunkraut".
Robinie, Scheinakazie (*Robinia pseudoacacia*)	1601 von Jean Robin (Hofgärtner unter Henri IV und Louis XIII) in Fontainebleau als Zierbaum, dann als Forstbaum gepflanzt, verwilderte und bürgerte sich ein.
Kanadische u. Riesen-Goldrute (*Solidago canadensis, S. gigantea*)	Wurden im 17./18. Jahrhundert als Gartenzierpflanzen eingeführt und bürgerten sich auf Brachen ein.
Topinambur (*Helianthus tuberosus*)	Alte Kulturpflanze, die im 17. Jahrhundert wegen ihrer eßbaren, süßlichen Knollen in Deutschland und Frankreich angebaut wurde und sich stellenweise, vorwiegend an Flußauen, etablierte.

Abb. 4-18: Auswahl einiger heute in Mitteleuropa eingebürgerter Neopyten.

Heimat Südamerika

Franzosenkraut (Galinsoga parviflora)	Verwilderte im 19. Jahrhundert u. a. aus dem Berliner Botanischen Garten und bürgerte sich auf Äckern und Ruderflächen ein.

Heimat Südafrika

Schmalblättriges Greiskraut (Senecio inaequidens)	Wurde als Begleiter der Baumwolle mit der Rohwolle nach Europa importiert, erschien 1890 im Umkreis einer Bremer Wollkämmerei und etablierte sich dort. In den letzten 20 Jahren kommt es bundesweit zu einer rasanten Ausbreitung entlang von Autobahnen und Eisenbahnen.

Heimat Asien

Kalmus (Acorus calamus)	1574 aus Ostasien durch einen Botaniker als Heilpflanze eingeführt und häufig angepflanzt. Etablierte sich in Röhrichten.
Götterbaum (Ailanthus altissima)	In London seit 1751, auf dem Festland seit etwa 1850 eingeführt; die Art wird als raschwüchsiger Zier- und Forstbaum kultiviert. Verwildert und eingebürgert auf Ruderalflächen und besonders Trümmerschuttböden in Städten.
Indisches Springkraut (Impatiens glandulifera)	Das aus Ostindien stammende Springkraut verwilderte im 19. Jahrhunderten aus den Botanischen Gärten sowie den Privatgärten, wo es als Zierpflanze angepflanzt wurde. Bürgerte sich in Auwäldern sowie an Ufern ein und verdrängt häufig die heimische Vegetation.
Kleinblütiges Springkraut (Impatiens parviflora)	Die aus Nordost-Asien stammende Pflanze verwilderte 1837 aus dem Berliner Botanischen Garten (sicherlich nicht nur dort) und etablierte sich in frischen Laubwäldern, und verdrängte dort oftmals das heimische Rührmichtnichtan (Impatiens noli-tangere).
Japanischer Staudenknöterich (Reynoutria japonica)	Seit 1825 in Europa als Zierpflanze oder (zumindest früher) Vieh- und Wildfutter kultiviert. Die massenhafte Ausbreitung der in Japan heimischen Pflanze durch Rhizomteile führt zur Verdrängung der heimischen Ufervegetation.
Ungarische Rauke (Sisymbrium altissimum)	Die aus Südwest-Asien stammende Pflanze vergrößert seit dem 19. Jahrhundert ihr Areal in Richtung Westen und etablierte sich auf Ruderalflächen.
Persischer Ehrenpreis (Veronica persica)	Der aus Südwest-Asien stammende Ehrenpreis flüchtete 1805 aus dem botanischen Garten in Karlsruhe und ist heute als Ackerwildkraut eingebürgert.

Heimat Europa

Gemeine Roßkastanie (Aesculus hippocastanum)	Seit 1576 aus dem Balkan als Zierbaum eingeführt und stellenweise eingebürgert.
Winterling (Eranthis hyemalis)	Aus Südeuropa stammend, seit 1570 in Mitteleuropa als Zierpflanze kultiviert, ab 1792 verwildert in Parks und Laubwäldern.
Riesen-Bärenklau (Heracleum mantegazzianum)	Der aus dem Kaukasus stamme Riesen-Bärenklau wurde zuerst in den Botanischen Gärten angepflanzt, bald schon als Zierpflanze und als Bienenweide seit Ende des 19. Jahrhunderts kultiviert. Eingebürgert an Straßen-, Weg-, Bach- und Flußufern sowie Waldrändern verdrängte er die heimische Vegetation.
Zimbelkraut (Linaria cymbalaria)	Wurde als Zierpflanze nach Mittel- und Westeuropa eingeführt, seit 1644 in den Niederlanden nachgewiesen. Verwilderte rasch und bürgerte sich ein.

Abb. 4-18(Forts.): Auswahl einiger heute in Mitteleuropa eingebürgerter Neopyten.

Ähnlich entwickelte sich auch die aus Nord-Amerika stammende Kanadische Wasserpest (*Elodea canadensis*), die vermutlich mit Holztransporten 1836 nach Irland eingeschleppt wurde. Die Wasserpflanze breitete sich rasch in ganz Mitteleuropa aus, was durch Anpflanzungen in Botanischen Gärten unterstützt wurde. Ihre Massenentwicklung behinderte Wasserwege und Fischfang. Die Mehrzahl der Neophyten hat sich jedoch, wie der in den uferbegleitenden Röhrichten wachsende, asiatische Kalmus (*Acorus calamus*), in die mitteleuropäischen Pflanzengesellschaften eingefügt, ohne die ursprüngliche Vegetation zu verdrängen. So hat die größte Zahl der Neophyten ihren Platz auf Ruderalflächen gefunden.

Umgekehrt sind seit der Entdeckung Amerikas auch zahlreiche europäische Wildpflanzen nach Nordamerika eingeschleppt worden. Oftmals haben sich diese zu Schädlingen der dort heimischen, nordamerikanischen Flora entwickelt. Dies gilt für die Wassernuß (*Trapa natans*), einer in Europa nur noch selten vorkommenden und vor dem Aussterben bedrohten Wasserpflanze. Sie wurde 1874 nach Nord-Amerika eingeführt und 1877 im Botanischen Garten der Harvard Universität kultiviert. 1879 begann sie in lokale Gewässer zu flüchten und große schwimmende Matten zu bilden. Aufgrund ihrer verschiedenen Reproduktionsmechanismen konnte sie sich schnell ausbreiten und entwickelte sich paradoxerweise in Nordamerika vielerorts zu einem Unkraut.

Ethelochorie – Ausbreitung als Saatgut

Als Ethelochorie wird die absichtliche Ausbreitung der Diasporen von Nutz- und Zierpflanzen zu Kulturzwecken verstanden. Sehr bedeutende Ursprungsgebiete vieler Kulturpflanzen sind der östliche Mittelmeerraum sowie Vorderasien (heutiges Syrien, Libanon, Israel, südöstliche Türkei und nördlicher Irak). Hier liegt die Wiege der wichtigsten Kulturpflanzen, wie der seit mindestens 6.000 Jahren kultivierten Feige (*Ficus carica*) oder der Weinrebe (*Vitis vinifera*). Mit der Entwicklung des Ackerbaus entstanden in diesem Gebiet die ältesten Getreide wie Weizen (*Triticum*) und Gerste (*Hordeum*), die über Süd- nach Mitteleuropa eingeführt und in zahlreichen Sorten kultiviert wurden. Erst im 16. Jahrhundert wurde der Weizen nach Amerika und im 19. Jahrhundert auch nach Australien eingeführt.

Die Dattelpalme (*Phoenix dactylifera*) zählt zu den ältesten Nutzpflanzen, die schon seit rund 6.000 Jahren in Vorderasien kultiviert wird. Ihre geografische Verbreitung wurde hauptsächlich durch zwei Weltreligionen gefördert: „Der Islam breitete das Anbaugebiet im Zuge seiner Expansion bis Spanien aus und ist vermutlich auch für ihr sporadisches Vorkommen an der südfranzösischen Mittelmeerküste verantwortlich. Das Christentum dagegen machte die Dattelplame – als die Palme schlechthin – in der sakralen Kunst und Literatur des Abendlandes heimisch" (Muntschick, W. in: Kaempfer, E. (1987): Phoenix persicus, die Geschichte der Dattelpalme).

Westeuropa sowie das südliche und westliche Mitteleuropa waren etwa 500 Jahre (bis ins 4. Jahrhundert n. Chr.) Teil des Römischen Kaiserreiches. Die Römer führten aus dem Mittelmeerraum zahlreiche Kulturpflanzen, vor allem Obst- und Gemüsearten sowie Würz- und Heilpflanzen, ein. Am Ende der Völkerwanderungszeit (4.-6. Jahrhundert) gelangten mit den von Süden und Südosten einwandernden Slawen Roggen (*Secale cereale*), Gurke (*Cucumis sativus*) und Meerrettich (*Armoracia rusticana*) ins östliche Mitteleuropa.

Bedeutende Kulturpflanzen sind in Abb. 4-19 zusammengestellt. Viele Obst- und Gemüsesorten sind heute wichtige Nahrungsmittel und werden durch den gezielten Handel mit Saatgut oftmals weltweit verbreitet. China ist die Heimat von Orange (*Citrus sinensis*) und Zitrone (*Citrus limon*), Aprikose (*Prunus armeniaca*) und Pfirsich (*Prunus persica*). Der schon in vorchristlicher Zeit in China kultivierte Pfirsich gelangte vermutlich über die Seidenstraße etwa 300 Jahre v. Chr. nach Persien, dann über Kleinasien nach Europa. Bei der Aprikose nahm man fälschlicherweise an, sie stamme aus Armenien, was sich in der wissenschaftlichen Namensgebung niederschlug. Goethe wiederum dichtete 1780:

„Kennst Du das Land, wo die Zitronen blühn,
im dunklen Laub die Gold-Orangen glühn?"

Bis nach China brauchte Goethe nicht zu reisen, viel-

Kulturpflanze	Herkunft
In Kultur seit mindestens 4.000 Jahren	
Dinkel	Kaukasus
Weizen	Vorderasien
Gerste	Vorderasien
Feigenbaum	Vorderasien
Dattelpalme	Vorderasien
Erbse	östl. Mittelmeergeb./Vorderasien
Weinrebe	Westasien/Mittelmeergebiet
Schlafmohn	Mittelmeergebiet
Aprikose	Mittelmeergebiet
Ölbaum	Mittelmeergebiet
Sojabohne	Mittelmeergebiet
Lein	Mittelmeergebiet
Baumwolle	Südafrika
Reis	Asien, Afrika
Pflaume	Asien
Banane	Asien
Pfirsich	China
Hanf	China
Zitrone	Südostasien
Teestrauch	Südostasien
Gurke	Nordindien
Kürbis	Südamerika
Avocado	Süd-/Mittelamerika
In Kultur seit mindestens 2.000 Jahren	
Buchweizen	Zentralasien
Kultur-Apfel	China
Kultur-Birne	China
Orange	China
Paprika	Süd-/Mittelamerika
Mais	Süd-/Mittelamerika
Hafer	Süd-/Mittelamerika
Tabak	Süd-/Mittelamerika
Kakaobaum	Südamerika
Grüne Bohne	Südamerika
Weniger als 2.000 Jahre in Kultur	
Kaffeepflanze	Äthiopien
Kultur-Erdbeere	Holland
Kartoffel	Südamerika
Tomate	Südamerika
Ananas	Brasilien
Grapefruit	Indien

Abb. 4-19: Auswahl einiger Kulturpflanzen mit Angabe ihres Ursprungsgebiets.

mehr hatte er die mediterrane Kulturlandschaft mit ihren Orangen-, Zitronen- und Olivenhainen vor Augen. „Apfelsine", der alte Name der Orange bedeutet Apfel von Sina (China) und weist auf China als ihre Heimat hin. Die aus Süd- und Mittelamerika stammenden alten Kulturpflanzen Mais (*Zea mays*), Kürbis (*Cucurbita*), Kartoffel (*Solanum tuberosum*), Tomate (*Solanum lycopersicum*) und Grüne Bohne (*Phaseolus vulgaris*) werden seit der Entdeckung Amerikas weltweit angebaut. Grapefruit (*Citrus* x *paradisi*) und Kultur-Erdbeere (*Fragaria* x *ananassa*) entstanden erst vor etwa 200 Jahren. Die Kultur- oder Garten-Erdbeere stammt keinesfalls von der heimischen Wald-Erdbeere (*Fragaria vesca*) ab, sondern entstand in Holland aus der Kreuzung zweier amerikanischer Arten.

Eine ebenfalls vergleichsweise junge Nutzpflanze ist die Kaffeepflanze (*Coffea*), die heute in den Tropen und Subtropen weltweit angebaut wird. Die stimulierende Wirkung der Früchte der Kaffeepflanze wurde vermutlich 1440 von Mönchen in der äthiopischen Provinz Kaffa entdeckt. Daraufhin wurden Kaffeepflanzen ins südliche Arabien eingeführt und kultiviert. Im 16. Jahrhundert breiteten die Türken mit dem expandierenden Osmanischen Reich den Kaffee in ganz Arabien, Kleinasien, Syrien, Ägypten und im südöstlichen Europa aus, damit einhergehend entwickelte sich die Kaffeehauskultur. Die arabisch-türkische Welt bezog ihre Kaffeebohnen fast ausschließlich aus dem Südjemen. Anfang des 17. Jahrhunderts gelangten die ersten Kaffeebohnen nach Europa. Schon bald begannen die Europäer, voran die Holländer, im Zuge der Kolonialisierung sich des Kaffeeanbaus zu bemächtigen. Mit der Gründung der Ostindischen Kompanie (1602) und Westindischen Kompanie (1621) gelang es den Holländern, ihren Einfluß und ihre Handelsinteressen auf alle Erdteile auszudehnen. Sie begannen 1648 mit dem Kaffeeanbau in Ceylon, auf Java, Sumatra, Bali, Timor und Celebes. 1726 schließlich wurden die ersten Kaffeesamen nach Brasilien, dem heute wichtigsten Kaffee-Produktionsland der Erde importiert. So gelangte die Kaffeepflanze im Laufe des 18. Jahrhunderts nach und nach durch die Kolonialmächte in alle Gebiete der Erde, die für den Kaffee-Anbau geeignet waren.

Eine wichtige Rolle spielten auch Heilpflanzen, die neben Gewürzen und Färbepflanzen in den Kloster- und Bauerngärten des Mittelalters angepflanzt wurden. Durch die Reisen der Mönche, besonders der Benediktiner, innerhalb Europas wurden von Region zu Region unbekannte Pflanzenarten weitergegeben und kultiviert. Typische Klosterpflanzen waren Stinkwurz (*Helleborus foetidus*), Diptam (*Dictamnus albus*), Frühlings-Adonisröschen (*Adonis vernalis*) und Zaunrübe (*Bryonia dioica*). Zahlreiche Obstgehölze und Gemüsepflanzen sowie Würz- und Heilkräuter, die der Selbst-

versorgung dienten, wurden in den Bauerngärten gezogen. So gehörten die im östlichen Mittelmeerraum heimischen Kreuz- (*Cuminum cyminum*) und Schwarzkümmel (*Nigella sativa*), Koriander (*Coriandrum sativum*) und Wermut (*Artemisia absinthium*) sowie der aus dem südostasiatischen Raum stammende Basilikum (*Ocimum basilicum*) zum Standardinventar der mittelalterlichen Bauerngärten Mitteleuropas.

Während der Renaissance wurden zahlreiche, meist exotische Zierpflanzen eingeführt, um prachtvolle Gärten und Parkanlagen zu gestalten. Diese Zeit ist von zahlreichen Modeerscheinungen geprägt: In der sogenannten orientalischen Periode (1560-1620) gelangten Tulpen (*Tulipa*), Hyazinthen (*Hyacinthus*) und Narzissen (*Narcissus*) aus dem südlichen bzw. südöstlichen Europa nach Mitteleuropa.

Auch die vielen Botaniker und Blumenliebhaber, die auf dem Postwege Blumensamen und -zwiebeln verschickten, die dann zumeist in Botanischen Gärten ausgesät wurden und so bei der ethelochoren Ausbreitung eine nicht unerhebliche Rolle spielten, müssen erwähnt werden. So verfügte beispielsweise Carolus Clusius, zuletzt Direktor des Botanischen Gartens in der niederländischen Universitätsstadt Leiden, über zahlreiche internationale Kontakte und fügte seinen Briefen unter anderem auch Tulpenzwiebeln bei, so daß Clusius u.a. bei der Ausbreitung der Tulpe in Europa eine bedeutende Rolle zukommt.

Der Tulpenwahn

An dieser Stelle soll die eindrucksvolle Geschichte des sogenannten Tulpenwahns, der „Tulpomanie" in Holland kurz skizziert werden. Aus den weiten Steppen Zentralasiens fanden die Tulpen ihren Weg in die prachtvollen Gärten des Osmanischen Reiches, das für seine Leidenschaft für Blumen berühmt war. Die ersten Tulpenzwiebeln wurden vermutlich 1554 von Ogier Ghislain de Busbecq, einem Kurier der Habsburger, mit dem Diplomatengepäck von Konstantinopel an den Wiener Hof gebracht. In Deutschland konnte die erste Tulpe 1559 in den Gärten eines Augsburger Kaufmanns bewundert werden. 1562 gab es die ersten Tulpen in Antwerpen, 1578 in England, 1598 erblühten die ersten Tulpen in Frankreich.

Im Jahre 1593 setzte Carolus Clusius, der neu berufene Direktor des Botanischen Gartens in der niederländischen Universitätsstadt Leiden Tulpenzwiebeln. Ein Jahr später kamen diese zur Blüte und markierten den Beginn eines turbulenten Tulpenkults und -handels in den Niederlanden. Die Niederländer waren fasziniert von der Farbenpracht der fremdartigen Pflanze und so wurde die Tulpe zum Statussymbol. Schon bald überstieg die Nachfrage das Angebot und die Tulpe wurde zum Spekulationsobjekt. Innerhalb kurzer Zeit entstanden zahlreiche neue Sorten, um 1630 zählte man bereits 1.000 Tulpensorten, mit unterschiedlichsten Blütenfarben und -formen, für die immer höhere Beträge gezahlt wurden. Für manche Tulpensorten waren die Preise so hoch, daß für den Preis von 3 Tulpenzwiebeln ein ganzes Haus verkauft wurde. Warentermingeschäfte mit Tulpen standen im holländischen Alkmaar auf der Tagesordnung, die Spekulation durchzog in Holland alle Gesellschaftsschichten, barg sie doch gerade für Unterprivilegierte die Hoffnung auf schnellen Reichtum.

Der ganze Kontinent wurde von einer wahren Tulpenbegeisterung, ja von einem Tulpenfieber erfaßt, das in den Jahren von 1632–1637 seinen Höhepunkt erlebte. Zwischen 1634–1637 explodierten die Preise für Tulpenzwiebeln in Holland um 5.900 %, bis schließlich der erste Börsenkrach der Geschichte am 5. Februar 1637 der Tulpenspekulation in Holland ein rigoroses Ende bereitete und zu einem wirtschaftlichen Desaster von ungeahntem Ausmaß führte. Es erschütterte halb Europa, und könnte – übertragen in die heutige Zeit – mit dem Geschehen rund um den Neuen Markt verglichen werden. Übrigens, nicht nur die Holländer erlagen dem Tulpenfieber, etwa 20 Jahre früher machten die Franzosen ähnliches durch. Sie gaben im Laufe des 18. Jahrhunderts ihre führende Position in Handel und Kultivierung der Tulpen an die Holländer ab.

Lange nach dem Tulpenfieber in Frankreich und Holland kam es auch im Osmanischen Reich zu wirtschaftlichen Turbulenzen. So wird die Regierungszeit des Sultans Ahmeds III. (1703-1730) als „lâle devri" (Tulpenära) bezeichnet. Seine nicht enden wollende Leidenschaft für die Tulpe, seine Verschwendungssucht führten zu Aufständen und letztendlich auch zum Ende seiner Herrschaft. Den übersteigerten Bedarf nach immer mehr Tulpen besonders für seine prachtvollen Tulpenfeste konnten die Osmanen, als die ersten Tulpenzüchter, nicht mehr erfüllen und waren paradoxerweise auf teure Importe aus Holland angewiesen. So schreibt Anna Pavord (1999): „In die Zeit seiner Regentschaft fällt auch die Umkehr des Handelsstroms von Tulpenzwiebeln zwischen Ost und West. Ahmed III. importierte für seine Gärten Millionen von Tulpenzwiebeln aus Holland".

Pflanzen anderer Kontinente

So wie die europäischen Siedler in Nordamerika zahlreiche europäische Gartenpflanzen wie Schachbrettblume (*Frittilaria*), Rosen (*Rosa*) und Tulpen (*Tulipa*) einführten, traten amerikanische Pflanzen ihre Reise nach Europa an. Es gelangten Eschen-Ahorn (*Acer negundo*), Zuckerahorne (*Acer saccharum, A. nigrum*) und die Spätblühende Traubenkirsche (*Prunus serotina*) als Ziergehölze nach Europa. Als Nutzpflanzen wurden im 16. Jahrhundert Mais (*Zea mays*), Grü-

ne Bohne (*Phaseolus vulgaris*), Kürbis (*Cucurbita maxima, C. pepo*), Tomate (*Solanum lycopersicum*), Kartoffel (*Solanum tuberosum*) und im 17. Jahrhundert die Feuerbohne (*Phaseolus coccineus*) eingeführt.

In den letzten 4-5 Jahrhunderten begannen Mönche und Forschungsreisende China zu entdecken und brachten zahlreiche Zierpflanzen nach Europa mit. Zu den bekanntesten zählen die Chrysanthemen (*Dendranthemum grandiflorum,* früher *Chrysanthemum indicum* genannt), die in China seit mehr als 3.000 Jahren kultiviert und gezüchtet werden. Die beliebte Garten- oder Sommeraster (*Callistephus hortensis* bzw. *C. chinensis*) gelangte aus dem Norden Chinas 1728 nach Frankreich, bald nach Großbritannien und erfreute die Gartenfreunde mit zahlreichen Zuchtformen. 1773 schickte der französische Botaniker Commerson die ersten Herbarexemplare der Hortensie (*Hydrangea macrophylla*) nach Paris. 1789 wurden die ersten lebenden Exemplare, der in China und Japan beheimateten Pflanze, aus China nach England gebracht, und erblühten schon bald in dem berühmtem Botanischen Garten Londons „Kew Garden" in rosa Farbtönen.

Forsythie (*Forsythia suspensa, F. viridissima*) und Herzblume (*Dicentra spectabilis*) wurden von dem bekannten Gärtner und Forschungsreisenden Robert Fortune von einer seiner Asienreisen Mitte des 19. Jahrhunderts nach England gebracht. Die Kamelie (*Camellia japonica*) wird seit Jahrhunderten wegen ihrer auffälligen Blüten in China und Japan kultiviert. In China heißen sie „Teeblumen", was auf die enge Verwandschaft mit der Teepflanze (*Camellia sinensis*, früher *Thea sinensis*) hinweist. Im 17. Jahrhundert brachten Kaufleute der Ostindischen Kompanie die Kamelie nach England.

Viele der ethelochor ausgebreiteten Arten sind in der freien Natur nicht überlebensfähig. Doch einige Arten, wie die im 17. Jahrhundert aus Nordamerika als Zierbaum importierte Robinie (*Robinia pseudoacacia*), sowie die Nachtkerze (*Oenothera biennis*) verwilterten als sogenannte Kulturflüchter, etablierten sich und sind heute als Neophyten ein typischer Bestandteil unserer Flora.

Die Geschichte des Kultur-Apfels

An dieser Stelle soll auch nicht die spannende Geschichte unseres Kultur-Apfels (*Malus domestica*) fehlen, die ein Beispiel der Koppelung von endochorer und ethelochorer Ausbreitung darstellt. Asien ist die Heimat der Wild-Apfelarten, deren primitivste Vorläufer gegen Ende der Kreidezeit (vor ca. 70-65 Mio. Jahren) im Südosten Chinas entstanden und sich gemeinsam mit der Entfaltung aller Blütenpflanzen während des Tertiärs über die gesamte Nordhalbkugel, einschließlich Nordamerika, ausbreiteten. Bis vor wenigen Jahren herrschte Einigkeit über die Herkunft unseres Kultur-Apfels. Man nahm an, daß der Kultur-Apfel das Ergebnis von Bastardisierungen kleinfrüchtiger kaukasischer und westasiatischer Wild-Äpfel ist und erst durch den Menschen der Neuzeit mittels Züchtungen zu dem großfrüchtigen, schmackhaften, saftigen Kultur-Apfel heranwuchs. Wann und von welcher Volksgruppe die ersten Züchtungen betrieben worden sein sollten, war völlig unklar. Allein von den Römern sind die Techniken der Veredelung und der vegetativen Vermehrung durch Stecklinge – ein wichtiger Schritt zur Sortenveredelung – belegt.

Ende der 1990er Jahre unternehmen Wissenschaftler der Universität Oxford unter der Leitung von Dr. Barrie Juniper eine ausgedehnte Reise nach Mittelasien in den Gebirgszug des Tien Shan, der durch Nordchina, Kasachstan und Usbekistan führt. Dort im Ili-Flußtal finden sie ursprüngliche Wälder, regelrechte „Obstwälder", die aus Apfel-, Birnen-, Pflaumen-, Aprikosen- und anderen Obstbäumen bestehen. Faszinierend ist, daß die Wissenschaftler neben den kleinfrüchtigen Wild-Äpfeln auch Äpfel fanden, die in Größe und Geschmack unseren Kultur-Äpfeln gleichen. Die Überraschung ist groß, zumal die molekulargenetischen Untersuchungen zeigen, daß das Erbmaterial mit dem in Kasachstan vorkommenden, großfrüchtigen Wild-Apfel *Malus sieversii* identisch ist. Etwa 1930 machte erstmals der russische Wissenschaftler N. I. Vavilov auf die große Mannigfaltigkeit von Wild-Apfelarten aufmerksam, die zwischen dem Kaukasus und Mittelasien verbreitet sind. Er vermutete schon damals, daß *M. sieversii* der Vorfahr des Kultur-Apfels sein könnte, ihm fehlten jedoch die Belege, die molekulargenetische Methoden heute liefern können. Das Team um Juniper erbrachte den molekular-genetischen Nachweis, daß der großfrüchtige Kultur-Apfel kein Züchtungsprodukt ist, sondern von großfrüchtigen Wild-Äpfeln abstammt, zu denen auch *M. sieversii* zählt.

Aber, wie entstand aus den ersten, kleinfrüchtigen Wild-Äpfeln der großfrüchtige, saftig fleischige Wild-Apfel? Seit etwa 10 Mio. Jahren gibt es viele kleinfrüchtige Wild-Apfelarten im Südosten Chinas, heute sind es etwa 20 Wildarten. Diese kleinen, eßbaren, attraktiv rot gefärbten Früchte ähneln der Vogelbeere (*Sorbus aucuparia*). Sie werden nicht größer als eine Kirsche und durch Vögel endochor ausgebreitet. Vögel haben diese kleinfrüchtigen Wildarten vermutlich während des Tertiärs östlich über die Behring-Straße nach Nordamerika, nördlich nach Sibirien und west-

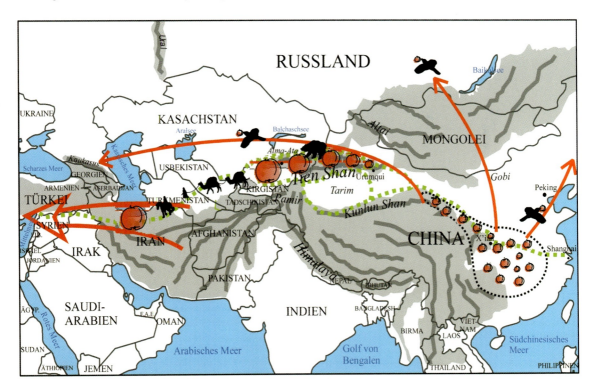

Abb. 4-20: Ausbreitung des Wild-Apfels. Im Südosten Chinas befindet sich das Ursprungszentrum des Apfels (*Malus*). Dort wachsen kleinfrüchtige Wild-Apfelarten. Im Tien Shan Gebirge entwickelten sich großfrüchtige Wild-Äpfel. Die Seidenstraße ist in grün dargestellt.

lich nach Europa ausgebreitet. Juniper nimmt an, daß im Ili-Tal des Tien Shan Gebirges bis vor 5 Mio. Jahren großfrüchtige Äpfel durch Selektion entstanden sind. Als im frühen Tertiär die indische Platte mit dem Südrand Asiens zusammen stieß, wurden gewaltige Erdmassen emporgedrückt. So entstanden der Himalaya, das tibetische Hochplateau mit dem Kulun Shan sowie das Pamir und schließlich das Tien Shan Gebirge.

Juniper vermutet, daß einige Wild-Apfelarten durch Vögel in nordwestlicher Richtung über die sich allmählich hochdrückenden Berge ins Ili-Tal des Tien Shan Gebirges eingeschleppt wurden. Als die ausgedehnten Wüsten Gobi im Osten und die Tarim im Westen entstanden, wurde der Rückweg abgeschnitten, da diese durch ihre lebensfeindlichen Bedingungen als Ausbreitungsbarriere wirken.

In den sich entwickelnden Wäldern des Ili-Tales siedelten sich Hirsche, Wildschweine und Bären an, zu deren Lieblingsspeise auch Äpfel gehören. Sie scheiden die Samen unbeschadet aus, dienen also der endochoren Ausbreitung. Die genannten Säugetierarten bevorzugen die großfrüchtigen Äpfel mit bedeutend höherem Anteil am schmackhaftem, süßem Fruchtfleisch und selektierten so vermutlich großfrüchtige Apfel-Wildarten. So entstand im Zuge der Evolution aus der kleinen „Vogelfrucht" mit eßbaren Samen eine „Säugetierfrucht" von beträchtlichem Umfang mit giftigen, blausäurehaltigen Samen. Der regentropfenförmige, glatte Same mit harter Schale, hatte es leicht den Verdauungstrakt großer Säugetiere unbeschadet zu passieren.

Juniper nimmt an, daß vor etwa 10.000 Jahren die Ausbreitung der großfrüchtigen Wild-Äpfel begann. Sie startete von der östlichen Spitze des Ili-Tales nach Westen, ost- und südwärts war eine Ausbreitung durch die Barrierewirkungen der Wüsten und Gebirgszüge unmöglich. Man kann annehmen, daß in erster Linie Bären und Pferde, die die süßen Äpfel über alles lieben, die Hauptausbreiter waren.

Als die Menschen ebenfalls – vermutlich zu Beginn der Jungsteinzeit – begannen, entlang der Migrationswege der Tiere zu wandern, dienten auch diese der Ausbreitung der Wild-Äpfel. In den Satteltaschen der domestizierten, asiatischen Wildpferde gelangten die Früchte nach Westen. Archäologische Funde dokumentieren, daß vor 4.000-6.000 Jahren in der chinesischen Provinz Xinjiang, zu der auch ein Teil des Tien Shan Gebirges zählt, Indogermanen lebten, die vermutlich vom Schwarzen Meer gekommen sind. Dies zeigt, daß es in dieser Zeit einen Verkehr von West nach Ost gab, und umgekehrt. Juniper vermutet, daß hierbei auf eine Querung der riesigen Wüstengebiete wenn möglich verzichtet wurde, und nördliche Wegstrecken durch das bewaldete Ili-Tal des Tien Shan bevorzugt wurden. Konnte man dort doch

seine Nahrungsvorräte mit Wasser, Wild, Honig und zahlreichen Früchten auffüllen. Diese alten Wanderwege vom Ili-Tal bis zum Schwarzen Meer wurden später in die Seidenstraße integriert, die in den ersten Jahrhunderten des 1. Jahrtausends als eine der bekanntesten Handelsverbindungen von China bis zum Mittelmeer galt.

Archäologische Ausgrabungen entlang der Seidenstraße brachten zahlreiche großfrüchtige Äpfel zu tage. Entlang der Seidenstraße wird der Apfel in allen Ländern nahezu gleich genannt. In China und Usbekistan heißt der Apfel *olmar*, in Kirgisien *alma*.

Speirochorie – Ausbreitung als Saatgutbegleiter

Als ungewollter Bestandteil von Saatgut – sogenannte Verunreinigungen – gelangten früher zahlreiche Wildkräuter in neue Länder. Die meisten Getreidearten stammen aus den steppenähnlichen Gegenden des östlichen Mittelmeerraumes oder dem Vorderen Orient. Viele unserer Ackerunkräuter gelangten als Begleiter der Kulturpflanzen (Ethelochoren) seit der Jungsteinzeit auf dem Handelswege nach Mitteleuropa und breiteten sich über weitere Saatgutverunreinigungen massenhaft aus. So gelangte die Kornrade (*Agrostemma githago*) aus Osteuropa und dem Vorderen Orient während der Jungsteinzeit nach Mitteleuropa. Der aus dem Mittelmeerraum stammende Acker-Hahnenfuß (*Ranunculus arvensis*) trat erstmals während der Römerzeit in Mitteleuropa auf. Bei all diesen eingewanderten Arten handelt es sich um Archäophyten.

Die massenhafte, speirochore Ausbreitung der Akkerwildkräuter liegt darin begründet, daß die Diasporen in einen vorbereiteten Boden gelangten und dadurch optimale Bedingungen für einen Keimerfolg vorfanden. Sie traten in direkte Konkurrenz mit dem ausgesäten Getreide, so daß die Ernte keinesfalls so reichhaltig ausfiel wie heute. Aber auch die Art der Saatgutgewinnung erleichterte es den Akkerwildkräutern, sich auszubreiten. Denn der Landwirt entnahm oftmals das Saatgut der eigenen, keinenfalls unkrautfreien Ernte und somit wurden die Unkräuter direkt ausgesät. Die Folge waren von zahlreichen Wildkräutern bzw. Unkräutern durchsetzte Getreideäcker, die im krassen Gegensatz zu den heutigen Monokulturen stehen. Erst seit Anfang des 20. Jahrhunderts kam es zu wirksamen Erfolgen in der Saatgutreinigung, so daß das heutige Saatgut nahezu frei von Wildpflanzen ist. In den letzten Jahrzehnten führte der Einsatz von Herbiziden dazu, daß zahlreiche Wildkräuter in Mitteleuropa heute vom Aussterben bedroht bzw. schon ausgestorben sind. Eine deutliche Verarmung unserer Kulturlandschaft ist die Folge.

Agochorie – Ausbreitung durch unbeabsichtigten Transport

Der Austausch von Gütern und Waren ist seit Jahrtausenden ein elementarer Bestandteil menschlichen Daseins. Mit dem Handel von Getreide, Gewürzen und anderen Gütern gelangten ungewollt auch zahlreiche Wildkräuter aus dem Orient und dem Mittelmeerraum nach Mitteleuropa. Mit der Industriellen Revolution wurde das Verkehrsnetz zu Land und zu Wasser flächendeckend ausgebaut, die Mobilität erhöhte sich rapide. Dampfschiff, Eisenbahn, Automobil und schließlich das Flugzeug ermöglichen einen schnellen, weltweiten Handel. Mit dieser rasanten Entwicklung gelangten neben der gezielten Ausbreitung auch ungewollt zahlreiche Pflanzen anderer Länder als sogenannte Importbegleiter nach Mitteleuropa. Im Gegensatz zur Speirochorie hatten es diese Arten jedoch unendlich schwerer sich zu etablieren. Oft blieben sie auf den Bereich der „Einwanderungstore", wie Güterbahnhöfe, Fabriken und Häfen beschränkt. Während des ersten Weltkrieges gelangten z. B. mit den Zitronentransporten aus Italien die Samen zahlreicher mediterraner Pflanzen auf einen Schweizer Bahnhof, wo sie sich ansiedelten.

Anfang des 20. Jahrhunderts wurde mit Südfrüchten und Getreidesamen der Kleinfrüchtige Affodil (*Asphodelus aestivus*), ein bekanntes Liliengewächs aus dem Mittelmeerraum, nach Deutschland eingeschleppt. Es kam zu lokalen, temporären Massenaufkommen beispielsweise in Berlin, bei Rüdersdorf sowie in Mannheim im Umkreis der Häfen oder Güterbahnhöfe.

Auf den Karlsruher Güterbahnhöfen wurden 1933-1937 246 mediterrane Pflanzenarten durch die Einfuhr von Südfrüchten eingeschleppt, die sich dort etablierten. Ihre Ausbreitungseinheiten befanden sich in Stroh und Heu, das als Packmaterial verwendet wurde. Ab 1937 wurde dort jedoch mit der chemischen Unkrautbekämpfung begonnen. Dazu Fiedler (1944): „In Karlsruhe trat nun dieser Unkraut-Vertilgungs-Wagen 1937 schon Mitte Mai in Tätigkeit und zerstörte das vielverheißende Leben". Das Zeitalter der chemischen Unkrautbekämpfung begann und führte zu einem Verlust an Lebensraum für die Pflanzen- und Tierwelt.

Autochorie – Selbstausbreitung

Im Gegensatz zu den vorgenannten Ausbreitungstypen vermögen einige Pflanzen selbständig – ohne die Zuhilfenahme eines Transportmediums (Wind, Tiere, Wasser oder Mensch) – ihre Diasporen an einen anderen Ort zu bewegen. Die Möglichkeit der Diaspore, sich hierbei von der Mutterpflanze zu entfernen, liegt in Bereichen zwischen wenigen Zentimetern und einigen Metern. Die Autochorie läßt sich in 4 Untergruppen einteilen: Die Ballochorie beschreibt die Ausbreitung durch verschiedene Schleudermechanismen, Pflanzen die sich kurze Strecken kriechend über den Erdboden fortbewegen, unterliegen der Herpochorie. Mittels der Schwerkraft (Barochorie) fallen große Samen oder Früchte einfach von den Bäumen herunter, während sich einige Pflanzen vegetativ durch Selbstableger, also ohne die Beteiligung von Samen oder Früchten, ausbreiten (Blastochorie).

Ballochorie – Ausbreitung durch Schleudermechanismen

Einige Früchte können ihre Samen durch plötzliche, explosionsartige Schleuderbewegungen fortschleudern. Man nennt solche Früchte auch Explosionsfrüchte, die je nach Mechanismus in Saftdruck- und Austrocknungsstreuer unterschieden werden.

Saftdruckstreuer

Bei den Saftdruckstreuern kommt es bei Fruchtreife zu einem Ansteigen des Zellsaftdrucks (Turgor) und damit zu einem Anschwellen der Fruchtwand. Ist der maximale Druck erreicht, reißt die Frucht plötzlich explosionsartig an hierfür vorgesehenen Öffnungslinien auf und streut dabei ihre Samen aus. In der europäischen Flora findet man nur wenige Saftdruckstreuer. Wohl bekanntestes Beispiel sind die Kapseln des Rührmichnichtan (*Impatiens noli-tangere*) und verwandter Arten mit einer Ausstreuweite von etwa 1 m. Die verschiedenen Arten des Sauerklee (*Oxalis*) erreichen etwa doppelte Weiten. Nahezu spektakulär mutet die im Mittelmeerraum heimische Spritzgurke (*Ecballium elaterium*) an, aus deren reifen, etwa 10 cm langen Beeren die Samen blitzschnell über 12 m weit heraus gespritzt werden (Abb. 4-21C).

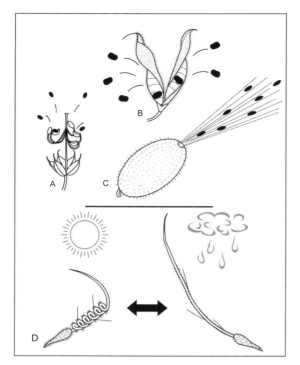

Auch die Kapseln der Veilchen (*Viola*), die Früchte von Wunderbaum (*Ricinius communis*) und Wolfsmilch (*Euphorbia*) öffnen sich explosionsartig und katapultieren dabei ihre Samen fort. Die Spaltfrüchte vieler Storch- und Reiherschnabel-Arten (*Geranium, Erodium*) schleudern ihre Samen bzw. Nüßchen ebenfalls über mehrere Meter fort (Abb. 4-21A).

Herpochorie - Ausbreitung durch Bodenkriecher

Eine ungewöhnliche Form der Nahausbreitung, die nur wenige Zentimeter erreicht, führen die sogenannten Bodenkriecher durch. Hierbei handelt es sich um Samen oder Früchte, die mit einer langen, behaarten Granne ausgestattet sind oder einen Pappus besitzen. Diese Haarbildungen sind hygroskopisch, die Haare spreizen sich bei Trockenheit ab und legen sich bei Feuchtigkeit wieder an. Durch den Wechsel von nassem und trockenem Wetter bewegen sich die Diasporen durch ihre hygroskopischen Eigenschaften sehr langsam über den Boden. Diese, nur wenige Zentimeter reichende Kriechbewegung kann man leicht beim Reiherschnabel (*Erodium*) oder auch der Küchenschelle (*Pulsatilla*) in eigenen Versuchen nachvollziehen (Abb.4-21D). Diasporen können sich mittels hygroskopischer Bewegung auch langsam in lockere Erde einbohren, um dort auszukeimen. Zu ähnlichen hygroskopischen Bewegungen sind die Grannen vieler Süßgräser imstande. Einige Kleearten, wie der Sternklee (*Trifolium stellatum*), können mit ihrem 5zipfeligen, stark behaarten Kelch ebenfalls hygroskopische Kriechbewegungen durchführen, jedoch ohne sich einzugraben.

Abb. 4-21: Formen der Autochorie. Abb. A-C: Ballochorie mit verschiedenen Schleudermechanismen. A: Wald-Storchschnabel (*Geranium sylvaticum*) mit heraus katapultierten Samen. B: Hülsenfrucht der Vielblättrigen Lupine (*Lupinus polyphyllus*). C: Explosionsbeere der Spritzgurke als Saftdruckstreuer (*Ecballium elaterium*). Abb. D: Herpochorie einer bodenkriechenden Teilfrucht des Gemeinen Reiherschnabel (*Erodium cicutarium*). Die lange Granne führt hygroskopische Bewegungen durch, verändert dadurch ihre Lage und kann sich so bis zu einigen Zentimetern fort bewegen bzw. in die Erde einbohren.

Austrocknungsstreuer

Im Gegensatz zu den Saftdruckstreuern, deren Streumechanismus an lebendem Zellgewebe stattfindet, handelt es sich bei den weit häufiger vorkommenden Austrocknungsstreuern um Früchte, deren Gewebe bei Reife abstirbt und sich durch Austrocknung öffnet. Dies geschieht oft explosionsartig, wobei die durch das blitzschnelle Öffnen freigewordene Energie die Samen aus der Frucht bis zu mehreren Metern heraus katapultiert. Gut zu beobachten ist dieser Vorgang bei den Hülsenfrüchten der Schmetterlingsblütengewächse (Fabaceae), wie bei den vor allem im Mittelmeerraum verbreiteten Ginstern (*Chamaecytisus, Genista, Sarothamnus,* u.a.) oder den Lupinen (*Lupinus*), deren blitzschnelles Öffnen der Hülsen und Fortschleudern der Samen bei strahlendem Sonnenschein geräuschvoll vonstatten geht (Abb. 4-21B).

Barochorie – Ausbreitung durch Schwerkraft

Viele Laubbäume lassen ihre reifen Früchte, nachdem sie sich vom Fruchtstil gelöst haben, mittels der Schwerkraft einfach zu Boden fallen, wie es bei den Eichen (*Quercus*), der Haselnuß (*Corylus avellana*), Eßkastanie (*Castanea sativa*) und Rotbuche (*Fagus sylvatica*) zu beobachten ist. Die begehrten Früchte werden sogleich von Eichhörnchen und Eichelhäher eingesammelt und dysochor ausgebreitet. Meist werden sie vergraben und können, falls sie dem Verzehr entgehen, ungestört auskeimen. Bei der Roßkastanie (*Aesculus hippocastanum*) platzen die Kapseln auf und entlassen ihre großen Samen, die je nach Bodenlage noch einige Meter weiterrollen. Bei den Schwerkraftwanderern handelt sich um eine seltene Form der Ausbreitung, die meist mit weiteren Ausbreitungsmechanismen – wie der Dysochorie oder der Endochorie, oft auch der Myrmechorie – gekoppelt ist. Die Barochorie wird von manchen Autoren nicht unter die Selbstausbreitung, sondern als gleichberechtigte Ausbreitungsstrategie neben die Anemochorie, Endochorie, Hydrochorie etc. gestellt.

Blastochorie – Ausbreitung durch Selbstableger

Selbstausbreitung kann natürlich auch vegetativ geschehen. Wer kennt nicht die über mehrere Meter wachsenden, oberirdischen Ausläufer der Kultur-Erdbeere (*Fragaria x ananassa*), die sich bewurzeln und zu kleinen Pflänzchen heranwachsen. Ähnlich verhalten sich Quecke (*Agropyron*) und Acker-Winde (*Convolvulus arvensis*), gefürchtete Ackerunkräuter. Bei der Sandsegge (*Carex arenaria*) wachsen die langen unterirdischen Ausläufer fast in einer Linie, so daß die sich daran entwickelnden Pflänzchen in „Reih und Glied" stehen, woraus sich der Volksname „Soldatensegge" ableitet. Über Brutknospen können sich Knoblauch (*Allium sativum* ssp. *sativum*) und verwandte Lauchgewächse (*Allium*) ausbreiten. Mittels Tochterzwiebeln breiten sich auch Tulpen (*Tulipa*) vegetativ aus. Das massenhafte Auftreten des Japanischen Staudenknöterich (*Reynoutria japonica*) in den letzten Jahren ist hauptsächlich auf seine überaus effektive Ausbreitung mittels Wurzelausläufern zurückzuführen.

Das besonders in den Bergen wachsende Knollige Rispengras (*Poa bulbosa*) bildet in seinen Blütenrispen oftmals Bulbillen statt fertiler Ährchen. In Mittel- und Nordeuropa bildet es nur selten Früchte, es überwiegt die vegetative Fortpflanzung. Die kleinen, zwiebelartigen Knospen (Bulbillen) werden vom Weidevieh in den Boden getreten und können dort auskeimen.

5. Balgfrüchte

Die Balgfrucht besteht aus einem einzigen Fruchtblatt, das bei Reife an seiner Verwachsungsnaht – der Bauchnaht – aufreißt und die Samen entläßt. Die Fruchtwand ist dünn und einfach gebaut. Ihre äußere Schicht, das Exokarp, besteht oft nur aus einer Zellschicht mit kleinen, dickwandigen Zellen. Es folgt ein unauffälliges, ein- oder mehrschichtiges Mesokarp aus dünnwandigen Parenchymzellen. Nach Innen zum Fruchtfach endet die Fruchtwand mit einer meist einschichtigen Abschlußschicht, dem Endokarp. Stabilisiert wird die Fruchtwand durch mehrere, vor allem querverlaufende Leitbündel, welche die Frucht und die Samen mit Wasser und Nährstoffen versorgen und durch eingelagerte Festigungselemente auch für Stabilität sorgen. Balgfrüchte zählen zu den Öffnungsfrüchten, deren zumeist sehr dünne Fruchtwand am Ende der Fruchtreife austrocknet. Sie wird pergamentartig (trockenhäutig), reißt an der zarten Bauchnaht auf und entlässt die Samen.

Häufig werden in den Lehrbüchern Apfel (*Malus*) und Birne (*Pyrus*) als Sammelbalgfrüchte bezeichnet. Das im Inneren liegende 5kantige Fruchtgehäuse wurde als eine Sammelbalgfrucht aus 5 Balgfrüchten bestehend, interpretiert. Dieses wird vom stark anwachsenden, eßbaren Blütenboden – dem saftigen Fruchtfleisch – umschlossen und kann sich deshalb nicht, wie für Balgfrüchte typisch, öffnen. Eigene Untersuchungen zeigten jedoch, daß Apfel und Birne unterständige Beeren sind, näheres dazu im Kapitel der Beerenfrüchte.

Balgfrüchte entstehen ausschließlich aus chorikarpen Gynoeceen, die Fruchtblätter einer Blüte sind allenfalls an der Basis miteinander verwachsen.

Balgfrüchte findet man nur in wenigen Pflanzenfamilien, besonders die Hahnenfußgewächse (Ranunculaceae) und Dickblattgewächse (Crassulaceae) sind für ihre Balgfrüchte bekannt. Aber auch für die Seidenpflanzen (Asclepiadaceae) und Pfingstrosen (Paeoniaceae), die jedoch nur wenige in Mitteleuropa heimische Vertreter haben, ist dieser Fruchttyp typisch.

Ausbreitung

Balgfrüchte sind recht einheitlich ausgebildet, Abweichungen vom Bautyp sind selten, so daß man sie leicht als solche erkennen kann. Im Gegensatz dazu stehen die vielfältigen Ausbreitungstypen, die sich je nach Pflanzenart entwickelt haben. Die pergamentartigen Balgfrüchte der Sumpfdotterblume (→ *Caltha palustris*), des Winterling (→ *Eranthis hyemalis*) und des Mauerpfeffer (→ *Sedum acre*) sind bei Reife sternförmig angeordnet. Diese Anordung steht im Dienste ihrer Ausbreitung durch den Regen (Ombrochorie). Sie bilden funktionelle Schalen, aus denen die herabfallenden Regentropfen die Samen herausspülen bzw. herausschleudern.

Bei anderen Arten sind die Balgfrüchte aufrecht orientiert und stehen dicht beieinander. Ihre geöffnete Bauchnaht weist zum Blütenzentrum. Sie ähneln den Kapselfrüchten und streuen wie diese ihre Samen allmählich als Wind- und Tierstreuer (Semachorie) aus. Beispiele sind Akelei (→ *Aquilegia*), Schwanenblume (→ *Butomus*) und die Spireen (*Spiraea*) der Rosengewächse (Rosaceae). Nur bei wenigen Arten dienen Tiere als Ausbreiter. Bei diesen besitzen die Samen ein spezielles, eßbares Anlockungsmittel. Die nach unten hängenden Früchte der Gattung *Helleborus* bilden Samen mit einem nährstoffreichen Anhängsel (Elaiosom). Diese werden myrmechor, also durch Ameisen, ausgebreitet.

Eine Besonderheit stellen die Balgfrüchte der Magnolien (*Magnolia*) dar. Die zapfenförmig übereinander stehenden Bälge öffnen sich untypisch auf der Rückenseite. Ihre großen, roten, fleischigen Samen fallen heraus und bleiben an einem langen Stielchen nach unten hängen. Die attraktiven Samen werden so der Vogelwelt zur Schau gestellt und von diesen endochor ausgebreitet.

Zwischen den großen, blauschwarz glänzenden Samen der Pfingstrosen (→ *Paeonia*) befinden sich kleinere, fleischige und auffällig rot gefärbte Samenattrappen. Vögel picken diese zu Nahrungszwecken heraus und verstreuen dabei die Samen, die selber nicht gefressen werden. Diese Ausbreitungsart zählt zur Bearbeitungsausbreitung, einer Form der Dysochorie. Darüberhinaus wird eine Vielzahl der Pflanzen als Zierpflanzen durch den Menschen ausgebreitet (Ethelochorie).

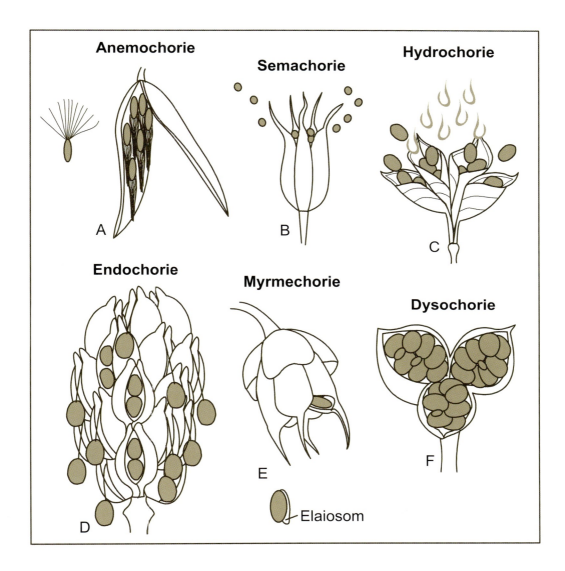

Abb. 5-1: Auswahl einiger Ausbreitungstypen unter den Balgfrüchten. A: Schwalbenwurz (*Vincetoxicum hirundinaria*) mit beschopftem Samen B: Akelei (*Aquilegia vulgaris*). C: Winterling (*Eranthis hyemalis*). D: Magnolie (*Magnolia*) aus deren zahlreichen Balgfrüchten je 1-2 leuchtend rote, fleischige Samen herunterhängen. E: Stinkende Nieswurz (*Helleborus foetidus*). Die Samen sind mit einem Elaiosom ausgestattet. F: Pfingstrose (*Paeonia*).

Zu den giftigsten Pflanzen Mitteleuropas zählt der Blaue Eisenhut (*Aconitum napellus*), eine Pflanze der Berge, die in Gebirgswäldern, Hochstaudenfluren und an Bächen wächst. Die ausdauernde, meist unverzweigte, bis 1,5 m hohe Staude endet in einem traubigen Blütenstand. Die grossen, tiefblauen, von Juni–Oktober erscheinenden Blüten ähneln einer Sturmhaube, worauf sich die deutsche Namensgebung bezieht. Sie sind nicht in Kelch und Krone unterteilt, sondern bestehen aus 5 ungleich großen, gefärbten Blütenblättern (Perigon), die der optischen Anlockung dienen. Das obere helmförmige Perigonblatt birgt 2 langgestielte blaue Nektarien, die beiden seitlichen umgeben die Staub- und Fruchtblätter. Die 2 unteren Blütenblätter dienen als Landeplattform für Besucher. Der oberständige Fruchtknoten besteht aus meist 3 freien Fruchtblättern (chorikarp) mit zahlreichen Samenanlagen.

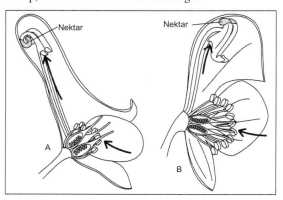

Abb. 5-2: Nektarblätter. A: *Aconitum lycoctonum* ssp. *vulparia*. Blüte längs mit 2 langen, an der Spitze eingerollten Nektarblättern. Dort oben verborgen befindet sich der Nektar. B: *A. napellus*. Blüte längs. Die Pfeile markieren den Weg des Blütenbesuchers (Hummel) zu dem im Helm verborgenen Nektar.

Blütenbiologisch handelt es sich bei *A. napellus* um vormännliche Rachenblumen, die auf langrüsselige Hummeln spezialisiert sind. Diese kriechen bei der Suche nach dem oben im Helm befindlichen Nektar ganz in die Blüte hinein. Dabei müssen sie den Helm hochdrücken, ein Kraftaufwand, den nur Hummeln leisten können. Ihr Rüssel wird entlang des langen Stiels des Nektariums bis zum tütenförmigen Eingang geführt. Die Staubblätter stehen am Blüteneingang, die Hummel wird beim Einkriechen in die Blüte mit Pollen eingestäubt. In älteren Blüten ist nun die Narbe an dieser Stelle und wird mit mitgebrachtem Pollen beladen. Da Hummeln einen Blütenstand immer von unten (Blüten im weiblichen Stadium) her anfliegen und sich dann hoch zu den Blüten im männlichen Stadium arbeiten, wird Fremdbestäubung gefördert. Kurzrüsselige Hummeln beißen einfach in den Helm und rauben den Nektar, sie dienen nicht der

Bestäubung. Eine sehr ähnliche Blütenbiologie zeigt auch der von Juni–August blühende Wolfs-Eisenhut (*Aconitum lycoctonum* ssp. *vulparia*, früher *A. vulparia* genannt) mit seinen schwefelgelben Blüten.

Frucht:

Beide Eisenhut-Arten gehören zu den Hahnenfußgewächsen und bilden, wie für viele Vertreter der Familie typisch, Balgfrüchte. Sie sind infolge des verlängerten Fruchtstiels aufrecht orientiert und bei beiden Arten von sehr ähnlichem Aussehen. Zumeist entwickeln sich 3 bis etwa 1,5 cm lange Balgfrüchte in jeder Blüte, die vom verbleibenden Griffel gekrönt werden. Im Spätsommer trocknen die Früchte aus, werden braun und zeigen eine schöne Queraderung. Sie enthalten zahlreiche 3kantige, leicht geflügelte, schwarze Samen.

Ausbreitung:

Die Balgfrüchte beider *Aconitum*-Arten öffnen sich durch Austrocknung im Herbst entlang ihrer Bauchnähte. Der lange Stengel der Stauden ist elastisch und wird durch den Wind leicht in Bewegung versetzt. Der hakenförmig verlängerte, starre Griffel an den Früchten bewirkt, daß auch vorbeistreifende Tiere zur Ausstreuung beitragen (Semachorie). Die mit der Öffnung zueinander stehenden Balgfrüchte entlassen nur allmählich ihre zahlreichen, relativ großen Samen von 3–4 mm Länge. Stehen die Pflanzen am Bachufer, werden die schwimmfähigen Samen als Schwimmer talabwärts durchs Wasser ausgebreitet (Nautochorie). *A. napellus* bildet auch Tochterknollen, eine Form der Selbstausbreitung (Blastochorie) und wurde früher auch ethelochor ausgebreitet.

Nutzung:

Beide Arten sind aufgrund von Alkaloiden wie dem Aconitin und Napelin sehr giftige Pflanzen, worauf sich auch der Gattungsname (griech. *akoniton*=Giftpflanze) bezieht. Schon beim Pflücken kann das Gift durch die Haut eindringen und Hautentzündungen sowie schwere Vergiftungen hervorrufen. *A. napellus* wurde in mittelalterlichen Bauerngärten kultiviert, später wurden gefüllte Sorten als Zierpflanzen gezüchtet. Aufgrund ihrer Toxizität wurden die Pflanzen volksmedizinisch nicht genutzt, stattdessen dienten sie hin und wieder als totbringendes Gift zu Mordzwecken. Mit *A. lycoctonum* ssp. *vulparia* vergiftete man früher Wölfe, sein Name (lat. *lycos*=Wolf) zeugt noch heute davon. Erst im 19. Jahrhundert wurde *A. napellus* bei Rheumatismus, Neuralgien und verschiedenen Schmerzzuständen eingesetzt. In der Homöopathie ist die Pflanze heute ein wichtiges Heilmittel.

Vorkommen:

Beide Eisenhut-Arten sind in den Gebirgen fast ganz Europas heimisch.

Bild 1-2: *Aconitum napellus*. **Bild 1:** Helmförmige Blüte von der Seite. Im Inneren sind die 3 dunkelblauen Frucht-blätter teilweise erkennbar. **Bild 2:** Reife, geöffnete Balgfrüchte. **Bild 3:** *A. lycoctonum* ssp. *vulparia*. An der Bauchnaht geöffnete Balgfrüchte mit starrem verbleibendem Griffel. Die Fruchtwand ist durch querverlau-fende Leitbündel, die der Nährstoffversorgung während der Fruchtentwicklung dienten, gezeichnet.

Auf Bergwiesen, an wärmeliebenden Waldrändern und auf Trockenrasen findet man besonders in Mittel- und Süddeutschland die Gemeine Akelei (*Aquilegia vulgaris*). Die ausdauernde, bis etwas 60 cm hohe Pflanze bildet von Mai–Juli attraktive, nickende, vormännliche Blüten. 5 dunkelblaue, abstehende Kelchblätter leiten die Blüte ein. Auffällig sind die 5 großen, ebenfalls dunkelblau gefärbten Kronblätter, die in einen langen, mit Nektar gefüllten Sporn münden.

Der Gattungsname leitet sich von lat. *aqua*=Wasser und *legere*=sammeln her, und bezieht sich auf die füllhornartigen Sporne, in denen der Nektar gesammelt wird. Auf die zahlreichen, gelben Staubblätter folgen 5 freie (chorikarpes Gynoeceum), klebrig-drüsig behaarte (Schutz gegen Tierfraß) Fruchtblätter mit langen Griffeln.

Die Bestäuber werden durch die auffällig gefärbten Blütenblätter und den Nektarduft angelockt. Sie hängen sich von unten an die Blüten, krallen sich mit den Vorderbeinen am Rand der trichterförmigen Kronblätter fest und dringen mit dem Kopf in den lang ausgezogenen Sporn ein. Ist die Blüte noch im vormännlichen Stadium, wird dabei der Hinterleib des Besuchers mit Pollen eingestäubt. Ist die Blüte älter und bereits weiblich, nehmen nun die reifen Narben den mitgebrachten Pollen auf. *A. vulgaris* ist eine typische Hummelblume, denn nur Hummeln mit einem langen Rüssel gelangen an den tief im Sporn verborgenen Nektar. Da kurzrüsselige Bienen in der Regel nicht den Nektar erreichen, beißen sie den Sporn einfach auf. Sie betätigen sich so als „Nektardiebe" ohne eine Bestäubung durchzuführen.

Frucht:

Die Akelei bildet als typische Vertreterin der Hahnenfußgewächse Balgfrüchte. So wächst jedes der 5 einzelnen Fruchtblätter von *A. vulgaris* zu einer etwa 2 cm langen, unscheinbaren Balgfrucht heran. Der Fruchtstiel verlängert sich im Laufe der Fruchtentwicklung, so daß die Früchte im Gegensatz zu den nickenden Blüten nun aufrecht orientiert sind. Die im reifen Zustand pergamentartigen Bälge sind kurz behaart, die Fruchtwand wird von quer verlaufenden Leitbündeln durchzogen. Jede Balgfrucht wird von einem etwa 5 mm langen Griffelrest gekrönt, der sich waagerecht abspreizt. In jedem Balg befinden sich kleine, bis 2,5 mm lange, schwarzglänzende Samen.

Ausbreitung:

Im Juli beginnen die Früchte auszureifen, d.h. ihre Fruchtwände trocknen aus und jeder einzelne Balg öffnet sich an seiner dünnsten Stelle, der längsverlaufenden Bauchnaht. Dies geschieht in der Regel nicht allmählich, sondern explosionsartig, so daß dabei die Samen katapultartig fortgeschleudert werden (Austrocknungsstreuer). Da die Balgfrüchte jedoch eng beisammen stehen, können nur die oberen Samen ausgeschleudert werden.

Der weitaus größte Anteil der Samen wird als Wind- und Tierstreuer ausgebreitet (Semachorie). Die aufgerichteten Balgfrüchte sitzen auf verlängerten elastischen Fruchtstielen, der lange Stengel der gesamten Pflanze ist ebenfalls elastisch, so daß der Wind die Samen aus den geöffneten Früchten allmählich ausstreut. Bei vorbeistreifenden Tieren bleiben die Früchte kurz mit ihrer abgespreizten, verlängerten und starren Spitze am Fell hängen. Beim Rückstoß werden die restlichen Samen herausgeschleudert (Tierstreuer).

Auch der Mensch hat Anteil an der Ausbreitung der Gemeinen Akelei. Sie wurde im Mittelalter gezielt als Heilpflanze, später auch als Zierpflanze, in den Gärten ausgesät und auch über den Handel der Samen ausgebreitet (Ethelochorie). So besitzt die Akelei sehr unterschiedliche Mechanismen der Ausbreitung. Neben der unvollständigen Selbstausbreitung durch ein plötzliches Ausschleudern der oberen Samen (Ballochorie) streut sie ihre Samen allmählich durch Wind und Tier (Semachorie) aus.

Nutzung:

Die Gemeine Akelei enthält das Gift Magnoflorin und ein Blausäure bildendes Glycosid. Der Verzehr von wenigen Blättern (etwa 20 g) führt zu leichten Vergiftungserscheinungen, die rasch wieder abklingen. Seit dem Mittelalter wird sie als Heilpflanze angewendet. Erstmalige Erwähnung findet *A. vulgaris* bei der Äbtissin Hildegard von Bingen (1098–1179). Verabreicht wurde sie unter anderem bei Leber- und Gallenleiden, Impotenz und äußerlich gegen Hautausschläge. Heute wird die Pflanze homöopathisch bei Menstruationsbeschwerden und Hautkrankheiten eingesetzt. *A. vulgaris* wird als beliebte Zierpflanze in zahlreichen Varietäten und Formen seit 1470 kultiviert.

Vorkommen:

A. vulgaris ist heute in West-, Mittel- und Südeuropa, Rußland, Nord-Afrika und Asien verbreitet. Innerhalb Deutschlands kommt die Pflanze aufgrund ihrer Lebensraumansprüche hauptsächlich in Mittel- und Süddeutschland vor. In einigen Bundesländern ist sie in ihrem Bestand gefährdet, in Brandenburg gilt die Pflanze als ausgestorben.

Aquilegia vulgaris. **Bild 1:** Nickende Blüte mit zahlreichen reifen Staubblättern (männliches Stadium). **Bild 2:** Pflanze zur Fruchtreife mit aufrecht orientierten Balgfrüchten. **Bild 3:** Blick in 5 reife, mit schwarzen Samen gefüllte Balgfrüchte, die alle einer Blüte entstammen. Sie sind an ihrer Bauchseite geöffnet, die starren Griffel sind waagrecht abgespreizt. Im Gegensatz zu den auffälligen Blüten sind die hellbraunen, etwa 2 cm langen Früchte unscheinbar und leicht zu übersehen.

Die ausdauernde Schwanenblume (*Butomus umbellatus*) wächst besonders an großen, langsam fließenden Flüssen wie Oder und Elbe. Die Sumpfpflanze ist an eine amphibische Lebensweise angepaßt. Bei großer Wassertiefe bildet sie bandförmige, flutende Wasserblätter aus, bei niedrigerem Wasserstand entwickeln sich 3kantige, scharfschneidige, mit zahlreichen Durchlüftungskanälen versehene Überwasserblätter. An diese scharfen Blätter erinnert auch die Namensgebung aus dem griech. *bous*=Ochse, Rind und *temnein*=schneiden. *Butomus* ist der griechische Name einer anderen Sumpfpflanze mit schneidenden Blättern, an denen sich die Rinder verletzten. Ende des 16. Jahrhunderts wurde dieser Name auf die Schwanenblume übertragen. Oft wird die reichblühende Pflanze auch Blumenbinse genannt, da Stengel und Blätter binsenartig sind. *B. umbellatus* ist der einzige Vertreter der Familie der Schwanenblumengewächse.

Die radiären, lang gestielten Blüten (Blütezeit Juni-August) sind in bis zu 30blütigen, doldenartigen Blütenständen (lat. *umbellatus*=doldig) angeordnet und werden von 3 lanzettlichen Hochblättern umgeben.

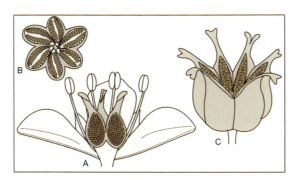

Abb. 5-3: *Butomus umbellatus*. A: Blüte längs. Blick in das Innere zweier Fruchtblätter mit zahlreichen, an der gesamten Innenfläche ansitzenden Samen. B: Fruchtknoten quer. An der Basis sind die 6 Fruchtblätter miteinander verwachsen. C: Balgfrüchte, die von der Basis bis zur Mitte miteinander verwachsen sind und sich an der Bauchnaht öffnen.

Wie für viele monokotyle (einkeimblättrige) Pflanzen typisch, sind alle Blütenorgane in Dreizahl vorhanden. Die Blütenhülle besteht aus grünlichen Kelchblättern und rötlich-weißen Kronblättern mit dunkleren Strichsaftmalen, die der Anlockung dienen. Es folgen 3 Kreise mit je 3 Staubblättern, die auffällig rote Staubbeutel besitzen.

Im Zentrum befinden sich 2 Kreise mit je 3 flaschenförmigen, ebenfalls rot gefärbten Fruchtblättern. Sie sind oft an der Basis miteinander verwachsen und stellen so eine Übergangsform zwischen freiblättrigen (chorikarp) und verwachsenen (coenokarp-synkarp) Fruchtknoten dar. Jedes Fruchtblatt enthält eine Viel-

zahl an Samenanlagen, die auf der gesamten Innenseite des Fruchtblattes ansitzen. Diese sogenannte laminale (flächige) Plazentation ist im Pflanzenreich sehr selten, denn Samenanlagen sitzen in der Regel nur entlang einer schmalen Leiste neben der Bauchnaht der Fruchtblätter an.

Blütenbiologisch handelt es sich um nektarführende, einfach gestaltete, vormännliche Scheibenblumen, die angenehm nach Honig duften und von Juni – August blühen. Der Nektar wird an der Basis der Fruchtblätter abgeschieden und erscheint in Form kleiner Tröpfchen am Blütengrund. Bestäuber sind Fliegen und Schwebfliegen, Bienen und Hummeln.

Frucht:

Aus den auffälligen Blüten entwickeln sich meist 6 unscheinbare, bei Reife braungefärbte, etwa 1 cm lange Balgfrüchte. Da die Fruchtblätter zur Blütezeit häufig an der Basis miteinander verwachsen waren, können nun auch die Früchte bis zur Mitte miteinander verwachsen sein. Es handelt sich demnach um eine Übergangsform vom Balg zur Kapsel. Jeder Balg öffnet sich bei Reife infolge Austrocknung an seiner Bauchnaht und gibt so die zahlreichen Samen frei.

Ausbreitung:

Im Zuge der Fruchtentwicklung verlängert sich der Blüten- bzw. Fruchtstiel um mehrere Zentimeter, so daß die Früchte der ohnehin hohen Pflanzen (bis 150 cm Höhe) noch mehr aus der hochwüchsigen Ufervegetation empor gehoben werden. *B. umbellatus* ist mit ihrem elastischen Stengel perfekt an die Ausbreitung als Windstreuer angepaßt (Semachorie) und streut so allmählich ihre zahlreichen, winzigen Samen aus. Die kleinen, schwimmfähigen Samen können aber auch einfach ins Wasser fallen und als Schwimmer (Nautochorie) oder Wasserhafter (Epichorie) an Vögeln ausgebreitet werden. Aber auch asexuell vermehren sich die Pflanzen, in dem sich von dem wachsenden Wurzelstock Rhizomteile ablösen und ebenfalls vom Wasser als Schwimmer ausgebreitet werden.

Nutzung:

Wurzelstock (Rhizom) und Samen der Pflanze wurden früher offizinell genutzt. Das Rhizom enthält bis zu 60% Stärke und wird in Asien zu Mehl verarbeitet. Die Kirgisen, ein mittelasiatisches Volk, verzehren den Wurzelstock: Die Wurzeln werden in Asche gebacken und mit Speck gegessen.

Vorkommen:

B. umbellatus ist im gemäßigten Europa und Asien weit verbreitet und wächst an stehenden oder langsam fließenden, nährstoffreichen Gewässern.

Butomus umbellatus. **Bild 1:** Zart rosafarbene Blüte. Auffällig sind die 6 im Blütenzentrum stehenden, roten Fruchtblätter, die an der Spitze mit einer gelblichen Narbe enden. **Bild 2:** Die hier am Ufer der Unteren Oder wachsende Pflanze ist durch das Hochwasser 1996 nahezu vollständig überschwemmt worden. Nur die doldenartigen, auffälligen Blütenstände ragen aus dem Wasser. **Bild 3:** Fast reife, noch geschlossene Balgfrüchte von der verwelkten Blütenhülle umgeben. Deutlich erkennbar ist die spätere Öffnungsnaht, als leistenförmige Erhebung, die sogenannte Bauchnaht.

Die von April–Mai blühende Sumpf-Dotterblume (*Caltha palustris*) bringt gelbe Farbtupfer in Sumpfwiesen und Überschwemmungsgrünland der Flußauen. Auch Auwälder und Gewässerufer gehören zu ihren Lebensräumen, der Artname (lat. *palus*=Sumpf) erinnert daran. Die ausdauernde, niederliegend bis aufsteigend wachsende Pflanze besitzt auffällige, große, herzförmige Grundblätter.

Ihre bis 5 cm großen Blüten bestehen aus einer einfachen Blütenhülle mit meist 5, durch Karotinoide dottergelb gefärbten Blütenblättern (Perigon), ein Kelch ist nicht vorhanden. Aufgrund des auffälligen Gelbtons der Blüten wird *C. palustris* oftmals mit den ebenfalls gelb blühenden, nah verwandten Hahnenfuß-Arten (→ *Ranunculus*) verwechselt. Zahlreiche ebenfalls gelbe Staubblätter reihen sich um die 5–15 freien, sehr eng beisammen stehenden Fruchtblätter (chorikarpes Gynoeceum). Am Grund der Fruchtblätter befindet sich jeweils eine kleine Nektardrüse. Von dem grünen Fruchtknoten hebt sich der sehr kurze, gelb gefärbte Griffel mitsamt der Narbe ab. Dieser dient, ebenso wie die gelben Staubblätter, der optischen Anlockung.

Blütenbiologisch handelt es sich um einfach gebaute Scheibenblumen, die reichlich Pollen und Nektar anbieten. Sie werden von Käfern, Fliegen und Bienen bestäubt. Besonders Schwebfliegen kann man häufig beobachten. Die Urmotte (*Micropterix calthella*), ein kleiner Falter, deren lat. Name auf ihre Verbindung mit *Caltha* hinweist, frißt mit Vorliebe den reichlich angebotenen Blütenpollen der Sumpf-Dotterblume. Hierbei handelt es sich um einen der wenigen Falter, der keinen Saugrüssel besitzt, sondern kauende Mundwerkzeuge, mit denen er den Pollen aufnimmt.

Frucht:

Aus jedem der befruchteten Fruchtblätter entwickelt sich ein etwa 1 cm langer, schlanker Balg, der durch den verbleibenden Griffelrest kurz geschnäbelt und für die Hahnenfußgewächse typisch ist. Zur Blütezeit sind die eng stehenden Fruchtblätter aufrecht orientiert. Durch die fortschreitende Größenzunahme der Früchte drücken sie sich gegenseitig nach außen und gelangen immer stärker in eine waagrechte Position. Die reifen Balgfrüchte sind schließlich sternförmig orientiert. In jedem Balg liegen die Samen in 2 Reihen. Die reifen Samen sind oval geformt, dunkelbraun und bis 2,5 mm lang.

Im Frühsommer öffnen sich die noch grünen Bälge an der nach oben gerichteten Bauchnaht. Sonne und Wind trocknen die dünne Fruchtwand aus, und die Früchte beginnen sich entlang ihrer Bauchnaht – der senkrecht verlaufenden Trennlinie – allmählich zu öffnen. Im basalen Bereich der Bauchnaht bleiben die Balgfrüchte jedoch noch geschlossen. Oftmals sind die zum Vorschein kommenden Samen noch grün und reifen bei geöffneter Frucht vollständig aus. Erst dann lösen sie sich von ihrem Stielchen (Funikulus) ab, das sie an der Fruchtwand festhält.

Ausbreitung:

Früchte und Samen von *C. palustris* sind in ihrer Ausbreitung an das Element Wasser perfekt angepaßt: Erst durch Regen und Wasseraufnahme mit anschließender Quellung öffnen sich die noch an der Basis geschlossenen Fruchthälften der Bälge vollständig. So werden nun alle ausgereiften Samen dem Regen präsentiert. Die geöffneten Bälge schmiegen sich aneinander und bilden eine große, schüsselförmige Auffangvorrichtung für die Regentropfen. Auf die schüsselförmigen Früchte oder auch die Blüten bezieht sich vermutlich auch der botanische Gattungsname: griech. *calathus*=Schüssel. In der Regel werden alle Samen durch die aufprallenden Regentropfen auf einmal heraus geschwemmt und ausgebreitet, es handelt sich um Regenschwemmlinge (Ombrochorie). Die Samen besitzen ein Schwimmgewebe, das aus lufthaltigen Hohlräumen besteht. Diese entstehen durch das Absterben von Zellen im Bereich der Chalaza während der Samenentwicklung. Die oft an den Ufern von Bächen und Gräben wachsenden Pflanzen breiten ihre Samen auch als Schwimmer aus (Nautochorie).

Nutzung:

Die Blütenknospen von *C. palustris* wurden früher als Gewürz – sogenannte Deutsche Kapern – genutzt. Doch vor einem Nachahmen sei gewarnt, ist doch die gesamte Pflanze durch Alkaloide und Saponine giftig. Die gelben Blüten wurden früher zum Färben der Butter eingesetzt. Als Heilpflanze wurde die Pflanze vor allem gegen Menstruationsbeschwerden, Bronchitis und Hauterkrankungen angewendet, heute liegt ihre Nutzung hauptsächlich in der Homöopathie.

Vorkommen:

C. palustris ist in Europa, im gemäßigten und nördlichen Asien sowie im nördlichen und arktischen Amerika verbreitet. Ihr Lebensraum wird durch Entwässerung der Wiesen und Begradigung der Uferzonen immer mehr eingeschränkt, so daß die Pflanze heute in einigen Bundesländern Deutschlands in ihrem Bestand gefährdet ist.

Caltha palustris. **Bild 1:** Blüte mit den im Zentrum stehenden kleinen Fruchtblättern. Die grünen Fruchtknoten gehen in die gelb gefärbten Griffel und Narben über. Umgeben sind die Fruchtblätter von zahlreichen, ebenfalls gelb gefärbten Staubblättern. **Bild 2:** Sternförmig angeordnete, reife Balgfrüchte. Sie sind an ihrer Bauchnaht aufgerissen. Die oft noch grünen Samen werden durch ihren Stiel (Funikulus) in der Frucht gehalten, bis sie vollständig ausreifen. Dann trocknen die Stielchen ab und die Samen können vom nächsten Regen fortgespült werden.

Dem Spaziergänger ist der strahlend gelbblühende Winterling (*Eranthis hyemalis*) als einer der ersten Frühlingsboten aus den Parkanlagen bekannt (griech. er=Frühling, *anthos*=Blüte und lat. *hiemalis*=winterlich). Der Knollen-Geophyt wird bis etwa 10 cm hoch und endet in einer einzigen Blüte. Die auffälligen gelben Blüten bestehen aus meist 6 kronblattartigen, gleich gestalteten Blütenblättern (Perigon). Zahlreiche Staubblätter umgeben die 4–6 abgeflachten, etwas flaschenförmigen, unverwachsenen Fruchtblätter (chorikarpes Gynoeceum). Sie besitzen an der Basis ein etwa 2 mm langes Stielchen, was als sehr ursprüngliches Merkmal gilt und bei unseren heutigen Pflanzenarten nur noch selten vorkommt. Ein Kelch ist nicht vorhanden, seine Schutzfunktion wird von den 3 großen, gelappten Hochblättern übernommen, die dicht unterhalb der Blüte sitzen und diese vor der Blütenöffnung schützend wie einen Kelch umgeben. Nur bei Sonne sind die Blüten sternförmig ausgebreitet. Das Öffnen und Schließen der Blüte erfolgt durch Wachstumsbewegungen, so daß die Blütenhüllblätter schließlich doppelt so groß sind, wie zu Blütenbeginn.

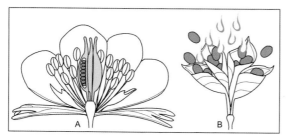

Abb. 5-4: *Eranthis hyemalis*. A: Blüte längs. Unterhalb der Blütenbasis sitzen die Hochblätter mit Kelchfunktion. Die gestielten Fruchtblätter stehen auf der emporgewölbten Blütenachse. Auffällig sind die tütenförmigen Nektarblätter. B: Die Samen werden durch herabfallende Regentropfen aus den Balgfrüchten geschwemmt.

Es handelt sich um nektarführende Scheibenblumen. Angelockt werden die Bestäuber durch die gelbe Blütenfarbe und den intensiven süßlichen Duft. In den großen, tütenförmigen Nektarblättern – die zwischen Perigon und Staubblättern liegen und mit bloßem Auge erkennbar sind – wird großzügig Nektar angeboten. Bestäuber sind Honigbienen, aber auch Tagfalter und Fliegen. Der Nektar ist den kurzrüsseligen Fliegen jedoch nicht zugänglich, weil er sich nur am Grund der tütenförmigen Nektarblätter befindet und ein mindestens 2 mm langer Rüssel erforderlich ist.

Frucht:

Aus jedem der etwa 8 mm langen Fruchtblätter entwickelt sich innerhalb von 2 Monaten, wie für die Familie der Hahnenfußgewächse typisch, eine Balg-

frucht. Jeder Balg wird bis 1,5 cm lang, bei Reife ist die dünne Fruchtwand quer geadert. Im Inneren sind etwa 8 Samen in einer Reihe übereinander gestapelt. Die gelblich-braunen Samen sind oval, etwa 3 mm lang und besitzen eine gefurchte Oberfläche. Auffällig bei den Balgfrüchten ist, daß jeder Balg bis 1 cm lang gestielt ist, die Früchte also auf einem Fruchtträger (Karpophor) ansitzen. Dieser entsteht aus dem Stiel der Fruchtblätter, der sich nach der Befruchtung verlängert hat. Die unreifen, grünen Früchte stehen noch senkrecht, während die reifen, pergamentartigen Früchte nun waagrecht orientiert sind. Die reifen Bälge reißen durch Austrocknen an ihrer Bauchseite von der Spitze bis zur Mitte auf, so daß der obere Fruchtbereich schaufelförmig ausgebreitet ist, während der untere Fruchtbereich geschlossen bleibt.

Ausbreitung:

Die reifen Balgfrüchte präsentieren ihre lose im Balg liegenden Samen dem Regen, denn *E. hyemalis* ist ein typischer Regenballist (Ombrochorie). Herabfallende Regentropfen werden vom schaufelförmig ausgebreiteten, vorderen Fruchtbereich aufgefangen. Durch die Wucht des Aufpralles und dank des elastischen Fruchtstiels wird der Balg kurz nach unten gedrückt und schnellt sogleich wieder zurück in seine Ausgangsstellung. Dabei werden die Samen infolge des Energieschwunges bis zu 40 cm herausgeschleudert. Die so auf den Boden gelangten Samen können bei starkem Regen anschließend vom Regenwasser als Regenschwemmling fortgespült werden. Fruchtreife und Ausbreitung der Samen liegen im Frühsommer.

Da der Winterling eine beliebte Gartenpflanze ist, wird er auch gezielt durch den Menschen (Ethelochorie) ausgebreitet. So gelangte der im Südosten Europas heimische Winterling als Zierpflanze nach Mitteleuropa, wo er seit 1570 kultiviert wird. In den klimatisch günstigen Weinbaugebieten Süddeutschlands konnte *E. hyemalis* verwildern und sich stellenweise einbürgern.

Nutzung:

E. hyemalis ist in Mitteleuropa eine beliebte Gartenzierpflanze, deren Knollen man wie Krokus und Tulpen im Herbst setzt. Die gesamte Pflanze, besonders die Knolle, ist durch Herzglykoside stark giftig.

Vorkommen:

Südosteuropa ist die Heimat von *E. hyemalis*, wo die Pflanze in feuchten Laubwäldern wächst. In Deutschland kennt man sie hauptsächlich angepflanzt in Parkanlagen und Gärten.

Eranthis hyemalis. **Bild 1:** Aufsicht auf eine Blüte mit 6 gelben Blütenblättern und den tütenförmigen Nektarblättern. Es folgen die Staubblätter mit ebenfalls gelben Staubbeuteln, im Zentrum die flaschenförmigen, grünen Fruchtblätter. **Bild 2:** Habitus der Pflanze im Frühjahr. Die grünen Hochblätter sitzen direkt unter den gelben Blütenblättern an. **Bild 3:** Reife, pergamentartige, zum Teil entleerte Balgfrüchte. Sie sind nun sternförmig ausgerichtet. Jeder Balg ist an seiner Bauchseite bis zur Mitte geöffnet und bietet so eine Auffangfläche für Regentropfen.

D ie Stinkende Nieswurz (*Helleborus foetidus*) zählt zu den Frühblühern. Der bis 50 cm hochwerdende, immergrüne Halbstrauch wächst nur auf kalkhaltigen Böden, vor allem in den Bergen. Die unteren Laubblätter sind lang gestielt und fingerförmig. Die Pflanze ist in den Lehrbüchern ein beliebtes Demonstrationsobjekt um die Metamorphose von Laubblättern zu Hochblättern und schließlich zu Blütenhüllblättern anschaulich zu erklären.

Im Gegensatz zu vielen anderen Vertretern innerhalb der Hahnenfußgewächse sind die in einer Rispe angeordneten Blüten von *H. foetidus* unscheinbar blaßgrün gefärbt. Die leicht nickenden Blüten verströmen einen unangenehmen Duft (lat. *foetidus*=stinkend). Die 5 hellgrünen Blütenhüllblätter – es gibt hier keine Unterteilung in Krone und Kelch – besitzen einen rotbraunen Rand und neigen sich glockenförmig zusammen. An ihrem Grund befinden sich kleine schlauchförmige Nektarblätter, die nur für Hummeln und Pelzbienen erreichbar sind. Zahlreiche Staubblätter umgeben die 3–5 an der Basis verwachsenen, flaschenförmigen Fruchtblätter (chorikarpes Gynoeceum). Die Blüten sind vorweiblich, so wird eine Selbstbestäubung verhindert. Blütenbiologisch handelt es sich um hängende Glockenblumen mit Streukegeleinrichtung, deren Pollen auf den Besucher herabrieselt. Dem Besucher wird ein großes Angebot an Pollen und Nektar offeriert.

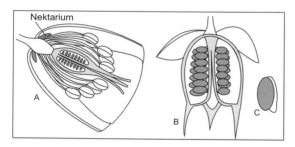

Abb. 5-5: *Helleborus foetidus*. A: Blüte längs. B: Balgfrüchte längs, die Samen sitzen der leistenförmigen Plazenta an. C: Same mit Elaiosom.

Frucht:

Die Fruchtblätter wachsen innerhalb weniger Wochen auf ein Vielfaches ihrer Länge an. Je Blüte entwickeln sich 3–5 Balgfrüchte, die im unteren Drittel fest miteinander verwachsen sind. Hier handelt es sich um Balgfrüchte mit einer deutlichen Tendenz zur Kapsel. Sie sind während der Fruchtentwicklung blasig aufgetrieben – also mit Luft gefüllt – und erreichen einschließlich des langen, an ihrer Spitze verbleibenden starren Griffelrestes eine Länge von etwa 3 cm. Die dünne Fruchtwand der reifen Bälge ist hellbraun und pergamentartig. Die quer verlaufende Aderung

sorgt für Stabilität. Die schwärzlichen, ovalen Samen sind in zwei Reihen angeordnet und bis 4 mm lang. Sie besitzen ein großes, helles Anhängsel (Elaiosom), das sich aus der Raphe entwickelt hat. Die Blütenhüllblätter verbleiben an der Frucht. Der Blüten- bzw. Fruchtstiel wächst in die Länge, so daß die zur Blütezeit leicht nickenden Blüten zur Fruchtreife nach unten hängen.

Ausbreitung:

Bei Fruchtreife trocknen die zuvor grünen Bälge aus, werden pergamentartig und öffnen sich entlang ihrer Bauchnaht, der Sollbruchstelle. Die vielsamigen Früchte sind zum Boden hin orientiert, so daß die Samen bei Reife leicht herausfallen können. Unterstützt wird das Loslösen der Samen durch Windboen, wobei die verbleibenden Blütenhüllblätter und die blasig aufgetriebenen Früchte als Windfang dienen und die Samen herausgeschüttelt werden. In der Türkei und Syrien bildet eine verwandte Nieswurz (*H. vesicarius*) ebenfalls blasige Balgfrüchte. Diese brechen leicht von ihren brüchigen Stielchen ab und werden vom Wind als Steppenroller ausgebreitet. *H. foetidus* hat sich stattdessen optimal an die Ausbreitung durch Ameisen (Myrmechorie) angepaßt. Die Pflanze beginnt schon im Februar zu blühen, so daß Früchte und Samen in der Hauptsammelzeit der Ameisen, dem Frühsommer, reif sind. Die aus den Früchten herausfallenden Samen werden den Ameisen regelrecht „vorgelegt". Oftmals löst sich auch die helle, leistenförmige Plazenta mitsamt der Samen, so daß ganze Samenreihen auf die Erde fallen. Interessant für die Ameisen sind jedoch nicht die Samen, sondern allein deren hellbraunes Elaiosom, das Glukose und Fruktose, Fette und Vitamin C enthält und für die Ameisen ein wertvoller Nahrungslieferant ist. Rasch werden die Samen eingesammelt, im Bau der restliche Same vom Elaiosom abgetrennt und wieder aus dem Bau transportiert. Die leeren Bälge verrotten mit der Zeit, so daß schließlich nur noch die verstärkten Leitgefäße, die dem Stofftransport dienen, übrig bleiben.

Nutzung:

In geringer Menge enthält die Pflanze giftige Saponine, kardiotoxische Substanzen und Protoanemonin. Seit dem Altertum wird *H. foetidus* als Gift- und Heilpflanze angewendet. Der Gattungsname leitet sich aus dem griech. *hellein*=töten und *boras*=Speise her, da der Genuß der Pflanze tödlich sein kann.

Vorkommen:

H. foetidus ist in Süd- und Mitteleuropa verbreitet.

Helleborus foetidus. **Bild 1:** Blühende Pflanze in ihrem typischen Lebensraum, der montanen Felsregion. **Bild 2:** Junge Balgfrüchte. **Bild 3:** Reife, geöffnete Balgfrüchte mit Blick von unten in die Früchte hinein. Gut sichtbar ist die helle Plazentaleiste, an der die schwarzen Samen noch festsitzen. Die Leiste hat sich von der Fruchtwand gelöst und ist direkt nach der Aufnahme mitsamt den Samen aus der Frucht gerutscht.

Alljährlich im Mai und Juni kann man die Blütenpracht der zahlreichen Pfingstrosen in den Parkanlagen und Gärten genießen. Weltweit umfaßt die kleine Familie der Pfingsrosengewächse etwa 30 Arten. Am beliebtesten sind in Europa die aus Südeuropa stammende Bauern-Pfingstrose (*Paeonia officinalis*) und die im asiatischen Raum heimische Chinesische Pfingstrose (*P. lactiflora*), die in unzähligen Sorten gezüchtet wurden. Es handelt sich um Stauden mit aufrechtem, einblütigen Stengel und doppelt 3teiligen Laubblättern. Die üppigen, duftenden, bis etwa 14 cm großen Blüten werden von 5 grünen, laubblattartigen, meist ungleichen Kelchblättern eingeleitet. Es folgen je nach Art und Sorte 5–8 rote, weiße oder gelbe Kronblätter. Gefüllte Formen bringen eine Vielzahl auffällig gefärbter Kronblätter hervor. Die zahlreichen cremefarben bis gelben Staubblätter sorgen für ein überaus reichhaltiges Pollenangebot. Pro Blüte von *P. officinalis* werden bis zu 3,6 Mio. Pollenkörner produziert, das sind Spitzenwerte unter den Blütenpflanzen.

Im Blütenzentrum befinden sich 2–5 große, unverwachsene, dicht weiß-filzig behaarte Fruchtblätter (chorikarpes Gynoeceum) mit fast sitzender, breiter Narbe. An ihrer Basis befindet sich ein ringförmiger Diskus, der vermutlich Nektar abscheidet. Blütenbiologisch handelt es sich um große, einfach gebaute Scheibenblumen mit sehr hoher Pollenproduktion, die besonders von Bienen, Fliegen und Käfern bestäubt werden. Früher wurden die Paeonien den Hahnenfußgewächsen (Ranunculaceae) zugeordnet. Seit 1950 werden sie in ihre eigene Familie der Pfingstrosengewächse gestellt.

Frucht:

Aus jeder Blüte entwickeln sich 2–4 große, sehr robuste Balgfrüchte. Ihre dicke, verholzte Fruchtwand ist zur Fruchtreife auf der Oberfläche behaart oder verkahlt. Die großen, ovalen Samen sitzen in 2 Reihen entlang der Bauchnaht an. Sie werden bis 8 mm lang, ihre Oberfläche glänzt in einem tiefen Schwarzblau. An der Basis verbleiben die Kronblätter.

Ausbreitung:

Bei Fruchtreife und durch fortschreitende Austrocknung öffnen sich die Balgfrüchte entlang ihrer Bauchnaht von der Spitze an. Dabei biegen sie sich nach außen und präsentieren ihre glänzenden schwarzen Samen, die mit ihrem Stielchen (Funikulus) an der Fruchtwand befestigt sind. In jedem Balg befinden sich zwischen den Samen einige kleine, leuchtend rote Samenattrappen. Man vermutet, daß diese embryolosen Samen der optischen Anlockung von Vögeln dienen. Die fleischigen kleinen Samen werden gefressen und dabei die großen, sehr harten Samen unbeabsichtigt aus der Frucht gestreut. Die Samen verbleiben in unmittelbarer Nachbarschaft zur Mutterpflanze (Nahausbreitung). Die Bearbeitungsausbreitung ist eine Form der Zufallsausbreitung (Dysochorie). Weitaus gesicherter ist das heutige Wissen um die ethelochore Ausbreitung beider *Paeonia*-Arten. Benediktinermönche brachten die unter anderem in Italien wild wachsende *P. officinalis* über die Alpen in ihre Klöster, kultivierten sie und verwendeten die Wurzeln zu Heilzwecken. In dieser Zeit wurde sie auch Benediktinerrose genannt. Aufgrund ihrer schönen Blüten, aber auch wegen ihrer Heilkräfte und Anspruchslosigkeit fehlte sie schon bald in keinem mittelalterlichen Bauerngarten. Sie war eine beliebte „Blume des armen Mannes". Anfang des 19. Jahrhunderts wurde *P. lactiflora* aus China eingeführt und verdrängte allmählich *P. officinalis*. Heute ist sie mit ihren zahlreichen weiß, rosa und rot blühenden Sorten und Hybriden zur vorherrschenden Pfingstrose unserer Gärten geworden.

Nutzung:

P. officinalis war schon im Altertum eine geschätzte Heilpflanze (griech. *paionios*=heilend). Ihre Wurzel wurde gegen Gicht (ein alter Name ist Gichtwurz), Epilepsie und Kinderkrankheiten angewendet. Aus den sehr harten Samen wurden Halsbänder für zahnende Kinder gefertigt. Die Griechen weihten sie Paeion, dem Gott der Heilkunst. Der Sage nach bewahrte er Pluto mit dem Saft der Wurzeln vor dem Verbluten, als dieser von Herkules im trojanischen Krieg schwer verwundet wurde. Die Blüten der Paeonien standen in der christlichen Symbolik für Reichtum, Heil, Heilung und Schönheit. Künstler wie Manet, Renoir und Delacroix ließen sich von den Paeonien inspirieren, die als Rosen ohne Stachel galten, und schufen zahlreiche Paeoniengemälde.

Die attraktivsten Paeonien sind in Ostasien, vor allem China beheimatet. Sie heißen dort *Shao yao*=bezaubernd schön und symbolisieren in China Reichtum und Glück. Wie kaum eine andere Gartenpflanze werden Paeonien in China seit über 4000 Jahren kultiviert. Einige Züchtungen galten als so wertvoll, daß sie als Mitgift eine große Rolle spielten. Sie waren *die* Blumen des Kaiserhauses. *P. lactiflora* wurde schon im 7. Jahrhundert – zur Zeit der Tang-Dynastie – gezüchtet. Moderne Zuchttechniken führten zu etwa 3000 Sorten in einer unerschöpflichen Farbauswahl.

Vorkommen:

P. officinalis wächst wild in den Bergregionen Südeuropas. In Deutschland gilt die Bauern-Pfingstrose in Bayern, vor allem in Franken (Haßberge) stellenweise als eingebürgert. *P. lactiflora* ist in der Mongolei, Mandschurei, Tibet und China heimisch.

Bild 1: *Paeonia lactiflora.* Weiß blühende Chinesische Pfingstrose. **Bild 2-3:** *P. officinalis.* **Bild 2:** Blüte mit einer hohen Anzahl gelber Staubblätter. **Bild 3:** Blick auf 3 reife, 3-4 cm lange, an der Bauchnaht aufgerissene Balgfrüchte. Die großen, glänzenden, 8 mm langen Samen werden präsentiert. Zwischen diesen sitzen kleine, fleischige, rot gefärbte Samenattrappen, die vermutlich der optischen Anlockung von Vögeln dienen.

Der rasenbildende, gelb blühende Scharfe Mauerpfeffer (*Sedum acre*) wächst auf trockenen Standorten. Seinen deutschen Pflanzennamen verdankt er seinem häufigen Auftreten auf alten Mauern und dem scharfen Geschmack seiner Blättchen. Das immergrüne Kraut wird kaum 10–15 cm hoch. Seine zahlreichen, vielfach verzweigten, am Boden kriechenden Sprosse wachsen aus fadenförmigen, etwa 1–3 cm unter der Oberfläche verlaufenden Wurzelstöcken (Rhizome) nach oben, und bilden einen dichten, rasenartigen Bewuchs.

Die kurzen Zweige sind mit schuppenförmig anliegenden, fleischig-dicken, hellgrünen Blättchen besetzt. Diese speichern im Inneren in einem speziellen Gewebe Wasser, das es *S. acre* und verwandten Arten ermöglicht, als sogenannter Blattsukkulent (von lat. *succus*=Saft) Trockenperioden auf ihren bevorzugten, nämlich wasserarmen Standorten zu überleben. *S. acre* gehört deshalb zu den Dickblattgewächsen, die für ihre dicken, mit einem Wasserspeicher versehenen Blätter bekannt sind. Die frischen Blättchen hinterlassen oftmals beim Zerkauen einen pfefferartigen, scharfen Geschmack, die Artbezeichnung (lat. *acer*=scharf) bezieht sich darauf.

Die sterilen Sprosse sind dicht mit in regelmäßigen Längsreihen sitzenden Blättchen besetzt, während die blütentragenden Sprosse spärlicher beblättert sind. Die meist 5zähligen, radiären Blüten stehen endständig in wenigblütigen, doldenartigen Wickeln. Den kurzen, eiförmigen, fleischigen Kelchblättern folgen die Kronblätter. Sie sind lanzettlich, sternförmig angeordnet und von goldgelber Färbung. Die 10 ebenfalls goldgelben Staubblätter stehen in 2 Kreisen um die 5 freien, schlanken Fruchtblätter. Diese sind nur an der Basis miteinander verwachsen, das Gynoeceum ist chorikarp.

Blütenbiologisch handelt es sich um einfach gestaltete Scheibenblumen, die leicht zugänglichen Nektar zur Verköstigung anbieten. Dieser wird in kleinen Nektarschüppchen unterhalb der Fruchtblätter gebildet. Die Blüten sind vormännlich, wodurch Selbstbestäubung erschwert, aber nicht immer verhindert wird. Als Bestäuber der von Juni–August blühenden Blüten kann man Fliegen, Schwebfliegen, Bienen und Hummeln beobachten.

Frucht:

Aus jedem der 5 Fruchtblätter einer Blüte entwickelt sich eine 3–5 mm lange Balgfrucht, die von dem 1mm langen Griffel gekrönt wird. Aufgrund ihrer geringen Größe und unscheinbaren Färbung sind die aufrecht orientierten Balgfrüchte inmitten ihres eigenen Rasens nur schwer zu erkennen. Ein gezieltes Suchen offener Früchte und der Anblick durch eine Handlupe lohnt sich. Die Balgfrüchte sind bei Fruchtreife sternförmig angeordnet, so daß ihre Bauchnaht nach oben orientiert ist. Sie sind an der nach unten ausgerichteten Rückenseite breit geflügelt. An der Bauchnaht sitzen die zahlreichen, winzigen, feilspanartigen Samen, denen ein Nährgewebe fehlt. Pro Pflanze werden 200–300 Samen gebildet. Ganz ähnlich sind auch die Balgfrüchte nah verwandter Mauerpfeffer-Arten gestaltet.

Ausbreitung:

Zum Ende der Fruchtentwicklung beginnen die fleischig-grünen Balgfrüchte auszutrocknen. Ihre Fruchtwand wird pergamentartig dünn und öffnet sich nur bei Nässe (Hygrochasie). Die abgestorbenen Zellen der Fruchtwand nehmen Wasser auf und beginnen zu quellen. Dabei weichen die Ränder der Fruchtblätter an der Bauchseite auseinander. Sie bilden einen breiten Spalt und präsentieren ihre Samen. Durch herabfallende Regentropfen werden die Samen von ihrem Stielchen (Funikulus) abgelöst und herausgespült. Es handelt sich um Regenschwemmlinge, einer Form der Ombrochorie. Trocknen die Früchte ab, verschließen sich die Bauchnähte, so daß nur bei Regen die Samen ausgebreitet werden. Die Früchte sind im August reif, ihre Samen werden bis in den September hinein ausgebreitet.

Auch vegetativ kann sich *S. acre* durch abbrechende, sich schnell bewurzelnde Sprosse ausbreiten, eine Form der Selbstausbreitung (Barochorie). Heute wird *S. acre* auch als beliebte Steingartenpflanze durch den Menschen ausgebreitet (Ethelochorie).

In der Literatur wird immer wieder auf eine Ausbreitung der Samen durch Ameisen (Myrmechorie) hingewiesen, Elaiosomen sind jedoch nicht vorhanden. Vermutlich werden jedoch Sproßteile verschleppt, die sich andernorts bewurzeln können.

Nutzung:

S. acre ist eine heimische, ehemalige Heilpflanze, die in der Volksmedizin als Wundheilmittel, bei Verbrennungen und als blutdrucksenkendes Mittel eingesetzt wurde. Aufgrund ihrer Alkaloide ist sie giftig. Heute wird die beliebte Gartenzierpflanze immer stärker für eine Dach- und Gleisbettbegrünung im Sinne eines ökologisch bewußten Bauens geschätzt.

Vorkommen:

S. acre kommt in ganz Europa, Nordafrika und Südwestasien vor. Die trockenheitsresistente Pflanze wächst an trockenen, sonnigen Stellen wie lückigen Trockenrasen, Sandfeldern, Trockenwäldern sowie auf Mauern und Dächern, Wegen, Dämmen und Böschungen.

Sedum acre. **Bild 1:** Blick auf die niederwüchsige Pflanze mit zahlreichen radiären, gelben Blüten. Deutlich sind in der Blütenmitte die 5 grünlich-gelben, schlanken Fruchtblätter zu erkennen. **Bild 2:** In jeder Blüte entwikkeln sich 5 sternförmig angeordnete Balgfrüchte. Die reifen, entleerten Balgfrüchte sind an ihrer nach oben gerichteten Bauchnaht aufgerissen. Im Inneren jeder Frucht sind die braunen Samenleisten (Plazenta) erkennbar, an der die Samen inseriert waren.

Die Schwalbenwurz (*Vincetoxicum hirundinaria*) ist die einzige heimische Vertreterin der ansonsten subtropisch oder tropisch verbreiteten Seidenpflanzen. Die bis 100 cm hohe, ausdauernde Pflanze kommt in lichten Eichen- und Kiefernwäldern sowie auf Trockenrasen Mitteleuropas vor und blüht von Mai–August. Die unauffälligen, kleinen, weißen Blüten zeigen einen für das gesamte Pflanzenreich einmaligen, ein wenig komplizierten Blütenaufbau. Sie bestehen aus 5 kleinen, grünen Kelchblättern und 5 ausgebreiteten, weißen Kronblättern. Alternierend stehen dazu 5 kleine gelbliche Blätter, die Nebenkrone.

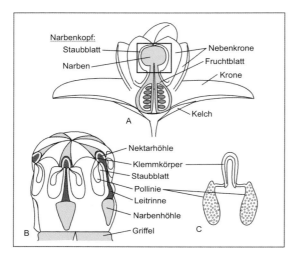

Abb. 5-6: *Vincetoxicum hirundinaria*. A: Blüte längs. Im Zentrum stehen die beiden Fruchtblätter. Der Narbenkopf wird aus den Staubblättern und den Narben gebildet. B: Narbenkopf vergrößert. In weiß die Staubblätter mit den Pollinien. Grau die Narbenhöhlen, darüber die in schwarz gehaltene Leitrinne und die Nektarhöhle. C: Bestäubungseinheit aus 2 Pollinien, die über 2 Fäden mit dem Klemmkörper verbunden sind und eine hohe Anzahl Pollenkörner enthält.

Die beiden ansonsten freien Fruchtblätter sind im Bereich der Narbe miteinander verwachsen, eine sehr ungewöhnliche Situation. 5 Staubblätter umgeben die Narben und sind mit ihnen zu einem 5kantigen, kompakten Narbenkopf verwachsen. Der Pollen ist in einem Keulchen zu einer Masse zusammengefaßt, der sogenannten Pollinie. Die Pollinien zweier benachbarter Staubblätter sind durch 2 Fäden miteinander verbunden, in der Mitte sitzt der Klemmkörper an. Zwischen den Staubblättern befindet sich eine Leitrinne, die bei der Bestäubung den Rüssel des Insektes leitet. Insekten auf der Suche nach dem hinter der Rinne liegenden, verlockend duftenden Nektar gelangen mit dem Rüssel in die Leitrinne und bleiben am Klemmkörper der Pollinien hängen. Ist der Besu-

cher kräftig genug, kann er sich befreien und zieht dabei die beiden Pollinien heraus. Beim Besuch der nächsten Blüte gelangt der mit den Pollinien behangene Rüssel wieder von der Nektarhöhle in die Leitrinne und rutscht bei seinen Befreiungsversuchen in die am Grund des Spaltes gelegene große Öffnung, die Narbenhöhle. Verborgen in dieser Höhle liegt der reife Bereich der Narbe. Die Pollinien bleiben dort kleben, reißen auf und es kommt zur Bestäubung.

Erfolgreiche Bestäuber der sogenannten Klemmfallenblumen sind besonders Schmeiß- und Schwebfliegen, die vom Nektar und den durch Amine hervorgerufenen, unangenehmen Duft angelockt werden. Kleinere Fliegen können sich nicht aus der Leitrinne befreien und gehen zugrunde.

Frucht:

Im Gegensatz zu dem komplizierten Bestäubungsmechanismus gestaltet sich die Fruchtentwicklung einfach. Es entwickelt sich nur ein Fruchtblatt zur Frucht, das andere verkümmert. Während der Fruchtentwicklung wächst das nur wenige Millimeter große Fruchtblatt bis zu 7 cm in die Länge und ist schließlich von kajakförmiger Gestalt. Es handelt sich um eine der wenigen Balgfrüchte, die sich bei Reife entlang ihrer gesamten Rückennaht anstatt an der Bauchnaht öffnen. Zumeist öffnet sich der Balg sehr weit, so daß alle Samen gleichzeitig präsentiert werden und eine der beiden Fruchthälften abfällt. Die flachen braunen Samen besitzen einen bis 18 mm langen, weißen Haarschopf, auch Pappus genannt.

Ausbreitung:

Schon bald nachdem sich der Balg geöffnet hat, entfaltet sich bei trockenem, sonnigem Wetter der hygroskopische Haarschopf der Samen zu einem halbkugeligen Schirm und die Samen werden sogleich vom Wind erfaßt und verweht. Wir haben es hier mit Schirmchenfliegern zu tun, einer Spielart der Windausbreitung (Anemochorie). Die Früchte werden im Spätsommer reif, die Ausbreitung zieht sich bis in den Winter hinein.

Nutzung:

V. hirundinaria war früher eine beliebte Arzneipflanze, ihr Wurzelstock wurde besonders gegen die Pest, Vergiftungen, Herzklopfen und Wassersucht verwendet.

Vorkommen:

Die Schwalbenwurz kommt in fast ganz Europa, mit Ausnahme des Nordens, sowie Asien und Nordafrika vor.

Vincetoxicum hirundinaria. **Bild 1:** Offener Balg mit zahlreichen, dunkelbraunen Samen, die sich mit Hilfe ihres Haarschopfes als Schirmchenflieger dem Wind präsentieren. **Bild 2:** Geöffnete Frucht mit noch nicht flugbereiten Samen, der Pappus ist eingefaltet. **Bild 3:** Blüten mit weißen Kronblättern und innerer gelblicher Nebenkrone. Im Blütenzentrum befindet sich der 5kantige Narbenkopf.

6. Hülsenfrüchte

Hülsenfrüchte sind auf einen einzigen Verwandtschaftskreis beschränkt, den der Hülsengewächse bzw. Leguminosae (lat. *legumen*=Hülsenfrucht). Darunter finden sich die Familien der Schmetterlingsblütengewächse (Fabaceae), Mimosengewächse (Mimosaceae) mit den Akazien und die Caesalpinogewächse (Caesalpiniaceae) mit dem Johannisbrotbaum. In Europa kommen zahlreiche Vertreter der artenreichen Familie der Schmetterlingsblütengewächse vor, von denen einige auch von wirtschaftlicher Bedeutung sind.

Blütenbiologie

Die Blüten der Fabaceae zeigen einen sehr einheitlichen Aufbau, den man leicht wiedererkennt. Die auffällige, 5blättrige Krone besteht aus einem oberen, großen Kronblatt, der Fahne, und dient der optischen Anlockung. Die 2 seitlichen Kronblätter stellen die Flügel dar. Diese umhüllen 2 weitere Kronblätter, die zu einem sogenannten Schiffchen verwachsen oder verklebt sind. Das Schiffchen birgt die Staubblätter und den Fruchtknoten. Es ist an seiner Spitze geöffnet.

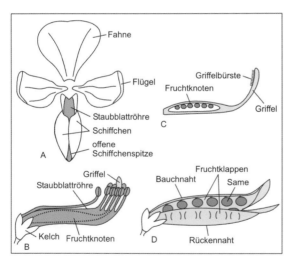

Abb. 6-1: Schematischer Bau von Blüte und Frucht einer Fabaceae. A: Schmetterlingsblüte. B: Staubblattröhre und Fruchtknoten. C: Fruchtknoten längs. D: Typische Hülse im Moment der Öffnung, die beiden Fruchtklappen beginnen sich von der Spitze her einzurollen.

Der einfächerige, oberständige Fruchtknoten besitzt einen langen, leicht nach oben geknickten Griffel. Die Narbe ist oft mit zahlreichen Fegeborsten (Griffelbürste) besetzt, die es erleichtern den mitgebrachten Pol-

len vom Bauch des Bestäubers abzubürsten. Der Fruchtknoten ist von 10 Staubblättern umgeben, die bei nektarlosen Blüten alle zu einer Staubblattröhre verwachsen sind. Bei nektarbildenden Arten sind nur 9 Staubblätter miteinander verwachsen, während das Zehnte als kleine Nektarlücke frei bleibt, damit die Bestäuber mit ihrem Rüssel an den am Grund des Fruchtknotens liegenden Nektar gelangen können. Die Bestäubung wird zumeist von Bienen und Hummeln durchgeführt, die sich auf die Flügel der Blüte setzen. Durch das Gewicht werden die Flügel und das mit ihnen verbundene Schiffchen nach unten gedrückt und Staubblattröhre mitsamt Griffel treten aus der Schiffchenspitze heraus. Dieser Vorgang wird je nach Art modifiziert. Die 4 wichtigsten Bestäubungsmechanismen bei Schmetterlingsblütengewächsen werden im Folgenden kurz beschrieben.

Der einfachste Typ ist der **Klappmechanismus**, bei dem Narbe und Staubbeutel gleichzeitig reif sind. Zuerst kommt der Unterleib des Bestäubers mit der Narbe in Berührung und diese nimmt eventuell mitgebrachten Pollen auf. Dann streifen die Staubbeutel ihren Pollen am Bienenbauch ab. Der Klappmechanismus ist bei Kicher-Tragant (→ *Astragalus cicer*), Esparsette (→ *Onobrychis*) und Wiesen-Klee (*Trifolium pratense*) zu beobachten. Beim **Bürstenmechanismus** ist der Griffel unterhalb der Narbe stark behaart. Diese Griffelbürste nimmt den schon vor der Blütenöffnung in die Schiffchenspitze abgegebenen Pollen auf (vormännliche Blüten) und bürstet damit den Bestäuber ein bzw. nimmt mitgebrachten Pollen auf. Dieser Mechanismus ist beim Blasenstrauch (→ *Colutea arborescens*), Platterbsen (→ *Lathyrus*) und Wicken (*Vicia*) ausgeprägt. Ebenfalls vormännlich sind die Blüten beim **Pumpmechanismus**. Die Staubfäden sind hier oftmals stark angeschwollen und bilden eine Art Kolben, der den Pollen aus der Schiffchenspitze herausdrückt, wenn sich der Besucher auf die Flügel setzt. Neben dem Hornklee (→ *Lotus*) ist dieser Mechanismus bei der Spargelerbse (→ *Tetragonolobus*), Lupine (→ *Lupinus polyphyllus*), Robinie (→ *Robinia pseudoacacia*) sowie den Kronwicken (*Coronilla*) ausgebildet. Bei dem **Schnellmechanismus** stehen die gekrümmten Staubfäden unter Druck, schnellen dadurch beim Landen eines Besuchers auf dem Schiffchen heraus und bestäuben diesen mit Pollen. Dieser Vorgang ist einmalig. Der Schnellmechanismus ist in den Gattungen Klee (*Medicago*), Ginster (*Genista*) und beim Besenginster (*Scoparius cytisus*) verwirklicht.

Früchte

Auch die Hülse besteht, wie der Balg, lediglich aus einem Fruchtblatt. Sie öffnet sich jedoch immer an 2 Nähten, der Bauch- und Rückennaht, wodurch sich die Fruchtwand in 2 Fruchtklappen teilt. Die zahlreichen Samen sitzen in 2 Reihen beidseits der Bauchnaht. Im Gegensatz zu den Balgfrüchten, befindet sich immer nur ein Fruchtknoten in der Blüte, so daß auch nur eine einzige Hülse je Blüte entwickelt wird. Die dünne Fruchtwand besteht in ihrer inneren Schicht, dem Endokarp, aus stark verdickten, schräg verlaufenden Fasern. Die meisten Hülsen werden bei Reife schwarzbraun, wodurch sie gut die Sonnenwärme aufnehmen können. Sie öffnen sich durch Austrocknen und Gewebespannungen (Xerochasie) infolge der schräg angeordneten Fasern, so daß die Hülse an den beiden Nähten von der Spitze zur Basis hin aufreißt und sich die beiden Fruchtklappen blitzschnell schraubig einrollen. Dabei werden die Samen von ihrem Stielchen (Funikulus) gerissen und fortgeschleudert. Solche Hülsen sind Explosionsstreuer, die ihre Samen selbständig ausbreiten (Ballochorie). Typische Hülsen finden sich in folgenden Gattungen: Hornklee (→ *Lotus*), Lupine (→ *Lupinus*), Platterbse (→ *Lathyrus*), Ginster (*Sarothamnus, Chamaecytisus, Genista*) und Wicke (*Vicia*). Die Hülsen der ursprünglich aus den Tropen und Subtropen Amerikas stammenden Gartenbohne (*Phaseolus vulgaris*) werden im unreifen, geschlossenen Zustand geerntet. So ist ihre grüne Fruchtwand noch fleischig-saftig und nach dem Kochen eßbar. Bei der Erbse (*Pisum sativum*) wurde der Öffnungsmechanismus herausgezüchtet, damit die reifen Samen in den Hülsen geerntet werden können. Hülsenfrüchte zeigen nur wenige Abwandlungen des Bautyps. Die sich ebenfalls explosionsartig öffnenden Spargelerbsen (→ *Tetragonolobus*) besitzen leicht geflügelte Hülsen, deren Funktion unklar ist. Blasenstrauch (→ *Colutea arborescens*) und Kicher-Tragant (→ *Astragalus cicer*) besitzen mit Luft gefüllte, aufgeblähte Hülsen, die sich erst sehr spät, und auch nicht über die gesamte Länge, öffnen. Die aufgeblasenen Hülsen öffnen sich ein wenig und werden als Bodenroller ausgebreitet, einer Form der Anemochorie. Sie zählen zu den eher untypischen Hülsen.

Hülsen – Schließfrüchte

Entgegen der vorherrschenden Meinung gibt es bei den Schmetterlingsblütengewächsen keineswegs nur Hülsenfrüchte. Eine Vielzahl verschiedenster Früchte besitzen zwar eine Bauch- und Rückennaht, eine Öffnung der Früchte findet jedoch nicht statt. Es handelt sich um Schließfrüchte bzw. Nüsse, deren Samen erst nach Verrotten der Fruchtwand auskeimen können. Einige dieser Arten werden im Kapitel Nußfrüchte vorgestellt. Kleine eiförmige, einsamige Nüßchen werden in den verschiedenen Klee-Gattungen (→ *Trifolium, Melilotus, Medicago*) gebildet. Die unscheinbaren Nüßchen werden zumeist durch Weidetiere mit dem Grünfutter gefressen und endochor ausgebreitet. Schneckenförmig eingerollte Nußfrüchte finden wir beim Schneckenklee (→ *Medicago minima, M. orbicularis, M. polymorpha*). Sie werden als Bodenroller oder bei bestachelter Fruchtwand als Kletten ausgebreitet. Die aus Amerika stammende Erdnuß (*Arachis hypogaea*) schiebt ihre Früchte zu Beginn der Fruchtentwicklung ins Erdreich, wo sie sich geschützt weiter entwickeln.

Durch die Bildung von Querwänden während der Fruchtentwicklung bilden einige Gattungen Bruchfrüchte, die bei Reife in kleine, einsamige Nüßchen zerfallen. Bekannte Beispiele sind Hufeisenklee (→ *Hippocrepis*) und Kronwicken (*Coronilla, Securigera*).

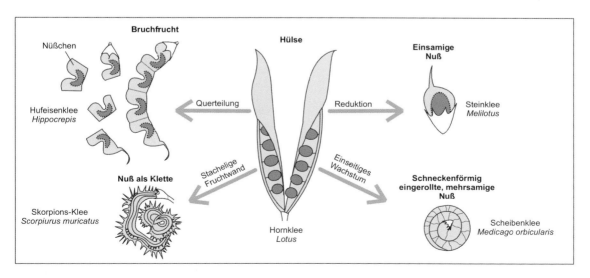

Abb. 6-2: Exemplarische Beispiele von Nußfrüchten innerhalb der Schmetterlingsblütengewächse, die sich im Laufe der Evolution aus typischen Hülsen entwickelten.

Der wärmeliebende Kicher-Tragant (*Astragalus cicer*) wächst auf Magerwiesen, Ackerrändern und an lichten Gebüschen. Sein niederliegender oder aufsteigender Stengel ist mit bis zu 14 Paaren gefiederter Laubblätter besetzt. Die blaßgelben, bis 1,5 cm langen Blüten sitzen in eiförmigen und reichblütigen, langgestielten Blütenständen und erscheinen von Mai–August. Der röhrig-glockige Kelch ist dicht mit schwärzlichen Haaren besetzt und endet mit 5 lanzettlichen Zähnen. Von den 10 Staubblättern sind 9 zu einer Röhre verwachsen, die den Griffel umgibt. Das eine freie Staubblatt dient als Nektarlücke und bietet Zugang zu dem an der Blütenbasis liegenden Nektar. Der schlanke Fruchtknoten ist oberständig und besteht aus einem Fach.

Die angenehm duftenden Blüten werden von Hummeln bestäubt. Blütenbiologisch handelt es sich um typische Schmetterlingsblumen mit Klappmechanismus. Staubbeutel und Narbe sind gleichzeitig reif.

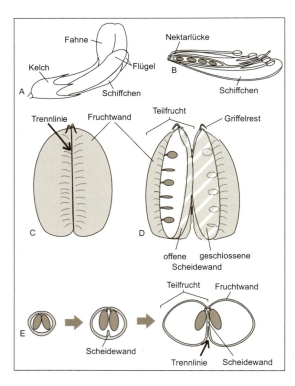

Abb. 6-3: *Astragalus cicer*. A: Blüte. B: Schiffchen längs, Kelch, Fahne und Flügel wurden entfernt. Das Schiffchen umschließt Staubblätter und Fruchtknoten. C: Reife, blasige Hülse. D: Hülse in 2 Teilfrüchte geteilt. Rechts verschließt die Scheidewand das Fruchtfach, links öffnet sich die Scheidewand durch Quellung. E: Entwicklung der Hülse in Querschnitten. Links: Der einfächerige Fruchtknoten zur Blütezeit. Mitte: Eine junge Frucht mit ins Fruchtinnere hineinwachsender Scheidewand. Rechts: Eine reife, nun 2fächerige Hülse.

Setzt sich der Besucher auf die beiden Flügel, so werden diese und das darunter liegende Schiffchen heruntergedrückt. Dadurch treten die vorher im Schiffchen verborgenen Staubblätter und die reife Narbe empor und werden an den Bauch des Besuchers gedrückt. Mitgebrachter Pollen gelangt auf die Narbe, während der Besucher gleichzeitig eingestäubt wird.

Frucht:

Aus dem Fruchtknoten entwickelt sich eine aufgeblasene Hülsenfrucht, die mit zahlreichen Haaren besetzt ist, die vermutlich als Schutz gegen Tierfraß dienen. Sie ist eiförmig, bis 1,5 cm lang und an Rücken- und Bauchnaht eingeschnürt. An ihrer Spitze ist sie durch den verbleibenden Griffelrest geschnäbelt. Während der Fruchtentwicklung wächst eine Scheidewand von der Rückwand der jungen Frucht in die Fruchthöhle bis zur Bauchseite hinein, und teilt die Hülse in 2 Fächer, ein für die gesamte Gattung typisches Phänomen. An der Bauchseite sitzen in jedem Fruchtfach etwa 5 abgeflachte, 2 mm große Samen. Die beiden aufgeblasenen Fruchtfächer sind ansonsten nur mit Luft gefüllt. Die Füllung der Frucht mit Luft kommt, wie beim Blasenstrauch (→ *Colutea arborescens*), durch Veratmung der in der grünen Fruchtwand gebildeten Kohlenhydrate zustande. Bei Fruchtreife im September trocknet die Fruchtwand aus, sie wird dünn, pergamentartig und schwarz.

Ausbreitung:

Bei Regen nimmt die Fruchtwand Wasser auf und beginnt zu quellen, die Fruchtfächer reißen an der Scheidewand auf. Durch den Wind werden die Samen aus der Öffnung ausgestreut (Semachorie). Oftmals lösen sich auch die beiden blasig aufgetriebenen Fruchthälften an ihrer Scheidewand voneinander ab, fallen auf die Erde und werden als Bodenroller vom Wind fortgetrieben (Chamaechorie). Weitere Nässe bewirkt das Öffnen der Teilfrüchte an der pergamentartigen Scheidewand. Diese quillt auf, hebt sich ab und läßt dadurch eine Öffnung entstehen, durch welche die Samen herausfallen und auskeimen können.

Die Hülsen von *A. cicer* zählen nicht gerade zu den typischen, durch Austrocknung explosionsartig aufspringenden (Xerochasie) Hülsen der Schmetterlingsblütengewächse. Sie öffnen sich nur teilweise und das auch nur bei Nässe (Hygrochasie).

Vorkommen:

A. cicer kommt in fast ganz Europa und Sibirien bis zum Baikalsee vor. Aufgrund ihres seltenen Vorkommens steht die Pflanze in Deutschland auf der Roten Liste.

Astragalus cicer. **Bild 1:** Blüten traubenförmig angeordnet. **Bild 2:** Noch unreife, etwa 1 cm lange, blasig aufgetriebene Hülsen, die in einer dichten Traube übereinander stehen. Sie sind dicht behaart, vermutlich als
Schutz gegen Tierfraß. **Bild 3:** Reife, pechschwarze Früchte im Spätsommer. **Bild 4:** Typischer Anblick im Oktober: Einige Früchte sind herabgefallen und wurden als Bodenroller ausgebreitet. Ein größter Teil der Früchte
bleibt an der Pflanze und öffnet seine Hülsen entlang der Scheidewände, so daß die Samen durch den Wind
ausgestreut werden.

Der Blasenstrauch (*Colutea arborescens*) ist ein reich verzweigter Strauch mit gefiederten Blättern. Seine leuchtend goldgelben Blüten sind zu 2–8 in lockerblütigen Trauben angeordnet. Die etwa 2 cm langen Blüten zeigen den für Schmetterlingsblütengewächse typischen Aufbau. Der glockige, deutlich 2lippige Kelch ist behaart und endet in 5 breiten Zähnen. Von den 5 lebhaft gefärbten Kronblättern dient die große, fast kreisrunde Fahne der optischen Anlockung. Sie ist häufig mit feinen rotbraunen Strichsaftmalen gezeichnet. Die beiden seitlichen, ebenfalls gelben Flügel dienen als Landeplatz und umschließen das 2blättrige Schiffchen. In diesem befinden sich die Staubblätter und der Fruchtknoten. 9 Staubblätter sind zu einer Staubblattröhre vereinigt, während das Zehnte frei bleibt und als Nektarlücke dient. Der einfächerige Fruchtknoten ist kurz gestielt. Sein Griffel ist eingerollt und auf der Innenseite mit einer etwa 5 mm langen, aufwärts gerichteten Griffelbürste besetzt. Die verbreiterte Narbe ist von einem Haarkranz umgeben.

Blütenbiologisch handelt es sich um typische Schmetterlingsblumen mit Bürstenmechanismus. Die Blüten sind vormännlich, die Staubblätter entleeren ihren Pollen kurz vor der Blütenentfaltung in die Griffelbürste. Beim Blütenbesuch – auf der Suche nach dem auf der Blütenbasis liegenden Nektar – drückt der Besucher Flügel und Schiffchen herab und der Griffel tritt heraus. Mitgebrachter Pollen wird zuerst von der Narbe aufgenommen, anschließend drückt die Griffelbürste den Pollen auf den Bauch des Besuchers. Große Bienen wie die Holzbiene sowie Hummeln sind die Bestäuber des Blasenstrauchs, da zum Herabdrücken des Schiffchens viel Kraft benötigt wird. Kleinere Bienen wie die Honigbiene, stehlen den Nektar durch seitlichen Einbruch, ohne der Bestäubung zu dienen.

Frucht:

Als Folge der von Mai–August anhaltenden Blühdauer trägt der Strauch gleichzeitig Blüten und fast ausgereifte Früchte. Die gestielten, 6–8 cm langen und bis 3 cm breiten Früchte sind auffällig blasenartig aufgetrieben. Es handelt sich um sehr untypische Hülsenfrüchte, die sich bei Reife durch Austrocknung nur an ihrer Spitze entlang der Rücken- und Bauchnaht mit einem 1–2 cm langen Spalt öffnen. Die dünne Fruchtwand ist pergamentartig, leicht durchscheinend und schwach geadert. An der leistenförmigen Plazenta sitzen etwa 20–30 Samen mit ihrem 3 mm langen Stielchen (Funikulus). Sie sind schwarz, von linsenförmiger Gestalt (griech. *kolutea*=Linsenbaum) und durch die Aminosäure Canavanin giftig.

Wie gelangt nun die Luft in die Früchte? Dies geschieht während der Fruchtentwicklung. Denn die grüne Fruchtwand ist, wie alle grünen Pflanzenteile, photosynthetisch aktiv. Die dabei gebildeten Kohlenhydrate werden als Energielieferant zum weiteren Aufbau der Fruchtwand und Samen veratmet. Dabei entsteht das gasförmige Kohlendioxid, einer der Hauptbestandteile der Luft. Dieses wird permanent ins Fruchtinnere der noch grünen Frucht, die keine Öffnung nach außen besitzt, abgegeben und sorgt für eine stete Füllung. Öffnet man grüne Früchte, entweicht die Luft und die Fruchtwand kollabiert. Der gasförmig gefüllte Innenraum stabilisiert also die wachsende Frucht.

Ausbreitung:

Bei Reife im Herbst reißen die aufgeblähten Hülsen im unteren Drittel auf. Die unvollständig geöffneten Hülsen – auch Ballonfrüchte genannt – werden im Winter durch starke Stürme vom Strauch gerissen und als Ballonflieger (Meteorochorie) ausgebreitet. Da die Früchte jedoch zu schwerfällig sind, fallen sie bei schwachem Wind schon bald auf den Boden und werden als Bodenläufer vom Wind vorangetrieben und ausgebreitet (Chamaechorie). Durch die eingeschlossenen Lufträume wird die Oberfläche der Frucht und damit die Angriffsfläche für den Wind vergrößert (Windfang), während gleichzeitig die Luft das spezifische Gewicht reduziert.

Ein großer Anteil der Früchte bleibt als Wintersteher bis ins Frühjahr an der Pflanze hängen. Die Samen lösen sich allmählich durch Abtrocknen und durch starke Windbewegungen von ihrem Funikulus ab, fallen aus der nach unten gerichteten Öffnung und werden ausgestreut. Neben der anemochoren Ausbreitung kommt es also auch zur Ausbreitung als Windstreuer (Semachorie). Durch den Menschen wird *C. arborescens* auch als Zierpflanze ausgebreitet (Ethelochorie). Der Strauch verwilderte stellenweise und konnte sich dann einbürgern.

Nutzung:

Seit Mitte des 16. Jahrhunderts wird der aus dem Mittelmeerraum stammende *C. arborescens* wegen seiner attraktiven Blüten und ballonartigen Früchte als beliebter Zierstrauch in den Gärten Mitteleuropas kultiviert. Früher wurde der Strauch auch volksmedizinisch als abführendes und harntreibendes Mittel genutzt.

Vorkommen:

Der in Südeuropa heimische *C. arborescens* kommt in Deutschland wild nur am Oberrhein vor. Seine natürlichen Standorte sind trockene Felshänge, lichte Gehölze, submediterrane Laubwälder meist auf Kalk.

Colutea arborescens. **Bild 1**: Blüten. Die Fahne besitzt ein rotbraunes Strichsaftmal. **Bild 2:** Reife, etwa 7 cm lange Hülsenfrüchte im Herbst an dem Blüten- bzw. Fruchtstiel nach unten hängend. Die Fruchtwand ist nun ausgetrocknet und von pergamentartiger Konsistenz. Die nur unvollständig geöffneten Früchte von *C. arborescens* zählen nicht gerade zu den typischen Hülsenfrüchten.

Platterbsen (*Lathyrus*) sind in ganz Europa verbreitet. Die Schmetterlingsblumen sind je nach Art blau, violett, rot oder gelb gefärbt. Viele Arten werden wegen ihrer attraktiven Blüten, die sich innerhalb der Blütezeit oftmals verfärben, als Zierpflanzen in Gärten angepflanzt, wie Garten-Wicke (*Lathyrus odoratus*), Gold-Platterbse (*L. luteus*) und auch Frühlings-Platterbse (*L. vernus*). *Lathyrus*-Arten sind Rank- und Kletterpflanzen mit gefiederten Laubblättern, die den typischen Aufbau der Schmetterlingsblüte zeigen: Der kleine, glockige Kelch ist 5zipfelig. Die freiblättrige Krone besteht aus 5 auffällig gefärbten Blättern. Das obere Kronblatt bildet die große, der optischen Anlockung dienende Fahne, 2 seitliche Blätter sind als Flügel ausgebildet. Unter diesen ist das 2blättrige Schiffchen verborgen. Es birgt die Staubblätter, von denen 9 zur Staubblattröhre verwachsen sind, während das eine freie Staubblatt eine Nektarlücke bildet. Nektar befindet sich am Grund der Staubblattröhre. Der oberständige, schlanke Fruchtknoten ist einfächerig. Der Griffel ist stark behaart und dient als Griffelbürste.

Bestäubt werden die *Lathyrus*-Arten von Bienen und Hummeln durch den Bürstenmechanismus. Noch im Knospenstadium öffnen sich die Staubblätter und der Pollen fällt auf die Griffelbürste, die Blüten sind vormännlich. Der Besucher setzt sich auf die Flügel und drückt diese mitsamt dem darunter liegenden Schiffchen herunter. Dadurch tritt der Griffel heraus, dessen Narbe nimmt zuerst eventuell mitgebrachten Pollen auf, während die Griffelbürste dann mit dem eigenen Pollen den Bauch des Besuchers einbürstet.

Ein Frühblüher (März–Mai) heimischer Mischwälder der Berge ist die Frühlings-Platterbse (*L. vernus*). Jeweils 3–7 rot bis blau gefärbte, kurz gestielte, nikkende Blüten stehen in Trauben.

Die Saat-Platterbse (*L. sativus*) gilt als die Platterbse schlechthin und war schon den Griechen und Römern als Kulturpflanze bekannt. Der scharf 4kantige Stengel der einjährigen Art ist breit geflügelt und trägt meist einzelne, kurz gestielte Blüten von wechselnder meist bläulicher oder rosa Farbe (Blütezeit Mai-Juni), die sich auch selbst bestäuben. Die lebhaft purpurnen Blüten der mediterranen Breitblättrigen Platterbse (*L. latifolius* L.) erscheinen von Juni-August und sind zu 5–15 in Blütentrauben angeordnet.

Frucht:

Die Früchte der Gattung *Lathyrus* zählen zu den typischen Hülsenfrüchten innerhalb der Familie der Schmetterlingsblütengewächse. Die Bezeichnung „Platterbse" bezieht sich auf ihre Hülsen, die denen der Erbsen (*Pisum*) ähneln. Sie sind jedoch im Gegensatz zur Erbse stark abgeflacht: griech. *lathyros*=abgeplattet. Die Hülsen von *L. sativus* sind 3–4 cm lang und bei Reife strohfarben. Ihre nach oben ausgerichtete Bauchnaht ist mit 2 kleinen Flügelsäumen besetzt. Im Inneren befinden sich nur 2–4 flache beilförmige Samen. Wesentlich längere, bei Reife dunkelbraune Hülsen (5–10 cm Länge), die deutlich an die des Hornklee (→ *Lotus corniculatus*) erinnern, bilden *L. latifolius* und *L. vernus*.

Ausbreitung:

Alle *Lathyrus*-Arten sind Explosionsstreuer. Infolge Austrocknung springen die Hülsen plötzlich auf, rollen dabei ihre beiden Fruchtklappen schraubig ein und schleudern die Samen fort. Unterstützt wird der Vorgang durch die bei Reife schwarz gefärbten Hülsen, welche die Wärme der Sonneneinstrahlung besonders intensiv absorbieren. Es handelt sich um eine Form der Selbstausbreitung (ballochore Autochorie). Die aus dem Mittelmeerraum stammende *L. latifolius* wurde in Mitteleuropa und Nordamerika auch als Zierpflanze eingeführt und kultiviert, stellenweise verwilderte sie. Durch unterirdische Ausläufer breitet sie sich auch vegetativ aus (Blastochorie). *L. sativus* gelangte als Kulturpflanze nach Mitteleuropa (Ethelochorie).

Nutzung:

L. sativus kennt man nur aus der Kultur. Sie ist häufiger Bestandteil von Futtergemischen, und stellt besonders für Schafe ein nahrhaftes Grünfutter dar. Auch die Samen werden frisch oder getrocknet – ähnlich wie Erbsen – verzehrt und gemahlene Hülsen dem Brotmehl zugesetzt. Sie wurden in mehreren prähistorischen Siedlungen aus der Jungsteinzeit in Ägypten und Bosnien gefunden. Seit dem Altertum wurde *L. sativus* in Süd- und Südosteuropa als Futterpflanze angebaut und gilt dort als eingebürgert. Als Heimat wird Westasien vermutet. In Deutschland wird sie seit dem 16. Jahrhundert besonders am Rhein, in Bayern und Sachsen angebaut. Heute wird *L. sativus* in Mitteleuropa nur noch für den Eigenbedarf kultiviert, die grünen Hülsen werden als Gemüse gekocht. Großblütige Formen werden als Zierpflanzen gezogen.

Vorkommen:

L. latifolius wächst in Südeuropa und Nordwest-Afrika in Gebüschen, Eichen- und Kastanienwäldern, auf Magerwiesen und an Wegrändern. *L. vernus* kommt in den Bergregionen fast ganz Europas, ostwärts bis zum Kaukasus und Sibirien, vor. *L. sativus* – eine Kulturpflanze – wird vor allem in Südeuropa und Indien angebaut.

Bild 1-2: *Lathyrus sativus*. **Bild 1**: Blaue, fein geaderte Blüte von der Seite betrachtet. **Bild 2**: junge, etwa 2 cm lange, ein wenig geflügelte Hülse. **Bild 3**: *L. latifolius*. Blütenstand. Deutlich ist das hellere Schiffchen zwischen den beiden purpurnen Flügeln zu erkennen. **Bild 4-5:** *L. vernus*. **Bild 4**: Reife, explosionsartig aufgerissene, etwa 4 cm lange Hülse. **Bild 5:** Blüten in einer Traube angeordnet.

Der kräftig gelb blühende Gewöhnliche Hornklee (*Lotus corniculatus*) wächst auf Fett- und Magerwiesen. Die Blätter der ausdauernden Staude sind 5zählig gefiedert. Ihre 3–6 Blüten erscheinen von Mai–September und sind doldenartig angeordnet. Die lebhafte Gelbfärbung der Kronblätter kommt vor allem durch den hohen Anteil an Xanthophyllen in den Epidermiszellen zustande. Oftmals sind die Kronblätter durch Anthocyane auch rot überlaufen. Blütenbiologisch handelt es sich um vormännliche Schmetterlingsblumen mit Pumpmechanismus, die von Hummeln und Bienen bestäubt werden.

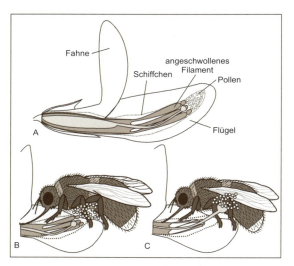

Abb. 6-4: Schematische Darstellung des Pumpmechanismus. A: Blüte längs, der reife Pollen befindet sich in der Spitze des Schiffchens, die Staubfäden sind keulenförmig verdickt. B-C: Blütenausschnitte. B: Die Hummel drückt durch ihr Gewicht den Pollen aus der Schiffchenspitze, der im Haarkleid auf ihrer Bauchseite kleben bleibt. C: Besuch einer Blüte mit reifer Narbe, der mitgebrachte Pollen wird auf die Narbe gedrückt, es kommt zur Bestäubung.

Das Schiffchen wird von den beiden Flügeln verdeckt. Es umhüllt die röhrenförmig miteinander verwachsenen Staubblätter sowie den Griffel und besitzt nur an seiner Spitze einen kleinen Spalt. Die Staubbeutel entleeren ihren Pollen schon vor der Blütenentfaltung in die Schiffchenspitze. 5 der Staubblätter sind sehr lang und unterhalb der Staubbeutel keulenförmig verdickt, so daß sie die Schiffchenspitze nach unten abdichten. Landet ein Besucher auf den Flügeln, drückt er durch sein Gewicht Flügel und Schiffchen nach unten, wodurch der Pollen aus der offenen Schiffchenspitze gepresst und der Bauch des Besuchers eingestäubt wird. Gelangt der eingestäubte Besucher beim weiteren Blütenbesuch an eine ältere Blüte mit reifer Narbe, setzt er denselben Mechanismus in Be-

wegung. Die Narbe wird an den mit Pollen eingestäubten Unterleib gedrückt und nimmt dadurch den Pollen auf. Angelockt werden die Bestäuber durch die Blütenfarbe und den an der Blütenbasis liegenden Nektar. Diesen Pumpmechanismus können andere Insekten als Hummeln und Bienen aufgrund ihres geringen Gewichts nicht betätigen. Die Pollenproduktion ist reichhaltig, der Hornklee und seine Verwandten ist deshalb eine wichtige Pollenblume für etwa 60 Bienenarten.

Frucht

Aus dem nur wenige Millimeter langen Fruchtknoten entwickelt sich eine 2–3 cm lange, stielrunde und gerade Hülse, an deren Spitze der Griffelrest verbleibt. Zum Ende der Fruchtreifung verfärben sich die grünen Hülsen infolge Austrocknung kastanienbraun. Da die Blüten der Gattung immer zu mehreren doldenartig beieinander sitzen, sind die Hülsen ebenso zu mehreren angeordnet. Der im Mittelmeergebiet an der Felsküste wachsende Vogelfußähnliche Hornklee (*Lotus ornithopodioides*) bildet leicht gekrümmte, bis etwa 5 cm lange Hülsen, die an Vogelklauen (griech. *Ornis*=Vogel, *pous*=Fuß) erinnern.

Ausbreitung:

Die ab Juli reifen, nun schwarzbraunen Hülsen springen infolge steter Austrocknung durch Sonne und Wind – die durch die dunkle Färbung beschleunigt wird – explosionsartig auf (Explosionsstreuer). Sie reißen an ihrer Bauch- und Rückennaht auf, wodurch 2 Fruchtblatthälften entstehen, die sich blitzschnell schraubig einrollen. Dabei werden die Samen von ihrem Stielchen (Funikulus) abgerissen und aus ihrem Samenfach bis zu 2 m fortgeschleudert. Das schraubige Einrollen der Fruchthälften kommt durch die schräg zueinander angeordneten Fasern der Fruchtwand zustande. Die Hülsen der Gattung sind, wie auch die Früchte anderer Schmetterlingsblütengewächse wie der Wicken (*Vicia*) und Platterbsen (→ *Lathyrus*), explosionsartige Austrocknungsstreuer, die Pflanzen breiten sich also selbständig aus (ballochore Autochorie). Weidevieh wie Rinder, Pferde, Schafe und Ziegen nehmen mit dem Grünfutter auch die noch geschlossenen Hülsen des *L. corniculatus* auf, zerkleinern diese und scheiden die bräunlichen Samen keimfähig aus (Endochorie).

Vorkommen:

L. corniculatus ist in fast ganz Europa, Asien, Vorderindien, Nord- und Ostafrika sowie Australien verbreitet. *L. ornithopodioides* wächst im Mittelmeerraum und auf den Kanaren.

Bild 1-2: *Lotus corniculatus.* **Bild 1:** Blüten mit leicht geblähter Fahne. Die beiden dicht aneinander gelegten Flügel verbergen das Schiffchen vor unseren Augen. **Bild 2:** Offene, fast schwarze, 3 cm lange Hülse. Die beiden Fruchthälften sind eingerollt, alle Samen wurden ausgestreut. **Bild 3:** *L. ornithopodioides.* Noch unreife, etwa 4 cm lange, gebogene, Vogelklauen ähnliche Früchte. Durch die zarte Fruchtwand erkennt man die Samen.

Verbreitungsschwerpunkt der etwa 200 Arten zählenden Gattung *Lupinus* ist Nord- und Südamerika. Während im Mittelmeergebiet einige Arten heimisch sind, waren im übrigen europäischen Raum bis zum Beginn des 19. Jahrhunderts keine Lupinen verbreitet. Die in Nordamerika heimische Vielblättrige Lupine (*Lupinus polyphyllus*) wurde 1826 als Zierpflanze nach Europa eingeführt und eroberte bald die mitteleuropäischen Gärten.

L. polyphyllus ist eine ausdauernde, bis 1 m hohe Staude, mit großen auffälligen, 10–15zählig gefingerten Blättern (griech. *poly*=viel; *phyllon*=Blatt). Die zahlreichen Blüten sind in langen, aufrechten Trauben angeordnet und blühen von Juni–August. Ihre Krone ist intensiv blau, mitunter auch weiß gefärbt. Zuchtformen kann man auch in rot erhalten. Der kleine, grüne Kelch ist unscheinbar. Die Korne ist 5teilig und zeigt den für Schmetterlingsblütengewächse typischen Aufbau. Die blaue Fahne ist ungewöhnlich klein, die Schaufunktion wird von den beiden großen, seitlichen Flügeln übernommen, die deutliche Saftstrichmale besitzen. Von den Flügeln umschlossen ist das weißliche, aus 2 Kronblättern bestehende Schiffchen. Dieses birgt die Fortpflanzungsorgane. Alle 10 Staubblätter sind zu einer Staubblattröhre verwachsen, die den oberständigen, einfächerigen Fruchtknoten mit dem langen Griffel umgeben.

Blütenbiologisch handelt es sich um Schmetterlingsblumen mit Pumpmechanismus. 5 der Staubblätter entleeren ihren Pollen noch vor der Blütenentfaltung in die Schiffchenspitze, die Blüten sind vormännlich. Die 5 anderen Staubblätter wachsen in die Schiffchenspitze und dichten diese nach unten ab. Setzt sich der Bestäuber auf die Flügel, wirken die 5 Staubblätter wie ein Kolben und pressen den Pollen durch die kleine Öffnung in der Schiffchenspitze nach außen. Dabei wird der Besucher am Bauch eingestäubt. Bei älteren Blüten sind die Staubblätter abgetrocknet und der Griffel mit der Narbe tritt heraus, um mitgebrachten Pollen aufzunehmen. Bestäuber der nektarlosen Blüten sind Hummeln und Bienen.

Frucht:

Die Samen reifen in dunkelgrauen, zottig behaarten Hülsen heran. Die Bezeichnung Lupine bzw. *Lupinus* stammt von lat. *lupus*=Wolf und bezieht sich auf die wolfsgraue Behaarung der Hülsen. Bei Reife ist die Hülsenoberfläche über jedem der etwa 7 Samen leicht eingeschnürt. Die Samen von *L. polyphyllus* zeichnen sich aufgrund ihrer festen Samenschale und den Speicherstoffen in den Keimblättern durch eine lange Keimfähigkeit von über 50 Jahren aus.

Lupinen, so auch *L. polyphyllus*, sind für den Menschen giftig. Besonders die bitter schmeckenden Samen enthalten toxische Alkaloide, unter anderem Lupinin und Spartein. Bereits ab dem Verzehr einer Hülse muß mit Krankheitsanzeichen gerechnet werden. Für Wildtiere sind die Gifte der Lupine unschädlich, Pferde und Schafe sind nach Literaturangaben jedoch häufiger von teilweise schwerwiegenden Vergiftungen betroffen.

Ausbreitung:

Bei Fruchtreife im Herbst beginnen die etwa 6 cm langen Hülsen auszutrocknen, dabei wird ihre Oberfläche immer dunkler. Schließlich reißen sie bei starker Sonneneinstrahlung mit einem kleinen Knall explosionsartig mit 2 Fruchtklappen auf. Diese rollen sich – wie beim Hornklee (→ *Lotus corniculatus*) – aufgrund der Zugspannung durch überkreuzte Zelluloselagerung spiralig ein und schleudern die etwa 6 mm langen Samen über mehrere Meter fort. Es handelt sich um ballochore Autochorie (Explosionsstreuer). Wesentlich weitere Strecken legte *L. polyphyllus* mithilfe des Menschen zurück, der die Lupine als Zierpflanze im 19. Jahrhundert vom pazifischem Nordamerika nach West- und Mitteleuropa einführte (Ethelochorie). Sie verwilderte schon bald – vor allem auf Ruderalflächen – und bürgerte sich als Neophyt ein.

Nutzung:

Heute werden Lupinen als Pionierpflanzen bezeichnet, da sie in der Lage sind, sich auf ärmsten Sandböden zu etablieren und mit ihren in den Wurzeln wachsenden Knöllchenbakterien zur Stickstoffanreicherung des Bodens beizutragen. Diese Eigenschaft zur Bodenverbesserung macht man sich schon seit Jahrhunderten zunutze und baute auch *L. polyphyllus* als Grünfutter an bzw. säte die Pflanze als Zwischenfrucht aus. Die Nutzung von Lupinen geht auf eine lange Tradition zurück. So wurden verwandte *Lupinen*-Arten schon vor mehr als 3000 Jahren in Süd-Amerika und im Mittelmeerraum kultiviert.

Vorkommen:

L. polyphyllus kommt in Nordamerika sowie West- und Mitteleuropa vor. In Deutschland ist sie auf langjährigen Ruderalflächen, an Waldrändern und Lichtungen oder als kultivierte Gartenpflanze anzutreffen.

Lupinus polyphyllus. **Bild 1:** Die zahlreichen Blüten sind in einer langen Traube angeordnet. **Bild 2:** Unreife, etwa 4 cm lange, dicht weiß behaarte Hülsenfrüchte. **Bild 3:** Reife, geöffnete Hülsen. Die Fruchtklappen sind, wie es sich für typische Hülsenfrüchte gehört, spiralig eingerollt.

Die Robinie (*Robinia pseudoacacia*) ist ein bis zu 25 m hoher Baum mit typisch gefiederten Blättern aus 9–19 eiförmigen, zarten Einzelblättchen. Diese klappen durch kleine Gelenke bei großer Hitze senkrecht nach unten, um der Sonne möglichst wenig Angriffsfläche zu bieten. Die von Mai-Juni erscheinenden weißen, selten auch gelblichen oder rosafarbenen Blüten hängen in dichten Trauben und verströmen einen starken Duft. Blütenbiologisch handelt es sich um nektarreiche Schmetterlingsblumen, Narbe und Staubbeutel werden gleichzeitig reif. Setzt sich der Bestäuber (Bienen, Hummeln) auf das Schiffchen, tritt zuerst die Narbe heraus, die eventuell mitgebrachten Pollen vom Bauch abbürstet. Danach wird der Pollen aus der Spitze des Schiffchens gedrückt (Pumpmechanismus mit Bürsteneinrichtung).

Im Volksmund werden die Robinien, die zu den Schmetterlingsblütengewächsen gehören, fälschlicherweise als Akazien bezeichnet. Mit den in den Tropen vorkommenden Akazien (*Acacia*), die zu den Mimosengewächsen (Mimosaceae) zählen, sind sie nur weitläufig verwandt und haben mit diesen die gefiederten Blätter und starken Dornen gemeinsam. Der wissenschaftliche Artname der Robinie *pseudoacacia*=Scheinakazie (griech. *akakia*=Stachel, Dorn; *pseudos*=falsch) weist darauf hin. Ein humorvolles Beispiel ist der Wettstreit zwischen Wölfchen und Claire in „Rheinsberg" von K. Tucholsky. Wölfchen spricht zu seiner Liebsten: „Seh mal: 'ne Akazie! 'ne blühende Akazie, lauter blühende Akazien!" sie antwortet „Is gar keine, is'ne Magnolie!" und wieder Wölfchen „Hach! Also wer weiß denn von uns beiden in der Botanik Bescheid?" und so weiter und so fort. Und da stritten sie sich und hatte doch keiner Recht, denn — was auch Tucholsky nicht wußte — die Robinie ist nun mal keine Akazie.

Frucht:

Im Sommer entwickeln sich die rotbraunen, kurz gestielten, 5–10 cm langen und etwa 1 cm breiten Hülsen der Robinie. Sie sind stark abgeflacht und fast gerade. Im Inneren liegen in kleinen Einbuchtungen 4–12 abgeflachte Samen. Ihre harte Schale ermöglicht den Samen eine Keimfähigkeit bis zu 30 Jahren. Bei Reife im Herbst trocknet die Fruchtwand aus, wird pergamentartig und dunkelbraun. Bis in den Winter hinein reißen die Hülsen entlang der schmal geflügelten Rücken- sowie der Bauchnaht auf. Ohne Einrollen der Fruchtblätter geschieht dies allmählich und nicht wie bei anderen Hülsenfrüchten explosionsartig. Die Früchte bleiben mitunter bis zum nächsten Frühjahr als Wintersteher am Baum hängen.

Ausbreitung:

Ab dem Herbst werden die Hülsen als Schraubendrehflieger durch starke Winde ausgebreitet (Meteorochorie). Zum Teil werden die ungeöffneten Hülsen als Ganzes abgerissen und fortgeweht, die Samen können erst dann auskeimen, wenn die Fruchtwand verrottet ist. Oft werden jedoch unvollständig geöffnete Früchte vom Wind fortgetragen. Auch einzelne Fruchthälften mit fest ansitzenden Samen werden losgerissen. Nur selten fallen einzelne Samen aus den geöffneten Hülsen vom Baum herunter, da sie sehr fest mit ihrem Stielchen (Funikulus) an der Fruchtwand befestigt sind. Durch die Bildung von Wurzelsprossen breitet sich die Robinie auch selbständig aus (Blastochorie). Die Robinie stammt aus Nordamerika und wurde während der sogenannten kanadisch-virginischen Periode (1620–1687) aufgrund ihrer üppigen Blüten und gefiederten Blätter als exotischer Zierbaum nach Europa eingeführt (Ethelochorie). Der in Amerika *Acacia americana vulgaris* genannte Baum wurde von Linné nach dem Gärtner Robin benannt, der die Robinie im Zeitraum von 1623–1635 nach Paris einführte. 1640 gelangte sie nach England, 1670 nach Berlin und erst 1726 nach Italien. In Deutschland wurde der Baum zuerst in Schloß- und Gutsgärten Berlins und Brandenburgs angepflanzt. Ende des 18. Jahrhunderts lernte man die forstwirtschaftliche Bedeutung der Robinie aufgrund ihrer Anspruchslosigkeit – dank der Symbiose ihrer Wurzeln mit Knöllchenbakterien gelingt es ihr Luftstickstoff in eine pflanzenverfügbare Form umzuwandeln – und ihres schnellen Wachstum auf den armen Sandböden Brandenburgs schätzen und nutzen. Bald schon verwilderte die Robinie und bürgerte sich schließlich als Neophyt ein, bis sie seit Beginn des 20. Jahrhunderts aus unserer Flora nicht mehr weg zu denken ist. Nach dem 2. Weltkrieg baute sie auf den Trümmerschuttflächen und ungenutzten Bahnanlagen in Berlin, Leipzig, Stuttgart und anderen Städten bald große Bestände auf und war den einheimischen Gehölzen weit überlegen. Durch ihr schnelles Wachstum – Blüten und Früchte werden schon ab dem 4. Lebensjahr gebildet – überholte sie selbst die einheimische Hänge-Birke (*Betula pendula*), den Pionierbaum schlechthin. Die Robinie zeichnet sich durch gute Verträglichkeit gegenüber dem trockenen Stadtklima und Unempfindlichkeit gegen Rauch, Staub und Ruß aus.

Nutzung:

R. pseudoacacia enthält vorwiegend in ihrer Borke giftige Eiweiße, sogenannte Toxalbumine. Kinder, die Borke oder auch Samen kauen sind gefährdet. Es kann zu Bauchschmerzen mit Übelkeit und Brechreiz kommen. Das Holz der Robinie wird zu Schreinerarbeiten und als Bauholz im Bootsbau verwendet. Das sehr widerstandsfähige, harte Holz besitzt eine hohe Elastizität und stellt eine hervorragende Alternative zu Tropenhölzern dar. Robinien sind eine beliebte Bienenweide, ihre wohlduftenden Blüten liefern schmackhaften, sogenannten Akazienhonig.

Vorkommen:

Seit dem 17. Jahrhundert ist *R. pseudoacacia* in Europa, Nordafrika und Teilen Asiens, verbreitet.

Robinia pseudoacacia. **Bild 1:** Die wohlduftenden, zahlreichen Blüten sind in herabhängenden Trauben angeordnet. **Bild 2:** Reife, Ende August einseitig an der Bauchnaht aufgerissene Früchte. In diesem halboffenen
Zustand werden die Früchte oftmals durch den Wind ausgebreitet. **Bild 3:** Einblick ins Fruchtinnere. Die dunkelbraunen, etwa 3 mm langen Samen sitzen mit ihrem Funikulus fest der Bauchseite der Fruchtwand an.

Die ausdauernde, niederliegend bis aufsteigend wachsende Gelbe Spargelerbse (*Tetragonolobus maritimus*, früher auch *Lotus maritimus* genannt) wächst in den südlichen Regionen Europas einschließlich Süddeutschlands. Ihr Stengel ist kantig und mit 5zähligen, bläulich-grünen Blättern besetzt, die auf Salzstandorten leicht fleischig werden. Die lang gestielten, etwa 3 cm langen Blüten ragen einzeln empor und erscheinen von Mai-Juni. Die relativ großen Blüten sind schwefelgelb, beim Verblühen rötlich überlaufen.

Es handelt sich um typische Schmetterlingsblumen. Die große Fahne ist bedeutend länger als Flügel und Schiffchen. Die Flügel verdecken das Schiffchen, welches Staubblätter und den Fruchtknoten enthält, vollständig. Nur Bienen und Hummeln mit einer Rüssellänge von mindestens 12 mm ist der tief am Blütengrund liegende Nektar zugänglich. Beim Saugen des Nektars drücken sie unbeabsichtigt die beiden Flügel herunter, die als Landeplatz dienen, und werden dabei auf ihrer Bauchseite eingestäubt. Der Pumpmechanismus, der zur Bestäubung führt, ähnelt dem des Hornklee (→ *Lotus corniculatus*). 5 kürzere und 5 längere, an den Filamenten keulig verdickte Staubblätter sind zu einer den Griffel umgebenden Röhre verwachsen. Zuerst wird der Pollen in die Schiffchenspitze abgegeben. Drückt nun der Besucher auf die Flügel und das mit diesen verbundene Schiffchen, pressen die verdickten Staubblattfilamente den Pollen aus der Öffnung des Schiffchens heraus. Kurzrüsselige Bienen und Hummeln brechen kurzerhand ein, indem sie sich durch den Kelch beißen und den Nektar klauen. Diese „Nektarräuber" dienen nicht der Bestäubung.

Frucht:

Aus dem schmalen, einfächrigen Fruchtknoten entwickelt sich eine kantige, gerade Hülse, die bei Reife bis 5 cm lang ist. Die Hülsen sind im Inneren quergefächert und enthalten zahlreiche Samen. Auf der Oberfläche der Hülsen verlaufen 4 etwa 1 mm breite Längskanten, wodurch die Hülse leicht geflügelt ist. Durch diese Flügelkanten sind sie leicht von den ähnlichen Früchten des Hornklee (*Lotus corniculatus*) zu unterscheiden. Ähnliche Hülsen, die jedoch stärker geflügelt sind und bis 9 cm Länge erreichen, bildet die nah verwandte, rotblühende Rote Spargelerbse (*T. purpureus*). Ihr Flügelsaum ist mindestens 2 mm breit und gewellt. Die unreifen Hülsen beider Arten sind grün und fleischig, im Zuge der Fruchtreifung trocknen diese schließlich aus und werden schwärzlich. Der Gattungsname (griech. *tetragonos*=viereckig, vierkantig) bezieht sich auf die viereckige Form der Früchte im Querschnitt.

Ausbreitung:

Die im Sommer ausgereiften Hülsen beider Arten reißen – wie es sich für typische Hülsen gehört – infolge Austrocknung entlang der zarten Bauch- und Rückennaht ein. Die beiden so entstandenen Fruchthälften rollen sich blitzschnell ein. Dabei werden die kugeligen, 2 mm großen, olivgrünen Samen ausgestreut. Es handelt sich um explosionsartige Austrocknungsstreuer, eine Form der Selbstausbreitung (ballochore Autochorie). Welche Funktion den Flügelsäumen der Hülsen zugrundeliegt ist nicht geklärt. Die im mediterranen Raum beheimatete *T. purpureus* wurde als Zier- und Gemüsepflanze nach Mittel- und Westeuropa eingeführt (Ethelochorie), konnte sich jedoch außerhalb der Kultur nicht etablieren.

Nutzung

T. purpureus wurde früher im mediterranen Raum als Grünfutter und wegen der eßbaren Früchte angebaut. Die zarten, grünen Hülsen werden als Gemüse gekocht und schmecken aromatisch. Mit dem Spargel (*Asparagus officinalis*) hat die Pflanze trotz ihrer deutschen Bezeichnung „Spargelerbse" wenig gemeinsam. Früher wurden die eßbaren Sproße von Pflanzen ganz unspezifisch als „Spargeln" bezeichnet. Da die würzigen Blätter wie auch die fleischigen Früchte von *T. purpureus* eßbar sind, kam die heute ein wenig irreführende Namensgebung zustande.

Erst 1583 wurde *T. purpureus* im europäischen Raum erwähnt und stellenweise angebaut. Seit 1670 wurde der Anbau großflächig betrieben, zu der Zeit war die Rote Spargelerbse aufgrund ihrer kräftig rot blühenden Blüten auch eine beliebte Zierpflanze. Im 19. Jahrhundert nahm der Anbau rapide ab und geriet in Vergessenheit. Die reifen, gerösteten Samen dienten in Notzeiten der Herstellung eines kaffeeähnlichen Getränkes. Auf ihre Nutzung als Kaffee-Ersatz bezieht sich die französische Bezeichnung *pois-café*=Kaffeeerbse.

Vorkommen:

Die wärmeliebende *T. maritimus* kommt in Deutschland nur im Süden vor. Sie ist in West und Südeuropa sowie in Mitteleuropa bis nach Polen, Kaukasus und Kleinasien zu finden. Ihr Hauptlebensraum sind Wiesen, früher kam die Pflanze auch auf den Salzwiesen vieler Binnensalzstellen Brandenburgs vor. Heute ist *T. maritimus* vom Aussterben bedroht. *T. purpureus* wächst im Mittelmeergebiet bis Nordafrika an Wegrändern sowie Ödland und Grasfluren.

Bild 1-2: *Tetragonolobus maritimus.* **Bild 1:** Einzelne, lang gestielte Blüten. **Bild 2.** Reife Hülse geöffnet, die beiden Fruchthälften sind eingerollt. **Bild 3-4:** *T. purpureus.* **Bild 3:** Blüten. **Bild 4:** Unreife, stark geflügelte Früchte von etwa 6 cm Länge. In diesem Zustand kann man die Früchte ernten, um sie als Gemüse zuzubereiten.

7. Schotenfrüchte

Durch ihre Früchte – die Schoten –, aber besonders durch einen ungewöhnlich uniformen Blütenbau zeichnen sich die Kreuzblütler (Brassicaceae) aus. Kelch und Krone sind 4zählig und stehen gekreuzt (Name!) zueinander. Der Fruchtknoten ist oberständig und mitunter kurz gestielt (Gynophor oder Karpophor genannt). Er ist durch eine Scheidewand in 2 Fächer geteilt, die von einigen Autoren auch als falsche bzw. sekundäre Scheidewand bezeichnet wird. Früher hatte man angenommen, daß sich die Scheidewand erst nachträglich entwickelt, was sich jedoch als falsche Annahme erwiesen hat. In jedem Fach sitzen die Samenanlagen in 2 Reihen der randständigen Plazenta an. Die Plazenta und die dünne Scheidewand spielen bei der Fruchtausbreitung eine wichtige Rolle.

Zu der artenreichen Familie der Kreuzblütler zählen einige wichtige Nutzpflanzen. Als Gemüsepflanzen kennt man die verschiedenen Formen des Kohls (*Brassica oleracea*), die von alters her kultiviert werden. Neben dem Kohl und Blumenkohl gehören auch Kohlrabi und Brokkoli dazu. Wegen seiner schmackhaften Rüben wurde der Garten-Rettich (*Raphanus sativus*) schon von den Ägyptern kultiviert. Als Ölpflanze kennt man den Raps (*Raphanus napus*), dessen ölreiche Samen zur Herstellung von Speise- und Brennöl verwendet werden. Wichtige Gewürzpflanzen sind Schwarzer und Weißer Senf (*Brassica nigra*, → *Sinapis alba*), deren ölhaltige Samen Senfölglykoside enthalten, die für den scharfen Geschmack im Senf verantwortlich sind. Wer es schärfer mag, greift auf den aus Südeuropa stammenden Meerrettich (*Armoracia rusticana*) zurück, dessen geriebene Rüben mit dem Zusatz von Gewürzen als Tafelfertiger Meerrettich in den Handel gelangen. Nicht zu vergessen sind einige bekannte Zierpflanzen wie Goldlack (*Cheiranthus*), Levkoje (*Matthiola*) und Schleifenblume (→ *Iberis*).

Schoten

Die typische Schote ist 2fächerig, von schlanker Gestalt und wird vom verbleibenden Griffel gekrönt. Mitunter vergrößert sich dieser während der Fruchtentwicklung und wird wie beim Senf (→ *Sinapis alba*) schwertförmig (Abb. 7-1B). Die Schote öffnet sich bei Reife entlang der beiden Verwachsungsnähte der Fruchtblätter, der Bauch- und Rückennaht (Abb. 7-1A). Dies geschieht durch Austrocknung. Die beiden dünnen Fruchtblätter lösen sich als 2 Fruchtklappen voneinander. Am Fruchtstiel bleibt die dünne, pergamentartige Scheidewand des Fruchtknotens zurück, die in

einen Rahmen eingespannt ist. Dieser stellt die Plazenta dar, die durch Festigungselemente für Stabilität sorgt. Diesem festen Rahmen sitzen die Samen an. Sehr auffällig ist die große, silbrig glänzende Scheidewand beim Silberblatt ausgebildet (Abb. 7-1E).

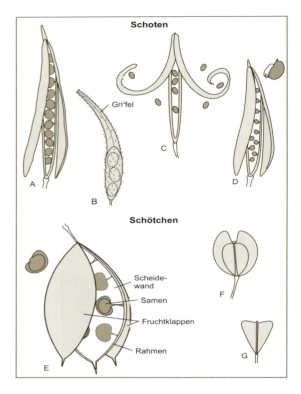

Abb. 7-1: Schoten und Schötchen. A: Raps (*Raphanus napus*). B: Weißer Senf (*Sinapis alba*). C: Wiesen-Schaumkraut (*Cardamine pratensis*). D: Schöllkraut (*Chelidonium majus*) ohne Scheidewand, mit Elaiosom am Samen. E: Silberblatt (*Lunaria rediviva*), Same als Segelflieger. F: Stengelumfassendes Hellerkraut (*Thlaspi perfoliatum*). G: Hirtentäschel (*Capsella bursa-pastoris*).

Typische Schoten sind lang und schmal wie bei Knoblauchsrauke (→ *Alliaria petiolata*), Weißer Senf (→ *Sinapis alba*), Raps (*Raphanus napus*), Kohl (*Brassica oleracea*), Gänsekresse (*Arabis*), Graukresse (*Berteroa incana*) und Rauken (*Sisymbrium*). Als Schötchen bezeichnet man Schoten, die eine eher rundliche Form haben (Abb. 7-1E-G). Exakt ausgedrückt spricht man von Schötchen, wenn die Frucht höchstens dreimal so lang wie breit ist. Jeder kennt wohl die kleinen, herzförmigen Schötchen des Hirtentäschel (→ *Capsella bursa-pastoris*). Die Mehrzahl der Schötchen ist vom Rücken her abgeflacht und besitzt deshalb eine schmale, unauffällige Scheidewand wie das Hungerblümchen (*Erophila*) und Hirtentäschel (*Capsella bursa-pastoris*).

Schoten oder Schötchen kommen in ihrer typischen Ausprägung nur bei den Kreuzblütlern vor. Vereinzelte Arten nah verwandter Familien, wie das zu den Mohngewächsen (Papaveraceae) zählende Schöllkraut (→ *Chelidonium majus*) besitzen ebenfalls Schoten, denen jedoch die Scheidewand fehlt (Abb. 7-1D). Ähnliches gilt für viele Vertreter der Erdrauchgewächse (Fumariaceae) wie Lerchensporn (*Corydalis*) und die als Zierpflanze bekannte Herzblume (*Dicentra spectabilis*). Auch sie besitzen Schoten, die oft auch als schotenförmige Kapseln bezeichnet werden.

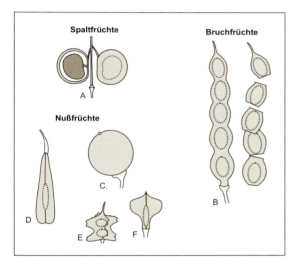

Abb. 7-2: Verschiedene, formenreiche Schließfrüchte innerhalb der Kreuzblütler. A: Brillenschötchen (*Biscutella*), B: Hederich (*Raphanus raphanistrum*) als Gliederschote. C: Echter Meerkohl (*Crambe maritima*). D: Färberwaid (*Isatis tinctoria*). E: Zackensenf (*Bunias erucago*). F: Hohldotter (*Myagrum perfoliatum*).

Schoten – Schließfrüchte

Ähnlich wie bei den Hülsen der Schmetterlingsblütengewächse (Fabaceae) werden die Schoten für die Kreuzblütler als typisch betrachtet. Aber auch hier gibt es zahlreiche Abwandlungen, die aus ehemals Öffnungsfrüchten im Laufe der Entwicklungsgeschichte der Blütenpflanzen Schließfrüchte entstehen ließen (Abb. 7-2). Die Samen werden also erst freigegeben, wenn die Fruchtwand verrottet (die betreffenden Arten werden im Kapitel Nußfrüchte beschrieben). So kann man die geflügelten, fast schwarzen Nußfrüchte des Färber-Waids (→ *Isatis tinctoria*) bewundern, oder die kugeligen Nüßchen des Meerkohl (*Crambe maritima*). Eindrückliche Formen zeigt der mediterrane Zackensenf (*Bunias erucago*) mit seinen gezacktgeflügelten Nußfrüchten. Mitunter lösen sich die beiden Fruchtblätter auch vollständig voneinander

und werden wie die Spaltfrüchte des Brillenschötchens (→ *Biscutella*) als 2 Teilfrüchtchen (Nüßchen) ausgebreitet. Bekannt sind auch die Bruchfrüchte, die im Laufe der Fruchtentwicklung Querwände im Fruchtknoten einbauen. Bei Reife zerfällt die Frucht beispielsweise des Hederich (*Raphanus raphanistrum*) in mehrere kleine Teilfrüchte (Nüßchen).

Ausbreitung

Die meisten Schoten breiten ihre Samen als Wind- und Tierstreuer (Semachorie) aus. Die Samen hängen mithilfe ihres Stielchens (Funikulus) am Rahmen fest, die zarte Scheidewand dient als Windfang. Zu den semachoren Pflanzen zählen z.B. Knoblauchsrauke (→ *Alliaria petiolata*), Kohl (*Brassica oleracea*) und Senf (*Sinapis*). Die Samenschale vieler Arten verschleimt bei Benetzung. So können flache Samen bei Nässe als Anhafter am Tierfell ausgebreitet werden (Epichorie). Gleichzeitig dient die Schleimbildung auch zur Befestigung auf einer keimfähigen Unterlage (Erde), so daß die Ausbreitung gestoppt wird. Die Samen einiger Arten wie bei Silberblatt (→ *Lunaria rediviva*) und Steinkresse (*Alyssum*) besitzen Hautränder und werden als Segelflieger ausgebreitet (Meteorochorie, eine Form der Windausbreitung). Einige Arten sind perfekte Regenballisten, wie die Doldige Schleifenblume (*Iberis umbellata*) und das Stengelumfassende Hellerkraut (*Thlaspi perfoliatum*). Sehr selten finden sich auch Explosionsstreuer unter den Schoten. Weit verbreitet in der Gattung Schaumkraut (*Cardamine*) sind die Saftdruckstreuer, deren grüne Schoten explosionsartig aufreißen und dabei ihre Samen bis zu 2,4 m ausstreuen (Abb. 7-1C).

Weg- und Hohe Rauke (*Sisymbrium officinale, S. altissimum*) besitzen etwa 2 cm lange, sehr dünne und dem Stengel dicht anliegende Schoten. Die gesamte, sparrige Pflanze vertrocknet, wird durch starke Winde aus dem Boden gerissen und als Bodenroller über die Erde geweht (Chamaechorie, eine Form der Windausbreitung). Erst dann öffnen sich die Schoten und entlassen die Samen. Noch perfekter verhält sich die ebenfalls zu den Kreuzblütlern zählende Rose von Jericho (*Anastatica hierochuntica*), deren Blätter zur Fruchtreife abfallen und deren Zweige sich einrollen. Die gesamte Pflanze wird zu einem Ball, der vom Wind losgerissen und als Bodenroller über den sandigen Wüstensand geweht wird.

Nicht nur als Kulturpflanzen (Ethelochorie) gelangten einige Arten nach Mitteleuropa, auch als deren ungewollte Begleiter (Speirochorie) kamen einige Arten zu uns. Bekannt als Acker-Wildkräuter sind hier besonders Hirtentäschel (*Capsella bursa-pastoris*) und Acker-Hellerkraut (→ *Thlaspi arvense*).

Früher wurde die Knoblauchsrauke (*Alliaria petiolata*) aufgrund des knoblauchartigen Geruchs (lat. *allium*=Knoblauch) der Blätter als Würzkraut genutzt. Die meist 2jährige, aufrechte Pflanze wird bis 1 m hoch und ist meist unverzweigt. Auch wenn die dreieckigen Blätter ein wenig an Brennesselblätter erinnern, so brennen sie doch nicht. Aber vorsicht, die Knoblauchsrauke kommt gerne in Gesellschaft der Brennessel (*Urtica dioica*) vor. Sie wächst vor allem am feuchten, nährstoffreichen Wegesrand.

Die zahlreichen, kleinen, weißen Blüten sind in einfachen, blattlosen Trauben angeordnet und erscheinen schon früh im Jahr von April–Juli. Wie es sich für Kreuzblütler gehört, sind diese 4zählig, Krone und Kelch sind freiblättrig. Die blaßgrünen, schmalen bis eiförmigen Kelchblätter stehen ab und fallen schon während der Blütezeit ab. Die bis 6 mm langen, weißen Kronblätter sind in einen schmalen Abschnitt – Nagel genannt – verschmälert. Von den 6 Staubblättern sind die beiden seitlichen deutlich kürzer. Am Grund der Staubblätter sind mehrere Nektardrüsen ringförmig angeordnet. Nur die beiden seitlich gelegenen geben tatsächlich Nektar ab. Dieser sammelt sich in den Zwischenräumen zwischen der Basis der Staubblätter und dem Fruchtknoten. Der grüne, sehr schlanke Fruchtknoten ist durch eine Scheidewand in 2 Fächer geteilt. Der kurze Griffel endet mit einer kleinen keulenförmigen, gelblichen Narbe.

Blütenbiologisch handelt es sich bei *A. petiolata* um Scheibenblumen mit leicht zugänglichem Nektar. Durch die Lücken der früh abfallenden Kelchblätter gelangen rüssellose Insekten leicht an den Nektar. So kann man neben Bienen auch Käfer, Schwebfliegen und Fliegen als Bestäuber beobachten. Oft kommt es zur spontanen Selbstbestäubung, da die Staubbeutel der 4 langen, dicht am Fruchtknoten stehenden Staubblätter nach innen aufspringen und der Pollen dann auf die darunter befindliche Narbe rieselt.

Frucht:

Aus dem nur etwa 3 mm langen Fruchtknoten entwickelt sich eine bis 6 cm lange, dünne Schote, die durch den Griffelrest oben zugespitzt ist. Sie ist stielrund und kaum dicker (2 mm) als ihr Fruchtstiel. Ihre beiden Fruchtklappen – mit denen sie sich bei Reife öffnet – sind mit einem stark kantig vorspringenden Mittelnerv und einem beidseits dazu verlaufenden, schwächeren Seitennerv versehen.

Etwa 6–8 Samen sind in jedem Fach einreihig übereinander angeordnet. Sie sind 3 mm lang, ihre Samenschale ist schwarzbraun und durch Längsrunzeln leicht rauh.

Ausbreitung:

Bei Reife sind die zuvor grünen Schoten infolge fortschreitender Austrocknung unscheinbar hellbraun gefärbt. Die meist schräg orientierten Früchte sitzen mit einem kurzen, dicken Fruchtstiel dem Stengel an. Deutlich zeichnen sich die im Inneren sitzenden Samen durch leichte Wölbungen der Fruchtklappen ab. Die beiden Fruchtklappen reißen von unten nach oben auf und fallen ab. Zurück bleibt die pergamentartig dünne Scheidewand, die in einen festen Rahmen gespannt ist. Die Samen sitzen abwechselnd links und rechts der Scheidewand mit ihrem kurzen Stielchen (Funikulus) am Rahmen fest. Bei stärkerem Wind wird der elastische Stengel in Bewegung versetzt, die kleinen Samen werden von ihrem Funikulus gerissen und fortgestreut. Die schräg ausgerichteten Schoten werden auch durch vorbeistreifende Tiere und Menschen ausgestreut. Es handelt sich um Wind- und Tierstreuer (Semachorie).

Die bei Nässe verschleimenden, abgeflachten Samen werden auch als Anhafter am Tierfell mitgeführt (Epichorie). Früher wurde *A. petiolata* durch den Menschen ausgebreitet, der die Waldpflanze in die mittelalterlichen Bauerngärten holte und dort aussäte (Ethelochorie). Von dort erschloß sie sich neue Lebensräume im dörflichen und städtischen Bereich.

Heute ist *A. petiolata* auch in Nordamerika weit verbreitet, vermutlich wurde die Pflanze durch europäische Siedler als Küchen- und Heilkraut eingeführt.

Nutzung:

Aufgrund ihres knoblauchartigen Aromas, das von Senfölen herrührt, wurde *A. petiolata* als Würz- sowie als Heilpflanze in den mittelalterlichen Bauerngärten angepflanzt. Heute ist sie jedoch als Küchenkraut in Vergessenheit geraten. Da die Pflanze fast überall an schattigen Stellen zu finden ist, kann man den Versuch wagen und so beispielsweise aus den Blättern eine leckere Rahmsuppe zaubern. Auch zum Würzen von Salaten und Kräuterquark eignet sich die Pflanze vorzüglich. Verwenden sollte man nur frische, zerkleinerte Blätter.

Vorkommen:

A. petiolata ist in den größten Teilen Europas und Westasiens sowie Nord-Afrikas verbreitet. Die Pflanze wächst auf frischen, nährstoffreichen Lehmböden. Zu finden ist sie in Laubwäldern, schattigen Säumen, Hecken und verwilderten Gärten von der Ebene bis in die Berge. Sie ist ein ausgesprochener Stickstoffanzeiger und deshalb oft auch in schattigen Parkanlagen und Gehölzen im städtischen Raum zu finden.

Alliaria petiolata. **Bild 1:** Blüten und junge Frucht. **Bild 2:** Reife, noch ungeöffnete, schräg abstehende Schote von etwa 5 cm Länge. **Bild 3:** Die Fruchtwand öffnet sich mit 2 Klappen, die am unteren Fruchtende beginnen aufzureißen. Zwischen den beiden Fruchtklappen ist der dünne Rahmen zu erkennen, an dessen – hier nicht sichtbarer Scheidewand – die etwa 4 mm langen Samen ansitzen.

Eine der häufigsten Pflanzen weltweit ist das Hirtentäschel (*Capsella bursa-pastoris*). Als wohlbekanntes „Ackerunkraut" wächst es in nahezu jeder Ackerkultur, aber auch in Gärten, an Wegrändern und auf Ödland kommt es häufig vor. Die meist 2jährige, 5–60 cm hohe Pflanze besitzt einen einfachen oder verzweigten, beblätterten Stengel. Die grundständigen, buchtig gelappten oder fiederspaltigen Laubblätter stehen in einer vielblättrigen Rosette. Die kleinen, unscheinbaren Blüten sind zu Anfang in einem doldig gedrängten Blütenstand angeordnet, der sich im Laufe der Blüte- und Fruchtzeit zu einer lockeren, reichblütigen Traube entwickelt. Die Blüten zeigen den für Kreuzblütler typischen Aufbau. Die 4 kleinen, eiförmigen, schräg abstehenden, weißhautrandigen Kelchblätter fallen bald nach dem Verblühen ab. Auf Lücke zu den Kelchblättern stehen die 4 weißen, verkehrt-eiförmigen, 2–3 mm langen Kronblätter. 4 längere und 2 kürzere Staubblätter stehen dicht um den kleinen, oberständigen Fruchtknoten. Dieser ist von rundlicher Gestalt und in 2 Fächer geteilt.

Blütenbiologisch handelt es sich um kleine, einfach gestaltete Scheibenblumen. Angelockt werden die Bestäuber vom Nektar, der an 4 Nektarien an der Basis der längeren Staubblätter abgegeben wird und durch die abstehenden Kelchblätter frei zugänglich ist. Bestäuber sind Schwebfliegen und Sandbienen. Zumeist kommt es jedoch zur Selbstbestäubung, da die Staubbeutel dicht über der Narbe sitzen, und somit der Pollen auf diese herunter rieselt.

Frucht:

Der Fruchtknoten reift zu einem herzförmigen, stark abgeflachten Schötchen – dem sogenannten Hirtentäschel – heran. Aufgrund der Ähnlichkeit der Früchte mit den Taschen der Hirten wurde der Pflanze ihr Name gegeben (lat. *capsella*=kleine Tasche, *pastoris*=Hirte). Die etwa 5 mm langen, hell- bis rötlichbraunen Schötchen sitzen dem verlängerten, nun waagerecht orientierten Blüten- bzw. Fruchtstiel an. Das Fruchtinnere besteht aus 2 Fächern mit je bis zu 12 winzigen, 0,5–1 mm langen, hellbraunen Samen. Bei Reife springt die Fruchtwand durch Austrocknung in Form von 2 Fruchtklappen ab. Die Samen bleiben an der schmalen, häutigen, von einem Rahmen eingefaßten Scheidewand zurück.

Ausbreitung:

Die an dem Rahmen hängenden Samen werden durch Wind und Tiere ausgestreut (Semachorie). Darüberhinaus wird *C. bursa-pastoris* endochor durch Ziegen, Rinder und Wild ausgebreitet, welche das gesamte, fruchtende Kraut abweiden. Körnerfressende Vögel wie Haus- und Feldsperling, Girlitz und Rebhuhn dienen der Bearbeitungsausbreitung (Dysochorie) von *C. bursa-pastoris*.

Auch als Regenballist versucht sich die Pflanze (Ombrochorie). Auf die noch geschlossenen, meist waagrecht orientierten Schötchen schlagen Regentropfen auf, wodurch die Fruchtklappen und anschließend auch die Samen losgeschleudert werden. Bei Nässe quillt die glatte Samenschale und bildet eine Schleimschicht mit deren Hilfe die Samen auch als Anhafter am Tierfell oder sogar im Schuhprofil festsitzend ausgebreitet werden (Epichorie).

C. bursa-pastoris ist ein aus dem Mittelmeerraum stammender Alteinwanderer (Archäophyt) der im Laufe der Zeit Tausende von Kilometern zurück legte, bis er schließlich weltweit angesiedelt war. So wanderte die Pflanze als ungewollter Kulturbegleiter mit dem Getreide auch nach Mitteleuropa ein (Speirochorie).

Daß sie weit über Ackerflächen hinaus auf unterschiedlichen Standorten zu finden ist, verdankt sie ihren verschiedenen Ausbreitungsstrategien und folgenden Eigenschaften: Die bis 1m tiefwurzelnde Pflanze ist anspruchslos, formenreich und zeichnet sich durch ein großes Anpassungsvermögen aus. Selbstbestäubung (neben Insektenbestäubung) und hohe Samenproduktion (bis 40.000 Samen je Pflanze) sind typisch für Pionierpflanzen, die jederzeit befähigt sind, schnellstmöglichst neue Lebensräume zu besiedeln. Bei günstigem Klima blüht und fruchtet das Hirtentäschel mit bis zu 4 Generationen das ganze Jahr hindurch. Nur bei längeren Frostperioden stellt es das Wachstum ein. Die Lebensfähigkeit der Samen im Boden kann über 30 Jahre betragen.

Nutzung:

Als fast überall wachsendes Heilkraut wurde *C. bursa-pastoris* schon seit langer Zeit volksmedizinisch verwendet. Dioskurides, ein berühmter griechischer Arzt im ersten Jahrhundert n. Chr. beschrieb die fötusabtötende Wirkung der Pflanze. Im Mittelalter kannte man stattdessen ihre blutstillende Wirkung. Die Blätter enthalten reichlich Vitamin C und wurden früher als Gemüse und Salat verwendet. Die Samen besitzen einen durch Senföl hervorgerufenen würzigen Geschmack und dienten als günstiger Pfefferersatz.

Vorkommen:

Die heute – mit Ausnahme der Tropen – über die ganze Erde verbreitete Pflanze (Kosmopolit) wächst im Flachland wie im Gebirge auf fast allen Bodenarten.

Capsella bursa-pastoris. **Bild 1:** Ausschnitt aus dem doldigen Blütenstand. **Bild 2:** Fast reifes, herzförmiges, ca. 5 mm langes Schötchen. Deutlich erkennt man die Aufteilung in die beiden Fruchtwandhälften, die auch Frucht-klappen genannt werden. Der kurze Griffel einschließlich der kopfigen Narbe verbleiben. **Bild 3:** Teilweise ge-öffnetes, reifes Schötchen. Die Fruchtklappe im Vordergrund hat sich abgelöst, während die 2. Klappe im Hin-tergrund noch festsitzt. Die nur 0,5 mm langen Samen des vorderen Fruchtfaches hängen mit ihrem Stielchen am Rahmen fest. In dem hellbraunen, dünnen Rahmen eingespannt ist die weiße, zarte Scheidewand. Bild 2 wurde von W.-H. Kusber zur Verfügung gestellt.

Das ausdauernde, bis 80 cm hohe, verzweigte Schöllkraut (*Chelidonium majus*) wächst auf nährstoffreichen Unkrautfluren und Schuttplätzen. Auch aus Parkanlagen und Laubwäldern ist der Anblick der stickstoffliebenden Pflanze bekannt. Ihre Blätter sind gefiedert und unterseits blaugrün, die gesamte Pflanze ist oft wollig behaart. Die gelben, langgestielten, von Mai–September erscheinenden Blüten sind in wenigblütigen, lockeren Dolden zusammengefaßt. Die beiden blaßgelben Kelchblätter leiten die Blüten ein. Es folgen 4 durch Karotinoide gelb gefärbte, zarte Kronblätter. Zahlreiche gelbe Staubblätter mit keulig verdickten Filamenten umgeben den schlanken Fruchtknoten. Dieser besteht aus 2 miteinander verwachsenen Fruchtblättern. In dem einzigen Fruchtfach sitzen die Samenanlagen in 2 Reihen. Der Griffel ist kurz und dick, die Narbe 2lappig.

Blütenbiologisch handelt es sich um Scheibenblumen mit einem hohen Pollenangebot, die von Bienen und Fliegen sowie einigen Käfern bestäubt werden. Da Staubblätter und Narben gleichzeitig reif sind, kommt es auch zur Selbstbestäubung. Der wissenschaftliche Name leitet sich von griech. *chelidon*=Schwalbe ab, da die Pflanze mit dem Eintreffen der Schwalben austreibt und bei deren Weiterziehen zu welken beginnt.

Frucht:

Der schlanke Fruchtknoten entwickelt sich zu einer 2klappigen, bis 5 cm langen Schote, die an ihrer Spitze vom Griffelrest gekrönt wird. Aus der Plazenta entwickelt sich ein Rahmen, an dem die Samen ansitzen. Im Gegensatz zu vielen anderen Schoten fehlt eine Scheidewand. Die Früchte öffnen sich an Rücken- und Bauchnaht durch zwei Längsnähte. Der Fruchttyp der Schote ist fast ausnahmslos auf die Familie der Kreuzblütler (Brassicaceae) beschränkt. Eine der wenigen Ausnahmen ist das Schöllkraut, das zu den Mohngewächsen gehört, einer Familie die für ihre Kapselfrüchte bekannt ist.

Ausbreitung:

Im Hochsommer reifen die Schoten und öffnen sich schließlich infolge Austrocknung. Im Gegensatz zu anderen Schoten bleiben die beiden Fruchtklappen an der Pflanze hängen. Die Stielchen (Funikulus), mit denen die schwarzen Samen am Rahmen festsitzen, trocknen aus und die Samen fallen mittels der Schwerkraft zu Boden (Barochorie). Oftmals landen die Samen auf den Laubblättern der Pflanze und die Samen werden von dort durch Windbewegungen kurze Strecken ausgestreut (Semachorie). In erster Linie wird *C. majus* jedoch durch Ameisen ausgebreitet (Myrmechorie). Die Samen besitzen an der Seite ein helles, lappiges, nährstoffhaltiges (Fette und Stärke) Elaiosom, das durch Wachstum der Raphe der Samenanlage entstanden ist (Abb. 3-3). Die begehrten Samen gelangen durch die Sammelaktivität der Ameisen auch in Mauerwerk, wo das Schöllkraut in den Mauerritzen bei geeigneten Bedingungen auskeimt. Im Gegensatz zu den meisten myrmechoren Pflanzen ist das Schöllkraut kein Frühblüher, der zur insektenfreien Sammelzeit der Ameisen im Spätfrühling bis Frühsommer seine Samen präsentiert. Vielmehr reifen die Samen erst ab Juli, die Pflanze tritt hier in direkte Konkurrenz zum bevorzugten Nahrungsmittel – toten Insekten – und meistert diese vorzüglich.

Nutzung:

C. majus ist durch Alkaloide giftig, deren Giftwirkung beim Trocknen verloren geht. Der während der Antike lebende, griechische Arzt Dioskurides empfahl die Wurzel gegen Gelbsucht. Sämtliche Teile der Pflanze enthalten gelben, ebenfalls giftigen Milchsaft, der früher hauptsächlich in der Volksheilkunde zum Bestreichen von Warzen verwendet wurde, weshalb die Pflanze auch Warzenkraut genannt wurde. Die Alchimisten nannten *C. majus* eine Himmelsgabe, weil sie in dem gelben Saft alle vier Elemente und den Stein der Weisen – die Kunst des Goldmachens – vermuteten.

Vorkommen:

C. majus ist heute in Europa, Asien sowie dem atlantischen Nordamerika verbreitet und eine in Europa heimische Ruderalpflanze.

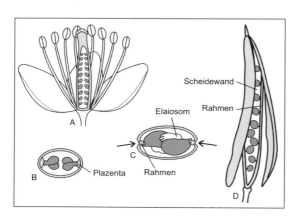

Abb. 7-3: *Chelidonium majus*. A: Blüte längs. B: Einfächeriger Fruchtknoten quer, die Samenanlagen sitzen der Plazenta an. C: Reife, geschlossene Frucht quer. Die Plazenta hat sich vergrößert und bildet den Rahmen. Die Pfeile markieren die Öffnungslinien der Schote. Jeder Same wird seitlich von einem Elaiosom gesäumt. D: Reife, geöffnete Schote. Am Rahmen sitzen die Samen an. Die beiden Fruchtklappen öffnen sich von der Basis zur Spitze.

Chelidonium majus. **Bild 1**: Blüte. Im Zentrum ist der grüne, schmale, von den gelben Staubblättern halb verdeckte Fruchtknoten zu erkennen. **Bild 2:** Reife, etwa 5 cm lange, sehr schmale Schoten, die sich an der Basis zu öffnen beginnen. **Bild 3:** Die Samen aus einer Schote sind auf ein darunterliegendes Blatt des Schöllkrautes gefallen. Die etwa 1,5 mm langen, schwarz glänzenden Samen besitzen an ihrer Seite ein weißliches Elaiosom.

Die Bittere Schleifenblume (*Iberis amara*) ist heute ein in Deutschland selten gewordenes Ackerwildkraut der Kalkäcker auf warmen Böden. Sie ist die einzige von etwa 30 im Mittelmeergebiet und Westasien beheimateten Arten, deren natürliches Verbreitungsgebiet bis nach Mitteleuropa hineinreicht. Die meist einjährige *I. amara* ist eine bis 40 cm hohe Pflanze mit beblättertem, aufrechtem Stengel. Ihre von Mai–August erscheinenden Blüten sind in einer gedrängten, auffälligen, weißen Doldentraube zusammengefaßt und zeigen den für die Kreuzblütler typischen Blütenbau. Die 4 kleinen rundlichen Kelchblätter mit weißem oder rötlichem Hautrand stehen aufrecht ab und dienen als Nektarhalter. Die 2 äußeren Kronblätter der Randblüten sind stark vergrößert, also strahlend. Der Blütenstand erweckt so den Eindruck einer einzigen großen Blüte. Die deutsche Bezeichnung „Schleifenblume" bezieht sich auf die strahlenden Kronblätter, die einer Schleife ähneln. Kleine polsterförmige Nektardrüsen befinden sich am Grund der 6 Staubblätter.

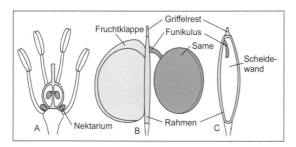

Abb. 7-4: *Iberis amara*. A: Blüte längs, Kelch und Krone wurden entfernt. Am Grund der Staubblätter sitzen kleine Nektarien. B: Schötchen. Rechts nach Ablösen des Fruchtfaches. C: Blick auf den Rahmen und die schmale Scheidewand von der Seite. Die Fruchtklappen sind abgelöst, die Samen wurden ausgebreitet.

Der oberständige, 2fächerige Fruchtknoten ist rundlich und seitlich stark zusammengedrückt. Der intensiv violett gefärbte Griffel einschließlich der Narbe dient ebenso wie die kräftig gelben Staubbeutel der optischen Anlockung. Blütenbiologisch handelt es sich um Scheibenblumen, die vor allem von Bienen und Hummeln bestäubt werden, sich aber auch selbst bestäuben.

Frucht:

Aus dem Fruchtknoten entwickelt sich ein 2fächeriges, fast kreisrundes, stark abgeflachtes Schötchen. Es erreicht einen Durchmesser von 5 mm und ist durch einen schmalen Saum geflügelt. Der 1-1,5 mm lange Griffel verbleibt. Jedes Fach öffnet sich mit einer sich ablösenden Fruchtklappe, an der Pflanze bleibt eine schmale, in einem Rahmen eingefaßte Scheidewand

zurück. An der zarten Scheidewand hängt beidseits je ein einziger Same. Die bei Reife lang gestielten, fast waagrecht orientierten Schötchen sind in einem nun traubig verlängerten Fruchtstand angeordnet. Die halbeiförmigen, abgeflachten Samen werden etwa 3 mm lang und sind an einer Seite leicht geflügelt.

Ausbreitung:

I. amara ist ein Regenballist (Ombrochorie). Herabfallende Regentropfen treffen auf die waagrecht abgespreizten Schötchen, die als Aufschlagfläche dienen. Beim Aufprallen der Regentropfen zerspringt das Schötchen und die Samen werden, oft noch vom Fach umschlossen, einige Dezimeter fortgeschleudert. Die verwandte Doldige Schleifenblume (*I. umbellatus*) ist ein vollendeter, typischer Regenballist. Ihre Schötchen sind ausschließlich bei Regen waagrecht abgespreizt und bei Trockenheit einwärts gekrümmt, was durch die hygroskopischen Fruchtstiele ermöglicht wird. Die Schötchen von *I. amara* sind stattdessen immer – also unabhängig von der Witterung – waagerecht orientiert.

I. amara wird auch durch den Wind ausgebreitet (Anemochorie). Nach dem Öffnen der Schötchen infolge Austrocknung werden die mit ihrem Stielchen (Funikulus) an dem Rahmen ansitzenden Samen dem Wind präsentiert. Dieser trägt die scheibenförmigen, leichten Samen als Segelflieger mit sich fort. Mitunter fallen auch die Fruchtklappen mit dem eingeschlossenen Samen ab. Dann werden Fruchtfach und Same gemeinsam fortgeweht. *I. amara* wird auch ethelochor als beliebte Gartenzierpflanze ausgebreitet. Ab und zu flüchtet die Pflanze aus den Gärten und verwildert an geeigneten Standorten.

Nutzung:

Die gesamte Pflanze, besonders die Samen sind durch Cucurbitacine und Glykoside sowie den Bitterstoff Ibamarin (lat. *amarus*=bitter) giftig. Die Samen von *I. amara* werden heute als herzwirksames homöopathisches Mittel genutzt. Der Frischpflanzenauszug wirkt entzündungshemmend und anregend auf einen erschlafften Magen-Darm-Trakt.

Vorkommen:

I. amara ist im westlichen Mitteleuropa, in West- und Südeuropa beheimatet. Der Gattungsname leitet sich von *Iberia*=Spanien ab und bezieht sich vermutlich auf das dortige Vorkommen der Pflanze. In Westeuropa wächst sie als Ackerwildkraut auf kalkreichen Getreideäckern. Aufgrund ihres starken Rückganges infolge der Intensivierung der Feldbewirtschaftung ist *I. amara* in Deutschland vom Aussterben bedroht und findet sich heute nur noch in Süddeutschland. Im Mittelmeerraum kann man sie häufig auf felsigen Standorten der Bergregionen entdecken.

Iberis amara. **Bild 1:** Durch unterschiedlich lang gestielte Blüten in den doldentraubigen Blütenständen ste-hen die Blüten fein abgestuft, dicht gedrängt untereinander. Die strahlig vergrößerten Kronblätter der Rand-blüten sind deutlich zu erkennen. **Bild 2:** Früchte kurz vor der Fruchtreife. Der Stengel hat sich gestreckt, wo-durch die Schötchen nun in einer deutlich lockeren Traube angeordnet sind. Im oberen Abschnitt sind noch winzige junge, aufrecht orientierte Früchte erkennbar. **Bild 3:** Fruchtstand von oben. Deutlich erkennbar ist die Gliederung in 2 stark abgeflachte Fruchtfächer. Die waagrecht abspreizenden, flachen Schötchen bilden eine perfekte Auffangvorrichtung für aufprallende Regentropfen.

Am auffälligsten ist das Wilde Silberblatt (*Lunaria rediviva*) im Herbst, wenn die silbrig glänzenden Überreste der Früchte die Pflanzen schmücken. Dieser Eindruck spiegelt sich auch in der wissenschaftlichen Namensgebung von lat. *luna*=Mond wieder. In der Schweiz wird die Pflanze deshalb Mondviole genannt. *L. rediviva* ist eine in schattigen und feuchten Laubwäldern der montanen Region wachsende Halbrosettenpflanze. Ihre duftenden, zartlila gefärbten Blüten erscheinen von Mai–Juli und zeigen den typischen Aufbau der Kreuzblütler. Der oberständige Fruchtknoten wird durch eine dünne Scheidewand in 2 Fruchtfächer aufgeteilt. Die 4blättrige Krone ist tellerförmig ausgebreitet und wird dem Bestäuber einschließlich der Staubblätter und der Narbe präsentiert. Daran schließt sich der lange röhrenförmige Blütenteil, aus Kelch und Krone gebildet, an, der am Blütengrund den Nektar birgt.

Blütenbiologisch handelt es sich um kleine Stiellerblumen. Kurzrüsselige Insekten haben keine Chance den begehrten Nektar zu erreichen, sie müssen sich mit dem Pollen begnügen. Nur langrüsseligen Bienen und Nachtfaltern ist es möglich an den Nektar zu gelangen. Eine sehr ähnliche Blütenbiologie zeigt auch der aus Südeuropa stammende Judaspfennig (*L. annua*).

Frucht:

Aus dem schlanken Fruchtknoten entwickelt sich durch einseitig stark gefördertes Wachstum ein stark abgeflachtes Schötchen. Es ist etwa 8 cm lang, elliptisch und beidendig kurz zugespitzt. Wie für die meisten Kreuzblütler typisch, löst sich bei Fruchtreife infolge Austrocknung die Fruchtwand in Form von 2 flachen Fruchtklappen von der Plazenta ab. Diese ist als Rahmen ausgebildet, an dem die Samen mit ihrem langen Stielchen (Funikulus) festsitzen. In dem Rahmen ist eine glänzende, pergamentartige Scheidewand eingespannt, die der Pflanze ihren Namen gibt. Nach der Befruchtung entwickelt sich ein stielartiger Fruchtträger an der Basis der Frucht und wächst bis zu etwa 10 cm Länge heran. Dadurch gelangen die zuerst aufrecht orientierten Blüten und jungen Früchte in eine hängende Position. Etwas kleinere, nur 3–4 cm lange, ovale bis runde Schötchen bildet *L. annua*.

Ausbreitung:

Nach dem Abfallen der Fruchtklappen werden die am Rahmen ansitzenden Samen beider *Lunaria*-Arten dem Wind präsentiert. Die verbleibende Scheidewand ist papierartig dünn, durchscheinend und hält trotz ihrer Zartheit lange dem Wind stand, weil sie einem kräftigen Rahmen eingefaßt wird. Die Scheidewand dient als Windfang. Der Stengel der Pflanze ist elastisch, so daß die Samen allmählich durch das Spiel des Windes von ihrem Funikulus gelöst und ausgestreut werden, bis nur noch die leere, silberne Scheidewand mit dem Rahmen übrig bleibt. Beide Arten werden als Windstreuer ausgebreitet (Semachorie). Die flachen Samen besitzen einen schmalen Flügelsaum und werden zusätzlich als scheibenförmige Segelflieger durch stärkere Herbstwinde ausgebreitet (Meteorochorie).

L. annua wurde als Gartenzierpflanze von Südosteuropa nach West- und Mitteleuropa eingeführt, wo sie verwilderte und sich stellenweise als Neophyt einbürgerte (Ethelochorie).

Nutzung:

Aufgrund ihrer duftenden Blüten und der silbrigen Fruchtstände werden beide *Lunaria*-Arten als Zierpflanzen kultiviert und für Trockensträuße verwendet.

Vorkommen:

L. rediviva ist in den Wäldern der montanen Region Mitteleuropas, *L. annua* im südöstlichen Mittelmeergebiet beheimatet.

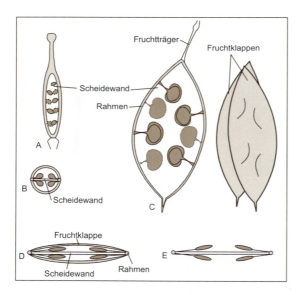

Abb. 7-5. *Lunaria rediviva.* A: Fruchtknoten längs, zur Blütezeit. Blick ins vordere Fruchtfach, das hinter der Scheidewand liegende zweite Fruchtfach ist durch die gestrichelten Samenanlagen angedeutet. B: Fruchtknoten quer. Die 2 Fruchtfächer werden durch die Scheidewand getrennt. C: Reifes Schötchen, die beiden Fruchtklappen (rechts) haben sich vom Rahmen gelöst. Zurück bleibt der Rahmen mit Scheidewand und Samen. D: Querschnitt durch die reife, ungeöffnete Frucht. E: Reife, offene Frucht quer. Beide Fruchtklappen haben sich abgelöst.

Bild 1-2: *Lunaria rediviva*. **Bild 1:** Ausschnitt aus dem zartlila gefärbten Blütenstand. **Bild 2**: Typischer Anblick der Staude im Herbst. Die beiden Fruchtklappen sind längst abgefallen, nur noch die bis in den Winter hinein an der Pflanze verbleibende, silbrig glänzende Scheidewand, der „Silbermond" verbleibt an der Pflanze. **Bild 3:** *Lunaria annua*. Noch unreife Schötchen. Im Gegenlicht sind die lang gestielten Samen im Fruchtinneren deutlich erkennbar. Die Schötchen sind im Gegensatz zu *L. rediviva* waagrecht orientiert, kleiner und von etwa rundlicher Gestalt.

Der Weiße Senf (*Sinapis alba*) ist eine alte, überaus geschätzte Kulturpflanze. Die einjährige, steifhaarige Pflanze wird bis 60 cm hoch und trägt leierförmig-fiederspaltige Blätter. Die relativ kleinen, gelben Blüten sind in Trauben angeordnet (Blütezeit Juni–September) und zeigen den für Kreuzblütler typischen Blütenaufbau. Die 4 gelbgrünen Kelchblätter sind an ihren Rändern eingerollt und erscheinen daher sehr schmal. Sie stehen zur Blütezeit waagrecht ab und ermöglichen so dem Blütenbesucher einen leichten Zugang zum Nektar, der aus kleinen Polstern an der Basis der Staubblätter abgegeben wird. Die ebenfalls 4, etwa doppelt so langen, hellgelben Kronblätter sind von zarten violetten Adern durchzogen. 6 Staubblätter umgeben den schlanken, oberständigen Fruchtknoten. Dieser ist 2fächerig und geht allmählich in den Griffel und eine kleine gelbe Narbe über.

Die nach Vanille duftenden Blüten werden von verschiedenen Insekten bestäubt, da der Nektar frei zugänglich ist. Neben Bienen betätigen sich so auch Fliegen und Käfer als Bestäuber der einfach gestalteten Scheibenblumen.

Frucht:

Aus dem etwa 5 mm langen Fruchtknoten entwickelt sich eine bis 4 cm lange und bis 7 mm breite Schote. Sie ist rundherum auffallend weiß-zottig behaart, was vermutlich als Schutz gegen Tierfraß dient. Die Frucht ist in 2 Abschnitte geteilt: Der untere Bereich ist durch die 2–3 kugeligen Samen je Fach leicht ausgebeult. Er öffnet sich bei Reife infolge Austrocknung mit 2 Fruchtklappen. Der obere Abschnitt – der Griffel – wächst zu einem sterilen, seitlich zusammengedrückten Fruchtschnabel heran. Gegen die Spitze verschmälert er sich allmählich und ist oft leicht sichelförmig gebogen. Der Fruchtstiel verlängert sich und orientiert die Schoten von einer anfangs schrägen Position in eine waagrecht abstehende Lage. Wie es sich für Schoten gehört, befindet sich zwischen den beiden Fruchtklappen eine helle, häutchenartige, jedoch unauffällige Scheidewand, die von einem Rahmen eingefaßt wird. An diesem sitzen die bis 2,5 mm langen Samen. Ihre Samenschale ist gelblich und fein punktiert.

Ausbreitung:

Der Mensch sorgte schon früh für eine effektive Ausbreitung des im Mittelmeerraum heimischen *S. alba* als Kulturpflanze (Ethelochorie). Auf dem Handelswege gelangte der Weiße Senf problemlos über die Alpen, die ansonsten für die Pflanzenwelt eine schwer überwindliche Ausbreitungsbarriere darstellen. In Mitteleuropa wurde der Weiße Senf auf Äckern angebaut, verwilderte dort schon bald und bürgerte sich als Archäophyt ein. Einmal in Mitteleuropa als Kulturpflanze etabliert, breitete sich *S. alba* bald auch als ungewollter Saatgutbegleiter von Getreide-, Gräser- und Klee-Saatgut aus (Speirochorie). Lokal breiten sich die im Herbst reifen, waagrecht abstehenden Schoten als Wind- und Tierstreuer aus (Semachorie). Ihre Fruchtklappen lösen sich ab und die am Rahmen hängenden Samen werden ausgestreut.

Nutzung:

Die Samen – auch Senfkörner genannt – werden zu Tafel- oder Speisesenf (Mostrich) verarbeitet. Bei der Mostrichherstellung werden entölte oder nicht entölte, geschälte oder ganze Samen unter dem Zusatz von Essig, Kochsalz, Zucker, Wasser, Gewürzen (Estragon, Pfeffer) in Senfmühlen verarbeitet. Neben *S. alba* verwendet man auch den Schwarzen Senf (*Brassica nigra*) und heute verstärkt den vermutlich aus Indien stammenden Sareptasenf (*B. juncea*). Je nach Mischungsverhältnis und Verfeinerung ergeben sich zahlreiche Senfprodukte ganz unterschiedlicher Färbung, Schärfe und Konsistenz. Aber auch ganze Senfkörner werden zur Würze von Fischmarinaden, Gemüsekonserven, vor allem Essiggurken, verwendet.

Die schärferen Senfsorten enthalten einen höheren Anteil an Schwarzem Senf. Für die Schärfe sind Senföle im Samen verantwortlich, die sich erst durch Zermahlen oder Zerkauen entwickeln. Unter Einwirkung von Wasser und dem Enzym Myrosin entsteht aus einem Senfölgylkosid – bei *S. alba* dem Sinalbin – das scharfwirkende Senföl.

Die Bezeichnung Mostrich oder Mostert für Senf ist vom lat. *mustum ardens*=brennender Most abgeleitet. Schon im Altertum war *S. alba* als Würzmittel berühmt und ist im frühen Mittelalter in Mitteleuropa eingeführt worden. Tafelsenf wirkt appetitanregend, resorptions- und sekretionsfördernd.

S. alba erfreut sich einer vielseitigen Verwendung, die jungen Laubblätter werden seit dem 13. Jahrhundert als Gemüse bzw. Salat gegessen.

Vorkommen:

Der aus dem östlichen Mittelmeergebiet stammende *S. alba* kommt heute durch den Kulturanbau in fast allen Ländern mit gemäßigtem Klima vor. Dort verwilderte die Pflanze und bürgerte sich oftmals auf Ruderalstellen, Ackerrändern, Schutt und Wegrändern ein. In Mitteleuropa kommt *S. alba* nur selten beständig vor, und gilt nicht als eingebürgert.

Sinapis alba. **Bild 1:** In einer Traube angeordnete Blüten. Zwischen den gelben Kronblättern sind die schmalen, gelblichen Kelchblätter zu erkennen. **Bild 2:** Pflanze zum Zeitpunkt der Fruchtentwicklung. Die Früchte stehen im Gegensatz zu den Blüten fast waagrecht ab. **Bild 3:** Fast 4 cm lange Schote kurz vor dem Öffnen. In dem abstehend behaarten, kugeligen Abschnitt liegen die Samen, darüber befindet sich der sterile, schwertförmig zusammengedrückte Schnabel.

in altes, auch heute noch häufig vorkommendes Ackerwildkraut ist das Acker-Hellerkraut (*Thlaspi arvense*). Es wächst mit seinem kantigen, beblätterten Stengel bis 40 cm in die Höhe. Die 1–2jährige Pflanze ist nur im oberen Bereich verzweigt. Ihre zahlreichen kleinen Blüten sind in langen, lockeren Blütentrauben angeordnet und erscheinen von April-September. Diese zeigen den typischen Aufbau der Kreuzblütler. Die 4 höchstens 2 mm langen Kelchblätter sind gelblichgrün und werden von einem weißen Hautrand gesäumt. Sie stehen waagrecht ab und bieten so einen freien Zugang zum Nektar. Die ebenfalls 4 weißen Kronblätter sind etwa doppelt so lang wie die Kelchblätter. Es folgen 6 Staubblätter, die dicht um den runden, seitlich stark abgeflachten Fruchtknoten stehen. An ihrer Basis liegen insgesamt 4 Nektardrüsen. Der oberständige Fruchtknoten ist durch eine dünne Scheidewand in 2 Fächer geteilt.

Blütenbiologisch handelt es sich um kleine Scheibenblumen, die von Fliegen und Bienen bestäubt werden. Aber auch spontane Selbstbestäubung steht oft auf der Tagesordnung, denn der Pollen rieselt leicht auf die in unmittelbarer Nähe stehende Narbe.

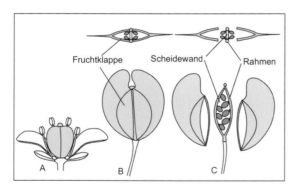

Abb. 7-6: *Thlaspi arvense*. A: Blüte längs. B-C: Schötchen in Ansicht und Querschnitt. B: Reifes, geschlossenes Schötchen. C: Geöffnetes Schötchen. Die beiden Fruchtklappen lösen sich ab, zurück bleibt die Scheidewand mit den am Rahmen ansitzenden Samen.

Frucht:

T. arvense ist im Fruchtstadium ein auffälliges Kraut, das zu diesem Zeitpunkt leicht zu erkennen ist. Die fast kreisrunden, stark abgeflachten und oben eingeschnittenen Schötchen sehen wie kleine Münzen aus, weshalb die Pflanze als „Heller- oder Pfennigkraut" bezeichnet wird. Die Griechen vergaben den Gattungsnamen *Thlaspi*, von griech. *thlaein*=quetschen, zusammengedrückt. Die Schötchen sind auf einem abstehenden Stiel senkrecht angeordnet. Sie werden bis 18 mm lang und sind breit geflügelt. Die Frucht-

wand wird bei Reife durch Austrocknung fast pergamentartig-häutig und durchscheinend. Deutlich kann man die beiden Fruchtfächer mit den je 5–7 Samen erkennen. Zwischen diesen steht die dünne, unauffällige Scheidewand. Während der Fruchtentwicklung hat sich der Stengel der Blüten- bzw. Fruchttraube verlängert. Die eiförmigen, bis 2 mm langen Samen besitzen eine schwarzbraune Oberfläche, die durch konzentrische Linien rauh ist.

Ausbreitung:

Bei Reife im Spätsommer lösen sich die beiden geflügelten Fruchtklappen infolge Austrocknung ab. Zurück bleibt die senkrecht stehende, schmale Scheidewand. An ihrem Rahmen hängen die Samen mit ihrem kleinen Stielchen (Funikulus) fest. Sie werden durch den Wind losgerissen und ausgestreut (Semachorie). Das nah verwandte Stengelumfassende Hellerkraut (*Thlaspi perfoliatum*) ist dagegen ein Regenballist (Ombrochorie). Die auf die waagrecht orientierten Schötchen prallenden Regentropfen katapultieren die Samen fort.

Sein heute fast weltweites Vorkommen verdankt *T. arvense* dem Ackerbau. Früher wurde die Pflanze infolge ungenügender Saatgutreinigung als ungewollter Bestandteil von Getreide- und Klee-Saatgut gesammelt und mit dem Saatgut ausgesät (Speirochorie). Das Akkerwildkraut hat sich so vermutlich seit der jüngeren Steinzeit als Kulturbegleiter stetig ausgebreitet. In Mitteleuropa gilt *T. arvense* als Archäophyt.

Eine Pflanze produziert durchschnittlich 800 Samen mit einer Keimfähigkeit von bis zu 30 Jahren. Innerhalb einer Vegetationsperiode sind mehrere, sich schnell entwickelnde Generationen möglich. Diese Merkmale bewirken eine hohe Reproduktionsrate, die es *T. arvense* ermöglicht, gekoppelt mit einer hohen Anpassungsfähigkeit, auf fast allen Bodenarten vom Flachland bis ins Gebirge zu wachsen.

Nutzung:

Die Laubblätter verströmen beim Zerreiben einen leichten Lauchgeruch, weshalb man diese früher als Salat verwendete. Die ebenfalls knoblauchartig scharf schmeckenden Samen wurden früher gegen Blähungen, Verschleimung, Skorbut und Rheumatismus eingenommen. Sie dienten auch der Herstellung von Speiseöl.

Vorkommen:

T. arvense kommt heute fast weltweit in Ackerkulturen, im Obstbau, in Gärten und an Wegen vor. Die ursprüngliche Heimat der Pflanze liegt vermutlich im innerasiatischen Raum.

Thlaspi arvense. **Bild 1:** Die stark abgeflachten Schötchen sind in einer lockeren Traube angeordnet. Durch die helle, pergamentartige Fruchtwand hindurch kann man die kleinen, braunen Samen erkennen.

8. Kapselfrüchte

Unter den Öffnungsfrüchten ist die Kapsel der am häufigsten vorkommende Fruchttyp. Kapseln entstehen aus einem Fruchtknoten mit mehreren, verwachsenen Fruchtblättern (coenokarp), der ober- oder unterständig sein kann. Beim unterständigen Fruchtknoten ist zusätzlich zum Fruchtknoten der mit diesem verwachsene Blütenbecher an der Bildung der Kapsel beteiligt.

Kapselfrüchte sind in ihrem Erscheinungsbild in der Regel unauffällig, bei Reife herrschen helle Brauntöne vor. Die dünne Fruchtwand trocknet zumeist bei Reife aus, wodurch Gewebespannungen auftreten, die

an bestimmten Dehiszenz- oder Trennlinien zur Öffnung führen. Nur selten bleibt die Fruchtwand wie beim Schneeglöckchen (→ *Galanthus nivalis*), Springkräutern (→ *Impatiens*) oder Sauerklee (→ *Oxalis*) auch bei Reife grün und fleischig.

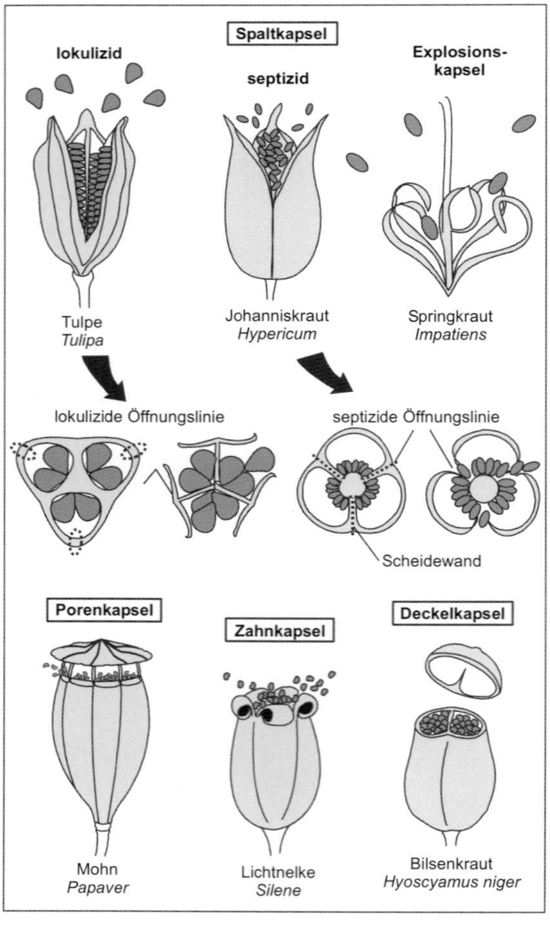

Entsprechend dem Bau des Fruchtknotens ist die Kapsel durch Scheidewände gefächert oder ungefächert. Je nach Öffnungsweise kann man unterschiedliche Kapseltypen unterscheiden (Abb. 8-1). Die Öffnung erfolgt bei der Spaltkapsel über Längsspalten, während kurze Zähnchen die Zahnkapsel öffnen. Über kleine Löcher entleeren Porenkapseln ihre zahlreichen kleinen Samen, während die Deckelkapsel das Dach ihres Fruchtknotens als Deckel abwirft. Auch gibt es Kapseln, die sich mittels eines speziellen Schwellgewebes plötzlich und schnell öffnen, wie die sogenannten Explosionskapseln.

Spaltkapsel

Der häufigste Kapseltyp ist die Spaltkapsel, die sich durch mehrere Längsrisse in der Regel über die gesamte Länge der Fruchtwand öffnet und dadurch ihre Samen entläßt. Reißt die Kapsel entlang der Verwachsungsnähte (also an den Scheidewänden) der Fruchtblätter in Längsrichtung auf – wie bei Johanniskraut (→ *Hypericum*) und Alpenrosen (→ *Rhododendron*) – handelt es sich um **septizide**, also scheidewandspaltige Kapseln.

Reißt die Kapsel an den Rückennähten (Mittelrippe) von jedem Fruchtblatt auf, so ist die Kapsel **lokulizid**, man sagt auch rücken- oder fachspaltig. Lokulizide Kapseln sind typisch für viele Liliengewächse wie Tulpen (→ *Tulipa*), Zwiebeln (→ *Allium cepa*), Lilien (*Lilium*) und Traubenhyazinthen (→ *Muscari*). Auch Schwertlilien (→ *Iris*), Narzissen (*Narcissus*) und Nachtkerzen (→ *Oenothera biennis*) bilden fachspaltige Spaltkapseln.

Von wirtschaftlicher Bedeutung sind die walnußgrossen Kapseln der Baumwolle (*Gossypium herbaceum*). Wenn sich deren Kapseln septizid öffnen, quellen ganze „Wattebäusche" heraus (Abb. 8-2). Diese bestehen aus einer Vielzahl, bis zu 4 cm langer, einzelliger Samenhaare, die an den etwa erbsengroßen Samen befestigt sind und der anemochoren Ausbreitung dienen. Die aus Zellulose bestehenden Samenhaare werden zu Zellstoff, Watte, Papier und zu Baumwolle verarbeitet. Die Baumwolle gehört zu den ältesten Kulturpflanzen und wurde schon in vorgeschichtlicher Zeit als Faserpflanze genutzt.

Die unauffälligen Spaltkapseln der Orchideen (Orchidaceae) öffnen sich mit 6 Längsrissen und zeigen eine Mischung von septizider und lokulizider Öffnung. Zu diesen zählt übrigens auch die Vanille„schote". Die Echte Vanille (*Vanilla planifolia*) ist eine auf Bäumen wachsende Orchidee der Tro-

Abb. 8-1: Typen von Kapselfrüchten

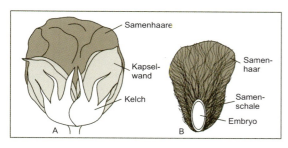

Samenhaare

Kapsel-
wand

Kelch

A

Samen-
haar

Samen-
schale

Embryo

B

Abb. 8-2: *Gossypium herbaceum.* A: Septizid geöffnete Spaltkapsel. Im Inneren liegen 5-10 Samen mit zahlreichen weißen, langen Samenhaaren. B: Einzelner „Wattebausch", der aus einem lang behaarten Samen besteht.

pen. Sie bildet schotenähnliche, bis 30 cm lange Spaltkapseln. Nach der Ernte werden die Kapseln aufwendig fermentiert und oxidiert, wodurch sich die Kapselwand braunschwarz verfärbt und das schmackhafte Vanillin frei wird.

Die meisten Spaltkapseln reißen infolge Austrocknung allmählich auf. Einige Pflanzen haben jedoch Explosionskapseln entwickelt, die sich blitzschnell öffnen und dabei ihre Samen fortschleudern, wie beim Diptam (→ *Dictamnus albus*). Wolfsmilch-Arten (→ *Euphorbia*) und der Wunder- bzw. Ricinusbaum (→ *Ricinus communis*) sind für ihre Explosionskapseln bekannt, die bei Fruchtreife ihre geöffneten Fruchtfächer samt den Samen fortschleudern.

Zahnkapsel

Die Zahnkapseln öffnen sich nur an ihrer Spitze durch kurze Längsrisse. Dieser Kapseltyp ist für bestimmte Gattungen wie Pflanzenfamilien typisch. Primeln (→ *Primula*) und Alpenveilchen (→ *Cyclamen hederifolium*) bilden Zahnkapseln. Unter den Nelkengewächsen (Caryophyllaceae) sind Zahnkapseln wie bei der Roten Lichtnelke (→ *Silene dioica*) und Kornrade (→ *Agrostemma githago*) die Regel.

Deckelkapsel

Ein seltener Fruchttyp sind Deckelkapseln, bei denen sich eine ringförmige Trennlinie aus zartem Gewebe quer zur Längsachse der Frucht bildet. Der obere, kurze Bereich wird bei Austrocknung wie ein Deckel abgeworfen. Deckelkapseln bilden alle Vertreter des Gauchheil (→ *Anagallis*) und des Wegerich (*Plantago*) sowie das Bilsenkraut (→ *Hyoscyamus niger*).

Porenkapsel

Hier werden die Samen durch kleine Löcher in der Kapselwand ausgestreut. Porenkapseln sind auf wenige Gattungen beschränkt. Auffällig sind die Porenkapseln des Mohns (→ *Papaver*) und der Glockenblumen (→ *Campanula*).

Kapselfrüchte findet man im Gegensatz zu Balgfrüchten, Schoten und Hülsen in fast allen Pflanzenfamilien. Sie sind also mehrfach unabhängig voneinander während der Evolution der Blütenpflanzen entstanden. In einigen Familien wie den Rosengewächsen (Rosaceae), Schmetterlings- (Fabaceae), Kreuz- (Brassicaceae) und Korbblütlern (Asteraceae) fehlen sie jedoch gänzlich.

Ausbreitung

Die meisten Kapseln sind Wind- und Tierstreuer, die ihre zahlreichen, kleinen Samen wie aus Streubüchsen ausbreiten (Semachorie). Sie werden oftmals als winzige Körnchenflieger weiter vom Wind fortgetragen (Meteorochorie). Diese Ausbreitungsstrategie ist für die gesamten Orchideen (Orchidaceae) typisch, so auch bei der Breitblättrigen Stendelwurz (→ *Epipactis helleborine*). Die Alpenrosen (→ *Rhododendron*) sind ebenfalls für ihre Körnchenflieger bekannt.

Bei den Weidenröschen (→ *Epilobium*) entläßt die Kapsel beschopfte Samen, die als Schirmchenflieger anemochor ausgebreitet werden. Die flachen Samen von Klappertopf (→ *Rhinanthus*) und Gemeinem Leinkraut (→ *Linaria vulgaris*) werden als Segelflieger weiter ausgebreitet.

Einige Pflanzen verlassen sich lieber auf sich selbst und streuen ihre Samen mithilfe von Schleudermechanismen (Ballochorie) selbständig aus. So quetschen Veilchen und Stiefmütterchen (→ *Viola*) ihre Samen aus den Fruchtfächern und schleudern sie mehrere Meter fort. Etwa 1 m werden die birnenförmigen Samen des Diptam (*Dictamnus albus*) gemeinsam mit Teilen der Kapsel fortgeschleudert. Wohl am bekanntesten sind die Springkräuter (*Impatiens*) mit ihren auch bei Reife grünen, saftig-fleischigen Kapseln. Diese sogenannten Saftdruckstreuer bewirken durch ein Ansteigen des Zelldruckes ein blitzschnelles Aufreißen der Kapseln und Ausstreuen der Samen.

Nur äußerst selten ist die Fruchtwand, wie beim Pfaffenhütchen (→ *Euonymus*), auffällig gefärbt. Diese Rotfärbung – die sonst den Beeren und Steinfrüchten vorbehalten ist – steht im Zeichen der optischen Anlockung, denn die fleischigen Samen des Pfaffenhütchens werden endochor durch Vögel ausgebreitet, was eine Seltenheit unter den Kapseln darstellt. Generell zählen Tiere so gut wie nie zu den Ausbreitern bei den Kapseln, allenfalls breiten sich einige Pflanzen wie Alpenveilchen (*Cyclamen*) und Veilchen (*Viola*) auch mithilfe von Ameisen aus (Myrmechorie).

Ein altes, heute in Mitteleuropa nur noch sehr selten vorkommendes Ackerwildkraut stellt die purpurn blühende Kornrade (*Agrostemma githago*) dar. Die einjährige Pflanze wächst mit einem kräftigen, weißfilzig behaarten, aufrechten Stengel, der mit linealischen Blättern besetzt ist. Ihre langgestielten, 5zähligen Blüten stehen einzeln und blühen von Juni–September. Sie sind meist zwittrig, mitunter auch ausschließlich weiblich. Der 5blättrige Kelch ist röhrenförmig und endet in sehr langen, schmalen und laubartigen Zipfeln, welche die Krone überragen und zur Blütezeit abstehen. Die Kelchröhre ist mit hervortretenden Längsnerven besetzt. Die 5 Kronblätter sind stieltellerförmig ausgebreitet, der Blüteneingang wird durch ein weißliches Saftmal markiert. 10 unauffällige Staubblätter säumen den einfächerigen, eiförmigen Fruchtknoten, der in der Röhre verborgen ist. Er besteht aus 5 vollständig miteinander verwachsenen Fruchtblättern, die 5 freien Griffel zeugen davon. An der zentralen, halbkugelig vergrößerten Plazenta sind zahlreiche Samenanlagen inseriert.

Die auffälligen Stielteller- oder Röhrenblumen werden besonders von Tagfaltern bestäubt, es kommt aber auch zur Selbstbestäubung.

Frucht:

Der Fruchtknoten entwickelt sich zu einer etwa 2 cm langen Zähnchenkapsel, wie sie für die Nelkengewächse typisch ist. Sie enthält zahlreiche giftige, schwarze Samen. Die Oberfläche der nierenförmigen Samen ist durch winzige, stiftförmige Warzen rauh. Der Kelch verbleibt an der Kapsel, seine schützende Röhre umhüllt diese bis auf die Kapselspitze vollständig. Die laubigen Kelchblätter werden zur Photosynthese während der Fruchtentwicklung genutzt. Bei Reife reißt die Kapsel durch Austrocknung mit 10 kleinen Längsrissen an ihrer Spitze auf und kleine Abschnitte der Kapselwand wölben sich in Form von 5 Zähnchen nach außen. Bei Feuchtigkeit klappen die Zähnchen durch Quellung wieder zurück und verschließen dadurch die Kapsel.

Ausbreitung:

A. githago ist ein Windstreuer (Semachorie), wenn auch im Vergleich zu den typischen Windstreuern ein nicht besonders wirkungsvoller. Die Samen sind mit einer Länge von 3,5 mm für Windstreuer ungewöhnlich groß und relativ schwer. Nur die zuoberst in der Kapsel liegenden Samen können durch die Bewegungen des Windes aus der engen, nur etwa 8 mm großen Kapselöffnung gestreut werden. Doch auch dies wird durch die während der Fruchtentwicklung verlängerten und vertrockneten Kelchzipfel erschwert, die oftmals über der Kapselöffnung liegen und so das Ausstreuen der Samen zusätzlich be-, wenn

nicht sogar verhindern. Die Ausbreitungsdistanz der Samen liegt im Bereich von etwa 1–2 m.

A. githago ist das Paradebeispiel für die Anpassung von Ackerwildkräutern an den Bewirtschaftungsrhythmus von Getreidearten. Früher breitete sich die Pflanze sehr effizient als ungewollter Bestandteil von Saatgut aus (Speirochorie). Die Samen der Kornrade sind zum gleichen Zeitpunkt reif wie das Korn von Weizen und Roggen. Außerdem zeigt sie mit 1 m eine ähnliche Wuchshöhe wie das erntereife Getreide. Die meisten Samen bleiben in der Kapsel eingeschlossen. Sie können so gemeinsam mit dem geernteten Getreide gedroschen werden. Nur wenige Samen fallen durch die Mahd und beim Aufstellen der Garben aus den Kapseln. Durch mangelhafte Saatgutreinigung – das Saatgut wurde früher mitsamt den Diasporen vieler Wildkräuter gesammelt und erneut ausgesät – breitete sich *A. githago* gemeinsam mit dem Anbau von Getreide (Sommer- und Winterweizen, Roggen) aus.

A. githago kam in der Jungsteinzeit nur auf dem Balkan, in Osteuropa und im südöstlichen Mitteleuropa vor. Durch die Römer gelangte die Pflanze nach Westeuropa. Der sich immer stärker ausdehnende Ackerbau im Mittelalter führte in Europa zur Massenausbreitung, die Kornrade wurde zum gefürchteten Unkraut. Infolge der stark verbesserten Saatgutreinigung ist die als Altbürger (Archäophyt) zu bezeichnende Pflanze heute in Mitteleuropa fast ausgerottet, während sie im mediterranen Raum und Ostpolen aufgrund der weniger intensiven Feldbestellung noch häufiger vorkommt.

Nutzung:

Durch Saponine ist die gesamte Pflanze, besonders die Samen, giftig. Früher kam es öfter zu Massenvergiftungen der Menschen, da das Brotmehl oftmals durch die mangelhafte Saatgutreinigung die Samen der Kornrade enthalten hatte. Ihr alter Lebensraum wird in der Namensgebung deutlich: aus dem griech. *agros*=Acker und *stemma*=Kranz, da die Pflanze schon im Alterum in den Erntekranz eingebunden wurde. Neuerdings erfährt *A. githago* ein Comeback als beliebte Gartenzierpflanze.

Vorkommen:

A. githago ist ein Kosmopolit, auch wenn sie vielerorts, besonders in Mitteleuropa und Nord-Amerika nur noch selten auf Schuttplätzen und an Wegrändern vorkommt. In Deutschland ist die Pflanze vom Aussterben bedroht.

Agrostemma githago. **Bild 1:** Blüte. Am Blüteneingang sind die zarten Staubblätter und das weiße Saftmal zu erkennen. Die grünen, lanzettlichen Kelchzipfel stehen alternierend zu den purpurnen Kronblättern. **Bild 2:** Noch unreife Kapsel mit verlängerten Kelchzipfeln. **Bild 3:** Reife, nun ausgetrocknete braune Kapsel, die sich mit 5 nach außen gebogenen Zähnchen geöffnet hat. Die langen Kelchzipfel sind verdorrt und legen sich oftmals über die enge Kapselöffnung. Dadurch wird zusätzlich ein Ausstreuen der Samen verhindert.

Die Gattung *Allium* – Lauch – umfaßt etwa 500 Arten, von denen uns einige schon seit alters her als Kulturpflanzen bekannt sind: Küchenzwiebel (*Allium cepa*), Schnittlauch (*A. schoenoprasum*), Porree bzw. Lauch (*A. porrum*) und Knoblauch (*A. sativum*). Der Verbreitungsschwerpunkt der Gattung liegt in Südeuropa und Vorderasien, wild vorkommende *Allium*-Arten sind in Mitteleuropa auf vergleichsweise wenige Arten wie den Allermannsharnisch (*A. victorialis*) und Bär-Lauch (*A. ursinum*) beschränkt.

Die Küchenzwiebel (*A. cepa*) ist ein Liliengewächs, aus dessen eßbarer Knolle bzw. Zwiebel der bis 50 cm hohe Stengel mit einigen röhrenförmigen Rundblättern emporwächst. Die vielen im Sommer erscheinenden Blüten sind doldenartig in einem kugeligen Blütenstand angeordnet. Ihre Blütenhülle besteht aus 2 Kreisen von je 3 weißen mit einem grünen Längsstreifen gezeichneten Blütenblättern, die nicht in Kelch und Krone unterscheidbar sind (Perigon). Die 6 Staubblätter säumen den Fruchtknoten. Dieser ist durch Scheidewände in 3 Fächer geteilt (coenokarpsynkarp). Wie für viele Liliengewächse typisch, wird der Nektar von Septaldrüsen gebildet, die in den Scheidewänden sitzen. Tröpfchenweise wird er nach außen abgegeben und sammelt sich am Grund zwischen Fruchtknoten und Antheren. Bei den Blüten von *A. cepa* handelt es sich um einfach gebaute, vormännliche Scheibenblumen, die von Käfern, Bienen und Fliegen bestäubt werden.

Im Gegensatz dazu sind die glockigen Blüten des mediterran verbreiteten Glöckchen-Lauch (*A. triquetrum*) zu wenigen, in einem einseitswendigen nickenden, doldenartigen Blütenstand angeordnet. Die von Dezember-Mai blühende Pflanze kommt an feuchten, schattigen Wald- und Gebüschrändern, Gräben und Flußufern in Küstennähe vor.

Frucht:

Die oft kugeligen, im unreifen Stadium fleischig-grünen Kapseln der gesamten Gattung sind sehr einheitlich gestaltet. Die Fruchtwand der unscheinbaren, etwa 5–7 mm breiten Kapseln ist bei Reife pergamentartig dünn. Die Küchenzwiebel bildet nur selten im mitteleuropäischen Klima Früchte. Die reifen, 3fächerigen Kapseln öffnen sich durch Austrocknung entlang der längs verlaufenden Mittelrippe bzw. Rückennaht jedes Faches. Es handelt sich um fachspaltige (lokulizide) Kapseln.

Ausbreitung:

Die meisten *Allium*-Arten sind typische Windstreuer (Semachorie). Die doldenartigen, in meist kugeligen Fruchtständen angeordneten, zahlreichen Kapseln sind an einem sich während der Fruchtentwicklung stark verlängerten, elastischen Blüten- bzw. Fruchtstiel inseriert. Die geöffneten Früchte streuen ihre kleinen Samen mehrere Meter weit aus. Mitunter werden zwischen den Blüten Brutzwiebeln gebildet, die sich ablösen, der vegetativen Vermehrung dienen und sich als Selbstableger eigenständig ausbreiten (Blastochorie).

Bei *A. triquetrum* dagegen vertrocknet der Fruchtstiel, die Früchte sinken auf die Erde und öffnen sich. Sie präsentieren ihre etwa 3 mm großen, 3kantigen, pechschwarzen Samen. Diese besitzen ein 1 mm langes, helles, nährstoffreiches Elaiosom und werden deshalb von Ameisen verschleppt und ausgebreitet (Myrmechorie). Unsere Küchenzwiebel (*A. cepa*) ist eine alte Kulturpflanze, die durch den Menschen ihren ursprünglichen Lebensraum bedeutend vergrößerte (Ethelochorie). Die in den asiatischen Steppen heimische *A. cepa* wird seit mindestens 4000 Jahren in Mittelasien kultiviert. Schon in der Antike kannte man zahlreiche Zwiebelsorten. Über Italien gelangte die Kulturpflanze nach Mitteleuropa, wo sie seit dem Mittelalter bekannt ist. *A. triquetrum* wurde vermutlich schon seit langer Zeit als Zierpflanze kultiviert, verwilderte und bürgerte sich stellenweise in Großbritannien ein.

Nutzung:

Kennzeichnend für die gesamte Gattung sind die je nach Art mehr oder weniger großen Zwiebeln. Die Zwiebel ist ein unterirdisches Reserveorgan, dessen Zuckergehalt als Frostschutzmittel dient und somit eine winterliche Überdauerung kältesicher ermöglicht. Alljährlich treibt sie mit Laubblättern und Blüten aus. Die Bezeichnung Zwiebel leitet sich aus dem mitteldeutschen Zibolle und dem lat. *cepulla* ab. Verschiedene flüchtige ätherische Senföle (Schwefelverbindungen) in der Zwiebel – nicht nur bei *A. cepa* – die auch für den Geschmack verantwortlich sind, treiben dem Menschen oft die Tränen in die Augen. Diese sind auch für den typischen Lauchgeruch der Pflanzen verantwortlich.

Im Capitulare Karls des Großen wird die Küchenzwiebel – hier cepas genannt – als Küchen- wie Arzneipflanze genutzt. Ihre heilenden und Infektionen verhütenden Wirkungen sind seit langem bekannt. Auch heute noch wird die an Vitamin C reiche, alte Gewürz- und Gemüsepflanze auch als Heilpflanze gegen Husten angewendet (gehackte Zwiebel mit Kandis anbraten, den Sud trinken).

Vorkommen:

A. cepa ist heute eine weltweit angebaute Kulturpflanze. *A. triquetrum* hat sein ursprüngliches Vorkommen im westlichen Mittelmeergebiet auf Marokko, Algerien, Tunesien, die Kanaren und Großbritannien ausgeweitet.

Bild 1: *Allium cepa.* Einblick in den reichblütigen Blütenstand. Im Blütenzentrum befindet sich ein 3teiliger, weißlicher Fruchtknoten, cer von 6 Staubblättern (in 2 Kreisen) umgeben ist. Es folgt die undifferenzierte weiße, mit einem grünen Längsstrich versehene Blütenhülle. **Bild 2-3:** *A. triquetrum.* **Bild 2:** Blütenstand mit glockigen, nik-kenden Blüten. **Bild 3:** Blick in die fachspaltig geöffnete Kapsel (offen etwa 1,2 cm Durchmesser) mit pech-schwarzen Samen. Erkennbar ist das hellbraune Elaiosom an den Samen.

Der meist orange, mitunter auch blau blühende Acker-Gauchheil (*Anagallis arvensis*) ist ein niederwüchsiges Ackerwildkraut. Seine eiförmigen, vorn zugespitzten Laubblätter sitzen kreuzweise dem 4kantigen Stengel an. Die kleinen, lang gestielten, 5zähligen Blüten erscheinen einzeln in den Blattachseln. Ihre Blütezeit reicht von Mai–Oktober. Schmal lanzettliche, mit einem Hautrand versehene Kelchzipfel stehen vor der Krone. Diese ist radförmig ausgebreitet und an ihrem Rand mit Drüsen versehen. Anthocyane sind für das leuchtende Zinnoberrot der Kronblätter verantwortlich. Auf kalkhaltigen, guten Ackerböden ist die blaublühende Form häufiger zu finden. Unabhängig von der Blütenfarbe wird die Basis der Kronblätter von einem violetten Saftmal eingenommen. Die Staubfäden der 5 gelben Staubblätter sind mit zottigen, rötlichen Futterhaaren besetzt, die der Verköstigung dienen.

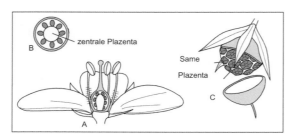

Abb. 8-3: *Anagallis arvensis.* A: Blüte längs. B: Fruchtknoten quer, die Samenanlagen sitzen im Zentrum der Plazenta an. C: Nach unten orientierte, geöffnete Deckelkapsel. Die 6eckigen Samen sitzen der kugeligen Plazenta an.

Die Staubfäden verdecken den kleinen, oberständigen Fruchtknoten. Der rundliche Fruchtknoten ist einfächerig, seine 5 Fruchtblätter sind – ohne Scheidewände zu bilden – vollständig miteinander verwachsen. An der Basis befindet sich eine wulstförmige, zentrale Plazenta, der zahlreiche Samenanlagen ansitzen. Diese Situation ist für die gesamte Familie der Primelgewächse typisch und findet sich ebenso beim Alpenveilchen (*Cyclamen*) und den Primeln (*Primula*). Der dünne, fadenförmige Griffel geht in eine kleine Narbe über. Blütenbiologisch handelt es sich um Scheibenblumen, die besonders von Pollen fressenden Fliegen bestäubt werden. Aber auch spontane Selbstbestäubung ist möglich.

Den Blauen Gauchheil (*A. foemina*) findet man häufig im Mittelmeerraum auf Kulturland oder Brachen, selten auch in Süddeutschland. Er wächst meist aufsteigend bis aufrecht und bildet von Juni-September eine stets blaue, radförmige Krone, die an der Spitze fein gezähnelt ist.

Frucht:

Es entwickeln sich 4–5 mm breite Deckelkapseln, die bei allen *Anagallis*-Arten sehr ähnlich sind. Im Inneren sitzen etwa 20 dunkelbraune, breit 6eckige Samen der kugelig vergrößerten, hellen Plazenta an. Während der Fruchtentwicklung verlängert sich der etwa 2 cm lange Blüten- bzw. Fruchtstil und wächst Richtung Erde. Waren die Blüten ehemals aufrecht, sind nun die Früchte nach unten orientiert, wodurch das Ausstreuen der Samen erleichtert wird. Bei Reife trocknet die Wand der kugeligen Kapsel aus und wird pergamentartig. Sie öffnet sich mit einem Deckel, der die obere Hälfte der Kapsel darstellt und vom Griffelrest gekrönt wird. Die Öffnungsnaht verläuft horizontal durch den Fruchtknoten und ist im späten Reifestadium mit einer Lupe erkennbar.

Ausbreitung:

Die nach unten orientierten, geöffneten Deckelkapseln beider Arten breiten ihre Samen mittels unterschiedlicher Strategien aus. Durch Abtrocknung lösen sich die Samen von der Plazenta und fallen auf den Boden, es handelt sich um Schwerkraftwanderer, eine Form der Selbstausbreitung (Barochorie). Die Samen werden auch durch den Wind ausgeblasen, *Anagallis* ist ein etwas untypischer Windstreuer mit einer sehr kurzen Streuweite (Semachorie). Bei Niederschlägen bewirken auf die Kapseln herabfallende Regentropfen ein Ablösen der Samen (Regenballisten), die dann als Regenschwemmlinge weiter ausgebreitet werden können (Ombrochorie).

Weitaus größere Strecken konnte jedoch *A. arvensis* mit Hilfe des Menschen zurücklegen. Als Kulturbegleiter kam ihm die Ausdehnung des Ackerbaus zugute, wodurch er seinen ursprünglich mediterranen Lebensraum erheblich vergrößern konnte und heute als nahezu weltweiter Altbürger auftritt (Speirochorie).

Nutzung:

A. arvensis ist eine alte Heilpflanze, die schon von den Griechen als Mittel gegen Geschwüre und Wunden angewendet wurde. Als „Gauch" wurden im Mittelalter Narren oder Geisteskranke bezeichnet. So galt die Pflanze als Mittel gegen Geisteskrankheiten und Tollwut, weshalb sie auch Wutkraut oder Narrenheil genannt wurde.

Vorkommen:

Als Kosmopolit ist *A. arvensis* in fast allen Ackerbaukulturen, in Gärten, im Obstbau, auf Ruderalfluren und an Wegrändern zu finden. *A. foemina* ist im Südeuropäischen Raum verbreitet.

Bild 1: *Anagallis arvensis.* Habitus der zumeist orange blühenden Pflanze. **Bild 2-3:** *A. foemina.* **Bild 2:** Die blau blühende Pflanze besitzt aufrecht orientierte Blüten, während die Früchte nach unten hängen. Die unreifen, grünen, kugeligen Deckelkapseln werden von den 5 lanzettlichen Kelchblättern umhüllt. **Bild 3:** Reife, etwa 5 mm breite Deckelkapsel geöffnet, der Deckel ist abgelöst. Die braunen, kantigen Samen sitzen der hellen Plazenta an.

Unsere heimischen Glockenblumen zeichnen sich durch prächtige Blüten und einen einheitlichen Blütenbau aus. Die hängenden, blauen Blüten der Rundblättrigen Glockenblume (*Campanula rotundifolia*) sind in einer lockeren Traube angeordnet und blühen von Juni–September. Der lat. Gattungsname *campanula*=Glöckchen weist auf die glockenförmige, 5zipfelige Krone hin. Der verwachsene, unterständige Fruchtknoten (coenokarp-synkarp) besteht aus 3 Fächern. Die zahlreichen Samenanlagen im Inneren der Fächer sitzen der stark vergrößerten Plazenta an. 5 schmale Kelchzipfel sitzen am oberen Rand des Blütenbechers. Die 5 Staubblätter bilden eine Röhre und umschließen den Griffel, der an seiner Spitze zu einer behaarten Griffelbürste verdickt ist. Noch vor der Blütenentfaltung wird der Pollen auf die Griffelbürste abgegeben, danach verwelken die Staubblätter (vormännliche Blüten). Der Griffel wächst langsam in die Länge und die Narbenlappen entfalten sich. Bienen und Hummeln gelangen zuerst an die Narbenlappen und geben dort mitgebrachten Pollen ab. Nektar wird von einem auf der Oberseite des Fruchtknotens liegenden Diskus abgegeben. Auf der Suche nach dem Nektar berührt der Besucher die mit Pollen besetzte Griffelbürste und wird eingestäubt. Wesentlich größere, bis 4 cm lange, breit glockenförmige Blüten in lockerer Traube bildet die bis 1 m hohe Pfirsichblättrige Glockenblume (*C. persicifolia*) mit ähnlicher Bestäubungsbiologie.

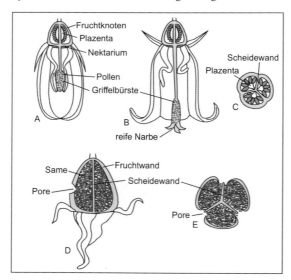

Abb. 8-4: *Campanula:* Abb. A-B: Blüte längs. A: Blüte kurz vor der Entfaltung. Die Staubbeutel entleeren ihren Pollen auf die Griffelbürste (männliches Stadium). Die zahlreichen Samenanlagen sitzen der Plazenta an. B: Blüte kurz nach der Entfaltung im weiblichen Stadium. Die Staubblätter sind verwelkt, der Griffel ist in die Länge gewachsen, die Narbe reif. C: Der aus 3 Fächern bestehende Fruchtknoten quer. D: Reife Porenkapsel längs, gefüllt mit zahlreichen winzigen Samen. E: Porenkapsel quer.

Frucht:

Im Laufe der Fruchtentwicklung wächst der unterständige Fruchtknoten zu einer 3fächrigen Porenkapsel heran. Bei der Pfirsichblättrigen Glockenblume (*C. persicifolia*) haben die reifen, aufrechten Kapseln das Aussehen einer Maske, die den Betrachter aus leeren Augen anstarrt. Jedes der 3 Fruchtfächer hat seine eigene Öffnung in der Fruchtwand. Diese Poren werden schon im Knospenstadium als zartes, kleinflächiges Trenngewebe angelegt. Bei Fruchtreife trocknet die Fruchtwand der Kapsel aus und das Gewebe der dünnen Wandpartien zerreißt, wodurch kreisrunde Poren entstehen, die von Festigungsgewebe umrandet sind. Die auffällige Aderung der Fruchtwand bei *C. persicifolia* entsteht durch starkes Austrocknen derselben, was eine Zellschrumpfung mit sich bringt. Dadurch treten die Leitbündel, die wie die Nervatur der Laubblätter der Versorgung dienen, stark hervor. Die maskenartigen, robusten Kapseln der *C. persicifolia* bleiben den Winter über erhalten, während die zarte Fruchtwand von *C. rotundifolia* der Verwitterung nicht lange stand hält, so daß schließlich nur noch die Leitbündel als Rahmen vorhanden sind.

Ausbreitung:

Glockenblumen sind typische Windstreuer (Semachorie). Während der Fruchtreifung verlängern sich Blüten- bzw. Fruchtstiele und werden, wie auch der Stengel, elastisch. Das Innere der Kapsel ist mit zahlreichen winzigen Samen gefüllt. Da die Poren relativ klein sind, werden diese im Herbst durch Windbewegungen allmählich aus der Kapsel gestreut. Die sehr leichten Samen werden über weite Strecken vom Wind fortgetragen und deshalb auch Körnchenflieger genannt (Anemochorie). Bei *C. rotundifolia* spreizen sich die starren Kelchzipfel während der Fruchtentwicklung ab. Dadurch bewirken auch vorbeistreifende Tiere ein Ausstreuen der Samen. Die Früchte vieler Glockenblumen sind, wie auch die Blüten, hängend zur Erde orientiert. *C. persicifolia* zeigt jedoch durch starkes, einseitiges Längenwachstum oder Streckung des vorher gebogenen Blütenstiels während der Fruchtentwicklung aufrecht orientierte Früchte.

Vorkommen:

Die auf Wiesen und Trockenrasen von der Ebene bis in die montane Region (bis 2.500 m) wachsende *C. rotundifolia* ist mit Ausnahme des Südens in ganz Europa zu finden. *C. persicifolia* zieht schattige Orte vor und kommt vor allem in lichten Laubwäldern Europas vor.

Bild 1-2: *Campanula rotundifolia.* **Bild 1:** In einer Traube angeordnete, hängende Blüten. Im Inneren sind die reifen, hellen Narbenlappen (weibliches Stadium) zu erkennen. **Bild 2:** Früchte kurz vor dem Ende der Fruchtreifung mit abspreizenden Kelchborsten. **Bild 3-4:** *C. persicifolia.* **Bild 3:** Reife, maskenförmige Porenkapseln. Der Schopf an der Kapselspitze wird von den verwelkten Kron- und Kelchblättern gebildet. **Bild 4:** Noch grüne, fleischig wirkende Kapseln kurz vor der Fruchtreife.

Die Acker-Winde (*Convolvulus arvensis*) ist ein altes Ackerwildkraut. Auf sie trifft das alte Sprichwort „Unkraut vergeht nicht" allemal zu. Sie weist zahlreiche Anpassungen auf, die seit Jahrhunderten ihr Überleben auf dem Acker sicherten und den Ruf eines äußerst lästigen Unkrautes einbrachten. Aufgrund des bis 2 m tiefen, weitreichenden Wurzelsystems ist die Pflanze gegen Herbizideinsatz weitgehend unempfindlich. Wird bei der Feldbearbeitung das Wurzelsystem zerrissen, kann jedes Wurzelstück zu einer neuen Pflanze austreiben. Auch an die Lichtkonkurrenz in den dichten Getreidebeständen ist sie angepaßt: befähigt sie doch ihr windender Kletterstengel auf dem Getreide nach oben ans Licht zu wachsen. Diese Eigenschaft ist für die gesamte Gattung namensgebend (lat. *convolvere*=umwinden).

Die von Juni–September einzeln erscheinenden, duftenden Blüten blühen nur einen Tag. Der Kelch besteht aus 3 längeren und 2 kürzeren Zipfeln. Die trichterförmige Krone ist weiß oder rosa und oftmals mit rosafarbenen Streifen versehen. Der Blüteneingang ist durch ein gelbes Saftmal markiert. Die 5 Staubblätter mit violetten Staubbeuteln sind mit der Krone verwachsen. Der oberständige Fruchtknoten ist 2fächerig (coenokarp-synkarp), und endet in einer 2lappigen Narbe. An der Basis des Fruchtknotens befindet sich ein gelbes Nektarpolster. Die breiten Filamente der Staubblätter ermöglichen nur 5 enge Zugänge zum reichlich vorhandenen Nektar. Sehr ähnliche, jedoch deutlich farbenfrohere Blüten besitzt die Dreifarbige Winde (*Convolvulus tricolor*), die im Mittelmeerraum als Ackerwildkraut vorkommt.

Blütenbiologisch handelt es sich um große Trichterblumen. Der Besucher streift den mitgebrachten Pollen an der Narbe ab. Gleichzeitig wird er mit Pollen aus den sich nach innen öffnenden Staubblättern eingestäubt. Zahlreiche Bestäuber werden beobachtet, jedoch nur Hummeln und langrüsselige Bienen gelangen an den Nektar. Eine Spiralbiene (*Systropha planidens*) sammelt ausschließlich Pollen von *C. arvensis*, sie ist also auf das Vorkommen dieser Art angewiesen. Auch Schwebfliegen und Fliegen müssen sich mit dem Pollen begnügen.

Für den in Afrika beheimateten Windenschwärmer (*Herse convolvuli*) ist *C. arvensis* eine wichtige Futterpflanze. Ähnlich wie Zugvögel fliegt er über das Mittelmeer und die Alpen in Richtung Norden und gelangt im Frühsommer nach Europa, wo er sich den Sommer über aufhält. Der nacht- und dämmerungsaktive Schwärmer kann wie ein Kolibri über der Blüte im „Schwebeflug" stehen und den Nektar mit seinem ungewöhnlich langen Rüssel (bis 10 cm) aufsaugen.

Frucht:

Beide Pflanzen bilden 2fächerige, lang gestielte, rundliche Spaltkapseln. Sie sind etwa 8 mm breit und enthalten meist 4–5 dunkelbraune Samen. Diese sind eiförmig, bis 4 mm lang und besitzen eine durch winzige Warzen rauhe Oberfläche. Die kugeligen Kapseln von *C. tricolor* sind zottig behaart und meist aufrecht, während die glatten Früchte von *C. arvensis* hängend orientiert sind. Bei Reife im Herbst trocknet die Fruchtwand aus und die Kapseln reißen meist von der Spitze beginnend mit unregelmäßigen Längsspalten weit auf, was man jedoch nur selten bei *C. arvensis* beobachten kann, da die wärmeliebende Pflanze in Mitteleuropa nur selten Kapseln und Samen bildet.

Ausbreitung:

Ihre fast weltweite Verbreitung verdankt *C. arvensis* vermutlich dem Ackerbau. Man nimmt an, daß die ursprünglich aus Südeuropa und Westasien stammende Pflanze mit der Ausweitung des Ackerbaus als Saatgutbegleiter auch nach Mitteleuropa gelangte und sich als Archäophyt etablieren konnte (Speirochorie). Lokal betrachtet, breitet sich *C. arvensis* selbständig mittels der Schwerkraft (Barochorie) aus: Die Samen fallen aus den nach unten hängenden Früchten einfach heraus. In Mitteleuropa vermehrt sich die Pflanze wesentlich effektiver über Wurzelausläufer, die zu neuen Pflanzen heranwachsen (blastochore Selbstausbreitung). Vom Weidevieh werden die Früchte beider Arten mit dem Grünfutter aufgenommen, einer Form der Verdauungsausbreitung (Endochorie). *C. tricolor* wurde in der Renaissance auch als attraktiv blühende Zierpflanze nach Mitteleuropa eingeführt (Ethelochorie), sie konnte aufgrund des kühlen Klimas jedoch nicht verwildern.

Die Kapseln von *C. tricolor* lösen sich oft auch als Ganzes vom Fruchtstiel ab, während die Scheidewand zurück bleibt. Die kugeligen Kapseln werden vermutlich als Bodenroller durch den Wind ausgebreitet (Anemochorie). Ihre Samen werden dann durch späteres Aufreißen der Fruchtwand oder durch mechanische Einwirkungen entlassen. Verbleiben die Kapseln an der Pflanze, öffnen sie sich und ihre Samen werden über kurze Distanzen durch den Wind ausgestreut (Semachorie).

Vorkommen:

C. arvensis ist heute ein Kosmopolit, während *C. tricolor* auf den Mittelmeerraum, Nordwest-Afrika und die Kanaren beschränkt bleibt. Beide kommen auf Ackerland, Ödland und an Wegrändern vor.

Bild 1-2: *Convolvulus arvensis*. **Bild 1:** Trichterförmige Blüte. **Bild 2:** Unscheinbare, etwa 6 mm breite Kapsel mit Griffelrest und verbleibenden, dicht anliegenden Kelchblättern. **Bild 3-4:** *C. tricolor*. **Bild 3:** Reife Kapsel, die sich als Ganzes von der Pflanze gelöst hat und vermutlich als Bodenroller ausgebreitet wird. Die Öffnung an der Basis ist zu klein, um die Samen zu entlassen. Unterhalb der Kapsel liegt ein warziger Same. **Bild 4:** Im Mittelmeerraum sind die farbenprächtigen Blüten ein häufiger Anblick.

In schattigen Wäldern und Gebüschen der bergigen Regionen des Mittelmeerraumes wächst das kalkliebende Efeublättrige Alpenveilchen (*Cyclamen hederifolium*). Aufgrund seiner großen, nährstoffspeichernden Knolle ist die Pflanze ausdauernd, sie ist ein Knollengeophyt. Der Gattungsname *Cyclamen* bezieht sich auf die Knollenform und leitet sich aus dem griech. *kyklos*=Kreis, Scheibe ab. Bei dem von August–November blühenden *C. hederifolium* erscheinen erst nach den ersten Blüten im Herbst die großen, länglich herzförmigen, gelappten oder 5–9eckigen Laubblätter. Ihre dunkelgrüne Blattoberseite ist mit Silberflecken besetzt, ihre Unterseite meist purpurn. Daß die Alpenveilchen zu den Primelgewächsen zählen, ist nicht unbedingt für jeden ersichtlich. Die schwach duftenden, bis 2 cm langen Blüten erscheinen einzeln am Ende des 6–12 cm langen, gebogenen Stiels.

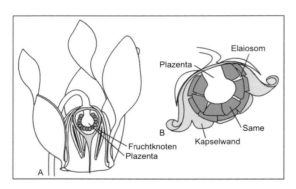

Abb. 8-5: *Cyclamen hederifolium.* A: Blüte längs. Fruchtknoten mit zentraler Plazenta, an der zahlreiche Samenanlagen sitzen. B: Reife, geöffnete Zähnchenkapsel längs. Die Samen sind von einem häutigen Elaiosom umgeben, das von der Plazenta gebildet wurde.

Der Kelch ist 5teilig. Die blaßrosa Krone beginnt mit einer kurzen, glockigen Kronröhre und geht in 5 scharf zurückgeschlagene Kronlappen über. Diese bilden am Blüteneingang kleine purpur-weiße Öhrchen, die als Saftmal der optischen Anlockung dienen. Der Schlund ist purpur gefleckt. Im Blüteninneren neigen sich die 5 Staubblätter kegelförmig um den Griffel und bilden einen Streukegel. Sie öffnen sich nach innen und entlassen den Pollen. Der kugelige Fruchtknoten ist oberständig und einfächerig. An der Basis befindet sich eine rundliche Plazenta (zentrale Plazentation) der zahlreiche Samenanlagen ansitzen. Blütenbiologisch handelt es sich um Glockenblumen mit Streukegel, die durch Hummeln und Bienen bestäubt werden. Es kommt auch zur Selbstbestäubung.

Frucht:

Aus dem Fruchtknoten entwickelt sich eine kugelige Zähnchenkapsel mit einem Durchmesser von etwa 8 mm. Ein wenig größer (etwa 1 cm) sind die Kapseln des Wilden Alpenveilchens (*C. europaeum*). Im Inneren sitzen an der stark vergrößerten Plazenta 2–3 mm lange, kantige, dunkelbraune Samen. Die Plazenta wächst teilweise auch um die Samen herum. Nach der Befruchtung legt sich der Fruchtstiel auf die Erde und beginnt sich durch Wachstumsbewegungen schraubig einzurollen, was für alle Alpenveilchen typisch ist. Dadurch wird die noch junge Frucht unter das auf dem Boden liegende, schützende Laub geschoben, oftmals gräbt sie sich auch in lockeren Erdboden ein. Bei Reife im nächsten Frühsommer öffnet sich die dünne Fruchtwand durch Austrocknen an der Spitze mit mehreren, sich nach außen biegenden Zähnchen.

Ausbreitung:

Die geöffnete Kapsel wird von Ameisen ausgeräumt. Sie sind an dem nährstoffreichen Elaiosom interessiert, das als helles Häutchen um fast jeden Samen gewachsen ist und der Plazenta entstammt. Samen und Elaiosom werden in den Ameisenbau verschleppt (die zentrale Plazenta verbleibt), das Elaiosom abgelöst und die Samen nach außen transportiert. Die Ameisenausbreitung (Myrmechorie) ist für alle europäischen Alpenveilchen, also auch für das in den nördlichen Kalkalpen Bayerns wachsende *C. europaeum*, typisch. Die Samen sind Dunkelkeimer und finden, da sie in der Regel unter dem Laub verdeckt liegen, gute Keimmöglichkeiten. Zu erwähnen ist auch die gezielte Ausbreitung als Gartenzierpflanze durch den Menschen (Ethelochorie).

Nutzung:

Bereits im 17. Jahrhundert wurde das auch in Mitteleuropa winterharte *C. hederifolium* aufgrund seiner großen Blühkraft mit 4 weiteren verwandten Arten nach Westeuropa eingeführt, um sich bald als Zierpflanze großer Beliebtheit zu erfreuen. Im Gegensatz zu anderen eingeführten Zierpflanzen verwildert es jedoch nicht. Die als Topfpflanzen gezogenen Arten sind Kultursorten des Topf-Alpenveilchen (*C. persicum*) und stammen unter anderem aus der Türkei.

Vorkommen:

Der Verbreitungsschwerpunkt der gesamten, 19 Arten umfassenden Gattung ist mediterran-orientalisch. *C. hederifolium* ist im mittleren und östlichen Südeuropa beheimatet und kommt in Mitteleuropa nur als Gartenzierpflanze vor.

Cyclamen hederifolium. **Bild 1:** Blüten mit zurückgeschlagener, blaßrosa Krone und weißen Öhrchen. **Bild 2:** Fast reife, noch geschlossene, etwa 7 mm breite Kapsel mit eingerolltem Fruchtstiel. **Bild 3:** Nach der Blüte rollen sich die Blüten- bzw. Fruchtstiele schraubig ein und die verblühten Blüten werden auf den Boden gezogen. In Bildmitte ist eine noch sehr junge, längliche Frucht (ca. 3 mm lang) zu erkennen.

Der einjährige Stechapfel (*Datura stramonium*) ist heute eine weltweit (Kosmopolit) vorkommende Ruderalpflanze der gemäßigten und warmen Zonen. In Mitteleuropa findet man sie auf Gartenland, Schutt und Unkrautfluren. Die kräftige, stark verzweigte, bis über 1 m in die Höhe wachsende Pflanze besitzt große, grobbuchtig gezähnte Laubblätter. *D. stramonium* zeichnet sich durch große, prachtvoll weiße Blüten aus, die mitunter auch blaßlila gefärbt sind. Die bis 10 cm langen, trichterförmigen, gestielten Blüten erblühen von Juni–Oktober. Sie verströmen einen süßlichen, moschusartigen Duft. Die einzeln stehenden, aufrecht orientierten Blüten sind bis auf den Fruchtknoten 5zählig. Der verwachsene Kelch ist als 5kantige Kelchröhre ausgebildet. Er ist leicht aufgeblasen und am Saum 5zähnig. Die bis 7,5 cm lange Kronröhre verbreitert sich in einen trichterförmigen, leicht gefalteten zipfeligen Saum. Die Staubfäden der 5 Staubblätter sind mit der Kronröhre verwachsen. Der eiförmige, aus 2 verwachsenen Fruchtblättern bestehende Fruchtknoten befindet sich tief in der Röhre verborgen am Blütengrund. Er ist mit kurzen, weichen Stacheln besetzt. Durch 2 zusätzliche Scheidewände ist der Fruchtknoten in 4 Fächer geteilt, nur an der Spitze ist er 2fächerig. Der lange Griffel endet in einer 2lappigen Narbe. Staubblätter und Fruchtknoten sind gleichzeitig reif, sie sind homogam.

Blütenbiologisch handelt es sich um typisch röhrenförmige Nachtfalterblumen. Sie öffnen sich erst abends in der Dämmerung und schließen sich zum Morgen hin. Die Lebensdauer der Blüten beträgt nur 1–2 Nächte. Bei Regen schließen sich die Blüten auch nachts. An trüben, stark bewölkten Tagen wiederum kann man auch tagsüber die geöffneten Blüten bewundern. Die weiße Farbe und der nachts verströmende Moschusduft dienen der Anlockung von Nachtschwärmern. Der tief am Grund der langen Röhre liegende Nektar ist ausschließlich Faltern aufgrund ihres langen Rüssels zugänglich. Glanzkäfer sind indirekt ebenfalls als Bestäuber tätig, da sie durch ihr Umherlaufen in der Blüte häufig Selbstbestäubung verursachen.

Frucht:

Der Fruchtknoten entwickelt sich zu einer robusten 5–7 cm langen, eiförmigen, dicht mit derben Stacheln besetzten Kapsel. Die Stacheln dienen vermutlich als Fraßschutz. Bei Reife beginnt die noch grüne Kapsel infolge beginnender Austrocknung langsam aufzureissen. Dies geschieht an ihren beiden Rückennähten (fachspaltige bzw. lokulizide Öffnung) und den beiden Verwachsungsnähten der Fruchtblätter (scheidewandspaltige bzw. septizide Öffnung). Schließlich hat sich die Kapsel mit 4 Klappen fast bis zur Fruchtbasis geöffnet. Sie ist mit zahlreichen bis

3,5 mm langen Samen gefüllt, die einer wulstförmigen Plazenta ansitzen. Sie sind abgeflacht, braunschwarz und netzgrubig strukturiert. Die Kapsel verholzt erst im geöffneten Zustand.

Ausbreitung:

Die in Mexico beheimatete Pflanze erlangte durch den Menschen ihre kosmopolitische Verbreitung. Sie wurde im 16. Jahrhundert aufgrund ihrer attraktiven Blüten als Zierpflanze aus Amerika nach Spanien eingeführt (Ethelochorie) und gelangte von dort schon bald in die Nachbarländer. Sie verwilderte in warmen Regionen und wird seit dem 17. Jahrhundert als Neubürger (Neophyt) betrachtet, in Mitteleuropa ist sie lokal eingebürgert. Der Stechapfel wurde auch unbeabsichtig mit dem Transport von Gütern eingeschleppt (Agochorie). Ein Beispiel dafür sind kurzzeitige Nachweise aus der Leipziger Großmarkthalle in den 1930er Jahren.

Die sehr sparrige Pflanze ist mit ihren bestachelten Früchten ein typischer Tier-, mitunter auch Windstreuer, der allmählich seine zahlreichen Samen ausstreut (Semachorie).

Nutzung:

Der zuerst als Zierpflanze und ab etwa 1762 als Arzneipflanze in Deutschland angebaute *D. stramonium* ist – wie für die Nachtschattengewächse typisch – in allen Teilen durch Alkaloide (u. a. Scopolamin, Hyoscyamin) giftig. Indianer verwendeten die Pflanze unter anderem als Heilmittel bei Asthma, Ruhr, Magen- und Darmbluten, Tetanus und Typhus. Sie entwickelten eine spezielle Tabakmischung aus Blättern von Bilsenkraut, Stechapfel und Salbei für starke Raucher mit Bronchial-Asthma, die krampflösend wirken. In Europa fanden die sogenannten Asthmazigaretten aus den Blättern von *D. stramonium* großen Anklang. Bei übermäßigem, vor allem unkontrolliertem Konsum führten diese jedoch zu Vergiftungen, so daß von solchen Therapiemaßnahmen abgesehen wurde. Ihr Wirkstoff wird heute jedoch in Dosieraerosolen und Inhalationslösungen weiterhin angewendet. Aufgüsse der Samen wurden zur Betäubung von Opfern und bei Mord- bzw. Selbstmordversuchen verwendet. Überdosierung führt zu Vergiftungen und Halluzinationen. Der Gattungsname entstammt dem indischen Wort *dhatura*. *Dhatureas* wurde eine Gruppe von Räubern genannt, die ihre Feinde mit dem Gift *dhat* des verwandten *D. fastuosa* vergifteten.

Vorkommen:

Heute wächst der aus Mexico stammende *D. stramonium* in allen gemäßigten und warmen Zonen der Erde.

Datura stramonium. **Bild 1:** Trichterförmige Blüte. **Bild 2:** Kapsel kurz vor der Reife quergeschnitten. Die noch grüne Frucht ist durch Scheidewände in 4 Fächer geteilt. In jedem Fach sitzen zahlreiche, noch hellbraune Samen an einer kugeligen Plazenta. **Bild 3:** An ihren 4 Öffnungslinien aufgerissene, etwa walnußgroße, bestachelte Kapsel. Zwischen den Samen sind die Scheidewände zu erkennen.

Der Diptam (*Dictamnus albus*) ist eine ausdauernde, bis 120 cm hohe Staude, die einen intensiven Duft nach Zitronen verströmt und mit den Zitrusfrüchten verwandt ist. Der Duft entströmt den zahlreichen, über die gesamte Pflanze verteilten, dunklen Öldrüsen, die ätherische Öle bilden. Die großen, auffälligen Blüten sind in einer langen Traube angeordnet und blühen von Mai–Juni. Den 5 kleinen Kelchblättern folgen die großen rosafarbenen Kronblätter mit dunkler Aderung. Die 4 oberen Kronblätter sind aufrecht angeordnet und bilden eine Oberlippe, das untere Kronblatt ist herabgebogen und stellt die Unterlippe dar. 10 Staubblätter (in 2 Kreisen) umstehen den rundlichen 5fächerigen Fruchtknoten, an dessen Basis ein Nektardiskus liegt. Die 5 zugespitzten Fruchtblätter sind nicht vollständig an ihren Flanken miteinander verwachsen, so daß der Fruchtknoten 5lappig ist. Er ist als Zwischenstadium eines verwachsenen und freien Fruchtknoten zu verstehen (synkarp-chorikarp). Der Fruchtknoten wird von einem Fruchtträger (Gynophor), einer Verlängerung der Blütenachse, empor gehoben. In jedem Fach befinden sich 2–4 Samenanlagen.

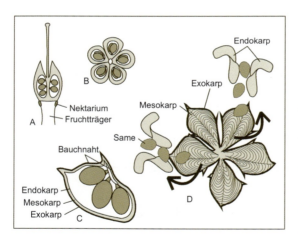

Abb. 8.6: *Dictanmus albus.* A-B. Fruchtknoten zur Blütezeit. A: Fruchtknoten längs. B: Fruchtknoten quer aus 5 unvollständig miteinander verwachsenen Fruchtblättern. C: Fruchtfach einer reifen Spaltkapsel im Längsschnitt. D: Vollständig geöffnete, 5fächerige Kapsel mit herausgeschleuderten Samen, von oben betrachtet.

Blütenbiologisch handelt es sich um vormännliche Lippenblumen. Angelockt werden die Bestäuber – besonders Honigbienen und Hummeln – durch den Nektar und den Zitronenduft, denn vor allem der Fruchtknoten ist mit zahlreichen Öldrüsen bedeckt. Die weit aus den Blüten ragenden Staubblätter und der Griffel dienen den Bestäubern als Anflugstellen.

Frucht:

Aus dem unvollständig verwachsenen Fruchtknoten entwickelt sich eine stark gelappte, etwa 2,5 cm breite Spaltkapsel. Ihre 5 Fächer sind nur an der Basis miteinander verwachsen, sternförmig angeordnet und ihre Bauchseite zeigt nach oben. Bei Reife öffnet sich jedes Fach infolge Austrocknung mit einem schmalen Längsspalt an seiner Bauchnaht. Die Spaltkapseln ähneln so den Balgfrüchten. Die Fruchtwand kann in 3 Schichten unterteilt werden: Außen befindet sich die mit zahlreichen Öldrüsen bedeckte Abschlußschicht, das Exokarp. Daran schließt sich eine dickere Schicht, das Mesokarp an. Jedes Fach ist auf seiner Innenseite mit einem weißen, dünnen Häutchen ausgekleidet, dem Endokarp, das sich infolge der Längsöffnung in 2 Hälften geteilt hat.

Ausbreitung:

Sobald sich die Spaltkapseln mit einem Längsspalt entlang ihrer Bauchnaht geöffnet haben, schleudern sie aus eigener Kraft – ballochore Selbstausbreitung – ihre Samen aus den Fächern. Eine zentrale Rolle spielt dabei das Endokarp. Dieses löst sich durch Austrocknung von der übrigen Fruchtwand ab und umhüllt die 2–3 Samen des Faches. Aufgrund seiner harten Faserstruktur beginnen sich beide Endokarphälften schraubig nach außen zu krümmen und drücken dabei die Fruchtwand auseinander. Dadurch wird der zuvor schmale Längsspalt weit geöffnet. Die beiden Endokarphälften drehen sich schraubig ein und die dabei frei werdende Energie führt zu einem Herausschleudern beider Hälften einschließlich der Samen des Faches. Die Explosionskapseln schleudern ihre Samen bis 50 cm weit fort. In der Umgebung der Pflanze liegen die schwarz glänzenden Samen und die Endokarphälften verstreut.

Nutzung:

D. albus gehörte in fast jeden mittelalterlichen Bauerngarten und wurde als Heilpflanze unter anderem gegen Frauenkrankheiten angewendet. Aber auch wegen der Kapseln, die an sehr heißen Sommertagen ein schönes Schauspiel bieten, wurde die Pflanze in die Gärten geholt. Das verdunstende Öl der Kapseln entzündet sich von selbst bzw. man kann ein wenig mit dem Feuerzeug nachhelfen und kleine blaue Flämmchen steigen in die Luft.

Vorkommen:

D. albus wächst auf kalkhaltigen, warmen, trockenen Böden des südlichen und gemäßigten Europa und Westasien. Die Pflanze ist in Gebüschen, Trockenwäldern und Säumen zu finden.

Dictamnus albus. **Bild 1:** Blüte im männlichen Stadium. Die Staubblätter sind vorne nach oben gebogen, dazwischen erkennt man den kurzen, rötlichen Griffel mit der noch unreifen Narbe. **Bild 2:** Im Umkreis der Pflanze liegen die hellen Endokarphälften und die schwarzen Samen, die aus den reifen Kapseln geschleudert wurden. **Bild 3:** Etwa 2,5 cm breite, reife Spaltkapseln. Die Kapsel in der Bildmitte hat sich soeben geöffnet und einige Samen fortkatapultiert. In einem Fach befinden sich noch die Samen, die vom häutigen Endokarp umgeben sind.

Der Rote Fingerhut (*Digitalis purpurea*) wächst auf halbschattigen Kahlschlägen und Waldlichtungen der montanen Regionen. Er entwickelt im ersten Jahr eine Blattrosette mit grundständigen Blättern und erst im zweiten Jahr den bis 1,5 m hohen Blütenschaft mit zahlreichen Blüten. Bis zu 200 kurz gestielte, nickende Blüten können in einer langen, einseitswendigen, zum Licht hin orientierten Traube angeordnet sein (Blütezeit Juni–Juli). Durch die übersichtliche Anordnung der Blüten kann man leicht die Aufblühfolge von unten nach oben erkennen, die für die meisten Pflanzen typisch ist. Aufgrund ihrer an einen Fingerhut erinnernden Blütenform erfolgte die Namensgebung (lat. *digitale*= Fingerhut). Ihre prachtvollen, bis 6 cm langen Blüten machen *D. purpurea* zu einer beliebten Zierpflanze. Den 5 kurzen, eiförmigen Kelchblättern folgt die glockige, hellpurpurne Krone, die den Kelch weit überragt. Sie besteht aus 5 miteinander zu einer bauchigen, langen Röhre verwachsenen Kronblättern, die am Blüteneingang 2lippig sind. Die Unterlippe ist 3lappig und länger als die einlappige Oberlippe. Die Innenseite ist mit dunkelpurpurnen, hell umrandeten Flecken, den Saftmalen, bedeckt.

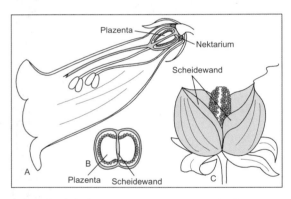

Abb. 8-7: *Digitalis purpurea.* A: Blüte längs. B: 2fächeriger Fruchtknoten quer mit großer Plazenta. C: Septizid geöffnete Spaltkapsel. Die zahlreichen Samen sitzen der säulenförmigen Plazenta an.

Im Innern der Blütenröhre befinden sich 4 lange Staubblätter und ein Fruchtknoten mit langem Griffel und 2lappiger Narbe. Der 2fächerige Fruchtknoten (coenokarp-synkarp) birgt zahlreiche Samenanlagen, die der wulstigen Plazenta ansitzen. Die Blüten sind vormännlich, wodurch Selbstbestäubung verhindert wird. Bei den sich öffnenden Blüten sind zuerst die Staubblätter reif, diese verwelken nach 3 Tagen und die Blüten gehen ins weibliche Stadium über. Blütenbiologisch handelt es sich um Rachenblumen, die von Hummeln bestäubt werden. Sie kriechen vollständig in die lange Blüte hinein, um zu dem am Blütengrund befindlichen Nektar zu gelangen. Da

Staubblätter und Griffel mitsamt Narbe oberseits der Röhre anliegen, streift die Hummel diese zwangsläufig mit ihrem Rücken. So werden die Hummeln mit Pollen eingestäubt bzw. streifen den auf dem Rücken klebenden, mitgebrachten Pollen an der Narbe ab.

Frucht:

Aus dem Fruchtknoten entwickelt sich eine eiförmige, etwa 15 mm lange, nun aufrechte Kapsel. Die vertrockneten Kelchblätter verbleiben und spreizen sich ab. Bei Reife öffnet sich die Spaltkapsel entlang der Verwachsungsnähte der beiden Fruchtblätter, es handelt sich um eine septizide (scheidewandspaltige) Öffnung. Die zahlreichen Samen sind feingerippt und rund 1 mm lang.

Ausbreitung:

Die im Sommer reifen, winzigen Samen werden bis weit in den Herbst hinein von Wind und vorbeistreifenden Tieren ausgestreut (Semachorie). Der lange Stengel ist elastisch, der verbleibende Kelch dient als Windfang. Da die Samen sehr leicht sind, werden sie als Körnchenflieger durch Luftströmungen und Wind über weite Strecken fortgeweht (Anemochorie). Die in Westeuropa heimische Pflanze wird seit etwa 2 Jahrhunderten als Heilpflanze kultiviert und gelangte so auch nach Mitteleuropa und Nordamerika. Dort verwilderte sie als Kultur- oder Gartenflüchter und bürgerte sich, beispielsweise in Sachsen und Mecklenburg-Vorpommern, ein (Ethelochorie).

Nutzung:

D. purpurea, eine der am besten erforschten Heilpflanzen, besitzt im Gegensatz zu anderen Heilkräutern eine relativ junge Geschichte. Gesicherte Hinweise gibt es aus Irland, wo sie im 5. Jahrhundert als Heilpflanze gegen Geschwüre, Abszesse und Kopfschmerzen verabreicht wurde. In den Kräuterbüchern des Mittelalters führte sie ein Schattendasein. Erst im 18. Jahrhundert begann man die überragende Heilkraft der Pflanze für medizinische Zwecke zu entdecken. Ihre herzwirksamen Glykoside werden bei Herzrhythmusstörungen und nervösen Herzleiden eingesetzt. Ihre sehr giftigen Glykoside konnten bis heute nicht durch synthetische Wirkstoffe ersetzt werden. So wurden zahlreiche Digitaliskulturen in allen Industrienationen eingeführt und daraus Fertigpräparate entwickelt.

Vorkommen:

Das ursprünglich westeuropäische Vorkommen von *D. purpurea* in den Mittelgebirgen dehnte sich durch ihre Kultivierung nach Mitteleuropa, Dänemark, Südschweden und Nord-Amerika aus.

Digitalis purpurea. **Bild 1**: Etwa 6 cm lange, röhrenförmige Blüte mit zahlreichen Saftmalen im Inneren. **Bild 2:** Geöffnete, etwa 13 mm lange Spaltkapseln. Zu erkennen sind die hellbraunen Scheidewände, die sich voneinander ablösen und somit die septizide Öffnung ermöglichen. Im Zentrum sitzen an der hellen Plazenta die zahlreichen, etwa 1 mm großen, braunen Samen an. **Bild 3:** Noch grüne Kapseln kurz vor Beginn der Fruchtreife.

Das hochwüchsige Zottige Weidenröschen (*Epilobium hirsutum*) ist eine Sumpfpflanze mit zottig behaarten, 80–150 cm hohen Stengeln. Mit seinen 3–4 cm großen Blüten zählt es zu den großblütigen Arten der Gattung. Die attraktiv tiefrosa farbenen Blüten blühen von Juni-September und sind in einer langen Traube angeordnet. Alle Blütenorgane sind in Vierzahl vorhanden. Typisch ist für alle Weidenröschen der überaus lange, unterständige Fruchtknoten, der von dem becherförmigen Blütenboden umhüllt wird und den man leicht als zu dick geratenen Blütenstiel mißdeuten kann. Kelch-, Kron- und Staubblätter sitzen auf der Spitze des 4fächerigen Fruchtknotens (griech. *epi*=auf). Blütenbiologisch handelt es sich um Scheibenblumen, die vor allem von Bienen bestäubt werden, sich aber auch selbst bestäuben. Als Landeplatz dienen die langen Staubblätter und abstehenden Griffeläste.

Ebenfalls an feuchten Stellen wächst das Vierkantige *Weidenröschen (E. tetragonum)*. Es bildet jedoch wesentlich kleinere, unauffällig blaßrosa gefärbte Blüten, die von Juli–Oktober blühen. Im Gegensatz zur vorgenannten Art geht der Griffel in eine kopfige Narbe über. Die Blüten sind vormännlich, wodurch Selbstbestäubung verhindert wird.

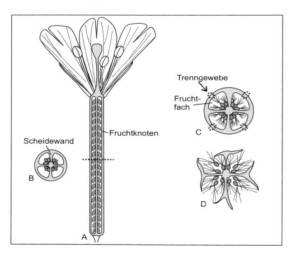

Abb. 8-8: *Epilobium tetragonum.* A: Blüte längs mit unterständigem Fruchtknoten. B: 4fächeriger Fruchtknoten quer. C-D: Reife Frucht quer. C: Noch geschlossene, 4fächerige Frucht. D: Infolge Austrocknung an ihren Rückennähten fachspaltig geöffnete Kapsel. Die Samen werden von einem Haarschopf gekrönt.

Frucht:

Aus dem Fruchtknoten entwickelt sich eine kantige, etwa 8 cm lange, 4fächerige Kapsel. Sie enthält zahlreiche winzige, mit einem langen Haarschopf versehene Samen. Die schmalen Kapseln ähneln den Schoten, worauf die Namensgebung hinweist:

lobion=Hülse, Schote. Die Früchte aller Weidenröschen sind Spaltkapseln mit fachspaltiger (lokulizider) Öffnung.

Ausbreitung:

Die im Spätsommer–Herbst reifen Kapseln beider Arten reißen infolge Austrocknung von der Spitze nach unten langsam auf und die 4 Klappen der Fruchtwand biegen sich nach außen. Die langen, bei Trockenheit abstehenden Haare der Samen bleiben an den Fruchtklappen hängen und werden dadurch zwischen den sich nach außen biegenden Fruchtklappen eingespannt. So werden die in jedem Fach in einer Reihe übereinander stehenden Samen mit ausgebreitetem Haarschopf dem Wind präsentiert. Das alles geschieht allmählich, so daß der obere Teil der Kapsel bogenförmig aufgeklappt ist und seine Samen freigibt, während der untere Abschnitt noch geschlossen bleibt.

Die sehr leichten Samen beider Arten sind etwa 0,8 mm lang, der weiße Haarschopf ist 3–8 mm lang. Die Samen sind typische Schirmchenflieger mit großen Flugweiten (Meteorochorie). Oft bedarf es nur der Thermik, daß die Früchte gemeinsam mit der durch die Sonneneinstrahlung über dem Boden erwärmten Luft in die Höhe steigen und dann in Luftströmungen gelangen, die sie weiter tragen. Auch als Wasserhafter können die winzigen Samen dank ihres Haarschopfes und der dicht mit Warzen besetzten Samenoberfläche im Fell vorbeistreifender Tiere ausgebreitet werden (Epichorie).

E. hirsutum bildet pro Pflanze mehrere 100.000 Samen, die kilometerweit anemochor ausgebreitet werden können und jahrelang keimfähig bleiben. So kann sich die Pflanze innerhalb kürzester Zeit in großer Zahl an geeigneten Standorten ansiedeln. Mit ihren schwimmfähigen Samen breitet sie sich auch als Schwimmer aus (Nautochorie). Das in Europa und Asien heimische *E. hirsutum* wurde als Zierpflanze in Australien und USA eingeführt, und breitete sich als Garten- und Kulturflüchter schnell aus (Ethelochorie). Erste Funde gab es 1965 in Südaustralien entlang einer Bahntrasse, seit 1990 ist *E. hirsutum* im Süden etabliert. Auch über langlebige Rhizome, die sich separieren und zu neuen Pflanzen auswachsen, breitet sich die Pflanze selbständig aus (Blastochorie).

Vorkommen:

An den Ufern stehender und fließender Gewässer auf nassen bis feuchten, nährstoffreichen, humosen Sand-, Ton- und Torfböden findet man oftmals Massenbestände von *E. hirsutum*. Heute kommt die Pflanze in fast ganz Europa und Asien, Afrika, Norwegen sowie den USA und Australien vor. *E. tetragonum* ist in fast ganz Europa sowie in Nordrußland, Sibirien, Kleinasien und Nordafrika verbreitet und wächst an Gräben, Uferbereichen und Waldwegen.

Bild 1: *Epilobium hirsutum*. Unterständige Blüte mit deutlich erkennbaren 4 Narbenästen. **Bild 2-3:** *Epilobium tetragonum*. **Bild 2:** Blüte mit keulenförmiger Narbe, die über die Staubblätter hinaus ragt. **Bild 3:** Geöffnete Kapsel mit zahlreichen Samen. Die Samen werden dem Wind präsentiert: Die Enden des langen Haarschopfes bleiben an den abspreizenden Fruchtklappen kleben und die Samen werden dadurch zwischen den sich weiter nach außen biegenden Fruchtklappen eingespannt. Der untere Kapselabschnitt ist noch geschlossen.

Über fast alle Gebiete Deutschlands erstreckt sich das Vorkommen der Breitblättrigen Stendelwurz (*Epipactis helleborine*), einer in Habitus und Blütenfarbe sehr veränderlichen Orchideenart. Die ausdauernde Pflanze besitzt einen kräftigen Wurzelstock, es dauert viele Jahre bis aus diesem das erste Mal ein blütentragender Sproß emporwächst. Dann bildet sich alljährlich ein von Juni–August blühender Sproß mit zahlreichen, fast einseitswendigen Blüten, an dessen Basis breiteiförmige Stengelblätter sitzen. Die Blüten sind wie bei allen Orchideen um 180 Grad gedreht, sie „stehen Kopf". Die 6 zart rötlich bis grünlich gefärbten, unterschiedlich geformten Blütenblätter sind in 2 Kreisen angeordnet. Der aus 3 lanzettlich bis eiförmigen, grünlichen Blättern bestehende äußere Kreis kann als Kelch gedeutet werden. Der innere, ebenfalls 3blättrige Kreis bildet die oft rötlich überlaufene Krone. Am auffälligsten ist das als Lippe geformte untere Kronblatt. Der vordere Abschnitt dient als Anflugplatz für die Besucher, während der hintere, schüsselförmige Teil ein Nektarium darstellt, das reichlich Nektar führt.

wird der Bestäuber (Wespen, Bienen, Fliegen) durch den Nektar und die Blütenfarbe. Er landet auf der Lippe, nascht vom Nektar und gerät dabei mit dem Kopf an das darüber liegende Staubblatt, aus dem die Klebscheiben der beiden Pollinien ragen. Diese haften sich mitsamt der Pollinie fest an den Insektenkopf. Die Pollinien können in der Regel nicht gefressen werden, da sie nur schwer abstreifbar sind. Gelangt der mit 1–2 Pollinien behaftete Bestäuber an eine andere Blüte der Stendelwurz, streift er bei der Suche nach dem Nektar diese an der klebrigen Narbe, dem Ort der Bestäubung, ab. Dieser ungewöhnliche Bestäubungsmechanismus ist für die gesamte Familie der Orchideengewächse typisch.

Frucht:

Aus dem Fruchtknoten entsteht eine bis 12 mm lange, schmale Spaltkapsel. Sie ist 6rippig und öffnet sich durch Längsspalten beidseits jeder Rippe. Dies geschieht durch beginnende Austrocknung der noch grünen Kapselwand. Die schmalen, längs verlaufenden Trennlinien beidseits der Mittelrippen bestehen aus dünnem, zarten Gewebe. Infolge Wasserverlust zerreißt dieses und es entstehen schmale Längsspalten. Reife Spaltkapseln sind bis auf die braunen Ränder entlang der Spalten noch völlig grün.

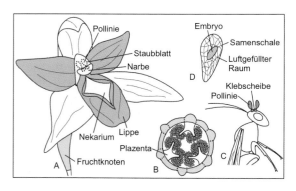

Abb. 8-9: *Epipactis helleborine.* A: Blüte. B: Einfächeriger Fruchtknoten quer. Die zahlreichen Samenanlagen sind an der gabeligen Plazenta inseriert. Gestrichelt sind die späteren Trennlinien beidseits der Mittelrippen dargestellt. C: Wespe mit 2 am Kopf festsitzenden Pollinien. D: Blasig aufgetriebener Flugsame.

Ausbreitung:

Die hängenden, kurz gestielten Kapseln streuen ihre Samen im Herbst bei trockenem Wetter als Windstreuer aus (Semachorie). Bei Feuchtigkeit schließen die Kapseln ihre Spalten durch Quellung der Zellwand. Die zahlreichen winzigen Samen werden oftmals vom Wind aus den schmalen Längsspalten herausgeblasen, es handelt sich also auch um Körnchenflieger (Anemochorie). Die kleinen Samen fast aller Orchideen verringern durch eingeschlossene Luft zwischen Samen und Samenschale ihr spezifisches Gewicht (unter 0,05 mg), so daß sie über weite Strecken von Luftströmungen und Winden mitgetragen werden. Das geringe Gewicht hat natürlich seinen Preis. Die Samen besitzen einen winzigen Embryo und haben kein Nährgewebe eingelagert, wodurch sie bei der Keimung auf die Nährstoffversorgung durch andere Organismen angewiesen sind. Diese übernehmen Pilze, die um die junge Keimwurzel wachsen und an diese Nährstoffe abgeben. Diese symbiotische Verbindung wird Mykorrhiza genannt.

Wie für alle Orchideen typisch, ist das einzige Staubblatt mit dem Griffel und der Narbe zu einem Säulchen (Gynostemium) verwachsen. Es befindet sich direkt über der Nektarschüssel. Der einfächerige Fruchtknoten ist unterständig und von der becherförmigen Blütenachse umhüllt. Er besteht aus 3 vollständig miteinander verwachsenen Fruchtblättern (coenokarp-parakarp). An 3 wandständigen, gabelig geteilten Plazenten sitzen die zahlreichen Samenanlagen. Die vielen Pollenkörner sind zu einem etwa 1,5 mm langen Bündel verklebt, das man Pollinie nennt. Jedes Staubblatt enthält 2 Pollinien. Angelockt

Vorkommen:

Die vor allem in Laubwäldern wachsende *E. helleborine* kommt in fast ganz Europa, dem gemäßigten Asien und Nordafrika vor.

Epipactis helleborine. **Bild 1:** Die Breitblättrige Stendelwurz zählt zu den weniger auffälligen Orchideen. Im oberen Abschnitt des Blütenstandes befinden sich die rötlich bis grünlich gefärbten Blüten, darunter entwickeln sich aus den verblühten Blüten die Kapseln. **Bild 2:** Einzelne Blüte. Die gewölbte Lippe dient vorne als Landeplatz, dahinter ist sie schüsselförmig gewölbt und bildet das rötlich glänzende Nektarium. Deutlich zu erkennen ist das Säulchen mit der weißlichen Narbe und dem Staubblatt, in dem die beiden Pollinien (nicht sichtbar) lagern. **Bild 3:** Reife, von verdorrten Blütenblättern gekrönte, 10-12 mm lange Spaltkapseln. Jede Kapsel zeigt 6 schmale Längsspalten, aus denen die winzigen Samen vom Wind geblasen werden.

Das Europäische Pfaffenhütchen (*Euonymus europaea*) ist ein bis 7 m hoher Strauch mit attraktivem gelb und leuchtend rot gefärbtem Herbstlaub. Der Strauch ist dreihäusig: neben Pflanzen mit zwittrigen Blüten kommen auch Pflanzen mit männlichen bzw. weiblichen Blüten vor. Die kleinen, unscheinbaren Blüten sind in 3–9blütigen Trugdolden angeordnet, meist 4-, seltener 5zählig und aufrecht bis waagerecht orientiert. Winzige eiförmige Kelchblätter stehen alterniederend zu den bis 5 mm langen grünlich-weißen Kronblättern. Die Staubblätter sind auf dem breiten, ringförmigen Nektarium eingefügt. Der oberständige, meist 4fächerige Fruchtknoten ist in den Nektardiskus eingesenkt. Sehr ähnliche, in der Regel jedoch 5zählige Blüten zeigt das Breitblättrige Pfaffenhütchen (*E. latifolia* (L.) MILL.).

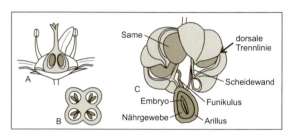

Abb. 8-10: *Euonymus europaea*. A: Blüte längs. B: 4fächeriger Fruchtknoten quer. C: Einblick in die fachspaltig geöffnete Kapsel mit einem Samen im Längsschnitt.

Blütenbiologisch handelt es sich bei beiden Arten um Scheibenblumen mit frei zugänglichem Nektar, die besonders von Fliegen, aber auch Schwebfliegen, Schlupfwespen und Käfern bestäubt werden. Die von Mai-Juni blühenden Blüten sind vormännlich (Zwitterblüten), erst einige Tage später entfaltet die Narbe ihre Lappen.

Frucht:

Aus dem winzigen Fruchtknoten entwickelt sich eine etwa 12 mm breite, bei *E. europaea* in der Regel 4fächerige Kapsel. Sie ist von auffallender karminroter Färbung und hängt durch postflorales Wachstum des Blüten- bzw. Fruchtstiels nach unten. In jedem der 4 Fächer befindet sich ein eiförmiger, 6–7 mm langer Same. Bei Reife öffnet sich die Kapsel fachspaltig: Jedes Fach reißt entlang der Mittelrippe (dorsale Trennlinie) von der Spitze bis fast zur Basis auf und die beiden so entstehenden Fruchtklappen lassen einen breiten Längsspalt frei. Dabei fallen die orange gefärbten Samen heraus. Sie werden jedoch mit einem kleinen Bändchen, dem Stiel der Samenanlage (Funikulus) festgehalten. Da die geöffneten Kapseln an das Birett der katholischen Priester bzw. Pfaffen erinnern, wird der Strauch „Pfaffenhütchen" genannt.

Die Samen sind von einem orangen, fleischigen Samenmantel (Arillus) vollständig umschlossen. Er ist vermutlich eine Bildung der Mikropyle der Samenanlage. Sehr ähnliche Kapseln bildet auch das in den Gebirgen vorkommende Breitblättrige Pfaffenhütchen (*E. latifolia*). Die Kapseln sind jedoch meist 5fächerig und leicht geflügelt und so leicht von den in der Regel 4fächerigen, an den Kanten abgerundeten Kapseln des *E. europaea* zu unterscheiden.

Ausbreitung:

Die purpurroten Kapseln und die unter ihnen hervorleuchtenden orangen Samen beider Arten bilden im Herbst einen deutlichen Farbkontrast und locken die Vogelwelt an. Vor allem Rotkehlchen, aber auch Elstern und Drosseln zeigen für die bunten Lockfarben der Früchte eine Vorliebe. Die Samen einschließlich des Arillus werden von den Vögeln als ganzes geschluckt. Während der fleischige Arillus verdaut wird, wird der Same später mit dem Gewölle ausgewürgt, was eine Form der Verdauungsausbreitung (Endochorie) darstellt. Das Rotkehlchen ist darauf spezialisiert, den fleischigen Samenmantel abzuschälen, während der eigentliche Same unbeschädigt zu Boden fällt. Hierbei handelt es sich um Bearbeitungsausbreitung, einer Form der Zufallsausbreitung (Dysochorie). Die Samen von *E. europaea* keimen erst nach einer langen Samenruhe von 4–5 Jahren. Die Pflanze vermehrt sich stattdessen hauptsächlich vegetativ durch die Bildung zahlreicher Wurzelknospen und überwuchert schnell große Flächen (Ausbreitung durch Selbstableger – Blastochorie). Wegen seiner attraktiven Früchte und seines bunten Herbstlaubes ist *E. europaea* seit 1830 ein beliebter Zierstrauch in Gärten wie Parkanlagen und vergrößerte so sein Areal (Ethelochorie).

Nutzung:

Der Gattungsnahme griech. *eu*=gut, *onoma*=Name also eigentlich „in gutem Namen oder Ruf stehen" ist hier ironisch zu verstehen, da alle Vertreter der Gattung stark giftig sind und unangenehm riechen. Die auffälligen, ebenfalls giftigen Früchte verlocken besonders Kinder zum Verzehr und können zu schweren Vergiftungen führen. Der Arillus indischer Arten wird zu kosmetischen Zwecken genutzt. Das harte Holz von *E. europaea* wurde früher zur Herstellung von Garnspindeln verwendet, weshalb der Strauch auch Spindelbaum genannt wird.

Vorkommen:

E. europaea ist seit dem Tertiär in fast ganz Europa heimisch und wächst in Au- und Laubwäldern, Gebüschen und Hecken von der Ebene bis in 1200 m Höhe. *E. latifolia* ist in den Gebirgen Europas und Westasiens und dessen Vorländern heimisch.

Bild 1: *Euonymus latifolia.* Geöffnete Kapsel mit heraushängenden Samen. Im Gegensatz zu *E. europaeus* sind die Kanten der Kapsel geflügelt. **Bild 2-3:** *Euonymus europaea.* **Bild 2:** Blütenstand mit winzigen, unscheinbaren Blüten. **Bild 3:** Ein vertrauter Anblick zur Fruchtreife: Unter den zurückgeschlagenen, purpurroten Fruchtklappen hängen 4-5 Samen mit leuchtend orange farbenem Arillus.

Die im Mittelmeerraum wachsende Walzen-Wolfsmilch (*Euphorbia myrsinites*) ist eine kräftige, blaugrüne, fleischige Pflanze mit sehr dicht beblätterten Stengeln. Ihr Milchsaft enthält, wie alle Arten der Gattung *Euphorbia*, giftige, stark hautreizende Diterpenester, die als Fraßschutz dienen.

Was man beim ersten Betrachten als gelbliche „Blüte" wahrnimmt, ist in Wirklichkeit ein ganzer Blütenstand. Diese Blütenstände werden innerhalb der gesamten Gattung Cyathium genannt und zeigen von Art zu Art einen sehr einheitlichen Aufbau.

Ein Cyathium besteht aus einer becherförmigen 5blättrigen Hülle, deren Rand 4–5 große Nektardrüsen trägt. Im Inneren der Hülle umgeben zahlreiche Staubblätter einen einzigen, lang gestielten, 3fächerigen Fruchtknoten (coenokarp-synkarp). Jedes der Staubblätter stellt eine extrem reduzierte männliche Blüte aus Staubblatt und Blütenstiel dar, weder Kelch noch Krone sind vorhanden. Auch der Fruchtknoten wird als einzelne weibliche Blüte ohne jegliche Blütenhülle gedeutet. Das heißt, in jedem Becher sitzen zahlreiche, auf je ein Staubblatt reduzierte männliche Blüten sowie eine aus einem Fuchtknoten bestehende weibliche Blüte.

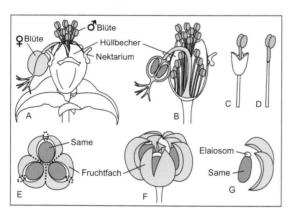

Abb. 8-11: *Euphorbia myrsinites.* A: Cyathium im männlichen Stadium. B: Cyathium längs. C: Männliche Blüte der Gattung *Anthostema* mit kleiner Krone. D: Reduzierte männliche Blüte mit Staubblatt von *E. myrsinites.* Nur noch eine kleine Einschnürung deutet eine Krone an, darunter beginnt der Blütenstiel. E: Spaltkapsel quer. Die 3 Fruchtfächer separieren sich entlang ihrer Scheidewände (gestrichelte Linie) und öffnen sich an Rücken- und Bauchnaht. F: Sich öffnende Spaltkapsel. G: Ein geöffnetes Fruchtfach mit Samen samt Elaiosom.

Wie kommt man auf solche Deutungen? Die Staubblätter einer nah verwandten Gattung (*Anthostema*) tragen kurz unter dem Staubbeutel eine kleine Krone. Hier handelt es sich eindeutig um männliche Blüten. Bei *Euphorbia* findet man an Stelle der fehlenden Krone nur noch eine kleine Einschnürung, die Gattung ist somit im Blütenbereich extrem reduziert.

Unterhalb eines Cyathiums sitzen immer 2 Tragblätter, die den Blütenstand einleiten. Diese sind bei einigen Arten sehr groß und auffallend gefärbt. Sie dienen wie beim Christusdorn (*E. milii*) oder dem Weihnachtsstern (*Poinsettia pulcherrima*) – bei uns sehr beliebten, nichtheimischen Zimmerpflanzen, die ebenfalls zu den Wolfsmilchgewächsen gehören – der optischen Anlockung ihrer Bestäuber. Angelockt werden Besucher aber auch von den gehörnten, gelb bis rötlich glänzenden Nektardrüsen des Hüllbechers.

Blütenbiologisch handelt es sich um Scheibenblumen. Die Blütenstände sind vorweiblich, zuerst wächst der gestielte Fruchtknoten in die Höhe. Nach der Bestäubung verlängert sich der Stiel, der Fruchtknoten knickt zur Seite und macht nun Platz für die sich streckenden Staubblätter (männliches Stadium). Bestäuber sind neben Bienen auch Fliegen, die durch den leicht zugänglichen Nektar angelockt werden.

Frucht:

Während der Fruchtentwicklung streckt sich der Stiel des Fruchtknotens bis die Frucht schließlich wieder aufrecht orientiert ist. Es handelt sich, ähnlich wie beim verwandten Wunderbaum (→ *Ricinus communis*) um Spaltkapseln. Die bis etwa 8 mm breiten Früchte von *E. myrsinites* sind rundlich und leicht 3kantig. In jedem der 3 Fächer befindet sich ein bis 4 mm langer, hellbrauner Same mit einem hellen Elaiosom.

Ausbreitung:

Bei Fruchtreife beginnen die Spaltkapseln in der sommerlichen Hitze auszutrocknen und ihre 3 Fruchtfächer mit einem leisen Knall bis zu 2 m fortzuschleudern (Explosionskapseln, ballochore Autochorie). Dabei werden die Samen gleichzeitig aus den Fächern gelöst, indem die Fächer an ihrer Rücken- und Bauchseite aufreißen. Die Fruchthälften der Fruchtfächer liegen verstreut unter der Pflanze, die Samen etwas weiter entfernt. Näheres zum Öffnungsmechanismus, der bei allen *Euphorbia*-Arten ähnlich ist, findet sich bei → *Ricinus communis* Für die gesamte Gattung ist auch die Ausbreitung durch Ameisen (Myrmechorie) typisch. Die Samen werden von Ameisen in ihr Nest transportiert, die nährstoffreichen Elaiosomen abpräpariert und die ansonsten unbeschädigten Samen wieder nach außen abgelegt, wo sie unter geeigneten Bedingungen auskeimen können.

Vorkommen:

E. myrsinites wächst in Süd- und Südost-Europa auf trockenen Standorten, besonders auf Felstriften und den Garigues.

Euphorbia myrsinites. **Bild 1:** Gesamtblütenstand, die Cyathien sind doldenförmig angeordnet. **Bild 2:** Ein einziges Cyathium (rechts im Bild) – Blütenstand – in Aufsicht. Es wird von breiten, gelblichen Tragblättern, die der optischen Anlockung dienen, eingeleitet. Deutlich erkennt man die 4 grünlichen, gehörnten Nektardrüsen. In der Lücke zwischen zweien liegt der abgeknickte Fruchtknoten. Die Blüte ist im männlichen Stadium, nach der Bestäubung strecken sich die Staubblätter allmählich aus dem Hüllbecher empor und geben ihren Pollen ab. **Bild 3:** Fruchtstand mit vielen, noch unreifen, grünen Früchten. Aus jedem Cyathium hat sich eine rundliche Spaltkapsel entwickelt, die zuerst noch vom verbleibenden Griffelrest gekrönt ist. Diese ist nun durch Wachstumsbewegungen des Fruchtstieles aufgerichtet.

Eine beliebte, von Februar–März blühende Frühjahrspflanze ist das Schneeglöckchen (*Galanthus nivalis*). Die ausdauernde, nur 20 cm hohe Staude entwickelt sich aus einer Zwiebel, aus der sie alle Reserven zieht, wenn sie am Ende des Winters emporwächst. Ihre Laubblätter sind grasförmig und etwas fleischig.

Die kleinen, glockenförmigen, frostresistenten Blüten hängen einzeln an einem dünnen Blütenstiel. Der Gattungsname leitet sich aus griech. *gala*=Milch (für die weiße Blütenfarbe) und *antho*=Blüte ab. Die leicht duftenden Blüten sind nicht deutlich in Kelch und Krone differenziert, man spricht von einem Perigon. Die äußere Blütenhülle besteht aus 3 langen, weißen Blütenblättern. Alternierend zu diesen stehen 3 innere, kürzere Blütenblätter. Sie sind tief ausgerandet und tragen an der Spitze halbmondförmige, grüne Flecken, die erst bei sonnigem Wetter sichtbar werden, wenn sich die äußeren Blütenblätter voneinander abspreizen. Die Innenseite ist mit grünen Längslinien gekennzeichnet. Beide Zeichnungen dienen als Saftmal. Die 6 orange gefärbten Staubblätter (2 Kreise zu je 3 Staubblätter) neigen sich zu einem Streukegel zusammen.

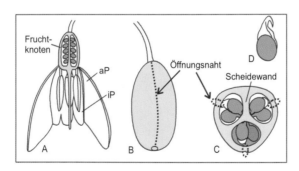

Abb. 8-12: *Galanthus nivalis.* A: Blüte mit unterständigem Fruchtknoten im Längsschnitt. B: Kapsel mit angedeuter Öffnungsnaht. C: 3fächerige Spaltkapsel quer. D: Same mit kapuzenförmigem Elaiosom. aP=äußeres Perigon, iP=inneres Perigon.

Der ovale Fruchtknoten ist unterständig, an seinem oberen Rand sitzen die Blüten- und Staubblätter an. Der Fruchtknoten ist 3fächerig, Zeugen der Verwachsung sind die 3 Scheidewände. Jedes Fach enthält etwa 12 Samenanlagen. Der Griffel überragt den Staubblattkegel, bleibt jedoch durch die enge Blütenhülle vor unseren Augen verborgen. Der leichte Blütenduft, die Aussicht auf Nektar am Blütengrund und der Pollen locken die ersten Bienen des Jahres an. Der Pollen rieselt auf die sich an den Blütenblättern anklammernden Besucher herunter. Bei der Suche nach dem Nektar streifen sie mitgebrachten Pollen auf der Narbe ab.

Frucht:

Aus dem nur wenige Millimeter großen, ovalen Fruchtknoten entwickelt sich eine grüne, etwa 1 cm lange Spaltkapsel. Sie ist fleischig und erinnert mehr an eine Beere als an eine sich öffnende Frucht. Die Fruchtentwicklung verläuft – wie für viele Frühjahrsblüher typisch – sehr schnell. So sind die Kapseln bereits Ende April ausgereift.

Ausbreitung:

Der ohne Festigungsgewebe ausgestattete Blütenstengel verlängert sich während der Fruchtreife und kann schließlich die durch das Fruchtwachstum schwerer werdende Kapsel nicht mehr tragen, so daß beide auf die Erde sinken und im Grün der emporwachsenden Vegetation verschwinden. Für das menschliche Auge sind die unscheinbaren, grünen Kapseln nur schwer zu erkennen. Sie trocknen bei Reife innerhalb weniger Stunden aus, werden gelblich und beginnen sich zu öffnen. An der Rückseite von jedem Fruchtfach verläuft eine Öffnungsnaht mit einem dünnen Trenngewebe. Dort reißt die Fruchtwand von der Spitze her auf (lokulizide Öffnung) und präsentiert ihre Samen.

Die 3–4 mm langen Samen besitzen ein weißes, mützchenartiges Elaiosom, das sich aus der Chalaza der Samenanlage gebildet hat. Elaiosomen stellen im Frühjahr ein beliebtes Futter für Ameisen dar und so ist eine geöffnete Kapsel sehr rasch ausgeräumt.

Das Schneeglöckchen ist perfekt an die Ausbreitung durch Ameisen angepaßt (Myrmechorie). Die schnelle Fruchtreifung gewährleistet, daß die Samen zur Hauptsammelzeit der Ameisen ausgereift sind. Von weitaus größerer Bedeutung ist jedoch die Ausbreitung durch den Menschen, der das in Südeuropa heimische Schneeglöckchen als kultivierte Gartenpflanze über die Gebirgszüge nach Mitteleuropa brachte (Ethelochorie). Im 16. Jahrhunderte gelangte es nach Deutschland, verwilderte und bürgerte sich stellenweise ein (Neophyt). So finden wir *G. nivalis* in Laubmischwäldern sowie angepflanzt in Parkanlagen und Gärten und können es aus uns heimischen Flora nicht mehr wegdenken.

Vorkommen:

G. nivalis ist in Südeuropa heimisch, natürliche Vorkommen in Deutschland sind auf den Süden des Landes beschränkt.

Galanthus nivalis: **Bild 1:** Weiße Blüten mit den äußeren, großen Blütenhüllblättern. Die inneren Blütenhüllblätter sind kleiner, an ihrer Spitze grün gezeichnet und markieren den Blüteneingang. Der grüne, eiförmige Blütenbecher umhüllt den unterständigen Fruchtknoten. **Bild 2:** Unvollständig aufgerissene, gelbliche Kapsel, die von Gartenameisen ausgeräumt wird. **Bild 3:** Eine infolge Austrocknung von der Spitze bis fast zur Basis mit 3 Klappen vollständig aufgesprungene Spaltkapsel mit ihren 3-4 mm langen Samen. Deutlich ist das mützenförmige, weiße Elaiosomen an der Spitze der hellbraunen Samen zu erkennen.

Das Schwarze Bilsenkraut (*Hyoscyamus niger*) ist ein Vertreter der Familie der Nachtschattengewächse. Die wärmeliebende, zweijährige Ruderalpflanze wächst auf Schuttplätzen wie an Wegrändern und ist klebrig-zottig behaart. Ab Juni erscheinen die großen, leicht nach unten geneigten, blaßgelben, dorsiventralen Blüten. Sie sind kurz gestielt und sitzen einseitswendig, in einer Reihe angeordnet, übereinander. Auffällig ist die violette Aderung der Krone, die als Strichsaftmal der Anlokkung von Bestäubern dient. Der Schlund ist vollständig violett. Der becherförmige, 5zipfelige Kelch ist drüsig-zottig behaart. An der Basis des 2fächerigen Fruchtknotens befindet sich Nektar. Die Bestäuber der Rachenblumen sind Hummeln, die sich durch die stark behaarten Staubfäden der 5 Staubblätter einen Weg zum tief verborgenen Nektar bahnen.

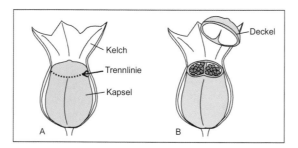

Abb. 8-13: *Hyoscyamus niger*. A: Geschlossene Deckelkapsel, der diese umhüllende Kelch wurde teilweise entfernt. B: Deckelkapsel geöffnet.

Frucht:

Aus dem Fruchtknoten entwickelt sich eine länglichovale, etwa 1 cm lange Kapsel, die durch eine Scheidewand in zwei Fächer geteilt ist. Von der eigentlichen Frucht ist jedoch wenig zu sehen, auffällig ist vielmehr der sich während der Fruchtentwicklung stark vergrößernde, pergamentartige Kelch, der die Kapsel umhüllt und nur einen Blick auf den oberen Bereich der Kapsel zuläßt. Dort befindet sich eine mit bloßem Auge nicht erkennbare, kreisförmige Trennlinie, die quer zur Längsachse verläuft. Wenn die Früchte reif sind, beginnt die Fruchtwand infolge Sonneneinstrahlung und Wind auszutrocknen. Das Gewebe um die Trennlinie ist dünner ausgebildet, als die übrige Fruchtwand. Es reißt durch die infolge des Wasserentzuges auftretenden Gewebespannungen auf, wodurch der oberhalb der quer verlaufenden Trennlinie liegende Kapselbereich als Deckel abgelöst wird. Es handelt sich bei dem Schwarzen Bilsenkraut um eine der wenigen in unseren Breiten vorkommenden Deckelkapseln. Sie enthält etwa 200–300 kleine, flache, graubraune Samen mit strukturierter Oberfläche.

Ausbreitung:

Die aufgerichteten Kapseln sitzen auf einem elastischen Stengel. Nach dem Ablösen des Deckels werden die Samen durch den Wind wie aus einer Streubüchse ausgestreut (Semachorie). Der vergrößerte Kelch der Frucht dient als Windfang, so daß die etwa 1 mm großen Samen durch den Wind nach und nach ausgestreut werden. Perfekt ist hierbei die hohe Anzahl von kleinen und leichten – also flugfähigen – Samen an die Windausbreitung angepaßt. Sie legen als Körnchenflieger weite Strecken mit dem Wind zurück (Anemochorie).

An den großen, stachelspitzigen Kelchzipfeln oder auch am stark behaarten Kelch bleiben oftmals Tiere mit ihrem Fell hängen. Beim Abstreifen schnellt die gesamte Pflanze zurück und der Schwung läßt die Samen herausschleudern. Die Pflanzen sind also, wie so oft Wind- und Tierstreuer. Auch der Mensch hat Teil an der Ausbreitung von *H. niger*. So ist die Pflanze ein Altbürger (Archäophyt), der sich als Kulturbegleiter des Mohns aus seiner Heimat, dem Mittelmeerraum, weltweit in den gemäßigten Zonen ausbreitete (Speirochorie).

Nutzung:

Die deutsche Bezeichnung „Bilsenkraut" läßt sich aus dem Althochdeutschen von *belisa*=mit der Wurzel und *bal*=töten, also todbringendes Kraut, herleiten. *H. niger* zählt zu den ältesten Arznei- und Giftpflanzen. Schon von dem griechischen Arzt Hippokrates wurde die Pflanze vor etwa 2500 Jahren erwähnt. Die hohe Giftigkeit erlangt die Pflanze durch verschiedene Alkaloide, besonders das Hyoscyamin (Ursache für den unangenehmen Geruch der Pflanze), das Scopolamin und Atropin. Scopolamin wird aufgrund seiner dämpfenden Wirkung auf das Zentrale Nervensystem als Schlafmittel verwendet. Die höchste Wirkstoffkonzentration ist in den Samen enthalten, bereits 15 Samenkörner können für Kinder tödlich sein. Hysocyamin und Atropin wirken als Halluzinogene. Im Mittelalter war das Schwarze Bilsenkraut deshalb Bestandteil der Hexensalben und Liebestränke und wurde auch als Rauschmittel dem Bier zugegeben. Es wurde aber vor allem als schmerzstillendes Mittel bei Augen-, Ohren-, Gebärmutter- und Zahnschmerzen eingesetzt.

Vorkommen:

Das Mittelmeergebiet und die Trockengebiete Zentral- und Ostasiens sind die Heimat von *H. niger*. Heute ist die Pflanze weltweit in den gemäßigten Zonen verbreitet.

Hyoscyamus niger. **Bild 1:** Einblick in die Blüte mit violett gefärbten Staubblättern, die oberen zwei sind geöffnet und entlassen ihren gelben Pollen. **Bild 2:** Reife Kapsel längs geschnitten mit zahlreichen skulpturierten, 1-2 mm großen Samen. **Bild 3:** Von den reifen Früchten erkennt man nicht viel, denn der pergamentartige, zugespitze, fast ein wenig bestachelte Kelch umhüllt die Kapseln, bis auf den Blick auf den Kapseldeckel, nahezu vollständig,

Zu den auch heute noch bekanntesten Heilpflanzen zählt das Tüpfel-Johanniskraut (*Hypericum perforatum*). Die ausdauernde, bis 1 m hohe Pflanze ist mit elliptischen, gegenständigen Blättern besetzt, die von zahlreichen Löchern durchbohrt scheinen. Hierbei handelt es sich um Ölbehälter, die aufgrund des hellen, ätherischen Öls die Blätter perforiert oder getüpfelt erscheinen lassen (lat. *perforatum*=durchlöchert). *H. perforatum* ist im oberen Bereich reich verzweigt und bildet doldenartige Blütenstände.

Die leuchtend gelben Blüten erscheinen ab Ende Juni. Von den Germanen wurde die Pflanze „Sonnenwendkraut" genannt, da sie zur Zeit der Sommersonnenwende – den 21. Juni – blüht. Später wurde sie im Zuge der Christianisierung nach dem Johannistag (24. Juni), dem Geburtstag Johannes des Täufers, benannt.

Die 5 lanzettlichen Kelchblätter werden von den 5 goldgelben, mit schwarzen Punkten und Strichen verzierten, Kronblättern verdeckt. Zahlreiche gelbe Staubblätter stehen in 3 Gruppen angeordnet vor dem 3fächerigen, oberständigen Fruchtknoten. Blütenbiologisch handelt es sich um einfach gestaltete Scheibenblumen ohne Nektarangebot. Die zahlreichen Staubblätter stehen in 3 Büscheln zusammen und sorgen für ein hohes Pollenangebot, das auch der Verköstigung dient. Bestäuber sind pollensuchende Insekten wie Schwebfliegen, Bienen und Hummeln.

Frucht:

Im Gegensatz zu den leuchtend gelben Blüten des Johanniskraut sind die Kapseln, die sich aus den Fruchtknoten entwickeln, klein (etwa 6 mm lang) und durch ihre zuerst grüne, später braune Färbung leicht zu übersehen. Die 3fächerigen Spaltkapseln reißen bei Trockenheit entlang der Verwachsungsnähte der 3 Fruchtblätter – den Scheidewänden bzw. Septen – von der Spitze bis zur Kapselmitte auf (septizide oder fachspaltige Öffnung). Die hellen Septen kann man leicht von der braunen Fruchtwand unterscheiden. Die Kapselwand ist mit breiten, strich- bis punktförmigen Drüsen und harzführenden Riefen besetzt. Geöffnete Kapseln sind oben durch den Griffelansatz zugespitzt. Oft verbleibt auch der bis 5 mm lange Griffel noch lange Zeit an der Frucht. Die Kapseln enthalten zahlreiche winzige, zylindrisch geformte, dunkelbraune Samen (1 mm lang) mit einer sehr fein warzigen Oberfläche.

Ausbreitung:

Bis zum Wintereinbruch werden die ab September reifen Samen ausgestreut. *H. perforatum* ist ein Wind- und Tierstreuer (Semachorie). Nur bei trockener Witterung werden die Samen ausgestreut, bei Nässe verschließen sich die Kapseln infolge Quellung. Als Körnchenflieger werden die winzigen, leichten Samen vom Wind fortgetragen (Anemochorie).

Die in Europa, Westasien und Nordafrika beheimatete Pflanze wurde im Zuge der Eroberung Amerikas und Australiens mit den Pionieren, Eroberern und Siedlern eingeschleppt (Agochorie) und breitete sich schnell aus, so daß sie heute als Kosmopolit gilt. In Nord-Amerika trat das Johanniskraut bald massenhaft auf – eine Erscheinung, die man in Mitteleuropa nicht kennt – und wurde zu einem berüchtigten Unkraut, das zu großen landwirtschaftlichen Schäden führte.

Nutzung:

H. perforatum ist aufgrund seiner Inhaltsstoffe – ätherische Öle, Gerbstoffe und Hypericin – ein altbewährtes Heilkraut. Seit der Antike wird es hoch geschätzt und von Dioskurides gegen Ischiasbeschwerden und bei Brandwunden empfohlen. Von dem Arzt Paracelsus (1493–1541) werden die vielfältigen Anwendungsmöglichkeiten lobend erwähnt, während der 400 Jahre früher lebenden Hildegard von Bingen die Heilwirkung der Pflanze scheinbar nicht bekannt war. In der Volksmedizin hatte die Pflanze den Ruf eines Allheilmittels. Sie wurde bei Wunden, Ruhr, Geschwüren, Hexenschuß, Gicht, Rheuma und Nervenschmerzen verabreicht. Sie galt als „Frauenpflanze" und wurde als Tee bei Menstruationsbeschwerden, Gebärmutterschmerzen und Wechseljahrbeschwerden getrunken. Heute wird *H. perforatum* aufgrund des nervenberuhigenden Hypericin als zuverlässiges Mittel gegen Prüfungsstreß, leichte Angstzustände und allgemeine Streßsituationen verabreicht.

Auch in der Mythologie ist sie eine altbekannte Pflanze: Als besonders heilkräftig galt es, wenn man sie am Johannistag sammelt. Das beruht auf der Legende, daß die Pflanze aus dem Blut Johannes des Täufers entsprossen sei, da sich die goldgelben Kronblätter beim Zerreiben durch das blutrote Hypericin dunkelrot färben.

Vorkommen:

H. perforatum ist heute weltweit verbreitet. In Mitteleuropa wächst die Pflanze an trockenen, warmen Wegrändern, auf Wiesen, Ackerbrachen und Ruderalflächen. Oftmals findet man sie in größeren Beständen im unmittelbaren Gleisbereich von Bahnanlagen, wo sie dank ihres tiefen Wurzelwerkes auch der Unkrautbekämpfung durch Herbizide widersteht.

Hypericum perforatum. **Bild 1:** Blüte. Im Blütenzentrum ist der eiförmige hellgrüne Fruchtknoten mit den abspreizenden gelben Griffeln erkennbar. Davor stehen die zahlreichen, ebenfalls abspreizenden Staubblätter. **Bild 2:** Fast reife, 6 mm lange Kapseln mit verbleibenden Griffeln. An der Fruchtbasis sind die verbleibenden lanzettlichen, grünen Kelchblätter erkennbar.

Die überwiegend in den Tropen verbreiteten Springkräuter (*Impatiens*) sind in Mitteleuropa aufgrund ihrer attraktiven Blüten beliebte Gartenzierpflanzen. Die dorsiventralen Blüten der Springkräuter sind in wenigblütigen Trauben angeordnet. Der Kelch ist nicht grün gefärbt, sondern besitzt die Farbe der Kronblätter, je nach Art purpurn, weiß oder gelblich und bildet einen Sporn, der als Nektarium dient. 2 mit Saftmalen besetzte Kronblätter bilden eine Unterlippe und dienen als Landeplatz für den Blütenbesucher. Oben bildet ein etwa fahnenförmig ausgebildetes Kronblatt eine schützende Oberlippe.

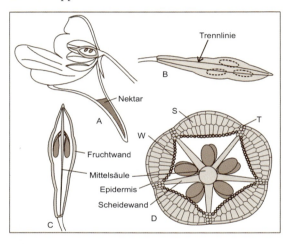

Abb. 8-14: *Impatiens parviflora*. A: Gespornte Blüte längs. B: Kapsel, mit im Inneren angedeuteten Samen. C: Frucht längs, Einblick in zwei Fruchtfächer. D: 5fächerige Frucht quer. Fruchtwand mit Schwellgewebe (S), Widerstandsgewebe (W), Trenngewebe (T).

Die 5 Staubblätter umhüllen den kleinen, 5fächerigen Fruchtknoten, werden als erste reif (vormännliche Blüten) und stäuben den nach Nektar suchenden Besucher am Rücken ein. Nach etwa 2 Tagen verwelken die Staubblätter, die Narbe wird reif und zugänglich. Blütenbiologisch handelt es sich um Rachenblumen, die von Hummeln oder Bienen bestäubt werden, indem diese auf der Suche nach dem verborgenen Nektar tief ins Blüteninnere hineinkriechen und mit ihrem langen Rüssel an den nektargefüllten Sporn gelangen. Die kleinen Blüten des Kleinblütigen Springkrauts (*Impatiens parviflora*) werden oft auch von pollensuchenden Schwebfliegen bestäubt.

Frucht:

Aus dem Fruchtknoten entwickeln sich keulenförmige, 5fächerige Explosionskapseln. Im Gegensatz zu den meisten Kapseln bleiben sie bei Reife fleischig-grün. An der Mittelsäule, der Stelle, an der die 5 Scheidewände aufeinander treffen, sitzen pro Fach 2 Samen. Für die spätere Öffnung der Früchte ist der unterschiedliche Aufbau von Meso- und Endokarp der Fruchtwand verantwortlich. Das Mesokarp besteht aus einem Schwellgewebe mit großen, dünnwandigen Parenchymzellen. Das innere Gewebe – das Endokarp – besteht aus festen, kollenchymatischen Zellen, dem Widerstandsgewebe. Die einschichtige Epidermis bildet das Exokarp der Frucht.

Ausbreitung:

Im Zuge der Fruchtreifung nimmt das Schwellgewebe verstärkt Wasser auf und wird dadurch immer dikker. Das innere, feste Kollenchym bietet der Gewebespannung zunächst Widerstand. Durch den ansteigenden Gewebedruck reißt die Kapsel schließlich entlang eines Trenngewebes (Verwachsungsnähte der Fruchtblätter) mit 5 Längsrissen auf und die 5 Fruchtblätter rollen sich durch die frei werdende Energie schnell ein. Dabei schlagen sie die Samen heraus, mitunter bleiben einige an der Mittelsäule oder den Fruchtklappen hängen. Beim Indischen Springkraut (*I. glandulifera*) können die Samen bis 7 m, bei *I. parviflora* bis 4 m ausgestreut werden. Den Vorgang des explosionsartigen Aufreißens der Kapsel und des Ausstreuens der Samen kann man zur Fruchtreife im Spätsommer und Herbst beobachten. Der zumeist ungeduldige Betrachter beschleunigt diesen Vorgang gerne durch Berührung fast reifer, angeschwollener Früchte. Daran erinnert auch die Namensgebung: lat. *impatiens*=ungeduldig. Bei den kompakten, mit Drüsenhaaren versehenen Kapseln von *I. balsamina* verbleiben die Samen oft an der Mittelsäule und lösen sich erst durch Austrocknen vom Funikulus ab. Die Explosionskapseln der Springkräuter unterliegen der Selbstausbreitung (Autochorie). Weitaus effektiver werden die genannten Arten jedoch über den Menschen ausgebreitet, der sie als Gartenpflanzen schätzt und deshalb gezielt über weite Strecken aus dem asiatischen Raum eingeführt hat (Ethelochorie).

Vorkommen:

Das aus Ostindien stammende *I. glandulifera* verwilderte und gilt in Mitteleuropa als eingebürgert (Neophyt). Außerhalb der Gärten wächst die Pflanze in Auen und Uferbereichen, ihre Samen werden auch als Schwimmer ausgebreitet (Nautochorie). Im 16. Jahrhundert wurde *I. balsamina* von den Portugiesen aus dem asiatischen Raum nach Europa eingeführt und wurde eine beliebte Pflanze der Bauerngärten. Das aus Ostasien stammende *I. parviflora* hat das in Mitteleuropa heimische, sehr ähnliche Rührmichnichtan (*I. noli-tangere*) verdrängt und gilt ebenfalls als eingebürgert. Es ist heutzutage in vielen Laubwäldern und Forsten bestandsbildend.

Bild 1-2: *Impatiens parviflora*. **Bild 1:** Blick in den Blüteneingang. Über dem zentralen Saftmal befinden sich die miteinander verwachsenen Staubblätter. **Bild 2:** Geöffnete, etwa 2 cm lange Frucht mit eingerollten Fruchtblättern an der verbleibenden Mittelsäule am Fruchtstiel hängend. Nicht alle Samen wurden ausgestreut. **Bild 3:** *I. glandulifera*. Aufgrund seiner attraktiven Blüten ist das Indische Springkraut eine beliebte Gartenpflanze . **Bild 4-5:** *I. balsamina*: **Bild 4:** Reife, etwa 4 cm lange, mit Drüsenhaaren besetzte Kapseln. **Bild 5:** Durch Explosionsmechanismus geöffnete Kapsel. Die Samen bleiben mitunter – wie hier – an der Mittelsäule hängen und fallen dann herunter.

Eine bekannte Sumpfpflanze der Moore, Bruchwälder und Verlandungszonen der Gewässer stellt die bei uns heimische Sumpf-Schwertlilie (*Iris pseudacorus*) dar. Die Gattungsbezeichnung (griech. *Iris*=Regenbogen) bezieht sich auf die Farbenvielfalt vieler *Iris*-Arten. Aus dem Rhizom treiben jährlich mehrere, bis 1 m hohe, kräftige Stengel mit 2zeilig angeordneten, typisch schwertförmigen (Name!) Laubblättern empor. Im Frühsommer erscheinen mehrere große, gelbe, 3zählige Blüten. Auch wenn sich die *Iris*-Arten der Gattung in ihrer Farbenpracht deutlich unterscheiden, ihre Blüten zeigen stets den folgenden Aufbau: Die einfache Blütenhülle (Perigon) ist nicht in Kelch und Krone unterscheidbar. Sie besteht aus einem äußeren Kreis von 3 breiten, nach unten hängenden Perigonblättern mit auffälligen Saftmalen. Alternierend hierzu stehen als innerer Kreis 3 unauffällige, schmale, aufrechte Perigonblätter. Der unterständige Fruchtknoten ist durch Scheidewände 3fächerig (coenkarp-synkarp). Der ungewöhnlich gestaltete Griffel besteht aus 3 gelben Griffelästen, die den Perigonblättern ähneln. Im oberen Drittel sitzt auf der Blattunterseite die kleine schuppenförmige Narbe. In der Wölbung der Griffeläste befindet sich je ein Staubblatt. Die Perigonblätter sind an ihrer Basis verwachsen, so daß sie 3 enge Röhren bilden, in denen der Nektar verborgen ist.

landen auf dem großen, äußeren Perigonblatt und werden vom Saftmal zum Blüteneingang geleitet. Auf der Suche nach dem tief in der Röhre verborgenen Nektar kriecht der Bestäuber hinein – „Einkriechblume". Die Blüten sind vormännlich, das Staubblatt stäubt den Rücken des Bestäubers mit Pollen ein. Nach dem Einsammeln des Nektars kriecht der Bestäuber rückwärts zurück und fliegt zur nächsten Blüte. Ist diese älter, sind nun die Narben reif und der Pollen wird an der Narbe abgestreift. Sehr ähnliche Blütenverhältnisse zeigt auch die in Sumpfwiesen wachsende, von Mai–Juni attraktiv blauviolett blühende Sibirische Schwertlilie (*I. sibirica*).

Frucht:

Aus dem unterständigen Fruchtknoten entwickelt sich eine 3fächerige Spaltkapsel, die bei *I. pseudacorus* 4–6 cm lang ist, während die Kapseln von *I. sibirica* bedeutend kleiner sind. Jedes Fach enthält etwa 15 große, braune Samen, die – ähnlich Geldrollen – übereinander gestapelt sind. Bei Reife reißt jedes Fach entlang der Mittelrippe in Längsrichtung auf (fachspaltige=lokulizide Öffnung).

Ausbreitung:

Die im Oktober reifen, auf langen, elastischen Stengeln aufrecht orientierten Kapseln von *I. sibirica* sind typische Windstreuer (Semachorie). Im Gegensatz zu *I. pseudacorus* öffnen sich die Spaltkapseln nicht über die gesamte Länge, sondern nur im oberen Bereich. So werden die leichten, abgeflachten Samen allmählich ausgestreut.

Die Kapseln von *I. pseudacorus* hängen an ihrem verlängerten Blüten- bzw. Fruchtstiel in der Regel nach unten. Windbewegungen bewirken ein herausfallen der großen, schweren Samen (Semachorie), die sogleich ins Wasser fallen und als Schwimmer ausgebreitet werden (Nautochorie). Die feste Epidermis ist von einer wasserabweisenden Kutikula überzogen. Unterhalb der Abschlußschicht befindet sich ein luftgefülltes Schwimmgewebe. Es folgt ein großer luftgefüllter Hohlraum, in dem sich das braune, feste Nährgewebe samt Embryo befindet. Durch die eingeschlossene Luft werden die Samen schwimmfähig. Auch vegetativ breitet sich die Pflanze über sich ablösende und schwimmfähige Rhizomteile aus, die an geeigneter Stelle wieder austreiben (Autochorie).

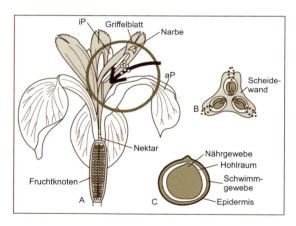

Abb. 8-15: *Iris pseudacorus.* A: Blüte längs. Eine von 3 Einzelblüten ist mit einem Kreis markiert. Der Blüteneingang ist durch einen Pfeil gekennzeichnet. aP=äußeres Perigonblatt, iP=inneres Perigonblatt B: 3fächeriger Fruchtknoten quer, die späteren Öffnungslinien sind dargestellt. C: Schwimmsame längs.

Vorkommen:

Beide *Iris*-Arten sind in Europa, Asien und Nordafrika verbreitet. *I. sibirica* ist in Deutschland nur noch selten auf Sumpfwiesen zu finden und steht deshalb in fast allen Bundesländern auf der Roten Liste.

Blütenbiologisch besteht die *Iris*-Blüte eigentlich aus 3 Blüten. Die in Dreizahl vorkommenden Blütenorgane sind so orientiert, daß sie den Eindruck von 3 einzelnen Blüten erwecken. Je ein Perigonblatt, Griffelast und Staubblatt bilden eine Blüte mit einem eigenen Blüteneingang. Die Bestäuber – Hummeln –

Bild 1-2: *Iris pseudacorus*. **Bild 1:** Mehrere Blüten. Das große Perigonblatt dient als Landeplatz, das Strichsaftmal weist zum Blüteneingang. **Bild 2:** Reife, nach unten hängende, fachspaltig aufgerissene, etwa 6 cm lange Kapsel. Die 8 x 6 mm großen Samen sind übereinander gestapelt. **Bild 3-4:** *Iris sibirica*. **Bild 3:** Blüten. **Bild 4:** Reife, etwa 2 cm lange, an der Spitze geöffnete Spaltkapsel.

Das Zimbelkraut (*Linaria cymbalaria*, Synonym *Cymbalaria muralis*) ist ein kalkliebender Bewohner, der mit seinem kriechenden, wurzelnden Stengel Felsspalten und Felsschutt, aber auch alte Mauern besiedelt. Die kleinen, lang gestielten und einseitswendig orientierten, zartlila bis weißen Blüten sind in sehr lockeren Blütenständen angeordnet und blühen von Juni–September. Der Kelch besteht aus 5 lanzettlichen Blättern. Die Blütenkrone ist, wie für die Familie der Rachenblütler typisch, in eine 2lappige Ober- und eine 3lappige Unterlippe aufgeteilt. Der Blüteneingang ist durch 2 weißgelbe Wölbungen auf der Unterlippe verschlossen, man sagt auch maskiert. Die Wülste stellen auch Saftmale dar, die den Bestäuber optisch zum Blüteneingang führen. Die Kronzipfel sind durch dunklere Längslinien gekennzeichnet. Ober- und Unterlippe der Krone gehen in eine Kronröhre über, die in einem kurzen Sporn mündet, der nur von der Seite sichtbar ist. Der einfächerige, aus 2 verwachsenen Fruchtblättern bestehende Fruchtknoten ist von einem flachen Nektardiskus umgeben, der den Nektar in den Sporn abgibt. Der winzige Fruchtknoten wird von 5 Staubblättern gesäumt. Blütenbiologisch handelt es sich um Maskenblumen, d.h. der Eingang zur Blüte wird durch die beiden Lippen und die Wülste gelenkig versperrt, Staubblätter und Fruchtknoten sind im Inneren verborgen. Erst bei kräftigem Druck – man denke an die Spielereien mit dem verwandten Löwenmäulchen (*Antirrhinum*) – weichen die Lippen auseinander und der an diese Methode angepaßte Bestäuber (verschiedene Bienenarten) kann zu dem tief im Sporn befindlichen Nektar kriechen. Dabei berührt dessen Rücken zwangsläufig Staubblätter und Narbe und wird mit Pollen eingestäubt bzw. streift mitgebrachten Pollen an der Narbe ab.

Ähnliche, nur bedeutend größere, von Juni-September erscheinende Blüten bildet das aufrecht wachsende Gemeine Leinkraut (*L. vulgaris*). Flavone färben die Blüten in Farbtönen von hellgelb bis orange. Die Unterlippe ist nur von größeren Wildbienen und Hummeln zu öffnen, Falter können ihren langen Rüssel hindurchschieben. Kurzrüsselige Bienen betätigen sich als Nektarräuber und beißen von außen in den nektargefüllten Sporn.

Frucht:

Es entstehen 2fächerige Zahnkapseln, die bei Reife pergamentartig werden und sich an der Spitze mit mehreren sich nach außen biegenden Zähnchen öffnen. In der Literatur werden sie mitunter auch fälschlicherweise als Porenkapseln bezeichnet. Die bis 1 cm langen, eiförmigen Kapseln von *L. vulgaris* sind mit schwarzen, scheibenförmigen Samen gefüllt. Die runden Kapseln von *L. cymbalaria* sind klein und unscheinbar (bis 3 mm Länge).

Ausbreitung:

Ab August sind die Früchte ausgereift und entlassen bis zum Wintereinbruch ihre Samen. *L. vulgaris* ist ein typischer Wind- und Tierstreuer mit aufrecht orientierten, nur bei Trockenheit geöffneten Kapseln (Semachorie). Die 2 mm breiten, flachen und sehr leichten Samen besitzen einen Flügelsaum und werden als Segelflieger über weite Strecken vom Wind fortgetragen (Anemochorie). Bei Nässe kleben die flachen Samen mittels Wasser am Tierfell fest und werden über kurze Strecken als Wasserhafter, einer Form der Klettausbreitung (Epichorie), mitgeführt.

L. cymbalaria breitet sich im Idealfall mithilfe seines phototropen Blüten- bzw. Fruchtstiels (griech. *photos*=Licht, *tropos*=Richtung) als Selbstableger, einer Form der Selbstausbreitung (Blastochorie), aus. Zur Blütezeit wächst der Blütenstiel postiv phototrop, so daß die Blüten zum Licht hin orientiert sind. Mit Beginn der Fruchtentwicklung wächst der Fruchtstiel in dunkle Ritzen und Löcher der Felsen und Mauern seiner Umgebung (negativ phototrop). Dort fallen die nur im Dunkeln keimfähigen Samen aus den Kapseln heraus. Findet der Fruchtstiel trotz anhaltenden Wachstums keine Spalten, hängen die Kapseln an dem langen, dünnen Fruchtstiel nach unten und die Samen fallen mittels Schwerkraft (Barochorie) heraus oder werden durch den Wind ausgestreut (Semachorie). In den Alpen wird *L. cymbalaria* auch als Gebirgsschwemmling ausgebreitet (Bythisochorie).

Weitaus effektiver ist jedoch die Ausbreitung durch den Menschen. Denn *L. cymbalaria*, das man sich so gar nicht aus unserer Flora wegdenken kann, ist keineswegs in Mitteleuropa heimisch. Vielmehr ist das Zimbelkraut eine alte Gartenzierpflanze, deren natürliche Vorkommen ehemals auf Südwesteuropa beschränkt waren. Es wurde nach Mitteleuropa als Steingartenpflanze importiert, erfreute sich großer Beliebtheit und verwilderte schon bald (Ethelochorie). Als Gartenflüchter hat sich die Pflanze in den letzten 4 Jahrhunderten in ganz Mittel- und Westeuropa dank ihrer zahlreichen Ausbreitungsstrategien eingebürgert, so daß sie heute bei uns als Neophyt gilt.

Vorkommen:

Das in den Gebirgen Norditaliens und den nördlichen Adria-Gebieten beheimatete *L. cymbalaria* ist heute in Europa, Afrika, Westasien, Australien und Nord-Amerika verbreitet. Das auf sonnigen Ruderalstellen vorkommende *L. vulgaris* ist in fast ganz Europa heimisch.

Bild 1-2: *Linaria vulgaris*. **Bild 1:** Etwa 3 cm lange Blüten mit langem, nektargefülltem Sporn. Eine Hummel sucht gerade mit ihrem Rüssel den Blüteneingang. **Bild 2:** Etwa 1 cm lange, aufrecht orientierte Zähnchenkapsel mit schwarzen, scheibenförmigen Samen. **Bild 3-4:** *Linaria cymbalaria*. **Bild 3:** Fast reife, etwa 3 mm lange Kapseln. Der um mehrere Zentimeter verlängerte Fruchtstiel versucht gezielt in dunkle Spalten zu wachsen. **Bild 4:** Habitus der Pflanze an Felswand. Der Blüteneingang wird durch die beiden gelbweiß gefärbten Wülste der 3lappigen Unterlippe verschlossen. Diese dienen auch als Saftmale, also als Wegweiser für die Bestäuber.

Eine der ältesten Kulturpflanzen ist der Saat-Lein (*Linum usitatissimum*), ein einjähriges bis 100cm hohes Kraut mit linealen Blättchen. Die auffällig blau gefärbten Blüten blühen von Juni-August und sind in Wickeln angeordnet. Täglich erscheinen neue, zarte Blüten, die jedoch schon im Laufe des Tages verwelken. Die 5 eiförmigen, scharf gekielten Kelchblätter besitzen einen dünnen Hautrand. Auffällig himmelblau sind die 5 Kronblätter gefärbt und von einer dunklen Aderung (Strichsaftmale) durchzogen. Die 5 Staubblätter besitzen blaue Staubbeutel. Der aus 5 verwachsenen Fruchtblättern bestehende, oberständige Fruchtknoten ist eiförmig. Jedes seiner 5 Fächer ist durch eine zusätzliche, sogenannte falsche Scheidewand in 2 Fächer geteilt. Der Furchtknoten besteht somit aus 10 Fächern, in denen sich je eine Samenanlage befindet.

Blütenbiologisch handelt es sich um einfach gebaute Scheibenblumen. Sie locken ihre Bestäuber – zumeist Bienen – durch die blaue Blütenfarbe (Bienenfarbe) und den an der Blütenbasis abgegebenen Nektar an. Häufig kommt es auch zu spontaner Selbstbestäubung, da Staubbeutel und Narben gleichzeitig reif und die Staubbeutel dicht bei den Narben positioniert sind.

Frucht:

Aus dem Fruchtknoten entwickelt sich eine rundliche, etwa 7 mm breite, oben durch den verbleibenden Griffelrest zugespitzte Kapsel. Sie ist wie der Fruchtknoten zur Blütezeit durch 5 echte und 5 falsche Scheidewände 10fächerig. In jedem Fach entwickelt sich ein flacher, brauner Same. Das Nährgewebe der Samen enthält Einweißkörper, Aleuronkörner und 30–48 % Öl.

Ausbreitung:

Früher wurde *L. usitatissimum* in 2 Varietäten angebaut. Die Kapseln des heute nicht mehr kultivierten Spring- oder Klanglein (var. *humile*) springen bei Reife mit einem kleinen Knall plötzlich auf und katapultieren ihre Samen hinaus (Ballochorie, eine Form der Selbstausbreitung).

Für die Gewinnung der Samen eignet sich der auch heute noch angebaute Dresch- oder Schließlein (var. *vulgare*) besser, da seine etwas kleineren Früchte sich nicht öffnen und die Samen in der Kapsel verbleiben. Die Samen kommen in der Regel nur durch Verrotten der Kapselwand zum Auskeimen, es handelt sich also funktionell betrachtet um Schließfrüchte. Mitunter öffnen sich die Kapseln jedoch an den 10 Scheidewänden und die Samen fallen durch die Bewegungen des Windes heraus (Windstreuer – Semachorie).

In der Regel ist *L. usitatissimum* auf den Menschen als Ausbreiter angewiesen, der die Kulturpflanze heute in vielen Gebieten der Erde anbaut und so für sein fast weltweites Vorkommen sorgt (Ethelochorie). Nur vereinzelt konnte sich die Pflanze als Kulturflüchter vorübergehend einbürgern.

Nutzung:

Diese alte Kulturpflanze wurde schon vor 6000–8000 Jahren von den Sumerern und Ägyptern als Faserpflanze angebaut. Die langen Fasern des Stengels wurden zu Gewändern und anderen Textilien verarbeitet. Berühmt waren die feinen Leinengewebe der Ägypter, die auch Mumienbinden aus Lein herstellten. Auf altägyptischen Wandmalereien kann man auch heute noch den gesamten Prozeß der damaligen Flachsverarbeitung nachvollziehen. China verarbeitet seit etwa 4000 Jahren Leinen.

In Mitteleuropa wird die Pflanze seit der Jungsteinzeit angebaut. Bei den Germanen lag die Leinkultur und Verarbeitung allein in Frauenhand. Viele Spinnerliedchen stammen aus dieser Zeit. Im Mittelalter war Leinen neben Wolle der wichtigste Kleidungsstoff. Deutschland zählte im 16. Jahrhundert aufgrund seines Leinanbaus zu den wichtigsten Industrieländern. Durch das verstärkte Aufkommen der geschmeidigeren und leichter färbbaren Baumwolle wurde der Lein jedoch im 19. Jahrhundert verdrängt. Heute erlebt die Leinenfaser eine zaghafte Renaissance. Die Pflanze ist vielseitig nutzbar, davon zeugt auch ihre botanische Namensgebung: lat. *usus*=Gebrauch, bedeutet am meisten verwendet, sehr gebräuchlich.

Als Heilmittel wird *L. usitatissimum* schon von Hippokrates aufgeführt. Im Mittelalter wurden Leinsamen bei Darmträgheit, Verdauungsproblemen, Gallen- und Nierensteinkoliken eingenommen. Heute werden die Samen aufgrund ihrer Quelleigenschaften (verschleimende Samenschale) bei Stuhlträgheit empfohlen.

Als nachwachsender Rohstoff werden Leinsamen heute bei der Herstellung von Anstrichfarben, Lacken, Linoleum, Glaserkitt sowie in der Papier-, Leder- und Wachstuchindustrie verwendet. Das bekannte Leinöl wird durch Zermahlen der Samen und Abpressen gewonnen.

Vorkommen:

Der vermutlich aus dem östlichen Mittelmeerraum stammende *L. usitatissimum* wird heute hauptsächlich in Europa, den Gebieten der ehemaligen UdSSR, China, Indien, Nordamerika und Argentinien angebaut.

Linum usitatissimum var. *vulgare*. **Bild 1:** Pflanze zur Blütezeit. **Bild 2:** Fast ausgereifte, noch grüne Früchte. **Bild 3:** Fast ausgereifte Frucht quer geschnitten. Die 10 Samen – deutlich ist der grüne Embryo erkennbar – füllen fast das gesamte Fruchtinnere aus. Zu erkennen sind die 5 normalen Scheidewände, die im Zentrum sternförmig aufeinander treffen sowie die 5 falschen Scheidewände, die ein wenig kürzer sind.

Der Verbreitungsschwerpunkt der Gattung *Lysimachia* liegt in Zentralchina, während im europäischen Raum nur wenige Arten heimisch sind. Die Gattung wurde nach dem vermutlichen Entdecker der Pflanze, dem griechischen Feldherren Lysimachos benannt, dem Leibwächter Alexander des Großen.

In Auwäldern, Uferbereichen und Feuchtwiesen wächst der Gewöhnliche Gilbweiderich (*Lysimachia vulgaris*), eine ausdauernde, aufrechte, bis 1,5 m hohe Staude mit bis zu 15 cm langen Blättern. Diese ähneln den Blättern der Weiden (*Salix*), worauf die Bezeichnung „Gilbweiderich" Bezug nimmt. Die zahlreichen 5zähligen Blüten sind in langgestielten Trauben angeordnet. 5 lanzettliche Kelchblätter mit rotberandeten Zipfeln stehen zwischen den goldgelben Kronblättern. Die Staubblätter säumen den rundlichen, oberständigen Fruchtknoten. Ihre Filamente sind zu einer Filamentröhre verwachsen. An ihrer Außenseite sitzen Drüsenhaare, sogenannte Safthaare, die Lipide zur Verköstigung anbieten. Die Gattung zählt – wie der Acker-Gauchheil (→ *Angallis arvensis*) – zu den wenigen Ölblumen in unserer heimischen Flora, die dem Blütenbesucher statt Nektar Öl zur Verköstigung anbieten.

Die Gattung *Lysimachia* gehört zu den Primelgewächsen. Wie für die Primelgewächse typisch, ist der 5blättrige Fruchtknoten vollständig verwachsen. Das Innere ist nicht durch Scheidewände gefächert, sondern besteht aus einem einzigen Samenfach. Die Samenanlagen sitzen an einer zentralen Plazenta.

Blütenbiologisch handelt es sich um homogame Scheibenblumen. Hauptbestäuber von *L. vulgaris* ist die Schenkelbiene (*Macropis labiata*), deren Vorkommen vermutlich an *L. vulgaris* gebunden ist. Sie vermischt den Pollen mit dem Öl aus den Futterhaaren. Daneben kann man immer wieder pollenfressende Schwebfliegen als Bestäuber beobachten, auch Selbstbestäubung findet statt.

Das nah verwandte Pfennigkraut (*L. nummularia*) ist eine Kriechstaude, die auf feuchten, nährstoffreichen Böden rasenförmig wächst und nur bis 5 cm hoch wird. Ihre gegenständigen, kurz gestielten Blätter sind rundlich bis elliptisch und erinnern an Pfennige, was zum Namen der Pflanze führte (lat. *nummus*=Münze). Ihre leuchtend gelben Blüten besitzen den gleichen Aufbau wie *L. vulgaris*, sind jedoch in der Regel steril. Beide Arten blühen von Mai–August.

Frucht:

L. vulgaris bildet runde, 4–5 mm breite Kapseln, die von den Kelchblättern gesäumt werden. Sie enthalten zahlreiche, 3kantige Samen, die dicht mit langen Warzen bedeckt sind und der runden Zentralplazenta ansitzen. Die Spaltkapseln sind erst ab Oktober reif. Ihre dünne Fruchtwand trocknet aus und die

Kapsel öffnet sich mit 5 Längsrissen von der Spitze bis fast zur Basis entlang der Scheidewände (septizid). Diese Öffnungslinien sind erst kurz vor der Reife erkennbar.

Bei *L. nummularia* kann man nur äußerst selten Früchte entdecken, da sich die ausgedehnten Bestände an einem Standort aus einer einzigen Pflanze vegetativ entwickeln und diese untereinander steril sind.

Ausbreitung:

Bis weit in den Winter hinein werden die sehr leichten, etwa 1 mm langen Samen von *L. vulgaris* aus den aufrechten Kapseln durch Wind und vorbeistreifende Tiere ausgestreut (Semachorie). Unter der Epidermis liegt eine luftgefüllte Schicht, die es den Samen ermöglicht vom Wind als Körnchenflieger ausgebreitet zu werden (Anemochorie). Je nach Standort können die unbenetzbaren Samen mittels einer luftgefüllten Schicht, die als Schwimmgewebe dient, auch als Schwimmer ausgebreitet werden (Nautochorie). Die Schwimmdauer der Samen beträgt jedoch nur etwa eine Woche.

Die im Herbst ihre Nahrung mit zahlreichen Samen ergänzende Zippammer pickt die kleinen Samen aus den Kapseln. Dabei werden einige Samen verstreut und entgehen so dem Fraß. *L. vulgaris* wird also auch durch Bearbeitungsausbreitung, einer Form der Dysochorie, ausgebreitet.

Beide *Lysimachia*-Arten wurden durch ihre frühere Kultivierung als Heilpflanzen in den mittelalterlichen Bauerngärten und anschließende Verwilderung auch gezielt durch den Menschen ausgebreitet (Ethelochorie).

L. nummularia ist heute eine beliebte, bodendeckende Zierpflanze und verwildert zum Teil aus der Kultur. Sie breitet sich fast ausschließlich vegetativ mit Hilfe ihrer bis zu 50 cm langen Ausläufer aus, die sich bewurzeln und abtrennen (Blastochorie, eine Form der Selbstausbreitung).

Nutzung:

Heute ist die Heilwirkung beider Arten in Vergessenheit geraten. *L. vulgaris* wurde früher bei Skorbut, Diarrhoe, Fieber und Geschwüren verabreicht. Als Hustenmittel kam *L. nummularia* zur Anwendung. In Osteuropa wurde die Pflanze auch gegen Durchfall, Rheuma, Blutungen und Schwindsucht angewendet.

Vorkommen:

Beide Arten kommen in gemäßigten Gebieten Europas und Asiens vor. *L. nummularia* ist heute als Zierpflanze in weiten Teilen der Welt verbreitet.

Bild 1: *Lysimachia nummularia*. Die Blüten sind steril und entwickeln deshalb keine Früchte. **Bild 2-3:** *L. vulgaris*. **Bild 2:** Etwa 1,5 cm breite, goldgelbe Blüten. Die 5 Staubblätter sind mit ihren Filamenten zu einer Röhre verwachsen. Sie sind rötlich überzogen, dort sitzen die kleinen Drüsenhaare, die Öl abgeben. **Bild 3:** Ausschnitt aus einem Fruchtstand kurz vor der Fruchtreife. Die kugeligen Früchte werden vom verbleibenden Griffel gekrönt. Durch Farbstoffe ist die Fruchtwand rötlich gefärbt. Bei Fruchtreife sind die Kapseln braun gefärbt.

Die mediterran verbreitete Kleine Traubenhyazinthe (*Muscari botryoides*) ist eine beliebte Zierpflanze der Gärten Mitteleuropas. Aus einer kleinen Zwiebel entwickeln sich meist 2 lineare, breitrinnige, fleischige Blätter und ein etwa 20 cm hoher Blütenstengel. Dieser bildet eine kurze, dichte Blütentraube, auf die sich der Artname bezieht: griech. *botrys*=Traube. Die von April–Mai blühenden, nur 3–4 mm langen, nickenden Blüten sind blau gefärbt und geruchlos. Ihre Blütenhülle ist – wie für die Liliengewächse typisch – nicht in Kelch und Krone differenziert, sondern besteht aus 6 einfachen, miteinander verwachsenen Blütenhüllblättern (Perigon). Die Blütenhülle ist krugförmig und mit einem weißen zurückgebogenen Saum versehen. Im Inneren befinden sich der oberständige Fruchtknoten und 6 Staubblätter in 2 Kreisen. Der kleine, kugelförmige Fruchtknoten ist durch Scheidewände 3fächerig (coenokarp-synkarp) und geht in einen fadenförmigen Griffel mit 3lappiger Narbe über. Der Nektar wird in den Scheidewänden des Fruchtknotens gebildet. Dort befinden sich Septaldrüsen, die den Nektar in kleinen Tropfen durch die Wand des Fruchtknotens nach außen abgeben, wo er dann für die Besucher zugänglich ist.

nen und Hummeln. In Südeuropa kann man oft auch eine auffällig behaarte Fliege, den leicht mit einer kleinen Hummel zu verwechselnden Hummelschweber, als häufigen Bestäuber beobachten.

Frucht:

Die Kapseln innerhalb der Gattung sind sehr ähnlich gestaltet. Es handelt sich um scharf 3kantige, geflügelte Spaltkapseln. Unreife Kapseln sind fleischiggrün, während die dünne Kapselwand bei Reife austrocknet und pergamentartig wird. Dabei öffnet sich jedes Fach mit einem Längsriß entlang seiner Mittelrippe (lokulizide=fachspaltige Öffnung). Die Kapseln von *M. botryoides* sind im Gegensatz zu den nickenden Blüten waagrecht orientiert. Dies kommt durch postflorales Wachstum des Blüten- bzw. Fruchtstiels zustande. Auch der Stengel hat sich verlängert, so daß die Früchte nun deutlich voneinander entfernt sind. Bei den beiden hier genannten Arten befinden sich in jedem Fach 1–2 schwarze, bis 2,5 mm lange, eiförmige Samen mit runzeliger Oberfläche.

Ausbreitung:

Beide *Muscari*-Arten breiten ihre Samen mithilfe des Regens aus (Ombrochorie). Sind die unbenetzbaren Kapseln einmal geöffnet, verschließen sie sich im Gegensatz zu vielen anderen Kapseln auch bei Regen nicht mehr. Dadurch werden ihre Samen von aufprallenden Regentropfen aus den engen Fächern geschleudert. Es handelt sich um Regenballisten, deren Samen als Regenschwemmlinge bei andauerndem Regen weiter fortgeschwemmt werden können. Beide Arten werden auch als Windstreuer ausgebreitet (Semachorie).

Bedeutend ist bei beiden Arten die Fernausbreitung durch den Menschen (Ethelochorie). Die im Mittelmeerraum heimischen Arten fielen den Modeerscheinungen Mittel- und Westeuropas anheim. So wurden sie, gemeinsam mit weiteren *Muscari*-Arten, Narzissen und Tulpen in der von 1560–1620 dauernden, sogenannten orientalischen Phase als Zierpflanzen eingeführt. Diese ethelochor ausgebreiteten Pflanzen betätigten sich schon bald als Gartenflüchter und konnten sich stellenweise in Deutschland als Neophyten auf trockenen Standorten einbürgern.

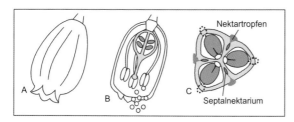

Abb. 8-16: *Muscari botryoides*. A: Blüte mit kronblattartiger, 6zipfeliger Blütenhülle. B: Blüte längs. C: Fruchtknoten quer. In den Scheidewänden befinden sich die Septalnektarien. Die späteren lokuliziden Trennlinien der Kapsel sind gestrichelt dargestellt.

Wesentlich auffälligere, langgestreckte Blütentrauben (Blütezeit Mai–Juni) bildet die bis 60 cm hohe Schopfige Traubenhyazinthe (*Muscari comosum*). An der Spitze des Blütenstandes bilden langgestielte, aufrechte, violette Blüten einen auffälligen Schopf (lat. *comosus*=schopfig). Sie dienen allein der optischen Anlockung und sind unfruchtbar. Unter diesen befinden sich die fertilen, olivfarbenen Blüten in einer reichblütigen Traube. Diese unscheinbaren kleinen, kurz gestielten Blüten besitzen kleine, weiße Zipfel.

Blütenbiologisch handelt es sich bei beiden *Muscari*-Arten um hängende Blumen mit Streukegel. Der klebrige Pollen rieselt auf den Besucher, wenn dieser sich an der Blütenhülle festklammert. Bestäuber sind Bie-

Vorkommen:

Beide Arten sind im Mittelmeerraum beheimatet und dort auf Kulturland, Trockenrasen und Garigues zu finden. In warmen Gebieten Mitteleuropas wachsen sie stellenweise in Obst- und Weingärten, auf Bahn- und Straßenböschungen sowie Trockenrasen. Sie sind in Deutschland aufgrund ihres seltenen Vorkommens nach der Roten Liste als gefährdet eingestuft.

Bild 1-2: *Muscari botryoides.* **Bild 1:** Blütentrauben mit kleinen, aneinander geschmiegten, hängenden Blüten. **Bild 2:** Rechts reife Kapseln kurz vor der Öffnung. Links im Bild sind die fachspaltig geöffneten Kapseln zu sehen. Die Samen fallen nur schwer aus den engen Fächern. Sie benötigen die Energie der herabfallenden Regentropfen bzw. starke Winde um abgelöst und aus den Öffnungen geschleudert zu werden. **Bild 3:** *M. comosum.* Habitus. Der violette Schopf besteht aus sterilen Blüten, die der Anlockung dienen. Erst darunter befinden sich in sehr lockerer Traube die unauffälligen, fertilen Blüten.

Die Jungfer im Grünen (*Nigella damascena*) ist eine einjährige, in Mitteleuropa beliebte Gartenpflanze. Sie stammt aus dem Mittelmeergebiet, wo sie auf Kultur- und Brachland wächst. Die einzeln stehenden, attraktiven blauen Blüten erscheinen von Mai–August und sind von einem Kranz haarförmig zerschlitzter Hochblätter umgeben. Die anmutige Pflanze ist die klassische Symbolblume der verschmähten Liebe: Junge Frauen gaben nicht erwünschten Freiern durch diese Blume ihre Ablehnung zu verstehen.

An dem aufrechten, bis 45 cm hohen, verzweigten Stengel bilden sich zahlreiche 5zählige Blüten. Typisch für die gesamte, zur Familie der Hahnenfußgewächse gehörende Gattung ist, daß die Funktion von Kelch und Krone vertauscht wurde: Die 5 großen, blau gefärbten Kelchblätter sind kronblattartig ausgebildet und übernehmen die optische Anlockung. Die eigentlichen Kronblätter sind umgewandelt in kleine, 2lippige Honigblätter, die kreisförmig vor den Staubblättern angeordnet sind. Die zahlreichen Staubblätter stehen in Gruppen um den Fruchtknoten. Der kompakte, oberständige Fruchtknoten ist durch Scheidewände meist 5fächerig (coenokarp-synkarp).

Um eine Selbstbestäubung auszuschließen, sind die Blüten vormännlich. Tag für Tag biegen sich die Staubblätter einer Gruppe nach außen und öffnen ihre Beutel. Die Griffel sind anfangs aufrecht und krümmen sich während der Blütezeit ebenfalls durch Wachstumsbewegungen nach unten. Schließlich, wenn alle Staubbeutel entleert sind, stehen die langen Griffel fast waagerecht ab. Die geräumigen Blüten bieten eine Art Rundgang unter den laternenförmig gebogenen Staubblättern. Beim Besuch einer Blüte im männlichen Stadium bedient sich der am Nektar interessierte Besucher an den Nektarien und gleichzeitig wird sein Rücken durch die nach unten geöffneten Staubbeutel eingestäubt. Beim Besuch einer älteren Blüte – nun mit reifen Narben – geben die Besucher auf ähnliche Weise ihren mitgebrachten Pollen an die herabhängenden Narben ab. Nur Hummeln und Bienen können aufgrund ihrer langen Saugröhren an den Nektar gelangen. Oft kann man auch Schwebfliegen beobachten, die den Pollen ablecken, aber nicht der Bestäubung dienen.

Frucht:

Nach der Befruchtung entwickelt sich der walzenförmige Fruchtknoten zu einer etwa 3 cm langen Porenkapsel. Bei Reife ist die zarte Fruchtwand infolge Austrocknung pergamentartig und mit breiten violetten Längsstreifen gekennzeichnet. Der Hochblattquirl ist infolge Austrocknung hochgeschlagen und hat sich um die Frucht gelegt. Wenn eine Kapsel bewegt wird, hört man die zahlreichen, von ihren Stielchen abgelösten Samen rascheln. Die Samen sind querrunzelig

und wie die Samen der gesamten Gattung schwarz gefärbt (lat. *nigellus*=schwärzlich). Gemahlene Samen besitzen einen sehr intensiven Waldmeistergeschmack, man kann sie zum Verfeinern von Süßspeisen verwenden. Die Gattung *Nigella* bildet als einzige unter den Hahnenfußgewächsen Kapseln aus.

Ausbreitung:

Die Porenkapseln von *N. damascena* öffnen sich im Spätsommer durch Austrocknung an ihrer Spitze mit 5 Löchern. Unter dem Griffel reißen die Bauchnähte, mitunter auch die Rückennähte jedes Fruchtblattes auf einer Länge von rund 7 mm auf, so daß schlitzförmige Löcher entstehen. *N. damascena* ist ein Wind- und Tierstreuer (Semachorie). Der verlängerte Stengel ist bei Fruchtreife elastisch, die blasige Kapsel dient als Windfang, so daß die gesamte Pflanze vom Wind hin und her bewegt wird. Die relativ großen Samen werden sehr allmählich aus den kleinen Löchern herausgeschleudert. Die abgeknickten, verlängerten, starren und an der Spitze leicht hakigen Griffel sowie der Hochblattquirl bleiben leicht im Fell vorbeistreifender Tiere hängen, so daß beim Zurückschnellen der Pflanze ebenfalls Samen ausgestreut werden.

Durch die gezielte Ausbreitung durch Handel und Aussaat gelangte die mediterrane Pflanze als Zierpflanze in die mittelalterlichen Bauerngärten Mitteleuropas (Ethelochorie). Als Neophyt ist *N. damascena* heute in Österreich, Schweiz, Belgien, Holland, Polen und der Tschechischen Republik eingebürgert, nicht jedoch in Deutschland. Der nah verwandte Akker-Schwarzkümmel (*Nigella arvensis*), ebenfalls ein typischer Wind- und Tierstreuer, ist früher als Kulturbegleiter mit dem Getreide aus dem östlichen Mittelmeerraum nach Mitteleuropa gekommen und hatte um 1850 seine maximale Verbreitung als Ackerwildkraut (Speirochorie). Heute ist der Archäophyt infolge der tiefgreifenden Verbesserungen in der Saatgutreinigung von fast allen Äckern verschwunden.

Vorkommen:

Als Heimat von *N. damascena* gilt, wie fast für die gesamte Gattung, das Mittelmeergebiet und Kleinasien. In Mitteleuropa ist die Pflanze nur in Gärten zu finden, selten kommt sie auch verwildert vor.

Nigella damascena. **Bild 1:** Blüte im weiblichen Stadium. Im Zentrum ist der kompakte Fruchtknoten erkennbar, dessen Griffel nach unten gebogen sind. **Bild 2:** Fast reife, aufgeblasene Kapsel. **Bild 3:** Geöffnete Porenkapsel von oben. Die Bauchnaht ist im oberen Bereich geöffnet, zu geringem Anteil auch die Rückennaht. Durch diese schlitzförmigen Löcher werden die Samen allmählich ausgestreut.

ie Gewöhnliche Nachtkerze (*Oenothera biennis*) ist eine zweijährige, bis 1 m hohe Pflanze der Ruderalflächen. Im ersten Jahr entwickelt sie eine Blattrosette, erst im zweiten Jahr wird ein wenig verzweigter, traubiger Blütenstand gebildet (Blütezeit Juni-September). Die großen, auffälligen, gelben Blüten sind 4zählig und sitzen in der Achsel eines Tragblattes. Sie sind unterständig, dem langen, röhrenförmigen Blütenbecher sitzen oben Kelch-, Kron- und Staubblätter an. Im Blütenbecher eingeschlossen befindet sich der 4fächerige, unterständige Fruchtknoten. Oberhalb des Fruchtknotens verengt sich der Blütenbecher und umgibt den mehrere Zentimeter langen Griffel, dessen 4 Narben schließlich am Blüteneingang den Bestäubern zugänglich sind.

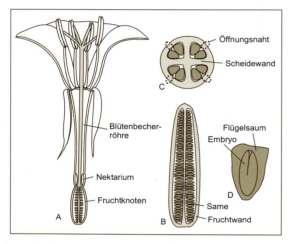

Abb. 8-17: *Oenothera biennis.* A: Blüte längs mit unterständigem Fruchtknoten und langem Griffel. B: Kapsel längs. C: Kapsel quer. D: Same längs.

Blütenbiologisch handelt es sich um vormännliche Stieltellerblumen. Erst wenn die Staubbeutel entleert wurden, sind die Narben reif. Angelockt werden die Bestäuber durch die leuchtend gelben Kronblätter, die für den Menschen unsichtbare Strichsaftmale besitzen. Oberhalb des Fruchtknotens wird Nektar gebildet, der nur langrüsseligen Insekten zugänglich ist. Die Blüten öffnen sich abends ab etwa 18 Uhr (Name!) und bleiben bis zum nächsten Mittag geöffnet. Die nachts am intensivsten, süßlich duftenden Blüten werden durch Nachtfalter bestäubt. Ein Nachtfalter wurde wegen seiner Vorliebe für den Nektar der Pflanze Nachtkerzenschwärmer genannt. Tags werden die Blüten durch nektarsaugende Honigbienen, Hummeln und Tagfalter bestäubt.

Frucht:

Nach dem Verblühen fällt die Röhre des Blütenbechers oberhalb des Fruchtknotens ab und es entwickelt sich aus dem unterständigen Fruchtknoten eine bis 3 cm lange, stumpf 4kantige Spaltkapsel. Jedes der 4 Fächer reißt bei Reife an seiner Rückennaht (lokulizide Öffnung) infolge Austrocknung von der Spitze bis zur Mitte auf. Die verholzte Fruchtwand wird dabei in 4 starren Klappen nach außen gebogen. Im Inneren befinden sich etwa 200, rund 1 mm lange, 3kantige Samen mit häutigem Flügelsaum.

Ausbreitung:

O. biennis ist ein perfekter Wind- und Tierstreuer (Semachorie). Bis in den Winter hinein werden die Samen ausgebreitet. Die senkrecht orientierten Kapseln streuen ihre weniger als ein tausendstel Gramm schweren Samen durch Windbewegungen bzw. durch vorbeistreifende Tiere allmählich aus. Anschließend werden die Samen mithilfe ihres Saumes als Flieger durch den Wind ausgebreitet (Meteorochorie).

O. biennis ist ein Neophyt, der Anfang des 17. Jahrhunderts als Zierpflanze von Nord-Amerika nach Europa, vermutlich als erstes nach England, eingeführt wurde (Ethelochorie). Bald verwilderte sie aus den Gärten, wo sie auch als Gemüsepflanze angebaut wurde, und verbreitete sich über ganz Europa. Sie bürgerte sich so schnell ein, daß sie heute kaum jemand als nichtheimische Pflanze betrachten würde. Besonders dem verstärkten Ausbau des Eisenbahnnetzes, aber auch der Kanalschiffahrt – die Samen gelangten ins Frachtgut (Agochorie) – verdankt sie die weiträumige und schnelle Ausbreitung. Die gern als Eisenbahnpflanze bezeichnete *O. biennis* ist vor allem auf Bahngelände und Industriebrachen zu finden.

Nutzung:

Den Indianern war *O. biennis* schon sehr früh als heilkräftige Pflanze bekannt und wurde beispielsweise bei Rückenleiden angewandt. Das aus den Samen gewonnene Öl enthält einen hohen Anteil an der für den Menschen lebenswichtigen Gamma-Linolensäure. Als Nachtkerzenöl wird es noch heute in der Naturheilkunde eingesetzt. Neben ihrer Nutzung als Zierpflanze, wurde *O. biennis* früher auch als Gemüse kultiviert. Die fleischigen, etwas bitteren Wurzeln wurden als gelbe Rapunzel und Schinkenwurzel bezeichnet. Ihre ehemalige Bedeutung ist trotz der weiten Verbreitung heute jedoch in Vergessenheit geraten.

Vorkommen:

Heute kommt *O. biennis* in ganz Europa, in Vorderasien, Ostasien sowie in ihrer Heimat Nordamerika auf Bahndämmen, Sandfeldern und Ruderalflächen vor.

Oenothera biennis. **Bild 1:** Einblick in eine Blüte im weiblichen Stadium, die Staubblätter sind verwelkt. **Bild 2:** Blütenstand mit zum Teil verwelkten Blüten und unreifen Früchten. Die etwa 4 cm lange, hellgrüne Blütenbecherröhre mündet in den unterständigen, kräftig grün gefärbten Fruchtknoten. Im Vordergrund sitzen mehrere unreife Kapseln. **Bild 3:** Reife, an der Spitze geöffnete Spaltkapsel.

Der in Mitteleuropa heimische Wald-Sauerklee (*Oxalis acetosella*) ist eine kleine, ausdauernde Pflanze der schattigen Wälder. Die 3zähligen, herzförmigen Blättchen klappen bei Regen, trübem Wetter und Dunkelheit nach unten. Namensgebend für die gesamte Gattung ist der Gehalt an giftiger Oxalsäure und Kleesalz, die den sauren Geschmack hervorrufen (griech. *oxys*=sauer, *hal, halis*=Salz). Die einzeln an einem langen Blütenstiel aus den Laubblättern emporragenden Blüten erscheinen von April–Mai und öffnen sich nur bei Sonne. Eingeleitet werden die strahligen, 5zähligen Blüten von kleinen, ovalen Kelchblättern. Es folgen die weißen, violett geaderten Kronblätter, die am Grund einen gelben Fleck besitzen. Beide Färbungen stellen Saftmale dar, die zu dem an der Basis der Kronblätter verborgenen Nektar weisen. 10 weiße Staubblätter säumen den länglichen, 5fächerigen Fruchtknoten (coenokarp-synkarp) mit seinen 5 freien Griffeln.

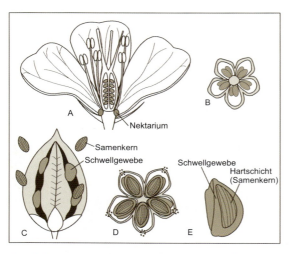

Abb. 8-18: *Oxalis acetosella*. A: Blüte längs. B: Fruchtknoten quer. C: Durch Längsspalten geöffnete Kapsel mit herausschleudernden Samenkernen. Das Schwellgewebe, die äußere Hülle der Samenschale, bleibt an der Kapsel zurück. D: Geschlossene Kapsel quer. Markiert sind die 5 rückenspaltigen Öffnungslinien der Fächer. E: Die äußere Schicht der Samenschale ist als Schwellgewebe ausgebildet, darunter liegt der Samenkern mit dem Embryo.

Oftmals kommt es zur Selbstbestäubung, die sogar bei geschlossenen Blüten (Kleistogamie) stattfindet. Häufig werden die nektarführenden Scheibenblumen aber auch von Bienen, Erdhummel und Käfern bestäubt.

Eine nah verwandte, sehr ähnliche Art ist der eingebürgerte, gelb blühende Europäische Sauerklee (*O. fontana*), den man in Gärten, im Obstanbau, auf Schuttplätzen und Äckern finden kann. Die von Juni–Oktober blühenden Blüten sind nur vormittags geöffnet.

Frucht:

Die 5kantigen, bei Reife grünen und saftigen Kapseln des Sauerklees sind klein und unscheinbar. *O. fontana* entwickelt etwa 12 mm lange, schmale, zugespitze und abstehend behaarte Kapseln mit rund 60 Samen. Die kleineren Kapseln des *O. acetosella* sind eiförmig. Typisch für die gesamte Gattung ist der Quetschmechanismus, mit dem die Samen explosionsartig weggeschleudert werden. Das Ausschleudern der Samen wird jedoch nicht von der Frucht, sondern von den dicht übereinander gestapelten Samen selbst bewirkt. Die äußere Schicht der Samenschale besteht aus einem weißen Schwellgewebe aus großen, dünnwandigen Zellen, das bei unreifen Samen Stärke enthält, die später bei Reife in Zucker umgewandelt wird. Dadurch steigt der osmotische Druck stetig an und die Zellen dehnen sich immer stärker aus. Nach innen folgt eine Hartschicht aus dickwandigen, gerippten Zellen, die als unbewegliches Widerlager dient. Ist ein hoher osmotischer Druck (16–17 bar) des Schwellgewebes erreicht, reißt dieses plötzlich auf und die 1 mm langen Samenkerne werden mitsamt der sie umschließenden rotbraunen Hartschicht unter hohem Druck aus dem Schwellgewebe heraus gequetscht. Gleichzeitig reißt die dünne Fruchtwand an jedem Samenfach infolge der Druckzunahme durch je einen Längsspalt auf (lokulizide Öffnung) und die Samenkerne – der von der Hartschicht umhüllte Embryo – werden durch die Öffnung katapultiert. Das Schwellgewebe der Samen bleibt zurück.

Ausbreitung:

Beide Sauerklee-Arten sind ballochore Selbstausbreiter (Autochorie), die als Saftdruckstreuer ihre Samen bis etwa 2,3 m ausstreuen können. Bei Fruchtreife sind die Kapseln durch eine postflorale Verlängerung des Blütenstiels aufgerichtet, damit die Samenkerne eine bessere Flugbahn erhalten. Wichtig für die Gattung ist jedoch auch die vegetative Vermehrung durch die weithin kriechenden, verzweigten Grundachsen (blastochore Autochorie).

Im Gegensatz zu dem in Mitteleuropa heimischen *O. acetosella* wurde *O. fontana* 1807 aus Nord-Amerika – vermutlich mit dem Transport von Gütern (Agochorie) – eingeschleppt und hat sich seit etwa 200 Jahren bei uns als Neophyt eingebürgert.

Vorkommen:

O. acetosella wächst in krautreichen Wäldern auf sauren, frischen Böden Europas, Asiens und Nord-Amerikas. Der aus Nord-Amerika stammende *O. fontana* kommt heute auch in Süd- und Mitteleuropa vor.

Bild 1: *Oxalis acetosella*. Habitus der Pflanze mit eingeschlagenen, herzförmigen Blättchen. **Bild 2-4:** *O. fontana*. **Bild 2:** Blüte von oben betrachtet. **Bild 3:** Reife, etwa 12 mm lange Kapseln unmittelbar vor der Öffnung. Zwischen den beiden Kapseln befindet sich eine wesentlich jüngere Frucht. An der Basis der Kapseln verbleiben die 5 Kelchblätter. **Bild 4:** Reife Kapsel mit herausgequetschten, etwa 1 mm langen, rotbraunen Samenkernen (Embryo und Hartschicht der Samenschale). Das weiße Schwellgewebe der Samen bleibt in den Haaren der Fruchtwand kleben. Nicht immer werden alle Samenkerne fortgeschleudert, einige bleiben auch an den kurzen Haaren der Kapselwand hängen.

Der von Mai–Juli blühende Klatsch-Mohn (*Papaver rhoeas*) ist ein altes, heute selten gewordenes Ackerwildkraut. Die einjährige, bis 90 cm hohe, abstehend behaarte Pflanze bildet durch Anthocyane auffällig rot gefärbte Blüten. Die beiden borstig behaarten Kelchblätter fallen bei der Blütenentfaltung ab. Die 4 rundlichen, typisch zerknitterten Kronblätter besitzen am Grund oft ein tiefschwarzes, fleckiges Saftmal. Zahlreiche, dunkle Staubblätter umgeben den großen, oberständigen, griffellosen Fruchtknoten. Dieser endet mit einer kompakten, kegelförmigen Narbenplatte aus etwa 10 Narbenstrahlen. Der Fruchtknoten ist durch sogenannte falsche Scheidewände – sie sind eine Bildung der Plazenta – in etwa 10 Fächer aufgeteilt. In diesen sitzen die zahlreichen Samenanlagen.

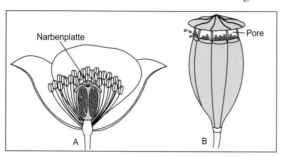

Abb. 8-19: *Papaver rhoeas*: A: Blüte längs. B: Porenkapsel. Wie ein Strohhut sitzt die Narbenplatte an der Spitze der Kapsel. Die Poren entstehen durch Abrollen der Fruchtwand unterhalb der Narbenplatte. Aus den Öffnungen werden die Samen gestreut.

Blütenbiologisch handelt es sich um einfach gebaute, große Scheibenblumen, die von Juni–August erblühen. Eine einzige Blüte bildet über 2,5 Millionen Pollenkörner. Das überaus reichliche Angebot an Pollen dient zahlreichen Bestäubern, hauptsächlich Bienen, Hummeln, Käfern und Fliegen, als Verköstigung. Als Anflugplatz dient die Narbenplatte. Die rotblinden Bienen und Hummeln werden über das dunkle Saftmal und die dunklen Staubblätter angelockt. In Blütenbau und Bestäubungsbiologie sehr ähnlich ist der mediterrane, ebenfalls rot blühende Hybrid-Mohn (*P. hybridum*).

Frucht:

Aus dem Fruchtknoten entwickelt sich eine eiförmige, gefächerte, bei *P. rhoeas* bis etwa 1,5 cm lange Porenkapsel. Das Innere wird von zahlreichen winzigen, dunkelbraunen Samen ausgefüllt. Die Kapseln öffnen sich bei Reife mit kleinen Klappen direkt unter der Narbenplatte: Durch Sonne und Wind trocknet die Fruchtwand unter der Narbenplatte aus, reißt mit kurzen Längsrissen auf und rollt sich an jedem Fach über eine kurze Stecke nach unten ein. Dabei entstehen etwa 1–1,5 mm große Löcher. Diese Poren sind voneinander nur durch die nun sichtbaren falschen

Scheidewände getrennt. Bei Feuchtigkeit schließen sich die Poren, indem sich die eingerollten Fruchtklappen durch Quellung strecken. In der gesamten Gattung kann man die verschieden gestalteten Porenkapseln bewundern. *P. hybridum* bildet schlanke, mit weißen, aufwärts gerichteten Borsten besetzte Kapseln. Während sich *P. rhoeas* entsprechend der Anzahl der Fächer durch etwa 10 Poren öffnet, besitzen die Porenkapseln des *P. hybridum* 5–6 kleine Poren.

Ausbreitung:

Seine fast weltweite Verbreitung erlangte *P. rhoeas* als Kulturbegleiter des Ackerbaus (Speirochorie). Schon in der Steinzeit kam der im Mittelmeerraum beheimatete *P. rhoeas* nach Mitteleuropa (Archäophyt). Darüber hinaus ist er, wie auch die ganze Gattung, ein typischer Wind- und Tierstreuer (Semachorie), der seine zahlreichen kleinen Samen – eine Pflanze entwickelt etwa 20.000 Samen – ausschließlich bei trockenem Wetter ausstreut. Durch seinen langen, elastischen Stengel werden die sehr leichten Samen (0,08 mg) aus den aufrechten Porenkapseln gestreut. Die Narbenplatte und die kleinen Poren sorgen dafür, daß nicht zu viele Samen aufeinmal ausgestreut werden. Der mit steifen, klebrigen Haaren besetzte Stengel verfängt sich im Fell vorbeistreifender Tiere, beim Zurückschnellen die Samen ausgestreut. Die mit zahlreichen Borsten bewehrten Kapseln des *P. hybridum* dienen ebenso einer verbesserten Ausbreitung als Tierstreuer sowie als Fraßschutz.

Nutzung:

Ein findiger Biologe machte sich 1920 die Streuwirkung der Mohnkapseln zunutze. Auf der Suche nach einer Möglichkeit feine Bodenproben gleichmäßig auf einem Versuchsfeld zu verteilen, kam Raoul Heinrich Francé nach zahlreichen Fehlkonstruktionen auf die Idee, die Kapseln des Mohns dafür zu nutzen. Als Nebenprodukt entwickelte er dabei den Salzstreuer. Die Erfindung des Salzstreuers gilt heute als Pionierleistung einer neuen Forschungsrichtung, der Bionik, welche die Konstruktionsprinzipien und Verfahren der Natur für technische Erfindungen nutzt.

Weitaus nachhaltiger prägte jedoch der Schlafmohn (*P. somniferum*) die Kulturgeschichte des Menschen. Er gehört zu den ältesten Kulturpflanzen und wurde vermutlich schon früh – mindestens seit der Römerzeit – als Rauschmittel eingesetzt. Durch Anritzen der noch grünen Mohnkapsel gewinnt man den Milchsaft (Opium), der verschiedene Alkaloide enthält, die als Heil- wie Rauschmittel genutzt werden.

Vorkommen:

Der im Mittelmeergebiet heimische *P. rhoeas* ist heute fast weltweit verbreitet. *P. hybridum* wächst auf Kultur- und Brachland des Mittelmeerraumes.

Bild 1-2: *Papaver rhoeas*. **Bild 1**: Etwa 1 cm lange Porenkapsel mit Blick auf die Narbenplatten (links reife, rechts vor der reife stehende Kapsel) **Bild 2**: Kapseln von der Seite. **Bild 3-4**: *P. hybridum*. **Bild 3**: Borstig behaarte, etwa 1 cm lange Kapseln, unter der Narbenplatte sind die Poren zu erkennen. **Bild 4**: Blüte mit blauer Narbenplatte und blauen Staubblättern.

Typische Frühblüher Mitteleuropas sind die Primeln, worauf auch der Gattungsname lat. *prima*=die erste, verweist. Von den etwa 500 Primeln sind rund 200 Arten in Westchina beheimatet. Primeln zeigen einen sehr einheitlichen Bau. Sie besitzen eine grundständige Rosette aus runzeligen, derben Blättern. Der blattlose Stengel geht oben in eine Dolde mit mehreren gelben, weißen oder rosa-violetten, meist duftenden und leicht hängenden Blüten über. Einzig bei der Stengellosen Schlüsselblume (*P. acaulis*, Synonym *P. vulgaris*) ist der Stengel stark verkürzt. Die 5 Kronblätter sind am Grund zu einer Röhre verwachsen und oben tellerförmig ausgebreitet (Stieltellerblume). Die Kronröhre wird von einem verwachsenen, 5zipfeligen Kelch umgeben. Der oberständige, einfächerige Fruchtknoten besteht aus 5 vollständig miteinander verwachsenen Fruchtblättern, die Samenanlagen sitzen zentral an einer dicken Plazenta, was für alle Primelgewächse typisch ist. Die 5 Staublätter sind mit der Kronröhre verwachsen.

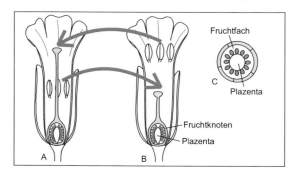

Abb. 8-20: Heterostylie bei *Primula*. A: Langgriffelige Form. B. Kurzgriffelige Form. Fruchtknoten mit zentraler Plazenta. C: Einfächeriger Fruchtknoten quer.

Primeln sind *das* Schulbuchbeispiel für Heterostylie, d. h. sie besitzen innerhalb der gleichen Art Blüten mit 2 unterschiedlichen Griffellängen, um eine Selbstbestäubung zu verhindern. Bei der langgriffeligen Form steht die kopfige Narbe am Kronröhreneingang, die Staubblätter sitzen unten in der Kronröhre. Bei der kurzgriffeligen Form befinden sich die Staubbeutel am Kronröhreneingang. Da die Blütenbesucher immer gleich tief in die Blütenröhre kriechen, wird gewöhnlich der Pollen der hochsitzenden Staubblätter auf die hochstehenden Narben, und der Pollen der tiefsitzenden Staubblätter auf die tiefen Narben gebracht und dadurch die Fremdbestäubung gefördert. Bestäuber der Hohen Schlüsselblume (*P. elatior*) und Wiesen-Schlüsselblume (*P. veris* L.) sind langrüsselige Zweiflügler wie Hummeln und Falter. Die nachts am stärksten duftende *P. acaulis* wird von Nachtfaltern bestäubt. Wegweiser sind die orangefarbenen Saftmale, die zum Blüteneingang zeigen.

Frucht:

Aus dem Fruchtknoten der Primeln entwickelt sich eine Kapsel, die sich an der Spitze mit mehreren Zähnchen öffnet. Der Kelch verbleibt und ist bei der reifen Frucht leicht aufgeblasen. Bei *P. elatior* besitzen die schlanken, 10–15 mm langen Kapseln lanzettliche Zähnchen, der Kelch ist deutlich länger als die Frucht. Im Gegensatz dazu sind die leicht bauchigen, etwas kleineren Kapseln von *P. veris* fast vollständig vom Kelch umhüllt. Die eiförmigen, unter 10 mm langen Kapseln von *P. acaulis* werden durch die langen Kelchzipfel verdeckt. Die Öffnung der Zahnkapseln erfolgt durch Austrocknung der Kapselwand, dabei reißt die Kapselspitze an mehreren kurzen, senkrecht verlaufenden Trennlinien ein und klappt mit kleinen Zähnchen nach außen.

Ausbreitung:

Fast alle Primel-Arten sind typische Windstreuer (Semachorie): Der Stengel verlängert sich während der Fruchtentwicklung und wird elastisch. Die ehemals hängenden Blüten sind nun als Früchte aufrecht orientiert und werden dadurch besser dem Wind präsentiert. Der leicht aufgeblasene Kelch von *P. elatior* sowie der wesentlich größere und stark aufgeblasene Kelch von *P. veris* dienen als Windfang. Bei trockenem Wetter öffnen sich die Zähnchen und die bis 2 mm langen, dunkelbraunen, stark warzigen Samen werden vom Wind allmählich ausgestreut. Bei Feuchtigkeit quellen die Zellwände und die Zähnchen verschließen die Öffnung, so daß die Ausbreitung gestoppt wird. Die abgespreizten Zähnchen der *P. elatior* dienen auch der Ausbreitung als Tierstreuer.

Dagegen bedient sich *P. acaulis* der Ameisen (Myrmechorie). Der kurze Stengel erschlafft und die Kapseln gelangen auf den Boden. Die braunen Samen rollen aus der Kapsel (Autochorie). Da sie ein nahrhaftes Elaiosom – Bildung des Funikulus der Samenanlage – besitzen, werden sie von Ameisen in den Bau eingetragen und so ausgebreitet. *P. acaulis* wird als beliebte Gartenpflanze auch gezielt durch den Menschen ausgebreitet (Ethelochorie). Die die Felsregionen Chinas schmückende Chinesische Primel (*P. chinensis*) ist dagegen ein Selbstableger: Die Kapseln werden in Felsspalten abgelegt, die Samen rollen heraus und keimen.

Vorkommen:

Besonders an Bächen und in lichten Laubwäldern wächst die in West- und Südeuropa heimische *P. acaulis*. Die auf Trockenwiesen wachsende *P. veris* und die etwas feuchtere Standorte bevorzugende *P. elatior* kommen in fast ganz Europa und Teilen Asiens vor.

Bild 1-2: *Primula elatior*. **Bild 1:** Blütenstand, der Blüteneingang ist durch orange Saftmale markiert. **Bild 2:** Aufgerichtete, 12 mm lange, durch abspreizende Zähnchen geöffnete, schmale Kapseln. **Bild 3:** *P. veris*. Reife, ein wenig bauchige Zähnchenkapseln auf langem Stengel. Die Zähnchen sind nach außen eingerollt. **Bild 4-5:** *P. acaulis*. **Bild 4:** Habitus. **Bild 5:** Reife, auf den Boden hängende Früchte, die vollständig vom grünen Kelch verdeckt sind.

Auf trockenen, warmen Standorten – besonders an Bahndämmen und Wegrändern – wächst der Gelbe Wau (*Reseda lutea*). Die ein- bis mehrjährige Staude wird etwa 80 cm hoch. Ihre Laubblätter sind 3- bis fiederteilig mit langen, schmalen Abschnitten. Zahlreiche kleine, hellgelbe Blüten sind in einer langen, kerzenförmigen Blütentraube angeordnet (Blütezeit Juni–September). Die nur wenige Millimeter großen, unauffälligen Blüten sitzen waagrecht orientiert auf 4–6 mm langen Blütenstielen dicht beieinander. Sie sind 6zählig, zwittrig und dorsiventral. Alternierend zu den schmalen Kelchblättern stehen die hellgelben (lat. *luteus*=gelb), lappig zerschlitzten Kronblätter. Die zahlreichen gelben Staubblätter, die sich nacheinander öffnen, umgeben den Fruchtknoten. Dieser besteht aus 3 vollständig miteinander verwachsenen Fruchtblättern. In seinem einzigen Fach sind die Samenanlagen in 3 wandständigen Samenleisten angeordnet. Ein Griffel fehlt, der Fruchtknoten endet mit 3 kurzen, wulstigen, sitzenden Narben.

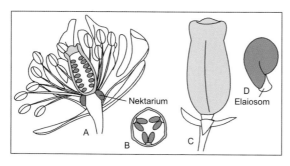

Abb 8-21: *Reseda lutea.* A: Blüte längs. B: Einfächeriger Fruchtknoten quer. C: Kapsel mit kurzem Fruchtträger. D: Same mit Elaiosom.

Für Blütenpflanzen sehr ungewöhnlich ist der nach oben offene Fruchtknoten von *R. lutea*. Normalerweise stellt der Fruchtknoten eine nach außen abgeschlossene Einheit dar.

Unterhalb des Fruchtknotens liegt ein ringförmiges Nektarium, das eine Bildung der Blütenachse darstellt. Obwohl die Blüten klein und unauffällig sind, werden sie von Insekten und nicht etwa vom Wind bestäubt. Als Anflugplatz dient der ein wenig aus der Blüte herausragende Fruchtknoten. Durch den leicht zugänglichen Nektar werden hauptsächlich Fliegen und Käfer sowie kurzrüsselige Bienen angelockt. Die zahlreichen Staubblätter bieten reichlich Pollen an. *R. lutea* dient als Wirtspflanze des Kohlweißlings, der seine Eier auf der Blattunterseite ablegt.

Frucht:

Aus dem etwa 3 mm langen Fruchtknoten entwickelt sich eine etwa 10 mm lange und bis 5 mm breite, unscheinbare Kapsel. An ihrer Basis verbleibt der vertrocknete Kelch. Infolge Wachstums des Blüten- bzw. Fruchtstiels sind die Kapseln nun aufrecht orientiert. Sie sind 3kantig und besitzen an der Spitze eine porenförmige Öffnung. Das Innere wird von den etwa 1,5 mm langen, nierenförmigen Samen ausgefüllt. Ihre Oberfläche ist bei Reife glatt, stark glänzend und schwarzbraun.

Da der Fruchtknoten schon zur Blütezeit an der Spitze offen war, ist auch die Kapsel während der gesamten Fruchtentwicklung geöffnet. Gesäumt wird die Öffnung von den verbleibenden Narben, die eine Art Kragen bilden. Es handelt sich um Porenkapseln. Bei Reife trocknet die dünne, pergamentartige Fruchtwand aus und man kann die durchscheinenden dunklen Samen erkennen. Sehr ähnliche Kapseln bilden auch die nah verwandte Färber-Resede (*R. luteola*) und die Garten-Resede (*R. odorata*).

Ausbreitung:

R. lutea ist ein Wind- und Tierstreuer (Semachorie). Der elastische Stengel des gesamten Fruchtstandes ist nun postfloral verlängert, die Kapseln sind aufrecht orientiert. Da die Pore mit einem Durchmesser von 2 mm für die 1,5 mm langen Samen sehr eng ist, werden die Samen nur allmählich ausgestreut. Die Fruchtwand ist bei Reife durch kurz abwärts gerichtete Borsten sehr rauh, so können sich vorbeistreifende Tiere als Tierstreuer betätigen.

Auch Ameisen dienen der Ausbreitung (Myrmechorie). Die Samen besitzen im Bereich ihres Stielchens (Funikulus) ein kleines, hellbraunes Häutchen. Es stellt ein fetthaltiges Elaiosom dar, das mitsamt des Samens von Ameisen eingesammelt und ausgebreitet wird.

Im Mittelmeerraum beheimatet, wanderte die Pflanze vor nicht allzu langer Zeit, vermutlich durch den Transport von Gütern (Agochorie), über die Alpen nach West- und Mitteleuropa ein. So ist sie besonders an den typischen „Einwanderungstoren" – auf den ruderalen Flächen von Bahn- und Hafenanlagen – zu finden. Aufgrund ihrer tiefen Wurzeln ist die Pflanze gegenüber den meisten Herbiziden resistent. *R. lutea* ist ein Neophyt, den man auf wärmeliebenden, ruderalen Standorten findet.

Vorkommen:

Die Heimat von *R. lutea* liegt im Mittelmeergebiet und in Nordafrika. Heute kommt die Pflanze in allen temperierten Zonen der Erde vor.

Reseda lutea. **Bild 1:** Ausschnitt aus dem traubigen, unscheinbaren Blütenstand mit winzigen, grüngelblichen Blüten. Im unteren Bereich ist deutlich eine Blüte erkennbar. Im Blütenzentrum befinden sich die 3 hellgrünen kurzen Narben. Es folgen die gelblichen Staubbeutel und die gelblichgrünen lappigen Kronblätter. **Bild 2:** Unreife Kapseln. Im Gegenlicht zeigt sich die borstige Behaarung der Fruchtwand. **Bild 3:** Reife, etwa 10 mm lange Porenkapseln mit nun ausgetrockneter, brauner Fruchtwand. An ihrer Spitze ist die Pore erkennbar, aus der die Samen gestreut werden.

Alle Vertreter der Gattung *Rhinanthus* sind einjährige Halbparasiten, die aus den Wurzeln verschiedener Blütenpflanzen zahlreiche Nährstoffe abzapfen. Sie führen selbst eine eingeschränkte Photosynthese durch und sind deshalb im Gegensatz zu den bleichen Vollparasiten von gelblich-grüner Farbe. Der Zottige Klappertopf (*R. alectorolophus*) wird bis 50 cm hoch und ist dicht behaart. Von Mai–September erscheinen seine gelben Blüten. Auffällig ist schon zur Blütezeit der gelblichweiße, mit 4 großen Zipfeln endende Kelch, dessen Außenflächen dicht zottelig behaart sind. Die zitronengelbe, 2lippige Krone ist etwa 2 cm lang und somit doppelt so lang wie der Kelch. Die helmförmig gebogene Oberlippe ist durch 2 kleine, violette Zähnchen gekennzeichnet, die als Saftmal den Blüteneingang markieren. Aufgrund ihrer ein wenig an eine Nase erinnernden Form wurde der botanische Gattungsname vergeben: griech. *rhinos*=Nase, *anthos*=Blüte. Die 3zipfelige Unterlippe liegt der Oberlippe dicht an, so daß der Blüteneingang verschlossen ist. Ober- und Unterlippe gehen in die bis 10 mm lange Kronröhre über. Dieser sitzen die 4 Staubblätter an. Der eiförmige, 2fächerige Fruchtknoten sitzt am Grund der Kronröhre und ist oberständig. Mithilfe ihres langen Griffels ragt die Narbe aus der Oberlippe heraus, während die Staubblätter im Inneren der Oberlippe verbleiben.

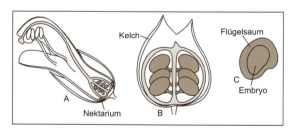

Abb. 8-22: *Rhinanthus angustifolius.* A: Blüte längs. B: Frucht mit Fruchtkelch längs. C: Same.

Beim Einkriechen in die Blüte berührt der Besucher auf der Suche nach dem am Blütengrund liegenden Nektar die Staubfäden, wodurch der Pollen aus den Staubbeuteln herabrieselt (Streueinrichtung). Blütenbiologisch handelt es sich um Lippenblumen, die von Bienen, Hummeln und Faltern bestäubt werden. Ist der Rüssel von Bienen und Hummeln nicht lang genug, beißen sie sich auch von außen kurzerhand durch Kelch und Kronröhre, um an den Nektar zu gelangen. Bei diesem „Mundraub" kommt es nicht zur Bestäubung.

Eine stattliche Höhe von über 1 m erreicht der sehr ähnliche Große Klappertopf (*R. angustifolius*). Aufgrund seiner fehlenden Behaarung, nur die Mündung

des Kelches ist etwas behaart, kann man die Pflanze jedoch leicht von R. alectorolophus unterscheiden.

Frucht:

Aus dem Fruchtknoten entwickelt sich eine 2fächerige, seitlich stark abgeflachte Spaltkapsel, die für die gesamte Gattung typisch ist. Sie bleibt unseren Blicken verborgen, da sie von dem sich während der Fruchtentwicklung vergrößernden, blasig aufgetriebenen Kelch umschlossen wird. Auch dieser ist seitlich abgeflacht. Die wenigsamigen Kapseln werden etwa 1 cm lang. Bei Reife reißen durch Austrocknung beide Fruchtfächer entlang ihrer Rückennaht bis zur Basis auf. Die Samen können jedoch durch den dicht anliegenden, längeren Kelch nicht herausfallen.

Die braunen, abgeflachten Samen beider Arten besitzen einen deutlichen Flügelsaum. Sie werden bei *R. angustifolius* 6–8 mm lang, während die Samen von *R. alectorolophus* nur maximal 6 mm erreichen. Zahlreiche Volksnamen beziehen sich auf das Klappern der losen Samen in den Kapseln bzw. Fruchtkelchen: Rasselkraut, Klapperkraut, Klöterdose, Klingeltopf. Da die sehr flachen, innerhalb der gesamten Gattung sehr ähnlichen Kapseln in ihrem Aussehen an Münzen erinnern, wurden die Pflanzen auch Judastaler, Groschenkraut oder Pfennigblume genannt.

Ausbreitung:

Die im Spätsommer bis Herbst reifen Samen der gesamten Gattung werden als Wind- und Tierstreuer allmählich ausgestreut (Semachorie). *R. alectorolophus* besitzt mit 5–6 mg recht schwere Samen und benötigt kräftige Winde, um ausgebreitet zu werden. Die mit 1 mg deutlich leichteren Samen von *R. angustifolius* werden zusätzlich als Segelflieger (Anemochorie) ausgebreitet. Als Wasserhafter bleiben die flachen Samen am Fell von Tieren kleben und werden mitgeführt (Epichorie). Früher wurde *R. alectorolophus* auch als Saatgutbegleiter von Getreide ausgebreitet (Speirochorie). Die beiden auf Wiesen wachsenden *Rhinanthus*-Arten werden auch durch Mahd und Heumachen verstreut: Der entstehende Staub wirbelt zahlreiche Diasporen in Wolken auf, die sich einige Meter entfernt wieder auf dem Boden niederlassen (Agochorie).

Vorkommen:

Der wärmeliebende *R. alectorolophus* wächst auf Halbtrockenrasen, armen Fettwiesen und an Getreidefeldern. Auf Tal- und Gebirgswiesen, sonnigen Hängen, Dünen und in trockenen, lichten Wäldern ist *R. angustifolius* zu finden.

Bild 1-2: *Rhinanthus angustifolius*. **Bild 1:** Ausschnitt aus dem Blütenstand. Jede der gestielten Blüten ist waagrecht orientiert und wird von einem dreieckigen, bleichgrünen, gesägten Tragblatt eingeleitet. Die gelbe Krone besteht aus einer Ober- und Unterlippe. **Bild 2:** Unauffälliger, brauner Fruchtstand mit reifen Kapselfrüchten, die vom großen, unbehaarten Kelch umschlossen werden. **Bild 3-4:** *R. alectorolophus*. **Bild 3:** Junger Fruchtstand. Der grünliche Kelch umschließt mit seinen Zipfeln die sich entwickelnde Kapsel vollständig . **Bild 4:** Reifer Fruchtstand. Die Kelchzipfel sind geöffnet, damit die Kapsel ihre Samen ausstreuen kann.

Die Alpenrosen sind reich verzweigte, wintergrüne Kleinsträucher der alpinen Regionen. Ihre ledrigen Blätter glänzen oberseits dunkelgrün und sind bei der Bewimperten Alpenrose (*Rhododendron hirsutum*) mit langen weißen Haaren besetzt. Die Blattunterseiten der Rostblättrigen Alpenrose (*R. ferrugineum*) sind rostfarben (lat. *ferrugo*=Rost). Die in Doldentrauben angeordneten, gestielten Blüten sitzen den Zweigenden an und blühen bei beiden Arten von Mai–Juli. Dem lanzettlichen Kelch folgt die glockige, mit 5 Zipfeln endende Krone, die bei *R. hirsutum* intensiv rosa, bei *R. ferrugineum* dunkelrot gefärbt ist. Die Blüten sind schräg aufrecht orientiert. Der oberständige, eiförmige Fruchtknoten wird von 10 Staubblättern umgeben. Er ist 5fächerig und birgt zahlreiche Samenanlagen. An seiner Basis befinden sich Nektarien, der abgeschiedene Nektar wird am Grund der Kronblätter gesammelt und von den behaarten Staubfäden vor Honigraub geschützt.

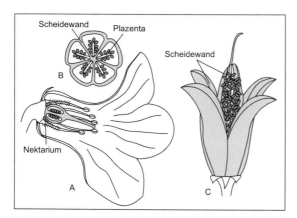

Abb. 8-23: *Rhododendron hirsutum.* A: Blüte längs. B: Fruchtknoten quer. Die leistenförmige Plazenta ragt tief in jedes Fach, an ihr sitzen die zahlreichen Samenanlagen. Durch 5 Scheidewände ist der Fruchtknoten 5fächerig. C: Entlang der Scheidewände geöffnete Spaltkapsel.

Bestäuber beider Arten sind hauptsächlich Hummeln und Honigbienen, selten auch Tagfalter. Sie müssen an Narbe und Staubblättern vorbei bis zum Blütengrund vordringen, um an den Nektar zu gelangen. Dabei werden sie eingestäubt bzw. streifen den mitgebrachten Pollen an der Narbe ab. Die Staubblätter öffnen sich an der Spitze durch zwei Poren und die herausquellenden, sehr klebrigen Pollenkörner bleiben am Besucher kleben. Oft wird auch die Krone von kurzrüsseligen Hummeln durchbissen, die so bequem an den Nektar gelangen ohne der Bestäubung zu dienen. Die Blüten sind vormännlich, wodurch eine Selbstbestäubung verhindert wird.

Frucht:

Im Sommer und Herbst entwickeln sich die 5fächerigen Spaltkapseln, die bei beiden *Rhododendron*-Arten sehr ähnlich sind. Die Kapseln von *R. hirsutum* sind etwa 6 mm lang, die von *R. ferrugineum* erreichen eine Länge von 6–8 mm. Die nun aufrechten, braunen Früchte sind oft von dem langen, vertrockneten Griffel gekrönt. Bei Reife öffnen sich die Spaltkapseln mit 5 Klappen an den heller gefärbten Verwachsungsnähten der Fruchtblätter, den Scheidewänden (septizide Öffnung). Im Zentrum steht eine 5fächrige Säule aus den leistenförmigen Plazenten des Fruchtknotens. Das Kapselinnere ist mit zahlreichen winzigen, hellbraunen Samen gefüllt.

Ausbreitung:

Die bei Reife aufrechten Kapseln sind Windstreuer, die ihre sehr leichten Samen bis zum Wintereinbruch ausstreuen (Semachorie). Ihre elastischen, verlängerten Fruchtstiele erzielen eine Länge von 3–8 cm, so daß die Früchte aus den Sträuchern ein wenig herausragen. Da die Fruchtklappen meist sehr weit geöffnet sind, pustet der Wind die Samen einfach heraus. Die unter 1 mm langen, sehr leichten, abgeflachten Samen sind Körnchenflieger, die durch den Wind über weite Strecken fortgetragen werden (Anemochorie). Zwischen Samenschale und Same befindet sich ein Luftraum, der das spezifische Gewicht des Samens herabsetzt. Bei Regen schließen sich die Kapseln, so daß die Ausbreitung auf günstige Wetterverhältnisse optimiert wird.

Nutzung:

Die gesamte, weltweit etwa 600 Arten umfassende Gattung besteht größtenteils aus Gebirgsbewohnern der Alpen, Tropen und Subtropen. In Mitteleuropa ist die zu den Heidekrautgewächsen zählende Gattung durch zahlreiche eingeführte, großblütige Zierarten in den Parkanlagen als Rhododendren und Azaleen bekannt geworden. Der Gattungsname (griech. *rhodon*=Rose und *dendron*=Baum) bezieht sich auf die rosenroten Blüten und deutet somit auf die Beliebtheit der Sträucher hin.

Vorkommen:

Beide Arten sind charakteristisch für die Zwergstrauchregionen der Alpen, Pyrenäen und Karpaten. *R. hirsutum* besiedelt mineralreiche Kalkböden und ist als Unterwuchs in lichten Bergförenwäldern verbreitet. Der Kleinstrauch ist auch ein Erstbesiedler sonniger, windgeschützter Felsen. Im Gegensatz hierzu meidet *R. ferrugineum* kalkhaltige Unterlagen. Der Strauch ist weniger kälteempfindlich als *R. hirsutum* und erreicht daher höhere Lagen, ist aber auch im Gegensatz zur vorgenannten Art, im Alpenvorland weit verbreitet.

Bild 1-2: *Rhododendron ferrugineum*. **Bild 1:** Blütenstand mit intensiv dunkelrot gefärbten, waagrecht orientierten Blüten. **Bild 2:** Reife, geöffnete Spaltkapseln im Herbst. Gut sichtbar heben sich die hellen Scheidewände
von den dunkelbraunen Klappen ab. **Bild 3:** *R. hirsutum*. Geöffnete Früchte im Winter. Aus ihnen ragen die verbleibenden Griffel heraus.

Der aus den Tropen und Subtropen Afrikas stammende Wunderbaum (*Ricinus communis*) ist im Mittelmeerraum weit verbreitet. Auffällig sind der meist rot überlaufene Stengel und die gelappten großen Laubblätter. Der Name (griech. *rikinos*=Wunderbaum) bezieht sich auf sein äußerst schnelles Wachstum, wodurch er innerhalb weniger Monate zu einer bis 3 m hohen, baumförmigen, jedoch krautigen Pflanze emporwachsen kann.

Die unscheinbaren Blüten sind in rispenartigen, getrenntgeschlechtlichen Blütenständen angeordnet und blühen im Mittelmeerraum von Februar–Oktober, in Mitteleuropa von Juli–September. An der Spitze sitzen die roten, weiblichen Blüten, darunter die zahlreichen männlichen Blüten in Büscheln gehäuft.

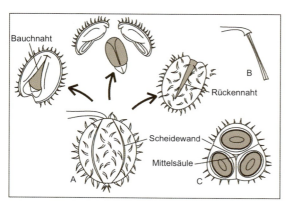

Abb. 8-24: *Ricinus communis*. A: Explosionsmechanismus der Spaltkapsel. Zuerst lösen sich die 3 Fruchtfächer an den Scheidewänden voneinander. Dann reißen sie entlang der Bauch- und Rückennähte auf und geben den Samen frei. B: Die an der Pflanze zurückbleibende Mittelsäule. C: Geschlossene Spaltkapsel quer. Entlang der Scheidewände teilt sich die Frucht in ihre 3 Fruchtfächer.

Zuerst entwickeln sich die weiblichen Blüten. Erst wenn die Fruchtbildung beginnt, öffnen sich die männlichen Blüten, so daß Selbstbestäubung verhindert wird. Die Blüten sind auf das Nötigste reduziert. Ihre Blütenhülle ist nicht in Kelch und Krone differenziert, sondern wird von 3–5 hinfälligen, grünlichen Blütenhüllblättern (Perigon) gebildet. Die weiblichen Blüten besitzen einen runden, 3fächerigen (coenokarp-synkarp), roten Fruchtknoten, der mit weichen, ebenfalls roten Stacheln besetzt ist. *R. communis* ist perfekt an Windbestäubung angepaßt. Die 3 kurzen Griffel gehen in je 2 sehr lange, rote Narbenlappen über, die den Pollen aus der Luft herauskämmen. Die männlichen Blüten bestehen aus vielen reich verzweigten Staubblättern, die dadurch ihr Pollenangebot vervielfachen.

Frucht:

Aus dem Fruchtknoten entwickelt sich innerhalb von wenigen Monaten eine etwa 2 cm breite, rundliche Kapsel, die aus 3 Fächern besteht. Die Stacheln verlängern und verhärten sich, sie dienen vermutlich als Schutz gegen Tierfraß. In jedem der 3 Fruchtfächer befindet sich ein einziger, etwa 12 mm langer, grauweiß marmorierter, glänzender Same. Im Inneren des Samens liegt ein zarter Keimling in ein mächtiges Nährgewebe eingebettet, das bis zu 22 % Eiweiß und 40-50 % Öl enthält.

Ausbreitung:

Bei Fruchtreife trocknet die fleischig-grüne Fruchtwand langsam aus und verfärbt sich hellbraun. Dabei kommt es zu Gewebespannungen, die zu einem blitzschnellen Ablösen, Öffnen und Wegschleudern der 3 Fruchtfächer führen. Zuerst trennt sich jedes der 3 Fruchtfächer entlang der Scheidewand von den benachbarten Fächern und der Mittelsäule ab. Anschließend reißen die längs verlaufenden Bauch- und Rückennähte von jedem Fach auf, die beiden Fruchtfachhälften drehen sich nach außen und geben den Samen frei. Fruchthälften und Samen werden mehrere Meter fortgeschleudert, zurück bleibt lediglich die Mittelsäule. *R. communis* gehört zu den Explosionskapseln mit Selbstausbreitung (ballochore Autochorie). Auf der Erde liegend, werden die Samen aufgrund ihres hellen, leicht abtrennbaren Elaiosoms von Ameisen forttransportiert und ausgebreitet (Myrmechorie).

Durch den Menschen wurde der im tropischen Afrika heimische *R. communis* als beliebte Zierpflanze in den Mittelmeerraum eingeführt (Ethelochorie), wo sie sich einbürgerte und häufig an Straßenrändern und Schuttplätzen wächst.

Nutzung:

R. communis stellt eine beliebte Zierpflanze dar, die jedoch in Mitteleuropa beim ersten Frost abstirbt. Im Gegensatz dazu erreichen die Pflanzen in den wärmeren Zonen ein Alter von bis zu 9 Jahren und eine Höhe von 12 m. Die ansprechend marmorierten Samen werden in indischen und afrikanischen Ketten verarbeitet. Doch Vorsicht, die Samen sind durch den Gehalt an Ricin hochtoxisch. *R. communis* ist aufgrund seiner ölhaltigen Samen eine bedeutende, alte Kulturpflanze. Neben seiner abführenden Wirkung wird das Öl als wertvolles Schmieröl in der Industrie verwendet.

Vorkommen:

Heute ist *R. communis* in fast allen tropischen und subtropischen Regionen der Welt verbreitet, in den gemäßigten Zonen kommt die Pflanze begrenzt vor.

Ricinus communis. **Bild 1:** Der Wunderbaum wird während der Fruchtentwicklung mit zahlreichen rötlichen, runden Kapseln geziert. **Bild 2:** Fast reife, etwa 2 cm dicke Kapsel, die durch Wachstumsbewegungen des Fruchtstiels nun nach unten orientiert ist. **Bild 3:** Reife Spaltkapsel, die sich durch Austrocknung zu öffnen beginnt, nur wenige Minuten nach der Aufnahme zersprang die Frucht mit einem Knall in ihre 3 Fruchtfächer und schleuderte diese und die freigewordenen Samen fort. **Bild 4:** Blütenstand im weiblichen Stadium. Oben sitzen die weiblichen, rot gefärbten Blüten. Vom Fruchtknoten ist nur die dichte, rote Bestachelung sowie die gegabelten Narben zu sehen. Unter den weiblichen Blüten befinden sich, von den hellgrünen Blütenhüllblättern umschlossen, die noch unreifen männlichen Blüten.

Auf feuchten Wiesen und in Hochstaudenfluren leuchten von Mai–September die auffälligen Blüten der Roten Lichtnelke (*Silene dioica*), die oftmals auch nach ihrem alten botanischen Namen *Melandrium rubrum* benannt wird. Die zwei- oder mehrjährige, bis 90 cm hohe, behaarte Pflanze wächst mit einem wenig verzweigten Stengel. Sie besitzt eine grundständige Blattrosette, während am Stengel breit lanzettliche bis ovale, gegenständige Blätter ansitzen. Die 5zähligen, gestielten und fast waagerecht orientierten Blüten sind in lockeren rispenartigen Blütenständen angeordnet. Die Kelchblätter sind zu einer 10–13 mm langen Kelchröhre verwachsen, die oben mit 5 kurzen, 3eckigen Kelchzähnen endet. Der Kelch ist flaumig behaart, meist rötlich. Die roten, 15–25 mm langen Kronblätter sind genagelt, d. h. der lange, schmale, im Kelch eingeschlossene Abschnitt (der „Nagel") geht in eine breite, sogenannte „Platte" über. Diese ist tief 2spaltig. Typisch für die gesamte Gattung ist die bis 2 mm hohe Nebenkrone, die an jedem der 5 Kronblätter ansitzt. Sie befindet sich am Schlundeingang, ist 2teilig und heller gefärbt als die Platte.

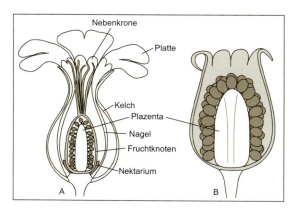

Abb. 8-25: *Silene dioica.* A: Weibliche Blüte längs. Die Krone, die man in eine breite „Platte" und einen langen „Nagel" unterteilen kann, bildet am Blüteneingang eine kleine Nebenkrone. Der verwachsene Kelch ist bauchig. Die verkümmerten Staubblätter dienen als Nektarium. B: Reife, offene Zahnkapsel längs, der Kelch wurde entfernt. Die zahlreichen Samen sitzen der vergrößerten Plazenta an.

Wie der wissenschaftliche Artname *dioica* schon vermuten läßt, ist die Pflanze zweihäusig. Die männlichen Blüten kann man an dem röhrenförmigen, 10nervigen Kelch erkennen, während der leicht eiförmige Kelch bei den weiblichen Blüten 20nervig ist. Die eingeschlechtlichen Blüten weisen meistens Rudimente des anderen Geschlechts auf. Weibliche Blüten besitzen einen eiförmigen, oberständigen Fruchtknoten mit 5 langen, behaarten Griffeln. Er besteht im Inneren aus einem einzigen großen Fach, in dessen

Zentrum eine säulenförmige Plazenta steht. An seiner Basis befinden sich kleine Nektarien. Sie werden als ehemalige Staubblätter gedeutet, ein Hinweis darauf, daß *S. dioica* früher einmal zwittrig war. Männliche Blüten besitzen 2 Kreise von je 5 Staubblättern. An der Blütenbasis befindet sich ein stark verkümmerter Fruchtknoten.

Blütenbiologisch betrachtet ist *S. dioica* eine Stieltellerblume. Der Nektar wird an der Basis der Staubfäden bzw. von den verkümmerten Staubblattresten gebildet. Die lange, schmale Kelchröhre ermöglicht nur Faltern und langrüsseligen Hummeln an den Nektar zu gelangen. Die Nebenkrone dient als Einkriechschutz gegen kleinere Insekten. Die geruchlosen Blüten öffnen sich erst abends, bleiben dann aber 24–36 Stunden kontinuierlich geöffnet. Bestäuber sind Tagfalter und Hummeln sowie pollenfressende Schwebfliegen.

Frucht:

Aus dem Fruchtknoten der weiblichen Blüten entwickelt sich eine 10–15 mm lange, eiförmige Zahnkapsel. Zahnkapseln sind für die gesamte Familie der Nelkengewächse typisch. Bei Fruchtreife trocknet die dünne, vorher grüne Fruchtwand aus und wird hellbraun. An der Spitze der Kapsel öffnet sich die Fruchtwand entlang von kurzen Trennlinien in Form von 10 Zähnen, die sich nach außen biegen. Der abstehend behaarte Kelch verbleibt an der Frucht, er dient dem Schutz der sich entwickelnden Kapsel, bis diese aus dem Kelch herauswächst.

Ausbreitung:

S. dioica ist, wie für viele Nelkengewächse typisch, ein Wind- und Tierstreuer, dessen zahlreiche, dunkelbraune Samen allmählich aus den Zahnkapseln ausgestreut werden (Semachorie). Die Kapseln sind mithilfe ihres Blüten- bzw. Fruchtstiels aufrecht orientiert, der Stengel ist elastisch. Aber nur bei trockenem Wetter sind die Kapseln geöffnet, bei Regen nimmt die Fruchtwand Wasser auf, die Zähnchen strecken sich infolge Quellung und verschließen die Öffnung. Ein Vorgang, der beliebig wiederholbar ist. Weidevieh (Rind, Ziege) breitet *S. dioica* auch endochor aus, indem es die Kapseln mit dem Grünfutter aufnimmt und die Samen unbeschädigt ausscheidet.

Vorkommen:

Die in Europa, Westasien und Nordafrika heimische *S. dioica* wächst auf nährstoffreichen Böden. Sie ist auf Wiesen sowie in Auwäldern, Erlenbrüchen und Erlen-Eschenwäldern von der Ebene bis zur subalpinen Stufe zu finden.

Silene dioica. **Bild 1:** Weibliche Blüte von der Seite. Die 5 weißen, behaarten Griffel leuchten im Kontrast zu den roten Kronblättern. Deutlich ist die 2spaltige „Platte" der Kronblätter zu erkennen, während der schmale, lange Nagel in der Kelchröhre verborgen ist. **Bild 2:** Junge, etwa 10 mm lange Kapsel, die noch von den Griffeln gekrönt ist. **Bild 3:** Reife Zahnkapsel mit zahlreichen, etwa 1 mm langen Samen.

Die aus dem Mittelmeergebiet stammende Wild-Tulpe (*Tulipa sylvestris*) ist ein ausdauerndes Zwiebelgewächs, das im Frühjahr einen etwa 40 cm hohen Stengel mit einer einzigen, endständigen Blüte entwickelt. Ihre großen 6zähligen Blüten besitzen eine einfache Blütenhülle (Perigon) aus etwa 5 cm langen, zugespitzten, gelben Blütenblättern, die außen oft grünlich sind. 2 Kreise zu je 3 großen Staubblättern mit orangen Staubbeuteln säumen den rund 2 cm langen, oberständigen Fruchtknoten. Dieser ist durch Scheidewände in 3 Fächer unterteilt (coenokarp-synkarp). Jedes Fach enthält 2 Samenleisten mit zahlreichen Samenanlagen. Ein Griffel fehlt, der Fruchtknoten endet mit 3 kurzen, gelben Narben. Die schwach duftenden Blüten sind bei feuchtem Wetter sowie abends geschlossen, während sie sich bei Sonnenschein sternförmig entfalten. An der Basis der Staubfäden wird Nektar abgesondert. Blütenbiologisch betrachtet handelt es sich um große Scheibenblumen, die meist von Bienen und anderen pollensuchenden Insekten bestäubt werden.

Frucht:

Aus dem Fruchtknoten entwickelt sich eine etwa 3,5cm lange, fachspaltige (lokulizide) Spaltkapsel. Ihre Spitze ist von den verhärteten Resten der Narben gekrönt. In jedem Samenfach wird eine Vielzahl von flachen Samen reif, die in 2 Reihen geldrollenartig übereinander liegen. Die flachen, bis 5 mm langen Samen besitzen einen schmalen Flügelsaum und sind braun gefärbt. Bei Reife trocknet die vormals grüne Fruchtwand aus und wird pergamentartig. Jedes Fach öffnet sich entlang seiner Rückennaht von der Spitze bis zur Basis. Infolge der Austrocknung tritt die Queraderung der Kapselwand plastisch hervor.

Ausbreitung:

Die auf langen, elastischen Stielen angeordneten Kapseln sind Wind- und Tierstreuer deren flache Samen bei Reife im Juli ausgestreut werden (Semachorie). Durch lange, starre Haare, die von der Mittelrippe in jedes Fach hineinwachsen, wird das Herausfallen der Samen erschwert, so daß die Ausstreuung allmählich erfolgt. Mitunter lösen sich auch ganze Fruchthälften mitsamt der Samen ab. Die aus einem luftreichen Gewebe bestehende Fruchtwand ist sehr leicht, vermutlich werden die abgelösten Fruchthälften oftmals mitsamt den Samen als Steppenroller ausgebreitet (Chamaechorie).

Die aus den Kapseln ausgestreuten, flachen und mit einem schmalen Flügelsaum ausgestatteten Samen werden als Scheibenflieger weiter durch den Wind ausgebreitet (Anemochorie). Bei Feuchtigkeit schließen sich die Kapseln infolge Quellung, so daß eine Ausbreitung der Samen verhindert wird.

Die in Mitteleuropa nicht heimische *T. sylvestris* wurde als Zierpflanze aus dem Mittelmeerraum eingeführt (Ethelochorie). Sie verwilderte und bürgerte sich als Kulturflüchter stellenweise ein, wodurch sie ihr ursprüngliches Verbreitungsgebiet deutlich vergrößerte. Heute gilt sie in Mitteleuropa als Neophyt. In Südfrankreich, Spanien und Italien kommt *T. sylvestris* hauptsächlich als „Unkraut" in den Weinbaugebieten vor, was vermuten läßt, daß sie auch durch den Weinanbau ausgebreitet worden ist. Oftmals unterbleibt an schattigen, feuchten Stellen die Blütenbildung und die Pflanze sichert sich auf vegetativem Wege durch die Bildung von Ausläufern, an deren Enden Brutzwiebeln sitzen, ihr Dasein (Blastochorie).

Nutzung:

Die Türken nannten die Tulpe „Lâle". In Europa entstand der Gattungsname *Tulipa* nach der turbanähnlichen, osmanischen Kopfbedeckung (türk. *tulipam*), die der Form der geschlossenen Tulpenblüte ähnelt.

Die mediterrane *T. sylvestris* (lat. *silvester, -tris*=wild wachsend) wurde im 16. Jahrhundert als Zierpflanze nach Deutschland eingeführt und dort vielfach kultiviert. Sie wurde in den Gartenanlagen der Adelssitze, Schloß- und Klostergärten sowie Weingärten angepflanzt. In den warmen und sonnigen Weinbergen Süddeutschlands konnte sie verwildern und sich einbürgern. Die gesamte Pflanze, besonders die Zwiebel, ist durch Tuliposide giftig und kann bei Hautkontakt zu Hautschäden führen.

Die Garten-Tulpen entstammen den Gartenkünsten des Orients. Perser und Türken waren für ihre Tulpenkultur berühmt (→ S. 43). 1559 wurde *T. gesneriana* nach Deutschland eingeführt und verdrängte schließlich im 19. Jahrhundert *T. sylvestris* als beliebte Zierpflanze. Unsere heutigen Gartentulpen entstanden um 1800 durch holländische Züchtungen und sind auf *T. gesneriana* zurückzuführen.

Aber auch Deutschland war für seine Tulpenzüchtungen bekannt. Berlin war im 18. und 19. Jahrhundert eine berühmte Blumenzwiebelmetropole, denn die sandigen Böden Berlins und Brandenburgs haben viel Ähnlichkeit mit den Steppenböden Vorderasiens und eignen sich – wie auch die Dünenböden Hollands – bestens für den Anbau von Gartentulpen.

Vorkommen:

Die im gesamten Mittelmeergebiet beheimatete *T. sylvestris* wächst dort auf Gras- und Felsfluren sowie auf Kulturland. Einbürgern konnte sie sich stellenweise in Mittel- und Westeuropa.

Tulipa sylvestris. **Bild 1:** Blüte. **Bild 2:** Reife etwa 3,5 cm lange Kapsel, die an der Rückennaht eines Faches in Längsrichtung aufgerissen ist. Deutlich sind die borstigen Haare in dem Öffnungsspalt zu sehen, die verhindern, daß alle Samen aufeinmal ausgestreut werden. **Bild 3:** Kapsel längs. Die beiden vorgelagerten Fruchthälften haben sich losgelöst und gewähren den Blick in die Kapsel. Die dünnen, braunen Samen liegen dicht übereinander.

Der Weiße Germer (*Veratrum album*) ist eine bis 1,5 m hohe Staude der Alpen und Voralpen. Aus einer knolligen, Reservestoffe speichernden Grundachse (Rhizom) treiben im Juni die Sproße mit ihren bis zu 30 cm langen Blättern aus. Die zahlreichen grünlich-weißen Blüten sind in einer langen, pyramidenförmigen Ährenrispe angeordnet. Die zu den Liliengewächsen zählende Pflanze zeigt für die Familie ungewöhnlich farblose Blüten, die jedoch streng nach dem Bauplan der Familie gestaltet sind. Eine Unterteilung in Kelch und Krone fehlt, alle 6 Blütenhüllblätter sind gleich gestaltet (Perigon) und in 2 Kreisen angeordnet. Sie sind außen grünlich, innen weiß und werden von grünen Adern durchzogen.

Ähnlich ist auch der nah verwandte, in den Bergregionen Osteuropas vorkommende Schwarze Germer (*V. nigrum*). Der Blütenstand ist jedoch stärker verzweigt und besteht aus gestielten, auffälligen schwarzpurpurfarbenen Blüten. Bei beiden *Veratrum*-Arten sind nur die Blüten im unteren Abschnitt des Blütenstandes zwittrig und fruchtbar, die mittleren und oberen liefern allein Pollen, ihr Fruchtknoten ist verkümmert. In den Zwitterblüten öffnen sich am ersten Tag der Blütenöffnung die 3 äußeren Staubblätter, am darauffolgenden Tag der innere Staubblattkreis. Erst am dritten Tag sind die 3 Narben reif, die Blüten sind also vormännlich, so daß Selbstbestäubung verhindert wird. Der Fruchtknoten ist oberständig und 3fächerig.

Blütenbiologisch handelt es sich um einfache Scheibenblumen, die bei sonnigem Wetter einen intensiven, nach faulendem Obst riechenden Geruch verströmen, der vorrangig Fliegen, aber auch Käfer anlockt. Nektar wird von dem verdickten Grund der Perigonblätter abgesondert und ist leicht zugänglich. Beide Arten blühen von Juli–August.

Frucht:

Aus dem Fruchtknoten der zwittrigen Blüten entwickeln sich 1,5–3 cm lange, bei beiden Arten sehr ähnliche Spaltkapseln. Bei Reife ist die Fruchtwand infolge Austrocknung dünn und pergamentartig. Die Kapseln sind 3fächerig und öffnen sich entlang ihrer Verwachsungsnähte, den Scheidewänden bzw. Septen (septizide Öffnung). Sie reißen nur im oberen Drittel auf, so daß die Öffnung relativ klein bleibt. Sie enthalten zahlreiche, eng aneinander gepreßte, abgeflachte Samen. Diese sind bei beiden Arten etwa 6–8 mm lang, hellbraun und durch einen Hautsaum ringsum geflügelt. Die 6 Perigonblätter verbleiben an den Früchten.

Ausbreitung:

Die hochwüchsigen, elastischen Stauden sind perfekte Windstreuer. Mithilfe der Blüten- bzw. Fruchtstiele sind die Kapseln aufrecht orientiert. Durch den Wind werden die Samen aus der kleinen Öffnung allmählich ausgestreut (Semachorie). Die ab September reifen Samen werden bis in den Winter hinein (Wintersteher) ausschließlich bei trockenem Wetter ausgebreitet, da sich die Fruchtklappen bei Nässe infolge Quellung wieder verschließen. Starke Winde – in den Bergregionen an der Tagesordnung – tragen die großen, geflügelten Samen als Dynamikflieger fort (Anemochorie).

V. album wurde im Mittelalter in den Gärten der Bergregionen als Heilpflanze kultiviert und damals also auch gezielt durch den Menschen ausgebreitet (Ethelochorie).

Nutzung:

Beide *Veratrum*-Arten enthalten in sämtlichen Pflanzenteilen, besonders jedoch in den Rhizomen giftige Steroidalkaloide. Sie werden sehr schnell über die intakte Haut aufgenommen, bei tödlichem Verlauf kommt es zu Herzstillstand oder Atemlähmung.

Aufgrund der Alkaloide wurde *V. album* früher als Heilpflanze genutzt. Die pulverisierten Rhizome dienten bereits im Altertum als Brech- und Abführmittel. Im Mittelalter wurde *V. album* gegen Schwindsucht, Wassersucht, Wahnsinn, Ischias und Gicht angewendet. Der pulverisierte Wurzelstock wurde früher auch aufgrund seiner die Schleimhäute reizenden Wirkung dem Schnupftabak beigemischt – sicherlich aufgrund der Giftigkeit ein zweifelhaftes Vergnügen – wodurch sich auch der alte Name der Pflanze „Nieswurz" erklärt. Schon die Römer nutzten das Rhizom als Ungeziefermittel gegen Fliegen und Läuse. Später wurde es gegen Ungeziefer aller Art eingesetzt, der alte Name „Lauskraut" zeugt davon. Heute wird *V. album* nur noch als homöopathisches Heilmittel beispielsweise gegen Kreislaufschwäche, Kollaps und Neuralgien eingesetzt.

Vorkommen:

V. album wächst auf alpinen Gebirgswiesen Mittel- wie Südeuropas und Asiens. Der Verbreitungsschwerpunkt von *V. nigrum* liegt in Osteuropa und Asien, wo die Pflanze auf Bergwiesen, in Bergwäldern und Waldschlägen zu finden ist. In Deutschland kommt *V. nigrum* nicht vor, selten findet man die Staude in den östlichen Alpen wie dem Tessin und Südtirol.

Bild 1: *Veratrum album*. Fast reife, jedoch noch nicht ausgetrocknete, etwa 2,5 cm lange Kapseln. **Bild 2-4:** *V. nigrum* **Bild 2:** Schwarzpurpurne, zwittrige Blüte. **Bild 3:** Sehr junge, etwa 5 mm lange Früchte. **Bild 4:** Lediglich an der Spitze geöffnete, pergamentartige, rund 3 cm lange Kapsel. Durch die kleine Öffnung werden allmählich die Samen ausgestreut.

Das sehr formenreiche Acker-Stiefmütterchen (*Viola arvensis*) bildet einzelne, lang gestielte, nickende Blüten, die von Mai–Oktober erscheinen. 5 grüne, lanzettliche, freie Kelchblätter leiten die durch Karotiniode gelblich gefärbten Blüten ein. Von den 5 Kronblättern ist das untere, lebhaft gelb gefärbte Kronblatt nach hinten in einen Nektarsporn ausgezogen. Der Sporn und oft auch die beiden oberen Kronblätter sind mitunter durch Anthocyane blaßviolett gefärbt. Die samtige Oberfläche wird durch kegelförmige Epidermiszellen hervorgerufen, die das Licht streuen.

Der Blüteneingang wird durch dunkle, strichförmige Saftmale auf den Kronblättern markiert. Die 5 Staubblätter sind zu einem Streukegel angeordnet und stehen dicht um den Fruchtknoten. An der Spitze der Staubbeutel befinden sich große, orange Fortsätze. 2 der Staubblätter tragen an der Basis je ein Nektarium, das den dort gebildeten Nektar in den Sporn abgibt. Der einfächerige Fruchtknoten besteht aus 3 miteinander verwachsenen Fruchtblättern (coenokarp-parakarp). Die zahlreichen Samenanlagen sitzen an 3 wandständigen Samenleisten.

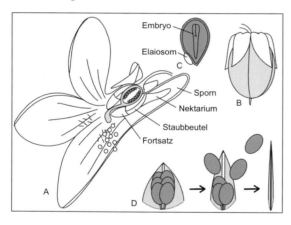

Abb. 8-26: *Viola.* A: Blüte längs. B: Kapsel. C: Same mit Elaiosom längs. D: Quetschmechanismus anhand einer Fruchtklappe (von dreien) schematisch dargestellt.

Der Blütenbesucher – Biene, Hummel – landet auf den unteren Kronblättern. Die Saftmale und die beidseits des Blüteneingangs stehenden Haare weisen zu dem im Sporn verborgenen Nektar. Berührt der Besucher bei der Suche nach dem Nektar die Narbe oder die auffällig orange gefärbten Fortsätze der Staubblätter, wird der Pollen aus den Staubblättern des Streukegels geschüttet und stäubt den Besucher ein. Rieselt dabei der Pollen auf die Narbe, kommt es auch zur spontanen Selbstbestäubung.

Sehr ähnliche, jedoch etwas größere Blüten besitzt das von Mai-Oktober blühende Echte Stiefmütterchen (*V. tricolor*). Meist sind die 2 oberen Kronblätter blauvio-

lett, die beiden anschließenden blaßgelb und das untere Kronblatt oft lebhaft gelb gefärbt. Auf diese Farbgebung bezieht sich der wissenschaftliche Artname lat. *tricolor*=dreifarbig. Es können aber auch alle 5 Kronblätter mehr oder weniger blauviolett gefärbt sein.

Frucht:

Aus dem Fruchtknoten entwickelt sich eine für die gesamte Gattung typische eiförmige Spaltkapsel, die sich bei Reife durch Austrocknung mit 3 Klappen fachspaltig (lokulizid) öffnet. Die etwa 1 cm langen Spaltkapseln von *V. arvensis* sind mit etwa 30 hellbraunen Samen gefüllt. Die Kapseln von *V. tricolor* sind etwas kleiner.

Ausbreitung:

Bei Fruchtreife reißt die dünne, grüne Fruchtwand der Kapsel von der Spitze her mit 3 Längsrissen auf und spaltet sich in 3 kahnförmige Klappen nach außen auf. Zu erkennen sind nun die reihenförmig der Plazenta ansitzenden Samen, die regelrecht präsentiert werden. Durch weiteres Austrocknen kommt es zur Kontraktion der Klappenflügel, wodurch die Samen wie aus einer Quetschschleuder herausgepresst werden. Dies geschieht plötzlich und die Samen werden nacheinander 2–3 m weggeschleudert. Die anfangs hängende Frucht richtet sich während der Reife auf, wodurch die Samen eine bessere Flugbahn erhalten. Stiefmütterchen breiten sich also durch Schleudermechanismen selbständig aus (Ballochorie). Die Samen beider Arten besitzen aber auch ein kleines, helles Elaiosom (Bildung der Raphe), und werden von Ameisen in den Bau transportiert. Die nährstoffreichen Elaiosomen werden abgetrennt und gelagert, während die unbeschädigten Samen nach außen transportiert werden (Myrmechorie). Beide *Viola*-Arten sind alte Ackerwildkräuter, die viele Kulturen seit alters her begleitet haben (Speirochorie).

Nutzung:

Von den rund 500 *Viola*-Arten werden heute nur noch wenige kultiviert. Das seit 1536 bei uns kultivierte großblütige Gartenveilchen *V. wittrockiana* ist eine beliebte Zierpflanze, die durch Züchtungen aus *V. tricolor* und anderen Arten entstanden ist. Die zierlicheren, unseren heimischen Stiefmütterchen sehr ähnlichen Hornveilchen sind Kultursorten des in den Pyrenäen heimischen *V. cornuta*.

Vorkommen:

V. tricolor und *V. arvensis* sind heute als Archäophyten in fast ganz Europa eingebürgert. Ihre Heimat wird im ostmediterranen Raum vermutet. Sie wachsen auf Äckern und Wegrändern, *V. tricolor* auch auf Dünen und Wiesen.

Bild 1-3: *Viola tricolor.* **Bild 1:** Blüte. Der schmale Blüteneingang wird durch die dunklen Längslinien auf den Kronblättern und durch ein helles Haarbett beidseits des Eingangs betont. **Bild 2:** Junge, etwa 5 mm lange, hängende Kapsel von den 5 Kelchblättern umgeben, welche die junge Frucht schützen. **Bild 3:** Reife, aufgesprungene Kapsel mit zahlreichen, in Reihe angeordneten Samen. Die kleinen, hellen Elaiosomen sind nur schwer erkennbar. **Bild 4:** *Viola arvensis.* Habitus der Pflanze.

9. Beerenfrüchte

Beeren zeichnen sich durch ein mächtiges, bei Fruchtreife saftiges Fruchtfleisch und eine auffällig gefärbte Schale aus. Stachel- und Johannisbeere (*Ribes uva-crispa, R. rubrum*) sowie Blau- und Preiselbeere (*Vaccinium myrtillus, V. vitis-idaea*) sind die bekanntesten Beeren unserer heimischen Wälder. Aber auch die Früchte von Maiglöckchen (*Convallaria majalis*) und Salomonsiegel (*Polygonatum*), Aronstab (*Arum maculatum*) und Efeu (*Hedera helix*) sind Beeren. Zahlreiche Kulturfrüchte wie Zitrusfrüchte (*Citrus*), Melone (*Cucumis melo*), Kultur-Apfel (*Malus domestica*), Banane (*Musa*) sowie Kiwi (*Actinidia chinensis*) werden von uns gerne als Beerenobst verzehrt. Tomate (*Solanum lycopersicum*), Gemüsepaprika (*Capsicum annuum*), Aubergine (*Solanum melongena*), Avocado (*Persea americana*) und Kürbis (*Cucurbita pepo*) sind uns hinlänglich als Gemüse bekannt, auch bei ihnen handelt es sich botanisch betrachtet um Beeren. Die saftig-fleischigen Früchte der Erdbeere (*Fragaria*) sowie Him- und Brombeere (*Rubus idaeus, R. fruticosus*) sind dagegen keine Beeren, sondern sogenannte Sammelnuß- bzw. Sammelsteinfrüchte, die in den Kapiteln 10 und 11 unter dem jeweiligen Fruchttyp behandelt werden.

Bau einer Beere

Im Gegensatz zu fast allen anderen Fruchttypen (einzige Ausnahme: Steinfrüchte) ist die Fruchtwand der Beere mächtig entwickelt. Sie ist bei Fruchtreife weich und saftig; sie wird nicht hart und ungenießbar wie bei den Nußfrüchten. Sie trocknet auch nicht, wie bei den Öffnungsfrüchten, aus. Die Fruchtwand einer typischen Beere ist aus 3 Schichten aufgebaut, die sehr unterschiedlich ausgeprägt sind. Das äußere Abschlußgewebe – das Exokarp – kann als relativ dicke Fruchtschale oder als dünne Hülle ausgebildet sein. Es besteht aus einer einschichtigen Epidermis mit kleinen, verdickten Zellwänden und oft zusätzlichen, darunter liegenden Schichten kleinerer Zellen.

An das Exokarp schließt sich das meist mächtig ausgebildete Fruchtfleisch an – das Mesokarp –, das sich durch starke Zellteilungen während der Fruchtreifung stark vermehrt. Bei Tomate (*Solanum lycopersicum*) und Johannis- wie Stachelbeere (*Ribes rubrum, R. uva-crispa*) kommt die Größenzunahme der Frucht einzig durch Zellstreckung, ohne Zellvermehrung zustande.

Das Fruchtfleisch der Beeren besteht aus großen, dünnwandigen Parenchymzellen, die im Laufe der Fruchtreifung verstärkt Wasser aufnehmen. Die Fruchtwand wird nach innen, in der Regel durch eine zumeist dünne, unauffällige Zellschicht – das Endokarp – abgeschlossen.

Beeren fehlt, im Gegensatz zu den Öffnungsfrüchten, ein mechanisches Festigungsgewebe. Die Stützfunktion wird stattdessen vom Exokarp übernommen, das oftmals mit einer dicken, natürlichen Wachsschicht (Kutikula) überzogen ist. Diese imprägniert die Beere, wodurch sie weder im strömenden Regen ertrinkt, noch in der prallen Sonne austrocknet. Formgebend ist außerdem das Fruchtfleisch, dessen Zellen bis zur Reife prall mit Zellsaft gefüllt sind.

Ober- und unterständige Beeren

Beeren entwickeln sich aus dem Fruchtknoten, bei unterständigen Blüten ist auch der Blütenboden beteiligt. In der Regel ist diese Beteiligung unauffällig, der Blütenbecher bildet wie bei der Banane (→ *Musa*) die Schale (Exokarp). Bei Apfel (→ *Malus*) und Birne (*Pyrus*), die in den Lehrbüchern als „Sammelbalg" oder

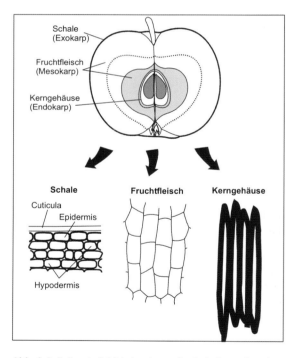

Abb. 9-1: Kultur-Apfel (*Malus domestica*). Aufbau einer (unterständigen) Beerenfrucht. Das mehrschichtige Exokarp – die Schale – besteht aus kleinen, verdickten Zellen. Das massige Fruchtfleisch – das Mesokarp – wird von großen, wasserreichen Parenchymzellen gebildet. In ihnen sind Vitamine und Säuren gelagert. Ein schützendes Endokarp aus stark verdickten Zellen (Sklereiden) umgibt als Kerngehäuse die Samen. Der Apfel ist eine unterständige Beere, ein großer Teil des Fruchtfleisches wird vom Blütenbecher gebildet (weiß), ein kleiner Teil vom Fruchtknoten (hellgrau).

„Scheinfrucht" fehlinterpretiert werden, wird das mächtige Fruchtfleisch gemeinsam von Fruchtknoten und Blütenbecher gebildet.

Beerentypen

Unter den Beeren findet man sehr unterschiedliche Ausprägungen und Abwandlungen des Fruchttyps. Sie entwickeln sich in der Regel aus einem verwachsenen, coenokarpen Fruchtknoten, so daß auch die Scheidewände, welche den Fruchtknoten in mehrere Fächer einteilen, gemeinsam mit der Fruchtwand das Fruchtfleisch bilden.

Zur Blütezeit sind die Fächer, in denen sich die Samenanlagen befinden, leere Hohlräume. Entweder werden diese, wie beim Maiglöckchen (→ *Convallaria majalis*) schließlich vollständig von den Samen oder dem Fruchtfleisch ausgefüllt. Selten bleiben die Hohlräume als solche, wie bei der Paprika (→ *Capsicum annuum*) bestehen. Die Fruchtfächer können nach verschiedenen, häufig familientypischen Strategien gefüllt werden. Bei vielen Nachtschattengewächsen (Solanaceae) wird zusätzlich zur Fruchtwand auch die sich vergrößernde Plazenta fleischig bis galertig, und bildet so einen erheblichen Anteil am Fruchtfleisch. Am deutlichsten ist dies bei der Tomate (→ *Solanum lycopersicum*) zu erkennen. Diese Beeren müßte man eigentlich Plazentabeeren nennen. Bei Stachel- und Johannisbeere (→ *Ribes*) wird das Fruchtinnere allein durch die verschleimende Samenschale galertig. Bei den Citrusfrüchten (→ *Citrus*) wachsen aus der inneren Schicht des Fruchtknotens lange Saftschläuche, die man auch mit bloßem Auge erkennen kann, in die leeren Fruchtfächer hinein. Sie füllen diese schließlich vollständig aus und umschließen die wenigen Samen. Man nennt diese Beeren deshalb auch Endokarpbeeren. Ähnliches, jedoch ohne auffällige Saftschläuche, geschieht beispielsweise auch bei Weinrebe (→ *Vitis vinifera*) und Banane (→ *Musa*).

Die Früchte der Kürbisgewächse (Cucurbitaceae) sind als sogenannte Panzerbeeren bekannt. Ihre Früchte, ob nun Kürbis (*Cucurbita pepo*), Zucchini (*C. pepo* convarietät *giromontiina*) oder Gurke (→ *Cucumis sativus*) sind recht imposante Beeren, deren Fruchtwand bei Reife relativ fest wird. Der Paprika (→ *Capsicum annuum*) wird oft als Lederbeere bezeichnet, da seine Fruchtwand bei Reife nur wenig fleischig ist.

Beeren kommen in zahlreichen Pflanzenfamilien vor, in einigen liegt jedoch eindeutig ihr Schwerpunkt. Dies trifft auf die Nachtschatten- (Solanaceae), Citrus- (Rutaceae) sowie Liliengewächse (Liliaceae) zu, die für ihre oft auffälligen Beeren bekannt sind.

Ausbreitungsstrategien

Tiere wie Menschen verzehren Beeren und entlassen die keimfähigen Samen auf dem Verdauungswege (Verdauungsausbreitung-Endochorie). Das meist mächtige Fruchtfleisch dient dem Schutz der zahlreichen Samen vor Zerkleinerung. Die Samenschale ist gegenüber dem Verdauungstrakt der Tiere widerstandsfähig. Das Fruchtfleisch unreifer Beeren ist ungenießbar, von sehr fester Konsistenz und unauffällig grün gefärbt. So werden ihre noch nicht ausgereiften Samen vor zu frühem Fraß geschützt. Im Verlauf der Fruchtreifung wird das grüne Chlorophyll abgebaut und andere Farbstoffe, wie die Karotinoide der Tomate und der Citrusfrüchte, verschaffen den Fruchtschalen ihre attraktive gelbe, orange oder rote Färbung. Im Zellsaft gelöste Anthocyane sind für dunkelrote, violette oder blaue Färbungen, wie bei der Blaubeere (→ *Vaccinium myrtillus*) und Salomonswurz (→ *Polygonatum multiflorum*), zuständig.

Unreife Bananen und Äpfel sind durch Stärke ungenießbar, die erst bei Fruchtreife in Zucker umgewandelt wird. Solanin, ein sehr giftiges Alkaloid der Tomaten (→ *Solanum lycopersicum*) und des Nachtschatten (→ *Solanum nigrum, S. dulcamara*) wird während der Fruchtentwicklung abgebaut, so daß deren Genuß bei Reife absolut ungefährlich ist. Reife Zitronen (→ *Citrus limon*) werden durch die Abnahme ihres Säuregehaltes und die Zunahme von Zucker genießbar.

Pflanzen und Tiere gehen bei den Beeren ein Tauschgeschäft ein. Angeboten werden saftige, fleischige Früchte im Herbst und Winter, der nahrungsärmsten Zeit des Jahres. Das Fruchtfleisch dient, ähnlich wie das von Ameisen begehrte, nährstoffreiche Elaiosom vieler Nußfrüchte, der Verköstigung. Es ist eine Art „Botenbrot". Im Gegenzug werden die Samen der Pflanze endochor ausgebreitet.

Zahlreiche Pflanzen werden aufgrund ihrer nahrhaften, vitaminreichen Beeren vom Menschen seit Jahrtausenden als Nahrungsmittel kultiviert. Sie haben im Laufe ihrer Kulturgeschichte so Tausende von Kilometern zurückgelegt (Ethelochorie) und sind heute oft weltweit verbreitet. Bei diesen Kulturpflanzen tritt die endochore Ausbreitung in den Hintergrund.

Zu den Frühjahrsblühern (Blütezeit Mai–Juni) unserer schattigen Laubwälder zählt der Gefleckte Aronstab (*Arum maculatum*) aus dessen Knolle jährlich große, lang gestielte, gefleckte (lat. *maculatum*= gefleckt) Blätter und der Blütenschaft austreiben. Den verwandten, von April–Mai blühenden Italienischen Aronstab (*A. italicum*) findet man hauptsächlich in lichten Olivenhainen des Mittelmeerraumes.

Die winzigen, eingeschlechtlichen Blüten sitzen einer kolbenartig verdickten Sproßachse an. Diese Blütenstände sind innerhalb der gesamten Gattung sehr einheitlich aufgebaut. Den einzelnen Blüten fehlt eine Blütenhülle, der Blütenstand wird deshalb von einem bis etwa 35 cm langen Hochblatt – der Spatha – umgeben, das die optische Anlockung übernimmt.

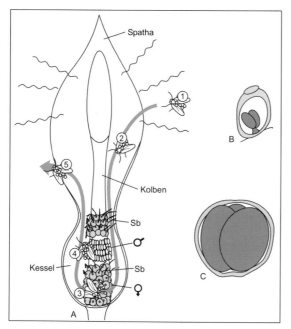

Abb. 9-2: *Arum maculatum*. A: Blütenstand längs, die Spatha dient der optischen Anlockung. ♀=weibliche Blüten, ♂=männliche Blüten, Sb=Sperrborsten. Weitere Erläuterungen zum Bestäubungsvorgang im Text. B: Weibliche Blüte längs. C: Beere längs.

Im unteren Abschnitt umhüllt die Spatha den Blütenstand wie einen Kessel. Die unscheinbaren Blüten sind gruppenweise angeordnet. An der Basis befinden sich ausschließlich weibliche Blüten (♀), die aus einem einzigen Fruchtknoten mit einer sitzenden Narbe bestehen. Dieser ist einfächerig und enthält mehrere Samenanlagen. Darüber befinden sich sterile weibliche Blüten mit einem sehr langen Griffel, sie dienen als Sperrborsten (Sb). Weiter oben stehen zahlreiche männliche Blüten (♂), jede nur aus 3–4 kurzen Staubblättern bestehend. Nach oben wird der Blü-

tenstand durch einen zweiten Kranz steriler weiblicher Blüten (Sb) abgeschlossen.

Blütenbiologisch handelt es sich um Gleitfallen- oder Fliegenfallenblumen, die trickreich ihre Bestäubung durch kleine Fliegen und Mücken sichern (Abb. 9-2). Die keulenförmige Verdickung des Kolbens verströmt abends harnartige Duftstoffe, die Bestäuber anlocken (1). Sie landen auf der Innenseite der oben offenen Spatha. Diese ist durch Öltröpfchen spiegelglatt, so daß die Besucher haltlos an den Sperrborsten vorbei, nach unten in den Kessel rutschen (2). Dort versuchen sie nach oben zu entkommen, die starren Sperrborsten und die glatte Kesselinnenseite verhindern dies jedoch. Dabei werden die weiblichen Blüten mit eventuell mitgebrachtem Pollen eingestäubt. Die Narben geben ein zuckerhaltiges Sekret ab, das die eingeschlossenen Fliegen ernährt (3). Im Laufe der Nacht öffnen sich die Staubbeutel und stäuben den Besucher ein (4). Am Morgen verblühen die Sperrborsten und die Spatha erschlafft, so daß der Besucher nun nach Erfüllung der Bestäubung aus der Kesselfalle entfliehen kann (5).

Frucht:

Aus jeder fertilen weiblichen Blüte entwickelt sich eine bei Reife durch Karotinoide scharlachrot gefärbte, etwa 1 cm große Beere. Die 1 mm dicke Fruchtwand wird fleischig. Das Fruchtinnere wird vollständig von 1–3 ovalen Samen ausgefüllt. Die Beeren beider *Arum*-Arten sitzen eng aneinander gedrängt der Kolbenachse an und leuchten in attraktiven Orange- bis Rottönen. Sie sind für den Menschen giftig.

Ausbreitung:

Die von Juni–Juli reifen, angenehm süßlich schmeckenden Beeren werden endochor durch Tiere ausgebreitet. Besonders Vögel werden durch die Signalfarbe der Beeren angelockt.

Nutzung:

Die gesamten Pflanzenteile beider *Arum*-Arten – einschließlich der Beeren – sind durch große Mengen Oxalsäure und den flüchtigen Scharfstoff Aroin giftig. Schon im Altertum wurden von dem griechischen Arzt Dioskurides *Arum*-Arten zu Heilzwecken verwendet. Die stärkereichen Knollen wurden in Notzeiten gekocht und geröstet – dabei die Giftstoffe zerstört – verzehrt oder gemahlen und mit Getreidemehl gebacken.

Vorkommen:

A. maculatum wächst in schattigen und feuchten Laubwäldern Süd- und Mitteleuropas, während das Vorkommen von *A. italicum* auf die Mittelmeerländer beschränkt ist.

Bild 1-2: *Arum italicum.* **Bild 1:** Gelber Kolben von hellgrüner Spatha umgeben. Die Blüten sitzen dem Kolben weiter unten an und sind von der kesselförmig ausgebildeten Spatha vor unseren Blicken verborgen. Erkennbar ist nur der obere Kolbenbereich, der Duftstoffe abgibt. **Bild 2:** Junger Fruchtstand mit grünen Beeren und verwelkter Spatha. Die Beeren werden später wie bei *A. maculatum* orange-rot. **Bild 3:** *A. maculatum* mit reifen, rot glänzenden Früchten. Das Bild wurde von W.-H. Kusber zur Verfügung gestellt.

Die Tollkirsche (*Atropa belladonna*) ist eine der bekanntesten Giftpflanzen Mitteleuropas. Sie zählt zur Familie der Nachtschattengewächse, die für ihre giftigen Alkaloide bekannt sind. Alljährlich wachsen im Frühjahr aus dem Wurzelstock die verzweigten Stengel bis zu 2 m Höhe empor. Im Spätherbst wiederum zieht sich die Staude in ihren Wurzelstock zurück, und wirft alle oberirdischen Teile ab. Die bis zu 3 cm großen, waagrecht orientierten Blüten blühen von Juni–August. Sie stehen einzeln in den oberen Blattachseln der Laubblätter und sind bis auf den Fruchtknoten 5zählig. An den zipfeligen Kelch schließt sich die glockig-röhrenförmige, außen braunviolette und innen gelbgrün gefärbte Krone an. Ihr 5zipfeliger Saum ist ein wenig nach außen zurückgerollt. Die Staubblätter sind an der Basis mit der Krone verwachsen. Der oberständige, eiförmige Fruchtknoten ist 2fächerig. In jedem Fach sitzen an einer großen Plazenta zahlreiche Samenanlagen. Der fadenförmige Griffel endet mit einer 2lappigen Narbe. Unterhalb des Fruchtknotens befindet sich ein Nektardiskus, der durch lange Haare an der Filamentbasis vor Nektarraub geschützt wird.

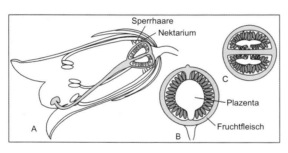

Abb. 9-3: *Atropa belladonna*. A: Blüte längs. B: Beere längs. Das Fruchtfleisch wird von der Fruchtwand, einschließlich der Scheidewand, gebildet. C: Die 2fächerige Beere quer.

Blütenbiologisch handelt es sich um vorweibliche Glockenblumen, die Nektar und Pollen anbieten. Hummeln, aber auch Honigbienen, kriechen auf der Suche nach dem Nektar in die großen Blüten hinein und streifen dabei mitgebrachten Pollen auf der Narbe ab bzw. werden mit Pollen eingestäubt.

Frucht:

Die anfangs grünen, später durch Anthocyane schwarz gefärbten, glänzenden Beeren sind im Spätsommer reif. Ihre Fruchtwand ist dann saftig-fleischig. Im Inneren befinden sich in beiden Fächern zahlreiche eiförmige, braune Samen, die der vergrößerten, hellgelben Plazenta ansitzen. Der Kelch ist bei Fruchtreife etwas vergrößert und sternförmig aufgefaltet. Die süßlich schmeckenden, kirschgroßen Beeren sind für den Menschen stark giftig. Die tödliche Dosis liegt bei Kindern zwischen 3 und 5, bei Erwachsenen zwischen 10 und 20 Beeren. Ihrer Ähnlichkeit zu den Kirschen, die mit einer großen Gefährdung unkundiger Konsumenten einhergeht, verdankt sie den Namen Tollkirsche.

Ausbreitung:

Im Herbst werden die saftigen Beeren hauptsächlich von Vögeln, die gegen die giftigen Substanzen immun sind, endochor ausgebreitet. Neben Drosseln, Amsel und Spatzen kann man auch Mönchsgrasmükke und Star beim Fressen der Beeren beobachten. Auch Schnecken fressen die Früchte an und verspeisen neben dem saftigen Fruchtfleisch auch die kleinen Samen, die nach etwa 10–12 Stunden unbeschädigt ausgeschieden werden und dabei Wegstrecken von mehreren Metern zurücklegen können (Nahausbreitung).

Nutzung:

Der Gattungsname *Atropa* stammt aus der griechischen Mythologie. Atropa war eine der 3 Schicksalsgöttinen, die den Lebensfaden durchschneidet; so wurde die Tollkirsche aufgrund ihrer hohen Toxizität ganz treffend benannt. Ursache für die starke Giftigkeit sind die Alkaloide Hyoscyamin und Scopolamin, die in allen Teilen der Pflanze vorkommen sowie das ebenfalls giftige, ausschließlich im Fruchtfleisch der Beere vorkommende Atropin.

Die deutsche Bezeichnung „toll" bezieht sich auf die halluzinogene Wirkung der Pflanze. Die Bezeichnung *belladonna* kommt aus dem italienischen und bedeutet schöne Frau, da der atropinhaltige Saft der Beeren seit alters her aus Schönheitsgründen zur Erweiterung der Pupillen genutzt wird. Diese Wirkung macht man sich heute in der Augenheilkunde zu nutze. *A. belladona* diente im Mittelalter als Heilmittel u.a. gegen Bronchial- und Herzerkrankungen, wurde aber auch bei Giftmorden verwendet. Besonders im Volksaberglauben spielte die Pflanze eine große Rolle. Sie war gemeinsam mit dem Stechapfel (*Datura stramonium*) und dem Bilsenkraut (*Hyoscyamus niger*) Bestandteil vieler Liebestränke oder Hexensalben und führte – auf die Haut aufgetragen – zu Wahnvorstellungen. Um die Rauschwirkung von Bier und Wein zu steigern wurde verbotenerweise Tollkirschensaft diesen Getränken beigemischt.

Vorkommen:

A. belladonna gedeiht an warmen Waldrändern, auf Kahlschlägen und Lichtungen von Laub- und Laubmischwäldern. Die Pflanze wächst in fast ganz Europa mit Ausnahme des Nordens sowie in Asien.

Atropa belladonna. **Bild 1:** Blüte. **Bild 2:** Im Vordergrund eine reife, angebissene Beere, die von den abgespreiz-ten Kelchzipfeln umrahmt wird. Die zahlreichen, kleinen Samen sind zu erkennen. Im Hintergrund ist eine noch unreife, grüne Beere zu erkennen. **Bild 3:** Zur Fruchtzeit im Herbst leuchten die schwarz glänzenden Beeren verfüh-rerisch. Doch der Mensch sollte der Versuchung widerstehen, auch nur eine der giftigen Beeren zu naschen.

Die Zweihäusige Zaunrübe (*Bryonia dioica*) ist das einzige Kürbisgewächs, das in Mitteleuropa heimisch ist. Die bis 4 m lange, rankende Kletterstaude wächst besonders gerne an Zäunen empor. Die Bezeichnung „Zaunrübe" bezieht sich auf diesen Lieblingsstandort sowie auf die rübenförmig verdickten Wurzeln. Aus der Wurzel, die die Größe einer Zuckerrübe erreichen kann, treiben im Frühling die mit Hilfe von spiralig gedrehten Ranken kletternden Stengel empor. Die Ranken führen Suchbewegungen aus und bei Berührung erfolgt innerhalb weniger Minuten ein Umranken des Gegenstandes. Die gestielten, handförmig lappigen Laubblätter sind borstig behaart.

Wie schon der Pflanzenname besagt (griech. *dioica*=zweihäusig), sind die Blüten getrennt geschlechtlich und wachsen auf verschiedenen Pflanzen. Die trichterförmigen Blüten sind mit Ausnahme des Fruchtknotens 5zählig und blühen von Juni–September. Kelch und Krone stehen am Rande einer becherförmigen Blütenachse, dem Blütenbecher. Auf Lücke zu dem 5blättrigen Kelch steht die tief 5spaltige Krone.

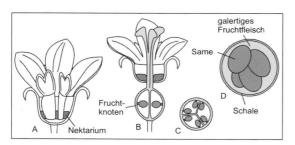

Abb. 9-4: *Bryonia dioica*. A: Männliche Blüte längs. B: Weibliche Blüte längs, der kugelige Fruchtknoten ist unterständig. C: Unterständiger, 3fächeriger Fruchtknoten quer. Die Samenanlagen sitzen an der Wand des Fruchtknotens. D: Einfächerige Beere quer. Die 3 Scheidewände haben sich in eine galertige Masse aufgelöst und bilden das Fruchtfleisch.

Die 16–20 mm breiten, männlichen Blüten sind in blattachselständigen, gestielten Trauben angeordnet. Ihre Krone ist grünlich-weiß. Die 5 Staubblätter besitzen S-förmig geschwungene Staubbeutel, ein Familienmerkmal der Kürbisgewächse. Die kleineren, unauffälligeren, weiblichen Blüten sind in doldenartigen Büscheln angeordnet. Ihre Krone ist gelblichweiß. Der kugelige Fruchtknoten ist deutlich als unterständig zu erkennen. Er besteht aus 3 miteinander verwachsenen Fruchtblättern, ist also 3fächerig. Die wenigen Samenanlagen sitzen wandständig, wiederum ein typisches Merkmal der Kürbisgewächse. Oft finden sich Überreste von Staubblättern in den weiblichen Blüten. Bei männlichen wie weiblichen Blüten wird Nektar vom Blütenbecher abgeschieden. Be-

stäubt werden die Blüten von zahlreichen Bienen, die Sandbiene (*Andrena florea*) ist streng auf die Gattung *Bryonia* spezialisiert und sammelt den Pollen keiner anderen Pflanze.

Frucht:

Aus dem unterständigen Fruchtknoten entwickelt sich eine 5–8 mm breite, kugelige Beere. Die häutige Fruchtwand ist dünn. Im Inneren befinden sich 4–6 eiförmige, etwa 4 mm lange Samen. Reife Beeren sind nicht mehr gefächert. Die Zellen der Scheidewände lösen sich auf und bilden eine saftige, unangenehm riechende, gelartige Masse, welche die Samen umgibt. Diese stellt das Fruchtfleisch dar. Die zunächst grüne Fruchtwand ist bei Fruchtreife durch Karotinoide scharlachrot gefärbt. Die Beeren der verwandten Weißen Zaunrübe (*B. alba*) sind schwarz. Die Beeren sind durch bitterstoffartige Cucurbitacine stark giftig. Schon 15 Beeren von *B. dioica* gelten für Kinder als tödlich.

Ausbreitung:

Die scharlachroten Beeren von *B. dioica* sind typische Vogelbeeren, die endochor ausgebreitet werden. Zäune und Hecken sind beliebte Aufenthaltsorte zahlreicher Vögel und gleichzeitig die Hauptwuchsstandorte der Pflanze. Die im Herbst reifen Beeren werden beispielsweise von Singdrossel und Mönchsgrasmücke gefressen und die Samen unbeschädigt ausgeschieden. Im Mittelalter baute man *B. dioica* als Heilpflanze in den Bauerngärten an, wodurch die Pflanze als Gartenflüchter in den besiedelten Raum gelangte (Ethelochorie).

Nutzung:

Schon in der Antike wurde die rübenartige Wurzel von *B. dioica* als Heilpflanze gegen Epilepsie, Schwindel, Schlaganfall sowie als gynäkologisches Heilmittel genutzt. Volksmedizinisch wurde sie bei Gicht und Rheuma, Fieber, aber auch als Abtreibungs- und Abführmittel angewendet. Heute findet die Wurzel noch homöopathische Anwendung bei Rheuma, Lungenentzündung und grippalen Infekten. Die Pflanze galt im mittelalterlichen Volksglauben als Unheil und Hexen abweisendes Mittel sowie als Liebeskraut. Sie ist in allen Teilen giftig, besonders jedoch in den Wurzeln und Samen.

Vorkommen:

B. dioica ist in Mittel- und Südeuropa sowie Nordafrika heimisch. Sie wächst in Hecken, an Zäunen und Säumen, in Auwäldern und Waldrändern.

Bryonia dioica. **Bild 1:** Männliche Blüte mit grünlich-weißer Krone. Die Staubbeutel haben eine S-förmige Form, die typisch ist für die Kürbisgewächse. **Bild 2:** Weibliche Blüte von der Seite. Deutlich ist der kugelige Fruchtknoten zu erkennen, erst darüber sitzen Kelch, Krone und Staubblätter an. **Bild 3:** Die bei Reife rot gefärbten Beeren sind für den Menschen, aber nicht für die Vogelwelt giftig.

Die in Deutschland nur noch selten vorkommende Drachenwurz (*Calla palustris*) wächst vor allem auf nassen Standorten in Bruchwäldern oder an Randzonen von Stillgewässern. Aus dem Wurzelstock (Rhizom) der ausdauernden, nur etwa 20 cm hohen Sumpfpflanze gehen mehrere, lang gestielte, herzförmige Laubblätter hervor.

Die winzigen unscheinbaren Blüten blühen von Mai-Juli und sitzen dicht gedrängt der kolbenförmig verdickten Sproßachse an. Die meist zwittrigen Blüten sind sehr einfach gestaltet. Kelch und Krone fehlen, die Blüten bestehen lediglich aus 6–9 Staubblättern und dem rundlichen Fruchtknoten, der in einer sitzenden Narbe endet. Am Grund des Fruchtknotens sitzen mehrere Samenanlagen. Solch ein parakarper Fruchtknoten mit grundständiger Plazentation ist überaus selten im Pflanzenreich. An der Kolbenspitze befinden sich ausschließlich männliche Blüten. Die fehlende Blütenhülle wird durch einen den gesamten Blütenstand umhüllendes 6–7 cm langes Hochblatt – auch Spatha genannt – eingeleitet. Das auffällig weiß gefärbte Hochblatt dient als Schauapparat. Der wissenschaftliche Artname (griech. *kallos*=schön) bezieht sich auf das attraktive Hochblatt der Pflanze. Die Drachen- oder Schlangenwurz, auch Sumpfcalla genannte Pflanze ist mit dem Aronstab (→ *Arum*) verwandt, mit dem sie den typischen Blütenkolben gemeinsam hat.

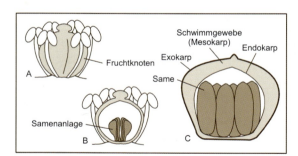

Abb. 9-5: *Calla palustris*. A: Einzelne Blüte mit Staubblättern und Fruchtknoten. B: Blüte längs. Blick in den einfächerigen Fruchtknoten mit den an der Basis stehenden Samenanlagen. C: Beere längs mit mehreren länglichen Samen. Die Fruchtwand ist als Schwimmgewebe ausgebildet.

Die Blüten sind vorweiblich, es reifen zuerst die Narben, später die Staubblätter, wodurch Selbstbestäubung verhindert wird. Die Bestäuber werden von dem für den Menschen unangenehmen Blütenduft, aber auch visuell von der weißen Spatha angelockt. Die Bestäubung wird von pollenfressenden Aasfliegen und kleinen Käfern, vielleicht auch von Schnecken durchgeführt.

Frucht

Aus jedem der zahlreichen, befruchteten Fruchtknoten entwickelt sich eine gedrungene Beere. Die Narbe verbleibt als kleiner Zipfel an der Spitze, die Staubblätter fallen ab. Die Hülle (Exokarp) der unreifen Früchte ist durch Chlorophyll grün gefärbt. Später verfärben sich die Beeren durch das Auftreten von Anthocyanen in ein Orange- bis Scharlachrot. Das angrenzende, 1–3 mm dicke Fruchtfleisch (Mesokarp) besteht bei Fruchtreife aus großen, luftgefüllten Interzellularen (Hohlräumen), die als Schwimmgewebe dienen. Das Fruchtinnere wird von 4–10 dicht nebeneinander stehenden, 3–4 mm langen Samen mit rotbrauner Samenschale ausgefüllt. Die Beeren sind giftig.

Ausbreitung:

Während der Fruchtreifung verlängert sich der Stengel und wächst Richtung Erdboden. Bei Fruchtreife liegt dadurch der Fruchtstand auf der Erde bzw. bei überschwemmten Standorten im Wasser. Die weiße Spatha ist verwelkt. Die reifen Beeren lösen sich leicht vom Kolben ab und werden als Schwimmer durch das Wasser ausgebreitet (Nautochorie). Sie sind infolge ihres lufthaltigen Schwimmgewebes ungewöhnlich leicht und dadurch schwimmfähig. Sie platzen oftmals auf und entlassen dadurch ihre ebenfalls schwimmfähigen Samen, die auch als Wasserhafter von Wasservögeln ausgebreitet werden (Epichorie). Trotz der attraktiven Färbung der Beeren konnte eine endochore Ausbreitung durch Wasservögel oder andere Tiere nicht beobachtet werden, es handelt sich demnach nicht gerade um typische Beeren. Am Standort vermehrt sich *C. palustris* auch vegetativ über ihren Wurzelstock, wodurch sie rasenförmig wächst (Blastochorie).

Nutzung:

Die gesamte Pflanze, insbesondere der Wurzelstock, enthält giftige Scharfstoffe. Die Bezeichnung Drachen- oder Schlangenwurz erhielt *C. palustris* wegen ihres schlangenähnlichen Wurzelstocks. Der nur im frischen Zustand giftige Wurzelstock wurde früher in der Volksmedizin gegen Schlangenbisse angewendet. In Notzeiten wurden die Rhizome gemeinsam mit See- und Teichrosen sowie dem Rohrkolben geerntet und zu Mehl verarbeitet. Dieses wurde mit Getreidemehl vermischt, um daraus Brot zu backen.

Vorkommen:

C. palustris kommt in Mittel- und Nordeuropa, Asien und Nordamerika vor. Durch Entwässerung und Gewässerverbau werden die Vorkommen der Pflanze immer seltener, so daß sie in Deutschland auf der Roten Liste steht. In Hessen und Sachsen-Anhalt ist *C. palustris* vom Aussterben bedroht.

Calla palustris: **Bild 1:** Habitus. Die soeben entfaltete Spatha umgibt den Blütenkolben. Die zahlreichen, rundlichen, grünen Fruchtknoten sind reif (vorweibliche Blüten). Sie werden von hellgelben, noch unreifen Staubbeuteln umgeben, deren Staubfäden sich noch nicht gestreckt haben, so daß sich die Staubbeutel an die Fruchtknoten schmiegen. **Bild 2:** Unreifer, dem Boden genäherter Fruchtstand mit grünen Beeren. **Bild 3:** Reifer, auf der Erde liegender Fruchtstand mit scharlachroten, glänzenden, etwa 7 mm breiten Beeren. Das ehemals weiße Hochblatt ist verwelkt.

Seit Jahrtausenden werden in Süd- und Mittelamerika wilde und kultivierte Arten der Paprika genutzt. Fast alle in den Industrieländern erhältlichen Paprika- und Chili-Sorten gehören zur Art *Capsicum annuum*. Diese unterteilt man heute in den milden Gemüsepaprika (*Capsicum annuum* var. *grossum*) mit großen, walzenförmigen Früchten und den Gewürzpaprika (*C. annuum* var. *annuum*), bekannt auch als Cayenne-Pfeffer, Chili oder Peperoni, deren wesentlich kleinere Früchte sehr scharf sein können.

Die bis 150 cm hohen, buschförmigen Kräuter bilden einzelne weiße, nickende Blüten. Der glockenförmige Kelch endet in 5 kurzen Zipfeln. Die weiß-hellgelb, selten violett gefärbte Krone ist radförmig ausgebreitet. Im Inneren sind 5 Staubblätter mit violetten Beuteln um den oberständigen Fruchtknoten angeordnet. Dieser besteht aus 2–5 miteinander verwachsenen Fruchtblättern und ist durch Scheidewände unvollständig gefächert. Die Blüten der kultivierten Sorten bestäuben sich selbst.

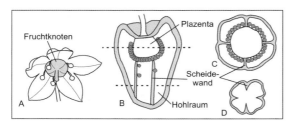

Abb 9-6: *Capsicum annuum* var. *grossum*. A: Blüte. B: Beere längs mit den beiden Ebenen der Querschnitte. C-D: Querschnitte der Beere, die durch 4 Scheidewände unvollständig gefächert ist.

Frucht:

Je nach Sorte entwickeln sich große walzenförmige (Gemüsepaprika) oder schlanke, langgestreckte (Gewürzpaprika), zumeist hängende Beeren in verschiedensten Fruchtvarianten. Die Bezeichnung Paprika-„schote" ist falsch und bezieht sich auf die schotenähnliche Gestalt des Gewürzpaprika. Wenn man eine Gemüsepaprika längs schneidet, fällt sofort der große, helle Wulst – die Plazenta – im unteren Fruchtbereich auf, an der zahlreiche, abgeflachte Samen sitzen. Dünne weißliche Scheidewände unterteilen die Frucht in unvollständige Fächer. Das kann man bei Querschnitten in unterschiedlicher Höhe der Frucht leicht erkennen. In unserem Beispiel (Abb. 9-6) ist der Paprika im ersten Drittel 4fächerig, die Scheidewände reichen bis ins Zentrum zu der empor gewölbten Plazenta. Weiter oben enden die 4 Scheidewände im Leeren, die Frucht ist hier einfächerig. Anders als bei den meisten Beeren ist das Fruchtinnere nicht fleischig, sondern besteht aus einem großen luftgefüllten Hohlraum. Die feste, glänzende Fruchtwand wird bei Vollreife hart und brüchig, weshalb der Paprika auch gerne als Trocken- oder Lederbeere bezeichnet wird. Die kleinen Früchte der Chili und Peperoni, oder auch der Cayenne Pfeffer (Gewürzpaprika) enthalten in hohen Anteilen das brennend scharfe Capsaicin in den Samen und Scheidewänden, während es aus dem milden Gemüsepaprika herausgezüchtet worden ist. Die rote Farbe der Fruchtwand wird hauptsächlich durch Capsanthin, einem karotinartigen Farbstoff der Plastiden verursacht, das in Erscheinung tritt nachdem das grün färbende Chlorophyll abgebaut wurde.

Ausbreitung:

Der Paprika ist eine alte Kulturpflanze des tropischen Amerika, die bald nach der Entdeckung Amerikas in Europa, Afrika und Asien eingeführt wurde. Erst um 1748 gelangte der Gewürzpaprika nach Ungarn, das für seine Paprikaspeisen schon bald bekannt wurde. In Mitteleuropa wurde der Paprika zunächst nur als Zierpflanze genutzt. Erst durch die Zunahme des innereuropäischen Handels (Bahnverkehr) und Züchtungen des milden Gemüsepaprika fand zu Beginn des 20. Jahrhunderts der Paprika Einzug in die Küchen. Die heute nahezu weltweite Verbreitung des Paprika verdankt er der gezielten Ausbreitung als Kulturpflanze durch den Menschen (Ethelochorie).

Die Früchte der Wildformen sind klein, scharf und bei Reife leuchtend rot. Die aufgerichteten Früchte – die Früchte vieler Kulturformen hingegen hängen – werden in ihrer tropischen Heimat endochor durch Vögel, denen die entsprechenden Schärferezeptoren fehlen, ausgebreitet.

Nutzung:

Die Gattung *Capsicum* umfaßt etwa 25 in Südamerika beheimatete Arten, von denen 5 seit Jahrtausenden kultiviert werden. Die wirtschaftlich bedeutendste davon ist *C. annuum*. Neben ihrer Verwendung als Nahrungsmittel und Gewürz dienen die Vitamin-C reichen Früchte scharfer Sorten der Herstellung von medizinischen Präparaten, die scharfe, reizende Stoffe enthalten. Diese werden äußerlich gegen Muskel- und Sehnenrheumatismus, Gicht und Lähmungen angewendet.

Vorkommen:

Heute wird *C. annuum* fast weltweit angebaut. Hauptproduzenten sind China, Pakistan, Indien, Malaysia, Ungarn und Spanien.

Bild 1-3: *Capsicum annuum* var. *grossum* – Gemüsepaprika. **Bild 1:** Weißliche Blüte. **Bild 2:** Habitus mit grüner Paprika. **Bild 3:** Paprikasortiment. **Bild 4:** *C. annuum* var. *annuum* – Gewürzpaprika. Ein beliebter Vertreter des Gewürzpaprika ist die Peperoni.

Zitrusfrüchte zählen zu den ältesten Kulturobstarten der Welt. Die Sträucher oder kleinen Bäume der Gattung *Citrus* besitzen ledrige, aromatische Laubblätter. Die zahlreichen, oft mehrmals im Jahr erscheinenden Blüten sind einzeln oder in mehrblütigen Doldentrauben angeordnet und verströmen einen starken, wohlriechenden Duft. Die meist zwittrigen Blüten besitzen 3–5 kleine Kelchblätter und 4–8 längliche, weiße Kronblätter. Zahlreiche Staubblätter mit dicken, weißen Staubfäden stehen vor dem oberständigen Fruchtknoten. Dieser ist je nach Art und Sorte 5- bis vielfächerig (coenokarp-synkarp). An seiner Basis befindet sich ein dicker, polsterförmiger Nektardiskus. Durch Parthenokarpie ist die Bestäubung durch Insekten (zumeist Bienen) bei vielen Sorten überflüssig, diese Früchte sind zumeist samenlos.

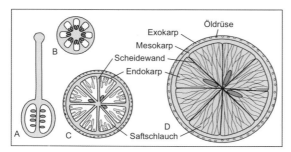

Abb. 9-7: *Citrus sinensis*. A: Fruchtknoten zur Blütezeit längs. B: 8fächeriger Fruchtknoten quer. C: Junge Frucht quer. Die Saftschläuche wachsen in die Fruchtfächer. D: Reife Orange quer.

Frucht:

Ob nun Zitrone (*Citrus limon*), Orange (*C. sinensis*), Grapefruit (*C. x paradisi*) oder Mandarine (*C. reticulata*), Limette (*C. aurantiifolia*) oder Zitronat-Zitrone (*C. medica*), das Angebot von rund 60 Arten ist vielfältig. Trotz der unterschiedlichen Farbe, Größe und des Geschmacks handelt es sich bei den Früchten immer um sogenannte Endokarpbeeren mit typischem Aufbau. Die Schale besteht aus 2 Schichten. Das äußere, wachsbedeckte Exokarp ist durch Karotinoide gelb, orange oder rot (Grapefruitsorten) gefärbt und wird Flavedo (von lat. *flavus*=goldgelb) genannt. Das Exokarp ist von zahlreichen, sichtbaren, mit ätherischem Öl gefüllten Drüsen durchsetzt. Es schließt sich das Mesokarp als weiße, schwammige Schicht, Albedo (lat. *albus*=weiß) genannt, an. Das mächtige, sehr saftige Fruchtfleisch (Endokarp) ist in Segmente unterteilt, die von einer dünnen Haut umgeben sind und von zahlreichen Saftschläuchen ausgefüllt werden. Diese Fruchtschläuche wachsen nach der Befruchtung aus der innersten Schicht der Fruchtwand in die hohlen Fruchtfächer hinein, bis sie diese schließlich, eng aneinander gepreßt, vollstän-

dig ausfüllen. Die Häutchen der Segmente stellen die Scheidewände des mehrfächerigen Fruchtknotens dar. Bei den Nabelorangen sitzt der eigentlichen Frucht eine kleine „Tochterbeere" auf, die sich aus einem zweiten Ring kleiner Fruchtblätter bildet. Bei den Blutorangen sind Anthocyane für die rote Färbung des Fruchtfleischs verantwortlich. Geschätzt werden die saftigen Beeren wegen des hohen Vitamin-C Gehaltes im Fruchtfleisch und ihres erfrischenden Geschmacks, der von der Zitronensäure stammt.

Ausbreitung:

Seit alters her gehören Zitrusfrüchte zu den beliebtesten Obstsorten und wurden durch den Menschen als Nutz- wie auch als Zierpflanzen kultiviert und gezielt ausgebreitet (Ethelochorie). Die saftigen Früchte werden auch von Affen, Halbaffen und Vögeln endochor ausgebreitet. Affen spucken die störenden Samen – wenn überhaupt vorhanden – zumeist aus.

Nutzung:

Neben den Olivenhainen prägen vor allem die Zitrusplantagen die Kulturlandschaft des Mittelmeerraumes. Die Heimat der Gattung *Citrus* liegt jedoch in Südostasien. Orangen (*C. sinensis*) wurden schon vor 4000 Jahren in China angebaut und sind heute die am häufigsten angebauten Zitrusfrüchte. Als wohlduftende Ziergewächse wurden sie im 15. Jahrhundert in die fürstlichen Gärten Europas eingeführt. Die frostempfindlichen Orangenbäumchen wurden in speziellen Gewächshäusern – den Orangerien – gezogen und dort auch überwintert. Sie wurden bald von der aus Nordindien stammenden, weniger kälteempfindlichen Pomeranze (*C. aurantium*) abgelöst. Aus den bitteren Früchten der Pomeranze wird die in England beliebte Orangenmarmelade hergestellt.

Die Araber brachten die aus China stammende Zitrone (*C. limon*) mitsamt der Rezeptur eines alkoholfreien Erfrischungsgetränkes im 10. Jahrhundert in den Mittelmeerraum. Im 17. Jahrhundert erfrischten sich damit die Pariser Damen und Herren und prägten die französische Bezeichnung „Limonade" die vom pers.-arab. *limun*=Zitrone abgeleitet wird. Die kandierten Schalen der Zitronat-Zitrone (*C. medica*) geben als Zitronat einigen Backwaren ihre Würze. Die aus Westindien stammende Grapefruit (*C. paradisi*) wurde Anfang 1880 nach Florida eingeführt, das bald zum Hauptproduzenten wurde. Die Schale der Citrusfrüchte wird für den Export durch Phenole und Benanzole konserviert.

Vorkommen:

Heute werden Zitrusfrüchte in zahlreichen Sorten in den tropischen und subtropischen Regionen weltweit angebaut. Haupterzeugerländer sind die USA, Brasilien und die Mittelmeerländer.

Bild 1: *Citrus sinensis*. Blüte. Von den Niederländern wurden die Orangen „Sinaasappel" (Äpfel aus China) genannt, woraus dann das deutsche Wort Apfelsine wurde. In den romanischen Sprachen bürgerte sich die Bezeichnung „pomme d'orange", der Apfel mit der goldgelben Farbe ein. Ende des 18. Jahrhunderts verkürzte sich der Name auf die heute gebräuchlichste Bezeichnung „Orange". **Bild 2:** *C. limon*: Reife Zitronen.

Früher zählte man das Maiglöckchen (*Convallaria majalis*) zu den Lilien und nannte es „Lilie der Täler" (*Lilium convallium*). Der Gattungsname stammt von lat. *con vallis*=Talkessel und weist auf einen seiner Standorte – Bergwiesen – hin. Der Artname bezieht sich auf die Blütezeit von Mai-Juni (lat. *majus*=Mai). Die Staude zählt zu den Frühblühern unserer heimischen Flora und erhielt weitere Volksnamen wie Maiblume, Maililie, Mairöschen und Maischelle.

Aus dem ausläuferartigen, kriechenden Wurzelstock (Rhizom) treiben alljährlich im Frühjahr 2 große, breitlanzettliche, zugespitzte Laubblätter aus. Der anschließend erscheinende, bis 30 cm hohe Blütenstengel ist unbeblättert und trägt an der Spitze eine einseitswendige, 5–8blütige Traube. Die kleinen, nikkenden Blüten verströmen einen starken, süßen Duft. Wie für Liliengewächse typisch, ist die Blütenhülle einheitlich gestaltet und besteht aus 6 weißen, kronblattähnlichen Blütenblättern, dem Perigon. Diese sind bis auf die kurzen, nach außen gebogenen Zipfel glockenförmig miteinander verwachsen.

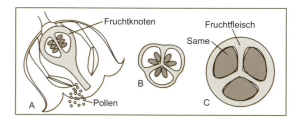

Abb. 9-8: *Convallaria majalis.* A: Blüte längs. B: Fruchtknoten quer. C: Aus 3 Fächern bestehende Beere quer. Die Samen füllen die Fruchtfächer vollständig aus.

Von der Blütenhülle umgeben befinden sich im Inneren 2 Kreise mit je 3 Staubblättern sowie der Fruchtknoten. Der oberständige, rundliche Fruchtknoten ist 3fächerig (coenokarp-synkarp), in jedem Fach befinden sich 4–8 Samenanlagen. Am Grund des Fruchtknotens wird Nektar ausgeschieden. Der kurze, dicke Griffel endet mit einer kleinen Narbe.

Blütenbiologisch handelt es sich um Glockenblumen mit Streueinrichtung. Der Besucher – zumeist Bienen – hält sich an den zurückgekrümmten Zipfeln der nach unten hängenden Blüten fest, während er versucht den Nektar am Blütengrund zu erreichen. Zuerst berührt er mit seinem Kopf die aus den Staubblättern herausragende Narbe und stäubt diese mit eventuell mitgebrachtem Pollen ein. Erst dann kommt er mit den Staubbeuteln in Kontakt, die ihren Pollen herabrieseln lassen.

Frucht:

Aus dem kleinen Fruchtknoten entwickelt sich eine kugelige, bis 1 cm große Beere. In jedem ihrer 3 Fächer befindet sich meist nur ein einziger gelblicher, birnenförmiger Same. Bei Fruchtreife im Herbst hat sich die zuvor grüne Fruchtwand durch Karotinoide scharlachrot verfärbt und ist einschließlich der Scheidewände fleischig geworden. Vor dem Verzehr der Samen, junger Blätter und der bitter schmeckenden Blüten sei besonders gewarnt, da diese in großer Menge herzwirksame, giftige Digitalisglykoside enthalten.

Ausbreitung:

Die roten Beeren werden endochor durch Tiere, besonders Amsel und Rotdrossel ausgebreitet. *C. majalis* wurde und wird auch heute noch als beliebte Gartenzierpflanze kultiviert. Lokal verwildert sie als sogenannter Gartenflüchter (Ethelochorie). Auffällig ist ihr verstärktes Vorkommen in der Nähe von Kleingartenanlagen und Friedhöfen.

Nutzung:

Erst im 16. Jahrhundert wird über die Wirkungen von *C. majalis* in den Kräuterbüchern berichtet. Dennoch wird die Pflanze in der deutschen Volksmedizin kaum genutzt, während sie in Rußland als alte Arzneipflanze bekannt ist. Sie enthält in allen Teilen etwa 30 herzwirksame Glykoside (Hauptwirkstoff ist das Convallatoxin), die denen des Fingerhuts ähneln. Bei richtiger Dosierung wirken sie herzstärkend und werden so vorwiegend bei Herzschwäche und Herzrythmusstörungen eingesetzt. Aber auch gegen Wassersucht und Epilepsie wurde *C. majalis* früher verabreicht.

Die getrockneten, pulverisierten Blüten regen zum Niesen an und wurden seit alters zur Herstellung des Schnupftabaks verwendet. Schon Hippokrates soll *C. majalis* seinem Schnupfpulver beigemischt haben, um „schlechte Säfte" aus dem Kopf abzuleiten. Auch damals war das Schnupfen äußerst beliebt, man war von der Heilkraft des Niesens überzeugt. Noch heute sind die getrockneten Blüten ein Bestandteil des „Schneeberger Schnupftabaks". Ihre Hauptwirkung beruht vermutlich auf den schleimlösenden Saponinen.

Vorkommen:

In fast ganz Europa und im gemäßigten Asien ist *C. majus* heimisch und kommt häufig vor. In Nordamerika gilt das Maiglöckchen als eingebürgert. Die Pflanze wächst auf frischen bis leicht feuchten Böden, in lichten Laub- und Nadelwäldern, Gebüschen, auf Bergwiesen und Geröllhalden.

Convallaria majalis. **Bild 1:** Einseitswendige Blütentraube mit weißen, glockenförmigen Blüten in wenigblütiger Traube. **Bild 2:** Reife, 6-9 mm breite Beeren, die von Vögeln aufgrund ihrer Signalfarbe und des Fruchtfleisches endochor ausgebreitet werden.

Eine alte Kulturpflanze ist die Gurke (*Cucumis sativus*), eine einjährige, raschwüchsige Pflanze mit niederliegenden oder mit Hilfe von Ranken kletternden Sprossen. Die Blüten blühen von Juni-August und sind getrennt geschlechtlich auf einer Pflanze verteilt (monözisch). An der Spitze des glockigen Blütenbodens sitzen die 5 schmalen Kelchblätter und die tief 5spaltige, goldgelbe Krone. Die männlichen Blüten mit 5 Staubblättern stehen in kleinen Gruppen zusammen. Die weiblichen, an ihrem unterständigen Fruchtknoten leicht erkennbaren Blüten, sitzen einzeln in den Achseln der Laubblätter. Der aus meist 3 Fruchtblättern verwachsene Fruchtknoten ist mit warzenförmigen Stachelborsten besetzt. Der kurze Griffel geht in 3 hufeisenförmige Narben über. Blütenbiologisch handelt es sich, wie für die Familie der Kürbisgewächse typisch, um große Trichterblumen, die von Honigbienen und Grabwespen bestäubt werden. *C. sativus* wird in zahlreichen Kultursorten angebaut. Oft werden nur weibliche Blüten gebildet, die sich ohne Bestäubung und Befruchtung zu Früchten entwickeln (Parthenokarpie).

Frucht:

Aus dem unterständigen Fruchtknoten entwickelt sich eine leicht gekrümmte, längliche Beere, die je nach Sorte, eine Länge bis 50 cm erreichen kann. Hält man eine etwa 2 mm dicke Gurkenscheibe (am besten eine Salatgurke) gegen das Licht, so kann man leicht den Aufbau der Frucht erkennen. Auf die feste, grüne Schale folgt das mächtige, hellgrüne, wasserreiche Fruchtfleisch. Im Zentrum befinden sich die 3(–4) Fruchtfächer, die vollständig von einer gallertartigen, gekammerten Masse, die eine Bildung der Plazenta darstellt, ausgefüllt werden. Darin liegen die kleinen Samen, die mit ihrem Stielchen an der Plazenta befestigt sind. Gurken bestehen zu 97 % aus Wasser und zählen zu den wasserreichsten und gleichzeitig kalorienärmsten Früchten. Geerntet und verzehrt werden – mit Ausnahme der Senfgurke – unreife Früchte. Diese besitzen nur kleine, weißliche, nicht störende Samenrudimente.

Die Beeren von *C. sativus* werden, wie viele andere Vertreter der Kürbisgewächse, aufgrund ihres festen Fruchtfleisches und der harten Schale Panzerbeeren genannt. Gurken werden in zahlreichen Sorten angebaut und je nach Verwendungszweck als Einlege-, Schäl-, Senf- oder Salatgurken bezeichnet.

Ausbreitung:

Die aus Indien stammende Gurke wird schon lange vom Menschen auf Feldern und in Gärten kultiviert und dabei gezielt ausgebreitet (Ethelochorie). Schon vor 5000 Jahren wurden in Indien Gurken als Nahrungsmittel genutzt und zahlreiche Kulturformen

entwickelt. Diese reichen von kleinen, eiförmigen Früchten bis zu Riesenformen mit über einem Meter Länge. Die Artbezeichnung lat. *sativus*=gesät, gepflanzt verdeutlicht die Nutzung durch den Menschen.

Die Wildform von *C. sativus* ist vermutlich die in Indien beheimatete *C. hardwickii* aus den subtropischen Tälern des Himalaya mit kleinen, bitteren, für den Menschen ungenießbaren Früchten. Vermutlich dient der Bitterstoff Elaterimid als Schutz gegen Tierfraß. Die Früchte der ersten, sogenannten Primitivsorten schmeckten noch bitter, erst durch lange Kultur wurde der Bitterstoff nahezu herausgezüchtet. Die Gurke gelangte von Indien, wo sie seit etwa 5000 Jahren als Nahrungsmittel dient, nach China, Japan und in den Mittleren Osten. Etwa 600 v. Chr. erreichten die Gurken Griechenland. Im Römischen Reich wurden Gurken erstmals zur Konservierung in Salzwasser eingelegt. Die heute kultivierten Sorten kamen im frühen Mittelalter von Byzanz zu den Slawen Osteuropas. Diese brachten sie im 16./17. Jahrhundert nach Deutschland und Holland.

Die saftigen, samenreichen Wildgurken werden vermutlich endochor durch Vögel ausgebreitet. Im Oman fressen Rinder Gurken, und dienen hier eventuell ebenfalls der Endochorie.

Nutzung:

Während in Asien die Gurken meist gekocht verzehrt werden, genießt man sie in Europa lieber eingelegt oder roh als Salat. Altbekannt für seine eingelegten „Sauren Gurken" ist der Spreewald südöstlich Berlins. Eine dort ansässige, von den Slaven abstammende, sorbische Bevölkerungsminderheit hat die Tradition des Gurkenanbaus bis heute gepflegt und erhalten. Der Spreewald galt im 19. Jahrhundert als die „Gurkenkammer" der Berliner. Auf dem Wasserweg spreeabwärts wurden die Gurken nach Berlin transportiert und dort auf den Märkten verkauft. Die in Salzwasser eingelegten „sauren Gurken" kommen übrigens ohne einen Tropfen Essig aus. Sie schmecken infolge einer Milchsäuregärung sauer, da die sich im Salzwasser entwickelnden Milchsäurebakterien aus dem Zucker der Gurke Milchsäure bilden. In Berlin und anderen Städten Norddeutschlands galten die „sauren Gurken" im Sommer als erfrischendes, preiswertes Volksnahrungsmittel, die „Sauregurkenzeit" läßt sich darauf zurückführen.

Die Griechen nannten die Gurke „aigiroa", von den Slawen wurde sie „agurka" genannt.

Vorkommen:

Die in Indien heimische *C. sativus* wird heute in allen Gebieten der Erde mit warmem und gemäßigtem Klima angebaut.

Cucumis sativus. **Bild 1:** Typisch für Deutschland ist der Anbau von Einlegegurken, die unreif, wie hier im Bild, geerntet werden. Links der Gurke eine weibliche Blüte, am Blüteneingang erkennt man die 3 Narben. **Bild 2:** Salatgurke quer geschnitten. Deutlich sind die 3 mit gallertigem Gewebe ausgefüllten Fruchtfächer zu erkennen. Diese wurden während der Fruchtentwicklung von der Plazenta gebildet. Die kleinen Samenrudimente sitzen mit ihren Stielchen (Funikulus) an der weißlichen Plazentaleiste. Diese befindet sich nicht im Fruchtzentrum, sondern am Übergang zum Fruchtfleisch. Die Fruchtwand besteht aus einem mächtigen Fruchtfleisch und der festen Schale.

Die Spritzgurke (*Ecballium elaterium*) ist aufgrund ihres ungewöhnlichen Explosionsmechanismus, mit dem sie ihre Samen ausbreitet, eine weit über den Mittelmeerraum hinaus bekannte Pflanze, die zu den Kürbisgewächsen zählt. Die ausdauernde, niederliegend und ohne Ranken wachsende Pflanze besitzt lang gestielte, 3eckige, bis 10 cm lange Blätter, die unregelmäßig wellig gelappt und gezähnt sind.

Die von April-September erscheinenden Blüten sind eingeschlechtlich, männliche und weibliche Blüten sind auf einer Pflanze verteilt. Die mit Ausnahme des Fruchtknotens 5teiligen Blüten sind blaßgelb und zeigen einen Durchmesser von etwa 2,5 cm. Die unterständigen Blüten ähneln in ihrem Aufbau denen der Zaunrübe (→ *Bryonia dioica*). Die männlichen Blüten sind zu mehreren in Trauben angeordnet, die weiblichen, lang gestielten Blüten stehen einzeln. Die blaßgelbe Krone ist trichterförmig. Am Blüteneingang befindet sich ein kräftig gelbes Saftmal, das der optischen Anlockung dient. Die männlichen Blüten zeigen 5 Staubblätter. Der unterständige Fruchtknoten der weiblichen Blüten ist von der becherförmigen Blütenachse umschlossen und mit weichen, kleinen Stacheln besetzt. Im Fruchtknoten stehen die zahlreichen Samenanlagen wandständig in 6 Leisten.

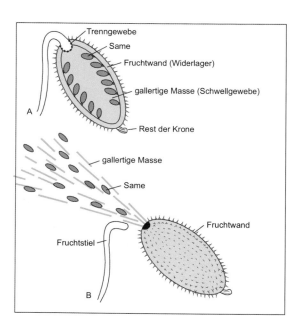

Abb. 9-9: *Ecballium elaterium*, Spritzmechanismus. A: Reife Frucht längs. B: Nur kleinster Berührungen bedarf es und die Samen spritzen mitsamt einer gallertigen Masse aus einer Öffnung an der Gurkenbasis heraus. Der obere Abschnitt des Fruchtstiels wirkt wie ein Sektkorken.

Frucht:

Aus dem unterständigen Fruchtknoten entwickelt sich eine bis 8 cm lange, weich bestachelte Beere, die bei Reife gelblich-grün ist. Sie hängt an einem etwa 15 cm langen, gebogenen Fruchtstiel und schmeckt ungenießbar bitter. Die derbe, außen grüne und innen weißliche Fruchtwand ist elastisch. Sie wird vom Blütenbecher und der Wand des Fruchtknotens gebildet. Die Fruchtwand dient als Widerlager, indem sie dem starken Innendruck des Fruchtinneren standhält. Die etwa 50 Samen sitzen in 6 Längsreihen an der Innenseite der Fruchtwand und werden von einer glasigen, gallertigen Masse – dem Schwellgewebe (Pulpa) – umgeben, das vermutlich eine Bildung der Plazenta ist. Die saftige Beere schützt sich mit Hilfe ihrer Stacheln und der durch das Stoffgemisch Elaterin stark giftigen und bitteren Pulpa vor Tierfraß.

Ausbreitung:

Durch stete Wasseraufnahme während der Fruchtreife, steigt der osmotische Druck in den Zellen des Schwellgewebes von 8,5 auf 14 bar an. Am Ansatz des Fruchtstiels liegt ein zartes Trenngewebe, das zunächst die Frucht verschließt. Sobald der Innendruck einen kritischen Wert überschreitet, wird der Fruchtstiel wie ein Sektkorken plötzlich fortgeschleudert. Dadurch kommt es zu einem Rückstoß und einer kurzzeitigen Kontraktion der Beere. Die Pulpa wird gemeinsam mit den Samen mit hoher Geschwindigkeit durch die Öffnung an der Fruchtbasis herausgespritzt. Dieser Vorgang läuft so schnell ab, daß unser Auge dem nicht folgen kann. Die Beeren sind bei Reife in einem ballistisch günstigen Winkel von 40–60 Grad orientiert, so daß die Samen schräg nach oben herausgeschossen werden und dabei leicht Entfernungen von mehr als 10 Metern überwinden. Die erschlaffte Fruchtwand bleibt im Umkreis der Pflanze zurück. Hautkontakte mit der giftigen Pulpa sollte man beim Beobachten des Spritzmechanismus tunlichst vermeiden.

Schon die alten Griechen beobachteten den Explosionsmechanismus von *E. elaterium*. So gaben sie der Pflanze den Gattungsnamen *Ecballium*, der von griech. *ekballein*=heraussschleudern abgeleitet wird. Die Pflanze breitet sich selbständig als ballochorer Saftdruckstreuer aus (Autochorie). Der Spritzmechanismus – einzigartig in Europa – faszinierte besonders die Engländer. Sie importierten die Spritzgurke als Gartenpflanze, die in klimatisch milderen Gegenden verwilderte und sich einbürgerte (Ethelochorie).

Vorkommen:

E. elaterium ist im Mittelmeerraum heimisch und wächst auf Ödland und an Wegrändern. In Großbritannien gilt sie als eingebürgert.

Ecballium elaterium. **Bild 1:** Habitus der gurkenartigen Pflanze. **Bild 2:** Männliche, trichterförmige Blüte mit 5 Staubblättern, deren Staubbeutel S-förmig geschwungen sind, ein typisches Merkmal der Kürbisgewächse. **Bild 3:** Fast reife, weich bestachelte, nach schräg unten ausgerichtete Beere, die sich aus dem unterständigen Fruchtknoten mitsamt dem Blütenbecher entwickelte. Am Ansatz des Fruchtstiels sitzt das Trenngewebe.

Der Gemeine Efeu (*Hedera helix*) ist ein immergrüner Kletterstrauch, der mit seinen Haftwurzeln Höhen bis zu 20 m erklimmen kann. Er windet sich oft an Bäumen oder Mauern empor (lat. *helix*=windend), fehlt ihm solch eine Klimmstütze, überwuchert er flächendeckend den Waldboden. Der Gattungsname *Hedera* leitet sich von griech. *hedra*=sitzen ab und bezieht sich auf die Haftwurzeln, mit denen die Pflanze Halt bzw. Sitz findet. Die immergrünen Efeublätter sind an nicht blühenden Trieben typisch 3–5eckig gelappt, an den blühenden, im Licht wachsenden Zweigen hingegen ungelappt. Die kleinen, unauffälligen Blüten erscheinen nur an älteren, ab etwa 8jährigen Sträuchern und sind in halbkugeligen Dolden angeordnet. Sie sind zwittrig und 5zählig. Dem kleinen 5zähnigen Kelchsaum folgen die dickfleischigen, gelbgrünen Kronblätter. Auf Lücke zu diesen stehen die gelben Staubblätter. Der 3–5fächrige Fruchtknoten (coenokarp-synkarp) ist in die becherförmige Blütenachse eingesenkt und dadurch unterständig. Jedes Fach beinhaltet eine Samenanlage. Ein breiter, grünlicher Nektardiskus an der Spitze des Fruchtknotens umschließt den kurzen Griffel. Blütenbiologisch handelt es sich um einfach gebaute, vormännliche Scheibenblumen mit reichlichem, frei zugänglichem Nektarangebot.

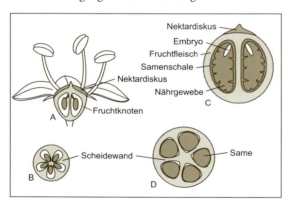

Abb. 9-10: *Hedera helix*. A: Unterständige Blüte längs. B: 5fächeriger Fruchtknoten quer. C: Beere längs. D: Beere quer.

H. helix stellt als einer der wenigen Herbst- und Winterblüher (September–Oktober) eine Ausnahme in unserer heimischen Flora dar. Die Blüten sind eine wichtige Nahrungsquelle für Wespen, Honigbienen, Fliegen sowie Schwebfliegen. Wespen und Fliegen werden durch den leicht fauligen Blütenduft angelockt.

Frucht:

Aus dem unterständigen Fruchtknoten entwickelt sich eine erbsengroße (bis 1 cm breite), 3–5fächerige Beere. Sie wird von einem „Mützchen" gekrönt, dem verbleibenden Nektardiskus. Bei Reife färbt sich die Fruchtwand durch Anthocyane blauschwarz. Schneidet man eine Efeubeere quer, so sieht man 3–5 große, helle Samen, die das Fruchtinnere fast vollständig ausfüllen. Die etwa 1 mm dicke Fruchtwand, die aus dem Blütenbecher und dem Fruchtknoten besteht, wird gemeinsam mit den dünnen Scheidewänden fleischig. Die bräunlichen Samen sind 3kantig und nierenförmig. Sie enthalten einen kleinen Embryo, der in einem zerklüftete Nährgewebe eingebettet ist. Die Beeren sind durch Saponine im Fruchtfleisch giftig.

Ausbreitung:

Die Früchte reifen erst im Frühjahr (März–April) und bleiben bis zum Sommeranfang stehen. Durch diese stark verzögerte Fruchtreifung werden die Beeren des Efeu der Vogelwelt nahezu konkurrenzlos als erste des Jahres angeboten. Sie werden endochor vor allem durch Gartenrotschwanz, Amsel, Singdrossel, Mönchsgrasmücke, Seidenschwanz und Star ausgebreitet.

Nutzung:

Alle Pflanzenteile, besonders jedoch die Früchte, sind durch den Gehalt an Saponinen für den Menschen giftig. *H. helix* wurde schon im Altertum und in der Antike als Kult- und Heilpflanze geschätzt. Die alten Ägypter weihten mit ihr den Gott Osiris, die alten Griechen Bacchus, den Gott des Weines und der Fruchtbarkeit. Die Druiden der Kelten verehrten den Efeu als heilige Pflanze. Der im 1. Jahrhundert lebende griechische Arzt Dioskurides empfahl die Anwendung bei Durchfall, Milzleiden, Ohren- und Kopfschmerzen. Bis ins Mittelalter hinein wurden Blätter und Früchte auch bei Erkrankungen der Atemwege, bei Nieren- und Gallenbeschwerden, gegen Rheuma und Gicht sowie bei Gelbsucht, Ruhr und Pest angewendet. Auch als hustenlösendes Mittel wurde die Pflanze verabreicht. Heute werden die jungen Blätter in der Homöopathie hauptsächlich bei Bronchialasthma, Erkrankungen der Nasenschleimhäute sowie bei Gallenleiden verwendet. *H. helix* ist auch eine altbewährte Pflanze zur Hausbegrünung hauptsächlich der Nordseite. Die Kletterpflanze schützt das Mauerwerk und wirkt wärmeisolierend, sollte aber nicht an verputzten Wänden oder schadhaftem bzw. feuchtem Mauerwerk gepflanzt werden, da diese von den Haftorganen beschädigt werden könnten.

Vorkommen:

H. helix ist in fast ganz Europa sowie Vorderasien verbreitet und wächst in Laubwäldern, auf alten Einzelgehölzen, an Felsen, Mauern, Ruinen und Zäunen.

Hedera helix. **Bild 1:** Blütendolde mit grünlich-gelben, unscheinbaren Blüten. Im Blütenzentrum Blick auf den hellgrünen Nektardiskus, der den Fruchtknoten bedeckt und den kurzen Griffel. **Bild 2:** Etwa 3 Monate alte Früchte im Winter. Deutlich hebt sich der Nektardiskus als dunkel verfärbtes „Mützchen" von der übrigen, noch grünen Beere ab. **Bild 3**: Reife, blauschwarze Beeren im Mai.

Der Kultur-Apfel (*Malus domestica*) umfaßt heute als bestkultivierte Obstart rund 20.000 Sorten. Der im Mai blühende Obstbaum bildet an seinen Kurztrieben Doldentrauben aus kurzgestielten Blüten, die sich erst nach dem Laubaustrieb entfalten. Die 5zähligen Blüten sind unterständig, Kelch-, Kron- und Staubblätter stehen am Rand des Blütenbechers. Der 5fächerige Fruchtknoten (coenokarp-synkarp) ist im Blütenbecher eingesenkt. Nur die 5 freien Griffel ragen oben heraus. Die Innenseite des Blütenbechers sondert Nektar ab. Blütenbiologisch handelt es sich um vorweibliche, duftende Scheibenblumen, die große Mengen Nektar wie Pollen anbieten und von Bienen und Hummeln bestäubt werden. Sehr ähnliche Blütenverhältnisse zeigt die Kultur-Birne (*Pyrus communis*), die schon im April ihre weiße Blütenpracht entwickelt.

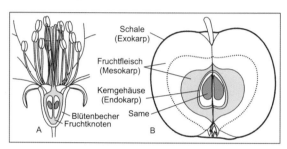

Abb. 9-11: *Malus domestica.* A: Blüte längs, der Fruchtknoten ist unterständig. B: Beere längs. Das Fruchtfleisch wird vom Blütenbecher (weiß) und der Fruchtknotenwand (hellgrau) gebildet.

Frucht:

Aus dem unterständigen Fruchtknoten entwickelt sich eine 5fächerige, bei Reife saftig-fleischige Beere. Sie besteht aus 3 Schichten. Die feste Schale (Exokarp) ist von einer natürlichen, imprägnierenden Wachsschicht überzogen. Auf der Oberfläche erkennt man kleine braune Punkte, die sogenannten Lentizellen (lat. *lenticula*=kleine Linse). Diese bestehen aus Gruppen von Korkzellen und werden während der Größenzunahme des Apfels gebildet. Da die Epidermis mit der Erweiterung des Umfanges nicht Schritt halten kann, zerreißt sie und wird durch lockere Korkzellen ersetzt, durch die weiterhin der Gasaustausch zwischen den stoffwechselaktiven Zellen des Apfels und der Atmosphäre stattfinden kann.

Bei vielen Sorten verfärbt sich die Schale bei Reife durch Karotinoide gelb bzw. durch Anthocyane rot. Je mehr Sonne auf den Apfel fällt, desto stärker ist die Rotfärbung. Das mächtige, bei Reife saftig-fleischige Fruchtfleisch wird größtenteils vom Blütenbecher, in kleineren Mengen auch von der Wand des Fruchtknotens gebildet. Die durch Amygdalin giftigen Samen (Fraßschutz) befinden sich in einem pergament-

artigen, 5kantigen Kerngehäuse, dem Endokarp. Ganz ähnlich ist auch die Birne aufgebaut. Das Mesokarp ist jedoch von harten Steinzellennestern durchsetzt. Da ein großer Anteil des Fruchtfleisches vom Blütenbecher gebildet wird, werden Apfel und Birne auch heute noch gerne als Scheinfrucht bezeichnet. Auch als Sammelbalg wird die Frucht fehlinterpretiert: das 5kantige Kerngehäuse wurde als Sammelbalg betrachtet, der sich aufgrund des mächtigen Fruchtfleisches, das allein vom Blütenbecher stammen soll, nicht öffnen kann. Im englischsprachigen Raum wird der Begriff pome-fruit=Apfelfrucht verwendet.

Ausbreitung:

Die saftigen Birnen und Äpfel werden endochor von Nagern, Fuchs, Dachs und Marder, früher auch vom Menschen, ausgebreitet. Im asiatischen Raum wird der Apfel auch heute noch von Bären und Pferden, die Äpfel lieben, endochor ausgebreitet. Das Kerngehäuse schützt die Samen vor Zerstörung und wird mitsamt der Samen unbeschadet ausgeschieden. Im Zuge ihrer langen Ausbreitungsgeschichte wurden Apfel und Birne durch Handel und Kultivierung auch ethelochor ausgebreitet. Neue Forschungen zeigen, daß der Ursprung des Apfels im Nordwesten Chinas im Ilital dem Nordausläufer des Tien Shan-Gebirgszuges liegt. Hier entwickelten sich aus kleinfrüchtigen, von Vögeln endochor ausgebreiteten Wildarten durch Selektion großfrüchtige Wildarten. Die großfrüchtigen Äpfel sind also nicht, wie immer angenommen wurde, erst durch Züchtungen entstanden. Über die Behringsstraße gelangten einige Wildarten auch ostwärts nach Nordamerika. Ähnlich dürfte auch die Geschichte der Kultur-Birne verlaufen sein.
Die Römer sind für ihre Maßnahmen zur Veredelung und für ihre Entwicklung von Apfelsorten bekannt und führten den Kultur-Apfel bis nach Großbritannien ein. Aber erst ab dem 16. Jahrhundert trat die Apfelkultur in Europa in den Vordergrund. Obst wurde als Nahrungsquelle und Vitaminlieferant für die Landbevölkerung entdeckt. Es entstanden staatliche Baumschulen und Streuobstbestände. Im 18./19. Jahrhundert begann die hohe Zeit des Obstbaues und der Pomologie. Die nordamerikanischen Apfelsorten „Jonathan" und „Golden Delicous" stammen von aus Europa eingeführten Samen, Reisern und Jungbäumen. Der Holzapfel (*M. sylvestris*) – unsere einzige heimische Apfel-Wildart – wanderte nach der letzten Eiszeit vor etwa 10.000 Jahren von Südrussland nach Mitteleuropa ein. Seine kleineren Früchte wurden schon in der Jungsteinzeit von den Menschen gesammelt.

Vorkommen:

Heute werden die Kultursorten von *M. domestica* und *P. communis* in den gemäßigten Zonen der Erde nahezu weltweit angebaut.

Bild 1-2: *Malus domestica.* **Bild 1:** Blüte mit weißen, rosa überlaufenen Kronblättern und etwa 20 gelben Staubblättern. **Bild 2:** Reife Äpfel durch Anthocyane rot gefärbt. Nachdem die Stärke das Fruchtfleisch unreifer Früchte ungenießbar machte, ist nun bei Reife das Fruchtfleisch durch Umwandlung der Stärke in Zucker schmackhaft. Für den typischen Geschmack sind Apfel- und Zitronensäure verantwortlich. **Bild 3:** *Pyrus communis.* Reife Birnen.

Die Kulturbanane gibt es heute in über 100 Sorten. Sie entstand in Südostasien aus den 2 Wildarten *Musa acuminata* und *M. balbisiana* und wird als Hybridform *Musa x paradisiaca* genannt. Sie wächst aus ihrem unterirdischen Rhizom zu einer 5–9 m hohen Staude heran. Mit den Blattscheiden ihrer großen, vom Wind zerschlitzten Blätter bildet sie einen 20–30 cm dicken Scheinstamm. Die dünne Sproßachse wächst zwischen den Blattscheiden verborgen empor und entwickelt einen mächtigen, bald hängenden Blütenstand, der von großen, braunroten Tragblättern begleitet wird. In deren Achseln stehen die unscheinbaren Blüten in Reihen angeordnet. Die unteren Blüten im Blütenstand sind weiblich, die mittleren zwittrig und die oberen männlich. Die weißliche kronblattartige Blütenhülle (Perigon) besteht aus einer 5zipfeligen, verwachsenen Unterlippe und einem oberen freien Blütenblatt, der Oberlippe. Die weiblichen Blüten besitzen einen unterständigen, 3fächerigen Fruchtknoten (coenokarp-synkarp) mit zahlreichen Samenanlagen, der im Blütenbecher eingesenkt ist. Die darüber sitzenden zwittrigen Blüten sind steril. Spitzenwärts bergen die Tragblätter die männlichen Blüten mit 5 Staubblättern. Während die Wildarten von Fledermäusen bestäubt werden, sind die Kultursorten nicht mehr auf Bestäuber angewiesen.

Frucht:

Aus dem Fruchtknoten der weiblichen Blüten entwickelt sich – ohne Bestäubung (Parthenokarpie) – eine samenlose Frucht. Diese wächst entsprechend des leicht gebogenen Fruchtknotens zu ihrer tpyisch gebogenen Form heran. Allenfalls kleine, schwarze Rudimente der Samenanlagen sind noch zu erkennen. Bei den in 3 Monaten heranreifenden Bananen handelt es sich um unterständige Beeren. Die von vielen Faserbündeln und Gerbstoffschläuchen durchzogene Schale besteht aus 2 Schichten: An das dicke, gelbe Exokarp (Blütenachse) schließt ein dünnes, hellgelbes Mesokarp, der äusseren Schicht des Fruchtknotens, an. Das Fruchtfleisch (Endokarp) der Obstbananen ist anfangs fest und stärkereich und wird im Zuge der Fruchtreife durch Stärkeverzuckerung – es entstehen Frucht-, Trauben- und Rohrzucker – süß und weich. Das Aroma des Fleisches wird u. a. durch Isovaleriansäure bestimmt. Bei der roh ungenießbaren Kochbanane unterbleibt die Umwandlung der Stärke.

Das Fruchtfleisch entsteht aus der inneren Schicht des Fruchtknotens, deutlich kann man im Querschnitt einer Banane die 3 Scheidewände und die ansitzenden Samenrudimente erkennen. Nach der Fruchtreife stirbt die Staude oberirdisch ab und die am Wurzelstock (Rhizom) entstandenen Schößlinge treiben zu neuen Stauden aus. Die Bezeichnung „Banane"

stammt aus dem arab. *banan*=Finger nach der Form der Früchte, die zu mehreren in „Händen" angeordnet sind. Meist 5–20 „Hände" bilden ein Büschel oder Bündel. Die Bündel werden unreif geerntet – an der Staude gereifte Bananen sind ungenießbar – verschifft und erst im Bestimmungshafen in Bananenreifereien zur Vollreife gebracht.

Ausbreitung:

In allen vorchristlichen Hochkulturen der Alten Welt finden sich Darstellungen der Banane. Man vermutet, daß die aus Südostasien stammende Kulturbanane zu den ältesten Kulturpflanzen zählt und seit mindestens 4000 Jahren vom Menschen genutzt wird. Wann *M. x paradisiaca* als Züchtungsprodukt zweier Wildbananen in Südostasien entstand, ist nicht bekannt. Europäische Seefahrer führten die Kulturbanane um 1510 von Westafrika auf den Kanaren ein, die 1516 Ausgangspunkt für die Verschiffung von Bananensetzlingen nach Santo Domingo ins tropische Amerika waren. Dort erfolgte die Einführung sehr schnell, während der internationale Handel sich erst zum Ende des 19. Jahrhunderts stärker entwickelte. 1892 wurden die ersten Bananen nach Deutschland verschifft.

Während die Kulturbanane allein ethelochor, also durch den Menschen ausgebreitet wird, werden die Wildarten durch Affen, Elefanten, Vögel und Fledermäuse endochor ausgebreitet. Ihre etwa haselnußgroßen, sehr harten Samen verlassen unbeschädigt den Verdauungstrakt der Tiere.

Nutzung:

Bei der Kulturbanane unterscheidet man, entsprechend ihrer Verwendung, zwischen Obst- und Mehlbananen. Obstbananen werden überwiegend frisch verzehrt, die stärkereichen Mehlbananen dagegen gekocht, gebraten, gebacken oder getrocknet zu Bananenmehl verarbeitet. Die Obstbanane ist heute die wichtigste Tropenfrucht. Die aus Zentral- und Ostafrika stammende Zierbanane (*Ensete ventricosum*) wird heute in den gemäßigten Zonen kultiviert und als Zierpflanze bei uns angeboten. Mit ein wenig Glück bildet sie sogar kleine, jedoch ungenießbare Früchte.

Vorkommen:

Die Kulturbanane wird heute in 80 Ländern der Tropen und Subtropen angebaut. Wichtigste Exportländer für die Obstbananen sind Brasilien, Ekuador, Honduras, Costa Rica und Panama sowie Indien, China, die Philipinen und Thailand. Bei den Mehlbananen ist Afrika marktführend.

Musa x *paradisiaca*. **Bild 1:** Fruchtende Bananenstaude. Die unreifen Bananen stehen in Reihen übereinander. An der nach unten hängenden Spitze des Blütenstandes befinden sich, noch von den großen, braunen Tragblättern umgeben, die sterilen zwittrigen und männlichen Blüten. **Bild 2:** Reife Banane quer. Deutlich erkennt man die 3 vollständig mit weichem Fruchtfleisch ausgefüllten Fächer des Fruchtknotens.

Eine wohlbekannte Pflanze des Mittelmeerraumes ist der Echte Feigenkaktus (*Opuntia ficus-indica*). Die sukkulenten, 3–5 m hohen Sträucher zeichnen sich durch große, scheibenförmige, stark abgeflachte Sprosse aus. Sie sind mit etwa 1 cm langen Dornen besetzt, die umgewandelte Blätter darstellen. Die Familie der Kaktusgewächse besteht aus etwa 2000 Arten, die überwiegend die Halbwüsten Amerikas besiedeln. Ihre verdickten Sprosse dienen als Wasserspeicher, die Photosynthese findet in den jungen, grünen Sprossen statt, die später verkorken. Dank ihres wasserspeichernden Gewebes können sie unter ungünstigen Bedingungen wie großer Trockenheit überleben. Die Dornen schützen die wasserreichen Pflanzen vor Tierfraß.

O. ficus-indica bildet von April–Juli glänzende, schwefelgelbe, 7–10 cm breite Blüten, die den oberen Rand der Sproßglieder zieren. Die zwittrigen Blüten besitzen zahlreiche rosettenartige, grüne Kelchblätter, denen sich die gelben Kronblätter sowie die zahlreichen gelben Staubblätter anschließen. Sie alle stehen auf der Spitze des becherförmigen, grünen, bedornten Blütenbodens. Die Blüten sind unterständig.

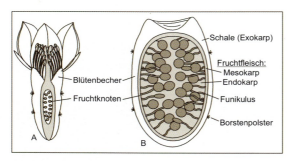

Abb. 9-12: *Opuntia ficus-indica.* A: Unterständige Blüte längs. B: Reife Beere längs.

Der einfächerige Fruchtknoten ist tief in den etwa 3 cm langen Blütenbecher eingesenkt. Oben im Blüteneingang kann man etwa 10 unverwachsene Narben zählen. Die zahlreichen Samenanlagen sind auf der gesamten Wand des Fruchtknotens verteilt, sie stehen wandständig bzw. parietal. Blütenbiologisch handelt es sich um einfach gebaute Scheibenblumen mit einem hohen Pollenangebot. Pollenfressende Käfer, Fliegen und Schwebfliegen kann man als Bestäuber beobachten.

Frucht:

Etwa ab August werden die vielsamigen Beeren reif. Die 5–9 cm langen und 4–5 cm dicken Früchte sind eßbar und je nach Kultursorte grün, rötlich, lachsfarben, gelb oder braun. Die meisten Früchte sind zu-

erst grün, dann gelblich und schließlich bei Reife durch Anthocyane rot gefärbt. Ihre Spitze ist eingesenkt, man kann die zahlreichen verkorkten Narben der Ansatzstellen der Staub-, Kron- und Kelchblätter erkennen. Reife Beeren schmecken süßlich. Die Schale (Exokarp) besteht aus dem Blütenbecher und ist mit kleinen Borstenpolstern besetzt. Die Wand des Fruchtknotens (Mesokarp) ist fleischig geworden. Aus der innersten Schicht (Endokarp) wächst, ähnlich wie bei der Banane (*Musa*), das Fruchtfleisch in das große Fruchtfach hinein. Es wächst um die zahlreichen Samen herum und füllt das Fruchtfach schließlich vollständig aus. Bei Reife ist es weich, rot gefärbt und saftig-süß. Die 4–5 mm langen, dunkelbraunen, etwas gekrümmten Samen sind sehr hartschalig. Der Funikulus der wandständigen Samen verlängert sich bis zu 2 cm, so daß viele der Samen in der Fruchtmitte liegen.

Ausbreitung:

Die auffällig gefärbten Beeren werden endochor durch Vögel, heruntergefallene Früchte auch durch andere Tiere, in Südafrika sogar durch Schildkröten, ausgebreitet. Die von einer sehr harten Schale umhüllten Samen werden unbeschädigt ausgeschieden und überstehen lange Trockenperioden. Abgefallene Früchte und Stengelglieder von *O. ficus-indica* bewurzeln sich und wachsen zu Schößlingen heran, eine Form der Selbstausbreitung (Blastochorie). Bedeutender ist jedoch die gezielte Ausbreitung der Pflanze durch den Menschen. Die Heimat von *O. ficus-indica* liegt, wie viele ihrer nah verwandten Arten, in Mexiko. Dort wurde die Pflanze schon von den Azteken als alte Kulturpflanze genutzt. Im Zuge der Eroberung Mexikos durch die Spanier im 16. Jahrhundert lernten die spanischen Seeleute die Pflanze kennen und schätzen. Die gut lagerfähigen Sproßglieder wurden auf langen Seereisen der Europäer als Gemüse gegen Skorbut mitgeführt. So gelangte die Pflanze auch in den Mittelmeerraum, wo sie sich schnell einbürgerte (Ethelochorie). In Australien wurde der echte Feigenkaktus 1832 eingeführt und breitete sich gemeinsam mit anderen *Opuntia*-Arten schon bald massenhaft aus und wurde zu einem gefürchteten Unkraut.

Nutzung:

Die Früchte von *O. ficus-indica* waren und sind auch heute noch ein wichtiges Obst Mittelamerikas, das frisch oder getrocknet verzehrt wird. Auch zahlreiche andere Kakteen liefern eßbare Früchte. Die geschälten, jungen Flachsprosse werden als mexikanisches Gemüse genossen.

Vorkommen:

Heute wird *O. ficus-indica* in den trockenen Zonen der Subtropen weltweit kultiviert.

Opuntia ficus-carica. **Bild 1:** Habitus zur Blütezeit. Am Rand der scheibenförmigen Sprosse stehen aneinandergereiht die zahlreichen, unterständigen Blüten. **Bild 2:** Die 8-9 cm langen Beeren sind eßbar. Rechts eine reife, rot gefärbte, links eine noch unreife Frucht. **Bild 3:** Reife und unreife Beere quer geschnitten. Bei der reifen Frucht ist das Fruchtfleisch saftig und genießbar.

Die in den Tropen und Subtropen Mittelamerikas heimische Avocado (*Persea americana*) wird auch in den Mittelmeerländern in Plantagen angebaut. Sie gehört zu den Lorbeergewächsen, die vor allem durch zahlreiche Gewürze wie Zimt und Lorbeer sowie Kampher bekannt sind. Der immergrüne Avocado-Baum wird bis zu 20 m hoch und besitzt derbe, ledrige Laubblätter. Der Gattungsname entstammt der aztekischen Bezeichnung „ahuakatl", die sich im Laufe der Zeit in das heutige „Avocado" wandelte. Die kleinen, unscheinbaren Blüten erscheinen von Januar–März in reichblütigen Rispen. Eine Gliederung in Kelch und Krone fehlt, die Blütenhülle besteht aus 2 Kreisen mit je 3 grünlichen Blütenblättern (Perigon). Es folgen 9 gelbe Staubblätter in 3 Kreisen. Der einfächerige, oberständige Fruchtknoten birgt eine einzige Samenanlage.

Blütenbiologisch handelt es sich um einfach gebaute Scheibenblumen. Sie sind vorweiblich, um Selbstbestäubung auszuschließen und werden hauptsächlich von Bienen, aber auch Fliegen und Wespen bestäubt. Es gibt 2 Typen von Blüten, an einem Baum tritt nur je einer auf. Die Blüten öffnen sich morgens mit reifen Narben und schließen sich mittags. Am folgenden Nachmittag öffnen sie sich wieder mit reifem Pollen (Typ A). Oder die Blüten öffnen sich zuerst am Nachmittag mit reifen Narben, und präsentieren am folgenden Morgen den Pollen (Typ B). Es müssen also immer Bäume beider Bestäubungstypen beieinander stehen.

Frucht:

Nur wenige der unzähligen Blüten entwickeln sich zu Früchten, auf etwa 5000 Blüten kommt eine einzige Frucht. Der Fruchtknoten wächst zu einer Beere von Birnengestalt heran, die eine Länge von bis zu 12 cm erreichen kann. Die Beere besteht aus 2 Schichten. Die derbe, glänzend dunkelgrüne Schale schützt das bei Reife butterweiche grüngelbliche Fruchtfleisch. Etwa ein Drittel der Frucht wird von dem großen, harten Samen mit einer festen, braunen Schale eingenommen. Der Same wird fast vollständig von einem großen Embryo ausgefüllt, dessen beide Keimblätter Nährstoffe speichern. Früher interpretierte man die Früchte der Avocado fälschlicherweise als Steinfrüchte, weil der harte Same als Steinkern gedeutet wurde. Das Gewebe des Fruchtfleisches enthält in den äußeren Schichten Chlorophyll und ist dort grün gefärbt. Das cremige, hellgelb bis grüne Fruchtfleisch enthält bis zu 30 % cholesterinfreies Fett. Es ist reich an Kalium und enthält Vitamin E sowie Vitamine der B-Gruppe. Den Namen Butterfrucht oder Butterbirne trägt die Avocado wegen ihrer im reifen Zustand butterähnlichen Konsistenz und ihrer birnenähnlichen Form. Je nach Sorte sind Avocados kugelig rund, oder eier- bis birnenförmig. Von den rund 400 Sorten

werden einige bis zu 2 kg schwer, während eine samenlose, gurkenförmige Mini-Avocado als Leichtgewicht nur bis zu 100 g auf die Waage bringt. Die Avocadobeere zeigt ein ganz ungewöhnliches Phänomen. Sie wird am Baum hängend nicht reif. Erst wenn sie gepflückt wird, beginnt sie langsam auszureifen. Dies liegt an Hemmstoffen (Inhibitoren) im Fruchtstiel, nur wenn die Avocado ohne Stiel gepflückt und gelagert wird, entgeht sie dem reifungshemmenden Einfluß. Die Früchte sind nach 7–9 Monaten pflückreif.

Ausbreitung:

Die Avocado ist eine sehr nahrhafte, wohlschmeckende Frucht, von der sich schon die Mayas und Azteken ernährt haben. Auch dienten andere Teile der Pflanze zu Heilzwecken. In Mexiko und Guatemala stellt die Avocado eine alte Kulturpflanze dar, die vermutlich schon vor 8000 Jahren angebaut wurde. Im 16. Jahrhundert brachte der spanische Seefahrer Cortes die Avocado nach Europa. Der weltweite Anbau in Plantagen der Tropen und Subtropen erfolgte seit dem 19. Jahrhundert. So wurde die Avocado durch Kultivierung in allen tropischen und subtropischen Regionen ethelochor ausgebreitet. Natürlich werden die Beeren auch endochor durch Säugetiere ausgebreitet, nähere Angaben hierzu fehlen jedoch.

Nutzung:

Seit dem 2. Weltkrieg entwickelte sich die Avocado zu einer bedeutenden Exportfrucht. Bei uns angebotene Avocados kommen per Luftfracht aus Israel. Längere Transporte kommen aufgrund ihrer Druckempfindlichkeit nicht in Frage. Da Avocados nicht am Baum ausreifen, werden sie stets unreif geerntet. Die ungenießbaren, harten Früchte reifen zu Hause schneller nach, wenn man sie neben reifen Äpfeln oder Birnen lagert, die das gasförmige Ethylen abgeben, das die Fruchtreifung fördert. In ihrer Heimat ist die Avocado Hauptbestandteil der Guacamole, einer traditionellen, sehr populären, mexikanischen Sauce. Aus überreifen Früchten wird das geschätzte Avocadoöl gewonnen, das neben seiner Verwendung als Speiseöl in der Kosmetikindustrie verarbeitet wird.

Vorkommen:

P. americana wird heute in den beiden Unterarten Mexicanische (*P. americana* var. *drymifolia*) und Westindische (*P. americana* var. *americana*) Avocado in den Tropen und Subtropen angebaut. Hauptanbaugebiete sind Mexico, Kalifornien, Florida, Brasilien und die Dominikanische Republik, im Mittelmeergebiet vor allem Israel und Spanien.

Persea americana. **Bild 1:** Pflückreife, an einem langen Fruchtstiel nach unten hängende Beeren. **Bild 2:** Reife Frucht längs geschnitten. Auf die feste Schale folgt das cremige Fruchtfleisch und schließlich der ungewöhnlich große Same, der früher als Steinkern gedeutet wurde. Die Samenschale löst sich teilweise ab und die hellbraunen, kompakten Keimblätter kommen zum Vorschein. **Bild 3:** Ausschnitt aus einem Blütenstand im weiblichen Stadium. Aus dem winzigen, etwa 3 mm langen Fruchtknoten entwickelt sich eine etwa 12 cm große Beere.

Die Lampionblume (*Physalis alkekengi*) ist aufgrund ihres großen, attraktiv gefärbten Kelches bekannt. Sie wächst in Wäldern und auf Kahlschlägen, und ist auch als eine beliebte Zierpflanze in Gärten zu finden. Die ausdauernde, beblätterte Staude wird bis 60 cm hoch. Ihre grünlich-weißen, nickenden Blüten erscheinen von Mai–August. Sie entspringen einzeln aus den Blattachseln. Der später so auffällige Kelch ist zur Blütezeit klein und unscheinbar. Er ist hellgrün gefärbt, von glockiger Gestalt und endet mit 5 zugespitzten Zipfeln. Die 5 großen, radförmig ausgebreiteten Kronblätter sind etwa bis zur Hälfte miteinander verwachsen. Der oberständige, kugelige Fruchtknoten wird von 5 Staubblättern gesäumt. Der Griffel endet mit einer kopfförmigen Narbe. Der Fruchtknoten ist 2fächerig, in jedem Fach sitzen zahlreiche Samenanlagen einer breiten Plazenta an (coenokarp-synkarp), was für viele Nachtschattengewächse typisch ist.

blasig aufgetrieben (griech. *physa*=Blase). Die Pflanze erhielt so ihre verschiedenen Namen, wie Lampion- oder Laternenblume. Wegen ihrer Ähnlichkeit mit mittelalterlichen, jüdischen Kopfbedeckungen wurde die Pflanze auch Judenkirsche genannt. Verborgen vom Kelch wächst aus dem Fruchtknoten eine kirschgroße, orange-scharlachrote Beere heran. Die zahlreichen gelblich-weißen, nierenförmigen Samen sitzen einer stark vergrößerten Plazenta an, die bei Reife, ebenso wie die Fruchtwand das säuerlich-bitter schmeckende Fruchtfleisch bildet. Die reifen Beeren sind im Gegensatz zur übrigen Pflanze nicht giftig. Sie enthalten Zitronensäure, Zucker sowie Spuren eines Alkaloides und zeichnen sich durch einen höheren Vitamin C Gehalt aus als die Zitronen.

Ausbreitung:

Ab September bis zum Wintereinbruch werden Kelch und die eingeschlossene Beere gemeinsam als Diaspore ausgebreitet. Starker Wind löst die Diaspore von der Pflanze und treibt sie als Bodenroller vor sich her (Anemochorie). Kommt diese zur Ruhe, werden Vögel durch den orange gefärbten Kelch und die ebenso gefärbte Beere angelockt. Die fleischige Beere wird gefressen und die Samen werden unbeschädigt ausgeschieden. Oft zerfällt der Kelch noch an der Pflanze und die Beeren werden von dort ebenfalls endochor durch Vögel ausgebreitet.

Der Mensch breitet *P. alkekengi* seit dem frühen Mittelalter als Heil- und Zierpflanze ethelochor aus.

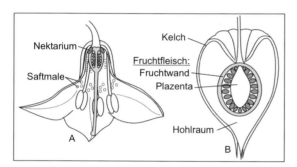

Abb. 9-13: *Physalis alkekengi.* A: Blüte längs. B: Reife Diaspore längs. Der um mehr als das 10fache vergrößerte Kelch umschließt die eigentliche Frucht, die Beere mit ihren zahlreichen Samen.

Blütenbiologisch handelt es sich um vorweibliche Glockenblumen, die Pollen und ein wenig Nektar anbieten. Die grünen Adern der Krone und die grünen Flecken am Blüteneingang dienen als Saftmale, die zum Nektar weisen, der an der Fruchtknotenbasis abgegeben wird. Die zottigen Staubfäden schützen den Nektar vor ungewolltem Raub und lassen nur 5 rinnenförmige Zugänge zu diesem frei, so daß nur langrüsselige Besucher wie einige Bienen, Hummeln und Falter den Nektar nutzen können. Die Staubbeutel öffnen sich zuerst nach außen und drehen sich bald nach innen, so daß es auch zur spontanen Selbstbestäubung kommen kann.

Frucht:

Der nur wenige Millimeter große Kelch vergrößert sich während der Fruchtentwicklung auf eine Länge von etwa 5 cm und verfärbt sich zur Fruchtreife durch Karotinoide orangerot. Durch Lufteinschluß ist er

Nutzung:

P. alkekengi wird auch heute noch als Zierpflanze in Gärten und Parkanlagen gepflanzt und für Trockensträuße sowie Grabschmuck verwendet. Früher wurde sie auch zu Heilzwecken in den Bauerngärten angebaut. Die Beeren wurden als harntreibendes Mittel, zur Blutstillung, gegen Schmerzen, Gicht, Rheuma und Gelbsucht verabreicht. Alle grünen Pflanzenteile sind durch Bitterstoffe giftig. Die aus Peru stammende Kapstachelbeere (*P. peruviana*) wird als schmackhafte Delikatesse in den Supermärkten angeboten. Der nur etwa 2 cm lange, hellbräunliche und trockenhäutige Kelch umhüllt eine gelbe, süß-säuerlich schmeckende Beere.

Vorkommen:

Man vermutet, daß *P. alkekengi* in Mittel- und Südeuropa sowie Asien beheimatet ist. Die Pflanze wächst in Wäldern, Weinbergen, Gebüschen sowie angepflanzt in Gärten. Alle anderen der etwa 110 Arten der *Physalis*-Gattung sind dagegen in Südamerika beheimatet.

Physalis alkekengi. **Bild 1:** Radförmig ausgebreitete Blüte. Links davon ein sehr junges Fruchtstadium. Der 5zip-felige Kelch beginnt sich zu vergrößern. **Bild 2:** Pflanze zur Fruchtreife mit lampionartigem, attraktiv orange gefärbtem Kelch. **Bild 3:** Spätherbstliche Stimmung. Das Gewebe zwischen der Nervatur der Kelchblätter zerfällt sehr malerisch und läßt die orange, etwa 1 cm lange Beere durchscheinen.

Die Vielblütige Weißwurz (*Polygonatum multiflorum*) ist eine Staude der schattigen Buchen- und Laubmischwälder. Der Name „Weißwurz" bezieht sich auf die weiße Farbe des Wurzelstocks (Rhizom). Der Gattungsname *Polygonatum* setzt sich aus den griechischen Worten *polys*=viel und *gony*=Knie oder Knoten zusammen und bezieht sich auf die knotigen Glieder des Wurzelstocks. Oftmals wird die Pflanze auch „Salomonsiegel" benannt, da die abgestorbenen Triebe des Vorjahres Narben am Rhizom hinterlassen, die wie Dokumentensiegel aussehen.

Alljährlich wächst aus dem kriechenden Wurzelstock ein beblätterter, bogenförmiger Stengel empor. Die 30–60 cm hohe Staude bildet große, wechselständig angeordnete Blätter. Sie sind eiförmig bis elliptisch, oberseits dunkelgrün, unterseits graugrün.

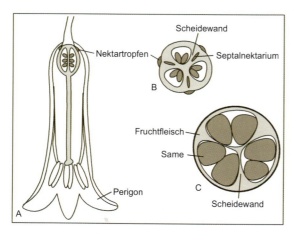

Abb. 9-14: *Polygonatum multiflorum.* A: Zwittrige, nach unten hängende Blüte längs. An der Basis des Fruchtknotens werden Nektartropfen abgesondert. B: 3fächeriger Fruchtknoten quer. C: Reife Beere quer. Diese ist wie der Fruchtknoten in 3 Fächer geteilt.

Von Mai–Juni erscheinen die etwa 2 cm langen, gestielten, duftlosen Blüten. Sie hängen in den Blattachseln in 2–5blütigen Trauben und weisen alle in eine Richtung. Wie für die Liliengewächse typisch, ist die Blütenhülle nicht in Kelch und Krone differenziert. Die 6 gleich gestalteten Blütenblätter (Perigon) – in 2 Kreisen zu je 3 Blütenblättern angeordnet – sind zu einer engen, weißlichen Röhre verwachsen, die vorne mit 6 kleinen, grünlichen Zipfeln endet.

Zumeist sind die Blüten von *P. multiflorum* zwittrig, mitunter gibt es auch männliche Blüten. Im Inneren der Perigonröhre sind die Staubblätter und der Fruchtknoten eingeschlossen. Die 6 Staubblätter sitzen der Röhre an. Der oberständige Fruchtknoten ist kugelig

und durch Scheidewände 3fächerig. In den Scheidewänden befinden sich Nektarien, sogenannte Septalnektarien. Der dort gebildete Nektar wird in kleinen Tropfen an der Außenwand des Fruchtknotens abgeschieden.

Blütenbiologisch handelt es sich um nach unten hängende Glockenblumen, deren Nektar aufgrund der langen Röhre nur von langrüsseligen Hummeln oder Faltern erreichbar ist. Sehr ähnlich ist übrigens auch die Wohlriechende Weißwurz (*P. odoratum*), die gewöhnlich nur eine einzige Blüte in den Blattachseln aufweist und – wie ihr Name schon sagt – angenehm duftet.

Frucht:

Von August-September reifen die etwa erbsengroßen Beeren heran. Die Fruchtwand und die Scheidewände werden fleischig. Jedes der 3 Fächer enthält 1-3 kugelige Samen. Durch das Auftreten von Anthocyanen im Zellsaft sind die zuvor durch Chlorophyll grün gefärbten Beeren bei Fruchtreife blauschwarz. Nahezu identische Früchte bildet *P. odoratum*. Die in den Bergen wachsende Quirlblättrige Weißwurz (*P. verticillatum*) bildet auffallend rot glänzende Beeren.

Ausbreitung:

Die reifen Beeren von *P. multiflorum* werden von Herbst bis zum Wintereinbruch endochor durch Amsel und Rotdrossel ausgebreitet. Durch den unangenehm süßen Geschmack wird der Mensch zumeist von einem Verzehr der giftigen Früchte abgehalten. Kinder sind jedoch durch die an Heidelbeeren erinnernden Früchte gefährdet. Vom Menschen wurde *P. multiflorum* im Mittelalter als Heilpflanze in die Gärten geholt und verwilderte von dort aus. So trug auch der Mensch zur Ausbreitung bei (Ethelochorie).

Nutzung:

Die gesamte Pflanze ist durch Saponine und andere Inhaltsstoffe giftig. Das Rhizom wurde früher in der Volksheilkunde als harntreibendes Mittel eingesetzt. Auch eine blutdrucksenkende Wirkung wurde ihm zugesprochen. Äußerlich wurde das Rhizom zur Behandlung von Sommersprossen und Hautflecken verabreicht. Heute werden die Arten der Gattung nicht mehr medizinisch genutzt.

Vorkommen:

P. multiflorum kommt in fast ganz Europa sowie im gemäßigten Asien vor. Die Pflanze ist in krautreichen Laub- und Mischwäldern auf nährstoff- und basenreichen Lehmböden häufig zu finden.

Polygonatum multiflorum. **Bild 1:** Blüten in wenigblütigen Trauben. Links scheint der rundliche Fruchtknoten durch die weißliche Blütenhülle. **Bild 2:** Unreife, grüne Beeren. **Bild 3:** Habitus der Pflanze zur Fruchtzeit mit schwarzblauen, bereiften Beeren. Die etwa 9 mm großen Beeren ähneln den Früchten der Heidelbeere.

Die in Laubwäldern und Gebüschen wachsende Stachelbeere (*Ribes uva-crispa*) ist ein bis 1m hoher, dichtverzweigter, stacheliger Strauch. Die unscheinbaren Blüten blühen von April-Mai und hängen an einem kurzen Blütenstiel einzeln oder zu zweit in den Achseln der gekerbten Laubblätter. Der Blütenboden ist zu einem glockigen, behaarten, grünlich bis rötlich gefärbten Blütenbecher geformt. Auf seinem oberen Rand trägt der Blütenbecher die Kelch-, Kron- und Staubblätter. Die 5 behaarten, außen grünlich, innen rot gefärbten, ausgebreiteten Kelchblätter sind bedeutend größer als die 5 hellgelben, aufrechten Kronblätter. Der einfächrige, aus 2 Fruchtblättern verwachsene Fruchtknoten wird vom Blütenbecher umhüllt und ist somit unterständig.

Nektar wird an der Basis des Blütenbechers abgesondert, der Zugang ist für kleinere Insekten durch die abstehenden Haare des Griffels versperrt. Bestäuber der vormännlichen Blüten sind Fliegen, Schwebfliegen, Bienen, Erdhummeln und Wespen.

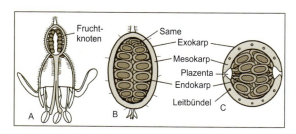

Abb. 9-15: *Ribes uva-crispa*. A: Blüte längs. Der kugelige Fruchtknoten ist unterständig. B: Stachelbeere im Längsschnitt. C: Beere im Querschnitt. Zahlreiche Leitbündel versorgen die Frucht. Die lang gestielten, in der äußersten Schicht verschleimten (Schleim heller dargestellt) Samen sitzen der Plazenta wandständig an.

Frucht:

Nach der Befruchtung fallen Kronblätter, Griffel und Staubblätter ab. Innerhalb von 3–4 Monaten entwickelt sich eine meist behaarte, derbschalige und saftige Beere, deren Spitze vom verbleibenden Kelch gekrönt wird. Man kann aus einer reifen Beere eine etwa 2 mm dicke Scheibe (Querschnitt) herausschneiden und gegen das Licht halten. Mit einer Handlupe erkennt man ohne weiteres den Fruchtaufbau: Die zahlreichen gestielten Samen sitzen der hellen Plazenta der Fruchtwand an. Ihre äußere Samenschale verschleimt und wird gallertig. Das Innere der Beere wird von den vielen Samen ausgefüllt. Die Fruchtwand läßt sich in 3 Schichten unterteilen. Die äußere, feste Schicht bildet die Schale, das Exokarp. Das anschließende, 2–3 mm dicke Fruchtfleisch mit seinen großen, gut sichtbaren, saftreichen Zellen bildet das

Mesokarp. Zwischen Fruchtfleisch und den Samen befindet sich eine dünne, verschleimende Schicht, das Endokarp, das die Fruchtwand nach innen zu den Samen abschließt. Die durchsichtige Fruchtwand wird von Leitbündeln durchzogen, welche die heranwachsende Frucht mit Nährstoffen versorgen.

Die Früchte enthalten reichlich Zucker und Zitronensäure. Die mit langen, borstenförmigen Haaren besetzte Schale ist bei Reife gelblich, bei Kultursorten auch rot. Einen ähnlichen Fruchtaufbau zeigt auch die Rote Johannisbeere (*Ribes rubrum*, Sammelart), eine selten gewordene Pflanze der Auwälder, deren Kultursorten man als Gartenobst schätzt. Die in Trauben angeordneten gelb- oder rotfrüchtigen Johannisbeeren (die „Weiße Johannisbeere" ist eine Kulturform der *Ribes rubrum*) sind jedoch wesentlich kleiner als die Früchte der nah verwandten Stachelbeere und enthalten nur wenige Samen. Johannisbeeren entwickeln sich innerhalb weniger Wochen und sind schon Ende Juni, etwa ab dem 24. Juni, dem Johannistag, reif.

Ausbreitung:

Die im August reifen, säuerlich schmeckenden Stachelbeeren werden von Mensch und Tier, hauptsächlich von Kleinsäugern wie Dachs, Eichhörnchen sowie Vögeln (z. B. Amsel, Mönchsgrasmücke) verspeist. Die Samen verlassen unbeschädigt den Verdauungstrakt (Endochorie). Auch die Johannisbeeren werden endochor ausgebreitet. Die schleimigen Samen werden auch als Klebhafter am Tierfell haftend – einer Form der Epichorie – ausgebreitet. Beide Arten werden natürlich auch durch den Menschen als Kulturpflanzen gezielt angebaut und dadurch ausgebreitet (Ethelochorie).

Nutzung:

Stachelbeeren sind reich an Apfelsäure, enthalten jedoch nur wenig Vitamin C. Die leicht verderblichen Früchte werden als Frischobst genossen oder weiterverarbeitet zu Kompott, Gelee, Marmelade, Konserven, Fruchtsaft, Beerenwein und Essig. Von der Stachelbeere, die im deutschen Raum erst im 16. Jahrhundert in Kultur genommen wurde, gibt es heute zahlreiche Sorten. Die an Vitamin C reiche Rote Johannisbeere ist ebenfalls ein beliebtes Obst. Darüber hinaus wird sie als Kompott, Wein und Saft genossen.

Vorkommen:

R. uva-crispa ist in ganz Europa und Asien bis zur Mandschurei beheimatet. Wilde Vorkommen von *R. rubrum* sind auf Westeuropa beschränkt, kultiviert wurde die Pflanze, wie auch die Stachelbeere, in zahlreichen Sorten in ganz Europa.

Bild 1-2: *Ribes uva-crispa.* **Bild 1:** Reife, etwa 2 cm lange Stachelbeeren mit verbleibendem Kelch. Die Frucht-wand wird von hellen Leitbündeln durchzogen. **Bild 2:** Unauffällige Blüte mit grüngelbem, krugförmigem Blü-tenbecher, der den unterständigen Fruchtknoten birgt. Der Anlockung dienen die auf der Innenseite attraktiv rot gefärbten Kelchblätter. **Bild 3:** *Ribes rubrum.* Die reifen, gelbfrüchtigen Johannisbeeren sind in Trauben angeordnet. Die transparente Fruchtwand läßt den Blick auf die wenigen Samen in den Beeren frei.

Der Bittersüße Nachtschatten (*Solanum dulcamara*) ist eine typische Pflanze der Gewässerufer. Sein kletternder Stengel windet sich besonders gern um das hochwüchsige Schilfrohr, so daß dem Betrachter je nach Jahreszeit violette Blüten (Juni–August) oder rot glänzende Früchte in rispenartigen, lang gestielten Wickeln entgegen leuchten.

Der Kelch besteht aus 5 kurzen Zipfeln. Die violette Krone ist radförmig angeordnet, ihre 5 langen Kronblätter sind später zurückgeschlagen. Am Grund der Kronblätter befinden sich grün glänzende Flecken, die Nektarien vortäuschen und deshalb als Saftmale benannt werden. Auffällig sind die 5, zu einem Streukegel röhrenförmig miteinander verwachsenen, gelben Staubblätter, die den kegelförmigen, oberständigen Fruchtknoten – bis auf den herausragenden Griffel – verbergen. Sobald der Besucher die hängende Blüte in Bewegung versetzt – beispielsweise wenn er versucht an den vermeintlichen Nektar zu gelangen – wird er mit Pollen eingestäubt. Bestäuber sind pollensammelnde Honigbienen und Hummeln sowie pollenfressende Glanzkäfer, Fliegen und Schwebfliegen. Es kommt auch zur Selbstbestäubung, da Pollen und Narbe gleichzeitig reifen.

Frucht:

Aus dem kleinen, 2fächrigen Fruchtknoten entwickelt sich eine etwa 1 cm lange, eiförmige Beere an der die Kelchzipfel verbleiben. Die Schale der anfangs grünen Beeren wechselt im Laufe der Fruchtreife zu orange und schließlich zu einem glänzenden Rot. Die Farbänderung kommt durch den Abbau von Chlorophyll zustande, wodurch die Karotinoide immer stärker in Erscheinung treten. Die Früchte besitzen eine dünne Schale (Exokarp), es folgt das etwa 1 mm dicke, saftig-fleischige Fruchtfleisch (Mesokarp). Das Endokarp ist unauffällig und schließt die Fruchtwand als dünnes Häutchen nach innen ab. Das Fruchtinnere wird von etwa 30 kleinen, flachen Samen, die inmitten einer gallertigen, saftigen Masse – der sich aufgelösten Plazenta – liegen, ausgefüllt. Die 1-2 mm großen Samen sind abgeflacht und rundlich. Die reifen Beeren sind reich an Zucker.

Der nah verwandte, weiß blühende Schwarze Nachtschatten (*Solanum nigrum*) bildet kleinere, kugelige Beeren, deren Schale bei Reife durch Anthocyane im Zellsaft schwarz gefärbt ist. Die süßlich schmeckenden Beeren enthalten etwa 50 kleine, hellbraune Samen.

Ausbreitung:

Die Beeren beider Arten werden aufgrund ihrer attraktiven Farbe und des saftigen Fruchtfleisches von Tieren gefressen und ausgebreitet. Die Samen passieren unbeschädigt den Verdauungstrakt, es handelt sich um Verdauungsausbreitung (Endochorie). Zahlreiche Vertreter der Vogelwelt wie Gartenrotschwanz, Rotkehlchen, Amsel, Mönchs- und Gartengrasmücke, Heckenbraunelle, Nebelkrähe, Elster und Eichelhäher breiten die leuchtend roten Beeren von *S. dulcamara* aus.

Von *S. nigrum* kennt man unter den Vögeln nur die Amsel als endochoren Ausbreiter. Beide *Solanum*-Arten werden auch durch Kleinsäuger wie Waldmaus und Gartenschläfer ausgebreitet, die den Beeren nicht widerstehen können. Auch durch Rinder, Schafe und Schnecken (Baum-, -Weg und Weinbergschnecken) werden die Früchte endochor ausgebreitet.

Die Beeren reifen von August–Oktober und sind als Wintersteher bekannt. Sie bieten also gerade in der nahrungsarmen Zeit eine wertvolle Nahrung.

S. nigrum ist ein Alteinwanderer (Archäophyt), der vermutlich schon vor langer Zeit aus dem Mittelmeerraum nach Mitteleuropa gelangte. Im Mittelalter wurde die Pflanze in den Klöstern als Heil- bzw. Nutzpflanze angebaut, so daß auch eine gezielte Ausbreitung durch den Menschen stattfand (Ethelochorie).

Nutzung:

Der wissenschaftliche Gattungsname *Solanum* leitet sich von lat. *solumen*=Trost, Beruhigung ab, da die Pflanze früher zum Schmerzstillen eingesetzt wurde. Erste Berichte über eine heilkundliche Anwendung von *S. dulcamara* stammen aus der Mitte des 16. Jahrhunderts. Stengelteile wurden früher hauptsächlich gegen Hautleiden, Gelbsucht, Hautkrämpfe sowie als Blutreinigungsmittel verabreicht.

Der Artname von *S. dulcamara* entstand Ende des Mittelalters aus lat. *dulcis*=süß, lat. *amarus*=bitter. Die Pflanze schmeckt beim Kauen anfangs bitter, dann jedoch durch die Enzymwirkung des Speichels auf das Alkaloid Solanin und unter Abspaltung von Zucker, süß. Die gesamte Pflanze ist durch Solanine giftig – eines der Familienmerkmale der Nachtschattengewächse –, wobei die Toxizität der reifen Früchte nur noch gering ist. *S. nigrum* wurde in den mittelalterlichen Klostergärten als Gemüse angebaut, über die Toxizität der Pflanze gibt es widersprüchliche Angaben.

Vorkommen:

S. dulcamara ist in ganz Europa und Westasien heimisch. Der auf Ruderalflächen, auch in städtischen Gebieten und an Ackerrändern vorkommende *S. nigrum* ist nahezu weltweit zu finden.

Bild 1-3: *Solanum dulcamara.* **Bild 1:** Blüte mit gelbem Staubblattkegel und herausragendem Griffel. Auffällig sind die grün glänzenden Saftmale am Grund der violetten Kronblätter, die der Anlockung der Bestäuber dienen. **Bild 2:** Ausschnitt aus dem Fruchtstand mit unreifen, grünen und reifen, leuchtend roten Beeren. **Bild 3:** Fast reife Beere längs. Die noch grüne Fruchtwand wird später fleischig und rot. Die Samen sitzen an der breiten, hellgrünen Plazenta, die sich bei Reife auflöst und gallertig wird. **Bild 4:** *Solanum nigrum*: Glänzend schwarze, kugelige Beeren von etwa 7 mm Durchmesser.

Die Tomate (*Solanum lycopersicum*) wurde schon vor rund 2000 Jahren von den Ureinwohnern Mexiko's und Peru's angebaut. Von den Azteken stammt die Bezeichnung „tomatl". Im 16. Jahrhundert wurde *S. lycopersicum* in Europa eingeführt, jedoch lange Zeit lediglich als Zierpflanze genutzt, da man die Beeren für giftig hielt. In Deutschland gewann sie erst nach dem 1. Weltkrieg als Kulturpflanze an Bedeutung. Die einjährige, stark verzweigte Pflanze trägt ihre von Juli–Oktober erscheinenden, 5zähligen Blüten in seitenständigen Wickeln. Die Kelchzipfel sind lanzettlich, die ausgebreitete gelbe Krone ist in spitze Lappen tief gespalten, die gelben Staubblätter sind zu einem Streukegel verwachsen. Sie verdecken den Fruchtknoten, der aus mehreren miteinander verwachsenen Fruchtblättern (coenokarp-synkarp) besteht. Die Staubblätter öffnen sich nach innen und der Pollen rieselt auf die Besucher – meist Schwebfliegen und Bienen – wobei es auch leicht zur Selbstbestäubung kommen kann. Ähnliche, jedoch auffallend weiße Blüten besitzt die Kartoffel (*S. tuberosum*), ebenfalls eine alte Kulturpflanze aus den Andenländern.

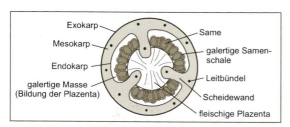

Abb. 9-16: *Solanum lycopersicum*. Beere quer. Die 3 Fruchtfächer werden im Zentrum von einer fleischigen Masse, der Plazenta ausgefüllt. An ihr sitzen die zahlreichen Samen an. Die fleischige Fruchtwand kann in 3 Schichten unterschieden werden.

Frucht:

Aus dem nur wenige Millimeter großen Fruchtknoten der Tomate entsteht eine saftige, vielsamige Beere, die vom Kelch gekrönt wird. An der Spitze befindet sich die verkorkte Narbe des abgefallenen Griffels. Schneidet man eine Tomate quer, so werden die 3 Fruchtfächer (oft auch mehr) deutlich, in denen die zahlreichen Samen liegen. Im Zentrum befindet sich die hellrote, fleischig-saftige Plazenta, an der die Samen ansitzen. Diese hat sich während der Fruchtentwicklung durch starkes Wachstum, ähnlich wie bei der Gemüsepaprika (→ *Capsicum annuum*) vergrößert und wird bei Fruchtreife fleischig. Die Samen sind bei Fruchtreife in einer gallertigen Schicht eingebettet, die eine Neubildung der Plazenta darstellt. Zusätzlich verschleimt die äußere Schicht der Samenschale. Die fleischige Fruchtwand mitsamt der Schale

wird von der Wand des Fruchtknotens gebildet. Unreife Früchte sind durch Chlorophyll grün gefärbt. Während der Fruchtreifung wird dieses abgebaut und das Karotinoid Lycopin tritt in Erscheinung, was zur Rotfärbung führt. Reife Früchte enthalten bis zu 93,5 % Wasser sowie ätherische Öle und Zitronensäure, die für den Geschmack verantwortlich sind. Bei der Kartoffel kennt jeder die Knollen, wer aber die Früchte? Wie bei der Tomate handelt es sich um saftige Beeren, die jedoch gelblichgrün bleiben und an unreife, kleine Tomaten erinnern. Sie sind aufgrund des Alkaloids Solanin für den Menschen giftig und ungenießbar. In den Anfängen des Kartoffelanbaus kam es häufig zu Vergiftungen, da aus Unkenntnis die Beeren statt die Knollen verzehrt wurden. Auch die Früchte der Tomate enthalten das giftige Solanin, das jedoch während der Fruchtreife abgebaut wird, so daß man unbesorgt die roten Beeren genießen kann.

Ausbreitung:

Die saftigen Beeren beider Arten werden von Tieren (und Menschen) verzehrt, die zahlreichen Samen passieren unbeschadet den Magen-Darmtrakt und werden ausgeschieden (Endochorie). Besonders die Wildtomaten, wie die kirschgroße *S. cerasiforme*, werden durch Vögel endochor ausgebreitet. Zusätzlich werden die schleimigen Samen der Tomate als Klebhafter (Epichorie) am Fell und Gefieder von Tieren verschleppt. Das bedeutendste Ausbreitungsmedium stellt jedoch der Mensch dar, der Tomate und Kartoffel seit Jahrhunderten als Kulturpflanzen anbaut und für eine weltweite Ausbreitung sorgte (Ethelochorie).

Nutzung:

Beide Arten werden in zahlreichen Sorten als wichtige Nahrungsmittel kultiviert. Die Erfindung des Ketchups durch Henry J. Heinz gegen Ende des vorletzten Jahrhunderts, markierte den Beginn der industriellen Verarbeitung von Tomaten. Durch Züchtung wurde die Zahl von ursprünglich 2 Fruchtblättern (Wildtomaten) erhöht und damit deutlich größere Tomaten erzielt. Die Kartoffel ist heute mit ihren Knollen das wichtigste Nahrungs- und Futtermittel weltweit. Im 16. Jahrhundert gelangte die Kartoffel durch die Spanier nach Europa, ihre Knollen wurden zuerst von Apothekern als Vitamin C haltiges Nahrungs- wie Heilmittel gegen Skorbut angewendet. In Deutschland wurde die Kartoffel erst im 18. Jahrhundert infolge von Hungersnöten großflächig als Nahrungsmittel angebaut.

Vorkommen:

S. lycopersicum und *S. tuberosum* sind alte Kulturpflanzen Südamerikas und werden heute in weiten Teilen der Welt angebaut.

Bild 1-2: *Solanum tuberosum.* **Bild 1:** Weiße Blüten mit gelben Staubblättern, die zu einem Streukegel miteinander verwachsen sind aus dem vorne der Griffel herausragt. **Bild 2:** Reife, grüne, etwa 1,5-2 cm breite Beeren der Kartoffel mit verbleibendem Kelch. **Bild 3:** *Solanum lycopersicum.* Blüte mit Staubblatt-Streukegel.

Die Eibe (*Taxus baccata*) ist in Mitteleuropa der einzige heimische Vertreter der Gattung *Taxus*. Der immergrüne, zweihäusige Nadelbaum kann eine Höhe von 20 m erreichen und blüht im Frühjahr (März–April). *T. baccata* zählt zu den Nacktsamern (*Gymnospermae*), entsprechend einfach sind die kleinen Blüten gestaltet, die ohne eine attraktive Blütenhülle auskommen. Sie stehen einzeln an kleinen Kurztrieben aus Schuppenblättern in den Achseln der Nadeln. Lediglich aus 6–15 schildförmigen Staubblättern bestehen die gelben, männlichen Blüten. Die winzigen weiblichen Blüten werden von einer einzigen, von grünen Schuppenblättern umhüllten Samenanlage gebildet. Durch eine kleine Öffnung an ihrer Spitze wird ein Flüssigkeitstropfen abgeschieden, an dem der vom Wind angewehte Pollen kleben bleibt (Windbestäubung).

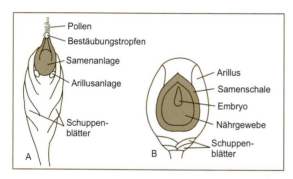

Abb. 9-17: *Taxus baccata*. A: Beblätterter Kurztrieb (in weiß) mit weiblicher Blüte (grau). B: Same vom Arillus umgeben.

Frucht:

Nach der Befruchtung entwickelt sich aus der Samenanlage ein olivbrauner, bis 7 mm langer Samen. Gleichzeitig bildet sich an seiner Basis ein wallartiger, anfangs grüner Ring, der später als becherförmiger, scharlachroter Samenmantel (Arillus) den Samen fast bis zur Spitze umschließt. Bei Reife ist dieser saftig-schleimig, zuckerhaltig und deshalb von süßem Geschmack. Botanisch betrachtet handelt es sich nicht um Früchte – Nacktsamer besitzen keinen Fruchtknoten – sondern um fleischige, beerenartige Samen (lat. *bacca*=Beere).

Ausbreitung:

Im Herbst schmücken die reifen Samen mit ihrem durch Karotinoide lebhaft rot gefärbten Arillus die dunkelgrünen, düster wirkenden Eiben. Vor allem zahlreiche Singvögel werden durch die Signalfarbe angelockt. Hauptsächlich die Drosselarten (Amsel, Sing-, Mistel- und Wacholderdrossel) verschlingen die Diasporen im Ganzen und scheiden die durch ihre

verholzte Samenschale geschützten Samen wieder aus. Endochor breiten auch der Mensch sowie Rotfuchs, Garten- und Siebenschläfer die Eibe aus. Der Kleiber versteckt gezielt Eibensamen in Felsspalten, Mauerfugen und Borkenritzen als Wintervorrat. Die Samen finden dort jedoch keine geeigneten Bedingungen um auszukeimen. Als immergrünes, beliebtes Gehölz wird *T. baccata* durch Anpflanzung auch ethelochor ausgebreitet.

Nutzung:

Eibenholz gehört zu den härtesten, aber gleichzeitig elastischsten heimischen Hölzern. Schon in der Altsteinzeit wurden Speere und Bogen daraus gefertigt. Auch die jungsteinzeitliche Gletschermumie „Ötzi" war mit einem Eibenbogen ausgerüstet. So wurde Eibenholz bis zur Erfindung der Schußwaffen zur Herstellung von Bögen und Armbrüsten, weiterhin als Möbelholz sowie beim Lautenbau verwendet.

Taxus leitet sich von griech. *toxon*=Bogen ab und gehört zur indogermanischen Wurzel *teks*=künstlich verfertigen. Die Grundbedeutung des Wortes wäre also Schnitzholz. Die hohe wirtschaftliche Bedeutung des Holzes hat vom Mittelalter bis ins 18. Jahrhundert hinein zu einer starken Dezimierung der Bestände dieses langsamwüchsigen Baumes geführt. Bereits im 16. Jahrhundert wurden Schonzeiten für den Baum erlassen.

T. baccata ist die einzige einheimische Baumart, die giftig ist. Außer dem roten, ungiftigen Arillus enthalten alle Teile der Pflanze das bittere und äußerst giftige Alkaloid Taxin. Schon der Verzehr einer Handvoll Nadeln kann zum Tode führen. Taxin ist ein Herzgift, das erst Brechdurchfall, dann Lähmung und schließlich Koma verursacht. Die tödliche Giftwirkung war schon im Altertum bekannt. So galt *T. baccata* bei den alten Griechen als Baum der Trauer und des Todes, den Germanen war der Baum heilig. Plinius erkannte, daß ein aus dem Holz der Eibe gefertigter Trinkbecher dem Trinkenden den Tod bringen kann. Von den Kelten ist bekannt, daß sie mit Eibensaft ihre Pfeilspitzen tränkten.

Vorkommen:

T. baccata hat ihre natürliche Verbreitung in den Laubmischwäldern auf kalkhaltigen Böden ganz Europas. Dort ist die Eibe heute nur noch selten zu finden, da sie früher wegen ihres Holzes in vielen Gegenden fast ausgerottet wurde. In Deutschland steht sie als gefährdete Pflanze auf der Roten Liste. Heute kennt man *T. baccata* vor allem angepflanzt in Parkanlagen und Gärten.

Taxus baccata. **Bild 1:** Die winzigen weiblichen, kugeligen Blüten sitzen in der Achsel eines Nadelblattes. Die grünlich-gelben Schuppenblätter umgeben die Samenanlage. Diese ist dunkelgrün und an ihrer Spitze unbedeckt. **Bild 2:** Zahlreiche männliche, nach unten hängende Blüten. **Bild 3:** Reife beerenartige Samen. Der fleischige, attraktiv rot gefärbte Arillus umhüllt fast den ganzen Samen.

Die Blau- oder Heidelbeere (*Vaccinium myrtillus*) wächst als niederwüchsiger Halbstrauch bevorzugt auf nährstoffarmen, sauren Waldböden von der Ebene bis ins Gebirge. Auch in Hochmooren und den Zwergstrauchheiden der alpinen Stufe ist sie zu finden. Der Zwergstrauch besitzt kantige, auch im Winter grüne, jedoch dann blattlose Zweige, an denen sich alljährlich die eiförmigen Blättchen und einzeln in den Blattachseln hängende Blüten bilden. Die von Mai–Juni blühenden, kleinen, glockigen Blüten sind unterständig und 4–5zählig. Der Kelch besteht aus kleinen, unauffälligen grünlichen Zipfeln. Die blaßrosa farbene, krugförmige Krone endet mit meist 5 kurzen, zusammengeneigten Zipfeln. Der unterständige, gefächerte Fruchtknoten wird von der becherförmigen Blütenachse umschlossen.

Blütenbiologisch handelt es sich um Glockenblumen mit Streueinrichtung. Die Staubbeutel der 8–10 Staubblätter sind mit einem hebelförmigen Anhängsel besetzt und öffnen sich – wie für die Heidekrautgewächse typisch – an der Spitze mit einem Loch.

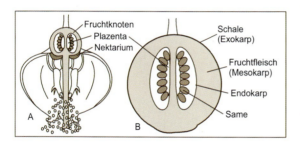

Abb. 9-18: *Vaccinium myrtillus.* A: Blüte längs. B: Unterständige Blaubeere längs. Die fleischige Fruchtwand kann in die 3 Schichten Exo-, Meso- und Endokarp eingeteilt werden. Die letzte ist als hauchdünne Schicht ausgebildet.

Der Blütenbesucher hängt sich unten an die Blüte und klammert sich an den zurückgekrümmten Kronblattzipfeln fest. Bei der Suche nach dem Nektar, der von einem Nektardiskus an der Fruchtknotenspitze abgesondert wird, wird der Besucher durch den herabfallenden Pollen eingestäubt. Nur langrüsslige Besucher wie Hummeln, Bienen und Falter gelangen an den begehrten Nektar. Kurzrüsselige Bienen durchbeißen die Blütenkrone und „rauben" den Nektar.

Im Gegensatz zu *V. myrtillus* ist die Preiselbeere (*V. vitis-idaea*) ein immergrüner Zwergstrauch mit kleinen, derben, glänzenden Blättern. Die weißen bis rötlichen, meist 5zähligen Blüten (Blütezeit Mai–Juli) stehen zu 3–10 in Trauben und duften schwach. Sie ähneln in Bau und Blütenbiologie *V. myrtillus.*

Frucht:

Die Früchte beider Arten sind unterständige, 4–5fächerige, etwa erbsengroße Beeren mit zahlreichen kleinen Samen. Der Gattungsname geht vermutlich auf lat. *baccinium*=Beerenstrauch zurück. Ab Juli kann man die reifen Beeren von *V. myrtillus* pflücken, ihre blaue Farbe erhalten sie durch das Anthocyan Myrtillin in Fruchtfleisch und Schale. Das saftige, aromatische Fruchtfleisch enthält Gerbstoffe, organische Säuren und Vitamine. Die Beeren sind vorne leicht abgeflacht, dort war der Ansatz von Krone und Kelch. Die – je nach Sorte – bis zu kirschgroßen Früchte der Kulturheidelbeere (*V. corymbosum*) besitzen ein weißliches, auch bei Reife festes Furchtfleisch, dessen Geschmack jedoch nicht an die Heidelbeere heran reicht. Reife Preiselbeeren sind leuchtend rot gefärbt und vom verbleibenden Kelch an der Spitze gekrönt. Mit fortschreitender Reife nimmt der Gehalt an Zitronen- und Apfelsäure ab und der Zuckergehalt zu.

Ausbreitung:

Die saftigen, süß bis säuerlich schmeckenden Beeren von *V. myrtillus* werden endochor durch zahlreiche Tiere, früher auch durch den Menschen ausgebreitet. Zu nennen sind Feld- und Schneehase, Marder, Braunbär, Rotfuchs, im kalten Norden auch der Elch. Auch auf dem Speisezettel von Nagern wie Rötel-, Gelbhals- und Waldmaus sowie Gartenschläfer hat die Blaubeere ihren festen Platz. Drosseln, Rabenvögel, Bekassine, Waldschnepfe, Hausrotschwanz und Rotkehlchen, Häher und Star widerstehen den Beeren ebensowenig. Sogar von Schnecken werden sie endochor ausgebreitet. Selbständig breitet sich die Pflanze durch unterirdische Ausläufer aus (Autochorie). Der kriechende Wurzelstock verzweigt sich unterdisch und bildet dadurch rasenartige Bestände. Aus den Ablegern wachsen neue Zweige empor. Die roten, säuerlich schmeckenden Preiselbeeren breiten sich ebenfalls durch vegetative Ausläufer selbständig aus. Endochor wird die Pflanze durch Waldmaus, Eichhörnchen, Zobel und im Norden ebenfalls durch den Elch ausgebreitet.

Nutzung:

Blaubeeren werden als beliebtes Beerenobst genossen oder zu Konfitüren, Kompott, Mus, Heidelbeerwein und Heidelbeergeist verarbeitet. Die stark färbenden Beeren wurden früher auch zum Färben von Rotwein genutzt. Preiselbeeren dienen als würzige Beilage zu Wildgerichten.

Vorkommen:

Beide Arten wachsen in Mittel- und Nordeuropa sowie den Alpen. *V. myrtillus* ist auch in Asien verbreitet.

Bild 1-2: *Vaccinium myrtillus*. **Bild 1:** Ausschnitt von einem blütentragenden Zwergstrauch. Die glockenförmigen, rosafarbenen Blüten sind nach unten geneigt. Deutlich ist der unterständige, grüne Fruchtknoten erkennbar. **Bild 2:** Reife, etwa 8 mm breite, durch Wachsüberzug bereifte Blaubeere. **Bild 3-4:** *Vaccinium vitisidaea*. **Bild 3:** Immergrüner Zwergstrauch mit in Trauben angeordneten Blüten. Der Griffel ragt im Gegensatz zu *V. myrtillus* aus der glockigen Krone heraus. **Bild 4:** Reife, glänzende Preiselbeere. Sie ist an der Spitze von den verbleibenden roten Kelchzipfeln gekrönt.

Die Mistel (*Viscum album*) ist der einzige in Mitteleuropa heimische Vertreter der hauptsächlich in den Tropen und in Südostasien verbreiteten Mistelgewächse. Allen Misteln gemeinsam ist ihre epiphytische Lebensweise. Statt im Erdboden zu wurzeln, leben sie auf anderen, meist holzigen Pflanzen.

V. album ist ein immergrüner, strauchartiger Halbparasit, der auf den Zweigen von Laub- und Nadelbäumen wächst und von deren Holz Wasser und Nährstoffe abzapft. Die Mistel tritt in 3 Unterarten auf: Die Tannenmistel (*V. album* ssp. *abietis*) an der Weißtanne, die Kiefernmistel (*V. album* ssp. *austriacum*) an Kiefern und die Laubholzmistel (*V. album* ssp. *album*) findet man besonders auf Apfelbäumen und Pappeln.

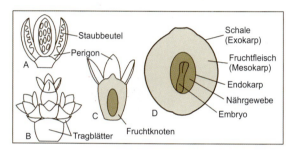

Abb. 9-19: *Viscum album*. A: Männliche Blüte längs. B: Weiblicher Blütenstand mit 3 Blüten. C: Weibliche, unterständige Blüte längs. D: Beere längs.

V. album ist ein kleiner, bis etwa 1 m breiter, reich verzweigter Strauch. Die Zweige sind auf eine typische Weise gabelig gegliedert und mit länglichen, immergrünen, gegenständigen Laubblättern besetzt. Am Zweigende der zweihäusigen Pflanze erscheinen im Frühjahr (Februar–Mai) die Blütenstände. Die unscheinbaren, eingeschlechtlichen Blüten stehen zu 3–5 in der Achsel kleiner Hochblätter. Sie sind auf das Wesentliche reduziert.

Die 4blättrige, gelbgrüne Blütenhülle (Perigon) ist kronblattartig. Bei den männlichen Blüten sind die 4 Staubblätter, die nur aus den Staubbeuteln bestehen, mit dem Perigon vollständig verwachsen. Sie öffnen sich nach innen mit vielen kleinen Poren und erscheinen dadurch siebartig durchlöchert. Die weiblichen Blüten besitzen einen unterständigen Fruchtknoten mit einer kleinen Narbe. Er ist einfächerig und vollständig in die Blütenachse eingesenkt. Die duftenden, einfach gestalteten Scheibenblumen werden von Bienen, Hummeln und Fliegen bestäubt, die auch durch den an der Basis abgegebenen Nektar verköstigt werden. Darüber hinaus werden die Blüten auch durch den Wind bestäubt.

Frucht:

Aus dem unterständigen Fruchtknoten wächst eine etwa erbsengroße, weiße bis gelbliche Beere heran, die im November–Dezember reif ist. Das Innere besteht aus schleimig-klebrigem Fruchtfleisch, das meist nur einen, ovalen Samen umgibt. Dieser enthält 1–3 grüne Keimlinge, diese Mehrzahl ist im Pflanzenreich sehr ungewöhnlich. Die Beeren sind durch Viscotoxine für den Menschen leicht giftig.

Ausbreitung:

Mistelsamen können nicht in der Erde keimen, sondern sind auf einen Baumwirt angewiesen. Die Mistel ist deshalb in ihrer Ausbreitungsstrategie eng an die Vogelwelt gebunden. Die weißen Beeren sind eine beliebte Winternahrung für zahlreiche Vögel und leicht inmitten der blattlosen Baumkronen zu erkennen. Amsel, Drossel – besonders die Misteldrossel – und Star verschlucken die Beeren und scheiden mit dem Kot die unbeschädigten Samen mitsamt Klebschleim aus (Endochorie).

Kleinere Vögel wie Blau- und Kohlmeise wetzen den am Schnabel klebenden Samen an den Zweigen ab. Hier handelt es sich um Bearbeitungsausbreitung (Dysochorie). Egal welche der beiden Strategien angewendet wird, wichtig ist, daß die Samen auf die Äste der Wirtsbäume gelangen. Dort bleiben sie durch den schnell trocknenden Leim kleben und keimen im Frühjahr aus. Mit Hilfe sogenannter Senker dringt der Keimling durch die Borke ins Holz ein und zapft die Leitungsbahnen an. Durch den Kontakt zur Wasser- und Nährstoffversorgung der Wirtspflanze kann sich die Mistel nun eigenständig entwickeln.

Das klebrige Fruchtfleisch gibt der Pflanze den Namen: lat. *viscum*=Vogelleim. Die Bezeichnung „Mistel" ist ein altgermanischer Pflanzenname, wobei hier der Wortstamm „Mist" im Sinne von tierischem Kot und Urin namensgebend war.

Nutzung:

Den Germanen, vor allem aber den Kelten, galt die Mistel als heilig. Sie war Kult-, Zauber- und Heilmittel. Die Druiden der alten Gallier und Britannen betrachteten die im Baum wachsende Mistel als Himmelsgabe, die mit einer goldenen Sichel in einer kleinen Zeremonie geerntet wurde. Im Mittelalter war *V. album* eine geschätzte Heilpflanze. Auch heute werden Mistelextrakte in einer Vielzahl von Medikamenten gegen Bluthochdruck, Arteriosklerose, nervöser Anspannung, Krebserkrankungen, Arthritis, Rheuma, Frostbeulen und Beingeschwüren verabreicht.

Vorkommen:

V. album wächst auf Laub- und Nadelgehölzen in ganz Europa und Asien.

Viscum album. **Bild 1:** Weiße, etwa 1 cm breite Beeren. An der Spitze zeugen die 4 braunen Flecken vom Ansatz der Blütenhülle, an dem runden Fleck in der Mitte befand sich die Narbe. **Bild 2:** Junges, etwa 1-jähriges Mistelpflänzchen. **Bild 3:** Mistelstrauch im Winter in der Krone eines Apfelbaumes.

Die Echte Weinrebe (*Vitis vinifera*) ist ein kletternder Strauch mit holzigem Stamm und rundlich-herzförmigen, meist 3–5lappigen Laubblättern. Die von Juni–Juli blühenden, winzigen, grünlichen Blüten sind in Rispen angeordnet. Bei der Blütenentfaltung werden die 5 Kelchblätter abgeworfen, wenig später werden die an der Spitze miteinander verwachsenen 5 gelbgrünen Kronblätter durch die Streckung der Filamente der Staubblätter als Ganzes emporgehoben und ebenfalls abgeworfen. Die 5 Staubblätter säumen den 2fächerigen, oberständigen Fruchtknoten. Blütenbiologisch handelt es sich um unscheinbare, angenehm duftende Scheibenblumen. Zwischen den Staubblättern sitzen 5 gelbe Nektarien, die jedoch in Mitteleuropa selten Nektar bilden. Bestäuber sind pollensammelnde Honigbienen und Erdhummeln, oftmals kommt es auch zur spontanen Selbstbestäubung.

V. vinifera wird heute in 2 Unterarten unterschieden: die nur noch selten in Auwäldern vorkommende Wildrebe (ssp. *silvestris*) und die Kulturrebe (ssp. *vinifera*).

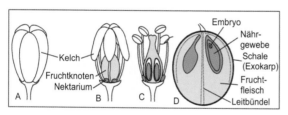

Abb. 9-20: *Vitis vinifera* ssp. *vinifera*. A: Blüte kurz vor der Entfaltung. B: Blüte mit abwerfender Krone. C: Blüte längs. In schwarz wurde die innere Schicht der Fruchtknotenwand markiert, die später in das Fruchtfach hineinwächst. D: Beere längs.

Der Wilde Wein (*Parthenocissus quinquefolia*) ist ein mit Hilfe von Ranken und Haftscheiben kletternder Strauch. Seine kleinen Blüten sind in unscheinbaren Trugdolden angeordnet und ähneln denen von *V. vinifera*. Die Kronblätter der Blüten bleiben jedoch an der Blüte und schlagen sich weit zurück. Außerdem sind die Blüten vormännlich, zunächst öffnen sich die 5 gelben Staubbeutel, erst wenn Staubblätter und Kronblätter abfallen, wird die Narbe reif. Die von Juli–September blühenden Blüten erhalten reichlichen Besuch von Bienen, Hummeln und Wespen.

Frucht:

Beide Arten bilden bei Reife saftige Beeren. Je nach Sorte sind die Beeren der Kulturrebe dunkelblauviolett, rot, grün oder gelb, und von süßem oder säuerlichem Geschmack. Die Beeren der Wildrebe (*V. vinifera* ssp. *silvestris*) sind dunkelblau und sauer. 3–4 birnenförmige Samen sind in einem gallertigen Fruchtfleisch eingebettet. Die Schale (Exokarp) ist als Schutz gegen Austrocknung mit Wachs überzogen. Das Fruchtfleisch entstammt der innersten Schicht der Fruchtknotenwand (Endokarp), die in beide Fruchtfächer hineinwächst. Die Scheidewand und die restlichen Teile der Fruchtwand (Mesokarp) lösen sich auf und tragen so ebenfalls zum Fruchtfleisch bei. Der Geschmack der Beeren wird durch Zucker, Wein- und Apfelsäure hervorgerufen. Die erbsengroßen, kugeligen Beeren von *P. quinquefolia* beinhalten 1–3 kugelige Samen. Sie sind, wie die gesamte Pflanze, durch lösliche Oxalate giftig.

Ausbreitung:

Die Beeren beider Arten werden endochor ausgebreitet. Für *V. vinifera* sind Fuchs, Rehwild, Dachs und Vögel die Ausbreiter. *P. quinquefolia* wird besonders durch Amseln, Drosseln und Stare endochor ausgebreitet, denen die Oxalate nicht schaden. Da der Anteil an Fruchtfleisch relativ gering ist, besitzen die Samen eine steinharte Schale als Schutz gegen Zerstörung.

Weitaus bedeutender ist jedoch die ethelochore Ausbreitung der Kulturrebe. An der Entstehung der weit über 100 Kultursorten der Kulturrebe waren Arten aus dem asiatischen Raum, die Wildrebe sowie Wildarten aus dem Mittelmeergebiet beteiligt. Die Kulturrebe zählt zu den ältesten Kulturpflanzen und wurde schon von den Ägyptern vor etwa 5500 Jahren kultiviert. Auch die Griechen fröhnten dem Weinanbau, der Gott Dionysos wird als dessen Begründer betrachtet. Die Kultur wurde von den Römern übernommen und später in Mitteleuropa eingeführt. Weit gereist ist auch der aus Nordamerika stammende *P. quinquefolia*, der im 17. Jahrhundert aufgrund seines attraktiven Herbstlaubes (Rotfärbung durch Anthocyane) als Zierpflanze in Europa eingeführt und kultiviert wurde. Schneidet man den Kletterstrauch zurück, bewurzeln sich die herunterfallenden Zweig-stücke recht schnell und breiten sich dadurch selbständig aus (Blastochorie). Heute ist die Pflanze in Mittel- und Südeuropa weit verbreitet, stellenweise auch eingebürgert.

Nutzung:

Die Beeren der Kulturrebe werden als Tafeltrauben genossen oder zu Wein, Sekt, Weinbrand, Traubensaft und Weinessig verarbeitet. Im Mittelmeerraum werden durch Trocknung Rosinen hergestellt, kernlose helle Rosinen werden Sultaninen genannt. Hauptanbaugebiete liegen im Mittelmeerraum, am Schwarzen Meer, in Kalifornien und Südafrika.

Vorkommen:

Die Kulturrebe wird heute in weiten Teilen der Erde angebaut. *P. quinquefolia* ist in Nord-Amerika und Europa weit verbreitet.

Bild 1: *Vitis vinifera* ssp. *vinifera*. Bald ist Zeit zur Weinlese. Bei Reife hängen die Beeren durch ihr Gewicht nach unten. **Bild 2-3:** *Parthenocissus quinquefolia*. **Bild 2:** Die winzigen, unscheinbaren Blüten übersieht man leicht. **Bild 3:** Durch Anthocyane sind die reifen, etwa 5 mm breiten Beeren dunkelblau gefärbt. Die Signalwirkung wird durch die rote Herbstfärbung der Laubblätter erhöht.

10. Steinfrüchte

Steinfrüchte zeigen einen sehr typischen Aufbau. Der innere Bereich der Fruchtwand besteht aus einem harten Steinkern – dem Endokarp –, der meist nur einen großen Samen schützend umhüllt. Er besteht aus Steinzellen, deren Zellwände stark verdickt sind, während die Samenschale hingegen sehr zart ausgebildet ist. Dieser äußerst schwer zu öffnende Steinkern, den man beispielsweise von Süß- und Sauerkirsche (→ *Prunus avium, P. cerasus*) kennt, wird von einem mächtigen, bei Reife meist saftigen Fruchtfleisch umgeben, dem Mesokarp. Es besteht aus großen, prall mit Wasser gefüllten Parenchymzellen.

Bei einigen Steinfrüchten, wie Walnuß (→ *Juglans regia*) und Mandel (→ *Prunus dulcis*), wird das Fruchtfleisch nicht fleischig-saftig, sondern ledrig. Nach außen abgeschlossen wird die Steinfrucht von einer festen Haut, dem Exokarp. Es besteht aus einer kleinzelligen Epidermis, die von einem vor Wasserverlust schützenden Häutchen (Kutikula) überzogen ist. Unter der Epidermis liegen Reihen aus kleinen, kompakten Zellen, die Hypodermis. Bei den Pflaumen ist der Kutikula eine zusätzliche, abwischbare Wachsschicht aufgelagert, die ein Austrocknen der sehr saftigen Früchte verhindert.

Im Vergleich zu den anderen Fruchttypen kommen Steinfrüchte als Fruchtform in der europäischen Flora wesentlich seltener vor. Sie finden sich vor allem bei den Rosengewächsen (Rosaceae) und stellen eine eigene Unterfamilie, die Steinobstgewächse (Prunoideae) dar: Süß- und Sauerkirschen (*Prunus avium, P. cerasus*), Aprikose (*P. armeniaca*), Pfirsich (*P. persica*) und Mandel (*P. dulcis*). Aufgrund ihres schmackhaften Fruchtfleisches sind diese seit Jahrhunderten in Kultur und dem Verbraucher als Steinobst bekannt. Zu den Steinobstgewächsen zählen auch die kleinfrüchtigen, nicht kultivierten Wildfrüchte der Schlehe (*P. spinosa*), Traubenkirsche (*P. serotina, P. padus*), Weichsel (*P. mahaleb*) und viele andere.

Auch die dunkelroten, etwa kirschgroßen Früchte des in den Tropen angebauten Kaffeestrauches (*Coffea arabica*) sind Steinfrüchte, die auch „Kaffeekirschen" genannt werden. Sie entstehen aus einem unterständigen Fruchtknoten, was bei Steinfrüchten selten der Fall ist. Auf die zähe Schale, die vom Blütenbecher gebildet wird, folgt das saftige Fruchtfleisch und ein dünner, pergamentartiger Steinkern. Im Inneren liegen zumeist 2 grüne Samen – die Kaffeebohnen – von einer zarten, silbrigen Samenschale, der Silberhaut, umgeben. Die reifen Früchte werden geerntet und Fruchtfleisch, Steinkern und Silberhaut maschinell entfernt. Die grünen Kaffeebohnen sind lange Zeit lagerfähig und werden erst in den Verbraucherländern geröstet und gemischt. Die für den Menschen ungenießbar klebrig-süßen Steinfrüchte werden von dem tropischen Baumroller (*Paradoxurus hermaphrodites*) endochor ausgebreitet. Die mit den Zibetkatzen verwandten, nachtaktiven Baumroller leben in Südasien, besonders auf den Sundainseln und werden dort Luwak genannt. Sie ernähren sich von kleinen Säugetieren und Vögeln, aber auch von den Steinfrüchten des Kaffeestrauches. Sie leben hauptsächlich in Bäumen. Ihre Leidenschaft für Kaffeefrüchte wird schon seit Jahrhunderten auf indonesischen Kaffeeplantagen genutzt. So werden die unbeschädigten Kaffeesamen aus dem Kot gesammelt, gewaschen und bei 200 Grad geröstet. Man sagt, daß nur die besten und reifsten Früchte vom Baumroller gefressen werden. Zusammen mit dem Fermentierungsprozess im Tiermagen sollen so die schmackhaftesten, ein wenig erdig schmeckenden Kaffeebohnen der Welt entstehen. Sumatra, Java und Sulawesi sind für die Herstellung des Luwak Kopi (indonesisches Wort für Kaffee) bekannt. Die weltweit gesammelte Menge beträgt im Jahr nur rund 250 Kilo und hat natürlich ihren Preis: so ist der Kopi-Luwak-Kaffee mit rund 650 Euro pro Kilo der teuerste Kaffee.

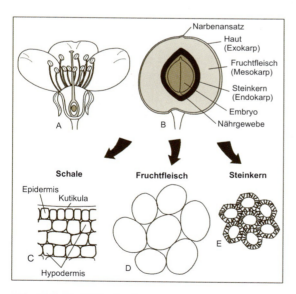

Abb. 10-1: Die Süßkirsche (*Prunus avium*) als typische Steinfrucht. A: Blüte längs, der Furchtknoten ist mittelständig. B: Steinfrucht – die Süßkirsche – längs. Aus dem ovalen, einfächerigen Fruchtknoten entwickelt sich die Steinfrucht. Sie besteht aus den für Steinfrüchte typischen 3 Gewebeschichten: Exo-, Meso- und Endokarp. C-E: Unter dem Mikroskop kann man die verschiedenen Zelltypen erkennen, die für die unterschiedliche Konsistenz der 3 Gewebeschichten verantwortlich sind. C: Exokarp – Abschlußgewebe. D: Mesokarp – Fruchtfleisch. E: Endokarp – Steinkern.

Sammelsteinfrüchte Brom- und Himbeere

Steinfrüchte entwickeln sich zumeist aus Blüten, die einen einzigen Fruchtknoten besitzen, d. h. es entsteht auch nur eine einzige Frucht. Abgewandelt wird dieses Prinzip bei den Brom- und Himbeeren (→ *Rubus fruticosus, R. idaeus*). Betrachtet man die Blüte einer Brombeere durch eine Lupe, so sieht man, daß im Zentrum eine Vielzahl kleiner, freier Fruchtblätter (chorikarpes Gynoeceum) angeordnet ist, die dem zapfenförmigen Blütenboden ansitzen. Aus jedem dieser winzigen Fruchtblätter entwickelt sich eine kleine, saftige Steinfrucht. Bei Reife kleben diese prallen Steinfrüchtchen fest aneinander und bilden, zusammen mit der zapfenförmigen Blütenachse, eine Sammelsteinfrucht. Sie erscheinen als eine einzige, große, beerenartige Frucht, die sich bei Reife als Ganzes ablöst. Botanisch betrachtet ist die Namensbezeichnung Brom„beeren" und Him„beeren" also ein wenig irreführend.

Ausbreitungsbiologie

Viele Steinfrüchte werden, genauso wie Beeren, von zahlreichen Tieren endochor ausgebreitet. Reife, saftige Früchte verströmen einen Duft, der zusätzlich zur auffälligen Farbe, Tiere anlockt. Steinfrüchte besitzen im Gegensatz zu den Beerenfrüchten einen überaus harten Steinkern, der den einzigen, großen und weichen Samen schützend umgibt. Beeren bergen dagegen in ihrem Fruchtfleisch eine Vielzahl kleiner Samen mit fester Samenschale. So schützen Steinfrüchte und Beeren ihre Samen beim Verzehr und bei der Passage durch den Verdauungstrakt auf unterschiedliche Weise.

Auch die Früchte der Walnuß (*Juglans regia*) zählen zu den Steinfrüchten und nicht, wie der Name vermuten läßt, zu den Nüssen. Begehrt ist jedoch nicht ihr Fruchtfleisch, das durch Harze ungenießbar ist und bei Reife aufplatzt. Vielmehr ist der große Same – falls der harte Steinkern geknackt werden kann – bei Tier und Mensch gleichermaßen als Nahrung beliebt. Eine endochore Ausbreitung findet hierbei nicht statt. Nur die ausgeprägte Sammelleidenschaft einiger Tiere führt zur Ausbreitung intakter Steinkerne, die oftmals in den Winterverstecken nicht wiedergefunden werden und dann auskeimen können (Dysochorie).

Etwas ausgefallene Steinfrüchte stellen die Früchte der Kokospalme (*Cocos nucifera*) dar. Aus dem Supermarkt kennt man die Kokosnuß, die jedoch nur einen Teil der Steinfrucht – den Steinkern einschließlich des großen Samens – darstellt und botanisch betrachtet keinesfalls als Nußfrucht aufzufassen ist. Die vollständigen Steinfrüchte der Kokospalme erreichen einen Durchmesser von bis zu 40 cm. Das mächtige Mesokarp ist nicht als Fruchtfleisch, sondern als luftiges, schwimmfähiges Fasergewebe ausgebildet. Aus ihm wird die Kokosfaser für die Herstellung von Teppichen und Matten gewonnen. Das Fasergewebe wird von einer dünnen, festen Abschlußschicht, dem Exokarp, umgeben. Der dunkelbraune, äußerst harte Steinkern (Endokarp) umschließt schützend den großen Samen, der nur eine dünne Samenschale besitzt. Das Innere des Steinkernes wird von der flüssigen Kokosmilch und dem festen, 1–2 cm dicken Kokosfleisch ausgefüllt. Beide stellen ein Nährgewebe dar, das der Versorgung des Keimlings dient.

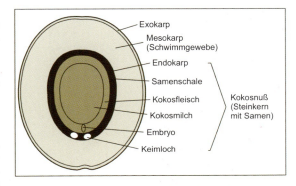

Abb. 10-2: *Cocos nucifera.* Steinfrucht längs. Entfernt man die beiden äußeren Schichten (Exo- und Mesokarp) der Fruchtwand, kommt der feste Steinkern zum Vorschein. Dieser gelangt als Kokosnuß in den Handel.

Die Kokosmilch der unreifen, jedoch schon ausgewachsenen Frucht ist fast wasserhell und wird von den Einheimischen als erfrischendes Getränk genutzt. Ausgereifte Kokosmilch ist weiß getrübt und aufgrund des seifigen Geschmacks ungenießbar. Aus dem getrockneten und geraspelten Kokosfleisch werden Kokosflocken hergestellt. In das Kokosfleisch eingelagert liegt der nur 5 mm große Embryo. Die bis 1 Kilo schweren Früchte werden nicht wie die meisten Steinfrüchte endochor, sondern aufgrund ihres mächtigen, schwimmfähigen Mesokarps als Schwimmer mit der Meeresströmung ausgebreitet (Nautochorie). Das harte Endokarp schützt den Samen vor dem salzigen Meereswasser. An Land verrottet das Mesokarp und der Keimling wächst durch kleine Keimöffnungen aus dem Steinkern heraus. Die Kokospalme ist der Inbegriff der Palme schlechthin, da sie an fast jeder tropischen Küste zu finden ist. Diese kosmopolitische Verbreitung, der usprünglich auf den Melanesischen Inseln östlich von Indonesien beheimateten Palme, wird auf die lang anhaltende Schwimmfähigkeit ihrer Früchte zurückgeführt.

Typisch für die mediterrane Kulturlandschaft ist der bis 10 m hohe Feigenbaum (*Ficus carica*). Er bildet winzige, unseren Augen verborgene Blüten, die in einem etwa 1 cm langen, ein wenig birnenförmigen Blütenstand angeordnet sind. Die Achse des Blütenstandes ist becherförmig gewölbt. An ihrer Spitze befindet sich eine kleine Öffnung (Ostiolum). Das Innere des Achsenbechers wird von zahlreichen eingeschlechtlichen, unter 1 mm langen, gestielten Blüten ausgekleidet. Die einfache, weiße Blütenhülle ist 5blättrig. Die männlichen Blüten bilden 3–5 Staubblätter, die weiblichen einen einfächerigen Fruchtknoten. *F. carica* wird von einer kleinen Gallwespe (*Blastophaga psenes*) bestäubt. Die Fortpflanzung der Gallwespe sowie die Bestäubung der Feige werden dadurch gesichert.

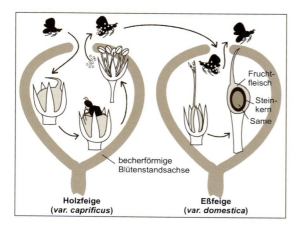

Abb. 10-3: Blütenstände von *Ficus carica*. Vereinfacht dargestellter Bestäubungsvorgang durch die Gallwespe.

Infolge der Kulturgeschichte des Feigenbaumes haben sich innerhalb der Art 2 Varietäten – Holzfeige (*F. carica* var. *caprificus*) und Eßfeige (*F. carica* var. *domestica*) – entwickelt, die in ihrer Bestäubungsbiologie aufeinander angewiesen sind. Der sehr komplizierte Bestäubungsvorgang wird hier etwas vereinfacht dargestellt. Zuerst gelangt die Gallwespe durch das Ostiolum in den Blütenstand der Holzfeige. Im unteren Bereich sitzen die weiblichen, in der Nähe des Ostiolums die männlichen Blüten. Die Gallwespe bohrt mit ihrem Legestachel den kurzen Griffel an und legt in jedem Fruchtknoten ein Ei ab. Es entwickeln sich Gallen, aus denen Gallwespen schlüpfen, während die Blüten zugrunde gehen. Die Weibchen verlassen, nachdem sie von den Männchen begattet wurden, die Blütenstände durch das Ostiolum und werden dabei mit Pollen eingestäubt. Sie fliegen nun in die Blütenstände der Eßfeigen, die ausschließlich weibliche Blüten bilden. Sie streifen beim ergebnis-

losen Versuch die zu langen Griffel anzubohren, den Pollen an den Narben der Blüten ab und verlassen dann die Blütenstände. Schon Aristoteles und Theophrast wußten um diese eigenartige Blütenbiologie. In Griechenland, wie später auch bei den Römern, wurde die Bestäubung durch Anpflanzungen der Holzfeige gesichert. Holzfeige und Eßfeige sind 2 Kulturrassen, die jährlich 3 Generationen von Blüten- und Fruchtständen erzeugen, von denen nur die der Eßfeige vollausgebildet und eßbar sind.

Frucht:

Innerhalb von 3–5 Monaten entwickeln sich aus den Blütenständen der Eßfeige breite, birnenförmige, 5–7 cm lange Fruchtverbände. Ihre Schale ist je nach Sorte grün, braun, violett, das wohlschmeckende Fruchtfleisch (aus der becherförmigen Blütenstandsachse) ist grün oder rot gefärbt. Aus den zahlreichen, winzigen Fruchtknoten entwickeln sich 1 mm lange Steinfrüchtchen mit einem bis zu 1 cm langen, fleischigen Stielchen. Diese füllen nun den Innenraum vollständig aus. Die Feige ist demnach ein Steinfruchtverband. Einige Rassen bringen auch ohne Befruchtung eßbare Feigen hervor (Parthenokarpie).

Ausbreitung:

Bei Reife fallen die Feigen herunter und werden endochor durch Vögel und Säugetiere sowie den Menschen ausgebreitet. Fruchtfleisch und Steinkerne schützen die Samen vor Zerstörung durch Zähne und Verdauungstrakt. Der Feigenbaum ist eine alte, in Westasien beheimatete Kulturpflanze (*Carien* bezeichnet eine dortige Region), die ethelochor ausgebreitet wurde. Schon vor 5000 Jahren wurde der Feigenbaum von den Assyrern kultiviert, um 700 v. Chr. war er den Griechen bekannt. Im westlichen Mittelmeerraum wurden zur Zeitenwende 29 Feigensorten kultiviert.

Nutzung:

In den Erzeugerländern werden die Feigen frisch oder getrocknet verzehrt, auch als Viehfutter werden sie verwendet. Feigen verderben schnell, weshalb fast nur Trockenfeigen exportiert werden. Die Feigen bleiben am Baum hängen, bis sie einschrumpfen und abfallen. Trockenfeigen enthalten über 50 % Zucker und konservieren sich damit selbst. Sehr schmackhafte Trockenfeigen sind die türkischen, seit dem Altertum bekannten Smyrnafeigen, die nach dem alten Feigenhandelszentrum Smyrna, dem heutigen Izmir, benannt werden.

Vorkommen:

Heute wird der ursprünglich auf trocken-warmen Felshängen wachsende Feigenbaum im gesamten Mittelmeerraum, Nahen Osten, Kaukasus und Vorderasien in rund 600 Sorten kultiviert.

Ficus carica. **Bild 1:** Feigenfrucht bald ausgereift. Deutlich sind die typisch handförmig gelappten Blätter zu erkennen. **Bild 2:** Der grüne, unter 1 cm lange, birnenförmige Blütenstand ist nur schwer als solcher erkennbar. Doch verbergen sich in der aufgewölbten grünen Sproßachse zahlreiche winzige Blüten, die von Gallwepen bestäubt werden. **Bild 3:** Reifer Steinfruchtverband. Zahlreiche kleine, rötliche Steinfrüchtchen füllen das Innere aus. Die Sproßachse ist nun ebenfalls fleischig und genießbar.

Eine alte Kulturpflanze ist die Walnuß (*Juglans regia*). Der 10–25 m hohe, sommergrüne Baum bildet eine breite, kugelige Krone aus großen, gefiederten Blättern, die sich gleichzeitig mit den Blüten von April-Mai entfalten. Die winzigen, unscheinbaren Blüten sind eingeschlechtlich und auf einem Baum verteilt. Die männlichen Blüten sind in reichblütigen, gelblichen, bis zu 15 cm langen Kätzchen angeordnet. Die weiblichen, etwa 1 cm langen, grünen Blüten sitzen einzeln oder zu mehreren am Ende diesjähriger Zweige. Sie sind unterständig, die unscheinbare Blütenhülle besteht aus kleinen Zipfeln. Der einfächerige, aus 2 verwachsenen Fruchtblättern bestehende Fruchtknoten bildet eine grundständige Samenanlage.

Die winzigen Blüten werden durch den Wind bestäubt. Der Pollen wird durch Windbewegungen aus den Kätzchen gelöst und fortgeweht. Die beiden lappigen Narben der weiblichen Blüten kämmen den Pollen aus der Luft.

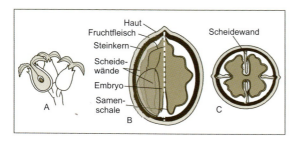

Abb. 10-4: *Juglans regia.* A: Weiblicher, 3blütiger Blütenstand an einem Zweigende sitzend. B: Steinfrucht längs. C: Steinfrucht quer mit 4 gekreuzten Scheidewänden. Das Fruchtfleisch platzt bei Reife zumeist über den 4 Scheidewänden in Längsrissen auf.

Frucht:

Botanisch betrachtet, ist die Bezeichnung Wal„nuß" falsch, gehen doch aus dem unterständigen Fruchtknoten keine Nüsse, sondern Steinfrüchte hervor. Das den holzigen Steinkern umschließende Fruchtfleisch (Mesokarp) ist grün, faserig-fest und längst nicht so fleischig wie das der Kirschen. Der Blütenbecher entwickelt sich zu einer samtig behaarten Schale, dem Exokarp.

Eingeschlossen in dem hellbraunen Steinkern (Endokarp) liegt der einzige, große Samen. Der Embryo ist durch 4 unvollständige, ins Kreuz gestellte, erst während der Fruchtentwicklung gebildete Scheidewände, 4lappig. Er ist von der dünnen, eng anliegenden Samenschale umgeben. Der Embryo besteht fast nur aus den beiden stark aufgefalteten, recht weichen Keimblättern, die als Speicherorgane (über 60 % Gehalt an Öl) ausgebildet sind und bei der Keimung

der Ernährung des Keimlings dienen. Harze und Gerbstoffe im Mesokarp sowie Steinkern dienen während der Fruchtentwicklung als Fraßschutz.

Ausbreitung:

Bei Fruchtreife ab September platzt das Fruchtfleisch durch Austrocknung mit 4 Längsrissen auf, der Steinkern wird frei und fällt herunter (Barochorieb – Selbstausbreitung mittels Schwerkraft). Die Steinkerne werden besonders von Hähern und Eichhörnchen für den Wintervorrat gesammelt und versteckt. Werden sie dann nicht wiedergefunden, können sie nach Verwitterung des Steinkerns – nur so werden die keimungshemmenden Stoffe abgebaut – auskeimen. Die Steinkerne entgehen nur durch Zufall dem Tierfraß und werden ausgebreitet (Dysochorie).

Infolge der Eiszeiten wurde die vermutlich früher auf der gesamten Nordhalbkugel verbreitete Walnuß in den warmen Süden verdrängt. Während der Jungsteinzeit sammelte der Mensch die Walnüsse zu Nahrungszwecken und pflanzte sie vermutlich auch in die Wälder (Ethelochorie). So stellt man sich zumindest heute die Wiedereinwanderung der Walnuß – unterstützt von der Dysochorie durch Tiere – als alte Kulturpflanze (Archäophyt) in den Süden Mitteleuropas vor. Später gelangten veredelte Sorten durch die Griechen nach Italien und nach der Zeitenwende durch die Römer zu uns. Aber erst durch das Capitulare Karl des Großen Ende des 8. Jahrhunderts fand die Walnuß ihre große Verbreitung in Mitteleuropa, wobei sie nur in den warmen Weinbauregionen wirtschaftliche Bedeutung erlangte. Der Walnußbaum verwilderte dort und etablierte sich in Hecken und Wäldern.

Nutzung:

Der Walnußbaum wird wegen seiner Früchte und des hochwertigen Möbelholzes angebaut. Das fette Öl der Samen wird als wertvolles Speiseöl und zur Herstellung von Künstlerfarben genutzt. Beste Erträge liefern 50–100jährige Bäume, die bis zu 60 kg Walnüsse jährlich tragen. Die größten Pflanzungen liegen in Frankreich, Italien, Ungarn und Gebieten der ehemaligen Jugoslawiens. Der Name der Walnuß stammt von den Galliern, den Bewohnern Frankreichs, welche die Früchte lat. *nux gallica*=Nuß der Gallier nannten. Die Gallier wurden von den Deutschen im Mittelalter als Walchen oder Welsche bezeichnet, die Walnuß deshalb Walchnuß oder welsche Nuß.

Vorkommen:

J. regia kommt heute in West- und Südeuropa sowie Zentralasien bis China vor.

Juglans regia. **Bild 1:** Männliche Blüten in vielblütigen Kätzchen. **Bild 2:** Weibliche Blüten, die langen, gebogenen Narben kämmen den Pollen aus dem Wind. **Bild 3:** Die im September aufgeplatzte Steinfrucht läßt den hellbraunen, fest verschlossenen Steinkern in Erscheinung treten. Das ausgetrocknete Fruchtfleisch löst sich mittels 4 Längsrissen ab.

Der Ölbaum (*Olea europaea* ssp. *europaea*) prägt die Kulturlandschaft des Mittelmeerraumes. Der im Alter knorrige Baum mit ausladender Krone erreicht eine Höhe bis 15 m. Typisch sind seine höhligen, zerteilten Stämme, die durch Ausfaulen des Inneren entstehen. Olivenbäume wachsen sehr langsam, und können Jahrhunderte, einige bis 2000 Jahre alt werden. Sie tragen immergrüne, länglich-lanzettliche Blätter, die oberseits blaugrün und unterseits silbrig-grau sind.

Die kleinen gelblich-weißen Blüten erscheinen im Frühjahr in rispigen Blütenständen. Die 4 unscheinbaren, weißen Kelchzipfel verbleiben nach dem Verblühen und schützen vorerst die sich entwickelnde Frucht. Die Kronblätter sind bis zur Mitte röhrenförmig verwachsen und enden mit 4 Zipfeln. An der kurzen Röhre sitzen 2 Staubblätter mit ihren großen, gelben Staubbeuteln. In dem 2fächerigen, oberständigen Fruchtknoten befinden sich in jedem Fach 2 Samenanlagen. Die kleinen Blüten werden vom Wind bestäubt.

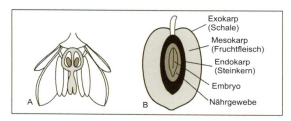

Abb. 10-5: *Olea europaea* ssp. *europaea.* A: Blüte längs. B: Steinfrucht – die Olive – längs. Der harte Steinkern umhüllt schützend den dünnschaligen Samen aus Embryo und Nährgewebe.

Frucht:

Die zunächst grünen und bei Reife im Herbst bläulich-schwarzen Früchte, die Oliven, sind dünnschalige Steinfrüchte. Sie besitzen ein sehr saftiges, dunkelrotes Fruchtfleisch, das an Kirschen erinnert. Beißt man in eine frische Olive wird man jedoch bitter enttäuscht, da das Fruchtfleisch den Bitterstoff Oleuropin enthält, der die Frucht ungenießbar macht. Die 1–3,5 cm langen Früchte besitzen einen sehr harten Steinkern, der den einzigen Samen schützend umgibt. Fruchtfleisch und Samen sind reich an fettem Öl. Die Griechen bezeichneten mit *elaíva* die Olive wie den Ölbaum. Die Römer veränderten den Wortstamm in lat. *oliva*.

Ausbreitung:

Seit 5000 Jahren wird der Ölbaum im östlichen Mittelmeergebiet angebaut. Ägypter, Hebräer und Griechen haben den Ölbaum schon im Altertum veredelt

und kultiviert. Über Ägypten und Nordafrika gelangte die Kultur des Ölbaumes in den westlichen Mittelmeerraum nach Spanien. Durch Handel und Anbau (Ethelochorie) ist der Ölbaum heute im gesamten Mittelmeerraum zu finden. Die saftigen Steinfrüchte werden in erster Linie endochor durch Vögel, besonders Singdrossel und Star ausgebreitet, die aufgrund fehlender Rezeptoren den äußerst bitteren Geschmack nicht wahrnehmen.

Nutzung:

Zur Ernte werden die Oliven mit Geräten abgestreift, abgeschüttelt, oder man wartet ab, bis sie auf die unter den Bäumen ausgebreiteten Netze fallen. Seit der klassischen Antike liefern die Früchte das hochgeschätzte Olivenöl. Es wird aus dem Fruchtfleisch kleinfrüchtiger Olivensorten (40–50 % Ölgehalt) durch Kaltpressung gewonnen.

Das feine, hochwertige Speiseöl erster Pressung (italienisch: extra vergine, heutzutage meist als „native Olivenöl extra" bezeichnet) ist zart gelb-grünlich gefärbt und für sein kräftiges Aroma bekannt. Nachfolgende, ebenfalls kalte Pressungen liefern das „native Olivenöl", ein weniger aromatisches Öl, das sich besser zum Braten eignet. Das Öl der letzten, heißen Pressung ist minderwertig und wird nur noch als Brenn-, Schmier- oder Seifenöl genutzt. Das Olivenöl (lat. *oleum*=Öl) stellte früher mit Ausnahme von Fleisch das einzige nutzbare Fett dar. So wurde die Bezeichnung „Öl" von fast allen europäischen Sprachen als Begriff für flüssige Fette übernommen. Früher diente Olivenöl auch der Körperpflege, als Heilmittel und Lampenöl. Beträchtlich ist auch seine kultische und symbolische Bedeutung: Könige und Priester wurden mit Olivenöl gesalbt.

Nur ein kleiner Teil der Oliven kommt als eingelegte Oliven in den Handel. Hierzu werden Oliven nach der Ernte in alkalische Lauge gelegt, damit sich der Bitterstoff verliert. Nach monatelangem Einlagern in Salzwasser, das oft durch Kräuter und Knoblauch verfeinert wird, entwickelt sich ein je nach Sorte charakteristisches Aroma. Unreife, grüne Oliven werden entkernt und mit Paprika oder Knoblauch gespickt.

Vorkommen:

Die Kultur des Ölbaumes ist fast ausschließlich auf das Mittelmeergebiet beschränkt, das über 95 % der Welternte produziert. Der größte Teil der Ölproduktion wird in den Erzeugerländern verbraucht. In den Wäldern und Macchien des Mittelmeerraumes bis Vorderasien wächst die Wildform *O. europaea* ssp. *sylvestris*.

Olea europaea ssp. *europaea*. **Bild 1:** Olivenhain zur Erntezeit. **Bild 2:** Die weißen Blüten sind nur wenige Millimeter groß. **Bild 3:** Die typische, einfachste Erntemethode: Netze werden über den Erdboden gespannt. Dann wird abgewartet, bis die reifen Oliven herunterfallen.

Beliebte Frühblüher stellen unsere Süß- (*Prunus avium*) und Sauerkirschen (*P. cerasus*) dar, die es in zahlreichen Kultursorten gibt. Die Süßkirsche ist ein 15–20 m hoher Obstbaum mit einer graubraunen, glatten Ringelborke. Ihre duftenden, lang gestielten, weißen Blüten erscheinen gemeinsam mit den Laubblättern zu 2–4 in sitzenden Dolden an den Kurztrieben. Wie für die gesamte Gattung typisch, ist die Blütenachse krugförmig, an ihrem Rand sitzen je 5 Kelch- und Kronblätter sowie etwa 20 Staubblätter mit gelben Staubbeuteln. Der Blütenbecher sondert nach innen reichlich Nektar ab. An der Basis des Blütenbechers befindet sich ein einziges Fruchtblatt mit verlängertem Griffel und kopfiger Narbe. Die Blüten sind mittelständig, da der Fruchtknoten nicht mit dem Blütenbecher verwachsen ist, sondern frei steht, eine typische Eigenart der gesamten Gattung *Prunus*.

Blütenbiologisch handelt es sich um Scheibenblumen, die sich wegen des leicht zugänglichen Nektars und hohen Pollenangebotes durch einen regen Blütenbesuch von Bienen, Hummeln, Schmetterlingen und Fliegen auszeichnen. Von einem wesentlich kleineren Wuchs ist die eher strauchartig wachsende Sauerkirsche, die nur eine Wuchshöhe von 6–8 m erreicht.

Frucht:

Nach dem Verblühen wird der Blütenbecher abgeworfen und der einfächerige Fruchtknoten entwickelt sich zur einsamigen, kugeligen Steinfrucht, der wohlbekannten Kirsche. Sie ist durch die Bauchnaht des Fruchtblattes leicht gefurcht. An der Spitze erkennt man den verkorkten Griffelansatz. Die verschiedenen Kultursorten der Süßkirsche bilden bis 25 mm breite, schwarzrote Früchte mit einem mächtigeren Fruchtfleischanteil, als der der kleineren Wildform (8–10 mm).

Der Fruchtsäureanteil der dunklen Süßkirschen ist bedeutend niedriger als bei den roten, etwa 15 mm dicken Sauerkirschen. Kirschen sind reich an Eisen und den Vitaminen B1, B2, B6 und C. Sie enthalten, wie alle *Prunus*-Arten, in den Samen Blausäure abspaltende, giftige Glykoside (Amygdalin), die als Schutz vor Tierfraß dienen.

Wesentlich größere Steinfrüchte bilden die mit einem leicht abwischbaren Wachsbelag überzogenen Pflaumen und Zwetschgen (*P. domestica*). Ihr saftiges, rotviolettes Fruchtfleisch schmeckt süßlich-herb. Die Früchte sind je nach Kultursorte sehr verschieden geformt und gefärbt. Bei Zwetschgen löst sich der Stein leicht vom Fruchtfleisch, bei Pflaumen (im engeren Sinne) dagegen nicht.

Ausbreitung:

Die Steinfrüchte werden aufgrund ihres zuckerreichen Fruchtfleisches und der attraktiven Färbung durch zahlreiche Tiere, besonders Vögel, endochor ausgebreitet. Die Früchte der Süßkirsche werden hauptsächlich von Rabenvögeln, Drosseln und Singvögeln sowie Igel, Schläfer, Fuchs, Stein- und Hausmarder, früher auch Braunbär verspeist. Zumeist werden dabei die Steinkerne mit dem Speiballen ausgewürgt (Vögel) oder mit dem Kot ausgeschieden.

Sperlinge schälen lediglich das Fruchtfleisch ab und dienen damit nicht der Ausbreitung. Der harte Steinkern kann nur von wenigen Vögeln, wie dem Kernbeißer geknackt werden. Dieser hat kein Interesse an dem saftigen Fruchtfleisch, sondern holt den Samen mit der Zunge heraus und verspeist ihn, so daß hier keine Ausbreitung stattfindet. Eichhörnchen sowie Wald- und Rötelmaus vergraben Süß- wie Sauerkirschen und vergessen diese dann häufig (Versteckausbreitung, eine Form der Dysochorie). Sauerkirschen und Pflaumen sind bei den Amseln sehr beliebt, werden aber auch vom Fuchs endochor ausgebreitet. Alle 3 Kulturarten wurden über Jahrtausende durch den Obstanbau ethelochor ausgebreitet. Oftmals verwildern sie als Garten- und Kulturflüchter.

Nutzung:

Die Heimat der heute etwa 1000 Sorten umfassenden Süßkirsche liegt vermutlich im Kaukasus. Mit dem römischen Feldherr Lukullus gelangte sie 74 v. Chr. nach Italien. Um das Jahr 50 n. Chr. brachten die Römer die Süßkirsche über die Alpen und schon im 2. Jahrhundert gab es am Rhein mehrere Kultursorten. Allmählich weitete sich das Anbaugebiet auf ganz Mitteleuropa und Britannien aus. Die bei uns in den Wäldern wild wachsende Vogelkirsche (*P. avium* ssp. *avium*) ist eine unkultivierte Wildkirsche, die von den Menschen seit der Jungsteinzeit gesammelt wird. Man vermutet, daß die Sauerkirsche auf einem ähnlichen Weg wie die Süßkirsche nach Mitteleuropa gelangte. Ebenfalls aus dem Kaukasus stammen die Kultursorten der Zwetschge und Pflaume. Die Pflaume wird schon seit mehr als 2500 Jahren von den Griechen kultiviert.

Die Früchte aller genannten Arten werden frisch als Obst verzehrt, aber auch zu Marmelade, Konserven und Fruchtsäften verarbeitet. Das schön gemaserte Holz der Süßkirsche wird als Möbelholz verwendet.

Vorkommen:

Angebaut wird die Süßkirsche heute in den gemäßigten Zonen, wobei Europa zu 75 % an der Weltproduktion beteiligt ist. Die Sauerkirsche wird in Mitteleuropa, Pflaume und Zwetschge werden in weiten Teilen Europas kultiviert.

Bild 1: *Prunus avium* ssp. *juliana*. Die Blüten einer der bekanntesten Kultursorten der Süßkirsche, der „Herzkirsche". **Bild 2:** *Prunus cerasus*. Erntereife, lang gestielte Sauerkirschen, die durch Anthocyane im Zellsaft rot gefärbt sind. Deutlich erkennbar ist die Längsfurche, die Bauchnaht des Fruchtblattes. **Bild 3:** *Prunus domestica*. Reife Pflaume quer und längs geschnitten. Das saftige, schmackhafte Fruchtfleisch umhüllt den harten, länglichen Steinkern.

Der Mandelbaum (*Prunus dulcis*) ist eine alte Kulturpflanze des östlichen Mittelmeerraumes. Der Strauch oder bis 6 m hohe Baum, dessen Zweige bei den Wildformen noch mit Dornen bewehrt sind, läßt seine großen, attraktiven Blüten schon im Frühjahr vor den Laubblättern austreiben. Die 5 grünen Kelchblätter sind am Rand dicht filzig behaart. Die ebenfalls 5 großen, blaß bis lebhaft rosa gefärbten Kronblätter sind an der Spitze ausgerandet. Etwa 20 Staubblätter mit rötlichen Staubfäden umgeben den im Blütenbecher eingesenkten, samtig behaarten Fruchtknoten. Dieser ist, wie bei allen Steinobstgewächsen (Prunoideae), einer der Unterfamilien der Rosengewächse, mittelständig. Der Fruchtknoten besteht aus einem einzigen Fruchtblatt.

Blütenbiologisch handelt es sich um einfach gestaltete Scheibenblumen, die reichlich Pollen und Nektar anbieten und deshalb von zahlreichen Insekten wie Bienen, Hummeln, Schmetterlingen und Fliegen bestäubt werden. Kelch- und Kronblätter sowie der Blütenboden geben den für die Gattung *Prunus* typischen Blütenduft ab.

Frucht:

Aus dem etwa 5 mm langen Fruchtknoten entwickelt sich eine bis 6 cm lange, leicht eiförmige Steinfrucht. Sie ist samtig bis filzig behaart und bei Reife graugrün gefärbt. Zu erkennen ist wie bei den Kirschen und Pflaumen die Längsfurche, welche die Bauchnaht des Fruchtblattes darstellt. Das grüne Fruchtfleisch ist im Gegensatz zu Kirschen und Pfirsich bedeutend weniger saftig und ungenießbar. Es umhüllt den dünnschaligen, sehr harten Steinkern, der schützend den einzigen weichen Samen – die Mandel – umschließt. Bei Fruchtreife trocknet das Fruchtfleisch aus und platzt entlang der Bauchnaht auf, so daß der Steinkern herausfallen kann.

Der etwa 2 cm lange Same ist von einer dünnen, zimtfarbenen Samenschale umgeben, die man leicht nach Überbrühen mit heißem Wasser ablösen kann: In Erscheinung tritt der weißliche feste Embryo mit seinen beiden, stark angeschwollenen Keimblättern. Sie haben mit den grünen, dünnen Keimblättern anderer Pflanzen wenig gemein, da sie Fette und Öle für die Ernährung des Embryos speichern. Entfernt man vorsichtig eines der beiden kompakten Keimblätter, so kann man an dessen Ansatz schon die beiden ersten jungen Blätter erkennen und dazwischen die kleine Sproßanlage.

Ausbreitung:

Bei Reife fällt die gesamte Steinfrucht von der Pflanze ab, das ausgetrocknete Fruchtfleisch platzt später auf dem Boden auf. Das Fruchtfleisch kann aber auch an der Pflanze aufreißen und den Steinkern entlassen.

Beides ist eine Form der Selbstausbreitung, genauer der Ausbreitung durch die Schwerkraft (Barochorie). *P. dulcis* nutzt den Sammeleifer der Eichhörnchen, welche die harten Steinkerne zur Vorratshaltung verstecken und oftmals nicht mehr wiederfinden (Zufallsausbreitung – Dysochorie). Nachdem der Steinkern vermodert ist, kann der Same unter geeigneten Bedingungen auskeimen.

Wesentlich effektiver ist jedoch die gezielte Ausbreitung durch den Menschen, der den aus Mittel- und Südwestasien stammenden Mandelbaum schon vor langer Zeit in China und seit mehr als zwei Jahrtausenden im östlichen Mittelmeergebiet kultivierte (Ethelochorie). Spätestens seit dem frühen Mittelalter werden Mandelbäume auch in den wärmeren Weinanbaugegenden nördlich der Alpen, wie dem Bodenseegebiet und der Pfalz, kultiviert. Als Zierbäume – ohne Fruchterträge – werden sie bis hinauf nach Südnorwegen angepflanzt. Für den europäischen Markt sind heute Spanien, Italien und in jüngster Zeit Kalifornien die wichtigsten Anbaugebiete.

Nutzung:

Die Kultur-Mandel wird hauptsächlich in 3 Varietäten unterschieden: Die Varietät *dulcis* (lat. süßlich) ist als Süß-Mandel bekannt. Die Krach-Mandel (var. *fragilis*) bildet mehr oder weniger süße Samen, der Steinkern ist zerbrechlich. Mandeln enthalten das Amygdalin, ein sogenanntes cyanogenes Glycosid, das sich bei Verzehr in Blausäure und Benzaldehyd spaltet, welches für das typische Mandelaroma verantwortlich ist. Allein die Bitter-Mandel (var. *amara*) enthält einen hohen Anteil (3–5 %) Amygdalin und wird im Einzelhandel deshalb nur in geringen Mengen angeboten, da bereits 7 Mandeln tödlich sein können. Die übrigen Varietäten sind durch jahrhundertelange Züchtungen nahezu amygdalinfrei. Mandeln werden als Backzutat und zur Herstellung von Marzipan (eine alte, aus dem Orient stammende Süßigkeit) sowie Mandelöl verwendet. Süßmandeln werden in der nah- und mittelöstlichen Küche anstatt Weizenmehl zum Andicken von Saucen verwendet. Dazu werden sie zusammen mit verschiedenen Gewürzen (Muskatblüten, Zimt, Kreuzkümmel und Knoblauch oder Ingwer) geröstet.

Vorkommen:

P. dulcis wird heute hauptsächlich in Mittel- und Westasien, dem Mittelmeergebiet, Afrika, Amerika und Australien angebaut.

Prunus dulcis. **Bild 1:** Blüte in Aufsicht. **Bild 2:** Rechts oben: Steinfrucht mit eingetrocknetem Fruchtfleisch. Mitte unten: Aufgeplatztes, eingetrocknetes Fruchtfleisch, der braune Steinkern wurde aufgebissen und der Same gefressen. Links: Unversehrter, nur schwer zu knackender Steinkern.

Die Himbeere (*Rubus idaeus*) ist eine Staude, die aus dem überwinternden Wurzelstock im Frühjahr aufrechte, bis 2 m hohe Triebe mit dünnen, kleinen Stacheln hervorbringt. Die Laubblätter sind meist 3–5teilig und unterseits weißfilzig behaart. Erst im Frühsommer (Mai–Juni) des 2. Jahres entwickeln sich traubig-rispige Blütenstände, die nach der Fruchtzeit absterben. Die 5 Kelchblätter sind nach der Blüte zurückgeschlagen. Es folgen 5 weiße, längliche Kronblätter und zahlreiche Staubblätter. Im Blütenzentrum sitzen viele freie Fruchtblätter (chorikarpes Gynoeceum) auf einer kegelförmigen Blütenachse. Blütenbiologisch handelt es sich um große, einfach gestaltete Scheibenblumen. An dem Nektar, der vom tellerförmig ausgebreiteten Blütenbecher abgegeben wird, naschen Bienen, Hummeln und Falter, auch von pollenfressenden Schwebfliegen werden die Blüten bestäubt.

Sehr ähnlich ist auch die Echte Brombeere (*R. fruticosus*), eine formenreiche Sammelart, die aus etwa 70 schwer voneinander unterscheidbaren Kleinarten besteht. Im Gegensatz zu *R. idaeus* klettert die Brombeere häufig mithilfe ihrer großen, starken Stacheln. Die von Mai–August blühenden, vorweiblichen Blüten werden von Bienen bestäubt.

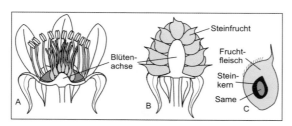

Abb. 10-6: *Rubus idaeus*. A: Blüte längs mit chorikarpem Gynoeceum. Nektarium in dunkelgrau. B: Sammelsteinfrucht längs. C: Einzelnes, samtig behaartes Steinfrüchtchen längs.

Frucht:

Jedes einzelne Fruchtblatt wächst zu einer kleinen einsamigen Steinfrucht heran. Der äußere Bereich der Fruchtknotenwand entwickelt sich, wie bei der Kirsche, zu einem saftigen Fruchtfleisch, während der innere Bereich zu einem harten, den einzigen Samen umschließenden Steinkern wird. Dank ihres feinen Haarbesatzes verkleben die einzelnen Steinfrüchtchen fest zu einer beerenartigen, aromatisch schmeckenden Sammelfrucht. Brom- und Himbeere sind botanisch betrachtet also keine Beerenfrüchte, sondern Sammelsteinfrüchte. Die Steinfrüchtchen sitzen der zapfenförmig vergrößerten Blütenachse, die als Fruchtträger dient, an. Bei den Himbeeren lösen sich die miteinander verklebten Steinfrüchtchen als Ganzes ab,

während die zapfenförmige Blütenachse zurückbleibt. Die Steinfrüchtchen der Brombeere fallen dagegen gemeinsam mit dem zapfenförmig hochgewölbten Blütenbecher ab. Brom- und Himbeeren enthalten Gerbstoffe, Flavone, Vitamin C und organische Säuren. Anders als bei der Sammelnußfrucht der Wald-Erdbeere (→ *Fragaria vesca*) ist die zapfenförmige Blütenachse nicht fleischig-saftig.

Ausbreitung:

Die saftigen, fleischigen Sammelsteinfrüchte beider Arten werden von verschiedenen Tieren (und dem Menschen) endochor ausgebreitet. Die rote bzw. blauschwarze Färbung der reifen Him- und Brombeeren kommt durch Anthocyane im Zellsaft zustande. Sie heben sich so bei Reife vom grünen Blattwerk ab. Zahlreiche Vertreter der Vogelwelt, aber auch Nager (Eichhörnchen, Gelbhalsmaus, Gartenschläfer, Haselmaus), Fuchs, Dachs und sogar Schnecken breiten die durch Traubenzucker süßlich schmeckenden Früchte endochor aus. Der im schützenden Steinkern liegende Samen ist vollkommen in dem sich nur schwer ablösenden Fruchtfleisch eingebettet und wird so vor Zerstörung geschützt.

Beide Arten breiten sich auch selbständig durch Wurzelsprosse aus und können so freie Flächen schnell bewachsen (Blastochorie). Als Gartenpflanzen werden sie auch ethelochor ausgebreitet.

Nutzung:

Schon der Mensch der Jungsteinzeit und der Bronzezeit sammelte Him- und Brombeeren als Nahrungsmittel. Die Himbeere wurde zunächst in den Klostergärten des Mittelalters kultiviert, erst später gelangte sie in die Bauerngärten. Sie diente damals als Heilpflanze bei Leber- und Gallenbeschwerden, Durchfall und Ruhr. Äußerlich wurde sie zur Wundbehandlung angewendet.

Him- und Brombeere erlangten erst im 19. Jahrhundert als Kulturpflanze Bedeutung. Bei beiden Arten entstanden durch Züchtung großfrüchtige, jedoch wenig aromatische Kulturformen. Die Produktion der Himbeeren erstreckt sich meist auf die rot gefärbten, mittelgroßen Früchte, nur der Gartenliebhaber kann sich auch an gelb oder rosa gefärbten Himbeeren erfreuen. Neben dem Verzehr als Beerenobst werden die Früchte zu Marmelade, Saft und Likör verarbeitet.

Vorkommen:

R. idaeus und *R. fruticosus* wachsen in Wäldern, auf Lichtungen, an Waldrändern und Gebüschen auf nährstoffreichen Böden. Kultivierte Sorten werden in Gärten angepflanzt. Beide Arten sind in fast ganz Europa und im gemäßigten Asien beheimatet.

Bild 1: *Rubus idaeus*. Die Sammelsteinfrüchte unserer heimischen Himbeere werden höchstens 1 cm lang.
Bild 2-3: *Rubus fruticosus*. Reife Sammelsteinfrucht der Brombeere. **Bild 3:** Blüten sowie unreife, noch rote Brombeeren. Bild 1 und 3 wurden von W.-H. Kusber zur Verfügung gestellt.

Ein wohlbekannter, heimischer Strauch ist der 4–7 m hohe, oft baumartig wachsende Schwarze Holunder (*Sambucus nigra*). Seine gefiederten Laubblätter erscheinen lange vor den Blüten. Erst von Mai-Juli schmücken die großen, vielblütigen Schirmrispen die Sträucher.

Die winzigen, aufrechten Blüten sind unterständig, Kelch, Krone und Staubblätter sitzen der Spitze des Blütenbechers an. Die 5 kleinen Kelchzipfel sind unscheinbar und werden von den 5 weiß-gelblichweißen, radförmig angeordneten Kronblättern verdeckt. Es folgen die 5 Staubblätter mit ihren gelben, großen Staubbeuteln. Im Blütenbecher verborgen befindet sich der unterständige, 3fächerige Fruchtknoten (coenokarp-synkarp), dessen 3lappige, sitzende Narbe oben aus der Blüte herausragt. Jedes Fach beinhaltet eine Samenanlage.

Blütenbiologisch handelt es sich um Scheibenblumen. Sie sind nektarlos, die Anlockung geschieht über den intensiven Blütenduft. Dieser lockt besonders pollenfressende Käfer, Fliegen und Schwebfliegen an, die durch ihr Umherlaufen auf dem Blütenstand sowohl Fremd- als auch Selbstbestäubung bewirken können. Aber auch pollensuchende Bienen kann man als Bestäuber beobachten.

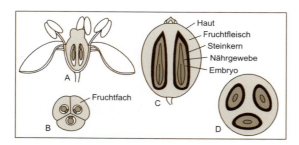

Abb. 10-7: *Sambucus nigra.* A: Blüte längs. B: Unterständiger, 3fächeriger Fruchtknoten quer. C: Steinfrucht längs. D: Steinfrucht quer.

Frucht:

Ab Ende August tragen die Sträucher die schwarzen, überhängenden Fruchtstände an purpurn bis violett gefärbten Ästen. Bei den fälschlicherweise als Holunder„beeren" bezeichneten Früchten handelt sich um ungewöhnliche Steinfrüchte mit meist 3 Steinkernen: Wie bei jeder Steinfrucht entwickelt sich die innerste Schicht der Fruchtknotenwand zu einem harten Steinkern. Da bei *S. nigra* zumeist 3 Fächer vorliegen, entstehen 3 Steinkerne, die jeweils einen Samen umschließen. Die bräunlichen Steinkerne sind eiförmig-elliptisch und 3–4 mm lang. Der Embryo ist in ein hornartiges Nährgewebe gebettet.

Der übrige Bereich der Fruchtknotenwand entwik-

kelt sich zu einem saftigen, wohlschmeckenden Fruchtfleisch (Mesokarp), das die Steinkerne umhüllt. Der Blütenbecher bildet die dünne Fruchthaut, das Exokarp. Fruchtfleisch und Fruchthaut sind durch Anthocyane dunkelrot bzw. schwarz gefärbt (lat. *nigra*=schwarz). Das Fruchtfleisch ist reich an Vitamin C, Zucker, Mineralstoffen, organischen Säuren und Gerbstoffen. Gekrönt wird die Frucht von dem winzigen, verbleibenden Kelch und den Narben. Die zu den Schmetterlingen zählende Zimteule vermag mit ihrem Rüssel die Fruchthaut der Steinfrüchte zu durchstechen und den Fruchtsaft herauszusaugen. Rote Steinfrüchte bildet der verwandte, ebenfalls heimische Trauben-Holunder (*S. racemosa*).

Ausbreitung:

Die saftigen Steinfrüchte sind bei Tier und Mensch allseits begehrt. Von etwa 50 Vogelarten werden die Früchte auf dem Wege der Verdauungsausbreitung (Endochorie) ausgebreitet. Für Drosseln und Grasmücken sind die Steinfrüchte im Spätsommer und Herbst das wichtigste Nahrungsmittel. Elch, Rotfuchs und Schnecken breiten die Früchte ebenfalls endochor aus. Platzen überreife Früchte auf, können die Steinkerne vermutlich auch als Klebhafter am Tierfell (Epichorie) ausgebreitet werden. An den Steinkernen haftet immer ein Teil des schleimigen Fruchtfleisches, das äußerst hartnäckig klebt. Zumindest seit der Jungsteinzeit ist belegt, daß der Mensch die Früchte zu Nahrungszwecken sammelte und damit ebenfalls endochor ausbreitete. *S. nigra* wird seit langem in Mitteleuropa kultiviert, der Strauch fehlte in keinem Bauerngarten (Ethelochorie).

Nutzung:

S. nigra zählt zu den ältesten Kultur- und Heilpflanzen, und wurde früher vielseitig verwendet. In der Antike und im Mittelalter galt der Strauch als wichtiges Allheilmittel. Hippokrates beschrieb den Einsatz als abführendes, harntreibendes und gynökologisches Mittel. Die Germanen weihten den Strauch der Frau Holle, deren Name er noch heute trägt. Holunderblüten wirken schweißtreibend, fiebersenkend und schleimlösend. Sie sind in vielen Erkältungstees enthalten. Die Blüten- und Fruchtstände werden in Pfannkuchen- oder Bierteig eingebacken. Aus den Früchten lassen sich wohlschmeckende Marmeladen, Saft und Wein bereiten. Das feste Holz des Strauches wurde früher von Drechslern und Kammachern verarbeitet.

Vorkommen:

S. nigra ist in fast ganz Europa und dem angrenzenden asiatischen Raum verbreitet. Der Strauch wächst auf frischen, nährstoffreichen Böden in Auwäldern, Hecken, auf Ruderalflächen und angepflanzt in Gärten.

Sambucus nigra. **Bild 1:** Ausschnitt aus dem reichblütigen Blütenstand. Die 5 weißen Kronblätter sind zurückgeschlagen. In ihren Lücken stehen die 5 Staubblätter. Der obere Abschnitt des hellgrünen Fruchtknotens ragt mit den kurzen Narben aus dem Blütenbecher. **Bild 2:** Im Spätsommer bietet sich ein typischer Anblick. Aus fast jeder Blüte hat sich eine schwarze, etwa 6 mm lange, eiförmige Steinfrucht entwickelt. Die rot überzogenen Fruchtstiele dienen vermutlich ebenfalls der Anlockung, sie tragen nun schwer an ihren üppigen Fruchtständen und biegen sich nach unten.

11. Nußfrüchte

Nußfrüchte besitzen eine bei Reife harte, dickwandige, aus einem Festigungsgewebe mit Steinzellen oder Sklerenchymfasern bestehende Fruchtwand, die in der Regel nur einen einzigen Samen schützend umschließt (Abb. 11-5). Dieser wird von einer sehr zarten Samenschale umgeben. Erst wenn die harte Fruchtwand verrottet oder durch äußere Einwirkungen gesprengt wird, kann der Same auskeimen. Im Pflanzenreich hat sich eine erstaunliche Vielfalt an Nußfrüchten entwickelt.

Typische Nüsse

Jedem bekannt sind die großen, eßbaren Nüsse verschiedener Gehölze wie die Haselnuß (Abb. 11-1), die Buchecker der Rotbuche (*Fagus sylvatica*), die Eßkastanien der Edelkastanie (*Castanea sativa*) und die Eicheln der Eichen (*Quercus*). Sie werden von einem Fruchtbecher umhüllt, der die nahrhaften Nüsse vor einem vorzeitigen Tierfraß schützt. Ein Großteil dieser Nüsse wird als Wintervorrat vor allem von Eichhörnchen und Hähern versteckt. Früchte, die nicht wiedergefunden werden, entgehen dem Fraß und können auskeimen. Diese großen Nüsse unterliegen also der Versteckausbreitung, einer Form der Zufallsausbreitung (Dysochorie).

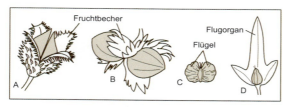

Abb. 11-1: Typische Nüsse. A: Buchecker (*Fagus sylvatica*). B: Haselnuß (*Corylus avellana*). C: Birke (*Betula pendula*). D: Hainbuche (*Carpinus betulus*).

Darüber hinaus gibt es eine Vielzahl kleiner, unauffälliger Nußfrüchte. Hahnenfuß (→ *Ranunculus*), Anemone (→ *Anemone*) und Fingerkraut (→ *Potentilla*) sind nur einige Beispiele für diese unscheinbaren Nüßchen. Auch unter den Schmetterlingsblütengewächsen (Fabaceae), die in erster Linie durch ihre Hülsenfrüchte charakterisiert sind, gibt es zahlreiche Nußfrüchte. Bei diesen geht man davon aus, daß bei den betreffenden Arten im Laufe der Evolution ein Öffnen der Hülsen unterblieben ist und sich ihre Fruchtwand verhärtete (→ Einleitung, Kapitel 6). Solche Nüßchen finden wir z. B. beim Steinklee (*Melilotus*) und Klee (→ *Trifolium*). Viele dieser Nüßchen besitzen keine speziellen Anlockungsmittel und

werden endochor ausgebreitet, indem sie mit dem Grünfutter gefressen und unbeschädigt ausgeschieden werden. Bei vielen Arten sorgt der sich während der Fruchtentwicklung verlängernde und mit Haaren besetzte Griffel für eine anemochore Ausbreitung. Auffällige Federschweifflieger sind die Nüßchen der Küchenschellen (→ *Pulsatilla*) und Waldreben (→*Clematis*). Die Nüßchen der Birken (*Betula*) besitzen einen Flügelsaum, die der Hainbuchen (*Carpinus betulus*) spezielle Flugblätter.

Sammelnüsse

Sammelnußfrüchte entstehen stets aus einer typischen Blütensituation heraus: die Blüte zeichnet sich durch ein chorikarpes Gynoeceum aus, d. h. es sind mehrere bis zahlreiche, nicht miteinander verwachsene Fruchtblätter vorhanden, von denen sich jedes zu einem kleinen Nüßchen entwickelt (Abb. 11-2). Nur bei wenigen Pflanzen werden solche Sammelnußfrüchte – wie es die botanische Definition verlangt – auch als eine Einheit ausgebreitet. Dies trifft auf die Erdbeere (→ *Fragaria vesca*) zu, deren Blütenachse sich während der Fruchtentwicklung stark vergrößert und schließlich saftig-fleischig wird. Auf ihrer Oberfläche sind die eigentlichen Früchte, lauter kleine Nüßchen, eingesenkt. Diese werden gemeinsam mit der eßbaren Blütenachse – die als Fruchtträger dient – endochor ausgebreitet.

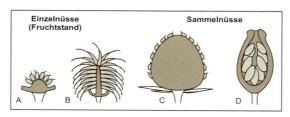

Abb. 11-2: Schematische Darstellung von Einzel- und Sammelnüssen. A: Fingerkraut (*Potentilla*). B: Nelkenwurz (*Geum*). C: Erdbeere (*Fragaria*). D: Hagebutte der Rosen (*Rosa*). Die Blütenachse ist in mittelgrau dargestellt, die eigentlichen Früchte, die Nüßchen, hellgrau.

Bei den Hagebutten, den Früchten der Rosen (*Rosa*), umschließt die becherförmige, bei Reife meist rot gefärbte, fleischige Blütenachse die Nüßchen, die im Inneren liegen. Auch hier bilden Blütenachse und Nüßchen eine Ausbreitungseinheit und werden endochor ausgebreitet. Dagegen sind beispielsweise die zahlreichen Nüßchen der Nelkenwurz (*Geum*) und des Fingerkrautes (*Potentilla*), die einer zapfenförmig vergrößerten Blütenachse ansitzen, nicht als Sammelfrüchte anzusprechen. Denn diese werden einzeln ausgebreitet und können damit als typische Nußfrüchte bezeichnet werden. Für die Gesamtheit solcher Nüßchen fehlt ein Begriff – wir benennen diese als Nußfruchtstand.

Achänen

Die Achäne ist die Fruchtform der Familie der Korbblütler (Asteraceae). Fruchtwand und Samenschale sind fest aneinander gepreßt, jedoch nicht miteinander verwachsen. Die Achäne entwickelt sich immer aus einem unterständigen Fruchtknoten. Als auffällige Bildung besitzt diese oftmals an der Spitze einen Haarkranz, den Pappus. Dieser stellt eine Umbildung des Kelches dar. Schneidet man ein Blütenköpfchen vom Gemeinen Löwenzahn (*Taraxacum officinale*) längs, so kann man den noch sehr kleinen, zarten Pappus erkennen. Während der Fruchtentwicklung vergrößert er sich zu einem auffälligen Flugapparat und dient als eine Art „Fallschirm" der Windausbreitung (Anemochorie). Er wird durch einen Schnabel emporgehoben, im Gegensatz zu dem Pappus des Huflattich (*Tussilago farfara*), der schnabellos ist.

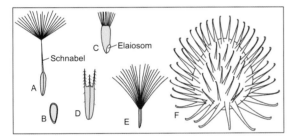

Abb. 11-3: Verschiedene Achänentypen innerhalb der Korbblütler. A: Gemeiner Löwenzahn (*Taraxacum officinale*). B: Gänseblümchen (*Bellis perennis*). C: Kornblume (*Centaurea cyanus*). D: Dreiteiliger Zweizahn (*Bidens tripartita*). E: Huflattich (*Tussilago farfara*). F: Große Klette (*Arctium lappa*) als Fruchtstand. Die zahlreichen Achänen liegen im bestachelten Fruchtstand verborgen.

Der Zweizahn (→ *Bidens*) bildet nur 2–3 kräftige Pappusborsten, die als Klettorgane dienen. Die Achänen der Kornblume (*Centaurea cyanus*) besitzen einen kurzen, funktionslosen Pappus. Stattdessen sind sie an der Basis mit einem Elaiosom ausgerüstet und werden durch Ameisen ausgebreitet (Myrmechorie). Die unauffälligen, etwa 1 mm langen Achänen des Gänseblümchen (→ *Bellis perennis*) sind pappuslos und werden endochor ausgebreitet. Als ganze Klettfruchtstände werden mithilfe stacheliger Hüllblätter die eigentlichen Kletten (→ *Arctium minus*) ausgebreitet. Aber, nicht nur die Korbblütler sind auf Achänen als Fruchttyp spezialisiert. So bilden die Baldriangewächse (Valerianaceae, →*Valeriana officinalis*) ebenfalls flugfähige, mit einem Pappus bestückte Achänen. Die Kardengewächse (Dipsaceae) bilden sehr unscheinbare Achänen, die durch einen häutigen Kelch eine einem Federball ähnliche Flugeinrichtung besitzen (→ *Scabiosa*). Die Achänen dieser beiden Familien sind jedoch nicht so vielfältig gestaltet wie die zahlreichen Achänentypen innerhalb der Korbblütler.

Spaltfrüchte

Spaltfrüchte entwickeln sich aus einem verwachsenen, mehrfächerigen Fruchtknoten (coenokarp) und zerfallen bei Reife in ihre Fruchtfächer: Sie spalten sich entlang ihrer Scheidewände in Teilfrüchte auf und werden einzeln ausgebreitet. Jede Teilfrucht entspricht einem Fruchtfach und stellt ein einsamiges Nüßchen dar. Bei den Doldengewächsen (Apiaceae) und dem Ahorn (*Acer*) spaltet sich der 2fächerige Fruchtknoten bei Fruchtreife in seine beiden Fruchtblätter auf. Doldengewächse präsentieren ihre Teilfrüchte zumeist an einem Fruchtträger dem Wind. Malven (→ *Malva sylvestris*) besitzen einen sehr anschaulich geformten Fruchtknoten, der aus vielen keilförmigen, miteinander verwachsenen Fruchtblättern besteht, die an eine Torte erinnern. Auch hier lösen sich bei Reife die einzelnen Tortenstücke (Fruchtblätter) entlang ihrer Scheidewände voneinander ab.

Die Nüßchen der Lippenblütler (Lamiaceae) und Raublattgewächse (Boraginaceae) werden als Klausen bezeichnet und somit ein wenig von den übrigen Spaltfrüchten abgesetzt. Das liegt an der ungewöhnlichen Entwicklung des Fruchtknotens während der Blütenbildung. Der Fruchtknoten ist anfangs 2fächerig, unterteilt sich jedoch noch vor der Blütenentfaltung in einen 4fächerigen Fruchtknoten (→ *Borago officinalis*). In jedem dieser eiförmigen 4 Fächer entwickelt sich ein Same. Bei Reife lösen sich die 4 Fächer voneinander ab und werden als Teilfrüchte – Klausen (lat. *claudere*=schließen) oder auch Nüßchen genannt – ausgebreitet.

Bruchfrüchte

Der selten vorkommende Fruchttyp der Bruchfrucht tritt nur bei den Schmetterlingsblütengewächsen (Fabaceae) und Kreuzblütlern (Brassicaceae) auf. Beide Familien sind in erster Linie für ihre Hülsen bzw. Schoten bekannt, die zu den Öffnungsfrüchten zählen. Rein äußerlich ähneln sie diesen, nur unterbleibt eine Öffnung der langgestreckten Früchte. Vielmehr schnüren sich Bruchfrüchte ober- und unterhalb jedes Samens während der Fruchtentwicklung durch sekundäre Scheidewände ein, so daß jeder Samen ein eigenes Fruchtfach erhält. Der Fruchtknoten wird somit in mehrere einsamige Fächer quergeteilt. Bei Reife zerfällt die Bruchfrucht, die auch Gliederfrucht genannt wird, entlang der sekundären Scheidewände in Teilfrüchte, die Nüßchen darstellen. Beispiele für Bruchhülsen sind Kronwicken (*Coronilla*, → *Securigera*), Hufeisenklee (→ *Hippocrepis*), Süßklee (*Hedysarum*) und Vogelfuß (*Ornithopus*). Als Bruchschoten kennt man neben dem Meersenf (→ *Cakile maritima*) auch den Hederich (*Raphanus raphanistrum*).

Die Gattung der Ahornbäume ist mit rund 150 Arten vor allem in Ostasien und Nordamerika verbreitet. Ihre bunte, herbstliche Laubfärbung kann man besonders in den Ahornwäldern des östlichen Nordamerikas während des legendären „Indian Summer" bewundern. In Europa hingegen haben die Eiszeiten zu einer starken Verarmung der Ahorn-Bestände geführt, so daß heute in Deutschland nur noch Spitz- (*Acer platanoides*), Berg- (*A. pseudoplatanus* L.) und Feld-Ahorn (*A. campestre*) heimisch sind. Ahornbäume besitzen unscheinbare, kleine, hängende Blüten. Bei *A. campestre* entfalten sich die aufrechten, doldentraubigen, 10–12blütigen Blütenstände erst nach dem Laubaustrieb. Die 5 Kelch- und 5 Kronblätter sind gelbgrün, behaart und einander sehr ähnlich. 2 Kreise mit je 4 Staubblättern sind im ringförmigen Nektardiskus inseriert. Der kleine, 2fächerige Fruchtknoten ist seitlich stark zusammengedrückt. Diese Asymmetrie setzt sich in den späteren Früchten fort.

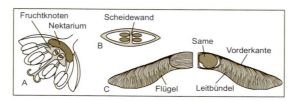

Abb. 11-4: *Acer campestre.* A: Blüte längs. B: 2fächeriger Fruchtknoten quer. C: *A. platanoides.* Spaltfrucht in 2 Teilfrüchte getrennt.

Blütenbiologisch handelt es sich um Scheibenblumen, die im Frühsommer leicht zugänglichen Nektar und Pollen anbieten. Sie werden hauptsächlich von Honigbienen bestäubt. Ähnliche Blütenverhältnisse zeigen auch *A. platanoides* und *A. pseudoplatanus*. Der in Mitteleuropa eingebürgerte Eschen-Ahorn (*A. negundo* L.) ist zweihäusig, und besitzt sehr reduzierte, männliche und weibliche Blütenstände, die vom Wind bestäubt werden.

Frucht:

Aus dem 2fächerigen Fruchtknoten entwickelt sich eine Spaltfrucht, die entlang der Scheidewand in 2 nüßchenartige Teilfrüchte, aus je einem langen, einseitigen, stark netznervigen Flügel zerfällt. Die Teilfrüchte – auch Flügelnüsse genannt – sind 3–5 cm lang. An der Bauchseite befindet sich in einer Verdickung der einzige Same. Er ist von einer dünnen, festen Fruchtwand umschlossen, die auch den Flügel bildet. Zahlreiche Leitbündel in der Fruchtwand sowie eine Verstärkung an der geraden oder leicht gebogenen Vorderkante sorgen für Stabilität. Ahorn-Arten kann man anhand ihrer typischen Fruchtform

und Anordnung leicht voneinander unterscheiden. Bei *A. platanoides* stehen die Fruchtflügel stumpfwinklig bis fast waagerecht zueinander, bei *A. campestre* sind sie immer streng waagerecht angeordnet. *A. pseudoplatanus* bildet fast rechtwinkelig zueinander stehende Fruchtflügel, während die von *A. negundo* spitz- bis stumpfwinklig abstehen.

Ausbreitung:

Bei Fruchtreife trocknen die Spaltfrüchte aus, die Zellen der Flügel füllen sich mit Luft, wodurch sie leichter werden. Stürme und starke Winde reißen die Flügelnüsse voneinander ab und breiten sie aus (Anemochorie). Durch ihren asymmetrischen Bau werden sie in rotierende Bewegungen um den Schwerpunkt versetzt und so als Dynamikflieger ausgebreitet. Sie beginnen mit ihren Drehbewegungen schon nach etwa 30 cm Fallhöhe. Die auch als Schraubenflieger bezeichneten Flügelnüsse drehen sich etwa 16 mal in der Sekunde und werden mehrere Kilometer mit dem Wind fortgetragen (Fernausbreitung).

Erst ab Spätherbst werden die Früchte reif, ein Großteil der Früchte bleibt den Winter über als Wintersteher an den Bäumen hängen. Durch den Wind werden die Flügelnüsse auch an ungewöhnliche Standorte wie auf Ruinen, alte Friedhofsmauern und Felsen befördert. *A. platanoides* und *A. pseudoplatanus* verdanken es der Anpflanzung als Straßenbäume, daß sie in Berlin und Brandenburg in Gebieten verbreitet sind, in denen sie ursprünglich nicht vorkamen. Mit Hilfe ihrer zahlreichen anemochoren, gut keimfähigen Früchte besiedeln sie vom städtischen Raum ausgehend die nährstoffreichen Waldböden. *A. negundo* wurde 1688 als Ziergehölz für Gärten und Parkanlagen aus Nordamerika eingeführt und siedelte sich vielerorts auf den Trümmerschuttböden der Städte der Nachkriegszeit an (Ethelochorie). Die Flügelnüsse werden aufgrund ihrer Leichtigkeit und großen Oberfläche auch als Schwimmer über das Wasser ausgebreitet (Nautochorie).

Nutzung:

A. platanoides und *A. pseudoplatanus* wurden früher zur Zuckergewinnung, ähnlich wie die Ahorn-Arten in Kanada, herangezogen, um den beliebten Ahornsirup zu produzieren. Der angezapfte Wundsaft enthält viel Saccharose, die Ausbeute ist bei beiden Arten jedoch sehr gering.

Vorkommen:

In weiten Teilen Europas und Westasiens sind *A. campestre*, *A. platanoides* und *A. pseudoplatanus* verbreitet, während *A. negundo* in Nord-Amerika und Mitteleuropa vorkommt.

Bild 1: *Acer campestre*. Blüte mit grünlicher Blütenhülle, gelben Staubbblättern und schmalem, geflügelten Fruchtknoten mit 2 Narbenästen. **Bild 2:** *A. pseudoplatanus*. Reife Spaltfrüchte. **Bild 3-4:** *A. platanoides*. **Bild 3:** Fast reife Spaltfrüchte. **Bild 4:** Grüner Keimling, der aus seiner geflügelten Teilfrucht herauswächst und von dieser gekrönt wird, ein ganz typischer Anblick im Frühjahr. **Bild 5:** *A. negundo*. Männlicher Blütenstand. Die Blüten sind sehr reduziert und bestehen nur aus den rötlichen, hängenden Staubblättern.

as leuchtend gelb blühende Frühlings-Adonisröschen (*Adonis vernalis*) wächst auf Trocken- und Steppenrasen sowie in lichten Kiefernwäldern. Aus dem tiefwurzelnden Rhizom entwickeln sich zahlreiche Sprosse mit fiederteiligen Blättern. Schon im April bildet die zu den Frühblühern des Jahres (lat. *veris*=Frühling) zählende Pflanze ihre auffälligen, seidig glänzenden Blüten. Ihre 5 grünen Kelchblätter sind weichhaarig und den 10–20 gelben Kronblättern angedrückt. Die einzeln endständig stehenden Blüten öffnen sich nur bei Sonnenschein vollständig und fallen durch ihre Größe und das durch Flavonglykoside hervorgerufene leuchtende Gelb auf. Zahlreiche gelbe Staubblätter umgeben die ebenso zahlreichen, unverwachsenen Fruchtblätter (chorikarpes Gynoeceum).

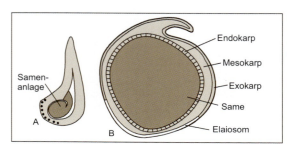

Abb. 11-5: *Adonis vernalis.* A: Ein Fruchtblatt zur Blütezeit längs. Gepunktet ist der Entstehungsort des Elaiosoms. B: Nüßchen längs, die Fruchtwand ist in 3 Schichten differenziert: Exo,- Meso- und Endokarp. An der Fruchtbasis befindet sich das Elaiosom.

In Südeuropa wächst auf Getreidefeldern und Brachen das sagenumwobene Herbst-Adonisröschen (*A. annua*). „Adonis" hieß der Sonnengott der Syrer und Phönizier. Dieser Name wurde von den Griechen übernommen und hielt Einzug in die griechische Mythologie. Der Sage nach verwandelte Aphrodite ihren geliebten Jüngling Adonis, der durch einen von dem eifersüchtigen Mars geschickten Eber getötet wurde, in die blutrote Adonis-Blume, die für die zumeist rotblühende Gattung namensgebend wurde. Durch Karotinoide erhalten die 6–10 glänzenden Kronblätter des *A. annua* eine auffällige dunkelrote bis blutrote Färbung. An ihrer Basis weisen dunkle Saftmale ins Blütenzentrum. Die zahlreichen Staubblätter sind dunkelviolett. Die Blüten öffnen sich bei Sonnenschein und wenden sich, wie auch bei *A. vernalis*, der Sonne zu. Bei beiden *Adonis*-Arten handelt es sich um vorweibliche Scheibenblumen mit einem sehr hohen Pollenangebot, Nektar wird nicht gebildet. Bestäuber sind pollensammelnde Bienen und pollenfressende Fliegen.

Frucht:

Aus den zahlreichen Fruchtblättern einer Blüte entwickeln sich ebenso viele Nüßchen, die dicht gedrängt der nun stark verlängerten Blütenachse ansitzen. *A. annua* bildet einen schmalen Fruchtstand von etwa 2 cm Länge, bei *A. vernalis* sind die Früchte in einem kürzeren Fruchtstand vereinigt. Die Oberfläche der bis 5 mm langen Nüßchen beider Arten ist netznervig strukturiert. Die eiförmigen Früchte von *A. vernalis* sind kurz behaart und besitzen an der Spitze einen hakenförmigen Schnabel, den Griffelrest. Die leicht 3kantigen Früchte des *A. annua* enden in einem nahezu geraden Schnabel. Bei Reife besteht die harte Fruchtwand aus 3 Schichten: An das äußere, dünne Exokarp schließt sich das Mesokarp aus chlorophyllhaltigem Parenchym an. Dieses führt bis kurz vor der Fruchtreife Photosynthese durch und ist für die grüne Färbung der unreifen Früchte verantwortlich. Es folgt das sklerenchymatische Endokarp, das mit seinen festen Fasern den harten, einzigen Samen umgibt. Das Exokarp besteht an der Fruchtbasis aus nährstoffhaltigen Zellen, die sich äußerlich betrachtet nicht von den übrigen Zellen unterscheiden. Dieser, als Elaiosom bezeichnete Bereich, enthält Fette, Zucker und Vitamine.

Ausbreitung:

Die Nüßchen trocknen bei Reife aus, werden hellbraun und lösen sich einzeln von der Blütenachse ab. Sie werden von Ameisen aufgrund ihres nährstoffreichen Elaiosoms eingesammelt und in ihren Bau verschleppt. Das Elaiosom wird dort von der Frucht abgelöst und der sehr harte, unbeschädigte Samen nach außen transportiert, wo er bei geeigneten Bedingungen auskeimen kann (Myrmechorie). Die Nüßchen werden auch bei stärkeren Windboen von der Blütenachse abgerissen und über mehrere Meter fortgeweht, obwohl sie keine besonderen Anpassungen an die Windausbreitung (Anemochorie) zeigen. *A. vernalis* war eine Heilpflanze der mittelalterlichen Bauerngärten (aufgrund von Herzglykosiden ist die Pflanze giftig!) und wurde damals durch die Ansaat auch ethelochor ausgebreitet.

Vorkommen:

A. vernalis ist eine typische Pflanze der durch heiße, trockene Sommer und sehr kalte Winter geprägten osteuropäischen Steppen. Nur stellenweise ist es nach Mitteleuropa vorgedrungen und besiedelt dort dann ausschließlich wärmebegünstigte, kalkbeeinflußte, sommertrockene Südhänge, wie die bekannten pontischen Oderhänge nördlich Frankfurt/Oder. *A. annua* ist in Südeuropa und Südwestasien heimisch.

Bild 1-2: *Adonis vernalis.* **Bild 1:** Pflanze im Habitus. Die prächtigen, bis 6 cm großen Blüten leuchten im Frühling auffällig aus der noch kargen Vegetation hervor. Im Blütenzentrum sind die zahlreichen Staubblätter erkennbar. **Bild 2:** Fruchtstand mit fast reifen, kurz behaarten Nüßchen. **Bild 3-4:** *Adonis annua:* **Bild 3:** Blüte, im Zentrum die dunklen Narben der Fruchtblätter. **Bild 4:** Grüne Nüßchen kurz vor der Reife.

Der ausdauernde, bis 100 cm hohe Gemeine Odermennig (*Agrimonia eupatoria*) mit seinen typisch unterbrochen gefiederten Blättern ist auf besonnten Magerwiesen und Waldrändern von der Ebene bis in die mittleren Gebirgslagen Mitteleuropas heimisch. Die goldgelben, von Juni-September erscheinenden Blüten sind, wie auch beim nah verwandten Wohlriechenden Odermennig (*A. procera*), in einer für die Gattung typischen, langgestreckten, ährenartigen Traube angeordnet.

Eingeleitet werden die kurz gestielten Blüten beider Arten von 5 Kelchblättern und zu diesen in Lücke stehenden 5 gelben Kronblättern. In die krugförmig gewölbte Blütenachse sind die beiden, bei *A. procera* 2–3 unverwachsenen Fruchtblätter eingesenkt, so daß nur die Griffel herausragen. Die Fruchtblätter sind nicht mit dem Blütenbecher verwachsen, es handelt sich um einen mittelständigen Fruchtknoten. An der Spitze des Blütenbechers sitzen die Blütenblätter und die 5–20 Staubblätter an. Der obere Rand des Blütenbechers ist mit mehreren Reihen von 1–4 mm langen, weichen, hakenförmig gekrümmten Außenkelchborsten besetzt.

Blütenbiologisch handelt es sich um einfach gestaltete Scheibenblumen mit einer hohen Pollenproduktion, die von Fliegen und Schwebfliegen, aber auch von Honigbienen bestäubt werden. Oft kommt es auch zur Selbstbestäubung, da Staubblätter und Narben gleichzeitig reifen.

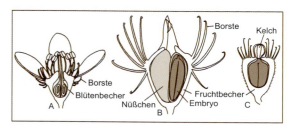

Abb. 11-6: A-B: *Agrimonia procera*. A: Blüte längs. Der Blütenbecher umschließt die beiden Fruchtblätter. B: Sammelnußfrucht längs. Sie besteht aus 2 Nüßchen und dem harten Fruchtbecher. Der Kelch verbleibt und versperrt den Zugang. C: *Agrimonia eupatoria*. Sammelnußfrucht längs.

Frucht:

Nach der Bestäubung fallen Kron- und Staubblätter ab, die Kelchblätter falten sich zusammen und versperren den Zugang zu den Fruchtblättern. So kann die Entwicklung der Früchte im Inneren des Blütenbechers ungestört ablaufen. Jedes der Fruchtblätter entwickelt sich zu einem kleinen, dünnschaligen Nüßchen. Gleichzeitig vergrößert sich der Blütenbecher, der nun Fruchtbecher genannt wird. Die ansitzenden Borsten verlängern und verhärten sich und bilden einen Kranz aus hakenförmigen Klettborsten. Da Fruchtbecher und

die darin verborgenen Nüßchen gemeinsam ausgebreitet werden, handelt es sich um Sammelnußfrüchte. Die zierlichen Sammelfrüchte von *A. eupatoria* werden 5–7 mm lang, ihre 2–3 mm langen Klettborsten stehen senkrecht, der Fruchtbecher zeigt deutliche Längsfurchen. Dagegen sind die Sammelfrüchte von *A. procera* auffälliger und mindestens 10 mm lang. Von den 5–7 mm langen Klettborsten ist die erste Reihe zurückgeschlagen.

Zum Abschluß der Fruchtreife trocknet der Fruchtbecher aus und wird steinhart. Die meist 2 Nüßchen füllen diesen vollständig aus. Sie besitzen eine für Nußfrüchte ungewöhnlich zarte Fruchtwand, da die eigentliche Schutzfunktion vom Fruchtbecher übernommen wird.

Ausbreitung:

Die reifen Sammelnußfrüchte hängen an der Pflanze nach unten, während die Blüten nahezu aufrecht orientiert waren. Diese Umorientierung fördert die Klettausbreitung, da die hakigen, abstehenden Borsten so besser präsentiert werden. Die im Herbst reifen Sammelnußfrüchte lösen sich leicht von der Pflanze. Wenn ein Tier vorbeistreift, verhaken sich die Kletten im Fell und werden dadurch von der Pflanze abgelöst und mitgeführt (Epichorie). Die Hakenkletten hängen sich ins Fell von Rindern, Damwild und Schafen, bei Wildschweinen in die Ohrregion, und können so über weite Strecken transportiert werden. Auskeimen können die Nüßchen erst, wenn der sehr harte Fruchtbecher verrottet ist. Oftmals bleiben die widerstandsfähigen Diasporen den ganzen Winter über an der Pflanze hängen, es sind also Wintersteher.

Nutzung:

Die wissenschaftliche Artbezeichnung *eupatoria* verweist auf den griechischen König Mithridaten Eupator (132–63 v. Chr.), der die Heilkräfte des Gemeinen Odermennigs als erster entdeckt haben soll. Die Heilwirkung beruht auf dem Gehalt von Bitter- und Gerbstoffen, Flavonoiden und ätherischen Ölen. Aufgrund ihrer blutstillenden Eigenschaft wurde *A. eupatoria* früher zur Wundheilung und bei Entzündungen im Mund- und Rachenraum verabreicht. Auch bei Verdauungsstörungen, Magen- und Gallenleiden wurde das Kraut verwendet. Früher wurden die Blüten auch zum Gelbfärben benutzt. Heute wird das Kraut noch in der Naturheilkunde verwendet.

Vorkommen:

A. eupatoria kommt in den gemäßigten Zonen der gesamten nördlichen Erdhalbkugel vor und wächst als wärmeliebende Pflanze auf Magerwiesen sowie an Wald- und Wegrändern. *A. procera* ist eine Pflanze der Hecken und Waldränder Europas.

Bild 1-2: *Agrimonia procera*. **Bild 1:** Teil des langgestreckten, ährenartigen Blütenstandes. **Bild 2:** Ausschnitt aus dem Fruchtstand. 2 mit zahlreichen hackigen Borsten besetzte, etwa 11 mm lange Sammelnußfrüchte, die als Kletten ausgebreitet werden. **Bild 3-4:** *A. eupatoria*. **Bild 3:** Ausgereifter Fruchtstand mit etwa 7 mm langen, verhärteten, braunen Sammelnußfrüchten. An dem gefurchten Fruchtbecher sitzen die verhärteten Haken, die der Klettausbreitung dienen. **Bild 4:** Unreifer, noch grüner Fruchtstand. Aufgrund starken Windes haben sich mehrere Stengel mitsamt der Früchte ineinander verhakt.

Auf sonnigen, buschigen Hängen und in lichten Kiefernwäldern wächst eher selten das Große Windröschen (*Anemone sylvestris*). Die ausdauernde, bis 50 cm hohe Staude besitzt grundständige, handförmig geteilte und grob gezähnte Laubblätter, unterhalb der Stengelmitte sitzt ein Quirl von 3 ähnlich geformten Laubblättern an (Hochblattquirl). Der Stengel endet mit zumeist einer einzigen aufrechten, weißen Blüte.

Die von April-Juni erscheinenden Blüten erreichen einen Durchmesser von bis zu 7 cm. Sie lassen sich nicht in Kelch und Krone unterscheiden, was für die gesamte Gattung der Windröschen (*Anemone*) gilt. Es handelt sich um eine einfache Blütenhülle (Perigon). Die 5–6 weißen Blütenhüllblätter von *A. sylvestris* sind außen stark filzig behaart. Zahlreiche gelbe Staubblätter säumen die unzähligen, kleinen, flaumig behaarten Fruchtblätter, die der zapfenförmigen Blütenachse ansitzen. Es handelt sich um ein unverwachsenes (chorikarpes) Gynoeceum.

Das nah verwandte Busch-Windröschen (*A. nemorosa*) ist einer der ersten Frühblüher (März–Mai) der Laubwälder Mitteleuropas. Die Artbezeichnung (lat. *nemorosus*=belaubt, bewaldet) bezieht sich auf sein Vorkommen in Laubwäldern. Die kleinen Stauden besitzen im oberen Drittel des Stengels einen Hochblattquirl mit 3 handförmig geteilten Laubblättern. Bei diesen ist erkennbar, daß sie die Funktion des fehlenden Kelches übernehmen und die Blütenknospe schützen. Die Blüten bestehen aus 6 weißen Blütenhüllblättern mit schwach purpurrötlich überlaufener Aderung. Zahlreiche gelbe Staubblätter säumen die 10–20 unverwachsenen Fruchtblätter, die auf der leicht gewölbten Blütenachse sitzen. Sie sind länglich, flaumig behaart und enden mit einem kurzen, gebogenen Griffel.

Nur 1–2 Wochen nach Blühbeginn von *A. nemorosa* entfalten sich die Blüten des Gelben Windröschens (*A. ranunculoides* L.). Beide Arten sind sich mit Ausnahme der unterschiedlichen Blütenfarbe sehr ähnlich. Die dottergelben Blütenhüllblätter von *A. ranunculoides* inspirierten Carl von Linné (1707–1778) zur Vergabe des Artnamens *ranunculoides*, da die Blüten leicht mit denen des ebenfalls gelb blühenden Hahnenfuß – *Ranunculus* – zu verwechseln sind.

Die Gattungsbezeichnung *Anemone* entstammt dem griech. *anemos*=Wind und bezieht sich auf die lang gestielten, leicht vom Wind bewegten Blüten. Bei den Blüten der gesamten Gattung handelt es um einfach gestaltete, große Scheibenblumen mit einem hohen Pollenangebot, das von zahlreichen Bestäubern, wie Käfern, Fliegen und Bienen genutzt wird.

Frucht:

Jedes der zahlreichen winzigen Fruchtblätter von *A. sylvestris* entwickelt sich zu einem bis 3 mm langen, dicht weißwollig behaarten Nüßchen. Während der Fruchtentwicklung verlängert sich die zapfenförmige Blütenachse, so daß die weißen, watteähnlichen Früchte bei Reife in einem bis 4 cm langen, recht auffälligen Fruchtstand angeordnet sind.

Im Gegensatz hierzu entwickeln *A. nemorosa* und *A. ranunculoides* sehr unscheinbare Früchte. Die 10–20 kleinen, grüngelblichen Nüsse sitzen der leicht gewölbten Blütenachse an. Sie sind 4–5 mm lang, mit kurzen, rauhen Haaren besetzt und durch den verbleibenden Griffel kurz geschnäbelt. Waren die Blüten noch aufrecht orientiert, sind die Früchte nun durch postflorales Wachstum des Blüten- bzw. Fruchtstiels nach unten orientiert. Ihre unscheinbaren Früchte sind im Gegensatz zu den auffälligen Nüssen von *A. sylvestris* in der sich entwickelnden Krautvegetation des Waldes nur schwer zu erkennen.

Ausbreitung:

Die flauschig behaarten Nüßchen von *A. sylvestris* werden als Schirmchenflieger durch den Wind ausgebreitet, zurück bleibt die entleerte Blüten- bzw. Fruchtachse (Anemochorie). Bei Nässe werden die Nüßchen auch als Wasserhafter am Tierfell mitgeführt und dadurch ausgebreitet (Epichorie).

Die Außenschichten der Fruchtwand der Nüßchen von *A. nemorosa* und *A. ranunculoides* sind – ähnlich wie beim verwandten Leberblümchen (→ *Hepatica nobilis*) – als nährstoffreiches, jedoch für den Menschen nicht optisch erkennbares Elaiosom ausgebildet. Die im Mai reifen Nüßchen fallen auf die Erde. Sie werden rasch von Ameisen eingesammelt und in den Bau verschleppt (Myrmechorie).

Vorkommen:

A. nemorosa und *A. ranunculoides* sind in fast ganz Europa heimisch. *A. nemorosa* ist in krautreichen Laub- und Nadelwäldern und auf Bergwiesen zu finden, während *A. ranunculoides* in Auenwäldern und feuchten Laubmischwäldern wächst.

A. sylvestris ist eine Steppenpflanze des kontinental geprägten Ostens bis nach Sibirien, die nach Mitteleuropa hin immer seltener wird und dort ausschließlich die wärmebegünstigten, basen- und kalkbeeinflußten, sommertrockenen Südhänge besiedelt. In Deutschland wurde die Pflanze in der Vergangenheit vielerorts wegen der attraktiven Blüten ausgegraben und dadurch in einigen Bundesländern fast ausgerottet.

Bild 1-2: *Anemone sylvestris.* **Bild 1:** Blüte und ein unreifer, grünlicher Fruchtstand im Hintergrund. **Bild 2:** Reifer, etwa 3 cm langer Fruchtstand mit zahlreichen Nüßchen. Die oberen, lang behaarten Nüßchen sind flugbereit. **Bild 3:** *A. ranunculoides.* Pflanze im Habitus, im oberen Drittel befindet sich der Hochblattquirl. **Bild 4:** *A. nemorosa.* Reife, nach unten hängende Nüßchen.

Der ausdauernde oder 2jährige, bis 150 cm hohe Wiesen-Kerbel (*Anthriscus sylvestris*) wächst im Frühling auf vielen Mähwiesen und an Wegrändern. Er besitzt 2–3fach gefiederte Blätter. Die kleinen, unscheinbaren, radiären Blüten erscheinen von April–August und sind in den für die Familie der Doldengewächse typischen, reichblütigen und flach ausgebreiteten Dolden angeordnet. Kelchblätter fehlen, die mattweißen, seicht ausgerandeten Kronblätter sind oft auch grün oder gelblich gefärbt. Sie sitzen an der Spitze des unterständigen, 2fächerigen Fruchtknotens, der in 2 Griffel übergeht. Auf Lücke zu den Kronblättern stehen die 5 Staubblätter mit gelben Staubbeuteln. Neben zwittrigen kann man auch ausschließlich männliche Blüten finden.

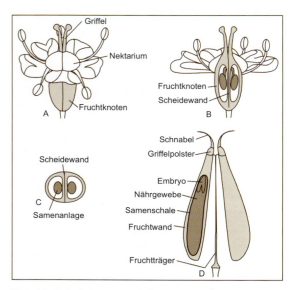

Abb. 11-7: *Anthriscus sylvestris.* A: Blüte. B: Blüte längs mit unterständigem Fruchtknoten. C: Der 2fächerige Fruchtknoten quer. D: Spaltfrucht, sich entlang der Scheidewand in 2 Teilfrüchte (Nüßchen) aufspaltend.

Blütenbiologisch handelt es sich um nektarführende, vormännliche Scheibenblumen, die vor allem von Käfern, Fliegen sowie Sandbienen bestäubt werden. Der leicht zugängliche Nektar wird aus 2 hellgelben, glänzenden Griffelpolstern abgeschieden, die sich auf der Spitze des Fruchtknotens befinden.

Von Mai–Juni erscheinen die weißen, winzigen Blüten des Gemeinen Kerbel (*A. caucalis*), die nur einen Durchmesser von 2 mm erreichen. Sie werden von Fliegen bestäubt, oftmals kommt es auch zur Selbstbestäubung. Der unterständige Fruchtknoten ist durch kleine, weiße Borsten auffällig behaart.

Frucht:

Aus dem unterständigen Fruchtknoten entwickelt sich eine 2fächerige, schlanke Spaltfrucht. Bei den jungen, noch grünen Früchten kann man deutlich die senkrecht verlaufende Trennlinie erkennen (identisch mit der Scheidewand), an der sich später die beiden Teilfrüchte voneinander abspalten. Jede der beiden Hälften repräsentiert ein Fruchtblatt. Die Spitze der Teilfrüchte ist mit kleinen hellen „Mützchen" besetzt. Hierbei handelt es sich um die ausgetrockneten Griffelpolster und den Griffelrest als kurzen, dünnen Schnabel. Dieser ist bei *A. caucalis* wesentlich dicker ausgebildet.

Bei Fruchtreife trocknen die Spaltfrüchte aus, die Teilfrüchte trennen sich entlang ihrer Verwachsungsnaht im Bereich der Scheidewand voneinander und bleiben am sogenannten Fruchtträger hängen. Dieser entstammt der Scheidewand und läßt die Teilfrüchte frei schaukelnd herabhängen.

Die Teilfrüchte stellen einsamige, hartschalige Nüßchen dar. Ihre Fruchtwand besteht, wie für viele unterständige Fruchtknoten typisch, aus dem verhärteten Blütenbecher und der mit diesem verwachsenen Wand des Fruchtknotens. Der Same besteht aus einem mächtigen Nährgewebe, das beim Auskeimen den winzigen Embryo ernährt.

Bei *A. sylvestris* sind die dunkelbraunen, glänzenden, fast keulenförmigen Nüßchen 6–10 mm lang, kahl und glatt. Sie besitzen wenig Ähnlichkeit mit den nur bis etwa 4 mm langen, dicht mit zahlreichen weißen, hakig gebogenen Stacheln besetzten Teilfrüchten von *A. caucalis*.

Ausbreitung:

Die im Sommer reifen Teilfrüchte von *A. sylvestris* werden von weidenden Rindern und Pferden mit dem Grünfutter aufgenommen und gelangen mit dem Dung zurück auf die Wiese. Es handelt sich somit um Verdauungsausbreitung (Endochorie). Die Früchte wurden früher auch als ungewollte Begleiter von Gräsersaatgut ausgebreitet (Speirochorie).

A. caucalis wird als Klettfrucht durch Tiere – besonders durch Weidevieh – und den Menschen ausgebreitet (Epichorie).

Vorkommen:

Beide *Anthriscus*-Arten sind in Nord- und Mitteleuropa, dem Kaukasus und Sibirien heimisch. Der häufig vorkommende *A. sylvestris* wächst auf Wiesen, in Hecken und Gebüschen. Wesentlich seltener findet man den auf Schuttplätzen, in Hecken und an Wegrändern wachsenden *A. caucalis,* der in den Städten wie auf dem Lande zu finden ist.

Bild 1-2: *Anthriscus sylvestris.* **Bild 1:** Ausschnitt aus einer Blütendolde. **Bild 2:** Reife, am Fruchtträger hängende Spaltfrucht. **Bild 3-4:** *A. caucalis.* **Bild 3:** Blütenstand. Deutlich sichtbar ist der unterständige, behaarte, grüne Fruchtknoten. **Bild 4:** Unreife Spaltfrüchte, an der Spitze mit verdicktem Schnabel.

Auf meist kalkhaltigen Trockenrasen und Felsfluren wächst der gelb blühende Gewöhnliche Wundklee (*Anthyllis vulneraria*). Er ist sehr formenreich und wird deshalb in mehrere Unterarten aufgeteilt. Die Halbrosettenstaude besitzt einen niederliegenden bis aufsteigenden Stengel, der mit unpaarig gefiederten Blättern besetzt ist. Fast die gesamte Pflanze ist mit weißen Haaren seidig behaart, die als Schutz gegen die Sonneneinstrahlung an den exponierten Standorten dienen.

Die von Mai–September erscheinenden Blüten sind in endständigen Köpfchen zusammengefaßt, die von grünen Tragblättern eingeleitet werden. Sie besitzen den für die gesamte Familie der Schmetterlingsblütengewächse typischen Blütenbau mit Fahne, Flügel und Schiffchen. Der Kelch ist 9–12 mm lang, zottigfilzig behaart und endet mit 5 Kelchborsten. Er ist von blasser, hellgrüner Farbe und leicht aufgeblasen. Die Kronblätter sind lebhaft gelb bis rot gefärbt. Das Schiffchen ist oft rot überlaufen. Alle 10 Staubblätter sind zu einer Röhre verbunden. Der kleine, einfächerige Fruchtknoten ist an seiner Basis deutlich gestielt und besitzt einen langen, geknickten Griffel mit kopfiger Narbe.

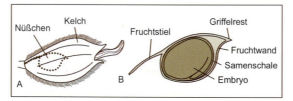

Abb. 11-8: *Anthyllis vulneraria.* A: Ausbreitungseinheit, bestehend aus dem Kelch und einem eingeschlossenen Nüßchen. Der Kelchausgang ist von der verdorrten Krone verschlossen. B: Gestieltes, vorne zugespitztes Nüßchen längs. Der Kelch wurde entfernt.

Blütenbiologisch handelt es sich um vormännliche Schmetterlingsblumen mit Pumpmechanismus. Der Pollen wird noch vor der Blütenentfaltung in die Schiffchenspitze entleert und beim Blütenbesuch durch den Griffel und die oben keulig verbreiterten Staubblätter beim Herunterdrücken des Schiffchens herausgepreßt. Der Hornklee (→*Lotus corniculatus*) zeigt einen sehr ähnlichen Pumpmechanismus, der Pollen wird jedoch erst nach der Blütenentfaltung in die Schiffchenspitze entleert. Bei *A. vulneraria* ist der am Blütengrund liegende Nektar nur langrüsseligen Insekten, wie Hummeln und Faltern zugänglich, da alle 10 Staubblätter zu einer Röhre verwachsen sind, und somit keine Nektarlücke freilassen.

Frucht:

Aus dem Fruchtknoten entwickelt sich keine für Schmetterlingsblütengewächse typische Hülse, sondern ein 4–5 mm langes Nüßchen. Es ist lang gestielt und durch den verbleibenden Griffelrest zugespitzt. Das braune Nüßchen enthält einen einzigen eiförmigen Samen. Der Kelch verbleibt und vergrößert sich während der Fruchtentwicklung ein wenig. Er umhüllt das Nüßchen, das so in dem bei Reife trockenhäutigen Kelch verborgen bleibt. Die verwelkte Krone verschließt den Kelcheingang.

Ausbreitung:

Der durch Lufteinschluß ein wenig blasig aufgetriebene Kelch und das darin eingeschlossene Nüßchen werden bei Reife (Juli–Oktober) als Einheit ausgebreitet: Der Kelch löst sich durch Austrocknen vom Fruchtköpfchen und die Diaspore wird vom Wind als Ballonflieger fortgeweht (Anemochorie). Die Diasporen sind jedoch zu schwerfällig um sich in der Luft zu halten und werden schon bald als Bodenläufer über die Erde getrieben (Chamaechorie). Von Ziege, Schaf und Rind, sowie von Wildtieren wie Hirsch und Gemse werden die unscheinbaren Diasporen unbeabsichtigt mit dem Grünfutter abgeweidet und später an anderer Stelle unbeschädigt ausgeschieden (Endochorie). Auch die vegetarisch lebenden Alpenmurmeltiere, die sich von Gräsern, Kräutern und Wurzeln ernähren, tragen zur endochoren Ausbreitung bei. An montanen oder alpinen Standorten werden die Diasporen als Gebirgschwemmlinge talwärts geschwemmt (Bythisochorie).

Nutzung:

Aufgrund des hohen Gehalts an Schleim und Gerbstoffen wurde *A. vulneraria* früher als altes Volksmittel bei Verletzungen angewendet, der Artname (lat. *vulnerare*=verwunden) zeugt von seiner heilkundlichen Nutzung.

Vorkommen:

Heute ist *A. vulneraria* in fast ganz Europa, Vorderasien und Nordafrika verbreitet. In Norddeutschland kommt die Pflanze nur noch äußerst selten vor. Über die Heimat des *A. vulneraria* gibt es widersprüchliche Angaben, so werden Südeuropa, aber auch Mitteleuropa genannt.

Man findet die Pflanze besonders in den Bergen auf sonnigen, trockenen, kalkhaltigen Standorten. Sie wächst auf Fels- und Grasfluren, Kalkmagerrasen und Halbtrockenrasen, Dünen sowie in der mediterranen Garigue. Bei entsprechenden Standortbedingungen werden auch Straßenböschungen, Bahndämme und Wegränder als sekundäre, von Menschenhand geschaffene Biotope, besiedelt.

Anthyllis vulneraria. **Bild 1:** Blütenköpfchen mit zahlreichen gelben Blüten. Erkennbar ist der sehr helle, grünliche, stark behaarte Kelch. **Bild 2:** Fruchtköpfchen, etwa die Hälfte der unscheinbaren Diasporen wurde schon ausgebreitet. Der behaarte, etwa 14 mm lange Kelch ist papierartig dünn, er birgt ein einziges Nüßchen im Inneren.

An Wegrändern und auf Ruderalflächen wächst die 2jährige, reichverzweigte, bis 1 m hohe Kleine Klette (*Arctium minus*). Ihr unbewehrter Stengel ist mit großen, rundlich-eiförmigen Laubblättern besetzt. Von Juli–September erscheinen die etwa 2 cm breiten, kugeligen Blütenköpfe. Sie bestehen aus zahlreichen purpurnen Einzelblüten, die von mehreren Reihen grüner, oben abstehender und locker spinnwebig behaarter Hüllblätter eingefaßt sind. Bei den Blüten handelt es sich um zwittrige Röhrenblüten mit einer 5teiligen, purpur- bis rosaroten Krone. Der Kelch ist nicht blättrig, sondern auf kurze Borsten, den Pappus, reduziert. Die 5 dunkelpurpurnen Staubbeutel sind zu einer Röhre verklebt und öffnen sich nach innen. Der einfächerige Fruchtknoten ist unterständig und fest mit dem unauffälligen Blütenbecher verwachsen.

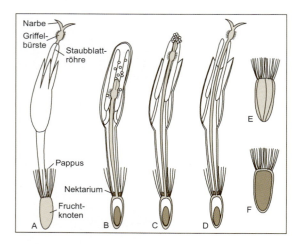

Abb. 11-9: *Arctium minus.* A: Röhrenblüte. B-D: Röhrenblüte längs. B: Männliches Stadium, der Pollen wird nach innen in die Staubblattröhre abgegeben. C: Durch Griffelwachstum wird der Pollen von der Griffelbürste nach oben aus der Röhre geschoben. D: Weibliches Stadium, erst jetzt sind die Narben ausgereift. E: Achäne mit Pappus. F: Achäne längs.

Wie für die gesamte Familie der Korbblütler typisch, sind die Blüten vormännlich: Noch wenn die Blüte geschlossen ist, entleeren die Staubbeutel den Pollen nach innen in die Röhre. Erst dann wächst der Griffel in der Staubblattröhre nach oben und schiebt dabei mit seiner oberen, verdickten und mit Haaren besetzten Griffelbürste den Pollen aus der Spitze der Staubblattröhre heraus und stäubt die Blütenbesucher ein. Später öffnen sich die beiden weißen Narbenäste und die Narbenflächen können bestäubt werden. Als Bestäuber kann man vor allem langrüsselige Bienen und Hummeln sowie Falter beobachten, die an den tief liegenden Nektar gelangen.

Frucht:

Im Herbst reifen die kugeligen Fruchtstände, die Kletten, heran. Aus dem Fruchtknoten jeder Röhrenblüte entwickelt sich eine 5 mm lange, dunkelbraun-dunkelgrau gescheckte Achäne, die zu den Nüssen zählt. Die sehr harte Fruchtwand umschließt den einzigen, dünnschaligen Samen. An der Spitze werden die Achänen von dem 1–2 mm langen, strohfarbenen Pappus gekrönt. Dieser ist im Gegensatz zu anderen Korbblütlern wie dem Löwenzahn (→ *Taraxacum officinale*) stark verkümmert, brüchig und dadurch funktionslos. Die zahlreichen Achänen sind durch die nun braunen Hüllblätter im Fruchtköpfchen – der Klette – verborgen.

Ausbreitung:

Die bis in den Winter an der sparrigen Pflanze verbleibenden Kletten (Wintersteher) werden durch verschiedene Strategien ausgebreitet. Die Hüllblätter sind im Gegensatz zu den nah verwandten Kletten (*A. tomentosum, A. lappa*) zur Fruchtzeit nahezu geschlossen. Zum einen werden die vollständigen Fruchtköpfchen mit Hilfe ihrer stacheligen Hüllblattspitzen, die sich im Tierfell oder auch in der Kleidung festsetzen, als Kletten mittransportiert. Hierbei handelt sich um eine typische Form der Epichorie als Kletthafter. Aber auch einzelne Achänen werden durch vorbeistreifende Tiere aus dem Köpfchen herausgerissen oder herausgeschüttelt und fallen nach unten (Tierstreuer – Semachorie).

Körnerfressende Vögel wie Distelzeisig und Feldsperling verstreuen einige der Achänen, während sie diese aus dem Fruchtköpfchen picken. Die herunterfallenden Achänen entgehen dem Fraß und werden so durch Bearbeitung ausgebreitet, einer Form der Dysochorie – Zufallsausbreitung.

Nutzung:

Früher wurden die Wurzeln von *A. minus* bei Geschwüren, Verbrennungen, Rheumatismus, Gicht und Krämpfen in der Volksmedizin verabreicht. Heute kann sich die Klette einer gewissen biotechnischen Berühmtheit erfreuen. Diente sie doch dem Schweizer George de Mestral als Vorbild für die Entwicklung des Klettverschlusses. Der passionierte Jäger war zusehends über die im Fell seines Hundes hartnäckig festsitzenden Kletten verärgert. Er studierte das Klettprinzip, übertrug es auf Kunstfasern und meldete es 1956 als Patent an. So wurde der Klettverschluß, der in den folgenden Jahrzehnten laufend verbessert wurde, erfunden.

Vorkommen:

A. minus wächst in ganz Europa an Wegrändern, Zäunen und Schuttplätzen.

Arctium minus. **Bild 1:** Blütenköpfchen, das von einer Hummel bestäubt wird. Die Röhrenblüten sind im weiblichen Stadium: Die langen, weißen Griffel sind aus der dunkelpurpurnen Staubblattröhre herausgewachsen, die beiden Narbenäste nach außen gebogen. Eingefaßt werden die Blüten von mehreren Reihen grüner, mit einer stacheligen Spitze abspreizender Hüllblätter. Rechts im Bild ist ein noch nicht geöffneter Blütenstand zu sehen. **Bild 2:** Ein gewohnter Anblick im Herbst sind die braunen Fruchtstände – die Kletten. Die stark abgespreizten, verhärteten Hüllblattspitzen sind hakig nach außen gekrümmt und können sich so leicht in Fell oder Kleidung verhaken. Die zahlreichen Achänen liegen im Inneren des Fruchtköpfchens. **Bild 3:** Ausbreitung als Schüttelklette. Das Fruchtköpfchen wurde nur aufgerissen, die Achänen werden nun allmählich semachor ausgestreut. Gut erkennbar ist der strohgelbe, kurze Pappus der länglichen Früchte.

Das Gänseblümchen (*Bellis perennis*) zählt zu den bekanntesten Pflanzen, findet man es doch fast auf jeder Rasenfläche. Die mehrjährige, bis 10 cm hohe Pflanze besitzt eine grundständige Blattrosette (Rosettenpflanze) aus leicht gekerbten Blättern. Aus ihr wächst ein blattloser Stengel mit einem endständigen Blütenköpfchen empor. Die Artbezeichnung (lat. *bellus*=schön) bezieht sich auf die allseits beliebten Blütenköpfchen. Wie für Korbblütler typisch, sind die zahlreichen kleinen Blüten auf der verbreiterten Sproßachse in einem Blütenköpfchen angeordnet und vermitteln so den Eindruck einer einzigen, großen Blüte. Auffällig sind die 30–55 weißen, mitunter auch rötlichen Zungenblüten am Rand des Köpfchens. Sie sind in 2 Reihen angeordnet und besitzen einen einfächerigen, unterständigen Fruchtknoten mit langem Griffel und 2 Narbenästen. Ihre bis 10 mm lange Krone ist verwachsen und zungenförmig ausgerichtet.

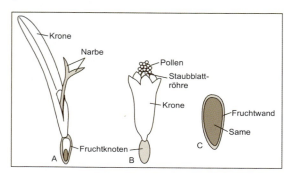

Abb. 11-10: *Bellis perennis*. A: Weibliche Zungenblüte. B: Zwittrige Röhrenblüte. C: Achäne längs.

Im Zentrum des Blütenköpfchens stehen 75–125 gelbe, zwittrige Röhrenblüten. Ihre verwachsene, winzige Krone endet mit 5 Zipfeln. Auch hier fehlt ein Kelch. Eingefaßt wird das Blütenköpfchen von unauffälligen, kleinen, 1–2reihigen Hüllblättern, die man leichter im Fruchtstadium erkennt. Bei trübem Wetter und nachts schließen sich die Blütenköpfchen dieser wärmeliebenden Pflanzen. Wie für Korbblütler typisch, sind die Blüten vormännlich. Die von März–Oktober blühenden Scheibenblumen werden von Bienen, Hummeln, Schwebfliegen, Fliegen und Faltern bestäubt.

Frucht:

Aus dem unterständigen Fruchtknoten entwickelt sich ein Nüßchen – die Achäne – als typische Frucht der Korbblütler. Im Gegensatz zu vielen anderen Vertretern der Familie fehlt der unscheinbaren, hellbraunen Frucht von *B. perennis* jedoch ein Pappus. Die zahlreichen winzigen, nur etwa 1–1,5 mm langen

Achänen sitzen der sich im Laufe der Fruchtentwicklung kegelförmig vergrößerten Sproßachse an.

Ausbreitung:

Die Gattung besteht aus etwa 10 wärmeliebenden Arten, die im Mittelmeerraum ihren Verbreitungsschwerpunkt besitzen. Allein *B. perennis* dringt von Süden her bis nach Mittel- und Nordeuropa vor. Die Pflanze wird als Archäophyt betrachtet, der sich erst durch die Rodung der Wälder und die Entwicklung von Wiesen und Weiden ausbreiten konnte. So nimmt man an, daß die Pflanze aufgrund mangelnder Lebensräume früher wesentlich seltener vorkam als heute. In den antiken Schriften wird das Gänseblümchen nicht genannt, im Mittelalter war es noch eine seltene Pflanze. Seit dem 14. Jahrhundert wird sie in den Bauerngärten zu Heilzwecken gezogen. Erst das Aufkommen von Rasenflächen in den Gärten und Parklandschaften der Neuzeit führten zu einem üppigen Auftreten der Pflanze. Da sie die Konkurrenz von höherwüchsigen Pflanzen nicht verträgt, benötigt sie mehrschürige Wiesenflächen, intensiv genutzte Weiden oder eben vielgemähte Rasenflächen. So breitete sich *B. perennis* ethelochor durch Grasansaaten aus.

Lokal betrachtet besitzt die Pflanze weitere Ausbreitungsstrategien: Mittels ihres elastischen und etwas verlängerten Stengels werden die Achänen durch Bewegungen des Windes ausgestreut (Semachorie).

Regenwürmer, Rinder und Schafe breiten die winzigen Achänen des Gänseblümchen endochor aus. Als Wasserhafter bleiben die flachen Achänen bei Nässe auch über kurze Strecken am Tierfell kleben (Epichorie). Durch die Bildung von Seitensprossen, die Tochterpflänzchen entwickeln und sich dann abtrennen, breitet sich *B. perennis* auch selbständig aus (Blastochorie).

Nutzung:

B. perennis wurde als Heilpflanze im Mittelalter äußerlich bei Verletzungen sowie bei Lungen- und Bronchialkatarrh, Gallen- und Leberleiden, Husten und Rheuma angewendet. In Notzeiten wurden junge Blätter als Kräutersuppen, Salat oder spinatartiges Gemüse zubereitet. Die Blütenknospen wurden wie Kapern eingelegt. Heute ist ihr Nutzen fast völlig in Vergessenheit geraten. Das Gänseblümchen wird seit dem 16. Jahrhundert in mehreren, verschiedenfarbigen Sorten als Zierpflanzen kultiviert. Heute kennt man vor allem das „Tausendschön", eine rotblühende Sorte mit gefüllten Blütenköpfchen.

Vorkommen:

B. perennis wächst in Europa und Kleinasien auf frischen, nährstoffreichen Böden von der Ebene bis in die subalpine Stufe.

Bellis perennis. **Bild 1:** Blick auf ein Blütenköpfchen mit randständigen, weißen Zungenblüten und inneren gelben, kleineren Röhrenblüten. Der gelbe Pollen, der aus der Staubblattröhre gedrückt wurde, liegt zum Teil auf den Zungenblüten. **Bild 2:** Fast entleertes Fruchtköpfchen (dieses ausnahmsweise nach unten geneigt) mit grünen Hüllblättern und der kegelförmig vergößerten Sproßachse, an der noch einige, etwa 1 mm lange, abgeflachte Achänen ansitzen.

Die Gattung *Bidens* zählt weltweit etwa 250 Arten, die zum großen Teil in Amerika beheimatet sind. In Europa kommen nur 3 einheimische Arten (*Bidens tripartita*, *B. cernua*, *B. radiata*) sowie einige eingebürgerte (*B. connata*, *B. frondosa*) vor. Der bei uns heimische Dreiteilige Zweizahn (*B. tripartita*) ist eine einjährige, bis 150 cm hohe Sumpfpflanze. Der oft purpur überlaufene Stengel ist mit 3–5teiligen, fiederschnittigen Laubblättern besetzt. Das aufrechte, etwa 1 cm breite Blütenköpfchen wird von 2 Reihen Hüllblättern eingerahmt. Die äußeren Hüllblätter sind laubblattartig und von einem auffälligen, kräftigen Grün, während die innere Hüllblattreihe aus kleinen, gelblichen Hüllblättern besteht.

Im Blütenköpfchen befinden sich zahlreiche kleine bräunlich-gelbe, zwittrige Röhrenblüten. Am Rand treten sehr selten auch Zungenblüten auf. Statt dieser übernehmen die großen, laubblattartigen Hüllblätter die Schaufunktion des ansonsten unauffälligen Blütenköpfchens. Bestäuber der von Juli-Oktober blühenden Scheibenblumen sind hauptsächlich Bienen, Hummeln und Schwebfliegen, vermutlich kommt es auch zur Selbstbestäubung. Wie für die Familie der Korbblütler typisch, sind die Blüten vormännlich, Aufbau und Bestäubungsbiologie der Röhrenblüten sind bei → *Arctium minus* erläutert.

Nah verwandt mit *B. tripartita* ist der sehr formenreiche Weichhaarige Zweizahn (*B. pilosa*). Die auf Brachen im Mittelmeerraum wachsende Pflanze ist ebenfalls einjährig und blüht das ganze Jahr durch. Ihre etwa 1 cm breiten Blütenköpfe sind durch einen äußeren Kranz von großen, weißen Zungenblüten wesentlich auffälliger als bei *B. tripartita*. Dagegen sind die Hüllblätter von *B. pilosa* bedeutend kleiner und treten in den Hintergrund.

Frucht:

Die Fruchtköpfchen beider Arten sind bei Reife etwa 2 cm breit. Ihre Hüllblätter sind heruntergeklappt, die zahlreichen, dunkelbraunen Achänen, die zu den Nüssen zählen, sind strahlig angeordnet. *Bidens*-Arten sind durch ihre zumeist mit 2 rauhen Pappusgrannen besetzten Achänen charakterisiert, die der Gattung den Namen geben: lat. *bis*=zwei, *dens*=Zahn. Sie befinden sich an der Spitze der Achäne und sind mit nach rückwärts gerichteten Borsten besetzt. Sie stellen einen für Korbblütler etwas ungewöhnlich gestalteten Pappus dar. *B. tripartita* zeigt in der Mitte eine dritte, kürzere Granne (lat. *tripartitus*=dreiteilig). Die Achänen beider Arten verschmälern sich zur Basis hin, sind seitlich stark abgeflacht und besitzen an ihrer Außenseite eine deutliche Mittelrippe. *B. pilosa* bildet sehr schmale, nur etwa 1 mm breite und bis 15 mm (ohne Granne) lange, gerippte Achänen. Die keilförmigen Achänen von *B. tripartita* werden nur 5–7 mm lang (ohne Grannen). Die Seitenkanten der Achänen beider Arten sind durch kurze Borsten rauh.

Ausbreitung:

Bidens-Arten sind durch ihre Klettausbreitung (Epichorie) bekannt. Läuft man beispielsweise im Spätsommer durch eine am Gewässerufer stehende Zweizahnflur (*B. tripartita*), sind Schnürsenkel und Hose sofort mit zahlreichen dunklen Achänen besetzt, die sich mit Hilfe ihrer zähen, rauhen Pappusgrannen fest verhaken. Durch ihre abgeflachte Form schmiegen sie sich dem Stoff oder Tierfell regelrecht an und sind dadurch nur schwer zu entfernen. Die Früchte haben deshalb zahlreiche Volksnamen wie „Hosenbeißer", „Lüüse" (Läuse) und „Teufelskopf" erhalten. Auch als Wasserhafter im Fell klebend werden sie kurze Strecke mitgeführt.

Neben der wirksamen epichoren Ausbreitung aller *Bidens*-Arten durch Tiere und Menschen treten weitere Strategien auf: Die Achänen der am Gewässerufer wachsenden *B. tripartita* sind 6–12 Monate schwimmfähig und werden auch als Schwimmer über Standgewässer wie Flüsse ausgebreitet (Nautochorie). Distelfink und Feldsperling ernähren sich als Körnerfresser u. a. von *B. tripartita*. Beim Picken im Fruchtköpfchen werden dabei viele Achänen ausgestreut und entgehen somit dem Verzehr (Bearbeitungsausbreitung als Form der Dysochorie).

Bei der im tropischen Amerika heimischen *B. pilosa* führte der Transport durch den Personen- und Frachtschiffverkehr zu einer weltweiten Ausbreitung dieser in allen wärmeren Gegenden der Erde als „Tropenunkraut" bekannten Pflanze (Agochorie). Auch das häufige Auftreten von *Bidens*-Arten in Nordamerika entlang großer Flüsse ist auf den Schiffsverkehr zurückzuführen.

Vorkommen:

B. tripartita ist in fast ganz Europa, Asien, Amerika und Australien verbreitet. Die Pflanze wächst an Ufern stehender oder wenig fließender Gewässer mit schwankenden Wasserständen. Besonders in Spülsäumen von Flüssen, aber auch auf vernäßten Ackerflächen ist sie zu finden. Sie benötigt offene, zeitweise überschwemmte, nährstoffreiche, meist humose Schlammböden. Wesentlich trockenere Standorte bevorzugt *B. pilosa*. Die Pflanze ist heute in den Tropen Amerikas und Afrikas sowie in Asien und auf den Kanaren zu finden.

Bild 1-2: *Bidens tripartita.* **Bild 1:** Blütenköpfchen mit zahlreichen, gelben Röhrenblüten und laubblattartigen Hüllblättern. **Bild 2:** Reifes, fast 2 cm breites Fruchtköpfchen mit etwa 8 mm langen Achänen. Ihre 2-3 mm langen Grannen sind mit abwärts gerichteten Borsten besetzt. Sie sind nach außen orientiert und verhaken sich so leicht an Fell bzw. Kleidung vorbeistreifender Tiere oder Menschen. **Bild 3-4:** *B. pilosa.* **Bild 3:** Reifes Fruchtköpfchen mit sehr schmalen, stabförmigen Achänen. **Bild 4:** Blütenköpfchen mit 5 weißen Zungenblüten und zahlreichen kleinen, gelben Röhrenblüten. Links im Bild ein noch geschlossenes Fruchtköpfchen.

In den Bergregionen Mittel- und Südosteuropas wächst das Gemeine Brillenschötchen (*Biscutella laevigata*) auf kalkhaltigen, sonnigen und trockenen Weiden sowie Felsen. Auch auf Gesteinsschutzhalden und Flußschotter ist *B. laevigata* zu finden. Die ausdauernde, 15–40 cm hohe Pflanze ist im oberen Teil verzweigt. An der Basis befindet sich eine Blattrosette aus keilförmig-länglichen Blättern. Die kleinen, gelben Blüten erscheinen von April–September und stehen in dichten, kurzen Trauben. Den 4 schmalen Kelchblättern folgen ebenfalls 4 gelbe Kronblätter. Sie sind länglich verkehrt-eiförmig und bis 8 mm lang. Der 2fächerige, rundliche Fruchtknoten ist stark zusammengedrückt. Er geht in einen langen Griffel mit kopfiger Narbe über. In jedem Fach befindet sich eine Samenanlage. Kleine Nektarien befinden sich am Blütengrund, der Nektar sammelt sich in der Aushöhlung des darunter ansitzenden Kelchblattes.

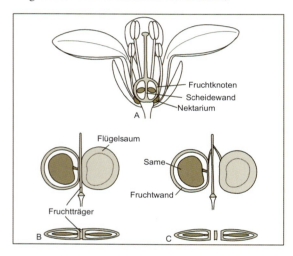

Abb. 11-11: *Biscutella laevigata*. A: Blüte längs. B-C: Reife Spaltfrucht in längs und quer. B: Spaltfrucht kurz vor der Trennung. C: Spaltfrucht in die beiden Fruchthälften (Teilfrüchte) gespalten. Sie werden am Fruchtträger dem Wind präsentiert.

Sehr ähnlich ist auch das im Mittelmeerraum wachsende Einjährige Brillenschötchen (*B. didyma*) mit kleineren, ebenfalls gelben Kronblättern. Bestäuber beider *Biscutella*-Arten sind meist Bienen und Schwebfliegen. Die Reproduktion ist auch bei ausbleibendem Blütenbesuch in Regenwetterperioden durch Selbstbestäubung gewährleistet. Die Staubfäden wachsen in die Länge, so daß die Staubbeutel über der Narbe stehen und der aus diesen herabfallende Pollen auf der Narbe landet.

Frucht:

Aus dem Fruchtknoten entwickelt sich eine Spaltfrucht von brillenförmigem Aussehen. Auch die bo-

tanische Namensgebung bezieht sich auf die Form der Früchte: lat. *scutellum*=Schildchen und *bi*=zwei, doppelt. Die Spaltfrüchte bestehen aus 2 fast kreisrunden, flachgedrückten Hälften, jede entspricht einem Fruchtfach. Deutlich erkennbar ist schon bei jungen Früchten der zwischen den beiden Fruchthälften verlaufende Fruchtträger. Die Spitze des Fruchtträgers wird vom verbleibenden Griffel gebildet, während der Abschnitt darunter von Teilen der Scheidewand stammt, der Verwachsungsstelle beider Fruchtblätter. Bei Reife lösen sich die beiden rundlichen Fruchthälften als Teilfrüchte ab. Sie bleiben noch eine kurze Zeit am Fruchtträger hängen, bis sie unabhängig voneinander ausgebreitet werden. Jede Teilfrucht ist 4–7 mm lang und umschließt einen einzigen, flachen Samen. Die Fruchtwand öffnet sich nicht, bei den Teilfrüchten handelt es sich um Nüßchen, die von einem deutlichen Flügelrand umgeben sind.

Nur schwer von *B. laevigata* unterscheidbar sind die Spaltfrüchte von *B. didyma*. Im Gegensatz zu *B. laevigata* sind die Früchte jedoch auch bei Reife in einem relativ dichten Fruchtstand angeordnet.

Die Früchte der gesamten Gattung sind Spaltfrüchte, ein Fruchttyp, der für die Familie der Kreuzblütler untypisch ist, herrschen dort doch Schoten vor.

Ausbreitung:

Bei Reife werden die abgeflachten Teilfrüchte beider Arten vom Wind losgelöst und über weite Strecken als Scheibenflieger ausgebreitet (Anemochorie). Die Fruchtwand besteht aus einem schwammigen Parenchym mit großen Lufträumen. Bei Reife ist es kollabiert und bildet eine Flughaut, die durch ein Festigungsgewebe (Sklerenchym) stabilisiert wird. Bis zum Wintereinbruch werden die Früchte vom Wind ausgebreitet. *Biscutella*-Arten zählen zu den wenigen krautigen Flügelfliegern, sind doch die meisten Flügelflieger bei hohen Gehölzen mit einer wesentlich günstigeren Abflugshöhe zu finden.

Die schwimmfähigen Teilfrüchte können auch talabwärts durch abfließendes Regenwasser, also als Regenschwemmlinge ausgebreitet werden (Ombrochorie). Wenn die Teilfrüchte zur Ruhe kommen, vermodert die Fruchtwand und der Same keimt aus.

Vorkommen:

Die Gattung besteht aus 7 Arten, die vor allem mediterran und europäisch verbreitet sind. *B. laevigata* wächst in Mittel- und Südosteuopa, besonders in den Alpen. In Deutschland ist das Vorkommen der Pflanze auf südexponierte Felsspalten und -klüften in Süd- und Mitteldeutschland beschränkt. Einer ihrer Verbreitungsschwerpunkte ist hier der Mittelrhein. *B. didyma* ist eine mediterrane Art der Felsfluren, offenen Grasfluren und Gariques.

Bild 1: *Biscutella laevigata.* Blütenstand. **Bild 2-3:** *B. didyma.* **Bild 2:** Unreife Spaltfrüchte, deutlich ist der leicht vorgewölbte Bereich der Samen zu erkennen. **Bild 3:** Ausgereifte, ausgetrocknete Spaltfrüchte, deren etwa 6 mm langen Teilfrüchte sich beginnen abzulösen.

Liebhaber einer schmackhaften Küche wissen den Borretsch (*Borago officinalis*) als alte Gewürzpflanze zu schätzen. Im Mittelmeerraum, seiner Heimat, findet man *B. officinalis* wild wachsend hauptsächlich auf Brachen.

Die einjährige, bis zu 70 cm hohe Pflanze ist borstig behaart. Die himmelblauen, bis auf den Fruchtknoten 5zähligen Blüten sitzen in lockeren, wenigblütigen Wickeln an einem etwa 3 cm langen Blütenstiel. Der Kelch besteht aus lanzettlichen Zipfeln und ist zur Blütezeit (Mai–September) sternförmig zurückgeschlagen. Die blauen Kronblätter bilden am Blüteneingang 5 weiße Schlundschuppen, die dem unerwünschten Besucher den Zugang verwehren. Die großen, lila gefärbten Staubblätter neigen sich zu einem Streukegel zusammen. An ihrer Rückseite befindet sich ein zahnartiger Hebel. Der Streukegel verbirgt den 4fächerigen, oberständigen Fruchtknoten und den langen Griffel. Der anfangs 2fächerige Fruchtknoten teilt sich während der Blütenentwicklung und wird dadurch zur Blütezeit 4teilig. In jedem der 4 kleinen, wulstigen Fächer befindet sich eine Samenanlage

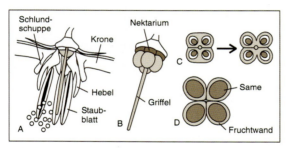

Abb. 11-12: *Borago officinalis.* A: Ausschnitt aus einer Blüte längs mit Streukegel. B: 4fächeriger Fruchtknoten zur Blütezeit. C: Schematische Entwicklung des Fruchtknotens quer. Aus dem 2fächerigen Fruchtknoten zu Beginn der Blütenbildung entsteht bis zur Blütenentfaltung ein 4fächeriger Fruchtknoten. D: 4 Klausen quer.

Bestäuber von *B. officinalis* sind zahlreiche Bienen und Hummeln, die Pflanze ist eine begehrte Bienenweide. Die blauen Blüten besitzen im UV-Bereich leuchtende Strichsaftmale, die für Bienen sichtbar, für den Menschen jedoch unsichtbar sind. Der Besucher fliegt die vormännlichen, nickenden Blüten von unten an und klammert sich an den Schlundschuppen fest. Auf der Suche nach Nektar, der von der Basis des Fruchtknotens abgesondert wird, berührt der Bestäuber zufällig die Hebel an den Staubfäden. Dadurch wird der Streukegel geöffnet und der Pollen rieselt auf den Besucher herab. Oftmals hängt sich der Bestäuber auch an einen der 5 Hebel, der Streukegel öffnet sich durch dessen Gewicht und entlässt den Pollen. Fliegt eine mit Pollen eingestäubte Biene zur nächsten Blüte, deren Griffel nun aus dem Staubblattkegel herausgewachsen ist (weibliches Stadium), wird der Pollen auf die Narbe gedrückt.

Frucht:

Nachdem die Krone abgefallen ist, neigen sich die Kelchzipfel zusammen, vergrößern sich und verbergen so die heranwachsenden Früchte. Jedes der 4 Fruchtfächer entwickelt sich zu einem harten, einsamigen Nüßchen. Die Nüßchen sind bei Reife etwa 5 mm lang, dunkelbraun und besitzen an ihrer Basis ein helles Elaiosom. Die Nüßchen der Rauhblattgewächse und der nah verwandten Lippenblütler (Lamiaceae) werden als Klausen bezeichnet. Diese Bezeichnung resultiert aus der komplizierten Situation des Fruchtknotens, bei der – wie beschrieben – noch vor der Blütenentfaltung aus einem 2fächerigen ein 4fächeriger Fruchtknoten entsteht. Bei Reife lösen oder spalten (Spaltfrüchte!) sich die 4 Klausen voneinander ab und werden einzeln ausgebreitet.

Ausbreitung:

Der im Mittelmeerraum beheimatete *B. officinalis* gelangte als Kulturpflanze erst im späten Mittelalter über Frankreich nach Deutschland (Ethelochorie). Im 16. Jahrhundert war die Pflanze in den deutschen Gärten, besonders den Bauerngärten, als Gewürzpflanze allgemein verbreitet.

Lokal breitet sich die Pflanze mithilfe von Ameisen aus (Myrmechorie). Das Elaiosom dient als Verköstigungsmittel, die herabfallenden Klausen werden eingesammelt und in den oft weit entfernten Bau verschleppt. Das Elaiosom wird abgelöst und die unbeschädigte Frucht nach aussen transportiert.

Nutzung:

Die nährstoffreichen, jungen Blätter schmecken gurkenartig und werden deshalb zu Salaten und Saucen gegeben. Zur Dekoration von Speisen wurden die attraktiven blauen, eßbaren Blüten verwendet. Blüten und die zur Blütezeit gesammelten und getrockneten Sprosse wurden früher auch als blutreinigendes sowie als harn- und schweißtreibendes Mittel angewendet. So leitet sich der Artname aus arab. *araq*=Schweiß, Palmschnaps (Arrak) her.

Vorkommen:

Der ursprünglich nur im Mittelmeerraum wachsende *B. officinalis* wird heute in fast ganz Europa und Nordamerika kultiviert. Stellenweise verwildert die Pflanze aus den Kulturen.

Borago officinalis. **Bild 1:** Blüte. Die violett gefärbten Staubblätter sind zu einem Streukegel zusammengeneigt. Er wird von den weißlichen Schlundschuppen umrahmt. **Bild 2:** Die Klausen kann man nur erkennen, wenn man den Kelch öffnet. Die 2 vorderen Klausen sind ausgereift, die beiden hinteren noch nicht. **Bild 3:** 2 reife, 4-5 mm lange Klausen mit weißen Elaiosomen an der Fruchtbasis.

An den Sandstränden Europas kann man im Sommer (Blütezeit Juli–Oktober) den violett blühenden, buschig wachsenden Meersenf (*Cakile maritima*) entdecken. Im europäischen Raum gibt es mehrere Unterarten. *C. maritima* ssp. *maritima* ist an der Nordseeküste zu finden, während die Subspezies *baltica* nur an der Ostseeküste wächst. Im Mittelmeerraum trifft man fast immer auf *C. maritima* ssp. *aegyptiaca*.

Der stark verzweigte, niederliegende bis aufsteigende Stengel besitzt kahle, graugrüne, ungeteilte oder doppelt-fiederspaltige Blätter. Die duftenden, kurzgestielten Blüten sind in einer langen Traube angeordnet und zeigen den für Kreuzblütler typischen Aufbau. Den 4 lanzettlichen Kelchblättern folgen ebenfalls 4 rosa bis violette Kronblätter mit einer kurzen Röhre. 6 gelbe Staubblätter säumen den oberständigen, schlanken Fruchtknoten, der in einen Griffel mit kleiner Narbe übergeht. Im Gegensatz zu den meisten Kreuzblütlern besitzt dieser keine Scheidewand, die den Fruchtknoten in 2 Fächer teilt, der Fruchtknoten ist also einfächerig. Blütenbiologisch handelt es sich um einfach gebaute Scheibenblumen. Die 4 Nektarien an der Blütenbasis geben reichlich Nektar in die Kronröhre ab, der nur von Bienen erreichbar ist, Käfer, Fliegen und Schwebfliegen müssen sich mit dem Pollen begnügen.

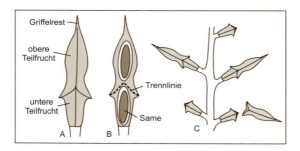

Abb. 11-13: *Cakile maritima*. A: Bruchfrucht aus 2 Teilfrüchten bestehend. B: Bruchfrucht längs. Zwischen den beiden einsamigen Teilfrüchten befindet sich ein Trenngewebe. C: Teil eines Fruchtstandes. Die obere Teilfrucht löst sich ab, während die untere Teilfrucht an der Pflanze verbleibt.

Frucht:

Aus dem schlanken Fruchtknoten entwickelt sich eine bis 2,5 cm lange, dolchförmige, waagrecht abstehende Frucht. Sie ist in 2 verschieden gestaltete Teilfrüchte gegliedert: In einen unteren kleineren, sogenannten Dolchgriff und in die darüber sitzende Dolchscheide.

Im unreifen Stadium ist die Frucht grün und fleischig. Bei Fruchtreife trocknet die Fruchtwand aus, die abgestorbenen Zellen füllen sich mit Luft, während die Zellwände verholzen. Die nun chlorophyll-freien Früchte sind hellbraun gefärbt. Ihre Fruchtoberfläche ist mit einem meist kräftigen, oft kielartigen Mittelnerv und dünnen Längsnerven besetzt. Die Samen sind 3–4 mm lang, fast glatt und gelbbraun gefärbt. Sie liegen lose in ihrem jeweiligen Fruchtfach. Bei Reife zerfällt die sogenannte Bruchfrucht in 2 einsamige, nüßchenartige Teilfrüchte. *C. maritima* bildet also keineswegs die für die Kreuzblütler typischen Schoten.

Ausbreitung:

Die Ausbreitung der Früchte des Meersenfes wurde in den 30er Jahren des 20. Jahrhunderts an der Ostseeküste Mecklenburg-Vorpommerns erforscht. Bei Reife ab Mitte September sind die Bruchfrüchte durch Sonne und Wind ausgetrocknet. Die obere, schwertförmige Teilfrucht wird durch starken Wind entlang einer querverlaufenden Bruchstelle abgelöst. Eine geringe Menge dieser Teilfrüchte wird über kurze Strecken durch den Wind ausgebreitet (Anemochorie). Der wesentlich größere Anteil bleibt jedoch im Umkreis der Mutterpflanze liegen und wird rasch von Sand bedeckt. Sie keimen im Frühjahr aus und dienen dem Erhalt der Pflanze vor Ort.

Die untere Teilfrucht verbleibt dagegen an der Pflanze. Herbststürme reißen oftmals die nun blattlosen, dürren, buschigen Pflanzen aus dem Boden (die Pfahlwurzel ist abgetrocknet) und treiben sie als sogenannte Hexenbesen über die Sandflächen. *C. maritima* zählt zu den wenigen in Mitteleuropa vorkommenden Wind- oder Steppenrollern (Chamaechorie). Letztendlich verfängt sich der größte Teil der Pflanzen in den angeschwemmten Seegraspolstern (*Zostera maxima*) am Spülsaum des Meeres. Dort beginnen die unteren Teilfrüchte, überdeckt von Sand und Seegras, zu keimen. Bei Hochwasser werden die schwimmfähigen Teilfrüchte gemeinsam mit dem Seegras weite Strecken übers Meer transportiert (Nautochorie).

Mit dem Seegras, das bis in die Mitte der 1930er oft als Verpackungsmaterial beim Transport sizilianischer Zitronen nach Westeuropa verwendet wurde, wurde früher unbeabsichtigt *C. maritima* ins Binnenland eingeschleppt und konnte sich beispielsweise an der Leipziger Großmarkthalle über Jahre hinweg halten (Agochorie).

Vorkommen:

C. maritima ist an den Küsten des Mittelmeeres, Schwarzen Meeres, West-, Mittel- und Nordeuropas heimisch.

Cakile maritima ssp. *aegyptiaca*. **Bild 1:** Buschförmig wachsende Pflanze. **Bild 2:** Blüte. **Bild 3:** Junge, etwa 1,5 cm lange, dolchförmige Bruchfrucht. Beide Teilfrüchte – Dolchgriff und Dolchscheide – sowie die spätere Bruchstelle sind erkennbar. **Bild 4:** Reife Bruchfrüchte.

Im Mittelmeerraum wächst an Wegrändern und Brachen die Acker-Ringelblume (*Calendula arvensis*) mit ihren leuchtend gelben bis orangeroten Blütenständen. Wie für Korbblütler typisch, sind die zahlreichen Blüten in einem scheibenförmigen Blütenkörbchen angeordnet. Die etwa 15–20 äußeren Zungenblüten bilden die 3 ersten Reihen. Sie sind weiblich und bestehen aus einem einfächerigen, unterständigen Fruchtknoten, dem die zungenförmige Krone ansitzt. Im Blütenzentrum befinden sich zahlreiche, kleine Röhrenblüten mit einer 5zipfeligen Krone. Sie sind zwittrig, der Fruchtknoten bildet jedoch keine Samenanlagen. Ihre Funktion ist die eines Pollenlieferanten. Die 5 Staubblätter bilden mit ihren verklebten Staubbeuteln eine Röhre und geben ihren Pollen nach innen ab. Der emporwachsende Griffel schiebt den Pollen nach oben aus der Röhre und macht ihn dem Blütenbesucher zugänglich.

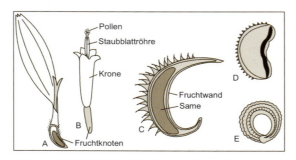

Abb. 11-14: *Calendula arvensis.* A: Weibliche Zungenblüte. B: Sterile zwittrige Röhrenblüte. C: Hakenfrucht längs. D: Kahnfrucht. E: Raupenfrucht.

Das Blütenköpfchen wird von einer Reihe grüner, lanzettlicher Hüllblätter eingerahmt, die nachts und bei feuchtem Wetter das Köpfchen der wärmeliebenden Pflanze verschließen. Die von April–Oktober blühenden Scheibenblumen werden von Bienen, Hummeln und Schwebfliegen bestäubt.

Größere, bis 5 cm breite, orangegelbe Blütenköpfchen bildet die Gemeine Ringelblume (*C. officinalis*), eine bekannte Heil- und Zierpflanze, die vermutlich ebenfalls aus dem Mittelmeerraum stammt.

Frucht:

Der unterständige Fruchtknoten der Zungenblüten entwickelt sich zu je einer pappuslosen Achäne, während die inneren sterilen Röhrenblüten verwelken. Interessanterweise findet man in einem Fruchtköpfchen 3 sehr verschieden gestaltete Achänentypen: Ganz außen stehen gekrümmte, krallenförmige Hakenfrüchte, die auf ihrer Außenseite stark bestachelt sind und zur Spitze hin in einem langen Schnabel enden. Im 2. Kreis befinden sich halbkugelige, aufgeblasene Kahnfrüchte. Im inneren Kreis sitzen kleine, stark eingekrümmte, ringförmige Raupenfrüchte, deren rauhe Oberfläche mit sehr kurzen Stachelreihen besetzt ist. Diese Achänen geben der Pflanze ihren deutschen Namen Ringelblume. Neben diesen 3 geschilderten Fruchttypen, die alle zu den Nüssen zählen, gibt es noch mehrere Übergangsformen. Die ein wenig bizarren Achänen beider Arten sind einander bis auf Größenunterschiede sehr ähnlich, das Fruchtköpfchen von *C. arvensis,* mit den etwas kleineren Achänen, ist zur Fruchtreife jedoch nach unten geneigt, während der Fruchtstand von *C. officinalis* aufgerichtet präsentiert wird.

Ausbreitung:

Unterschiedliche Achänentypen (Heterokarpie, griech. *heteros*=verschieden; *karpos*=Frucht) an einer Pflanze bedeuten auch unterschiedliche Ausbreitungstypen (Polychorie). Die bestachelten Hakenfrüchte werden als Klettfrüchte ausgebreitet (Epichorie). Der Wind treibt die blasigen, luftgefüllten Kahnfrüchte als Bodenroller voran (Chamaechorie). Die kleinen, inneren Raupenfrüchte von *C. arvensis* fallen bei Reife einfach aus dem hängenden Köpfchen heraus. Sie werden durch die Schwerkraft ausgebreitet und bleiben im Gegensatz zu den beiden anderen Achänentypen im direkten Umkreis der Mutterpflanze (Barochorie). Die Raupenfrüchte von *C. officinalis* werden dagegen vermutlich durch Regentropfen als Regenschwemmlinge (Ombrochorie) ausgebreitet.

C. arvensis wurde während des 1. Weltkrieges mit Zitronen- aber auch Gefangenentransporten als Importbegleiter aus Italien nach Mitteleuropa eingeschleppt und konnte sich in den klimatisch günstigen Weinanbaugebieten Süddeutschlands einbürgern (Agochorie). *C. officinalis* wurde als nichtheimische, alte Heilpflanze in den mittelalterlichen Bauerngärten kultiviert, verwilderte stellenweise und breitete sich so ethelochor aus.

Nutzung:

Die Blüten von *C. officinalis* benutzte man im Mittelalter aufgrund der Karotinoide zum Gelbfärben und zum Verfälschen des wesentlich teureren Safrans. Wegen ihrer wundheilenden, entzündungshemmenden und entkrampfenden Wirkung gehört *C. officinalis* auch heute noch zu den wichtigsten Pflanzen der Naturheilkunde, woran auch der botanische Artname erinnert (lat. *officina*=Werkstätte, Apotheke). Heute findet man sie als beliebte, pflegeleichte Zierpflanze in vielen Gärten.

Vorkommen:

Beide Arten kommen im gesamten Mittelmeergebiet, Westasien und lokal in warmen Gebieten West- und Mitteleuropas vor.

Bild 1-3: *Calendula arvensis.* **Bild 1:** Blütenkörbchen. **Bild 2:** Reifer, nach unten geneigter Fruchtstand aus 3 verschiedenen Achänentypen. **Bild 3:** Abgelöste, reife Achänen. **Bild 4-7:** *Calendula officinalis.* **Bild 4:** Blütenköpfchen längs geschnitten. Ganz außen sind die grünen Hüllblätter zu erkennen, es folgen die Zungenblüten mit ihrem deutlich gekrümmten, hellgrünen, unterständigen Fruchtknoten. Im Zentrum stehen die Röhrenblüten mit dem schmalen, sterilen Fruchtknoten. **Bild 5:** Aufsicht auf das Blütenköpfchen. **Bild 6:** Fast reifes Fruchtköpfchen. **Bild 7:** Keimling mit an der Spitze noch aufsitzender Fruchthülle.

Die Gemeine Wegwarte (*Cichorium intybus*) ist eine bis zu 1 m hoch wachsende, sparrig verzweigte, ausdauernde Staude. An ihrem rauhhaarigen, kantigen Stengel, der mit einer bis tief in die Erde reichenden Pfahlwurzel verankert ist, sitzen schrotsägeförmig eingeschnittene Blätter.

Schon in den Morgenstunden öffnet *C. intybus* die 3–4 cm breiten, durch Anthocyane leuchtend hellblau gefärbten Blütenköpfe. Diese bestehen aus zahlreichen zwittrigen Zungenblüten, Röhrenblüten fehlen. Eingefaßt wird das Köpfchen von einer 2reihigen, walzenförmigen Hülle. Die zungenförmige, verwachsene Krone ist 5zähnig und sitzt an der Spitze des unterständigen, einfächerigen Fruchtknotens. Der Kelch ist als winziger, schuppiger Pappus ausgebildet. Die 5 hellblauen Staubblätter sind im Bereich der Staubbeutel verklebt.

Wie bei vielen anderen Korbblütlern sind die einzelnen Blüten vormännlich. Die zu einer Staubblattröhre verklebten Staubblätter entleeren ihren Pollen nach innen in die Röhre. Er fällt auf den noch kurzen, an der Spitze mit Fegehaaren besetzten Griffel, während die Narbe noch unreif ist. Später wächst der Griffel in die Länge und schiebt den Pollen aus der Staubblattröhre nach oben. Der Besucher wird beim Herumlaufen und Polleneinsammeln eingestäubt. Ist der Griffel über die Staubblattröhre empor gewachsen, wird die Narbe reif. Die beiden Narbenäste spreizen auseinander und der Besucher lädt mitgebrachten Pollen auf der Innenseite ab. Die von Juli–September blühenden Scheibenblumen erhalten reichlichen Besuch von Bienen – besonders der Hosenbiene – Schwebfliegen, Käfern und Tagfaltern.

Der Name Wegwarte bezieht sich auf ihren bevorzugten Standort, den Wegesrand. Im Volksglauben wird der Pflanze nachgesagt, daß sie eine verwunschene Jungfrau sei, die schmachtend am Wege auf ihren Liebsten wartet.

Frucht:

Die Achänen von *C. intybus* zählen zu den Nüssen und gehören zu den unscheinbarsten Früchten innerhalb der Korbblütler. Sie werden von unansehnlichen, hellbraunen Hüllblättern umschlossen. Die nur 2 mm langen, strohgelben Achänen sind 2–5kantig. An ihrer abgeplatteten Spitze sitzt ein Krönchen, der winzige, 2–3reihige Pappus aus kleinen borstenförmigen Schuppen.

Ausbreitung:

Die im Herbst reifen Früchte werden bis zum Wintereinbruch als Regenschwemmlinge ausgebreitet. Ausschließlich bei Benetzung spreizen sich die Hüllblätter ab und die Achänen werden durch die herunterprasselnden Regentropfen herausgespült und fortgeschwemmt (Ombrochorie).

Körnerfressende Vögel, wie verschiedene Finken, Girlitz und Feldsperling, picken sich Früchte heraus und verstreuen dabei andere, die somit zufällig dem Tierfraß entgehen und unter geeigneten Bedingungen auskeimen können (Bearbeitungsausbreitung, eine Form der Dysochorie).

Auch mithilfe des Menschen wurde *C. intybus* ausgebreitet. So war die Pflanze früher ungewollter Bestandteil von Klee- und Luzernen-Saatgut und wurde mit diesem als Saatgutbegleiter ausgebreitet (Speirochorie). Bis zum 16. Jahrhundert wurde die Pflanze in den mittelalterlichen Gärten zu Heilzwecken kultiviert. Die heute weltweite Verbreitung der in Europa und Vorderasien heimischen Art kommt vermutlich durch die Auswanderung aus Kulturen (s. u.) als Kulturflüchter zustande (Ethelochorie).

Nutzung:

Schon die alten Griechen und Römer haben *C. intybus* als Heil- und Gemüsepflanze verwendet. Ihre Heilwirkung bei Magen- und Gallenerkrankungen ist heute jedoch vollständig in Vergessenheit geraten. Auch im Mittelalter wurde die Pflanze in den Kräuterbüchern beschrieben und ihre Anwendung empfohlen.

C. intybus ist die wild wachsende Stammpflanze der Wurzelzichorie (var. *sativum*) aus deren gerösteter, bis 25 cm langer Wurzelrübe der Kaffee-Ersatz, besser bekannt als „Muckefuck", hergestellt wird. Seit 1763 wurde diese Varietät durch die Förderung Friedrichs des Großen beispielsweise in Berlin, Breslau und Magdeburg kultiviert. 1882 gab es 130 Zichorienkaffeefabriken, die den „Preussischen Kaffee" erzeugten, der für viele erschwinglicher war als Kaffeebohnen. Gerade in den beiden Weltkriegen wurde der Zichorienkaffee viel getrunken. Aus der Rübe wird heute der Speicherstoff Inulin gewonnen, dessen Süßkraft die der Saccharose um das 1,5–2fache übertrifft.

Großer Beliebtheit erfreut sich auch die nah verwandte Salatzichorie bzw. Endivie (*C. endivia*, auch *C. intybus* var. *foliosum* genannt). Die Varietät treibt unter Lichtausschluß aus und ist aufgrund der fehlenden Chlorophyllbildung blaßgelb. Auch die Entwicklung des Bitterstoffes Intybin wird dabei auf einem mehr oder weniger erträglichen Maß gehalten.

Vorkommen:

Heute ist *C. intybus* weltweit verbreitet. Die Staude wächst an sonnigen Weg- und Straßenrändern, Bahndämmen, Hecken und auf Brachland.

Cichorium intybus. **Bild 1:** Blütenköpfchen mit Zungenblüten. **Bild 2:** Rechts ein reifes Fruchtköpfchen, das von den etwa 12 mm langen Hüllblättern verschlossen wird. **Bild 3:** Einblick ins Fruchtköpfchen durch entfernen einiger Hüllblätter. Zu erkennen sind die winzigen, nur 2 mm langen Achänen, die an ihrer leicht verbreiterten Spitze von dem schuppenförmigen, sehr kurzen Pappus gekrönt sind.

Rund 300 weltweit verbreitete Arten zählt die Gattung der Waldreben (*Clematis*), die in erster Linie in den gemäßigten Zonen verbreitet sind. Etwa 100, zum Teil sehr attraktiv blühende Waldreben sind in China heimisch. Die Gemeine Waldrebe (*Clematis vitalba*) ist die häufigste in Deutschland vorkommende Waldrebe. Sie zählt zu den wenigen, in Mitteleuropa heimischen Lianen, die mit Hilfe ihrer kontaktreizbaren Blatt- und Blättchenstiele (griech. *klema*=Ranke) an Sträuchern oder Bäumen emporklettern und diese dabei überwuchern. Ihr natürlicher Standort sind die Auenwälder, man kennt sie aber auch angepflanzt aus Grünanlagen und Gärten.

Die in Rispen vereinigten, im Sommer von Juni–September erscheinenden Blüten werden durch den kletternden Stengel emporgehoben und sind so von weitem sichtbar. Die aus 4 weißen Blütenblättern bestehende, einfache Blütenhülle ist, wie für die Hahnenfußgewächse typisch, nicht in Krone und Kelch differenziert, sondern einheitlich (Perigon). Die weiße Blütenfarbe trägt zur Namensgebung bei: lat. *albus*=weiß. Von den zahlreichen weißen Staubblättern verdeckt, sitzen im Blütenzentrum viele kleine, unverwachsene Fruchtblätter (chorikarpes Gynoeceum).

Blütenbiologisch handelt es sich um einfach gestaltete, vorweibliche Scheibenblumen mit einem hohen Pollenangebot, Nektar wird nicht gebildet. Der leicht unangenehme Duft lockt die Bestäuber, besonders pollensammelnde Bienen sowie pollenfressende Fliegen und Käfer an.

Sehr ähnliche Blüten besitzt die in Laubmischwäldern und Gebüschen wachsende Aufrechte Waldrebe (*C. recta*). Diese mehr osteuropäisch verbreitete Waldrebe ist jedoch keine Kletterpflanze, sondern eine aufrechte Staude, und somit leicht von *C. vitalba* unterscheidbar.

Frucht:

Aus jedem der unzähligen, kleinen Fruchtblätter einer Blüte entwickelt sich nach der Befruchtung ein hartschaliges Nüßchen. Jedes Nüßchen besitzt an seiner Spitze einen auffälligen, 2–3 cm langen, bei Reife abstehend behaarten Federschweif. Dieser ist während der Fruchtentwicklung durch Längenwachstum des nur wenige Millimeter langen Griffels entstanden.

Ganz ähnlich beschweifte Nüßchen bilden auch alle übrigen Waldreben der Gattung. Im Winter leuchten die ausgereiften, watteähnlichen Fruchtstände von *C. vitalba* aus den verschiedensten Gehölzen hervor. Alte Volksnamen für die Pflanze, wie Geißbart, Herrgottsbart und Frauenhaar beziehen sich auf die samtig weichen Fruchtstände.

Ausbreitung:

Der auffällige, stark verlängerte und behaarte Griffel von *C. vitalba* dient in erster Linie der Ausbreitung der Nüßchen durch den Wind (Anemochorie). Die aufrecht orientierten Früchte werden dem Wind präsentiert. Stärkere Windböen lösen die Federschweifflieger einzeln oder zu mehreren vom Blütenboden ab und wehen sie fort. Die bei Trockenheit abspreizenden Härchen des Federschweifes vermindern die Sinkgeschwindigkeit, so daß die Früchte weiter vom Wind fortgetragen werden können, ehe sie zu Boden sinken.

Nach Verlust ihres behaarten Griffels können die Nüßchen auch als Scheibenflieger ausgebreitet werden, da der aufgetriebene Rand, der die Frucht umsäumt, aus lufthaltigen Parenchymzellen besteht. Bei Nässe liegen die Härchen dem Griffel an. So bleiben die Nüßchen als Wasserhafter – einer Form der Klettausbreitung (Epichorie) – am Tierfell kleben, werden mitgeführt bis sie abtrocknen und herunterfallen. Der Federschweif besitzt bei wechselnder Feuchtigkeit und Trockenheit die Fähigkeit, hygroskopische Bewegungen auszuüben. Auf dem Boden angelangt, graben sich die Früchte, ähnlich wie die der Küchenschelle (→ *Pulsatilla vulgaris*), langsam, mit dem zugespitzten Nüßchen voran, in die lockere Erde ein. Dort keimen sie dann aus. Die Früchte werden auch von Vögeln zum Nestbau verwendet. Während des Transportes fällt den Vögeln immer wieder unbeabsichtigt ihr Nistmaterial aus dem Schnabel und wird dadurch zufällig ausgebreitet (Dysochorie).

Nutzung:

Die Gemeine Waldrebe enthält, wie für viele Pflanzen der Hahnenfußgewächse typisch, das Gift Protoanemonin. Der ätzende Saft der Pflanze führt zu Entzündungen auf der Haut und wurde deshalb früher von der Bettlerzunft genutzt um Geschwüre und Hautentzündungen hervorzurufen. Heute wird die Pflanze in der Homöopathie bei Hautentzündungen, Gonorrhoe und Lymphknotenentzündungen angewendet.

C. vitalba wird in der Pflanzenzüchtung als Veredelungsunterlage für die großblütigen Zierformen verwendet. Diese zeichnen sich durch bis zu 12 cm große, auffällig gefärbte Blüten aus.

Vorkommen:

C. vitalba ist in Süd- und Mitteleuropa sowie Nordafrika weit verbreitet und wächst in nährstoffreichen Gebüschen und Waldrändern auf lockeren, kalkhaltigen Böden.

Clematis vitalba. **Bild 1:** Blüten der Waldrebe mit zahlreichen, auffällig abstehenden, weißen Staubblättern, die den Blick auf die kleinen Fruchtknoten verbergen. **Bild 2:** Blüten und junge Fruchtstände. Deutlich sind die verlängerten Griffel zu erkennen. **Bild 3:** Reifer Fruchtstand mit zahlreichen, 2-3 cm lang beschweiften Nüßchen.

D er im Mittleren Osten und Mittelmeerraum beheimatete Koriander (*Coriandrum sativum*) zählt zu den ältesten Gewürzpflanzen. Die einjährige, bis 50 cm hohe Pflanze verströmt einen aromatischen Duft, der von vielen Europäern als unangenehm nach Wanzen riechend (besonders Bettwanzen) empfunden wird. Der Geruch trug zur Namensgebung (griech. *koris*=Wanze) bei. Alte Volksnamen der Pflanze sind Wanzendill oder Wanzenkraut.

Die Laubblätter sind 2–3fach gefiedert, die Blütezeit reicht von Juni–Juli. Die kleinen Blüten des Koriander sind – wie es sich für Doldengewächse gehört – in mehrstrahligen, langgestielten Dolden flach ausgebreitet. Die 5 Kelchzähne sind lanzettlich. Die ebenfalls 5 weißen oder rötlichen Kronblätter besitzen im Randbereich des Blütenstandes deutlich größere, sogenannte strahlende Kronblätter. Dadurch wird der Eindruck einer einzigen, großen Blüte erweckt, die blütenbiologisch als eine große Scheibenblume dient. Der Fruchtknoten ist 2fächerig und unterständig. An seiner Spitze sitzen Kelch, Krone und die 5 Staubblätter. Angelockt werden die Bestäuber durch Nektartropfen, die aus dem Griffelpolster (→ *Anthriscus sylvestris*) ausgeschieden werden.

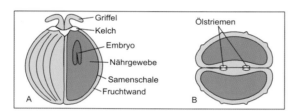

Abb. 11-15: *Coriandrum sativum*. A: Zweisamige Nußfrucht mit dem typischen Aufbau einer Spaltfrucht. B: Nußfrucht quer. Die beiden Teilfrüchte lösen sich nicht voneinander ab.

Frucht:

Aus dem 2fächerigen Fruchtknoten entwickelt sich eine kugelige, bis 5 mm breite Frucht, die ein wenig an Pfefferkörner erinnert. An ihrer Spitze ist sie von den verbleibenden Kelchzipfeln und dem verlängerten Griffel gekrönt. Die bei Reife gelbbraune, harte Fruchtwand ist verholzt und zusätzlich mit Steinzellen besetzt. Die Fruchtwand besitzt etwa 10 längs verlaufende Rippen, von denen einige als Ölstriemen ausgebildet sind. Sie enthalten ein ätherisches Öl, dessen Hauptbestandteil Coriandrol genannt wird und für den angenehmen würzigen Duft und Geschmack verantwortlich ist. Schneidet man eine Frucht quer, so erkennt man den für Doldengewächse typischen Aufbau einer Spaltfrucht, die aus 2 Teilfrüchten besteht. Jedoch lösen sich die beiden Teilfrüchte bei Reife nicht voneinander, sondern bleiben an der Bauchseite miteinander verwachsen. Bei den Früchten von *C. sativum* handelt es sich demnach um zweisamige Nußfrüchte.

Ausbreitung:

Bei Fruchtreife lösen sich die kugeligen Nüsse leicht von ihrem Fruchtstielchen ab, fallen auf die Erde und rollen soweit die Vegetation es erlaubt. Es handelt sich um Selbstausbreitung durch Schwerkraft (barochore Autochorie).

Als alte Gewürzpflanze wurde *C. sativum* im Laufe seiner Kulturgeschichte vom Menschen in viele Länder eingeführt und angebaut (Ethelochorie). Erste Zeugnisse von Korianderfrüchten, die fälschlicherweise als Koriandersamen bezeichnet werden, wurden in ägyptischen Pharaonengräbern als Grabbeigabe entdeckt. Durch die Römer gelangte *C. sativum* nach Mitteleuropa. Im frühen Mittelalter wurde der Koriander im Capitulare de villis Karl des Großen als Gartenpflanze genannt. Aber erst im 16. Jahrhundert nahm die Pflanze Einzug in die Bauerngärten Deutschlands und wurde vermutlich auch auf Feldern angebaut. Diese ethelochore Ausbreitung war sehr effektiv und hält bis heute an. Pakistanische und indische Einwanderer brachten den Koriander im 20. Jahrhundert mit nach Großbritannien, wo er durch Selbstausbreitung lokal aus den Kulturen verwildert (Kulturflüchter).

Nutzung:

C. sativum ist seit Alters her ein fester Bestandteil der orientalischen und asiatischen Küche. Dort wird das ganze Kraut vor der Blütezeit als Gewürz verwendet. Sein Geruch gilt keineswegs als unangenehm, sondern köstlich würzig. Die reifen Früchte schmecken aromatisch und werden zum Würzen von Backwaren, Soßen, Gemüse und Likören verwendet. Sie sind Bestandteil des Lebkuchengewürzes und fehlen in keinem Wurstgewürz. Im orientalischen Raum sind die Früchte ein beliebtes, gegen Blähungen wirkendes Brotgewürz. Früher verwendeten Apotheker das Öl zur Likör- und Parfümherstellung.

Als Heilpflanze wurde der Koriander früher bei Verdauungsstörungen, Durchfall und Pest verabreicht. *C sativum* galt im Volksaberglauben als dämonenabwehrend.

Vorkommen:

Der aus dem Vorderen Orient und Mittelmeerraum stammende *C. sativum* wird heute vor allem im Balkan, in Rußland, Marokko, aber auch Nord- und Südamerika angebaut. Stellenweise kommt die Pflanze verwildert auch in Mitteleuropa vor.

Coriandrum sativum. **Bild 1:** Blütendolde. Die Kronblätter der Randblüten sind deutlich vergrößert, so daß der Eindruck einer einzigen, großen Blüte vorgetäuscht wird. **Bild 2:** Junge, noch grüne Früchte. **Bild 3:** Ein Sammelsurium abgesammelter, reifer Korianderfrüchte. Die Fruchtwand wird von feinen Längsrippen durchzogen.

Die Gewöhnliche Hasel (*Corylus avellana*) ist ein mehrstämmiger, bis 5 m hoher Strauch, der oftmals schon im Januar, weit vor der Laubentfaltung, zu blühen beginnt. Die Blüten sind eingeschlechtlich, beide Geschlechter sind auf einer Pflanze verteilt. Die winzigen männlichen Blüten sind in 3–7 cm langen gelben, hängenden Kätzchen angeordnet. Die sehr einfachen Blüten bestehen aus 3 kleinen Blättchen (Tragblatt und 2 Vorblätter), die 4 gespaltene Staubblätter tragen.

Die unscheinbaren weiblichen Blütenstände sind nur 3–5 mm lang. Sie bestehen aus kleinen Schuppenblättern, die an der Spitze des Kätzchens 8–12 winzige Blüten bergen. Die weiblichen Blüten sitzen immer zu zweit auf einem kleinen Tragblatt. Sie besitzen eine winzige, gezähnelte, einfache Blütenhülle (Perigon), die mit dem unterständigen Fruchtknoten verwachsen ist. Der eiförmige Fruchtknoten ist durch eine Scheidewand 2fächerig, in jedem Fach befindet sich eine Samenanlage.

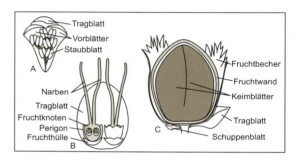

Abb. 11-16: *Corylus avellana*. A: Männliche Blüte. B: Weiblicher Teilblütenstand aus 2 Blüten bestehend. C: Reife Haselnuß längs.

Der Fruchtknoten endet mit 2 langen, fadenförmigen, roten Narben, die aus dem Kätzchen herausragen. Die Blütenbasis wird von teilweise verwachsenen Vorblättern umgeben, die als Fruchthülle bezeichnet werden. *C. avellana* wird durch den Wind bestäubt: Der Pollen rieselt aus den aufgeplatzten Staubbeuteln auf das Tragblatt der darunterliegenden Blüte und wird dann vom Wind fortgeweht. Als eine der am frühesten im Jahr blühenden Pflanzen ist der Strauch ein wichtiger Pollenlieferant für Honigbienen, ohne daß diese der Bestäubung dienen.

Frucht:

Erst Wochen nach der Windbestäubung erfolgt die Befruchtung und auch dann dauert die Fruchtentwicklung bis in den Herbst hinein. Als erstes wächst die grüne Fruchthülle zu einem zerschlitzten, glockenförmigen Fruchtbecher, auch Kupula genannt, heran. Dieser umgibt die sich entwickelnde Frucht

und schützt sie durch ihre drüsig-klebrige Behaarung vor vorzeitigem Tierfraß. Von den 8–16 weiblichen Blüten entwickeln sich nur 1–3 zu einsamigen Nußfrüchten. Reife Nüsse besitzen eine braune, aus Steinzellen bestehende Fruchtwand. Sie ist äußerst hart und ungenießbar. Sie schützt den großen Samen, der fast das gesamte Fruchtinnere ausfüllt. Dieser wird von einer dünnen, braunen Samenschale umgeben. Von Mensch und Tier gleichermaßen begehrt, ist der große, relativ weiche Embryo, der den Samen ausfüllt. Seine beiden Keimblätter sind durch die Speicherung von Nährstoffen (Öl und Eiweiß) groß und dick.

Ausbreitung:

Bei Fruchtreife ab Ende August bis Ende Oktober fällt die Nuß aus der Kupula heraus oder Nuß mitsamt der Kupula fallen auf die Erde, die Früchte werden also über die Schwerkraft ausgebreitet (Barochorie). Schon bald werden sie von zahlreichen Vertretern der Tierwelt nach vielfältigen Methoden aufgeknackt und der ölreiche Same gefressen.

Einige Tiere sind für ihren Sammeleifer berühmt und legen zahlreiche Wintervorräte aus Haselnüssen an. Da die im Erdboden vergrabenen Früchte oftmals im Winter nicht wiedergefunden werden, entgehen sie dem Tierfraß und können nach dem Verwittern der harten Fruchtwand auskeimen. Eichhörnchen und Haselmäuse, Siebenschläfer und Häher dienen so der Versteckausbreitung, einer Form der Dysochorie. Ein Nußhäher transportiert pro Flug 8–15 Nüsse im Schlund und kann so Hunderte von Haselnüssen an einem Tag vergraben. Die holzigen Früchte werden auch als Schwimmer über Fließgewässer ausgebreitet (Nautochorie).

Nutzung:

Bereits der mittelsteinzeitliche Mensch (vor 10.000–6500 Jahren) ernährte sich u. a. von Haselnüssen. Seit der Antike wird der Strauch angebaut, im Laufe der Jahrhunderte entstanden zahlreiche Kultursorten. Die Samen werden als „Haselnußkerne" roh verzehrt. Hauptsächlich werden die Haselnußkerne in der Schokoladenindustrie verarbeitet.

Aus den Nüssen wird das hochwertige, wohlschmeckende Haselnußöl als Speiseöl gewonnen. Das Öl findet auch bei der Herstellung von Ölfarben und Kosmetika Verwendung. Da der Strauch wärmeliebend ist, liegen die Hauptanbaugebiete in Südosteuropa, besonders in der Türkei sowie im US-Bundesstaat Oregon.

Vorkommen:

Die von Europa bis Kleinasien heimische *C. avellana* wächst wild in Gebüschen, Wäldern, Hecken und an Bachufern.

Corylus avellana. **Bild 1:** Weiblicher Blütenstand in einem kleinen, nur 0,5 cm langen Kätzchen. Die hellgrünen Schuppenblätter umschließen die winzigen Blüten. Nur die roten Narben ragen keck aus dem oberen Abschnitt des Kätzchens heraus. **Bild 2:** Ausschnitt aus einem männlichen, hängenden Kätzchen. Zu erkennen sind die hellbraunen Tragblätter der Blüten mit den darunter sitzenden Staubblättern. **Bild 3:** Reife Haselnüsse mit brauner, harter, verholzter Fruchtwand.

Die Wilde Möhre (*Daucus carota*) ist eine wärmeliebende, tiefwurzelnde, 2jährige Halbrosettenpflanze, die auf trockenen Wiesen, Weg- und Ackerrändern vorkommt. Die rund 60 Arten umfassende Gattung *Daucus* hat ihren Verbreitungsschwerpunkt im Mittelmeerraum, allein *D. carota* kommt auch in Mitteleuropa vor. Der bis 100 cm hohe, aufrechte Stengel ist gefurcht und borstig behaart. Er ist mit mehrfach fein gefiederten Blättern besetzt. Die zahlreichen winzigen Blüten sind in einer reichstrahligen Blütendolde mit Hüll- und Hüllchenblättern angeordnet.

Zur Blütezeit (Mai–September) ist die Dolde gewölbt bis flach ausgebreitet und später, zur Fruchtzeit, nestartig zusammengezogen. Die Krone der Randblüten ist strahlenartig vergrößert. Im Zentrum der Dolde befindet sich oftmals eine verkümmerte, durch Anthocyane schwarz gefärbte, sogenannte „Mohrenblüte", die der optischen Anlockung der Besucher dienen soll. Die einzelnen Blüten sind nach dem typischen Bauplan der Doldengewächse aufgebaut. Die 5 unscheinbaren, 3eckigen Kelchzipfel und die ebenfalls 5 weißen, mitunter rosafarbenen Kronblätter sitzen am Rand der becherförmigen Blütenachse. Es folgen die 5 weißlichen Staubblätter. Der unterständige, 2fächerige Fruchtknoten ist in den Blütenbecher eingesenkt, nur der weißliche Nektardiskus und die beiden Griffel ragen heraus. Die Außenseite des Blütenbechers ist mit kleinen, weißen, weichen Stacheln besetzt.

Blütenbiologisch handelt es sich um Scheibenblumen, die leicht zugänglichen Nektar anbieten und deshalb vor allem von Käfern, Fliegen und Schwebfliegen bestäubt werden.

Frucht:

Die Früchte von *D. carota* sind typische Spaltfrüchte, die aus dem 2fächerigen Fruchtknoten entstehen. Zur Fruchtreife zerfallen diese in 2 etwa 4 mm lange, im Querschnitt halbrunde Teilfrüchte bzw. Nüßchen. Ihre braune, gerippte Außenseite ist mit mehreren Reihen kleiner, weißer Stacheln (etwa 1 mm Länge) besetzt. Da die Teilfrüchte den Läusen ähneln, wurde der wissenschaftliche Artname *carota* von griech. *kar*=Laus, vergeben.

Ausbreitung:

Für *D. carota* ist die nestartige Form des Fruchtstandes typisch. Diese kommt dadurch zustande, daß die äußeren Doldenstrahlen länger sind als die inneren. Bei Regen zieht sich der Fruchtstand stark zusammen, da die Doldenstrahlen hygroskopische Bewegungen durchführen können. An der Basis von jedem Doldenstiel befindet sich eine Art Gelenk. Bei Regen nimmt dieses Wasser auf, quillt und drückt dadurch die Doldenstiele in Richtung Zentrum. Gleichzeitig krümmen sich die Doldenstiele unterhalb des Döldchens nach innen ein. Bei Trockenheit verdunstet das Wasser in dem Gelenk, dessen Zellen sich zusammenziehen, wodurch sich der Stiel in die Ausgangsposition zurückbewegt. Gleichzeitig streckt sich der Doldenstiel im oberen Bereich. So wird die Ausbreitung der Früchte bei Regen verhindert und die Früchte werden ausschließlich bei Trockenheit präsentiert.

Während der Fruchtreifung bleiben die Doldenstiele dauerhaft einwärts gekrümmt, um die sich entwickelnden Früchte zu schützen. Die Früchte sind ab August reif und bleiben oft bis in den Winter hinein an der Pflanze hängen.

D. carota ist mit seinem versteiften, elastischen Stengel in erster Linie ein Windstreuer (Semachorie). Die Früchte werden allmählich vom Wind aus dem Fruchtstand geblasen. An vorbeistreifenden Tieren verhaken sich die äußeren Teilfrüchte und werden als kleine Kletten bzw. Klethafter ausgebreitet (Epichorie).

Der Distelfink pickt sich die Früchte aus dem Fruchtstand heraus und verstreut dabei einige, die so dem Fraß entgehen (Bearbeitungsausbreitung, eine Form der Dysochorie). Als Kulturbegleiter gelangte die im Mittelmeerraum beheimatete Pflanze vermutlich schon vor langer Zeit als Archäophyt nach Mitteleuropa. Bis weit hinein ins 20. Jahrhundert war *D. carota* ein Saatgutbegleiter des Wiesenklees (*Trifolium pratense*) und wurde so ungewollt mitausgesät (Speirochorie).

Nutzung:

D. carota galt seit dem Mittelalter als Heilpflanze: Die pürierte Wurzel wurde zur Wundheilung verwendet, die Samen dienten als harntreibendes Mittel bei Nieren- und Blasensteinen. Die Wilde Möhre ist vermutlich die Stammform unserer Speisemöhre (*D. carota* subsp. *sativus*), die aufgrund ihrer dicken, eßbaren und durch Karotinoide orange gefärbten Wurzeln in verschiedenen Sorten gezüchtet wird. *D. carota* besitzt selber nur eine spindelförmige, weiße und verholzte Wurzel. Schon von den Germanen wurde die Kulturform aufgrund ihrer verdickten Wurzel als Gemüse (Rübenpflanze) angebaut.

Vorkommen:

In fast ganz Europa, Südwestasien, Sibirien, den Kanaren, Madeira und Nordafrika ist *D. carota* verbreitet. In Mitteleuropa wächst die wärmeliebende Pflanze auf Trockenwiesen, an Weg- und Straßenrändern und auf Brachen.

Daucus carota. **Bild 1:** Habitus der Pflanze zur Blütezeit. Die zahlreichen kleinen Blüten sind in Döldchen und diese wiederum in Dolden zusammengefaßt. **Bild 2:** Während eines Regengußes zieht sich der reife Fruchtstand nestförmig zusammen, so daß eine Ausbreitung verhindert wird. **Bild 3:** Einblick in einen ausgereiften, geöffneten Fruchtstand. Die zahlreichen, etwa 3 mm langen Spaltfrüchte sind mit kurzen, weißen Stacheln besetzt, die der Klettausbreitung dienen.

Der Malvenblättrige Reiherschnabel (*Erodium malacoides*) wächst auf Brachland, Grasfluren und an Wegrändern des Mittelmeerraumes. Sein behaarter Stengel ist meist aufrecht, die Blätter, mit herzförmigem Grund, sind gesägt bis schwach gelappt. Die lang gestielten Blüten, der von Februar-Juni blühenden Pflanzen, sind zu 3–10 doldenförmig angeordnet. Sie besitzen 5 weit geöffnete, rosafarbene Kronblätter und 5 kleinere Kelchblätter. Es folgen 2 Kreise mit Staubblättern, wobei die vor den Kronblättern stehenden, kürzeren ohne Staubbeutel ausgebildet werden. Im Blütenzentrum befindet sich der aus 5 Fruchtblättern verwachsene, oberständige Fruchtknoten, der in 5 Fächer aufgeteilt ist (coenokarp-synkarp). Der lange Griffel endet in 5 rötlichen Narbenlappen. Bestäuber sind hauptsächlich Schwebfliegen, Bienen und Falter.

Frucht:

Aus dem 5fächrigen Fruchtknoten entwickelt sich eine lang geschnäbelte Spaltfrucht. Während sich in jedem Fach des Fruchtknotens ein Same entwickelt, wächst der Griffel in die Länge und wird zum Schnabel. Der lange, charakteristische Schnabel gibt der gesamten Gattung ihren Namen (griech. *erodios*=Reiher).

Die reife Spaltfrucht trocknet durch Wind und Sonne aus und die Rückwände der 5 Fruchtblätter, einschließlich je eines Samens, lösen sich als Teilfrüchte von der verbleibenden Mittelsäule ab. Das Ablösen beginnt an der Basis, im Bereich des Schnabels drehen sich die Rückseiten der Fruchtblätter schnell in Linksrichtung korkenzieherartig ein. Die hierbei freiwerdende Energie bewirkt oft ein vollständiges Ablösen und Wegschleudern der Teilfrüchte.

Bei den Teilfrüchten handelt es sich um Nüßchen mit einer langen, mit weißen Haaren besetzten, bis etwa 3 cm langen Granne. Der untere samentragende Abschnitt ist 4–5 mm lang. Die Nüßchen werden von der Rückwand des Fruchtknotens gebildet, die sich von den Scheidewänden abtrennt und um den einzigen Samen je Fach hüllt. Die zurückbleibende Mittelsäule besteht aus den Bauchseiten der Fruchtblätter und den 5 Scheidewänden. Der beschriebene Fruchttyp ist für alle *Erodium*-Arten Europas typisch.

Ausbreitung:

Bei einem Großteil der Früchte von *E. malacoides* lösen sich die Teilfrüchte blitzschnell von der verbleibenden Mittelsäule und werden bis zu 1 m fortgeschleudert. Hierbei handelt es sich um Selbstausbreitung durch Schleudermechanismen (Ballochorie). Mitunter unterbleibt jedoch ein vollständiges Ablösen und die Teilfrüchte bleiben an der Spitze der Mittelsäule hängen. Die nach außen gerichteten Nüßchen verfangen sich mittels ihrer scharfen Spitze im Fell vorbeistreifender Tiere und werden als Kletthafter ausgebreitet (Epichorie). Durch die hygroskopischen Eigenschaften ihrer Granne können sich die Teilfrüchte als Bodenkriecher über kurze Strecken fortbewegen bzw. als Bohrfrüchte in lockere Erde oder auch in Tierfell bohren: Bei Trockenheit ist die untere Hälfte der Granne korkenzieherartig gewunden, ihre langen, weißen Haare stehen ab. Durch Nässe entspannt sich binnen einer Minute die eingerollte Granne und zieht sich im Laufe des Abtrocknens wieder langsam zusammen, wobei sie ihre Position ändert und sich dadurch einige Millimeter fortbewegt bzw. sich langsam mit dem Nüßchen voran eingräbt. Bei häufigem Witterungswechsel kann so eine Strecke von mehreren Zentimetern zurückgelegt werden.

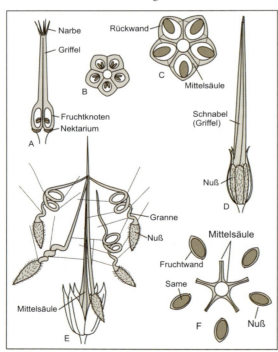

Abb. 11-17: *Erodium malacoides.* A: Fruchtknoten längs. B: 5fächriger Fruchtknoten quer. C: Spaltfrucht aus D quer. D: Reife Spaltfrucht vor dem Öffnen, der Kelch verbleibt. E: Spaltfrucht geöffnet, die Mittelsäule bleibt an der Pflanze zurück. Jede der 5 Teilfrüchte besteht aus einem begrannten Nüßchen. F: Spaltfrucht von E quer. Die Nüßchen bestehen aus der Rückseite der Fruchtwand, die sich um den einzigen Samen je Fach legt.

Vorkommen:

E. malacoides findet man als wärmeliebende Art auf trockenen Standorten im ganzen Mittelmeergebiet. Auf den Kanaren, in Südafrika sowie Nord- und Südamerika ist die Pflanze eingebürgert.

Erodium malacoides. **Bild 1:** Blick auf eine geöffnete Spaltfrucht von oben. Die 5 Teilfrüchte hängen mit der Spitze ihrer korkenzieherartig eingerollten, mit weißen Haaren besetzten Granne an der Mittelsäule fest. Die zugespitzten Nüßchen sind nach außen orientiert. **Bild 2:** Dieselbe Spaltfrucht von vorne betrachtet. Der Kelch verbleibt, er schützt die dahinter liegenden Nüßchen. **Bild 3:** Links: junge, doldenartig angeordnete Spaltfrüchte mit noch im Wachstum befindlichem Schnabel. Rechts: Blüten in wenigblütiger Dolde.

Der Buchweizen (*Fagopyrum esculentum*) ist ein einjähriges, bis 60 cm hohes, schnellwüchsiges Kraut. Es besitzt herz-pfeilförmig zugespitzte Blätter, deren Nebenblätter zu einer kragenförmigen, den Stengel umhüllenden Röhre – Ochrea genannt – verwachsen sind. Diese Ochrea (lat. *ocrea*=Beinschiene) ist ein leicht erkennbares, charakteristisches Merkmal der Knöterichgewächse, zu denen auch der Rhabarber und Sauer-Ampfer gehören.

Die kleinen, duftenden Blüten erscheinen von Juni-August und sind in traubenähnlichen Blütenständen angeordnet. Neben zwittrigen Blüten kommen auch ausschließlich männliche, mitunter auch weibliche Blüten vor. Die rosarote oder weiße Blütenhülle besteht aus 5 Perigonblättern, sie ist nicht in Kelch und Krone unterscheidbar. Die beiden Kreise mit je 4 Staubblättern bieten mit ihren rötlichen Staubbeuteln einen guten Farbkontrast zu den weißen Blütenblättern. Am Grund der Staubblätter befinden sich 8 orangegelbe Nektardrüsen Der 3kantige, oberständige Fruchtknoten ist einfächerig und endet mit 3 Griffeln. Im Inneren befindet sich eine einzige, grundständige Samenanlage.

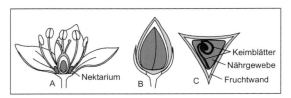

Abb. 11-18: *Fagopyrum esculentum.* A: Blüte längs. Einfächeriger Fruchtknoten mit einer grundständigen Samenanlage. B: Einsamige Nuß längs. C: Nuß quer.

Blütenbiologisch handelt es sich um Scheibenblumen, die große Mengen an duftendem, leicht zugänglichem Nektar produzieren und deshalb von zahlreichen unterschiedlichen Insekten – besonders Bienen – bestäubt werden.

Frucht:

Aus dem kleinen Fruchtknoten entwickelt sich ein 5–6 mm großes, bei Reife kastanienbraunes, oben zugespitztes Nüßchen, das wie eine kleine Buchecker aussieht (lat. *fagus*=Buche; *esculentus*=eßbar). Es ist scharf 3kantig, an seiner Basis verbleibt die 3–4 mm lange Blütenhülle und liegt der heranwachsenden Frucht dicht an. Zum Ende der Fruchtentwicklung wächst die Frucht aus der Blütenhülle heraus. Die harte Fruchtwand der Nüßchen umschließt schützend den einzigen Samen. Die beiden Keimblätter sind sehr breit und gefaltet, um sie herum befindet sich das Nährgewebe. Dieses besteht fast ausschließlich aus Stärke, ist weiß gefärbt und pulverig.

Ausbreitung:

Der Buchweizen stammt aus Zentralasien (Turkestan, Nordchina, Südsibirien), wo er seit langer Zeit aufgrund seiner stärkehaltigen Samen als Kulturpflanze angebaut wird. Im 14. Jahrhundert gelangte die Pflanze mit den Mongolen nach Mitteleuropa. Das Mongolenreich, mit Dschingis-Chan als bekanntestem Herrscher, war im 13. Jahrhundert auf dem Höhepunkt seiner Macht und erstreckte sich vom Gelben Meer im Osten bis zur Donau im Westen. Auf ihren Eroberungszügen drangen die Mongolen bis nach Europa ins polnische Breslau und nach Ungarn vor. Durch die im Osten lebenden Slawen gelangte der Buchweizen auf dem ethelochoren Wege auch zu uns und wurde über mehrere Jahrhunderte als Mehlfrucht in weiten Teilen Deutschlands angebaut. Die Pflanze verwilderte als Kulturflüchter und konnte sich beispielsweise in den montanen Regionen der Schweiz, in Deutschland jedoch nur selten etablieren. Deutsche und holländische Auswanderer brachten den Buchweizen auch nach Amerika.

Die bei Reife nach unten orientierten Nüßchen lösen sich durch Abtrocknen vom Fruchtstiel und fallen herunter. Dabei handelt es sich um Selbstausbreitung mittels Schwerkraft (Barochorie). Die nahrhaften Nüßchen werden gerne von Vögeln gefressen und dabei restlos verdaut, so daß es zu keiner Ausbreitung kommt.

Nutzung:

F. esculentum ist eine alte Kulturpflanze. Ihre stärkereichen Samen – Buchweizen genannt – werden gemahlen und zu Grütze, Grieß oder Mehl verarbeitet. In der Niederlausitz südöstlich Berlins wurden daraus auch Suppen und Plinzen sowie Grützwurst zubereitet. Die Pflanze ist äußerst anspruchslos und gedeiht besonders auf ärmsten Sand- und Heideböden. Aufgrund ihres schnellen Entwicklungszykluses, die Nüßchen sind etwa 12 Wochen nach Aussaat erntereif, wurde der Buchweizen auch im Gebirge angepflanzt, wo die Vegetationszeiten deutlich kürzer sind. Der ernährungswirtschaftliche Nutzen zeigt sich auch in der Namensgebung: griech. *pyros*=Weizen. Der Anbau dieser wichtigen Nahrungspflanze ging im 20. Jahrhundert rapide zurück und erfährt erst seit einigen Jahren wieder einen Aufschwung als Biokost und Bienenweide.

Vorkommen:

Die Steppen Zentralasiens (Nordchina, Südsibirien und Turkestan) sind die Heimat von *F. esculentum*. In Mitteleuropa kommt die Pflanze selten verwildert, dann auf Ruderalflächen, Müllplätzen und an Wegrändern vor.

Fagopyrum esculentum. **Bild 1:** Blüte. Die Blütenblätter besitzen an ihrer Basis ein grünliches Saftmal, das – wie auch die roten Staubbeutel – der Anlockung der Bestäuber dient. **Bild 2:** Reife 3kantige, braune Nußfrüchte von 5-6 mm Länge. **Bild 3:** Unreife, noch grün gefärbte, glänzende Nußfrüchte. Deutlich erkennbar sind die weißen Blütenblätter, die an den Früchten verbleiben.

Mit ihren kleinen, weißen, intensiv nach Mandeln duftenden Blüten erinnert das Mädesüß (*Filipendula ulmaria*) an die als Ziersträucher bekannten Spiersträucher (*Spiraea*). Kein Wunder also, daß *F. ulmaria* früher zu diesen gezählt und *Spiraea ulmaria* genannt wurde. Die ausdauernde, bis 2 m hohe Staude wächst bevorzugt in feuchten Hochstaudenfluren. Ihr Stengel ist rötlich überlaufen und erst im oberen Teil verzweigt. Er ist mit unterbrochen gefiederten Laubblättern besetzt, deren Fiederblättchen an Ulmenblätter erinnern (lat. *ulmarius*=ulmenartig).

Die zahlreichen, dicht stehenden Blüten sind in endständigen vielblütigen, rispigen Teilblütenständen angeordnet, sogenannten Spirren. Die von Juni–August erscheinenden Blüten sind meist 5zählig. Ihre kleinen, meist nur 1 mm langen Kelchblätter sind nach der Blüte zurückgeschlagen. Die größeren, verkehrteiförmigen Kronblätter (bis 5 mm Länge) sind gelblich-weiß. Zahlreiche, lange Staubblätter mit weißem Faden und gelben Staubbeuteln säumen die 6–10 Fruchtblätter. Diese sind unverwachsen, es handelt sich um ein chorikarpes Gynoeceum. Der eiförmige Fruchtknoten ist grün, während der Griffel weiß und die rundliche Narbe gelb gefärbt sind.

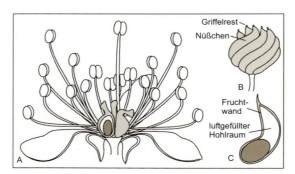

Abb. 11-19: *Filipendula ulmaria.* A: Blüte längs. B: Aus den Fruchtblättern einer Blüte entwickelt sich ein Fruchtstand aus mehreren dicht aneinandergedrückten, sichelförmigen Nüßchen. C: Einzelnes Nüßchen längs. Im unteren Abschnitt liegt der einzelne Same.

Blütenbiologisch handelt es sich um einfach gestaltete, nektarlose Scheibenblumen, die mit ihrem starken Blütenduft und dem hohen Pollenangebot die zahlreichen Bestäuber anlocken und verkösten. Als Bestäuber kann man neben Bienen auch pollenfressende Fliegen und Schwebfliegen sowie Käfer beobachten.

Frucht:

Jedes der nur 1 mm langen Fruchtblätter entwickelt sich zu einem bis 3 mm langen, unscheinbaren Nüß-

chen. Waren die Fruchtblätter zur Blütezeit aufrecht orientiert, so sind die reifen Nüßchen durch einseitiges Wachstum sichelförmig gekrümmt. Die Nüßchen des nah verwandten Kleinen Mädesüß (*F. vulgaris*) sind im Gegensatz dazu gerade geformt. Die zumeist 6–8 Nüßchen einer Blüte von *F. ulmaria* stehen dicht gedrängt nebeneinander und vermitteln den Eindruck einer einzigen, schneckenförmig gewundenen Frucht. Bei Reife sind die Nüßchen flach, hellbraun und vom verbleibenden, kurzen Griffelrest gekrönt. Sie besitzen eine dünne, aber harte Fruchtwand. Im unteren Abschnitt befindet sich der winzige, nur 1 mm lange Same. Da sich die Früchte nicht öffnen, handelt es sich also nicht, wie von einigen Autoren beschrieben, um Balgfrüchte, sondern um Nüßchen.

Ausbreitung:

Die ab Oktober reifen Nüßchen von *F. ulmaria* werden bis weit in den Winter hinein ausgebreitet, sind also Wintersteher. Die Nüßchen lösen sich einzeln vom Blüten- bzw. Fruchtboden ab und werden als Wind- und Tierstreuer ausgebreitet (Semachorie). Durch Lufteinschluß im Fruchtinneren reduzieren sie ihr spezifisches Gewicht und werden so auch als Ballonflieger durch den Wind ausgebreitet (Anemochorie). Aufgrund ihrer Luftblase sind die Nüßchen außerdem schwimmfähig und werden – je nach Standort – auch als Schwimmer ausgebreitet (Nautochorie). Als Wasserhafter werden die flachen Nüßchen am nassen Tierfell klebend fortgeschleppt (Epichorie).

Nutzung:

Im 19. Jahrhundert gelang es Chemikern zum ersten Mal aus *F. ulmaria* reine Salicylsäure zu isolieren. Sie wurde nach dem damaligen Namen der Pflanze als Spiraeasäure benannt. Später entwickelte man auf synthetischem Wege die sehr ähnliche Acetylsalicylsäure, die besser verträglich war. Sie wurde 1899 als Aspirin (A steht für Acetyl, spir für Spiraeasäure) auf den Markt gebracht, das heute weltweit gegen Fieber, Schmerzen und Rheuma angewendet wird. Auch in der früheren Volksmedizin wurde das Kraut bei Gicht und Rheuma verabreicht.

Der Name Mädesüß bezieht sich darauf, daß die Blüten zum Süßen und Aromatisieren des Mets – als „Metsüß" – verwendet wurden.

Vorkommen:

F. ulmaria wächst als feuchtigkeitsliebende Pflanze in Auwäldern, auf Naßwiesen und Hochstaudenfluren sowie an Grabenrändern. Die Pflanze ist in Europa mit Ausnahme des südlichen Mittelmeergebietes sowie in Nord- und Mittelasien heimisch.

Filipendula ulmaria. **Bild 1:** Habitus der Staude. **Bild 2:** Blüten. Deutlich sind die 6 grünen, leicht gekrümmten Fruchtblätter im Blütenzentrum zu erkennen. **Bild 3:** Junge, gekrümmte Nüßchen. **Bild 4:** Ausgereifte, nun braune, ca. 3 mm breite Fruchtstände, die aus jeweils 5-6 gekrümmten Nüßchen bestehen.

Die in Europa heimische Wald-Erdbeere (*Fragaria vesca*) ist eine wintergrüne, niedrigwüchsige Rosettenpflanze der lichten Laub- wie Nadelwälder und der Waldränder. Der Stengel trägt nur wenige weiße Blüten, die mit je 5 kleinen Außenkelchblättern eingeleitet werden. Alternierend dazu steht ein zweiter Kreis mit 5 Kelchblättern. Es folgen die 5 weißen Kronblätter, als Farbkontrast schließen sich 20 gelbe Staubblätter an. Im Zentrum sitzt eine Vielzahl kleiner, gelbgrüner Fruchtblätter mit langem Griffel. Die zahlreichen, unverwachsenen Fruchtblätter können nur untergebracht werden, weil sie der emporgewölbten Blütenachse ansitzen, die für die spätere Fruchtentwicklung von Bedeutung ist.

Blütenbiologisch handelt es sich um Scheibenblumen mit einem hohen Pollenangebot und am Blütengrund zur Verfügung gestelltem, leicht zugänglichem Nektar, die von Fliegen, Schwebfliegen und Bienen bestäubt werden. Nektarleckende Ameisen kann man ebenfalls häufig beobachten. Sie betätigen sich jedoch nur als „Honigräuber" ohne der Bestäubung zu dienen. Die Blüten sind vorweiblich, so daß Selbstbestäubung verhindert wird.

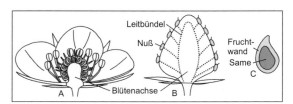

Abb. 11-20: *Fragaria vesca.* A: Blüte längs. B: Reife Sammelnußfrucht längs, das schmackhafte Fruchtfleisch entwickelt sich aus der stark vergrößerten Blütenachse. C: Nüßchen längs. Die harte Fruchtwand umgibt den Samen, an der Spitze der Nuß verbleibt der Griffelrest.

Frucht:

Wer läßt sich nicht von der Bezeichnung Erd„beere" täuschen. Doch handelt es sich hier keinesfalls um eine Beere, sondern um eine Sammelnußfrucht. Aus jedem, an der kugeligen Blütenachse ansitzenden, kleinen Fruchtblatt entwickelt sich ein hartschaliges, etwa 1 mm langes Nüßchen mit verbleibendem Griffel. Diese stellen die eigentlichen Früchte dar. Gleichzeitig kommt es zu einem kräftigen Längen- und Dickenwachstum der Blüten- bzw. nun Fruchtachse. Durch diese Volumenzunahme liegen die Nüßchen schließlich weit voneinander entfernt in kleinen Gruben der Blütenachse auf. Fazit: Je Blüte entwickeln sich zahlreiche winzige, hartschalige Nüßchen, die zur Fruchtreife gemeinsam mit der verdickten Blütenachse eine Ausbreitungseinheit bilden. Diese sehr ungewöhnliche Fruchtbildung wird Sammelnußfrucht genannt. Bei Fruchtreife ist das vormals grüne Blütenachsengewebe durch Anthocyane nun rot gefärbt, durch starke Wasseraufnahme flei-

schig-saftig und von aromatischem Geschmack. Die Sammelnußfrüchte enthalten Vitamin C und Mineralien.

Ausbreitung:

Nichts liegt näher, als im Sommer die reifen, schmackhaften, fleischig-saftigen Sammelnußfrüchte zu konsumieren (lat. *vescus*=eßbar). Ob nun Mensch oder Tier, die kleinen hartschaligen Nüßchen werden unbeschadet ausgeschieden und können dann unter geeigneten Bedingungen auskeimen (Endochorie). Das rotgefärbte, süßlich schmeckende Fruchtfleisch dient, wie das Fruchtfleisch der Beeren, als Anlockungs- und Nahrungsmittel für verschiedenste Tiere. Vögel (z. B. Hausrotschwanz, Rotkehlchen, Amsel, Drosseln, Sperber- und Mönchsgrasmücke, Eichelhäher) sowie Kleinsäuger des Waldes wie Waldmaus, Garten- und Siebenschläfer, Fuchs, Dachs, Eichhörnchen und Igel fressen diese Sammelfrüchte. Sogar Weinberg- und Baumschnecken, aber auch einige Käfer und Tausendfüßler verfeinern mit der Wald-Erdbeere ihren Speisezettel und dienen der Endochorie. Ameisen schleppen Erdbeeren in ihren Bau und verköstigen den Nachwuchs mit dem zuckerhaltigen Fruchtfleisch. Die harten Nüßchen werden wieder nach außen transportiert und können dort auskeimen.

Erdbeeren, die dem Verzehr entgehen, bleiben an der Pflanze hängen. Ihr Fruchtfleisch trocknet ab und die Nüßchen fallen herunter, was eine Form der Selbstausbreitung mittels Schwerkraft darstellt (Barochorie), die jedoch nur der Nahausbreitung dient. Auch vegetativ breitet sich die Erdbeere mit ihren bis zu 2,5 m langen Ausläufern aus, die sich bewurzeln, eine Blattrosette bilden und schließlich von der Mutterpflanze ablösen (Blastochorie).

Nutzung:

Archäologische Funde von Nüßchen aus Süddeutschland zeigen, daß die Wald-Erdbeere schon zur Jungsteinzeit vom Menschen zu Nahrungszwecken gesammelt wurde. Unsere etwa 1500 Sorten umfassende Garten- oder Kultur-Erdbeere (*F.* x *ananassa*) ist nicht aus der Wald-Erdbeere, sondern Anfang des 18. Jahrhunderts aus der Kreuzung zweier amerikanischer *Fragaria*-Arten, der großfrüchtigen Chile-Erdbeere und kleinfrüchtigen Scharlach-Erdbeere (*F. chiloensis* x *F. viriginiana*) in Holland entstanden. Als Tee wurde die Wald-Erdbeere im Mittelalter als Heilpflanze gegen Magen-Darmbeschwerden und Menstruationsschmerzen angewendet. Die Früchte wurden bei Rheuma und Gicht gegessen, Carl von Linné behandelte so seine schweren Gichtanfälle.

Vorkommen:

F. vesca ist in ganz Europa und Nordasien beheimatet.

Fragaria vesca. **Bild 1:** Blüte mit nektarleckender Ameise. Im Blütenzentrum befinden sich, umgeben von zwei Kreisen Staubblättern, die zahlreichen gelben Fruchtblätter. Darunter ist eine sehr junge Sammelnußfrucht zu erkennen: Zahlreiche junge Nüßchen mit verbleibendem Griffel sitzen der kugelig vergrößerten Blütenachse an. In diesem Stadium ist deutlich die Unterscheidung in den lanzettlichen Außenkelch und die größeren Kelchblätter zu erkennen. **Bild 2:** Noch unreife, grüne Erdbeere. **Bild 3:** Reife Sammelnußfrucht. Zwischen den Nüßchen liegt das saftige, rote Fruchtfleisch, das von der Blütenachse gebildet wird.

Der rotviolett blühende Wald-Storchschnabel (*Geranium sylvaticum*) wächst auf Wiesen, Weiden und Wäldern der Bergregionen. Die meist zu zweit angeordneten, gestielten und aufrechten Blüten sind 5zählig und erscheinen von Juni–Juli. Auf Lücke zu den lanzettlichen Kelchblättern stehen die lebhaft rotvioletten, am Grund weißen Kronblätter. 10 Staubblätter mit hellvioletten Staubfäden und dunkleren Staubbeuteln säumen den 5fächerigen (coenokarp-synkarp), oberständigen Fruchtknoten. Dieser geht in einen langen Griffel, der mit 5 Narbenlappen endet, über.

Blütenbiologisch handelt es sich um Scheibenblumen, an deren Basis der Staubblätter 5 Nektardrüsen liegen. Die vormännlichen Blüten werden auf der Suche nach dem leicht zugänglichen Nektar von Schwebfliegen, Bienen und Tagfaltern bestäubt.

Deutlich kleinere, hell- bis dunkelrosa Blüten (Blütezeit Mai–Oktober) bildet der meist rot überlaufene, unangenehm riechende Stink-Storchschnabel (*G. robertianum* L.), der in Laubwäldern und auf Schuttplätzen wächst. Die nektarführenden, vormännlichen Trichterblumen werden ausschließlich von langrüsseligen Bienen und Tagfaltern bestäubt.

An dieser Stelle dürfen auch nicht die aufgrund ihrer Blütenpracht so beliebten „Geranien" vieler Balkone fehlen. Botanisch korrekt nennt man diese jedoch Pelargonien bzw. *Pelargonium*. Die farbenprächtigen Blüten sind zygomorph und besitzen eine lange, je nach Art 15–60 mm lange Kelchröhre an deren Grund der Nektar verborgen ist. Die Blüten werden von Faltern und in Südafrika von Kolibris und einer Fliege mit äußerst langem Rüssel (*Prosoeca*) bestäubt.

Frucht:

Die Namen beider Gattungen beziehen sich auf die typischen, schnabelförmigen Früchte (griech. *geranos*=Kranich; *pelargos*=Storch). In jedem Fruchtfach entwickelt sich ein Same, während der Griffel zu einem, je nach Art 1–2,5 cm langen Schnabel heranwächst. Es handelt sich um Spaltfrüchte, da sich diese bei Reife in ihre 5 Fruchtfächer – nun Teilfrüchte genannt – aufspalten. Aufgrund ihrer harten Fruchtwand werden sie zu den Nüssen gezählt. Die Spaltfrüchte von *G. sylvaticum* und *Pelargonium* werden insgesamt bis 3 cm lang, die von *G. robertianum* erreichen eine Länge von rund 2 cm.

Ausbreitung:

Ab Juli lösen sich die 5 Fruchtfächer von *G. sylvaticum* infolge Austrocknung plötzlich von der Mittelsäule sowie voneinander ab und rollen sich nach oben ein. Dabei werden die Samen, die im unteren, wulstigen Fruchtabschnitt liegen, katapultartig bis zu 3 m fortgeschleudert, während die Teilfruchtreste an der Spitze der Mittelsäule haften bleiben. Es handelt sich um Selbstausbreitung durch Schleudermechanismen (ballochore Autochorie).

G. robertianum und *Pelargonium* schleudern dagegen wie → *Erodium malacoides* ihre Teilfrüchte einschließlich der Samen fort. Am einfachsten läßt sich der Mechanismus an den großen Spaltfrüchten der Pelargonien erläutern: Die 5, sich bei Reife von ihrer Mittelachse ablösenden Teilfrüchte, drehen sich oberhalb des samentragenden Teils schraubig ein und werden fortgeschleudert. Oft bleiben sie jedoch an der Spitze der Mittelsäule hängen und werden dann als Schirmchenflieger durch den Wind ausgebreitet (Anemochorie): Der Schnabel ist mit etwa 1 cm langen, seidigen Haaren besetzt, die sich bei Trockenheit spreizen und so einen horizontal ausgerichteten, wunderschönen Fallschirm bilden.

Bei *G. robertianum* lösen sich ebenfalls die 5 Teilfrüchte einschließlich der Samen explosionsartig von der Mittelsäule ab und werden bis zu 6 m weit fortgeschleudert. Gelangen die Teilfrüchte von *G. robertianum* und *Pelargonium* auf die Erde bohren sie sich mittels hygroskopischer Bewegungen des Schnabels, mit dem nach vorn zugespitzten Nüßchen voran, in die Erde ein, um auszukeimen (Bodenkriecher–Herpochorie).

Nutzung:

Die Gattung *Pelargonium* zählt etwa 250 hauptsächlich in Südafrika und Namibia vorkommende Arten. Aufgrund ihrer farbenprächtigen Blüten wurden seit 1690 zahlreiche Arten als „Geranien" nach Europa eingeführt und weiter gezüchtet. 1789 wurden sie jedoch von einem französischen Botaniker taxonomisch korrekt den Pelargonien zugerechnet, was Franzosen wie Deutsche jedoch nicht abhielt, die falsche, aber gewohnte Bezeichnung „Geranie" weiter zu verwenden. Züchtungen, die in der Biedermeierzeit ihren Höhepunkt fanden, schufen u. a. „Hänge-Geranien" und „Stehende Geranien" mit einfachen, halbgefüllten oder gefüllten Blüten in allen Rot- und Rosa- bis Weißtönen.

Vorkommen:

G. sylvaticum ist in ganz Europa bis einschließlich Sibirien verbreitet. Das Vorkommen von *G. robertianum* reicht von Europa bis weit in den asiatischen Raum, auch in Nordamerika kommt die Art vor. Die frostempfindliche, nichtheimische Gattung *Pelargonium* kommt in warmen Regionen Europas auch verwildert vor.

Bild 1-2: *Geranium sylvaticum.* **Bild 1:** Blüte sowie unreife, noch grüne Spaltfrüchte. **Bild 2:** Reife Spaltfrüchte. Aus der Spaltfrucht in der Mitte wurden die Samen aus den hellen, schüsselförmigen Fruchtfächern geschleudert. Rechts im Bild eine reife, noch ungeöffnete Frucht. An der Basis sind die wulstigen Fruchtfächer, in denen die Samen liegen, zu erkennen. **Bild 3-4:** *Geranium robertianum.* **Bild 3:** Die Blüte wird von einem nektarsaugenden Rapsweißling bestäubt. **Bild 4:** Fruchtreife: Die Teilfrüchte beginnen sich abzulösen. **Bild 5-6:** *Pelargonium.* **Bild 5:** Die farbenfrohen Blüten einer Pelargonie. **Bild 6:** Teilfrucht mit Fallschirm.

Ein häufiger Begleiter nährstoffreicher Wälder ist die Echte Nelkenwurz (*Geum urbanum*), eine bis 60 cm hohe Halbrosettenstaude. Aus einem rübenförmigen Wurzelstock wachsen im Frühjahr große, gestielte, gefiederte Grundblätter. Später erscheinen die verzweigten, braunrot verfärbten Stengel mit dreizählig geteilten Blättchen. Von Mai–August blühen die goldgelben, aufrechten Blüten. Wie für einige Rosengewächse typisch, ist den 5 grünen Kelchblättern ein schmaler, ebenfalls grüner Außenkelch vorgelagert. Den leuchtend gelben Kronblättern folgen zahlreiche Staubblätter. Die 60–80 freien, winzigen Fruchtblätter (chorikarpes Gynoeceum) stehen auf der gewölbten Blütenachse, die später als Fruchtträger dient.

Blütenbiologisch handelt es sich um nektarführende Scheibenblumen, die von Fliegen, Schwebfliegen und Käfern bestäubt werden. Sie gelangen leicht an den zwischen den Staubblättern abgesonderten Nektar.

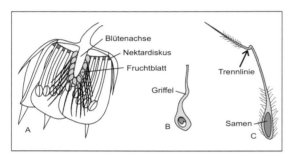

Abb. 11-21: *Geum rivale*. A: Nickende Blüte längs. B: Ein Fruchtblatt zur Blütezeit. C: Ein Nüßchen mit langem, geknickten Griffel. An der Knickstelle löst sich das obere Drittel des Griffels ab.

An feuchten bis nassen Standorten wächst die verwandte Bach-Nelkenwurz (*G. rivale*) mit nickenden, von April-Juni erscheinenden Blüten. Kelch und Außenkelch sind braunrot, die Kronblätter außen weißrötlich und innen gelb. Die zahlreichen Fruchtblätter sitzen der zapfenförmig gewölbten Blütenachse an. Im Gegensatz zu *G. urbanum* sind die zahlreichen Staub- und Fruchtblätter von den hochgeschlagenen Kelch- und Kronblättern umschlossen. Blütenbiologisch handelt es sich um Glockenblumen, die von Bienen und Hummeln bestäubt werden. Diese hängen sich unten an der Blüte fest, stecken Kopf und Vorderbeine in die Blüte, gelangen mit ihrem Rüssel an den Nektar, während der Pollen auf sie herab rieselt. Schwebfliegen begnügen sich mit dem reichlichen Pollenangebot. Bei beiden *Geum*-Arten kommt es auch zur Selbstbestäubung.

Frucht:

Aus jedem der zahlreichen Fruchtblätter einer Blüte entwickelt sich ein kleines, behaartes Nüßchen. Sie stehen an der während der Fruchtentwicklung stark vergrößerten, zapfenförmigen Blütenachse, die als Fruchtträger dient. Typisch für die Gattung ist der an den Früchten verbleibende Griffel, der sich zu einer Granne verlängert und verhärtet. Die Früchte beider Arten sind einschließlich des Griffels etwa 12 mm lang. Dieser ist im oberen Drittel geknickt, dort befindet sich ein zartes Trenngewebe. Bei Fruchtreife löst sich das Endstück über dem Knick ab und es bleibt ein langer, oben hakenförmig gekrümmter Griffelrest an dem Nüßchen zurück.

Ausbreitung:

Der hakenförmige, verholzte Griffelrest dient innerhalb der gesamten Gattung als Ausbreitungsorgan. Der Griffelhaken der aufrecht orientierten Nüßchen ist nach außen gerichtet. Die einzelnen Nüßchen werden durch vorbeilaufende Tiere abgestreift und im Fell von Rindern, Schafen und Damwild als Hakenkletten mitgeführt (Epichorie). Auch an der Kleidung haften sie fest. *G. urbanum* wurde vermutlich mit dem Transport von Schafwolle nach Nordamerika, Australien und Neuseeland eingeschleppt (Agochorie).

Nutzung:

G. urbanum war bereits im Altertum als Heilpflanze bekannt. Im Mittelalter wurde der Wurzelstock bei Leberleiden, Gelbsucht, Wassersucht, Ruhr und Unterleibskoliken verabreicht. Bis heute hat sich die Anwendung als Gurgelmittel bei Zahnfleischerkrankungen bewährt. Der Wurzelstock enthält das ätherische Nelkenöl (Eugenol), das man sonst von den Gewürznelken kennt. Darauf bezieht sich auch der Gattungsname (griech. *geuein*=schmecken). Früher verwendete man statt der sehr teuren Gewürznelken das pulverisierte Rhizom von *G. urbanum*. Auch Bier und Wein wurden damit aromatisiert.

Vorkommen:

Lichte Auen- und Eichen-Hainbuchen-Wälder sind die natürlichen Standorte von *G. urbanum*. Die nährstoffliebende Art findet sich heute auch in anderen, eher degenerierten Laubwäldern. Sie ist ein häufiger Begleiter halbschattiger Waldwege und Gebüsche, ist aber auch auf schattigen, nährstoffreichen Ruderalfluren in den Städten (lat. *urbanum*=städtisch) zu finden. *G. rivale* wächst auf Feucht- und Moorwiesen, in Hochstaudenfluren sowie an Gräben und Bächen (lat. *rivalis*=Bach). Beide Arten sind in fast ganz Europa und Teilen Asiens heimisch.

Bild 1-3: *Geum urbanum*. **Bild 1:** Fruchtstand kurz vor der Reife. Die zahlreichen, begrannten Nüßchen besitzen noch ihren oberen, abgeknickten Griffelabschnitt. **Bild 2:** Reifer Fruchtstand. Die Hälfte der Nüßchen wurde ausgebreitet, so daß der Blick auf die zapfenförmige Blütenachse frei wird. An den Nüßchen wurde der obere Griffelabschnitt abgeworfen, zurück bleibt ein etwa 4 mm langer Griffelhaken. **Bild 3:** Blüte in Aufsicht. Die 3eckigen Kelchblätter stehen zwischen den Kronblättern. Der schmale Außenkelch ist von der Krone verdeckt. Im Blütenzentrum blickt man auf die zahlreichen Griffel. **Bild 4:** *Geum rivale*. Früchte kurz vor der Reife. Im Gegensatz zu *G. urbanum* ist der Griffelbereich über dem Knick stark behaart.

Auf trockenen Standorten des Mittelmeerraumes wächst das Kretische Röhrenkraut (*Hedypnois cretica*). Die einjährige, zerstreut behaarte Pflanze wächst bis 40 cm in die Höhe. Am Ende des ein wenig verdickten Stengels erscheinen von April–Juli einzelne, gelbe Blütenköpfchen, die den typischen Aufbau der Korbblütler zeigen. Sie bestehen aus zahlreichen gelben, zwittrigen Zungenblüten, Röhrenblüten fehlen. Die 5 Kronblätter sind zu einer etwa 1 cm langen Zunge verwachsen, die an der Basis in eine enge, hellere Kronröhre übergeht, die dem Fruchtknoten ansitzt. Die Zunge ist oben 5zähnig und am Rand oftmals dunkel gezeichnet. Die ebenfalls 5 gelben Staubblätter sind, wie für die Korbblütler typisch, zu einer Staubblattröhre verklebt. Der 4–5 mm lange, unterständige Fruchtknoten ist einfächerig und beinhaltet eine Samenanlage. Der Griffel verlängert sich während der Blütezeit und endet mit 2 gelben Narbenästen. Es handelt sich um vormännliche Scheibenblumen, die von Bienen und Hummeln bestäubt werden.

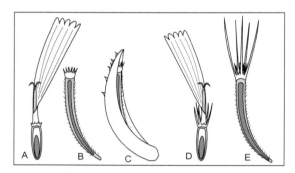

Abb. 11-22: *Hedypnois cretica*. A-C: Blüte bzw. Achänen aus dem Randbereich des Blüten- bzw. Fruchtköpfchens. A: Zungenblüte. B: Achäne mit kurzem Pappus. C: Die Achäne von Abb. B ist von dem verhärteten Hüllblatt eingeschlossen. D-E: Blüte bzw. Achäne aus dem Zentrum. D: Zungenblüte. E: Achäne mit langem Pappus und kurzem Pappussaum.

Wie für die Familie typisch, ist der Kelch als Pappus ausgebildet. Schon zur Blütezeit kann man 2 verschiedene Pappustypen an den Blüten erkennen. Bei den randständigen Zungenblüten ist der Fruchtknoten von einem kurzen, nur 0,5 mm langen, häutigen Pappussaum gekrönt. Die Blüten im Zentrum besitzen neben dem kurzen Pappussaum auch längere Pappusstrahlen. Diese Differenzierung setzt sich in der Fruchtentwicklung fort.

Eingefaßt wird jedes Blütenköpfchen von 2 Reihen Hüllblättern. Die äußeren sind nur 0,5 mm lang, lanzettlich und werden bald abgeworfen. Der innere Kreis besteht aus über 10 mm langen, fleischigen Hüllblättern, die das Öffnen und Schließen des Blütenköpfchens bewirken.

Frucht:

H. cretica ist für seine unterschiedlichen Achänen bekannt (Heterokarpie), die zu den Nüßchen gezählt werden. In der Mitte des Köpfchens stehen stark gekrümmte, dunkelbraune Achänen. Sie sind etwa 8 mm lang und schlank (1–1,5 mm dick) und besitzen an ihrer Spitze einen kurzen Pappussaum sowie 5 strohfarbene, bis 7 mm lange Pappusstrahlen, die leicht abbrechen. Die randständigen Achänen erkennt man nicht so einfach, da sie von den großen, inneren Hüllblättern umschlossen sind. Ihr Pappus ist kurz, die 1–2 mm langen, „stoppeligen" Pappusstrahlen formen ein unauffälliges Krönchen.

Die fleischigen Hüllblätter umschließen schützend die Achänen eines Fruchtköpfchens während der Fruchtentwicklung und geben diese erst bei Reife und Trockenheit frei. Die Hüllblätter der Fruchtköpfchen sind bei Fruchtreife hart, zugespitzt und an ihrer Rückseite zur Spitze hin mit abstehenden, festen Stacheln bewehrt.

Ausbreitung:

Bei Fruchtreife krümmen sich die ehemals fleischigen, großen Hüllblätter infolge Austrocknung ein und das Fruchtköpfchen öffnet sich. Die in der Mitte stehenden Achänen verhaken sich mithilfe ihrer langen, rauhen Pappusstrahlen im Fell vorbeistreifender Tiere und werden so einzeln als Kletten bzw. Klethhafter ausgebreitet. Oftmals werden auch Fruchtköpfchen aufgerissen und Teile oder auch der gesamte Fruchtstand verschleppt (Epichorie). Die meisten Fruchtstände werden jedoch als Bodenroller ausgebreitet, indem das Fruchtköpfchen vom Stengel abbricht und vom Wind vorangetrieben wird (Chamaechorie). Die äußeren Achänen werden von den kräftigen, krallenförmigen Hüllblättern fest umschlossen und geschützt. Das ganze, sehr robuste Körbchen dient so als eine Ausbreitungseinheit. Durch Verwitterung entlassen die Hüllblätter später ihre Achänen, die dann unter geeigneten Bedingungen auskeimen können.

Während des 1. Weltkrieges gelangten die Früchte mit den Zitronentransporten und der Gefangenenpost als Importbegleiter von Italien in einige Schweizer Bahnhöfe und etablierten sich in deren Umfeld für einige Jahre (Agochorie).

Vorkommen:

H. cretica ist im gesamten Mittelmeergebiet und auf den Kanarischen Inseln heimisch. Die Pflanze wächst auf steinigen, trockenen Standorten und Brachen.

Hedypnois cretica. **Bild 1:** Ein etwa 2 cm breites Blütenköpfchen in Aufsicht. Es besteht aus zahlreichen, an der Spitze 5zähnigen Zungenblüten. **Bild 2:** Blütenstand von der Seite. Das Köpfchen wird von 2 Reihen Hüllblättern eingefaßt: Die äußeren Hüllblätter sind klein und unauffällig, während die inneren Hüllblätter groß, lanzettlich und fleischig sind. **Bild 3:** Offenes, reifes Fruchtköpfchen. Durch seine gekrümmten, zugespitzten Hüllblätter erscheint das Köpfchen krallenförmig. Im Zentrum stehen die schlanken Achänen mit langen Pappusstrahlen. Die rundlichen Achänen mit dem kurzen stoppeligen Pappus werden von den verhärteten Hüllblättern umschlossen.

Ein erster Frühjahrsbote der Laubwälder und Parkanlagen ist das in Europa heimische Leberblümchen (*Hepatica nobilis*). Die ausdauernde, bis 15 cm hohe Halbschattenpflanze besitzt grundständige, 3lappige, wintergrüne Laubblätter, die sich erst nach der Blüte entwickeln. Die im März blühenden Blüten sind einzeln auf langen Stengeln angeordnet und bestehen aus 5–10 auffällig blau gefärbten, gleich gestalteten Blütenblättern (Perigon). Die Schutzfunktion des fehlenden Kelches wird von 3 grünen, dicht unter der Blüte angeordneten Hochblättern übernommen.

Im Zentrum der Blüte befinden sich zahlreiche kleine, längliche Fruchtblätter mit kopfigen Narben (chorikarpes Gynoeceum). Die behaarten Fruchtblätter werden von einem Kreis weißlicher Staubblätter umgeben, die einen Farbkontrast zur Blütenhülle bilden. Bei Nacht und Regen schließt sich die Blüte. Die tägliche Öffnung erfolgt durch Wachstumsbewegungen der Blütenhüllblätter, wodurch diese sich von Tag zu Tag ein wenig verlängern.

Blütenbiologisch handelt es sich um einfach gestaltete Scheibenblumen, die von pollenfressenden und -sammelnden Insekten, besonders Käfern, Bienen und Schwebfliegen bestäubt werden.

Frucht:

Aus jedem der kleinen Fruchtblätter entwickelt sich nach der Befruchtung ein 4–5 mm langes, an der Basis kurz gestieltes, unauffälliges Nüßchen. Der verbleibende Griffelrest bildet einen kurzen Schnabel. Die grünen Nüßchen sitzen der verdickten, halbkugeligen Blütenachse an. Die Früchte ähneln den Nüßchen einiger Anemonen (→ *Anemone nemorosa*), auf deren nahe Verwandtschaft die frühere wissenschaftliche Bezeichnung – *Anemone hepatica* – hindeutet.

Die Fruchtentwicklung dauert nur 2 Monate und verläuft im Gegensatz zu den meisten Pflanzen damit sehr schnell. So sind an der von März-April blühenden Pflanze schon im Mai die Früchte ausgereift. In dieser kurzen Zeit hat sich jedes Fruchtblatt in seiner Größe verdoppelt bis verdreifacht. Unterstützt wird diese schnelle Reifung durch die assimilierenden, grünen Hochblätter direkt unter der Blüte, so daß auf zeitaufwendige Stofftransporte über weite Strecken innerhalb der Pflanze verzichtet werden kann. Auch die Hochblätter haben sich vergrößert und umhüllen schützend die wachsenden Nüßchen. Während der Fruchtentwicklung verlängert sich auch der Stengel bogenförmig, so daß sich die Fruchtköpfe schließlich kurz über den Erdboden neigen.

Ausbreitung:

Die schnelle Fruchtentwicklung des Leberblümchens ist ganz auf seine Ausbreitung durch Ameisen abgestimmt, die im Frühsommer ihre höchste Sammelaktivität zeigen. Der Fruchtstiel hebt sich als fleischige, weißliche Bildung von der übrigen Frucht ab. Er stellt ein ölhaltiges Elaiosom dar (→ Abb. 3-3), an dem vor allem Garten- und Waldameisen interessiert sind. Den Ameisen wird ihre Nahrungssuche sehr einfach gemacht, so wachsen die Fruchtköpfchen mithilfe des sich verlängernden Stengels zum Boden hin, und die reifen Nüßchen fallen herab. Diese werden in den Ameisenbau verschleppt, das Elaiosom abgetrennt und die ansonsten unbeschädigte Frucht nach außen abgelegt, wo sie unter entsprechenden Umweltbedingungen auskeimen kann (Myrmechorie). Im Gegensatz zu den meisten Nußfrüchten verholzen die Nüßchen des Leberblümchens nicht, wodurch die Ameisen das Elaiosom ohne Probleme von der Fruchtwand abtrennen können.

Nutzung:

Der Name des Leberblümchens (lat. *hepaticus*=die Leber betreffend) bezieht sich auf die 3lappigen Laubblätter, die an die ähnlich gelappte Leber der Säugetiere erinnern. Entsprechend der mittelalterlichen Signaturenlehre, daß Heilmittel ihre Wirksamkeit durch die äußere Gestalt demonstrieren, galt das Leberblümchen als Mittel gegen Leberleiden. Auch bei Erkrankungen von Milz und Lunge wurde es verabreicht, ebenso äußerlich bei Wunden und Ausschlägen. Heute wendet die Homöopathie die Essenz aus frischen Blättern bei Bronchitis an. Das Leberblümchen ist durch seinen Gehalt an Protoanemonin, Anemonin, und Saponinen in allen Teilen giftig.

Aus der Kultur kennt man zahlreiche Formen mit rosa oder weißen Blüten. Beliebt ist besonders das aus Rumänien stammende Transsilvanische Leberblümchen (*H. transsilvanica*) mit 5lappigen Blättern und etwas größeren Blüten.

Vorkommen:

H. nobilis ist in ganz Europa, Japan, Korea und Nordamerika verbreitet und kommt meist in größeren Beständen in Buchen-, Eichen- und Nadelmischwäldern vor. Es bevorzugt kalkige Böden. In einigen Bundesländern Deutschlands kommt es, nicht zuletzt wegen der Sammelaktivitäten vieler „Blumenliebhaber", die die Pflanzen oftmals ausgraben, nur noch selten vor und steht auf der Roten Liste.

Hepatica nobilis: **Bild 1:** Blüte mit kelchartigen Hochblättern. Im Blütenzentrum sind die grünen, flaschenförmigen Fruchtblätter mit weißlichen Narben erkennbar. **Bild 2:** Reife, sich auf die Erde neigende Fruchtköpfchen. Die vergrößerten Hochblätter umgeben schützend die Nüßchen. **Bild 3:** Einblick in ein Fruchtköpfchen mit mehreren grünen, behaarten Nüßchen von 2-5 mm Länge, die beiden größeren sind ausgereift.

Der vor allem in Süddeutschland auf Kalkmagerrasen und Felsen wachsende Schopfige Hufeisenklee (*Hippocrepis comosa*) ist ein kleiner Halbstrauch mit niederliegendem bis aufsteigendem, stark verzweigtem Stengel. Er besitzt 5–7 paarig gefiederte Blätter. Die lebhaft gelb gefärbten, duftenden Blüten erscheinen im Mai und sind in 4–8blütigen Dolden angeordnet. Der bräunliche Kelch ist 2lippig. Die Blüten sind wie für die Schmetterlingsblütengewächse typisch aus Fahne, Flügel und Schiffchen aufgebaut. Über den Pumpmechanismus wird der Besucher eingestäubt (näheres → *Lotus corniculatus*). Die auffällig gelb gefärbten Kronblätter und der am Blütengrund verborgene Nektar locken Bestäuber wie Honig- und Mauerbienen sowie Hummeln an. In den Alpen zählen auch Tagfalter zu den Bestäubern. Eine sehr ähnliche Blütenbiologie zeigt auch der in den bergigen Regionen Mallorca's vorkommende, ebenfalls gelb blühende Balearen-Hufeisenklee (*H. balearica*).

Frucht:

Aus jeder Blüte entsteht eine flache, 2–3 cm lange Bruchfrucht aus bis zu 6 Gliedern. Sehr ungewöhnlich ist die hufeisenförmige Gestalt der einzelnen Fruchtglieder, die für die gesamte Gattung namensgebend ist (griech. *hippos*=Pferd, *krepis*=Schuh, Hufeisen). Die Bruchfrucht ist leicht geschwungen, bei Reife hellbraun und durch Pappillen auf der Oberfläche rauh. An der Spitze verbleibt der aufwärts gekrümmte Griffelrest. Die abgeflachten, hufeisenförmigen Fruchtglieder (Teilfrüchte) sind über dem sichelförmig gebogenen Samen verdickt.

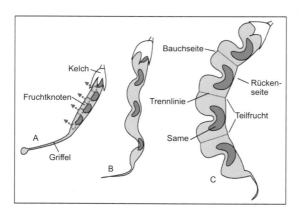

Abb. 11-23: Fruchtentwicklung von *Hippocrepis balearica* in Längsschnitten. A: Fruchtknoten zur Blütezeit mit 4 Samenanlagen. Die Wachstumszonen an der Bauchseite und ihre bevorzugte Wachstumsrichtung sind markiert. B: Junge Frucht, die infolge des partiell geförderten Wachstums der Bauchseite leicht gewölbt ist. C: Reife Bruchfrucht mit hufeisenförmigen, einsamigen Teilfrüchten.

Die einzelnen Fruchtglieder (Teilfrüchte), zu Beginn der Fruchtentwicklung nur leicht gebogen, sind bei Reife hufeisenförmig. Wie entstehen solche bizarren Formen? Am Beispiel des Balearen-Hufeisenklee (*H. balearica*) soll die Fruchtentwicklung kurz erläutert werden: Im Fruchtknoten befindet sich zwischen den Samenanlagen ein schwammiges Gewebe, das während der Fruchtentwicklung an der Bauchseite des Fruchtknotens wesentlich stärker wächst, als an der gegenüberliegenden Rückenseite. Durch dieses stellenweise verstärkte, einseitige Wachstum der Frucht entsteht zwischen den Samen eine Wölbung, die immer stärker heranwächst, bis sich schließlich eine tief gelappte Frucht entwickelt. Die Samen liegen in den schmalen Abschnitten zwischen den Ausbuchtungen, in denen es kein verstärktes Wachstum gab. Dort liegt ein zartes Trenngewebe, dessen quer zur Längsachse verlaufende Trennlinien bei den reifen Früchten deutlich erkennbar sind.

Bei Fruchtreife zerfällt die Bruchfrucht entlang der Trennlinien in ihre 4–6 einsamigen, hufeisenförmigen Teilfrüchte. Sie bleiben verschlossen und stellen deshalb kleine Nüßchen dar. Die 5–8 mm langen Teilfrüchte können erst bei Verwitterung der Fruchtwand auskeimen. Die Gattung *Hippocrepis* mit ihren charakteristischen Bruchfrüchten ist erneut ein Beispiel für die vielen Abweichungen vom familientypischen Fruchttyp der Schmetterlingsblütengewächse, der Hülse.

Ausbreitung:

Bei Fruchtreife werden die doldig angeordneten Bruchfrüchte durch den während der Fruchtentwicklung verlängerten Stengel aus der meist niederwüchsigen Vegetation ein wenig emporgehoben. Die einsamigen, abgeflachten und an den Enden etwas geflügelten Teilfrüchte beider *Hippocrepis*-Arten werden als Flügelflieger durch den Wind ausgebreitet (Anemochorie). *H. comosa* wird von weidenden Wildtieren wie Gemsen, Schafen und Ziegen mit dem Grünfutter abgeweidet und die Teilfrüchte unbeschädigt ausgeschieden (Endochorie). Vermutlich wird auch *H. balearica* auf diese Weise ausgebreitet. Die Oberfläche der Früchte beider Arten ist durch Pappillen rauh, so daß es vermutlich auch zur Klettausbreitung durch Weidevieh und Kleinsäuger kommt (Epichorie).

Vorkommen:

H. comosa wächst als kalkliebende Pflanze auf warmen, nährstoffarmen Böden, Felsen und Schutt. Die Pflanze ist von der Ebene bis in die alpine Stufe Europas, besonders im Süden und in den Alpenländern, zu finden. Der in den Felsregionen der Balearen (Mallorca, Ibiza, Formentera, Menorca) wachsende *H. balearica* ist eine endemische Art, die nur auf diesen 4 Inseln vorkommt.

Bild 1-2: *Hippocrepis balearica*. **Bild 1:** Fast ausgereifte, schopfig angeordnete Bruchfrüchte, die beginnen auszutrocknen. **Bild 2:** In einzelne Teilfrüchte (Nüßchen) zerfallene Bruchfrucht. In den verdickten, U-förmigen Bereichen befindet sich der sichelförmige Same. Teilfrucht rechts unten mit verbleibendem Griffel. **Bild 3-4:** *Hippocrepis comosa*. **Bild 3:** Blüten in einer Dolde angeordnet. **Bild 4:** Reife Bruchfrüchte kurz vor dem Zerfall.

Der Färber-Waid (*Isatis tinctoria*) bevorzugt entsprechend seiner mediterranen Herkunft trockene, sommerwarme Standorte und ist deshalb hauptsächlich auf Ruderalstellen, Magerrasen, ehemaligen Weinbergen und Böschungen im süddeutschen Raum vereinzelt zu finden.

Die stark verzweigte, hoch wachsende, blaugrüne Halbrosettenpflanze bildet gelbe, doldenartige Blütentrauben, die von Mai–Juli erblühen. Blütenkrone und Kelch bestehen aus je 4 freien Blütenblättern, die kreuzweise, wie für die Familie der Kreuzblütler typisch, angeordnet sind. Am Grund der sechs Staubblätter befindet sich ein ringförmiges Nektarium. Der Fruchtknoten ist oberständig und besteht aus 2 miteinander verwachsenen Fruchtblättern. Bei den Blüten handelt es sich um nektarführende Scheibenblumen, die von verschiedenen Insekten bestäubt werden.

Frucht:

Aus dem Fruchtknoten entwickelt sich eine flache, einsamige Frucht, die rundherum geflügelt ist. Der Flügel besteht aus einem schwammigen, lufthaltigen Gewebe, das den Samen umhüllt. Bei Fruchtreife färben sich die ehemals grünen Früchte über dunkelviolett nach schwarz und sind für den düsteren Eindruck der Pflanzen zur Fruchtreife verantwortlich.

Die geflügelten, leicht gebogenen Früchte ähneln den Flügelnüssen der Eschen (*Fraxinus*). Die etwa 2 cm langen Früchte öffnen sich nicht, wie man es von den Schoten der Kreuzblütler kennt. Vielmehr bleiben sie geschlossen und stellen somit Schließfrüchte, also Nüsse dar. Die Flügelnüsse des Färber-Waid zählen zu den Frucht-Sonderformen innerhalb der Kreuzblütler.

Ausbreitung:

Die Flügelnüsse von *I. tinctoria* sind an die Ausbreitung durch den Wind angepaßt (Anemochorie). Die flachen Früchte hängen an den während der Fruchtreifung verlängerten Fruchtstielen nach unten. Sie werden von starken Windböen abgerissen und taumeln dann langsam als Drehflieger zu Boden. Die Ausbreitungsdistanz dürfte in unseren Breiten jedoch nur bei wenigen Metern liegen, da die Pflanze nur eine Höhe von etwa 1,2 m erreicht. Drehflieger, die sich um die eigene Achse drehen, benötigen starke Winde oder hohe Abflugpositionen, um weitere Flugdistanzen zurückzulegen. Effektiver dürfte die Ausbreitung als Flieger jedoch in den heimischen Steppengebieten des östlichen Mittelmeerraumes und Westasiens vonstatten gehen.

Früher wurde der Färber-Waid hauptsächlich durch den Menschen ausgebreitet. Seit dem 9. Jahrhundert wurde er in deutschen Landen als wertvolle Färbepflanze angebaut und verwilderte schon bald als sogenannter Kulturflüchter (Ethelochorie). Seit dem 13. Jahrhundert gilt die Pflanze als eingebürgert, sie wird als Archäophyt bezeichnet.

Nutzung:

Der Färber-Waid zählt als Färbepflanze zu den ältesten Kulturpflanzen. Sie ist die einzige europäische Färbepflanze zum Blaufärben. Schon von den alten Kelten, Germanen und Slaven wurde der Färber-Waid zum Blaufärben verwendet und von den Römern kultiviert (lat. *tinctorius*=zum Färben verwendet). Caesar hatte über die Einwohner Britanniens folgendes schriftlich festgehalten: „Alle Britannier färben sich mit Waid (*vitrum*) blau, und sehen daher in der Schlacht ganz schrecklich aus".

Die Blätter, die das farblose Glykosid Indican enthalten, werden geerntet, auf enzymatischem Wege in Zucker und Indoxyl gespalten und zu dem giftigen, blauen Indigo oxidiert. In Deutschland wurde der Waid seit dem 9. Jahrhundert angebaut und damit vor allem blaues Leinen eingefärbt. Brandenburg, die Lausitz, der Niederrhein und Thüringen zählten zu den wichtigsten Anbaugebieten des Färber-Waids. Um 1290 war Erfurt berühmt für seinen Waidanbau. Die Waidhändler bildeten damals die Mächtigen der Stadt und gründeten als frühe Form des Sponsoring die Universität Erfurt.

Ab dem 16. Jahrhundert wurde der aus Indien stammende Indigostrauch (*Indigofera tinctoria*) aufgrund seiner höheren, vor allem waschechten Färbekraft ein starker Konkurrent, wodurch der Anbau des Färber-Waids stetig zurückging. Die Sachsen versuchten von 1650–1653 die heimische Waidindustrie durch die Verhängung der Todesstrafe bei Verwendung des Indigostrauches zu schützen. Mit weniger drastischen Mitteln wurde auch kurzzeitig in England und Frankreich die Indigofärbung verboten. Ende des 18. Jahrhunderts förderten die Engländer im Zuge des Kolonialismus den Anbau des Indigostrauches in Ostindien, wodurch er nun seinen Durchbruch erlangte. Etwa 100 Jahre später stellte man Indigo auf synthetischem Wege her und auch der natürlich gewonnene Indigo aus Indien war nun nicht mehr konkurrenzfähig.

Vorkommen:

Die Heimat von *I. tinctoria* ist Westasien und Südosteuropa. In Deutschland wächst die Pflanze nur noch in den wärmeren, südlichen Regionen.

Isatis tinctoria. **Bild 1:** Blütenstand mit gelben Blüten in traubiger Anordnung. **Bild 2:** Junge, nach unten hängende Früchte. **Bild 3:** Reife, schwarz gefärbte, flache Nußfrüchte mit breitem Flügelsaum. Die 1,5-2 cm langen Nüßchen hängen dicht aneinandergereiht nach unten. Sie sind ein leichtes Spiel für den Wind, der die Drehflieger bei genügend Kraft mit sich reißt und ausbreitet.

Die 2jährige oder ausdauernde, bis 120 cm hohe Wilde Malve (*Malva sylvestris*) wächst auf nährstoffreichen Ruderalstellen, Äckern und Wegrändern. Sie besitzt rundliche, 3–7lappige Blätter. Die großen, gestielten, von Mai–September erscheinenden Blüten sitzen zu mehreren in den Blattachseln. Sie werden von einem 2–3blättrigen Außenkelch aus schmalen, grünen Blättern eingeleitet. Es folgen 5 bis zur Mitte miteinander verwachsene Kelchblätter. Kelch und Außenkelch sind wie der Stengel zottelig behaart. Die 5 großen, rotvioletten bis rosafarbenen Kronblätter sind tief ausgerandet und werden von dunklen Nerven durchzogen, die als Strichsaftmale zum Blütenzentrum weisen.

Die zahlreichen Staubblätter besitzen lange Staubfäden, die zu einer den Griffel umgebenden Säule verwachsen sind. Die mit den Kronblättern verwachsene Staubblattsäule verdeckt den oberständigen, aus vielen Fruchtblättern verwachsenen Fruchtknoten. Durch seine Scheidewände, den Verwachsungsstellen der Fruchtblätter, ist dieser gekammert (coenokarpsynkarp). Blütenbiologisch handelt es sich um vormännliche Scheibenblumen. Die Blüten zeichnen sich durch reichlichen Insektenbesuch, besonders von Hummeln, aus.

Frucht:

Aus dem vielfächrigen Fruchtknoten entwickelt sich eine etwa 1 cm große, scheibenförmige Spaltfrucht, die bei Reife zerfällt. Das Aussehen der mit radiären

Linien versehenen Spaltfrucht erinnert an Torten oder Käse, weshalb die Pflanze auch als Käsepappel bezeichnet wird. Der Außenkelch fällt ab, die 5 Kelchblätter verbleiben, vergrößern sich und umhüllen die reife Frucht vollständig. Die scheibenförmigen Spaltfrüchte zerfallen bei Reife – entsprechend der Anzahl der Fruchtblätter – in zahlreiche kleine „Tortenstückchen". Diese einsamigen Teilfrüchte sind kleine, harte Nüßchen, die sich entlang der Scheidewände voneinander ablösen und einzeln ausgebreitet werden.

Die Oberfläche der Teilfrüchte ist netzig-grubig skulpturiert. Die Spaltfrüchte anderer Malven sind sehr ähnlich, nur an der Größe und unterschiedlichen Oberfläche der Teilfrüchte kann man sie voneinander unterscheiden. Auch der Eibisch (*Althaea*) und die gerne als Zierpflanzen genutzten Strauchpappeln (*Lavatera*) bilden vergleichbare Spaltfrüchte.

Ausbreitung:

Bei Nässe öffnet sich der ausgetrocknete, schützende Kelch von *M. sylvestris* infolge Wasseraufnahme und Quellung. Dadurch werden die, wie in einer Schüssel liegenden Früchte dem Regen präsentiert. Die Wucht der herabfallenden Regentropfen löst die Teilfrüchte voneinander und schwemmt sie fort (Ombrochorie). Bei Trockenheit schließen sich die Kelchblätter wieder, so daß noch verbleibende Teilfrüchte erst beim nächsten Regen ausgebreitet werden. Die Teilfrüchte werden bei feuchtem Wetter infolge Quellung schleimigklebrig und können so auch über Klebausbreitung, einer Form der Klettausbreitung, am Tierfell weiter ausgebreitet werden (Epichorie).

Nutzung:

Schon den Griechen und Römern war die Wilde Malve als Heil- und Gemüsepflanze bekannt. Seit dem 17. Jahrhundert werden die Blüten offizinal genutzt. Wegen ihres hohen Schleimgehaltes werden sie als Mund- und Gurgelwasser, bei Hals- und Mandelentzündungen, Erkrankungen der Augen sowie Brustschmerzen angewendet. Die ebenfalls schleimhaltigen Laubblätter wurden als reizlinderndes und erweichendes Mittel genutzt. Malvenblüten werden Teemischungen als farbgebende (Anthocyane) sowie hustenlindernde Komponente zugesetzt.

Die Blätter wurden früher wie Spinat zubereitet. Unreife Früchte sollen auch wie Kapern in Essig eingelegt und verzehrt worden sein.

Vorkommen:

M. sylvestris ist nahezu kosmopolitisch verbreitet, ihr ursprünglicher Herkunftsort ist nicht bekannt.

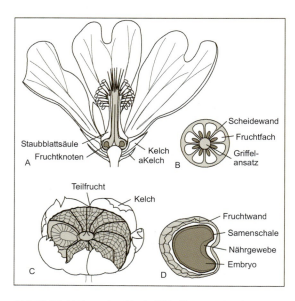

Abb.11-24: *Malva sylvestris.* A: Blüte längs. aK=Außenkelch. B: Vielfächeriger Fruchtknoten quer. C: Tortenähnliche Spaltfrucht, 2 Teilfrüchte entfernt. D: Teilfrucht längs.

Malva sylvestris. **Bild 1:** Ausschnitt aus dem Blütenstand. Deutlich ist die violett gefärbte Staubblattsäule im Blütenzentrum zu erkennen. **Bild 2:** Junge Spaltfrüchte in verschiedenen Stadien. **Bild 3:** Etwa 1 cm breite Spaltfrucht kurz vor der Fruchtreife. Deutlich ist die Unterteilung in 11 Teilfrüchte zu erkennen. Die Früchte ähneln so einer angeschnittenen Torte. **Bild 4:** Reife Spaltfrucht, die normalerweise in diesem Stadium geschlossenen Kelchblätter, wurden aufpräpariert. In der Mitte der Spaltfrucht ragt ein kleiner Zipfel heraus, der Ansatz des Griffels.

Die mit rund 60 Arten im Mittelmeerraum und Vorderasien schwerpunktmäßig vorkommende Gattung des Schneckenklees (*Medicago*) zeichnet sich durch sehr unterschiedliche, nicht nur den Botaniker immer wieder begeisternde Früchte aus. Hier werden 3, anhand ihrer Blüten und Früchte leicht erkennbare Arten, vorgestellt.

Der von Mai–September gelbblühende Hopfenklee (*M. lupulina*) ist eine ein- bis mehrjährige, sehr unauffällige Pflanze, die in Mitteleuropa weit verbreitet ist. Sie besiedelt mit ihrem stark verzweigten, niederliegenden bis aufsteigenden Stengel trockene Wiesen, Brachen und Wegränder. Ihre winzigen, nur 2 mm langen Blüten sind in 10–50blütigen Köpfchen zusammengefaßt. Der Artname bezieht sich auf die hopfenähnlichen Blütenstände (Hopfen=*Humulus lupulus*).

Im Mittelmeerraum wächst der von April–Juni blühende Scheiben-Schneckenklee (*M. orbicularis*). Seine lebhaft gelb gefärbten Blüten stehen in 1–5blütigen Blütenständen. Sehr ähnliche, 3–5blütige Blüten bildet der ebenso mediterrane Rauhe Schneckenklee (*M. polymorpha* L.).

Wie für die Schmetterlingsblütengewächse typisch, ist die Krone in Fahne, Flügel und Schiffchen unterteilt. Bestäubungsbiologisch handelt es sich um Schmetterlingsblumen mit Schnellmechanismus: Die Staubfäden sind gekrümmt, wodurch die Staubblätter unter Druck stehen. Landet der Blütenbesucher auf den Flügeln, wird das darunter liegende Schiffchen berührt und die Staubblätter schnellen heraus und bepudern den Besucher mit Pollen. Hauptsächlich Honigbienen saugen mit ihrem unerschöpflichen Sammeleifer die winzigen Nektartröpfchen aus den kleinen Blüten auf und führen dabei die Bestäubung durch. Oftmals kommt es auch zur Selbstbestäubung.

Frucht:

Aus dem einfächerigen Fruchtknoten entwickelt sich bei *M. polymorpha* und *M. orbicularis* eine schneckenförmig oder spiralig eingerollte Nußfrucht, die so gar keine Ähnlichkeit mit den für die Familie der Schmetterlingsblütengewächse typischen Hülsenfrüchten zeigt. Das Einrollen der Nußfrüchte in Links- oder Rechtsrichtung geschieht durch stärkeres asymmetrisches Wachstum einer Fruchtseite. *M. orbicularis* bildet schneckenförmig eingerollte, flache Nüßchen mit 4–6 Windungen. Diese kann man wie Girlanden leicht auseinander ziehen. Die dünne, bei Reife pergamentartige Fruchtwand birgt im Inneren mehrere braune, flache Samen. Sie liegen in voneinander abgetrennten, luftgefüllten Hohlräumen. Die stachellose Frucht ist bei Reife hellbraun und zeigt eine Breite von 10–17 mm. Von vorne oder hinten betrachtet, sind die Früchte scheiben- bzw. kreisförmig (lat. *orbis*=Kreis, kreisförmig).

Wesentlich kompaktere Früchte bildet *M. polymorpha*. Seine unreifen, grünen Früchte sind fleischig und trocknen zum Ende der Fruchtentwicklung aus. Die schneckenförmigen Früchte besitzen meist 4–6 Windungen und sind bei Reife dunkelbraun gefärbt. Die bis 10 mm langen Früchte sind mit zahlreichen festen, 3–4 mm langen, meist geraden Stacheln bewehrt.

Völlig anders geformt sind die Früchte von *M. lupulina*. Die zahlreichen, nierenförmig gebogenen Nüßchen sind in einem 1–1,5 cm langen Fruchtstand angeordnet. Bei Reife sind die rund 3 mm langen, einsamigen Früchte schwarz gefärbt und weiß behaart. Sie besitzen durch eine längs verlaufende Nervatur eine rauhe Oberfläche.

Für alle *Medicago*-Früchte gilt: Es handelt sich um Nußfrüchte mit fester, sich nicht öffnender Fruchtwand. Erst durch Verwitterung können die Samen auskeimen.

Ausbreitung:

Von Sommer bis Wintereinbruch werden die Nüßchen von *M. lupulina* hauptsächlich endochor durch Weidevieh (Pferde, Rinder, Schafe) sowie Hirsche, Rehe und Ziegen ausgebreitet. Die unauffälligen Früchtchen werden mitsamt des Grünfutters gefressen. Auch als Regenschwemmlinge sollen die Nüßchen ausgebreitet werden (Ombrochorie). Früher wurde *M. lupulina* als Futterpflanze angebaut und dadurch auch als Kulturpflanze ausgebreitet (Ethelochorie). Da ihre Ertragsfähigkeit jedoch im Vergleich zu anderen Grünfutterarten gering ist, wird sie heute nur noch selten angebaut. Die flachen, schneckenförmigen Nüßchen von *M. orbicularis* werden als Bodenroller ausgebreitet. Der Wind treibt die infolge ihrer luftgefüllten Hohlräume leichten Früchte auf dem Boden hüpfend voran (Chamaechorie).

Die stachelig bewehrten Nüßchen von *M. polymorpha* werden als Klettfrüchte ausgebreitet (Epichorie). Besonders in der Wolle von Schafen bleiben die Früchte als sogenannte Wollkletten hängen und sind nur schwer zu entfernen. Auch andere, bewehrte Arten, wie der mediterrane *M. arabica*, werden auf diese Weise ausgebreitet. In der geschorenen Wolle fest verhakt, gelangten die Früchte früher als Schafwollbegleiter bei deren Ausfuhr in andere Länder (Agochorie). In Mittel- und Nordeuropa konnte sich der wärmeliebende *M. polymorpha* jedoch nicht etablieren.

Vorkommen:

M. lupulina ist heute fast weltweit verbreitet. *M. orbicularis* und *M. polymorpha* wachsen auf Kultur- und Brachland sowie Wegrändern des Mittelmeergebietes, der Kanaren und Südwestasiens. *M. polymorpha* konnte sich darüberhinaus in den warmen Regionen der Erde einbürgern.

Bild 1-2: *Medicago lupulina.* **Bild 1:** Blütenstände mit zahlreichen, winzigen hopfenartig angeordneten Schmetterlingsblüten. **Bild 2:** Reife, nierenförmige, 2-3 mm lange Nußfrüchte. **Bild 3-4:** *M. polymorpha.* **Bild 3:** Blüten in wenigblütiger Traube. **Bild 4:** Reife, schneckenförmige, stachelige Nußfrucht von etwa 8 mm Länge. **Bild 5:** *M. orbicularis.* Reife, schneckenförmig bzw. spiralig gewundene, stark abgeflachte Nußfrüchte in verschiedenen Ansichten.

Eine bekannte Kulturpflanze ist die Futter-Esparsette (*Onobrychis viciifolia*), die man heute auch wildwachsend kennt. Sie ist durch ihre bis 4 m tiefen Wurzeln an trockene Standorte angepaßt und kommt in erster Linie auf Magerwiesen gemeinsam mit dem Wiesen-Salbei (*Salvia pratensis*) sowie auf Trockenrasen und Böschungen vor. Die ausdauernde, meist aufrechte und mehrstengelige Pflanze erreicht eine Wuchshöhe von bis zu 70 cm. Ihre Laubblätter sind in 6 bis 12 paarige Fiederblättchen geteilt und ähneln den Blättchen der Wicken (lat. *vicia*=Wicke; *folium*=Blatt). Die hellroten von Mai-Juli erscheinenden Blüten sind in lang gestielten, zuerst eiförmigen, später verlängerten Trauben angeordnet. Die Kelchblätter sind an der Basis verwachsen und enden in 5 langen, lanzettlichen Zipfeln. Die rosa Krone besitzt den typischen Aufbau der Schmetterlingsblütengewächse.

Eine sehr ähnliche Art ist die von Juni-Juli blühende Sand-Esparsette (*O. arenaria*), die eine noch stärkere Affinität zu trockenen Standorten zeigt und ausschließlich auf Trockenwiesen und Felssteppen wächst. Sie wird nicht über 50 cm hoch und entwickelt etwas kleinere, ebenso hellrot gefärbte Blüten.

Die Blüten der gesamten Gattung sind nektarführende Schmetterlingsblumen mit Klappmechanismus als einfachste Bestäubungsvorrichtung unter den Schmetterlingsblütengewächsen. Setzt sich der Blütenbesucher auf das oben offene Schiffchen, werden die beiden Flügel mitsamt des Schiffchens nach unten gedrückt. Die Staubblattröhre tritt gemeinsam mit dem Griffel nach oben aus dem Schiffchen heraus. Zuerst kommt der längere Griffel mit dem Bauch des Besuchers in Kontakt und nimmt dabei mitgebrachten Pollen auf. Dann wird der Besucher mit Pollen eingestäubt. Aufgrund der kurzen Kelchröhre (nur bis 3 mm Länge) ist der Nektar auch kurzrüsseligen Bienen und Schwebfliegen zugänglich. Aufgrund des großen Nektarangebots ist *O. viciifolia* eine geschätzte Bienenweide und so zählt die Honigbiene zu den häufigsten Bestäubern. Doch auch Tagfalter kann man öfter beobachten.

Frucht:

Aus dem einfächerigen Fruchtknoten der Esparsetten entwickelt sich ein abgeflachtes, halbkreisförmiges Nüßchen. Der Rand wird von einer harten, stacheligen Zahnreihe gesäumt, deren Zähnchen bei *O. viciifolia* eine Länge von 0,5–1 mm aufweisen. Die Fruchtoberfläche ist durch eine hervortretende Nervatur verstärkt, die mit etwa 0,1 mm langen Stacheln besetzt ist. Die Nüßchen sind bei Reife 5–6 mm lang und enthalten einen einzigen, bis 3 mm langen, nierenförmigen Samen. Mitunter konnten wir beobachten, daß die reifen Früchte von *O. viciifolia* an der Schmalseite – der Rückennaht – infolge Trockenheit aufspringen. Hier sind also noch die Übergänge zu den Hül-

senfrüchten, dem typischen, ursprünglichen Fruchttyp der Schmetterlingsblütegewächse manifestiert. Die Früchte von *O. arenaria* besitzen einen ausgeprägteren Zahnkamm mit bis zu 2 mm langen Zähnchen. Ansonsten sind die Früchte schwer von *O. viciifolia* unterscheidbar.

Wesentlich auffälliger bewehrt ist die im Mittelmeerraum wachsende Hahnenkamm-Esparsette (*O. caput-galli* LAM.). Ihr dorniger Zahnkamm besteht aus bis zu 5 mm langen, kräftigen Zähnen (lat. *gallus*=Hahn).

Ausbreitung:

Die reifen Nußfrüchte von *O. viciifolia* und *O. arenaria* werden von August–November mithilfe ihrer stacheligen Zähnchen als Kletten ausgebreitet (Epichorie). Der Kelch unterstützt die Klettwirkung durch seine langen, lanzettlichen, abgespreizten Zähne. Öffnen sich wie bei *O. viciifolia* die Früchte, fallen die Samen einfach herunter; es handelt sich um Selbstausbreitung durch Schwerkraft (Barochorie), die Samen bleiben im unmittelbaren Umkreis der Mutterpflanze liegen.

O. caput-galli bildet stark bedornte Trampelkletten, die bei Fruchtreife auf dem Boden liegen. Sie bohren sich in Hufe oder Klauen der Tiere und werden so mitgeschleppt (Epichorie). Die im südosteuropäischen Raum beheimatete *O. viciifolia* wurde durch den Menschen als Kulturpflanze in Europa ethelochor ausgebreitet. Dabei konnte sie sich als Kulturflüchter einbürgern und gilt heute als Neophyt.

Nutzung:

O. viciifolia wurde etwa seit dem 16. Jahrhundert in Frankreich als Grünfutterpflanze kultiviert und gelangte im 18. Jahrhundert über England nach Deutschland. Heute wird sie vor allem in Südeuropa auf ärmeren, sandigen Kalkböden als Futterpflanze angebaut. Die anspruchslose Art eignet sich besonders für trockene, unfruchtbare, kalkhaltige Hügelgegenden. Im osteuropäischen und asiatischen Raum übernahm die winterhärtere und trockenresistentere *O. arenaria* eine vergleichbare Rolle. Die Verwendung als Futterpflanze spiegelt sich auch in der Namensgebung wider: griech. *onos*=Esel und *brykein*=gierig fressen.

Vorkommen:

O. viciifolia kommt heute im gemäßigten Europa vor. Im gemäßigten Asien, Rußland und Südeuropa ist *O. arenaria* verbreitet, selten wächst die Pflanze auch in Deutschland. *O. caput-galli* ist in den Mittelmeerregionen auf Kultur- und Brachland sowie Dünen beheimatet.

Bild 1-2: *Onobrychis viciifolia*. **Bild 1:** Blütenstand, die Fahne ist dunkler geadert. **Bild 2:** Reifer Fruchtstand mit abgeflachten, 5-6 mm langen Nüßchen, deren Zahnreihen kurz und undeutlich sind. Die Frucht links oben beginnt sich an ihrer Rückennaht zu öffnen, und zeigt so Übergänge zu den Hülsenfrüchten. **Bild 3:** *O. arenaria*. Fruchtstand mit deutlich gezähnten, 6 mm langen Nußfrüchten. **Bild 4:** *O. caput-galli*. Auf der Erde liegende, etwa 1 cm lange Trampelkletten, die durch Tritt abgelöst und am Tierfuß mitgeführt werden. Der Zahnkamm ist als etwa 5 mm lange Stachelreihe ausgebildet. Zusätzlich ist die gesamte Fruchtoberfläche mit ebenfalls 5 mm langen, harten Stacheln besetzt, die schmerzhaft für Mensch und Tier sein können.

Mit rund 100 Arten ist *Potamogeton* die größte, ausschließlich im Wasser lebende Gattung innerhalb der Blütenpflanzen. Das Glänzende Laichkraut (*Potamogeton lucens*) ist eine häufig verkommende, untergetaucht lebende Wasserpflanze. Aus ihrem tief im Sediment wurzelnden Wurzelstock wachsen jährlich bis 6 m lange, verzweigte Stengel. Ihre lanzettlichen Unterwasserblätter werden bis zu 30 cm lang, deren lebhaftem Glanz verdankt sie ihren Artnamen (lat. *lucidus*=stark glänzend, hell).

Zur Blütezeit von Juni–August wachsen die langgestielten Blütenstände aus dem Wasser empor. Die kleinen, nur 3–4 mm breiten, unscheinbaren Blüten sind in einer 3–6 cm langen, reichblütigen Ähre angeordnet. Die 4zähligen Blüten sind zwittrig. Eine unauffällige, einfache Blütenhülle (Perigon) umgibt die Staubblätter und Fruchtknoten. Die Blütenhüllblätter sind klein und grün-gelblich gefärbt. Sie sind mit den Staubblättern verwachsen, die nur aus den Staubbeuteln bestehen. Einige Botaniker sind der Ansicht, daß die Blütenhüllblätter eine Bildung der Staubblätter sind, sogenannte Konnektivfortsätze. Im Zentrum stehen 4 unverwachsene, grüne Fruchtblätter mit einer kragenförmigen, rötlichen Narbe. Jedes Fruchtblatt birgt eine einzige Samenanlage. Die Blüten sind vorweiblich, so daß Selbstbestäubung verhindert wird. Die unscheinbaren, winzigen Blüten werden durch den Wind bestäubt.

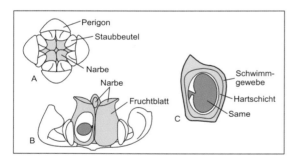

Abb. 11-25: *Potamogeton lucens.* A: Blüte in Aufsicht. Blick auf die 4 Narben der Fruchtblätter. B: Blüte längs. In jedem Fruchtblatt befindet sich eine Samenanlage. C: Nüßchen längs. Das Mesokarp der Fruchtwand ist als Schwimmgewebe ausgebildet.

Die wissenschaftliche Gattungsbezeichnung (griech. *potamos*=Fluß, *geiton*=Nachbar) bezieht sich auf den Lebensraum vieler *Potamogeton*-Arten. Die Bezeichnung „Laichkraut" beschreibt die Laichgewohnheiten vieler Fische. Karpfen, Hechte u. a. setzen ihren Laich gerne an diesen Wasserpflanzen ab. So erklären sich Volksnamen wie „Hechkrut" aus der Lausitz und „Aalkruud" aus der Gegend um Hannover.

Frucht:

Nach der Befruchtung ziehen sich die Blütenstände ins Wasser zurück. Die Fruchtentwicklung findet zumeist kurz unter der Wasseroberfläche statt. Von den 4 Fruchtblättern entwickeln sich oft nur 1 oder 2 zu kleinen, unscheinbaren Nüßchen. Sie sind eiförmig bis rundlich, auf dem Rücken schwach gekielt und werden 3–4 mm lang. An der Spitze sind sie durch die verbleibende, ausgetrocknete Narbe kurz geschnäbelt. Die Fruchtwand ist in verschiedene Schichten differenziert. Auf die äußere dünne Abschlußschicht (Exokarp) folgt das als lufthaltiges Schwimmgewebe ausgebildete Mesokarp. Daran schließt sich eine innere, sehr harte Schicht an, das Endokarp. Dieses schützt den einzigen Samen. Die Früchte anderer *Potamogeton*-Arten sind sehr ähnlich aufgebaut.

Ausbreitung:

Die im Herbst reifen Nüßchen lösen sich vom Stengel ab und werden dank ihres Schwimmgewebes als Schwimmer ausgebreitet (Nautochorie). Vermutlich werden die reifen Nüßchen auch endochor durch Süßwasserfische ausgebreitet. Obwohl Charles Darwin schon im Jahre 1859 schreibt, daß auch Süßwasserfische Samen und Früchte von Pflanzen fressen, blieb die Erforschung der Verdauungsausbreitung durch Fische bis heute ein wenig bearbeitetes Thema. Fütterungsversuche aus dem Jahre 1899 zeigten, daß zumindest die Nüßchen einer nah verwandten Art (*P. natans*) von Süßwasserfischen gefressen und keimfähige Samen ausgeschieden wurden.

Wasservögel, besonders Stockenten und Schwäne breiten die Nüßchen von *P. lucens* ebenfalls endochor aus. Als Wasser- und Schlammhafter bleiben sie auch am Gefieder oder den Füßen von Wasservögeln kleben und werden so in andere Gewässer transportiert (Epichorie). Auf vegetativem Wege können losgerissene Zweige als Diasporen ausgebreitet werden (Blastochorie). An geeigneten Standorten wurzeln sie am Gewässerboden fest und entwickeln bereits im nächsten Jahr Blütenstände. Die hier geschilderten Ausbreitungsstrategien treffen auf nahezu alle *Potamogeton*-Arten zu.

Vorkommen:

P. lucens kommt in den gemäßigten Gebieten fast ganz Europas, West- und Nordasiens vor. In kalkreichen, mehr oder weniger nährstoffreichen und meist klaren Flüssen, Seen, Teichen und Gräben ist die Wasserpflanze in einer Tiefe von 0,5–3,5 m zu finden. Stärkere Wasserbelastung und Trübung führen zum Rückgang dieser Art.

Potamogeton lucens. **Bild 1:** Blütenähre mit winzigen, unscheinbaren Blüten aus dem Wasser emporragend. Die sich soeben entfalteten Blüten sind im weiblichen Stadium. Im Blütenzentrum sind die rötlichen Narben zu erkennen. **Bild 2:** Ausschnitt aus einem jungen, auf dem Wasser liegenden Fruchtstand. Erkennbar sind noch die 4 grünlichen Blütenhüllblätter. Die Narben sind vertrocknet. **Bild 3:** Fruchtstand mit braun gefärbten, reifen sowie noch grünen, eiförmigen Nüßchen.

Eine der häufigsten bei uns vorkommenden Fingerkraut-Arten ist das Aufrechte Fingerkraut (*Potentilla erecta*). Es besitzt eine hohe Anpassungsfähigkeit gegenüber extremen Standortbedingungen und erträgt Trockenheit wie zeitweise Überschwemmung. Aus dem knolligen Wurzelstock treiben mehrere dünne, verzweigte Stengel, anfangs liegend, später aufrecht, empor. Der Gattungsname „Fingerkraut" bezieht sich auf die fingerförmige Fiederung der Stengelblätter aller Arten.

Die einzeln stehenden, meist 4zähligen Blüten (Blütezeit Mai–August) sind lang gestielt. Vor dem eigentlichen Kelch steht ein Außenkelch. Die leuchtend gelben Kronblätter sind etwa so lang wie die Kelchblätter. 15–20 gelbe Staubblätter stehen vor den zahlreichen, unverwachsenen Fruchtblättern, die der leicht emporgewölbten Blütenachse ansitzen (chorikarpes Gynoeceum).

Wesentlich seltener kommt das von Juni-Juli rotblühende Blutauge (*P. palustris*) vor, das in Mooren und Torfgräben (lat. *palus*, *paludis*=Sumpf) ausschließlich auf kalkfreier Unterlage wächst. Die ausdauernde Sumpfpflanze besitzt einen bis zu 1 m langen, im Schlamm kriechenden Wurzelstock, von dem blühende wie nichtblühende Sproßachsen emporwachsen. Der 15–30 cm hohe Stengel ist oft durch Anthocyane rot überlaufen.

Auffallend sind die großen, dunkelpurpurnen Blüten des Blutauges. Sie sind 5zählig und sitzen auf langen, dicht behaarten, oft auch drüsigen Stielen. Der kurze, grüne Außenkelch ist nur von der Blütenunterseite sichtbar. Die großen Kelchblätter sind purpur gefärbt und zur Blütezeit weit zurückgeschlagen, während die lanzettlichen, ebenfalls roten Kronblätter bedeutend kleiner und unscheinbar sind. Die großen Kelchblätter übernehmen hier anstelle der Krone die Schaufunktion. 20 schwarzpurpurne Staubblätter stehen vor den zahlreichen, winzigen Fruchtbättern. Die Blütenachse ist kugelig emporgewölbt und bietet so – im Sinne einer Oberflächenvergrößerung – den zahlreichen Fruchtblättern genügend Raum.

Bei beiden *Potentilla*-Arten handelt es sich um nektarführende Scheibenblumen, die besonders von Bienen, Fliegen und Hummeln bestäubt werden. *P. palustris* ist vormännlich, während bei *P. erecta* zumeist Staub- und Fruchtblätter gleichzeitig reif sind.

Frucht:

Alle *Potentilla*-Arten entwickeln kleine, unscheinbare, bei Reife meist bräunliche Nüßchen. Die Kelchblätter von *P. erecta*, die während der Fruchtentwicklung schützend die bis 2 mm langen Nüßchen bedecken, weichen kurz vor der Reifezeit auseinander und präsentieren die etwa 20–30 Nüßchen.

Im Gegensatz zu *P. erecta* sitzen die äußerst zahlreichen, 1 mm langen Nüßchen von *P. palustris* der sich stark vergrößerten Blüten- bzw. Fruchtachse an. Es handelt sich um Sammelnußfrüchte, die an die Wald-Erdbeeren (→ *Fragaria vesca*) erinnern. Die Fruchtachse ist jedoch nicht wie bei den Erdbeeren fleischigsaftig, sondern weiß, schwammig und ungenießbar. Die eiförmigen, matt gelbbraunen Nüßchen sind von einem dünnen, spitzen Griffelrest gekrönt. Auch hier ist der sich vergrößernde Kelch postfloral aufgerichtet und legt sich schützend um die Nüßchen.

Ausbreitung:

Die im Herbst reifen Nüßchen von *P. erecta* werden von Rindern mit dem Grünfutter abgeweidet und später ausgeschieden (Endochorie). Im hohen Norden tragen vor allem die Rentiere zur endochoren Ausbreitung beider Arten bei. Ebenso können die Nüßchen von *P. erecta* durch den Wind oder vorbeistreifende Tiere ausgestreut werden (Semachorie). Als Schlammhafter kleben sie leicht am Tierfell fest (Klettausbreitung – Epichorie).

P. palustris wird hauptsächlich als Schwimmer ausgebreitet (Nautochorie). Entweder lösen sich die Nüßchen einzeln von der Fruchtachse ab, fallen ins Wasser und werden Dank ihres Schwimmgewebes in der Samenschale als Schwimmer ausgebreitet. Streng genommen handelt es sich in diesem Fall nicht um Sammelnußfrüchte. Aber auch die gesamte Sammelfrucht wird als Schwimmer ausgebreitet, da auch das schwammige Gewebe der Fruchtachse schwimmfähig ist. Vegetativ breitet sich *P. palustris* durch abgerissene Stengel- oder Rhizomteile, die sich leicht bewurzeln, aus (Blastochorie).

Nutzung:

P. erecta ist eine alte Heilpflanze, deren Wurzelstock Gerbsäuren enthält. Durch einen Farbstoff – das Tormentill-Rot – färbt sich das Rhizom beim Anschneiden rot, weshalb die Pflanze auch „Blutwurz" genannt wird. Entsprechend der Signaturenlehre, nach der von der Pflanze selbst ein Hinweis auf ihre Verwendung gegeben wird, wendete man das Rhizom gegen Blutungen jeglicher Art (Nasenbluten, Darmbluten, Gebärmutterbluten usw.) an. Aber auch bei Pest, Syphilis und Epilepsie wurde sie eingesetzt.

Vorkommen:

Beide Arten kommen in Europa, Asien und Nordafrika vor. *P. palustris* ist auf wenige, heute nur noch selten vorkommende Standorte – besonders Nieder- und Hochmoore – spezialisiert. Ihr fortschreitender Rückgang infolge Entwässerung und Überdüngung seltener Feuchtlebensräume hat zur Folge, daß die Art heute in den meisten Bundesländern in ihrem Bestand gefährdet ist.

Bild 1-2: *Potentilla erecta.* **Bild 1:** Blüte. In der Mitte stehen die winzigen, grünen Fruchtblätter. Zwischen den 4 Kronblättern sitzen die Kelchblätter, der Außenkelch ist nicht sichtbar. **Bild 2:** Fast reife, jedoch noch grün gefärbte Nußfrüchte. Zu erkennen sind der verbleibende Kelch und der kleinere Außenkelch. **Bild 3-4:** *P. palustris.* **Bild 3:** Blüte. Die großen purpurnen Blütenblätter stellen Kelchblätter dar, zwischen diesen steht je ein schmales, ebenfalls purpurfarbenes Kronblatt. In der Blütenmitte stehen die zahlreichen Fruchtblätter. **Bild 4:** Reife Sammelnuß. Die großen, aufgerichteten Kelchblätter umgeben schützend die zahlreichen Nüßchen. Sie wurden teilweis entfernt, um Einblick auf die Nüßchen zu gewähren. Die zahlreichen Nüßchen sitzen der weißen, schwammigen Fruchtachse an.

Etwa 40 *Pulsatilla*-Arten kommen in der gesamten nördlichen Hemisphäre vor. Die heute nur noch selten zu findende Gewöhnliche Küchenschelle (*Pulsatilla vulgaris*) wächst auf Magerrasen und in lichten Kiefernwäldern mit kalkhaltigem Untergrund von der Ebene bis in die Berge. Mithilfe ihrer bis 1 m tiefen Wurzeln und der weißen, seidigen Behaarung, welche die Sonnenstrahlen reflektiert, ist sie eine typische Trockenpflanze.

Mit ihren, je nach Lage schon im März oder April erscheinenden, infolge von Anthocyanen auffällig rotviolett gefärbten Blüten, zählt sie zu den schönsten Frühjahrsblühern. Die einfache, nicht in Kelch und Krone unterteilte Blütenhülle (Perigon) neigt sich anfangs glockig zusammen, während sie sich später schüsselartig erweitert. Deutlich heben sich im Zentrum die gelben Staubblätter ab, welche die zahlreichen, unverwachsenen Fruchtblätter (chorikarpes Gynoeceum) umgeben. Einige Zentimeter unterhalb der Blüte befindet sich ein silbrigweiß behaarter, vergänglicher Hochblattwirtel mit schmalen Zipfeln. Dieser übernimmt die übliche Schutzfunktion des fehlenden Kelches für die noch nicht entfaltete Blüte. Blütenbiologisch handelt es sich um vorweibliche Glockenblumen, die große Mengen Pollen und Nektar anbieten und von Bienen und Hummeln bestäubt werden.

Die Küchenschelle hat mit der „Küche" nichts zu tun, denn sie ist durch Protoanemonin, wie nahezu alle Vertreter der Hahnenfußgewächse, giftig. Der Name leitet sich stattdessen von der Form der Blüte, einer weiten, nickenden Glocke, ab (lat. *pulsare*=läuten, schellen) und bezieht sich auf die Kuhglocken der Almen. Die Küchenschelle müßte also richtig „Kühchenschelle" heißen.

Frucht:

Aus jeder Blüte entwickeln sich ab Mai zahlreiche, einsamige Nüßchen mit verbleibendem Griffel. Ähnlich wie bei der Gemeinen Waldrebe (→ *Clematis vitalba*) wächst der etwa 5 mm lange, rotviolette Griffel während der Fruchtentwicklung zu einem bis zu 5 cm langen, behaarten Federschweif aus, der eine Schlüsselrolle bei der Ausbreitung spielt. Die Verlängerung der Griffel zur Fruchtzeit ist für die gesamte Gattung typisch.

Carl von Linné (1707–1778), der das System des Pflanzenreichs erarbeitete, stellte die Küchenschelle zu den sehr ähnlichen Anemonen und nannte sie *Anemone pulsatilla*. Da sie sich jedoch durch ihre auffälligen, federschweifigen Nüßchen deutlich von den Anemonen unterscheidet, wurde die Küchenschelle später in eine eigene Gattung gestellt.

Der typische Anblick der haarigen Fruchtschöpfe führte zu zahlreichen Volksnamen wie Teufelsbart oder Petersbart.

Ausbreitung:

Sind die Pflanzen zur Blütezeit nur etwa 20 cm hoch, verlängert sich der Stengel während der Fruchtentwicklung fast auf das Doppelte, wodurch die Früchte aus der Vegetation gehoben werden. Die einzelnen Nüßchen werden bei trockenem Wetter als Federschweifflieger durch den Wind ausgebreitet (Anemochorie). Windböen reißen die einzelnen Früchte aus dem Fruchtköpfchen heraus und tragen sie bis zu 80 m mit sich fort.

Die Früchte können sich, durch hygroskopische Bewegungen des Federschweifs, als Bodenkriecher selbständig fortbewegen (Herpochorie): Bei Trockenheit ist der Federschweif rechtwinkelig abgeknickt und die feinen Härchen abgespreizt. Nässe führt durch Wasseraufnahme zu einer langsamen Streckung der Granne, wobei sie sich gleichzeitig 1–2 mal um die eigene Achse dreht und dabei voranschiebt. Bei wechselnden Witterungsverhältnissen kommt es so zu einer langsamen aber steten Vorwärtsbewegung von 10–20 cm. Wesentlich bedeutender ist jedoch die Fähigkeit der Nüßchen sich durch ihre hygroskopischen Bewegungen mit ihrer scharfen Spitze voran in den Erdboden einzubohren, um dort später auszukeimen.

Bei Nässe haften die behaarten Früchte am Tierfell fest und werden als Wasserhafter, eine Form der Klettausbreitung, ausgebreitet (Epichorie). *P. vulgaris* ist heute eine beliebte Steingartenpflanze, die so auch gezielt durch den Menschen ausgebreitet wird (Ethelochorie).

Nutzung:

P. vulgaris ist seit Jahrhunderten eine bekannte Heil- und Medizinalpflanze, die u. a. bei Grippe, Geschwüren, Gicht, Zahnkaries und Depressionen verabreicht wurde. Heute ist sie in der klassischen Medizin nicht mehr gebräuchlich, in der Homöopathie wird sie jedoch bei Erkältungen, Verdauungsproblemen, Menstruationsbeschwerden und Depression angewendet.

Vorkommen:

Die gewöhnliche Küchenschelle ist in West- und Nordeuropa beheimatet. Noch vor wenigen Jahrzehnten konnte man *P. vulgaris* wesentlich häufiger in der freien Natur bewundern. Durch Ausgraben der Pflanze seitens vieler „Blumenliebhaber" wurde sie jedoch nahezu ausgerottet. Auch der Rückgang ihrer natürlichen Standorte durch Verbuschung, intensive Mahd oder Düngung trägt dazu bei, daß die Pflanze heute auf der Roten Liste Deutschlands steht.

Pulsatilla vulgaris. **Bild 1:** Bei Reife werden die zahlreichen, flauschigen Nüßchen (Federschweifflieger) dem Wind präsentiert. **Bild 2:** Die attraktiven Blüten besitzen meist 6 rotviolette Blütenhüllblätter. Im Zentrum heben sich die roten Griffel der Fruchtblätter von den zahlreichen gelben Staubblättern ab.

Wer kennt nicht einige Vertreter der weltweit mit 400 Arten verbreiteten Gattung *Ranunculus*. Auffällig sind die von Mai–Oktober erscheinenden, goldgelb glänzenden Blüten des Scharfen Hahnenfuß (*Ranunculus acris*), der auf den Glatthaferwiesen der Ebenen und Berge wächst.

Der in stehenden und langsam fließenden Gewässern lebende, von Mai–September weißblühende Spreizende Hahnenfuß (*R. circinatus)* gehört zu den Wasserhahnenfuß-Arten. Die Blüten der Wasserpflanze ragen auf ihrem Stiel keck aus dem Wasser heraus. Die Bezeichnung *Ranunculus* leitet sich von lat. *rana*=Frosch ab, da viele Arten in Gewässern oder in deren Umkreis vorkommen.

Die auffälligen Blüten der Hahnenfuß-Arten bestehen aus meist 5 gelben oder weißen Kronblättern und kleinen unscheinbaren Kelchblättern. Die gelben Blütenblätter besitzen oftmals einen starken Glanz, der durch Reflexion einer unterhalb der durch Karotiniode gelben Epidermis liegenden, weißen Stärkeschicht entsteht. Jedes der Kronblätter trägt am Grund ein kleines Nektarium. Im Zentrum der Blüte umgeben zahlreiche Staubblätter die vielen, sehr kleinen Fruchtblätter (chorikarpes Gynoeceum), die meist einem halbkugeligen Blütenboden ansitzen. Blütenbiologisch handelt es sich um einfach gestaltete Scheibenblumen mit leicht zugänglichem Nektar. Die Bestäubung erfolgt durch Käfer, Fliegen sowie Bienen.

Alle Arten der Gattung enthalten in frischem Zustand das giftige, brennend scharfe Protoanemonin. Bei Berührung mit frisch geschnittenen Pflanzenteilen kann es zu schmerzhaften Rötungen kommen (Kontakt-Dermatitis). Verzehr führt zu schweren Reizungen der Mund-, Magen- und Darmschleimhaut, Koliken und Durchfällen. Auf die starke Giftigkeit verweist der Name des Gift-Hahnenfuß (*R. sceleratus* L.) von lat. *scelus*=Verbrechen hin.

Frucht:

Bei *R. acris* entwickelt sich aus jedem der vielen Fruchtblätter ein rundliches, abgeflachtes, kleines Nüßchen mit einem kurzen, verhärteten Schnabel, der den verbleibenden Griffelrest darstellt. Die Gestalt der Nüßchen und ihre Anordnung kann von Art zu Art sehr unterschiedlich sein, aber für fast jede Art gilt: Aus jeder Blüte entsteht eine Vielzahl von hartschaligen Nüßchen mit typischem Aufbau: Auf die Epidermis (Exokarp) folgt das Mesokarp aus Parenchym und das sklerenchymatische, harte Endokarp, das den einzigen Samen schützend umschließt.

Der heute nur noch im Mittelmeerraum vorkommende, gelb blühende Acker-Hahnenfuß (*R. arvensis* L.) bildet je Blüte nur wenige, dafür ungewöhnlich große, 6–7 mm lange Nüßchen. Sie zählen innerhalb der Gattung zu den auffälligsten Früchten und sind mit oft hakig gekrümmten Stacheln bewehrt.

Bei *R. circinatus* legen sich die zahlreichen kleinen, sehr kurz geschnäbelten Nüßchen durch das Längenwachstum des Blüten- bzw. Fruchtstiels auf die Wasseroberfläche.

Bei *R. sceleratus*, einer ebenfalls gelb blühenden Sumpfpflanze, befinden sich in einer Blüte so viele kleine Fruchtblätter, daß der Blütenboden während der Fruchtreife bis zu 1 cm in die Länge wächst, damit die 70–100 am Blütenboden festsitzenden Fruchtblätter genügend Platz haben, sich zu entwickeln.

Ausbreitung:

Die Nüßchen der gesamten Gattung lösen sich bei Reife leicht vom Blüten- bzw. Fruchtboden ab und werden einzeln ausgebreitet. Die geschnäbelten, stark abgeflachten Nüßchen von *R. acris* werden als Wasserhafter am Tierfell klebend ausgebreitet, während sich die 6–7 mm langen Klettfrüchte von *R. arvensis* im Tierfell festhaken und mitgeführt werden (Epichorie). *R. arvensis* ist ein altes Ackerwildkraut (lat. *arva*=Acker), dessen Früchte während der Römerzeit unbeabsichtigt als Saatgutbegleiter aus dem östlichen Mittelmeerraum nach Mitteleuropa eingeschleppt wurden (Speirochorie).

Entsprechend ihres vom Wasser bestimmten Standortes sind alle Früchte der Sumpf- und Wasser-Arten, also auch *R. circinatus,* infolge eines lufthaltigen Gewebes schwimmfähig und werden hauptsächlich als Schwimmfrüchte ausgebreitet (Nautochorie). Die flachen Nüßchen bleiben auch leicht an Wasservögeln, meist an Füßen oder im Gefieder kleben. Sie werden so als Wasser- und Schlammhafter über größere Entfernungen transportiert und „beimpfen" dadurch andere Gewässer.

Zahlreiche Hahnenfuß-Arten werden auch endochor ausgebreitet. So werden beispielsweise die unauffälligen Nüßchen von *R. acris* mitsamt des Grünfutters von Weidetieren (Rind, Schaf) gefressen. Sie passieren den Darmtrakt ohne Schaden an der Keimfähigkeit zu nehmen und keimen dann bei günstigen Standortverhältnissen aus. Vermutlich werden die Nüßchen der Wasser-Hahnenfußarten von Süßwasserfischen und Wasservögeln auch endochor ausgebreitet.

Vorkommen:

R. circinatus ist in Zentral- und Nordwesteuropa verbreitet, kommt heute nur noch selten vor und gilt in einigen Bundesländern Deutschlands als gefährdet. Die übrigen Arten sind in fast ganz Europa verbreitet. *R. arvensis* ist jedoch heute in Deutschland aufgrund der Intensivierung der Landwirtschaft und Saatgutreinigung ausgestorben.

Bild 1-2: *Ranunculus acris:* **Bild 1:** Gelbe, stark glänzende Blüte. **Bild 2:** Reife, geschnäbelte, stark abgeflachte, braune Nüßchen von 2-3 mm Länge. **Bild 3:** *R. sceleratus:* Blüte sowie längliche, unreife Nußfrüchte. Die winzigen, noch grünen Nüßchen sitzen der verlängerten Blütenachse (nicht sichtbar) an. **Bild 4:** *R. arvensis:* Noch unreife, etwa 6 mm lange, bestachelte Nüßchen. **Bild 5-6:** *R. circinatus.* **Bild 5:** Blüte aus dem Wasser herausragend. Am Grund der Kronblätter befinden sich gelbe Saftmale, die der Anlockung dienen. **Bild 6:** Junger Fruchtstand auf der Wasseroberfläche liegend. Die winzigen, unter 1 mm langen Nüßchen lösen sich später ab und werden als Schwimmer ausgebreitet.

Der Garten-Rettich (*Raphanus sativus*) ist eine alte Gemüsepflanze, die wegen ihrer verdickten Wurzel – der Rübe – kultiviert wird. Diese kann je nach Sorte Längen von wenigen Zentimetern bis zu 40 cm erreichen. Die Färbung der Rübenrinde reicht von weiß über rot, violett, braun bis schwarz.

R. sativus wird in mehreren Varietäten kultiviert. Eine bekannte Sorte des Gewöhnlichen Gartenrettichs (*R. sativus* var. *niger*), auch Speise-Rettich genannt, ist der „Halblange weiße Sommer" mit seinen großen, weißen Rüben. Im Gegensatz hierzu ist das Radieschen (*R. sativus* var. *radicula*) durch eine kleine runde, außen rot gefärbte Rübe gekennzeichnet. Wegen seiner ölreichen Samen wird der Öl-Rettich (*R. sativus* var. *oleiformis*) als Ölpflanze hauptsächlich in Ost- und Südostasien sowie Südeuropa angebaut.

R. sativus erreicht eine Höhe bis 100 cm. Die von Mai–Juni erscheinenden Blüten sind in einer Traube angeordnet und zeigen den für Kreuzblütler typischen Blütenaufbau. Den 4 Kelchblättern folgen alternierend ebenfalls 4 violett oder weiß gefärbte Kronblätter, die von violetten Adern durchzogen werden. Die 6 Staubblätter stehen vor dem 2fächerigen, oberständigen Fruchtknoten. Es handelt sich um einfach gestaltete Scheibenblumen mit leicht zugänglichem Nektar an der Basis der Staubblätter. Sie erhalten regen Blütenbesuch von Bienen und Schwebfliegen.

Frucht:

Aus dem Fruchtknoten entwickelt sich eine bis 6 cm lange Frucht von schotenförmigem Aussehen, die an der Spitze von einem dünnen Schnabel gekrönt wird.

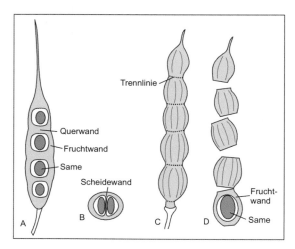

Abb. 11-26: A-B: *Raphanus sativus* var. *radicula* (Radieschen). A: Nußfrucht längs, Scheidewand entfernt. B: 2fächerige Frucht quer. C-D: *R. raphanistrum*. C: Gliederschote. D: Einzelne Teilfrüchte der Bruchfrucht.

Ihre zunächst fleischige Fruchtwand trocknet bei Fruchtreife aus und besteht dann aus einem hellbraunen, schwammigen, sehr lufthaltigen Gewebe. Die Früchte sind durch eine zarte Scheidewand in 2 Fächer geteilt. In jedem Fach sitzen 2–4 Samen. Die Früchte sind leicht eingeschnürt und dadurch auch im Inneren quer gekammert. In jeder Kammer liegt ein Same. Bei Reife bleiben die Früchte geschlossen, es handelt sich also nicht um Schoten, dem typischen Fruchttyp der Kreuzblütler, sondern um Nußfrüchte. Die Früchte von Radieschen und Speise-Rettich sind nicht voneinander zu unterscheiden. Äußerlich ähneln die Früchte den Gliederschoten des nah verwandten Hederich (*R. raphanistrum*; s. Abb. 11-26C-D). Dessen stärker perlschnurartig eingeschnürte Gliederschoten zerfallen an den Einschnürungen in mehrere kleine Teilfrüchte.

Ausbreitung:

Die 8–14 mm dicken, schwammig aufgetriebenen Früchte von *R. sativus* fallen bei Reife als Ganzes ab, es handelt sich um Selbstausbreitung durch Schwerkraft (Barochorie). Ob die lufthaltigen, sehr leichten, schwimmfähigen Früchte als Schwimmer oder Regenschwemmlinge (Hydrochorie) oder aber durch den Wind (Anemochorie) ausgebreitet werden, ist noch offen.

Wesentlich bedeutender ist jedoch die Ausbreitung durch den Menschen. Leider ist das Wissen um die Kulturgeschichte des *R. sativus* lückenhaft. Seine Herkunft wird in Vorderasien vermutet. Von dort gelangte er schon früh als Kulturpflanze nach China, Indien sowie zu den Griechen und Römern der Antike (Ethelochorie). Er ist bereits auf der größten Pyramide Ägyptens, der vor 2700 v. Chr. erbauten Cheops-Pyramide, abgebildet. Vom Speise-Rettich unabhängig gestaltet sich die Herkunft des Radieschens, das man erst seit dem 16. Jahrhundert in Nordwesteuropa kennt.

Nutzung:

Rüben und Samen der verschiedenen Varietäten und Sorten enthalten Senfölglykoside, die für den scharfen Geschmack verantwortlich sind. Aber nicht nur die Rüben, auch die Früchte können gegessen werden. Die noch unreifen, grünen Früchte kann man roh oder eingelegt als Delikatesse Salaten beigeben. Der u. a. in Bayern angebaute Schlangen-Rettich (*R. sativus* var. *caudatus*) bildet 40–100 cm lange Schoten, die im unreifen Zustand als Gemüse gegessen werden.

Vorkommen:

Die alte Kulturpflanze *R. sativus* wird heute mit ihren Varietäten und zahlreichen Sorten fast weltweit angebaut.

Bild 1-2: *R. sativus* var. *radicula* (Radieschen): **Bild 1:** Fast reife, noch fleischige Früchte des Radieschens, die in diesem Stadium eßbar sind. Vollausgereifte Früchte sind hellbraun und unscheinbar. Egal ob Radieschen oder Rettich, die Früchte sind nicht voneinander unterscheidbar. **Bild 2:** Angebaut werden die Radieschen wegen ihrer kugeligen Rüben. **Bild 3:** *R. sativus* var. *niger* (Speise-Rettich). Blüten in wenigblütiger Traube. Nicht nur die Früchte, auch die Blüten beider Varietäten sind nahezu identisch.

Die häufigste Wildrose Mitteleuropas ist die Hunds-Rose (*Rosa canina*), ein kräftiger 1–3 m hoher, bestachelter Strauch mit überhängenden Zweigen. Ihre großen, hellrosa farbenen Blüten erscheinen im Juni und stehen an bis zu 2 cm langen Blütenstielen einzeln in den Blattachseln. Die 5 leicht gefiederten Kelchblätter sind nach der Blüte zurückgeschlagen. Es folgen die 5 großen, durch Anthocyane hellrosa gefärbten Kronblätter. Die zahlreichen gelben Staubblätter bieten einen guten Farbkontrast zu den blassen Kronblättern.

Die Blütenachse ist becherförmig ausgebildet. An ihrer Spitze sitzen die Kelch- und Kronblätter an. Im Blütenbecher befinden sich die zahlreichen, freistehenden, behaarten Fruchtblätter (chorikarpes Gynoeceum), die Blüten sind mittelständig. Die langen Griffel ragen mit ihren Narben aus der Öffnung des Blütenbechers heraus. Es handelt sich um einfach gestaltete, große Scheibenblumen, die mit ihrem hohen Pollenangebot die Blütenbesucher verköstigen. Die Bestäuber sind entsprechend zahlreich, neben Hummeln und Bienen kann man viele Käfer und andere Insekten beobachten.

Die häufig in Grünanlagen angepflanzte Kartoffel-Rose (*R. rugosa*) bildet große, tief rosa oder purpurne, betörend süß duftende, von Mai-Juni blühende Blüten, die von ebensovielen Insekten bestäubt werden.

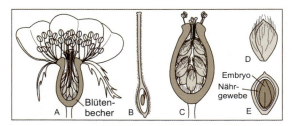

Abb. 11-27: *Rosa canina*. A: Blüte längs. In dem krugförmigen Blütenbecher sind die Fruchtblätter eingeschlossen. B: Ein Fruchtblatt längs. C: Reife Sammelnußfrucht (Hagebutte) längs. D: Behaarte Nuß, der Griffel ist abgelöst. E: Einsamige Nuß längs.

Frucht:

Nach der Befruchtung wird der Blütenbecher fleischig und birgt in seinem Inneren die zahlreichen Fruchtblätter, die sich zu Nüßchen entwickeln. Bei Reife im Spätherbst ist der sehr feste Blüten- bzw. Fruchtbecher durch das Karotinoid Lycopin orange-rot gefärbt. Bei den Früchten der Rosen, auch Hagebutten genannt, handelt es sich um Sammelnußfrüchte. Beide Rosen-Arten verzögern ihre Fruchtreifung, so daß ihre Früchte erst im Spätherbst und Winter reif sind. Dadurch sind sie ein nahezu konkurrenzloser winterlicher Anbieter eßbarer Früchte.

Ausbreitung:

Hagebutten sind aufgrund ihres fleischigen, duftenden und süßlich schmeckenden Fruchtbechers in der Tierwelt sehr begehrt und ähneln so den Beeren. Der optischen Anlockung dient die leuchtend rote bzw. orange Färbung. Erst wenn die Fruchtwand nach den ersten Frösten weicher wird, werden die Hagebutten gefressen. Der Fruchtbecher dient der Verköstigung, die 5–6 mm langen, behaarten Nüßchen werden unbeschadet ausgeschieden (Endochorie). Neben der Vogelwelt tragen auch Feldhase, Rotfuchs, Wildschwein und Rehwild zur Verdauungsausbreitung von *R. canina* und anderer Rosen bei. Wenn der Fruchtbecher noch zu fest ist oder die Hagebutten – wie bei *R. rugosa* – einfach zu groß sind, werden sie von Vögeln aufgepickt, wobei viele der Nüßchen dem Tierfraß entgehen und ausgestreut werden (Bearbeitungsausbreitung – Dysochorie). Die Hagebutten bleiben oft den ganzen Winter als sogenannte Wintersteher am Strauch, vertrocknen und werden schwarz.

Die aus dem ostasiatischen Raum stammende *R. rugosa* wurde um 1850 als dekorativer, winterharter Zierstrauch nach Mitteleuropa eingeführt (Ethelochorie), der mitunter verwildert und heute als Neophyt gilt.

Nutzung:

Auch der Mensch wußte seit alters her die Hagebutten der Rosen zu schätzen. Schon in der Jungsteinzeit dienten Hagebutten der Ernährung. In den 1920er und 30er Jahren galt die Hagebutte in Deutschland als wichtigster Vitamin C Lieferant. So wurden Hagebutten von wildwachsenden Sträuchern gesammelt. Entlang neu angelegter Autobahnen und Eisenbahnstrecken wurden Rosen angepflanzt, besonders *R. rugosa*, die auch in Dünenlandschaften gepflanzt wurde. Der an Vitamin C reiche Fruchtbecher schmeckt roh angenehm erfrischend und liefert gekocht eine köstliche Hagebuttenmarmelade. Aus den Nüßchen und dem Fruchtbecher wird Hagebuttentee bereitet. Besonders die Hagebutten von *R. canina* wurden für die Herstellung verschiedener Heilmittel in der Volksmedizin verwendet. Die Haare der Nüßchen wurden früher zu Juckpulver verarbeitet. Das bekannte Rosenöl wird aus den Blütenblättern anderer Rosen (z. B. *R. damascena*, *R. gallica*) gewonnen.

Vorkommen:

R. canina ist in fast ganz Europa, mit Ausnahme des hohen Nordens, sowie Nordafrika und Westasien verbreitet. *R. rugosa* kommt in Südostasien, China, Korea und eingebürgert in Mitteleuropa vor.

Bild 1-2: *Rosa canina.* **Bild 1:** Blüte mit zahlreichen gelben Staubblättern. **Bild 2:** Die Hagebutten, die Früchte der Rosen, sind Sammelnußfrüchte. An der Spitze werden sie von vertrockneten Staubblättern gekrönt. **Bild 3-5:** *R. rugosa.* **Bild 3:** Typisch sind die zerknitterten, zarten Kronblätter, die an die Zistrosen erinnern. **Bild 4:** Von Vögeln wurden die etwa 2 cm breiten Hagebutten aufgepickt. Die Nüßchen sind noch nicht vollständig ausgereift, ihre Fruchtwand ist noch hell.**Bild 5:** Reife Hagebutten. Die Hagebutten werden vom verbleibenden, nun aufgerichteten Kelch gekrönt.

Der in den felsigen Küstengebieten des Mittelmeerraumes und der Kanaren wachsende Rosmarin (*Rosmarinus officinalis*) ist ein immergrüner, stark aromatisch duftender Gewürzstrauch. Seine schmalen, ledrigen Laubblätter sind an der Oberseite kräftig grün gefärbt. Ihre Unterseite ist als Schutz gegen Austrocknung weißfilzig und mit einer dicken Epidermis überzogen. Die traubigen Blütenstände entwickeln sich an dichtbeblätterten Kurztrieben.

Wie für die Familie der Lippenblütler typisch, sind die 2lippigen Blüten an ihre Bestäuber, besonders Bienen, perfekt angepaßt. Der unscheinbare, kleine, grünfilzige Kelch ist glockig. Die blaßblaue bis violette Krone besteht aus einer etwas zurückgebogenen, tief ausgerandeten Oberlippe sowie einer Unterlippe mit großem Mittellappen und zwei kleinen Seitenlappen. Die gewölbte Oberlippe umgibt die 2 langen, herausragenden Staubblätter und den Griffel. Am Blütengrund befindet sich der kleine, 4teilige Fruchtknoten mit einem langen Griffel, der aus der Oberlippe herausragt.

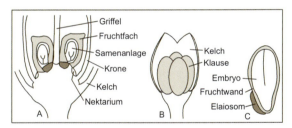

Abb. 11-28: *Rosmarinus officinalis.* A: Blüte längs, Kelch und Krone nur angedeutet. Einblick in 2 Fruchtfächer mit je einer Samenanlage, das spätere Elaiosom wurde in dunkelgrau dargestellt. B: 4 Klausen, vom Kelch – dieser aufpräpariert – umgeben. C: Klause mit Elaiosom längs.

Um Selbstbestäubung zu verhindern, sind die Blüten vormännlich. Zuerst werden die Staubblätter reif, während der Griffel in die Länge wächst. Nach dem Entleeren des Pollens entfaltet sich die Narbe. Angelockt werden die Bestäuber durch den am Blütengrund ausgeschiedenen Nektar, der jedoch aufgrund seiner tiefen Lage nur langrüsseligen Wildbienen zugänglich ist. Die Unterlippe dient als Landeplatz. Wenn eine Biene auf der Suche nach dem Nektar ihren Kopf in den Blüteneingang steckt, wird ihr Rükken von den herabhängenden Staubbeuteln eingestäubt. Beim Besuch einer älteren Blüte, wird der mitgebrachte Pollen an der nun reifen Narbe abgestreift.

Frucht:

Nach der Befruchtung fallen Blütenkrone, Staubblätter und Griffel ab. Der Kelch vergrößert sich ein wenig, seine Zipfel verschließen den Eingang und bergen den Fruchtknoten. In jedem der 4 Fächer entwickelt sich ein Same. Bei Abschluß der Fruchtreife haben sich aus dem tief 4teiligen Fruchtknoten 4 rundliche, nüßchenartige Klausen entwickelt, die jeweils einen Samen enthalten. Der sie umhüllende, filzige Kelch ist mittlerweile grau geworden. Die etwa 2 mm langen Klausen besitzen ein Elaiosom, das vom Blütenboden gebildet wird.

Ausbreitung:

Innerhalb weniger Wochen sind die Früchte ausgereift. Der waagerecht orientierte Kelch dient als Behälter, als eine Art funktionelle Kapsel. Bei Reife weichen die Kelchzähne auseinander und präsentieren die Klausen dem Wind. Durch die Windbewegungen werden die Klausen aus dem Kelch gestreut, es handelt sich also um Windstreuer (Semachorie). Oftmals fallen die Klausen auch einfach gemäß den Gesetzen der Schwerkraft aus den leicht geneigten Kelchen heraus (Barochorie).

Die herabfallenden Früchte sind aufgrund ihres fetthaltigen Elaiosoms beliebte Sammelobjekte der Ameisen (Myrmechorie), welche die Klausen in ihren Bau schleppen, die Elaiosomen zu Nahrungszwecken ablösen und die ansonsten intakten Früchte wieder nach außen transportieren.

Nur mit Hilfe des Menschen konnte der Rosmarin über die Alpen gelangen: Im Mittelalter brachten Benediktinermönche den Rosmarin nach Mitteleuropa, wo er in Kloster- und Bauerngärten angepflanzt wurde (Ethelochorie).

Nutzung:

Seit dem Altertum wird der Rosmarin aufgrund des angenehmen, kampferartigen Geruchs seiner Blätter kultiviert. Dieser kommt durch ein ätherisches Öl zustande, das hauptsächlich aus Pinen, Camphen, Borneol, Campher und Cineol besteht. In den Klostergärten wurde *R. officinalis* zu medizinischen Zwecken angebaut, in den mittelalterlichen Bauerngärten wurde der Rosmarin als Duftpflanze genutzt und mit anderen wohlriechenden Kräutern zu Riechsträußen gebunden. Von alters her ist der Rosmarin ein beliebtes Küchengewürz. Auch in der Likör-, Seifen- und Kosmetikindustrie wird das Aroma genutzt. Das erste destillierte Parfüm stammt aus dem 16. Jahrhundert und wurde aus frischen Rosmarinblüten mit Alkohol destilliert. Das Rosmarinöl ist übrigens auch Bestandteil des Kölnischwasser.

Vorkommen:

R. officinalis wächst in Südeuropa, sowie an den Westküsten Kleinasiens und Nordafrika.

Rosmarinus officinalis: **Bild 1:** Vormännliche, 2lippige Blüten mit herausragenden, reifen Staubblättern. In der linken Blüte ist der Griffel herangewachsen, die Narbe jedoch noch nicht reif. Die Unterlippe dient als Landeplatz für die Bestäuber. **Bild 2:** Die reifen, etwa 2 mm langen Klausen können nur ausgebreitet werden, wenn sich die Kelchzipfel öffnen.

Eine 20–100 cm hohe, sehr veränderliche Sumpf- und Wasserpflanze ist das in flachen, stehenden oder langsam fließenden Gewässern vorkommende Pfeilkraut (*Sagittaria sagittifolia*). An einer Pflanze entwickeln sich 3 unterschiedliche Blattformen, die es ihr ermöglichen große Wasserstandsschwankungen zu ertragen und im Wasser wie auf dem Land zu leben. Aus ihren unterirdischen knollentragenden Ausläufern entwickeln sich im Frühjahr die etwa 80 cm langen, bandförmigen, flutenden Unterwasserblätter. Es folgen die ovalen, langgestielten Schwimmblätter und schließlich die Luftblätter. Diese, über dem Wasser erscheinenden Laubblätter sind lang gestielt und besitzen die typische, der Pflanze den Namen gebende Pfeilform (lat. *sagitta*=Pfeil). Im Herbst bildet die Pflanze an ihren Ausläufern kleine Knollen, zieht sich zurück und überwintert als Knolle.

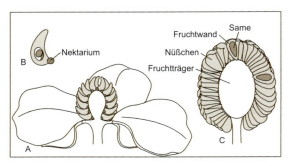

Abb. 11-29: *Sagittaria sagittifolia*. A: Weibliche Blüte längs. Die zahlreichen Fruchtblätter sitzen der zapfenförmigen Blütenachse an. B: Einzelnes Fruchtblatt längs. An dessen Basis befindet sich ein Nektarium. C: Fruchtstand aus zahlreichen Nüßchen längs.

Von Juni–August erscheinen die weißen Blüten, die in 3zähligen Quirlen übereinander stehen. Die Blüten sind eingeschlechtlich, beide Geschlechter wachsen auf einer Pflanze. Die oberen Blütenquirle werden von männlichen, die unteren von weiblichen Blüten gebildet. Den 3 rundlichen, weißen Kelchblättern folgen 3 ebenfalls weiße, größere Kronblätter, die oftmals am Grund einen auffälligen purpurroten Fleck aufweisen, der als Saftmal dient. Die männlichen Blüten besitzen zahlreiche, gelbe Staubblätter. Die weiblichen Blüten bilden eine Vielzahl winziger, grüner und freier Fruchtblätter (chorikarpes Gynoeceum), die an der emporgewölbten Blütenachse stehen. An der Basis der Fruchtblätter befinden sich kleine, leicht zugängliche Nektarien.

Blütenbiologisch handelt es sich um einfache Scheibenblumen mit hohem Pollenangebot, die hauptsächlich von pollenfressenden Schwebfliegen bestäubt werden: Während des Besuchs der männlichen Blüten werden sie beim Ablecken des Pollens auch mit Pollen eingestäubt. Der Nektar lockt sie zu den weiblichen Blüten, wo sie beim Naschen des Nektars den Pollen auf den Narben abstreifen.

Frucht:

Die zahlreichen Fruchtblätter in den weiblichen Blüten entwickeln sich zu etwa 3–5 mm langen und bis 3 mm breiten, einsamigen Nüßchen. Sie sind stark abgeflacht und vorn durch die verbleibende Narbe kurz geschnäbelt. Die Fruchtwand der scheibenförmigen Nüßchen ist ringsherum als Flügelsaum ausgebildet. Diese dünne, aber feste Fruchtwand ist bei Reife hellbraun und besitzt ein luftgefülltes Schwimmgewebe. Die zahlreichen Nüßchen stehen dicht aneinander gedrängt an der vergrößerten Blütenachse, die als Fruchtträger dient. Der kugelige Fruchtstand ist etwa 1 cm breit.

Ausbreitung:

Die unmittelbar am Gewässerrand wachsende Pflanze hat verschiedene Ausbreitungsstrategien entwickelt. Bei Reife lösen sich die einzelnen Nüßchen von der Blütenachse ab, fallen ins Wasser und werden als Schwimmer ausgebreitet (Nautochorie). Ihre Schwimmfähigkeit beträgt etwa 12 Monate. Die im Wasser treibenden, scheibenförmigen Früchte bleiben auch als Anhafter am Gefieder von Wasservögeln kleben und können so epichor ausgebreitet werden.

Man vermutet, daß die Nüßchen auch endochor durch Wasser- und Küstenvögel sowie durch Süßwasserfische ausgebreitet werden. *S. sagittifolia* breitet sich auch selbständig durch vegetative Vermehrung aus (Blastochorie). Die Knollen, die im Herbst am Ende der Ausläufer als Überwinterungsorgan gebildet werden, brechen leicht ab, werden durch die Gewässerbewegungen vertrieben und siedeln sich an geeigneter Stelle wieder an. Darüberhinaus wird die Pflanze auch als Gartenteichpflanze durch den Menschen ausgebreitet (Ethelochorie).

Nutzung:

Heute ist *S. sagittifolia* eine beliebte Pflanze zur naturnahen Gestaltung von Gartenteichen und Aquarien. Die Knollen sind stärkereich und sehr nahrhaft und wurden früher gegessen: In rohem Zustand schmecken sie nußartig, gekocht nach Erbsen. Von einem Verzehr sollte man heute jedoch zum Schutz der Pflanze absehen.

Vorkommen:

S. sagittifolia ist in fast ganz Europa und Asien weit verbreitet. Die Pflanze wächst in lichten Röhrichten und Uferbereichen verschiedener Flachgewässer. In Deutschland kommt sie vor allem im Flachland und den Flußniederungen vor.

Sagittaria sagittifolia. **Bild 1:** Ausschnitt aus dem oberen Abschnitt des Blütenstandes mit männlichen Blüten. Von dem 3blütigen Quirl sind nur 2 Blüten sichtbar. Die männlichen Blüten werden von einer pollenfressenden Schwebfliege besucht. **Bild 2:** Die noch unreifen, winzigen Nüßchen sind zu einem kugeligen, etwa 1 cm langen Fruchtstand angeordnet . **Bild 3:** Einzelne, ausgereifte, 3 mm lange, durch die Narbe zugespitzte Nüßchen. Sie sind stark abgeflacht, deutlich setzt sich der helle Flügelsaum, der als Schwimmgewebe ausgebildet ist, von dem dunkleren, samentragenden Bereich ab.

Auf trockenen Wiesen wächst die 2- bis mehr jährige Tauben-Skabiose (*Scabiosa columbaria*), eine bis 80 cm hohe, bei uns heimische Pflanze mit von Juli–Oktober blühenden, bläulichlila farbenen Blüten. Der wissenschaftliche Artname weist auf die taubenähnliche Blütenfarbe hin (lat. *columba*= Taube).

Hellgelbe Blüten besitzt die Gelbe Skabiose (*S. ochroleuca*), eine in Ostdeutschland vorkommende Pflanze mit blaßgelben (griech. *ochros*=bleich, blassgelb; *leukos*=weiß, glänzend), von Juli–September erscheinenden Blüten.

Der Gattungsname zeugt von der früheren Verwendung der Pflanzen als Mittel gegen Hautausschläge (lat. *scabies*=Krätze). Für die gesamte Gattung sind die abgeflachten Blütenkörbchen typisch, in denen, ähnlich wie bei den Korbblütlern und Baldriangewächsen, die zahlreichen kleinen Blüten zu größeren Einheiten zusammengefaßt werden. Die bis zu 3,5 cm breiten Blütenköpfchen werden von lanzettlichen Hüllblättern eingeleitet. Die äußeren, randförmigen Blüten sind größer und strahlend, wodurch die Auffälligkeit des Blütenköpfchens betont wird.

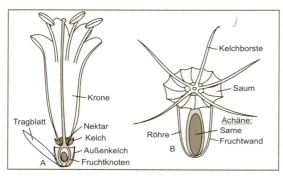

Abb. 11-30: *Scabiosa columbaria*. A: Blüte aus dem Zentrum des Körbchens längs. B: Die eigentliche Frucht – die Achäne – wird vom Außenkelch umschlossen. Als Federballflieger wird die aus dem Außenkelch (Röhre und Saum), den 5 Kelchborsten und der Achäne bestehende Diaspore ausgebreitet.

Jede der Blüten wird von einem unauffälligen Tragblatt eingeleitet, das man nur erkennt, wenn man das Köpfchen oder den Fruchtstand aufpräpariert. Kelch und Krone sind 5zählig. Der Kelch ist borstig und unauffällig. Die 5blättrige Krone ist röhrenförmig verwachsen und endet oben mit 5 Zipfeln. Kelch und Krone sitzen dem Blütenbecher an. Der einfächerige Fruchtknoten ist unterständig und mit dem Blütenbecher verwachsen. Eine Besonderheit der Gattung ist ein zusätzlicher Außenkelch, der den unterständigen Fruchtknoten umhüllt und später bei der Ausbreitung eine große Rolle spielt. Die Randblüten sind zumeist vormännlich, während bei den Blüten im

Zentrum die Staubblätter und Narben gleichzeitig reif sind. Die Körbchenblumen werden bevorzugt von Bienen, Hummeln und Tagfaltern bestäubt, die mit ihrem langen Rüssel an den am Grund der Blütenröhre liegenden Nektar gelangen.

Frucht:

Aus dem abgeflachten Blütenstand der Skabiosen entwickelt sich ein 1,5–2 cm langer, auffälliger Fruchtstand. Die eigentliche Frucht ist eine kleine, unscheinbare Achäne, die zu den Nüssen zählt. Sie wird vom pergamentartigen Außenkelch umhüllt und mit diesem gemeinsam ausgebreitet. Achäne und Außenkelch dienen als eine Ausbreitungseinheit. Die zahlreichen, etwa 5 mm langen Diasporen ähneln kleinen Federbällen.

Der nun vergrößerte Außenkelch ist unterteilt in einen etwa 1,5 mm langen, häutigen Saum und in eine 3–4 mm lange Röhre. An der Spitze der Diaspore verbleibt der Kelch, der während der Fruchtentwicklung zu 5 etwa 3–5 mm langen, fast schwarzen Kelchborsten herangewachsen ist. Achäne und Außenkelchröhre sind nicht miteinander verwachsen. Die etwa 3 mm lange Achäne besitzt eine sehr dünne Fruchtwand. Die dicht borstig behaarte und später hart werdende Röhre des Außenkelches übernimmt den Schutz der heranreifenden Frucht vor Tierfraß. Die Außenkelchröhre ist bei Reife hellbraun gefärbt und mit Längsfurchen versehen. Die Diasporen beider *Scabiosa*-Arten sind von nahezu identischem Aussehen.

Ausbreitung:

Zur Fruchtreife ab August werden die Diasporen durch den Druck der Tragblätter ein wenig emporgehoben und dadurch vom Blütenstengel gelöst. Die Diasporen werden so dem Wind präsentiert und von stärkeren Windbewegungen als Federballflieger fortgetragen (Anemochorie). Der Saum des Außenkelches dient als Fallschirm, der das Absinken der Diaspore verzögert. Neben der hauptsächlich anemochoren Ausbreitung werden die Diasporen auch mithilfe ihrer schräg gestellten Kelchborsten und der dicht behaarten Außenkelchröhre als Wasserhafter und Klettfrüchte ausgebreitet (Epichorie).

Vorkommen:

S. columbaria ist in ganz Europa und Nordwest-Afrika heimisch. Die Pflanze wächst auf trockenen Wiesen, an Waldrändern und auf Bahndämmen. Dagegen liegt das Vorkommen von *S. ochroleuca* im mitteleuropäischen Raum und erstreckt sich von den östlichen Bundesländern Deutschlands ostwärts bis nach Rußland und Sibirien. Als Standort bevorzugt sie Steppenrasen, Waldränder, Brachen und Dämme.

Bild 1-2: *Scabiosa columbaria*. **Bild 1:** Blütenköpfchen. **Bild 2:** Fruchtstand, die lanzettlichen Hüllblätter sind heruntergeklappt. **Bild 3-4:** *S. ochroleuca*. **Bild 3:** Reifer Fruchtstand dessen Diasporen als Federballflieger zum Teil schon ausgebreitet wurden. Dadurch wird der während der Fruchtentwicklung verlängerte Stengel sichtbar, an dem die zahlreichen Diasporen ansitzen. Erkennbar sind nun auch die schmalen Tragblätter. **Bild 4:** Etwa 2 cm breites Blütenkörbchen, das von einer nach Nektar suchenden Hummel bestäubt wird.

Ein in Deutschland nur noch selten vorkommendes Ackerwildkraut ist der Venuskamm (*Scandix pecten-veneris*), der auf kalkreichen Äckern, Brachen und an Wegrändern wächst. Im Mittelmeergebiet findet man die einjährige, bis 30 cm hohe Pflanze mit mehrfach gefiederten Blättern noch wesentlich häufiger.

S. pecten-veneris zählt zu den Doldengewächsen und zeigt die für die Familie typische Anordnung der kleinen Blüten in Dolden und Döldchen. Neben Zwitterblüten werden auch langgestielte, oft in Doldenmitte stehende, ausschließlich männliche Blüten gebildet. Jedes etwa 10blütige Döldchen wird von mehreren lanzettlichen Hüllchenblättern eingeleitet, ein Kelch fehlt. Von den äußeren Blüten eines Döldchens ist je eines der 5 Kronblätter strahlig vergrößert und verstärkt so den Eindruck, daß die Blüten eines Döldchens eine einzige große Blüte darstellen. Der unterständige, 2fächerige Fruchtknoten ist ungewöhnlich lang. An seiner Spitze ragen 2 Griffel heraus, die von einem polsterförmigen Nektarium umgeben sind.

Bei den von Mai-Juni blühenden Pflanzen handelt es sich um nektarführende Scheibenblumen, die hauptsächlich von Käfern und Fliegen, die leicht an den Nektar gelangen können, aber auch von Bienen, bestäubt werden. Es kommt auch zur Selbstbestäubung.

Frucht:

Nach der Befruchtung beginnt der unterständige Fruchtknoten stark in die Länge zu wachsen, dabei bleiben die Kronblätter noch lange erhalten. Im Herbst sind die, je nach Standort 2-8 cm langen, geschnäbelten Früchte ausgereift. Trotz der ein wenig ungewöhnlichen Fruchtform, handelt es sich um für die Doldenblütler typische Spaltfrüchte: Die beiden Fruchthälften lösen sich bei Reife als 2 Teilfrüchte entlang ihrer Scheidewand, der Verwachsungsnaht, voneinander ab. Die in einer Reihe stehenden Spaltfrüchte eines Döldchens erscheinen wie ein großer Kamm und gaben der Pflanze ihren Namen (lat. *pecten veneris*=Kamm der Venus). Der untere, etwa 1 cm lange, gestreifte Abschnitt der Teilfrüchte enthält den einzigen, nüßchenartigen Samen. Darüber befindet sich der hellbraune, abgeflachte bis 7 cm lange Schnabel. Dieser endet mit dem verbleibenden Griffel und ist an den Rändern borstig behaart.

Ausbreitung:

Bei Reife beginnen sich die Teilfrüchte infolge Austrocknung von der Basis her voneinander zu lösen. Geschieht dies schnell, krümmen sich die beiden Fruchthälften ein und werden als Teilfrüchte explosionsartig einige Zentimeter weggeschleudert. Zurück bleibt dann allein der Fruchtträger. Es handelt sich um eine Form der Selbstausbreitung (ballochore Autochorie).

Oftmals reicht jedoch die freiwerdende Energie nicht aus, die Teilfrüchte bleiben am Fruchtträger hängen und werden dann durch vorbeistreifende Tiere abgelöst. Die borstig behaarten Teilfrüchte werden so auch als Klettfrüchte im Fell von Säugern mitgeführt und ausgebreitet (Epichorie).

Der wärmeliebende, in Osteuropa und dem Vorderen Orient beheimatete *S. pecten-veneris* gelangte als Saatgutbegleiter des Getreides nach Mitteleuropa (Speirochorie). Es ist jedoch strittig, ob die Pflanze erst in der frühen Neuzeit, also als Neophyt zu uns gelangte oder doch schon wesentlich länger als Archäophyt in Mitteleuropa vorkommt. Unstrittig ist, daß *S. pecten-veneris* zu einer heute nur noch selten vorkommenden Ackerunkrautgesellschaft der Kalkäcker gezählt wird. Die Pflanze kommt gemeinsam mit weiteren seltenen, durch Herbizideinsatz vom Aussterben bedrohten Arten, wie dem Sommer-Adonisröschen (*Adonis aestivalis*) und dem Feld-Rittersporn (*Consolida regalis*), vor.

Vorkommen:

S. pecten-veneris ist heute im Mittelmeerraum, auf den Kanaren, in West- und Mitteleuropa sowie Südwestasien verbreitet. Die Pflanze ist in fast allen Bundesländern Deutschlands vom Aussterben bedroht bzw. gilt als verschollen.

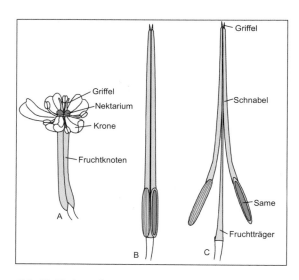

Abb. 11-31: *Scandix pecten-veneris.* A: Blüte mit unterständigem Fruchtknoten. B: Spaltfrucht, noch ungeöffnet. C: Die Spaltfrucht beginnt sich von der Basis ausgehend in 2 Teilfrüchte aufzuspalten. Zwischen beiden bleibt der Fruchtträger, ein Teil der Scheidewand, stehen.

Scandix pecten-veneris. **Bild 1:** Blütendolde aus 3 Döldchen bestehend. Links mit sehr jungen etwa 1,5 cm langen Früchten, die weißen Kronblätter sind noch vorhanden. Rechts 2 Blütendöldchen mit nach außen vergrößerten Kronblättern. So erweckt jedes Döldchen den Eindruck einer einzigen Blüte. **Bild 2:** Fast reife, etwa 6 cm lange Spaltfrüchte. Der dunkel gefärbte, längsgestreifte Bereich enthält die Samen. **Bild 3:** Reife Spaltfrüchte, deren beide Teilfrüchte sich an der Basis voneinander abtrennen.

Dem botanisch interessierten Touristen sind die ungewöhnlichen Früchte des Skorpionsschwanz (*Scorpiurus muricatus*) auf seinen Reisen im Mittelmeerraum bestimmt schon einmal aufgefallen. Die einjährige Pflanze wächst dort auf Kulturland, Brachland und an Wegrändern auf sandigen wie steinigen Böden. Sie besitzt, wenn sie freien Raum um sich hat, einen niederliegenden, sich am Boden entlang schmiegenden Stengel. In dichter Vegetation wächst die Pflanze dagegen aufrecht. Ihre Blätter sind einfach, spatelig bis länglich geformt.

Auffällig sind die meist 4 doldenartig, fast symmetrisch angeordneten Blüten, die von März–Juli erscheinen. Jede der kurzgestielten, gelben Blüten ist etwa 1 cm lang. Der grüne, glockige Kelch endet mit 5 scharf zugespitzten Zähnen. Die 5 gelben Kronblätter sind freiblättrig. Das obere und größte Blütenblatt bildet die Fahne und dient der optischen Anlockung. Staubblätter und Fruchtknoten werden im sogenannten Schiffchen versteckt. Es handelt sich um typische Schmetterlingsblumen, die von Bienen und Hummeln bestäubt werden.

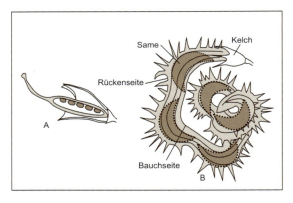

Abb. 11-32: *Scorpiurus muricatus.* A: Fruchtknoten längs zur Blütezeit; Kron- und Staubblätter abpräpariert. B: Reife, bestachelte Nußfrucht längs. Der Kelch verbleibt.

Frucht:

Die reife, 2–5 cm lange Frucht von *S. muricatus* ist spiralig gedreht, ihre Oberfläche wird von rötlichen, erhabenen Längsrippen überzogen. Die äußeren Rippen sind mit Höckern oder Stacheln besetzt. Der Name der gesamten Gattung bezieht sich auf die skorpionsähnliche Fruchtform (griech. *skorpiuros*=mit einem Skorpionsschwanz versehen). Der Artname *muricatus* wird von lat. *muricat*=stachelig abgeleitet und bezieht sich auf die stachelige Fruchtoberfläche. Im Englischen wird die Art *caterpillar*=Raupe genannt.

Nach Abfallen der Kron- und Staubblätter kommt es in dem nur wenige Millimeter langen Fruchtknoten zu einem starken Längenwachstum. Die spiraligen Windungen entstehen dadurch, daß verstärktes Wachstum stets auf der Rückenseite des in die Länge wachsenden Fruchtknotens stattfindet. Das geschieht hauptsächlich im Umkreis der jungen Samen, so daß diese in der Windung mitwachsen und dadurch eine halbmondförmige Form erhalten. Schon junge Früchte sind stark gewunden.

Die Samen entwickeln sich in einzelnen Samenfächern, die auch von außen als Verdickungen gut sichtbar sind. Die eingeschnürten, schmalen Bereiche der Frucht sind samenlos. Zur Fruchtreife verhärtet sich die mit festen Stacheln bewehrte Fruchtwand.

Der im westlichen Mittelmeergebiet und auf den Kanaren vorkommende Wurm-Skorpionsschwanz (*S. vermiculatus*) bildet dagegen stachellose Früchte mit köpfchenförmigen Höckern und ähnelt dadurch einem Wurm.

Ausbreitung:

Die eigenwillig geformten Früchte des Skorpionsschwanz haben nun nichts mehr mit den typischen Hülsen der Schmetterlingsblütengewächse gemein. Hülsen öffnen sich durch ihre beiden Fruchthälften und entlassen ihre Samen. Beim Skorpionsschwanz bleibt stattdessen die Frucht geschlossen, man spricht deshalb von einer Schließfrucht oder Nuß.

Zu Beginn der Fruchtreife bilden sich auf der gesamten Fruchtoberfläche Stacheln, die bei Fruchtreife verhärten und damit hervorragend für die Klettausbreitung ausgestattet sind (Epichorie). Während der Fruchtreife hat sich der Blütenstiel infolge Längenwachstums zur Erde hin orientiert, so daß die meist 4 aus jedem Blütenstand gebildeten Früchte auf der Erde abgelegt werden. Diese werden durch Tritt von der Pflanze gelöst und können beispielsweise von Weidetieren als Trampelkletten ausgebreitet werden. Wenn sie ins Fell gelangen, können sie auch dort hängen bleiben und als Klettfrucht ebenfalls über größere Strecken mittransportiert werden.

Die sehr harte Fruchtwand erschwert ein Zerbrechen der Früchte, die Samen keimen in der Regel gemeinsam in der langsam verrottenden Frucht aus. Man spricht hierbei von Synaptospermie (griech. *synapsis*=Verbindung; *sperma*=Same). Daß mehrere Samen gleichzeitig innerhalb einer Frucht auskeimen, ist eigentlich eine seltene Erscheinung. Gerade jedoch bei Steppen- und Wüstenpflanzen ist dies eine häufige Strategie (→ *Tribulus terrestris*), damit gleich mehrere Pflanzen an einem günstigen Ort auskeimen und heranwachsen können.

Vorkommen:

Die Heimat von *S. muricatus* liegt im Mittelmeergebiet, auf den Kanaren und in Südwest-Asien.

Scorpiurus muricatus: **Bild 1:** Blütenstand mit 4 gelben Schmetterlingsblumen. Links davon eine sehr junge, rötliche, schon bestachelte Frucht. **Bild 2:** 4 fast ausgereifte Früchte (Nüsse) in typischer Weise auf dem Boden liegend. **Bild 3:** Reife, bestachelte, eingerollte Frucht. In den Windungen liegt jeweils ein halbmondförmiger Same.

Das auf Sumpfwiesen, Flachmooren und in Bruchwäldern wachsende Sumpf-Helmkraut (*Scutellaria galericulata*) wird aufgrund seines zierlichen Wuchses zwischen Schilfrohr und Seggen oftmals übersehen. Bei der bis zu 50 cm hohen Pflanze sitzen die blauvioletten, kurzgestielten Blüten, die von Juni–September blühen, paarig angeordnet in den Achseln der obersten Blätter. Es handelt sich um einen typischen Lippenblütler mit dorsiventralen Blüten. Hervorzuheben ist der unauffällig 2lippige Kelch, dessen Oberlippe eine rundliche Schuppe besitzt. Diese ist je nach Art unterschiedlich ausgebildet. Während diese bei *S. galericulata* nur eine kleine, schuppenförmige Bildung darstellt, ist sie beim mediterranen Hohen Helmkraut (*S. altissima*) größer und aufgebläht.

Die 5 Kronblätter sind röhrenförmig miteinander verwachsen, 2 bilden die Oberlippe und 3 die Unterlippe. Die weiße Unterlippe besitzt dunkelviolette Saftmale. Der zu Beginn der Blütezeit aus 2 Fruchtblättern bestehende, oberständige Fruchtknoten wird durch zusätzliche Einschnürungen 4teilig (→ *Borago officinalis*), was für die Lippenblütler und Rauhblattgewächse (Boraginaceae) typisch ist.

Die Unterlippe der Krone dient als Landeplatz, die gewölbte Oberlippe birgt Griffel und Staubbeutel. Auf der Suche nach dem am Blütengrund liegenden Nektar, kriecht der Besucher in die Röhre und wird dabei auf dem Rücken eingestäubt. Bestäuber sind vor allem langrüsselige Bienen und Hummeln sowie Tagfalter. Kurzrüsselige Hummeln, die nicht an den tiefer liegenden Nektar gelangen, beißen sich kurzerhand durch den Kelch. Diese „Nektarräuber" dienen nicht der Bestäubung.

Frucht:

Aus dem 4teiligen Fruchtknoten entwickeln sich 4 nüßchenartige, für die Lippenblütler typische Klausen, die zu den Nüssen zählen. Sie werden von dem grünen, 2lippigen Kelch, der an der Pflanze verbleibt, umschlossen. Dieser wächst infolge der Fruchtentwicklung auf etwa seine 2–4fache Größe heran, wobei sich auch die rundliche Schuppe der Oberlippe vergrößert. Bei *S. galericulata* erinnert diese an eine Schirmmütze, bei *S. altissima* werden Erinnerungen an modische Damenhüte oder auch an Helme wach, die der Gattung als „Helmkraut" den Namen geben.

Die Unterlippe des Kelches ist schaufelförmig. Streicht man leicht über den Kelch, merkt man, daß dieser durch Haare etwas rauh ist. Der kurze Blütenstiel verlängert sich während der Fruchtreife um einige Millimeter, wird elastisch und ist leicht nach unten geknickt. So ist der Kelch nicht mehr wie zur Blütezeit waagerecht, sondern nickend orientiert.

Ausbreitung:

Während der Fruchtentwicklung sind Ober- und Unterlippe des Kelches fest aneinandergedrückt, also verschlossen. Durch fortschreitendes Austrocknen zum Ende der Fruchtreife werden beide Lippen pergamentartig und lassen einen schmalen Schlitz frei.

Das Helmkraut nutzt den Regen zu seiner Ausbreitung (Ombrochorie), es ist ein Regenballist (→ Abb. 4-16B). Fallen Regentropfen auf die von oben betrachtet schüsselförmige Wölbung des Kelches (lat. *scutella*=Schüsselchen) werden die kleinen, unbenetzbaren Klausen Stück für Stück herausgeschleudert. Dabei wirkt der feste, nun bogenförmige Fruchtstiel wie eine Feder. Regentropfen bewirken, daß der Kelch kurz nach unten gedrückt wird. Dadurch lösen sich die Klausen von ihrer Anhaftungsstelle am Blütenboden und rollen auf die schaufelförmige Unterlippe. Ist die Energie aufgebraucht, schnellt der Kelch in seine Ausgangsposition zurück und die Klausen werden fortgeschleudert.

Nachdem schließlich die Oberlippe vom Wind oder Regen zerstört bzw. abgelöst wurde, bleiben an der Pflanze nur noch die schaufelförmigen Unterlippen zurück. Falls sich darauf noch eine Klause befinden sollte, rollt diese mittels der Schwerkraft von der Schaufel zu Boden (Ballochorie).

Das Helmkraut ist jedoch nicht nur auf Regentropfen angewiesen, auch starke Winde oder vorbeistreifende Tiere bewirken das Ablösen und Ausstreuen der Klausen (Wind- und Tierstreuer – Semachorie).

Das nichtheimische *S. altissima* wird in Deutschland, der Schweiz und Österreich als Gartenzierpflanze kultiviert und dadurch auch gezielt durch den Menschen ausgebreitet (Ethelochorie). Stellenweise, wie im Neckartal, in Thüringen und Sachsen-Anhalt, verwilderte die Pflanze, bürgerte sich als Neophyt ein und vergrößerte dadurch ihr ursprünglich südosteuropäisches Areal.

Vorkommen:

Das an sumpfigen Standorten wachsende *S. galericulata* ist in Europa, Asien und Nordamerika verbreitet. *S. altissima* stammt aus dem Kaukasus und Balkan. Sie bevorzugt wesentlich trockenere Lebensräume als die erstgenannte und wächst auf Magerrasen und in lichten Laubwäldern.

Bild 1-2: *Scutellaria galericulata.* **Bild 1:** Blüten paarweise angeordnet. An den beiden oberen Blütenknospen ist die kleine, schuppenförmige Wölbung des Kelches leicht zu erkennen. **Bild 2:** Ein wenig erinnert der verschlossene Kelch an Pantoffeln. Im Kelch eingeschlossen befinden sich die eigentlichen Früchte, die Klausen. **Bild 3-4:** *Scutellaria altissima.* **Bild 3:** Blütenstand. Deutlich ist der rötlich gefärbte, helmförmig aufgeblähte Kelch zu erkennen. **Bild 4:** Fast reife Fruchtstände, der helmförmige Kelch hat sich etwa um das Vierfache vergrößert.

Die Bunte Kronwicke (*Securigera varia*, Synonym *Coronilla varia*) ist eine Staude mit niederliegend-aufsteigendem, stark verzweigtem Stengel, die auf trockenen Standorten wächst. Ihre Laubblätter sind bis 25zählig gefiedert. Die beweglichen Blattfiedern führen, wie bei Akazien und Robinien, sogenannte Schlafbewegungen durch und sind dadurch bei Dunkelheit bzw. nachts nach oben geklappt.

Die erst ab dem zweiten Jahr blühende Pflanze (Mai–September) bildet meist 12–15 kurzgestielte, bis 1,5 cm lange Blüten, die in einer langgestielten, köpfchenförmigen Dolde angeordnet sind. Der Gesamteindruck einer solchen Dolde erinnert an eine Krone, worauf sich die frühere Gattungsbezeichnung bezieht (lat. *coronilla*=kleine Krone).

Die meist rosafarbenen Blüten zeigen den für Schmetterlingsblütengewächse typischen Aufbau. Der optischen Anlockung dient die rosa oder lila gefärbte Fahne mit dunkellila farbenen Strichsaftmalen, während die beiden Flügel meist weiß sind. Das weiße Schiffchen ist gekrümmt, lang zugespitzt und an der Spitze dunkelpurpurn. Der oberständige Fruchtknoten und die Staubblätter liegen im Schiffchen verborgen. Alle 10 Staubblätter sind zu einer Röhre vereinigt und oben keulig verdickt. Sie umschließen den einfächerigen Fruchtknoten (coenokarp-synkarp).

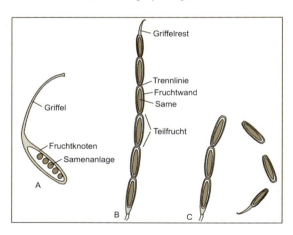

Abb. 11-33: *Securigera varia.* A: Fruchtknoten zur Blütezeit längs. B: Bruchfrucht längs. C: In ihre Teilfrüchte zerfallende Bruchfrucht längs.

Blütenbiologisch handelt es sich um Schmetterlingsblumen mit Pumpeinrichtung. Die vormännlichen Blüten geben ihren Pollen noch vor der Blütenentfaltung in die Schiffchenspitze ab. Setzt sich ein Bestäuber auf die Flügel, wird das Schiffchen heruntergedrückt und die im oberen Abschnitt keulenförmig angeschwollenen Staubfäden betätigen sich als Kolben. Sie drücken den Pollen aus der geöffneten Schiffchenspitze heraus und stäuben den Bauch des Be-

stäubers ein. Fliegt dieser später eine Blüte im weiblichen Stadium an, gibt er über denselben Mechanismus den mitgebrachten Pollen an der Narbe ab. Der Nektar wird nicht wie gewöhnlich innerhalb der Staubfadenröhre abgegeben, sondern an der Außenseite des fleischigen Kelches und ist somit unabhängig von der Bestäubung zugänglich. Bestäuber sind hauptsächlich Hummeln und Bienen.

Frucht:

Aus dem Fruchtknoten entwickelt sich eine bei Reife dunkelbraune, 3–5 cm lange und 2 mm breite, im Querschnitt runde Bruchfrucht. Durch Wachstumsbewegungen des Fruchtstiels ist diese nun senkrecht orientiert. An der Spitze verbleibt der starre, scharf hakig zurückgebogene Griffelrest. Die Bruchfrucht besteht aus etwa 4–10 Teilfrüchten, die durch leichte Einschnürungen voneinander getrennt sind. Jede nußartige Teilfrucht beinhaltet einen walzlichen, etwas abgeflachten Samen, der durch Glykoside giftig ist. Alle Kronwicken (*Coronilla* und *Securigera*) zeichnen sich durch Bruchfrüchte aus, und zählen als Angehörige der Schmetterlingsblütengewächse zu den vielen, vom Fruchttyp der Hülse abweichenden Fruchtformen innerhalb der Familie.

Ausbreitung:

Bei Reife zerfällt die Bruchfrucht entlang kleiner querverlaufender Trennlinien – den Einschnürungen – in ihre etwa 6 mm langen Teilfrüchte. Sie fallen gemäß den Gesetzen der Schwerkraft einfach nach unten und bleiben in unmittelbarer Nähe zur Mutterpflanze liegen (Barochorie). Wenn diese auskeimen, dienen sie dem Erhalt der Pflanze vor Ort.

Durch Lufteinschlüsse in der Fruchtwand sind die Teilfrüchte sehr leicht und werden auch durch starke Winde abgelöst und fortgetragen (Anemochorie). Früher war *S. varia* ein typischer Begleiter von Kleesaatgut und wurde dadurch ebenfalls ausgebreitet (Speirochorie).

Bis zu Beginn der Fruchtentwicklung wird die gesamte Pflanze von Schafen abgeweidet, dann jedoch – vermutlich wegen der sich vermehrt bildenden giftigen Digitalisglykoside und Nitropropionsäurederivate – gemieden, so daß eine Verdauungsausbreitung (Endochorie) nicht stattfindet. Selbständig breitet sich *S. varia* durch die Bildung von Wurzelsprossen aus, die sich ablösen und zu neuen Pflanzen heranwachsen (Blastochorie).

Vorkommen:

S. varia ist in Mittel- und Südeuropa sowie im Kaukasus und Kleinasien verbreitet. Die kalk- und wärmeliebende Pflanze wächst in Säumen und lichten Gebüschen, auf Böschungen, Bahndämmen und Halbtrockenrasen.

Securigera varia. **Bild 1:** Doldenartiger Blütenstand mit nickenden Blüten. **Bild 2:** Reife, aufrechte Bruchfrüchte. **Bild 3:** In Teilfrüchte zerfallende Bruchfrüchte, sichtbar sind die weißen Bruchstellen.

Der Löwenzahn (*Taraxacum officinale*) zählt zu den bekanntesten Vertretern der Korbblütler, gehört er doch mit seinen von April–Mai erscheinenden gelben Blütenständen zum typischen Frühjahrsaspekt unserer Fettwiesen. Unter der Bezeichnung *T. officinale* verbirgt sich eine vielgestaltige Sammelart aus etwa 140, nur schwer unterscheidbaren Kleinarten. Den Volksnamen „Löwenzahn" verdankt die Pflanze den scharfgezähnten Blättern, die in einer grundständigen Rosette angeordnet sind. Der hohle, einen weißen Milchsaft führende Stengel der mehrjährigen Pflanze wächst bis 50 cm in die Höhe und schließt mit einem goldgelben Blütenköpfchen ab. Dieses besteht aus einer Vielzahl (100–200) gelber, unterseits mitunter rot überlaufener, zwittriger Zungenblüten. Die verwachsene Krone ist zu einer langen, 5zähnigen, flachen Zunge ausgezogen. Der Kelch besteht aus langen, weißen Pappushaaren. Die Staubbeutel der 5 Staubblätter sind zu einer Staubblattröhre verklebt. Der einfächerige, aus 2 Fruchtblättern vollständig verwachsene Fruchtknoten ist unterständig. Der Griffel, der im oberen Bereich mit Fegehaaren besetzt ist, wird von der Staubblattröhre umgeben.

Wie für die Korbblütler typisch, sind die Blüten vormännlich. Die Staubbeutel entleeren ihren Pollen in die Staubbeutelröhre. Dann wächst der anfangs sehr kurze Griffel in die Länge und schiebt den auf den Fegehaaren des Griffels gesammelten Pollen in der Staubblattröhre nach oben. Erst wenn der Griffel aus der Röhre herausgewachsen ist, entfaltet sich die 2ästige Narbe und ist nun bereit zur Bestäubung. Die sich abends und bei Regen mittels ihrer mehrreihigen Hüllblätter schließenden Scheibenblumen werden von Bienen und Faltern, die das reichliche Nektarangebot am Blütengrund nutzen können, aber auch von Käfern und Fliegen bestäubt.

Frucht:

Schon wenige Tage nach der Blüte reifen die Früchte heran. Meist entwickeln sich aus den Blüten ohne eine Befruchtung intakte Samen und Früchte (Parthenokarpie), eine seltene Erscheinung unserer heimischen Flora. Die einsamigen, zu den Nüßchen zählenden Achänen sind bei Reife hellbraun und mit etwa 10 Längsrippen versehen. Während der Fruchtentwicklung wächst die Spitze des Fruchtknotens zu einem langen Schnabel heran. An dessen Spitze sitzt der weiße, aus zahlreichen gezähnelten Borsten bestehende Pappus.

Ausbreitung:

Während der Fruchtentwicklung verlängert sich der Stengel um das 2–4fache und das Fruchtköpfchen wird über die umgebende Vegetation gehoben. Bei trockener Witterung im Frühsommer klappen die schützenden Hüllblätter nach unten, so daß die Achänen frei auf dem kugeligen Ende der Sproßachse stehen. Die xerochasen Pappushaare spreizen auseinander und werden von leichtesten Windströmungen erfaßt. Die Achänen werden als Haarschirmchenflieger durchschnittlich 10 km vom Wind fortgetragen (Anemochorie).

Die Früchte sind auch beliebtes Nahrungsmittel körnerfressender Vögel. So holt sich der Stieglitz mit seinem spitzen Pinzettenschnabel die Achänen aus den Fruchtständen und verstreut dabei etliche, die so dem Fraß entgehen (Bearbeitungsausbreitung, eine Form der Dysochorie). Rinder breiten die Achänen beim Abweiden des Grünfutters endochor aus.

T. officinale gehört zu den anpassungsfähigsten und vitalsten Vertretern unserer Flora und wird deshalb oft als Unkraut betrachtet. Seine schnelle Ausbreitung rührt von der großen Produktion keimfähiger Samen her. Das massenhafte Auftauchen der mit einer Pfahlwurzel äußerst fest im Boden wurzelnden Pflanze findet erst seit einigen Jahrzehnten statt und steht im Zusammenhang mit der Intensivierung der Grünlandbewirtschaftung. Überdüngung und die Vorverlegung des ersten Mahdtermins im Jahr fördern die Entwicklung der stickstoffliebenden Pflanze. Sie fruchtet schon im Mai und kann sich im Gegensatz zu den meisten Wiesenpflanzen vor der ersten Mahd im Mai reproduzieren. Das Regenerationsvermögen des Löwenzahn ist sehr groß, so wachsen im Boden verbleibende Wurzelteile zu neuen Sprossen heran, wodurch sich die Pflanze auch selbständig ausbreitet (Blastochorie).

Nutzung:

Als Heilpflanze soll *T. officinale* schon von arabischen Ärzten im frühen Mittelalter angewandt worden sein. Aber auch die alten Griechen hatten vermutlich Kenntnis von der Wirksamkeit des Löwenzahns, der von Theophrast unter dem Namen „Aphake" beschrieben wurde. Gesicherte Hinweise über eine heilkundliche Nutzung in Mitteleuropa (bei Galle- und Leberleiden, Durchfall und Fieber) finden sich erst ab dem 13. Jahrhundert. Im Mittelalter wurde *T. officinale* zuerst als hübsche Gartenpflanze und dann als Heilpflanze in den Gärten angebaut. Die jungen Blätter kann man als Salat zubereiten. Sie sind aufgrund eines Bitterstoffes bitter. Der Gattungsname *Taraxacum* rührt von der früheren Verwendung des Milchsafts der Pflanze bei der Behandlung von Augenerkrankungen her (griech. *taraxis*=Augenentzündung; *akeomai*=ich heile).

Vorkommen:

Heute ist *T. officinale* auf der gesamten nördlichen Halbkugel verbreitet. Die Pflanze wächst auf Wiesen, in Parkanlagen, Gärten und an Wegen.

Taraxacum officinale. **Bild 1:** Geöffnetes Fruchtköpfchen. Die mit einem weißen Pappus ausgestatteten Achänen sitzen dem kugeligen Ende der Sproßachse an. **Bild 2:** Der Pappus jeder Achäne ist nach außen orientiert. Seine Borsten spreizen auseinander und bieten so dem Wind die größte Angriffsfläche. Die Länge der Achänen einschließlich Schnabel (ohne Pappus) liegt bei etwa 15 mm. Umgangssprachlich wird der Löwenzahn wegen seiner zum „Anpusten" einladenden Fruchtköpfchen auch Pusteblume genannt. **Bild 3:** Der Löwenzahn zur Blütezeit. Bild 1 wurde von W.-H. Kusber zur Verfügung gestellt.

An Wegrändern, auf Brach- und Kulturland des Mittelmeergebietes findet man das Erdsternchen (*Tribulus terrestris*). Die einjährige Pflanze wächst mit niederliegendem, stark verzweigtem Stengel auf sandigen Böden. Ihre Laubblätter bestehen aus 5–8 Paaren schmaler, dunkelgrüner Fiederblättchen. Von Mai–September blühen die kleinen, 5zähligen, gelben Blüten. Die meist einzeln in den Blattachseln oder Zweiggabelungen stehenden Blüten sind aufrecht orientiert und kurz gestielt. Eingeleitet wird die Blüte von lanzettlichen Kelchblättern, es folgen gelbe, eiförmige Kronblätter. 10 gelbe Staubblätter in 2 Kreisen säumen den 5fächerigen, grünen Fruchtknoten (coenokarp-synkarp). Dieser geht in einen sehr kurzen Griffel über, der in einer 5lappigen, gelben Narbe endet.

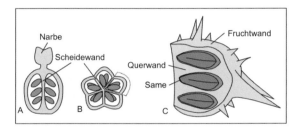

Abb. 11-34: *Tribulus terrestris.* A: Fruchtknoten längs, Einblick in 2 Fächer mit je 3 Samenanlagen. B: Der aus 5 Fächern bestehende Fruchtknoten quer geschnitten. Markiert wurde beispielhaft ein Fruchtfach, aus dem sich später eine Teilfrucht entwickelt. C: Mit kräftigen Stacheln bewehrte Teilfrucht längs. Das Innere ist durch 2 Querwände (sekundäre Scheidewände) in 3 Fächer geteilt, in denen je ein Same liegt.

Frucht:

Aus dem Fruchtknoten entwickelt sich eine bestachelte Spaltfrucht, die bei Reife entlang der Scheidewände in 5 Teilfrüchte zerfällt. Die 3kantigen, etwa 1 cm langen Teilfrüchte sind mit 2 großen, kräftigen und geraden Stacheln (bis 8 mm Länge) sowie mehreren kürzeren Stacheln bewehrt. Jede Teilfrucht ist durch die Bildung zusätzlicher, sekundärer Scheidewände während der Fruchtentwicklung quergekammert, wodurch die Stabilität beträchtlich erhöht wird. In den meist 3 Kammern liegt je ein flacher Same. Die Fruchtwand der Teilfrüchte ist dick und bei Reife sehr hart, es handelt sich um Nüßchen. Der wissenschaftliche Name der Pflanze (griech. *tribolos*=Fußangel) bezieht sich auf die Ähnlichkeit der Teilfrüchte mit einer dreieckigen Fußangel, die in der Antike bei kriegerischen Auseinandersetzungen gegen Reiter ausgeworfen wurde. Betrachtet man die Spaltfrüchte von oben, so ähneln sie einem Stern, worauf sich die deutsche Bezeichnung Erdsternchen bezieht.

Ausbreitung:

Während der Fruchtentwicklung verlängert sich der Blüten- bzw. Fruchtstiel und wächst in Richtung Erde. Bei Reife fallen die Spaltfrüchte als Ganzes auf den Boden. Durch Tritt oder Austrocknung zerfällt die Spaltfrucht in ihre 5 Teilfrüchte, wobei mindestens je ein spitzer Dorn nach oben ragt. Weidevieh tritt sich die stark bestachelten Teilfrüchte in die Hufe – was oft zu Verletzungen führt – und breitet sie als Trampelkletten aus (Epichorie). Durch ihre kompakte Bauweise und ihre dicke, steinharte Fruchtwand sind die Teilfrüchte gegen mechanische Einwirkungen geschützt.

Irgendwann fallen die Teilfrüchte aus den Hufen oder werden durch Putzen herausgelöst. Sie werden auch häufig durch Tritt in die Erde gedrückt, wo sie dann unter geeigneten Bedingungen auskeimen können. Die harte Wand der nüßchenartigen Teilfrüchte zerfällt nur langsam infolge der Verwitterung. Die Trampelkletten von *T. terrestris* werden auch über das Schuhwerk des Menschen mitgeführt und ausgebreitet. So gelangte die Pflanze epichor von Australien nach Neuseeland.

Durch die Handels- und Transportaktivitäten des Menschen wurden die Früchte als Importbegleiter in weit entfernte Regionen verschleppt (Agochorie). So etablierten sich beispielsweise in den 1930er Jahren an der Leipziger Großmarkthalle – einem großen Güterumschlagplatz – viele in den Mittelmeerländern beheimatete Pflanzen. U. a. befand sich auch *T. terrestris* in dem als Packmaterial dienenden Stroh und Heu, und wurde so mit den Südfrüchten eingeführt. Einbürgern konnte sich die Pflanze dort jedoch aufgrund späteren Einsatzes von chemischen Herbiziden nicht. *T. terrestris* gelangte auch nach Amerika. In Kalifornien wurde die Pflanze das erste Mal 1902 entdeckt. Die Pflanze konnte sich dort an Wegrändern, Bahndämmen und auf trockenem Ödland etablieren.

Aus den meist 3 Samen wachsen je Teilfrucht die Keimlinge gemeinsam heraus. Man spricht von Synaptospermie (griech. *synapsis*=Verbindung und *sperma*=Same). Daß mehrere Samen gleichzeitig innerhalb einer Frucht auskeimen, kommt in der Natur selten vor (→ *Scorpiurus muricatus*), die Regel sind einsamige Nüßchen.

Vorkommen:

Die Heimat von *T. terrestris* ist der Mittelmeerraum und Westasien. Die Pflanze gehört zu einer Gattung, deren Arten fast ausschließlich nur im mediterranen und westasiatischen Steppengebiet verbreitet sind. Einzig *T. terrestris* konnte sein Areal u. a. auf die warmen Regionen Europas ausdehnen und stellt eine der wenigen, hier vorkommenden Trampelkletten dar. Heute findet man die Pflanze auch in den wärmeren Regionen Asiens, Afrikas, Australiens, Neuseelands und Amerikas.

Tribulus terrestris: **Bild 1:** Blüte. **Bild 2:** Noch unreife, sternförmige Spaltfrucht (Durchmesser etwa 1,5 cm ohne Stacheln). **Bild 3:** Hellbraune, abgelöste Teilfrüchte (3 von ehemals 5), die als Trampelkletten ausgebreitet werden. Die Oberfläche ist mit 2 kräftigen, etwa 8 mm langen Stacheln sowie kleineren Stacheln besetzt.

Rund 300 Klee-Arten (*Trifolium*) sind weltweit bekannt, der Vorkommensschwerpunkt der Gattung liegt im Mittelmeerraum. In Mitteleuropa kommen über 20 Arten vor, von denen der Wiesenklee (*T. pratense*), Weißklee (*T. repens*) und Bastardklee (*T. hybridum*) als Futter- und Gründüngungspflanzen angebaut werden. Der Gattungsname bezieht sich auf die typisch 3teiligen Blättchen der Pflanzen (lat. *tri*=drei; *folium*=Blatt). Im folgenden werden im Mittelmeerraum vorkommende *Trifolium*-Arten beschrieben, die sich durch auffällige, ungewöhnliche Fruchtbildungen auszeichnen und dadurch leicht zu erkennen sind.

Der einjährige Stern-Klee (*T. stellatum*) ist eine bis 25 cm hohe, aufrechte, weich abstehend behaarte Pflanze mit lang gestielten, 3teiligen, verkehrt-herzförmigen Blättchen und großen, eiförmigen, häutigen Nebenblättern. Die 8–12 mm langen Blüten sind in rundlichen 15–25 mm breiten, einzelnen und lang gestielten Köpfchen angeordnet. Der Kelch besteht aus einer seidenhaarigen, 10nervigen Röhre und endet mit 5 Kelchzipfeln, die doppelt so lang wie die Kelchröhre sind. Die Krone ist rosa bis weiß gefärbt.

Wesentlich kleinere, nur 4–6 mm lange Blüten bildet der Filzige Klee (*T. tomentosum*), eine einjährige, niederliegende Pflanze mit zahlreichen halbkugeligen Blütenständen. Etwa 20 rosafarbene Blüten finden sich in einem 1 cm breiten Köpfchen. Der Kelch ist 2lippig und endet mit 5 lanzettlichen, vorn zugespitzten Kelchzähnen. Die Blüten sind gedreht, so daß die Fahne nach unten zeigt und das Schiffchen nach oben. Deshalb wurde *T. tomentosum* früher auch als Unterart (*T. resupinatum* ssp. *tomentosum*) der folgenden, sehr ähnlichen Art beschrieben: Der Persische oder Umgewendete Klee (*T. resupinatum* L.) erlangte seine Bezeichnung aufgrund der Drehung seiner Blüten (lat. *resupinare*=zurückbeugen). Seine Blütenköpfchen sind etwas länger gestielt, die Pflanze wächst aufsteigend, oftmals findet man beide Arten nebeneinander.

Blütenbiologisch handelt es sich bei allen 3 *Trifolium*-Arten um typische nektarführende Schmetterlingsblumen, die von Bienen und Hummeln mittels Klappmechanismus (→ *Astragalus cicer*) bestäubt werden. Die kleinen Blüten von *T. tomentosum* und *T. resupinatum* bestäuben sich häufig auch selbst.

Frucht:

Die 3 *Trifolium*-Arten bilden, wie die meisten Vertreter der Gattung, kleine, nur wenige Millimeter lange, einsamige Nüßchen. Sie liegen in ihrem vergrößerten Kelch und werden mit diesem gemeinsam als Diaspore ausgebreitet. Auch hier handelt es sich um eine der vielen Fruchtsonderformen innerhalb der Schmetterlingsblütengewächse, die für ihre Hülsen-

früchte bekannt sind. Bei *T. stellatum* geben die sternförmig abstehenden, verlängerten und auffällig rotbraun gefärbten Kelchzähne der Pflanze ihren Artnamen (lat. *stella*=Stern). Die 3 mm lange Kelchröhre umschließt das Nüßchen. Der Blüteneingang wird durch Überreste der Kronblätter und die 5 etwa 6 mm langen, lanzettlichen Kelchzipfel versperrt. Der gesamte Kelch ist mit bis zu 4 mm langen, weißen Haaren besetzt. Ein wenig an Mückengallen erinnern die rötlichen, 8–15 mm breiten, fast auf der Erde liegenden Fruchtköpfchen von *T. tomentosum*. Die Kelchröhre jeder Blüte wird häutig und bläst sich auf, so daß die Kelche schließlich dicht aneinander gedrängt sind. Die gekrümmten, kurzen Kelchzähne sind kaum sichtbar und werden von den Wollhaaren verdeckt, welche die gesamte, netznervige Oberfläche dicht bedecken. Ein wenig stärker aufgebläht sind die Kelche der hellbraunen, pergamentartigen Fruchtköpfchen von *T. resupinatum*. Ihre Oberfläche ist weniger behaart, so daß man die Aderung der Kelchröhre deutlich erkennen kann. Die beiden zugespitzten Kelchzähne der Oberlippe sind deutlich sichtbar und stehen als 1–2 mm lange Zipfel ab.

Ausbreitung:

Die Diasporen von *T. stellatum* werden einzeln vom Fruchtköpfchen losgelöst und als Schirmchenflieger anemochor ausgebreitet. Durch ihre Behaarung bleiben sie auch im Tierfell hängen und werden als Klettfrüchte und Wasserhafter (Epichorie) hauptsächlich von Weidetieren ausgebreitet. Die langen Haare der Kelchröhre sind hygroskopisch und können dadurch bei wechselnden Witterungsbedingungen Kriechbewegungen von einigen Millimetern bewirken (Herpochorie, eine Form der Selbstausbreitung). Einzeln oder als Fruchtköpfchen werden die blasigen Diasporen von *T. tomentosa* und *T. resupinatum* als Ballonflieger und Bodenroller durch den Wind ausgebreitet (Anemochorie). Die behaarten Diasporen werden auch als Klettfrüchte durch Tiere verschleppt (Epichorie). *T. resupinatum* wurde als Grünfutterpflanze mit Klee- und Grassamenmischungen nach Mitteleuropa eingeführt, kultiviert und bürgerte sich stellenweise ein (Ethelochorie). Die Pflanze wird ebenso wie der Wiesen-Klee (*T. pratense*), einem typischen Bewohner unserer Fettwiesen, durch Weidevieh endochor ausgebreitet.

Vorkommen:

Alle 3 *Trifolium*-Arten sind im Mittelmeergebiet, Südwestasien und auf den Kanaren auf Kultur- wie Brachland, an Wegrändern und teilweise auf Garigues verbreitet. *T. resupinatum* stammt aus dem ostmediterranen Raum sowie Vorderen Orient und wird heute in den gemäßigten Gebieten der Erde angebaut.

Bild 1-2: *Trifolium stellatum.* **Bild 1:** Blütenköpfchen. **Bild 2:** Fruchtstand aus etwa 15 Diasporen. Auffällig sind die 5 rotbraunen, 6 mm langen, hygroskopischen Kelchzähne, die ebenso wie die Kelchröhre dicht behaart sind. **Bild 3-4:** *T. tomentosum.* **Bild 3:** Habitus der niederliegenden, stark verzweigten Pflanze. **Bild 4:** 2 reife Fruchtköpchen. Zu sehen sind die blasig aufgetriebenen Kelchröhren der Diasporen. Sie sind filzig behaart (lat. *tomentosus*=filzig). **Bild 5:** *T. resupinatum:* Reifer Fruchtstand. Die blasigen Kelchröhren der Diasporen sind durch 2 Kelchzipfel zugespitzt. Beim Schütteln des Fruchtköpfchens rascheln die lose im Inneren der Kelchröhren liegenden Nüßchen.

Die Kapuzinerkresse (*Tropaeolum majus*) zählt aufgrund ihrer farbenprächtigen Blüten zu den bekanntesten und beliebtesten Zierpflanzen. Die in Südamerika beheimatete, dort ausdauernde Pflanze, stirbt in Mitteleuropa, wenn die ersten Fröste kommen, ab. Die schnell wachsende Pflanze bildet stark verzweigte, kriechende oder klimmende, bis 5 m lange Sprosse. Die großen, auffälligen Laubblätter sind schildförmig, der Gattungsname leitet sich von diesen ab (griech. *tropaion*=Siegeszeichen, schildförmiges Blatt). Je nach Sorte entwickeln sich durch Karotinioide gelb, rot oder mehrfarbig gefärbte, langgestielte Blüten. Die dorsiventralen Blüten sind trichterförmig gebaut. Die 5 Kelchblätter sind ähnlich wie die Krone gefärbt und gehen in einen bis 2,8 cm langen, mit Nektar gefüllten Sporn über. Die 5 großen, kräftig gefärbten Kronblätter sind in einer Ober- und Unterlippe angeordnet. 8 Staubblätter säumen den oberständigen, 3fächerigen Fruchtknoten, dessen Griffel mit 3 Narbenspitzen endet. In jedem Fach befindet sich eine Samenanlage.

Die Blüten sind vormännlich. Zuerst heben sich die 8 Staubblätter durch Wachstumsbewegungen zum Blüteneingang, öffnen sich und geben ihren Pollen an den Bestäuber ab. Nach 2–4 Tagen beginnen sie zu verwelken und der durch Wachstum verlängerte Griffel steht nun ebenfalls im Blüteneingang, die Narben sind reif und können bestäubt werden. Die 3 unteren Kronblätter – die Unterlippe – dienen als Anflugplatz. Sie sind am Blüteneingang gefranst und zwingen die Besucher den Zugang zum Nektar über die Staubbeutel hinweg zu nehmen und sich nicht seitlich daran vorbei zu mogeln. Die beiden oberen Kronblätter besitzen auffällige Saftmale, die der optischen Anlockung dienen. Bestäuber in Mitteleuropa sind Gartenhummel und vermutlich Tagfalter. Nur langrüsselige Besucher gelangen an den im Sporn verborgenen Nektar. Bienen müssen sich mit dem Pollen begnügen. In ihrer peruanischen Heimat werden die farbenfrohen Blüten von Kolibris bestäubt.

Frucht:

Aus dem Fruchtknoten entwickelt sich eine Spaltfrucht, die bei Reife in 3 Teilfrüchte zerfällt. Die leicht nierenförmigen Teilfrüchte werden etwa 10 mm lang und 8 mm dick. Ihre Fruchtwand besteht aus einem schwammigen, sehr lufthaltigen Gewebe. Die Fruchtoberfläche ist hellbraun bis hellgrau gefärbt und durch Längsleisten gefurcht. Die Teilfrüchte sind funktionell und morphologisch als Nüßchen aufzufassen.

Ausbreitung:

Der Holländer Bewerning brachte *T. majus* 1684 als Gemüse- und Heilpflanze aus Peru nach Europa und half der Pflanze so bei der Überwindung des Atlantik, einer erheblichen Ausbreitungsbarriere. Vermutlich wurde sie als erstes in Klostergärten angebaut und deshalb als Kapuzinerkresse bezeichnet. Im 19. Jahrhundert war *T. majus* in fast allen mitteleuropäischen Bauerngärten zu finden. Neben der ethelochoren Ausbreitung über weite Entfernungen zeichnet sich die Pflanze durch Selbstausbreitung mittels Schwerkraft aus (Barochorie): Bei Reife lösen sich die 3 Teilfrüchte infolge Austrocknung an ihren Scheidewänden voneinander ab und fallen nach unten. Über Ausläufer breitet sich die Pflanze auch selbständig aus (Blastochorie).

In ihrer Heimat, den Anden Perus, wächst *T. majus* in Rinnsalen der vegetationsarmen Felsfluren. Vermutlich werden die Einzelfrüchte, die durch ihre schwammige, lufthaltige Fruchtwand schwimmfähig sind, bei Regen talabwärts geschwemmt (Ombrochorie). Durch Verwitterung springen die Fruchtwand und die dünne Samenschale auf und der Same kann auskeimen.

Nutzung:

Als Zierpflanze wird *T. majus* in gefüllten wie ungefüllten Sorten angeboten. Die Kapuzinerkresse ist aber auch eine beliebte Würzpflanze. Die gesamte Pflanze enthält das Enzym Myrosin, das beim Zerreiben oder Kauen das ätherische, an Senföl erinnernde Kressenöl bildet und für den scharfen, kresseartigen Geschmack verantwortlich ist. Blüten und Blätter werden deshalb als Salat oder Salatbeimischung genossen.

Das Kressenöl nutzt auch der Kohlweißling, der seine Eier gerne auf den Blättern der Kapuzinerkresse ablegt. Die sich entwickelnden Raupen ernähren sich von den Blättern, nehmen dabei die ätherische Öle der Kapuzinerkresse auf und werden damit für Fraßfeinde ungenießbar.

Die Blüten eignen sich auch wunderbar zur Dekoration von Gerichten. Die unreifen, grünen Einzelfrüchte werden – ähnlich wie Kapern – in Essig und Salz eingelegt.

Aufgrund seines hohen Vitamin C Gehaltes wurde das Kraut früher gegen Skorbut verabreicht. Die peruanischen Ureinwohner legten die Blätter auf schlecht heilende Wunden. Die Wundheilung basiert auf der antibakteriellen Wirkung der gesamten Pflanze, die man sich heute in Fertigpräparaten zunutze macht und u. a. gegen Infektionen im Bereich der Harnwege und gegen Bronchitis anwendet.

Vorkommen:

Die aus Peru stammende *T. majus* kommt heute verwildert in Brasilien und auf Madeira vor. Darüberhinaus wird sie in weiten Teilen der Welt als Zierpflanze angepflanzt.

Tropaeolum majus. **Bild 1:** Habitus der Pflanze mit großen schildförmigen Blättern. Die Blüten sind deutlich in Ober- und Unterlippe geteilt. In Bildmitte kann man bei den seitlich orientierten Blüten den langen, fast 3 cm langen Nektarsporn erkennen. **Bild 2:** Die Raupe des Großen Kohlweißlings frißt die Laubblätter der Kapuzinerkresse. **Bild 3:** Blüteneingang mit gefransten Kronblättern und deutlichen Strich- und Farbsaftmalen. Die Staubblätter mit ihren gelben Staubbeuteln befinden sich im Blüteneingang (männliches Stadium). **Bild 4:** Fast reife, noch grüne Spalt-frucht. Deutlich sind die 3 gefurchten Teilfrüchte zu erkennen. **Bild 5:** Zahlreiche reife, etwa 1 cm lange Teilfrüchte.

Der einjährige, bis 50 cm hohe Bitterkraut-Schwefelsame (*Urospermum picroides*) ist eine Pflanze des Mittelmeerraumes, die man häufig an Acker- und Wegrändern sowie auf Ödland antrifft. Ihres Äußeres ist wenig ansprechend, so sind Stengel und die stengelumfassenden, tief zerteilten Blätter mit kleinen Stacheln besetzt und erinnert an Gänsedisteln (*Sonchus*). Die sehr kleinen, zahlreichen, schwefelgelben Blüten sind in etwa 3 cm breiten, lang gestielten Blütenköpfen angeordnet. Solch ein Blütenkopf stellt einen ganzen Blütenstand aus zahlreichen kleinen Einzelblüten dar, was für die gesamte Familie der Korbblütler charakteristisch ist. Eingefaßt wird das Blütenköpfchen von einer einreihigen Hülle aus 8 großen, am Grund miteinander verwachsenen, stacheligen, grünen Hüllblättern. Die Krone ist zungenförmig ausgebildet.

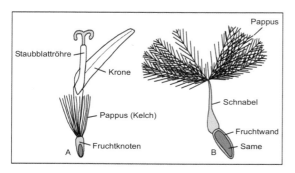

Abb. 11-35: *Urospermum picroides*. A: Einzelne Zungenblüte mit reifen Narbenlappen, von der entleerten Staubblattröhre umgeben. An der Blütenbasis befindet sich der eiförmige, unterständige Fruchtknoten, der von den Kelchborsten, dem Pappus, gekrönt wird. B: Geschnäbelte Achäne mit Pappus.

Ein blättriger Kelch fehlt, stattdessen sind – wie für die Korbblütler typisch – haarförmige Kelchborsten, die in ihrer Gesamtheit als Pappus bezeichnet werden, ausgebildet. Die 5 Staubblätter sind zu einer den Griffel umschließenden Röhre verwachsen. Der kleine, einfächrige Fruchtknoten ist unterständig, Krone und Kelchborsten sitzen oberhalb des Fruchtknotens an.

Die Blüten sind vormännlich, es werden also zuerst die Staubblätter reif, wodurch eine Selbstbestäubung verhindert wird. Der Pollen wird nach innen auf die noch unreife Narbe abgegeben und beim anschließenden Griffelwachstum nach oben aus der Staubblattröhre gedrückt. Dort bleibt er an den Blütenbesuchern kleben. Wenn der Griffel schließlich aus der Röhre herausragt, entfalten sich die beiden Narbenlappen, die Innenseiten sind nun empfängnisbereit für mitgebrachten Pollen. Bestäuber der Scheibenblumen sind Käfer und andere Insekten.

Frucht:

Nach der Befruchtung fallen Zungenblüten und Griffel ab und die dicken Hüllblätter schließen sich schützend um das sich entwickelnde Fruchtköpfchen. Aus jedem der winzigen Fruchtknoten entwickelt sich eine Achäne. Die harte Fruchtwand umschließt den Samen, der nur eine zarte Samenschale besitzt. Bei Reife ist die Fruchtwand mit Warzen besetzt. Die Spitze des Fruchtknotens wächst zu einem langen schnabelförmigen Fortsatz aus. Dieser trägt den weißen, gefiederten Pappus, der sich im Laufe der Fruchtentwicklung vergrößert. Die Namensgebung (griech. *ouros*=Schwanz, *sperma*=Same, also Schwanzsamen) erinnert an den langen Schnabel der Achäne.

Die leicht gebogenen, braunen Früchte erreichen – ohne den Pappus – eine Länge von rund 1 cm, der Pappusdurchmesser im geöffneten Zustand beträgt etwa 2 cm. Die zahlreichen Achänen, die den Nüßchen zuzuordnen sind, sitzen dem kugelig emporgewölbten, im Zuge der Fruchtentwicklung vergrößerten Blütenboden fast rundherum an.

Ausbreitung:

Bei Fruchtreife und sonnigem Wetter trocknen die Hüllblätter, welche die nun reifen Früchte umhüllen, aus und klappen nach unten. Dadurch wird der vorher so unscheinbare Fruchtstand dem Wind präsentiert. Gleichzeitig entfaltet sich der hygroskopische Pappus der Achänen, der als Fallschirm dient. Schon sehr leichter Wind hebt die zahlreichen flugbereiten Achänen mit ihrem Pappus in die Lüfte. Zurück bleibt innerhalb von Sekunden nur der kugelige Blütenboden, an dem die Früchte inseriert waren. Im Gegensatz zum bekannten Gemeinen Löwenzahn (→ *Taraxacum officinale*), sitzt der Pappus bei *U. picroides* nur sehr locker am Schnabel, die Ausbreitung dieser Schirmchenflieger durch den Wind (Anemochorie) ist deshalb nur von kurzer Dauer. Die dann pappuslosen Achänen können aufgrund ihrer rauhen, warzigen Oberfläche auch als Kletthafter über kurze Strecken im Fell von Kleinsäugern mitgeführt werden (Epichorie).

Vorkommen:

U. picroides ist im Mittelmeergebiet, Südeuropa und Westasien verbreitet.

Urospermum picroides: **Bild 1:** Soeben entfalteter, reifer Fruchtstand mit zahlreichen Achänen. Der weiße Pappus ist entfaltet, die Schirmchenflieger warten auf den Wind. An der Basis sind die umgeklappten Hüllblätter zu erkennen, die das Öffnen des Fruchtstandes ermöglichten. **Bild 2:** Innerhalb weniger Sekunden wurden die vorderen Früchte vom Wind fortgetragen, so daß nun der Blick ins Innere des Fruchköpfchens frei wird: Rings um den kugeligen Blütenboden sitzen die Achänen an. **Bild 3:** Blütenköpfchen aus zahlreichen, gelben Zungenblüten, das den Eindruck einer einzigen, großen Blüte vortäuscht.

Der Arznei-Baldrian wird heute als eine noch in der Entwicklung begriffene, sehr formenreiche Gruppe angesehen, zu der 6 Sippen gehören, die nicht immer einfach voneinander zu unterscheiden sind. Vorgestellt wird hier der am häufigsten vorkommende Echte Arznei-Baldrian (*Valeriana officinalis* s. str.). Die Staude wächst hauptsächlich an Bach- und Flußufern und ist eine alte Heilpflanze. Aus ihrem kräftigen Wurzelstock (Rhizom) wächst ein bis zu 2 m hoher, oben verzweigter Stengel mit großen, gefiederten Stengelblättern empor. Von Mai–August bilden sich mehrere, reichverzweigte Trugdolden mit blaßrosa gefärbten, kleinen Blüten. Neben zwittrigen kommen auch rein weibliche Blüten vor. Die Blüten sind asymmetrisch gebaut. Die rosafarbene Blütenkrone ist trichterförmig und endet mit 5 Zipfeln. Der kleine, zipfelige Kelch ist unscheinbar. 3 Staubblätter sind an der Kronröhre befestigt und ragen aus der Blütenöffnung heraus. Die Blüten sind unterständig, der Blütenboden ist mit dem Fruchtknoten verwachsen. Der längliche Fruchtknoten ist einfächerig und enthält eine einzige Samenanlage an der Spitze. 2 weitere Fächer sind steril und zu dünnen Striemen reduziert. Der lange Griffel endet in einer 3spaltigen Narbe.

Blütenbiologisch handelt es sich um vormännliche Trichterblumen, die von Bienen und Faltern sowie Käfern und Fliegen bestäubt werden. Der Grund der Kronröhre ist ausgesackt und beinhaltet ein Nektarium, das aufgrund der relativ kurzen Kronröhre auch kurzrüsseligen Insekten zugänglich ist.

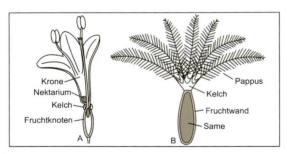

Abb. 11-36: *Valeriana officinalis* s.str. A: Trichterförmige Blüte längs. B: Achäne mit Pappus.

Frucht:

Der unterständige Fruchtknoten entwickelt sich zu einer einsamigen, 2–3 mm langen Achäne, die den Nüssen zugeordnet wird. Sie ist schmal, hellbraun gefärbt und wird von einem weißen Pappus gekrönt. Dieser ist vielstrahlig und erreicht eine Länge von bis zu 7 mm. Der Pappus entsteht aus dem unscheinbaren Kelch. Die dünne Fruchtwand – ein gemeinsames Produkt von Blütenbecher und Fruchtknoten – ist für Achänen sehr zart ausgebildet.

Ausbreitung:

Ab August werden die reifen Achänen mit Hilfe ihres flugfähigen Pappus als Schirmchenflieger ausgebreitet (Anemochorie). Der Pappus ist hygroskopisch und entfaltet sich nur bei Trockenheit. Bei Befeuchtung und während der Fruchtreifung rollen sich die Pappusstrahlen ein. Der zarte Pappus fällt bald ab und die Achänen können als Wasserhafter weiter ausgebreitet werden (Epichorie).

Die Achänen sind schwimmfähig und werden vermutlich, entsprechend ihres Standorts auch als Schwimmer ausgebreitet (Nautochorie). Teile des Wurzelstockes können sich bewurzeln und sich von der Mutterpflanze abtrennen, die Pflanze kann sich also auch vegetativ vermehren und selbständig ausbreiten (Blastochorie).

Nutzung:

Der Gattungsname (lat. *valere*=gesund sein) bezieht sich auf die Heilwirkung des Arznei-Baldrians. Hippokrates (4. Jh. v. Chr.) empfahl *V. officinalis* als Mittel gegen Frauenleiden. Im Mittelalter galt die Pflanze als Mittel gegen Pest und Seuchen. Auch Atembeschwerden, Husten, Epilepsie, Nervenerkrankungen, Migräne, Menstruationsbeschwerden usw. wurden mit Auszügen des Wurzelstockes behandelt. Heute wird der Arznei-Baldrian als Nerven- und Beruhigungs- sowie Magenmittel angewendet. Seine beruhigende Wirkung beruht auf den Gehalt an ätherischen Ölen und Valeronsäuren. Die im Handel erhältlichen Baldrianwurzeln stammen vorwiegend aus Kulturen aus England, Belgien, Osteuropa und zum geringen Teil auch aus Deutschland.

Der frisch geerntete Wurzelstock ist fast geruchlos. Erst nach dem Trocknen stellt sich der typische Baldriangeruch ein, der die Katzen „toll" werden läßt und der Pflanze auch die alten Volksnamen Katzenkraut, Tollerjahn und Katzenwurz gab. Die Vorliebe der Katzen zu Baldrian wurde mit ihrer hervorragenden Sehfähigkeit in Verbindung gebracht und so wurde Baldrian früher kurioserweise als Augenheilmittel angepriesen. Im Mittelalter war der Baldrian auch Bestandteil des Theriakskraut, eines besonders wirksamen und teueren Heilmittels aus zahlreichen Heilkräutern. Aufgrund ihrer stark duftenden Wurzeln diente die Pflanze auch als Zauberkraut, das Hexen, Teufel und Geister abwehren sollte.

Vorkommen:

V. officinalis ist in Europa und Asien heimisch, eingebürgert wurde die Pflanze auch im nordöstlichen Amerika. Sie wächst in feuchten Laubwäldern, auf Wald- und Moorwiesen und an den Ufern fließender Gewässer.

Valeriana officinalis s.str. **Bild 1:** Blütenstand mit zahlreichen blaßrosa Blüten. **Bild 2:** Blick auf den strahligen Pappus reifer Achänen. Weiter rechts im Bild: Geschlossene Achäne mit nach innen eingerolltem Pappus. Ganz rechts sind mehrere junge, etwa 2 mm lange Früchte zu erkennen.

Die gelbgrüne, aromatisch duftende Italienische Spitzklette (*Xanthium italicum*) wächst an Sandstränden, Flußufern und Wegrändern des Mittelmeerraumes. Die einjährige Pflanze kann bis zu 1,3 m hoch werden und verankert sich mit ihrer langen Pfahlwurzel tief in den Boden. Der reich verzweigte Stengel ist mit kleinen, braunen Flecken bedeckt. Die kopfigen Blütenstände sind für Korbblütler sehr untypisch gestaltet. Männliche und weibliche Blüten sind in getrennten Köpfen auf einer Pflanze angeordnet. Die männlichen, kugeligen Köpfchen sind unscheinbar und sitzen meist zu mehreren über den größeren weiblichen Blütenständen. Die männlichen, etwa 8 mm breiten Blütenstände besitzen zahlreiche winzige Blüten. Ihre Krone ist röhrig und endet mit 5 Kronzipfeln. Die 5 Staubblätter sind im Bereich ihrer Staubfäden miteinander verwachsen, während die zur Blütezeit aus der Krone herausragenden Staubbeutel frei sind. Von dem Fruchtknoten ist nur der Griffel ausgebildet, der den nach innen abgegebenen Pollen nach oben aus der Staubblattröhre drückt.

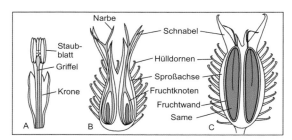

Abb. 11-37: *Xanthium italicum.* A: Männliche Einzelblüte längs. B: Weiblicher Blütenstand längs. Er besteht lediglich aus 2 stark reduzierten Blüten mit je einem Fruchtknoten. Beide Blüten bzw. Fruchtknoten werden von der becherförmigen, bedornten Sproßachse umwölbt. C: Reifes Fruchtköpfchen längs. Es enthält 2 dünnhäutige Achänen, die von der verholzten Sproßachse umschlossen sind.

Die eiförmigen, weiblichen Blütenköpfchen sind wesentlich größer und bestehen nur aus 2 stark reduzierten Blüten. Die Sproßachse – normalerweise bei den Korbblütlern als breite Scheibe ausgebildet, auf der die zahlreichen Blüten sitzen – ist bei der Gattung *Xanthium* becherförmig. Die beiden weiblichen Blüten sind in diese tief eingesenkt. Besetzt ist die grünliche Sproßachse mit zahlreichen hakigen, rot überlaufenen Dornen, die als umgewandelte Hüllblätter interpretiert werden. An der Spitze ist jeder Blütenstand mit 2 harten Schnäbeln besetzt.

Im Inneren des Blütenstandes befinden sich 2 weibliche Blüten, die nur aus je einem eiförmig-länglichen, einfächerigen Fruchtknoten bestehen, die durch eine grüne Wand (Sproßachse) voneinander getrennt sind. In jedem Fruchtknoten sitzt eine Samenanlage. Der lange Griffel teilt sich in 2 weiße Narbenäste, die

aus den Blüten ragen. Im Gegensatz zu den männlichen Blüten besitzen sie keine Krone. Männlichen und weiblichen Blüten fehlt auch der Kelch bzw. Pappus. Die unscheinbaren Blütenstände werden nicht von Insekten bestäubt, sondern durch den Wind. Vermutlich kommt es auch zur Selbstbestäubung, da der Pollen auf die Narben der unter den männlichen Blüten sitzenden weiblichen Blüten herabrieselt.

Frucht:

Aus den weiblichen, 2blütigen Blütenköpfchen von *X. italicum* entwickeln sich 20–30 mm lange, braune Fruchtköpfchen, die 2 pappuslose Achänen (Nüßchen) in sich fest eingeschlossen haben. Die Dornen sind nun 4–6 mm lang und hart, die beiden Schnäbel sind hakenförmig eingekrümmt. Die Oberfläche der Fruchtstände ist kraus behaart. Die etwa 2 mm dicke, die beiden Achänen umhüllende Sproßachse ist bei Reife hart und verholzt.

Ausbreitung:

Die beiden Achänen werden mitsamt der sie umschließenden Sproßachse als eine Ausbreitungseinheit – als Fruchtköpfchen – ausgebreitet. Bei Fruchtreife im Herbst lösen sie sich leicht von der Pflanze ab. Es handelt sich um typische Klettfrüchte bzw. Klettfruchtstände, die sich mit Hilfe ihrer Dornen im Tierfell – besonders Schafwolle – und Kleidung festhaken (Epichorie).

Bedeutender ist aber ihre Ausbreitung als Schwimmer (Nautochorie). Die Pflanzen wachsen am sandigen Flußufer oder Sandstrand, ihre verholzten Früchte werden fortgeschwemmt. Mithilfe ihrer Dornen verankern sich die Diasporen auch im Boden, um ihre Ausbreitung zu stoppen und auszukeimen.

Sehr ähnliche Ausbreitungsstrategien besitzen die in Europa heimische Gewöhnliche Spitzklette (*X. strumarium*) und Ufer-Spitzklette (*X. albinum*), die als Stromtalpflanzen entlang der großer Flußtäler vorkommen und ausgebreitet werden. Erstgenannte Art ist hauptsächlich an Main, Rhein, Elbe, Donau und Spree zu finden, während die Ufer-Spitzklette an den östlichen Strömen Elbe, Oder und Weichsel vorkommt.

Die im Mittelmeerraum beheimatete *X. italicum* ist in einigen Gebieten Österreichs und der Schweiz eingebürgert. Noch zu Beginn des 20. Jahrhunderts erscheint sie in den Bestimmungsbüchern als häufige Pflanze Deutschlands, während sie heute nur noch selten vorkommt. In den USA ist *X. italicum* weit verbreitet, vermutlich gelangte sie durch den Gütertransport per Schiff in die Staaten (Agochorie).

Vorkommen:

X. italicum ist heute im westlichen Mittelmeerraum, Teilen Mitteleuropas und den USA verbreitet.

Xanthium italicum. **Bild 1:** Blütenstände in der Achsel eines Laubblattes. Oben sitzen die kugeligen, gelblichen, männlichen Blütenstände (etwa 5 mm lang) dicht aneinander gedrängt. Darunter sitzen 2 weibliche, größere und grün gefärbte Blütenstände von 1-1,5 cm Länge. **Bild 2:** Die weiblichen Blütenstände sind mit rötlich-grünen Dornen bewehrt, an der Spitze ragen neben den beiden ebenfalls rötlichen Schnäbeln die je 2 weißen Narbenäste heraus. **Bild 3:** 3 reife, etwa 2 cm lange verholzte Fruchtstände.

Literaturverzeichnis

ADOLPHI, K. & MÜCKSCHEL, C. (2000): Hinweise zu Bestimmung und Kartierung von *Muscari*-Arten sowie deren Vorkommen im mittleren Lahntal. – Hessische Floristische Briefe **49** (1): 7–11.

AKINOLA, M.O., THOMPSON, K. & HILLIER, S.H. (1998): Development of soil seed banks beneath synthesized meadow communities after seven years of climate manipulations. – Seed Science Reserarch **8**: 493–500.

ALCÁNTARA, J.M., REY, P.J., VALERA, F. & SÁNCHEZ-LAFUENTE, A.M. (2000): Factors shaping the seedfall pattern of a bird-dispersed plant. – Ecology: **81** (7): 1937–1950.

ARCHER, S. & PYKE, D.A. (1991): Plant-animal interactions affecting plant establishment and persistence on revegetated rangeland. – Journal of Range Management **44** (6): 558–563.

BART, F.G. (1982): Nektar gegen Pollen: Wie Insekten und Pflanzen Geschäfte machen. – Bild der Wissenschaft **3**: 56–64.

BAUCH, R. (1937): Die Verbreitungsökologie der Fruchtglieder von Cakile. – Berichte der Deutschen Botanischen Gesellschaft Band **LV** (3): 194–202.

BELDE, M. (1996): Untersuchungen zur Populationsdynamik von *Xanthium albinum* an der Mittelelbe. – In: BRANDES, D. (ed.): Braunschweiger Kolloquium zur Ufervegetation von Flüssen. – Braunschweiger Geobotanische Arbeiten **4**: 59–69.

BEUCHERT, M. (1999): Symbolik der Pflanzen: Von Akelei bis Zypresse. – Insel Verlag, Frankfurt/Main, Leipzig.

BOCKSCH, M. (1998): Das praktische Buch der Heilpflanzen: Kennzeichen, Heilwirkung, Anwendung, Brauchtum. – 3. Aufl., BLV, München, Wien, Zürich.

BONN, S. & POSCHLOD, P. (1998): Ausbreitungsbiologie der Pflanzen Mitteleuropas. – Quelle & Meyer, Wiesbaden.

BOULOS, L. & EL-HADIDI, M.N. (1989): The weed flora of Egypt. – The American University in Cairo Press, Cairo.

BRANDES, D. (1990): Verbreitung, Ökologie und Vergesellschaftung von Sisymbrium altissimum in Nordwestdeutschland. – Tuexenia **10**: 67 – 82.

BRANDES, D. (1993): Eisenbahnanlagen als Untersuchungsgegenstand der Geobotanik. – Tuexenia **13**: 415 – 444.

BRANDES, D. (1999): Bidentetea-Arten an der mittleren Elbe. Dynamik, räumliche Verbreitung und Soziologie. – Braunschw. naturkdl. Schr. **5** (4): 781–809.

BRANDES, D. (2001): Bidens pilosa und ihre Einbürgerungschancen in den Ländern der Europäischen Union. – In: BRANDES, D. (ed.): Adventivpflanzen. Beiträge zu Biologie, Vorkommen und Ausbreitungsdynamik von Archäophyten und Neophyten in Mitteleuropa. – Tagunsbericht der Braunschweiger Kolloquiums vom 3.–5. November 2000.

BRANDES, D. & EVERS, C. (1999): Keimung unter Wasser – eine Strategie nur von Gebirgsschwemmlingen? – Braunschw. naturkdl. Schr. **5** (4): 947–953.

BRANDES, D. & SANDER, C. (1995): Neophytenflora der Elbufer. – Tuexenia **15**: 447–472.

BRESINSKY, A. (1963): Bau, Entwicklungsgeschichte und Inhaltsstoffe der Elaiosomen: Studien zur myrmekochoren Verbreitung von Samen und Früchten. – Bibliotheca Botanica **126**: 1–54.

BUNDESAMT FÜR NATURSCHUTZ (2001): Traditionelle Nutz- & Zierpflanzen: Salat-, Gemüse- und andere Speisepflanzen. – http://www.bfn.de/03/030901_krautig.htm (Abrufdatum: 30. Juli 2001).

BUNDESMINISTERIUM FÜR BILDUNG, WISSENSCHAFT UND KULTUR (2001): Der Österreichische Wissenschaftskalender 2001, Thema Gottlieb Haberlandt. – http://www.bmbwk.gv.at/cgi-bin/kalender.cgi ?0616&txtonly (Abrufdatum: 22. Dezember 2001).

CONERMANN, S. (1997): „Hof" und „Herrschaft" zur Zeit des Khanates Chinggis Khans (1206–1227). – Mitteilungen der Residenzen-Kommission der Akademie der Wissenschaften zu Göttingen **7** (1): 13–39.

CREMER, J. (1991): Acker- und Gartenwildkräuter. Ein Bestimmungsbuch. – Deutscher Landwirtschaftsverlag, Berlin.

DASH, M. (1999): Tulpenwahn. Die verrückteste Spekulation der Geschichte. – Claassen Verlag, München.

DASSLER, E. (1969): Warenkunde für den Fruchthandel. – Paul Parey, Hamburg, Berlin.

DEUTSCHER KAFFEE-VERBAND (2001) – http://www.kaffeeverband.de/pdf/Kapitel2.pdf (Abrufdatum: 30. Juli 2001)

DICKINSON, T.A. & CAMPBELL, C.S. (1991): Population Structure and Reproductive Ecology in the Maloideae (Rosaceae). – Systematic Botany **16** (2): 350–362.

DOLL, R. (1974): Die Gattung Taraxacum. – Die Neue Brehm-Bücherei, Akademische Verlagsgesellschaft Geest & Portig, Leipzig.

DONOHUE, K. (1998): Maternal determinants of seed dispersal in Cakile edentula: Fruit, plant and site traits. – Ecology **79** (8): 2771–2788.

DÜLL, R. & KUTZELNIGG, H. (1994): Botanisch-ökologisches Exkursionstaschenbuch. – 5. Aufl., Quelle & Meyer, Wiesbaden.

EBERLE, G. (1972): Lilien- und Lilienverwandte in den Floren Mittel- und Südeuropas. – Waldemar Kramer, Frankfurt/Main.

ELLENBERG, H. (1996): Vegetation Mitteleuropas mit den Alpen in ökologischer, dynamischer und historischer Sicht. – 5. Aufl., Ulmer, Stuttgart.

ENGLER, A. (1964): Syllabus der Pflanzenfamilien mit besonderer Berücksichtigung der Nutzpflanzen nebst einer Übersicht über die Florenreiche und Florengebiete der Erde. Teil II: Angiospermen. Übersicht über die Florengebiete der Erde. – Gebrüder Bornträger, Berlin.

ESAU, K. (1969): Pflanzenanatomie. – Gustav Fischer, Stuttgart.

FABRI, L.T. & VALLA, J.J. (1998): Aspectos de la biología reproductiva de Tropaeolum pentaphyllum (Tropaeolaceae) [Some aspects of the reproductive biology of Tropaeolum pentaphyllum (Tropaeolaceae)]. – Darwiniana **36**: 51–58.

FIEDLER, O. (1944): Die Fremdpflanzen an der Mitteldeutschen Großmarkthalle zu Leipzig und ihre Einschleppung durch Südfruchttransporte 1937–1942. – Hercynia, Abhandlungen der botanischen Vereinigung Mitteldeutschlands.

FITSCHEN, J. (1987): Gehölzflora – mit Früchteschlüssel. – 8. Aufl., Quelle & Meyer, Wiesbaden.

FLUGMUSEUM AVIATICUM Wiener Vorstadt (2002) – http://www.aviaticum.at/indexa.htm (Abrufdatum: 08. Mai 2002)

FRANKE, W. (1997): Nutzpflanzenkunde. Nutzbare Gewächse der gemäßigten Breiten, Subtropen und Tropen. – Georg Thieme Verlag, Stuttgart, New York.

FLORA OF NORTH AMERICA EDITORIAL COMMITTEE (ed.) (1997): Flora of North America: north of Mexico. – Oxford University Press, New York.

FREY, W. & LÖSCH, R. (1998): Lehrbuch der Geobotanik. Pflanzen und Vegetation in Raum und Zeit. – Spektrum Akademischer Verlag, Heidelberg.

FROHNE, D. & PFÄNDER, H. (1997): Giftpflanzen: Ein Handbuch für Apotheker, Ärzte, Toxikologen und Biologen. – Wissenschaftliche Verlags-Gesellschaft, Stuttgart.

FÜLLER, F. (1964): Epipactis und Cephalanthera. Die Orchideen Deutschlands, 5. Teil. – Die neue Brehm-Bücherei, Akademische Verlagsgesellschaft Geest & Portig, Leipzig.

GESCHICHTE DES FLUGZEUGBAUS (2002) – http://www.historischer-flugzeugbau.de/geschichte.htm (Abrufdatum: 08. Mai 2002).

GLEICH, A. VON (2001): Ökologische Technik nach dem Vorbild der Natur? – Teubner, Stuttgart.

GÜNTHER, H. (ed.) (1981): Goethe – Schriften zur Naturwissenschaft. Insel Verlag, Frankfurt/Main.

GRAF, J. (1975): Tafelwerk zur Pflanzensystematik. – Lehmann, München.

GRIEBEL, C. (1954): Gewürze und gewürzhaltige Gemenge. – Verlag A. W. Hayn's Erben, Berlin.

GRIESE, D. (1996): Zur Ausbreitung von Senecio inaequidens DC. an Autobahnen in Nordostdeutschland. – Braunschw. naturkdl. Schr. **1** (2): 193–204.

GUTTENBERG, H. (1971): Die Bewegungsgewebe und Perzeptionsorgane. – Handbuch der Pflanzenanatomie **5** (5), Gebrüder Borntraeger, Berlin, Stuttgart.

HABERLANDT, G. (1893). Eine botanische Tropenreise. – Engelmann, Leipzig.

HANDEL, S.N. & BEATTIE, A.J. (1990): Verbreitung von Pflanzensamen durch Ameisen. – Spektrum der Wissenschaft **10**: 150–156.

HAUPT, W. (1977): Bewegungsphysiologie der Pflanzen. – Georg Thieme, Stuttgart.

HEGI, G. (Begr.) (1906–1995): Illustrierte Flora von Mitteleuropa **1**–**7**. – 1.–3. Aufl., Paul Parey, Berlin, Hamburg.

HECKER, U. (1981): Windverbreitung bei Gehölzen. – Mitt. Dtsch. Dendrol. Ges. **72**: 73–92.

HERRERA, C.M. (1996): Long-term dynamics of mediterranean frugivorousbirds and fleshy fruits: A 12-year study. – Ecological Monographs **68** (4): 511–538.

HEß, D. (1983): Die Blüte: Einführung in Struktur und Funktion. – Ulmer, Stuttgart.

HEYWOOD, V.H. (Hrsg.) (1982): Blütenpflanzen der Welt. – Birkhäuser, Basel, Boston, Stuttgart.

HILDEBRAND, F. (1873): Die Verbreitungsmittel der Pflanzen. – W. Engelmann, Leipzig. (Reprint 1995 von IDH – Verlag für Bryologie und Ökologie Bad Münstereifel).

HILGEMANN, W. & KINDER, H. (2001): DTV-Atlas Weltgeschichte. Von den Anfängen bis zur Gegenwart. – 11. Aufl., DTV, München.

HILGER, H.H. & REESE (1982): Ontogenie der Strahlenblüten von Calendula. – Biologie der Pflanzen **58**.

HILLER, K. & BICKERICH, G. (1988): Giftpflanzen. – Ferdinand Enke, Stuttgart.

HOFFMANN, F. & HOFFMANN-TSAY, S.-S. (1994): Ein Spiel mit Blütenfarben. – Biologie in unserer Zeit **24** (3): 139–143.

HOFMEISTER, H. & GARVE, E. (1986): Lebensraum Acker. – Paul Parey, Hamburg, Berlin.

HOHENESTER, A. & WELß, W. (1993): Exkursionsflora für die Kanarischen Inseln: Mit Ausblicken auf ganz Makaronesien. – Ulmer, Stuttgart.

HOPPE, J. & UHLARZ, H. (1981): Morphogene und typologische Interpretation des Cyathiums von *Euphorbia*-Arten. – In: DENFFER, D. VON, SCHRAUDOLF, H. & WEBER, H. (eds): Beiträge zur Biologie der Pflanzen **56**: 63–98.

HOWE, H.F. & WESTLEY, L.C. (1993): Anpassung und Ausbeutung: Wechselbeziehungen zwischen Pflanzen und Tieren. – Spektrum Akademischer Verlag, Heidelberg, Berlin, Oxford.

HULME, P.E. (1998): Post-dispersal seed predation and seed bank persistence. – Seed Science Research **8**: 513–519.

JANICK, J. & MOORE, J.N. (eds) (1996): Fruit Breed, Volume I: Tree and Tropical Fruits. – John Wiley & Sons, New York.

JEDICKE, E. (ed.) (1997): Die Roten Listen: Gefährdete Pflanzen, Tiere, Pflanzengesellschaften und Biotope in Bund und Ländern. – Ulmer, Stuttgart.

JENNY, M. (1994): Diasporenausbreitung in Pflanzengemeinschaften. – Beitr. Biol. Pflanzen **68**: 81–104.

JUNIPER, B. (2000): Prehistoric Pippins. – Oxford Today: 28–30.

KAEMPFER, E. (1987): Phoenix Persicus – Die Geschichte der Dattelpalme. Einleitung, Übersetzung aus dem Lateinischen und Bearbeitung von Wolfgang Muntschick. – Basilisken-Presse, Marburg.

KAISER, H. (1997): Maria Sybilla Merian: Eine Bibliographie. – Artemis & Winkler, Düsseldorf, Zürich.

KANKAM, B.O. (1999): Primates as effective dispersers of *Antiaris toxicaria* seeds: effect on seed germination in Bia Biosphere Reserve. – MAB (man and the Biosphere Programme) Young Scientists Award Research Report **5**.

KAUSSMANN, B. & SCHIEWER, U. (1989): Funktionelle Morphologie und Anatomie der Pflanzen. – G. Fischer, Stuttgart, New York.

KNÖRZER, K.-H. (1981): Römerzeitliche Pflanzenfunde aus Xanten. – Archaeo-Physika Bd. **11**. – Rheinland-Verlag, Köln.

KNOLL, F. (1939): Über den Begriff „Frucht". – Der Biologe **8** (5): 154–160.

KNUTH, P. (1898–1905): Handbuch der Blütenbiologie. – Engelmann, Kiel, Leipzig.

KÖRBER-GROHNE, U. (1987): Nutzpflanzen in Deutschland. Kulturgeschichte und Biologie. - Theiss, Stuttgart.

KOLLMANN, J. (1994): Ausbreitungsökologie endozoochorer Gehölzarten: Naturschutzorientierte Untersuchungen über die Rolle von Gehölzen bei der Erhaltung, Entwicklung und Vernetzung von Ökosystemen. – Landesanstalt für Umweltschutz Baden-Württemberg.

KORMANN, K. (1988): Schwebfliegen Mitteleuropas: Vorkommen, Bestimmung, Beschreibung. – Ecomed, Landsberg.

KORMANN, K. (2002): Schwebfliegen und Blasenkopffliegen Mitteleuropas. – Fauna Verlag, Nottuln.

KOWARIK, I. (1990): Zur Einführung und Ausbreitung der Robinie (Robinia pseudoacacia L.) in Brandenburg und zur Gehölzsukzession ruderaler Robinienbestände in Berlin. – Verh. Berl. Bot. Ver. **8**.

KOZLOWSKI, T.T. (ed.) (1971 – 1972): Seed Biology 1.–3. – Academic Press, New York, London.

KRAUSCH, H.-Z. (1992): Alte Nutz- und Zierpflanzen in der Niederlausitz: Führer durch den Museumsgarten am Stadt- und Kreismuseum „Sprucker Mühle" in Guben. – Beiheft Verhandlungen des Botanischen Vereins von Berlin und Brandenburg **2**.

KUBITZKI, K. (ed.) (1983): Dispersal and distribution – an international symposium. – Sonderbände des naturwissenschaftlichen Vereins in Hamburg 7, Paul Parey, Hamburg, Berlin.

KUBITZKI, K. (ed.) (1998): The families and genera of vascular plants. Monocotyledons: Lilianae (except Orchidaceae). – Springer Verlag, Berlin.

KUBITZKI, K. (ed.) (1998): The families and genera of vascular plants. Monocotyledons: Alismatanae and Commelinanae (except Gramineae). – Springer Verlag, Berlin.

KÜSTER, H.J. (1996): Die Stellung der Eibe in der nacheiszeitlichen Waldentwicklung und die Verwendung ihres Holzes in vor- und frühgeschichtlicher Zeit. – Ber. Bayer. Landesanstalt Wald und Forstwirtschaft **10**: 3–8.

KÜSTER, H.J. (1997): Kleine Kulturgeschichte der Gewürze: Ein Lexikon von Anis bis Zimt. – C.H. Beck, München.

KÜSTER, H.J. (1999): Geschichte der Landschaft in Mitteleuropa: Von der Eiszeit bis zur Gegenwart. – C.H. Beck, München.

KUGLER, H. (1970): Blütenökologie. – 2. Aufl., G. Fischer, Stuttgart.

KUNKEL, G. (1987): Die Kanarischen Inseln und ihre Pflanzenwelt. – G. Fischer, Stuttgart, New York.

LACK, H.W. (2000): Lilac and Horse-Chestnut: Discovery and Rediscovery. – Curtis's Botanical Magazine, ser. 6, 17:109–141.

LACK, H.W., MORY, B. & RABE, K. (2002). Winterliche Freuden. Äpfel – Mythos, Eros, Wissenschaft. – MuseumsJournal 16 (1): 62 – 65.

LACKOWITZ, W. (1909): Flora von Berlin und der Provinz Brandenburg. – 16. Aufl., Friedberg & Mode, Berlin.

LAUBER, K. & WAGNER, G. (1998): Flora Helvetica. – 2. Aufl., Paul Haupt, Bern, Stuttgart, Wien.

LEINS, P. (1972): Das Karpell im ober- und unterständigen Gynoeceum. – Ber. Deutsch. Bot. Ges. 85 (7–9): 291–294.

LIENENBECKER, H. (1998): Zur Einbürgerungsgeschichte von Neophyten in Ostwestfalen. – Egge-Weser 11: 57–86.

LOISELLE, B.A. (1999): Dispersal of melastome seeds by fruit-eating birds of tropical forest understory. – Ecology 80 (1): 330–336.

LÜTTIG, A. (1993): Untersuchung über die Entwicklung des Gynoeceums einiger Maloideae (Rosaceae) von der Ausgliederung der Karpellprimordien bis zur reifen Frucht. – Diplomarbeit am Fachbereich Biologie der Freien Universität Berlin.

LÜTTIG, A. & HILGER, H.H. (1992): Das Wachstum des unterständigen Gynoeceums bei den Maloideae (Rosaceae). – In: HASCHKE, H.-P. & SCHNARRENBERGER, C. (eds): Botanikertagung 1992 Berlin. – Akademie Verlag, Berlin: 490.

LUMPKIN, S. (1996): Coffee Lupak. – ZooGoer 25 (4).

LUNAU, K. (1993): Angeborene und erlernte Blütenerkennung bei Insekten. – Biologie in unserer Zeit 23 (1): 48–54.

MACK, A.L. (2000): Did fleshy fruit pulp evolve as a defence against seed loss rather than as a dispersal mechanism? – J. Biosci. 25 (1): 93–97.

MAHN, M. (2001): Gewürze: Geschichte – Handel – Küche. – Reclam, Stuttgart.

MARGUERRE, H. (1991): Bionik, von der Natur lernen. – Siemens AG, Erlangen.

MILLER, A.G. & MORRIS, M. (1988): Plants of Dhofar, the southern region of Oman: traditional, economic, and medicinal uses. – Office of the Adviser for Conservation of the Environment, Diwan of Royal Court, Sultanate of Oman.

MORALES, M.A. & HEITHAUS, E.R. (1998): Food from seed-dispersal mutualism shifts sex rations in colonies of the ant Aphaenogaster rudis. – Ecology 79 (2): 734–739.

MORI, S.A. & BROWN, J.L. (1998): Epizoochorous Dispersal by Barbs, Hooks, and Spines in a Lowland Moist Forest in Central Frech Guiana. – Brittonia 50 (2): 165–173.

MÜLLER-SCHNEIDER, P. (1983): Verbreitungsbiologie (Diasporologie) der Blütenpflanzen. – 3. Aufl., Veröffentlichungen des Geobotanischen Institutes der Eidg. Techn. Hochschule, Stiftung Rübel, Zürich 61.

MÜLLER-SCHNEIDER, P. (1986): Verbreitungsbiologie der Blütenpflanzen Graubündens. – Veröffentlichungen des Geobotanischen Institutes der Eidg. Techn. Hochschule, Stiftung Rübel, Zürich 85.

NACHTIGALL, W. (1998): Bionik – Grundlagen und Beispiele für Ingenieure und Naturwissenschaftler. – Springer, Heidelberg

NACHTIGALL, W. & BLÜCHEL, K.G. (2001): Das große Buch der Bionik – Neue Technologien nach dem Vorbild der Natur. – Deutsche Verlags-Anstalt, Stuttgart, München.

NATHAN, R., HORN, H.S., CHAVE, J. & LEVIN, S.A. (2001): Mechanistic models for tree seed dispersal by wind in dense forests and open landcapes. – In: LEVEY, D.J., SILVA, W.R. & GALETTI, M. (eds): Seed Dispersal an Frugivory: Ecology, Evolution and Conservation. – CAB International Press, Oxfordshire.

NEAL, P.R., DAFNI, A. & GIURFA, M. (1998): Floral symmetry and its role in plant-pollinator systems: Terminology, Distribution, and Hypotheses. – Annu. Rev. Ecol. Syst. 29: 345–373.

NOWAK, B. &, SCHULZ, B. (1998): Tropische Früchte. Biologie, Verwendung, Anbau und Ernte. – BLV, München, Wien, Zürich.

OBERDORFER, E. (1994): Pflanzensoziologische Exkursionflora. – 7. Aufl., Ulmer, Stuttgart.

OLBERG, G. (1951): Blüte und Insekt. – Die Neue Brehm-Bücherei, Akademische Verlagsgesellschaft Geest & Portig, Leipzig.

PAVORD, A. (1999): Die Tulpe. – Insel Verlag, Frankfurt/Main.

PETERSON, G., ALLEN, C.R. & HOLLING, C.S. (1998): Ecological Resilience, Biodiversitiy, and Scale. – Ecosystems 1: 6–18.

PHIPPS. J.B. , ROBERTSON, K.R., ROHRER, J.R. & SMITH, P.G. (1991): Origins and Evolution of Subfam. Maloideae (Rosaceae). – Systematic Botany 16 (2): 303–332.

PIETSCH, A. (1937): Unkrautsamen und Unkrautfrüchte. – Kosmos, Stuttgart.

PIJL, L. VAN DER (1982): Principles of Dispersal in Higher Plants. – 3. Aufl., Springer, Berlin etc.

RAUH, W. (1994): Morphologie der Nutzpflanzen. – Reprint der 2. Aufl. 1950, Quelle & Meyer, Wiesbaden.

REDECKER, B. (1999): Stromtalgrünland an der unteren Mittelelbe – Phytozoenosen, Bestandssituation, Naturschutz. – In: HÄRTLE, W. (ed.): Die Elbtalaue. – Geschichte, Schutz und Entwicklung einer Flußlandschaft – Festschrift Prof. Dr. U. Amelung: 111–121.

RIDLEY, H.N. (1930): The dispersal of Plants througout the world. – Reeve, Ashford, Kent.

RODGERSON, L. (1998): Mechanical defens in seeds adapted for ant dispersal. – Ecology 79 (5): 1669–1677.

ROHWEDER, O. & ENDRESS, P.K. (1983): Samenpflanzen. – Georg Thieme, Stuttgart, New York.

ROTH, I. (1977): Fruits of Angiosperms. Handbuch der Pflanzenanatomie X (1). – Gebrüder Borntraeger, Berlin, Stuttgart.

ROTH, L., DAUNDERER, M. & KORMANN, K. (1994). Giftpflanzen-Pflanzengifte. – 4. Aufl., Nikol Verlagsgesellschaft, Hamburg.

ROTHMALER, W. (Begr.) (1994): Exkursionsflora von Deutschland 2, Gefäßpflanzen: Grundband. – 15. Aufl., G. Fischer, Jena, Stuttgart.

SALZ, H. (2000): Igo Etrich – Leben und Werk. – Flugzeug Publikations GmbH.

SAURE, C. (1997): Bienen, Wespen und Ameisen (Insecta: Hymenoptera) im Großraum Berlin. Verbreitung, Gefährdung und Lebensräume. – Sonderheft Berliner Naturschutzblätter 41.

SCHLECHTER, R. (1992): Die Orchideen. – Paul Parey, Berlin, Hamburg.

SCHMEIL, O. & FITSCHEN, J. (1993): Flora von Deutschland und angrenzender Länder. – 89. Aufl., Quelle & Meyer, Heidelberg, Wiesbaden.

SCHMIDT, O. (1999): Vogelbeere und Tierwelt. – http://www.lwf.uni-muenchen.de/veroef/veroef99/lwfver17/lwfb17i.htm (Abrufdatum: 08. Mai 2002).

SCHMITZ, G. (1995): Neophyten und Fauna – Ein Vergleich neophytischer und indigener Impatiens-Arten. – In: BÖCKER, R., GEBHARDT, H., KONOLD, W. & SCHMIDT-FISCHER, S.: Gebietsfremde Pflanzenarten – Auswirkungen auf einheimische Arten, Lebensgemeinschaften und Biotope – Kontrollmöglichkeiten und Management. – Akad. f. Natur- und Umweltschutz Baden-Württemberg, Ecomed, Landsberg: 195–204.

SCHNEEBELI-GRAF, R. (1995): Blütenland China. 1. Zierpflanzen. – Birkhäuser, Basel, Boston, Berlin.

SCHNEEBELI-GRAF, R. (1995): Blütenland China. 2. Nutz- und Heilpflanzen. – Birkhäuser, Basel, Boston, Berlin.

SCHNEIDER, P. & ZELL, R.A. (1984): Die unterschätzten Bestäubungs-Spezialisten. – Bild der Wissenschaft 8: 48–54.

SCHÖNFELDER, I. & SCHÖNFELDER, P. (1990): Die Kosmos-Mittelmeerflora: Über 500 Mittelmeerpflanzen in Farbfotos. – Franckh-Kosmos Verlag, Stuttgart.

SCHUBERT, R., HILBIG, W. & KLOTZ, S. (1995): Bestimmungsbuch der Pflanzengesellschaften Mittel- und Nordostdeutschlands. – G. Fischer, Jena, Stuttgart.

SCHUBERT, R. & WAGNER, G. (1984): Pflanzennamen und botanische Fachwörter. – 8. Aufl., Neumann, Leipzig, Radebeul.

SCHWEPPE, H. (2001): Handbuch der Naturfarbstoffe. – Nikol Verlagsgesellschaft, Hamburg.

SENATOR STADTENTWICKLUNG UMWELTSCHUTZ (ed.) (1985): Berlin durch die Blume oder Kraut und Rüben – Gartenkunst in Berlin-Brandenburg. – Nicolaische Verlagsbuchhandlung, Berlin.

SEYBOLD, S. (2001): Schmeil-Fitschen interaktiv (2001) – Die umfassende Bestimmungs- und Informationsdatenbank der Pflanzenwelt Deutschlands und angrenzender Länder. – Quelle & Meyer, Heidelberg, Wiesbaden.

SIMMONS, N.B., VOSS, R.S. & MORI, S.A. (2002): The New York Botanical Garden: Bats as Dispersers of Plants in the Lowland Forests of Central Frech Guiana. – http://www.nybg.org/bsci/french_guiana/bat_disp.html (Abrufdatum: 08. Mai 2002).

SIMONS, P. (1994): Pflanzen in Bewegung: das Muskel- und Nervensystem der Pflanzen. – Birkhäuser, Basel, Boston, Berlin.

SPJUT, R.W. (1994): A Systematik Treatment of Fruit types. – Memoirs of the New York Botanical Garden 70.

SPRENGEL, C.K. (1793): Das entdeckte Geheimniß der Natur im Bau und in der Befruchtung der Blumen. – Reprint 1962, Cramer, Berlin.

STARFINGER, U. (1990): Über Agriophyten: Das Beispiel Prunus serotina. – Verh. Berl. Bot. Ver. 8.

STOPP, K. (1951): Karpologische Studien I-IV. – Abh. Akad. Wiss. Mainz, math.-naturw. Kl. 17.

STRASBURGER, E. (Begr.): Lehrbuch der Botanik für Hochschulen. – 33. Aufl., G. Fischer, Stuttgart.

SUKOPP, H. (ed.) (1990): Stadtökologe: das Beispiel Berlin. – Reimer, Berlin.

TÄUFEL, A., TUNGER, L. & ZOBEL, M. (eds) (1979): Lebensmittellexikon. – VEB Fachbuchverlag, Leipzig.

TROLL, W. (1934): Beiträge zur Morphologie des Gynaeceum III. – Über das Gynaeceum von *Nigella* und einiger anderer Helleboreen. – Planta **21**: 266–291.

TROLL, W. (1937/43): Vergleichende Morphologie der höheren Pflanzen. Bd. **1**. – Borntraeger, Berlin.

TURCEK, F.J. (1961): Ökologische Beziehungen der Vögel und Gehölze. – Verlag der Slowak. Akademie der Wissenschaften, Bratislava.

UHLIG, H. (1995): Die Seidenstraße. Antike Weltkultur zwischen China und Rom. – Gustav Lübbe, Bergisch Gladbach.

ULBRICH, E. (1928): Biologie der Früchte und Samen (Karpobiologie). Biologische Studienbücher. – Springer, Berlin.

WALTER, H. (1986): Allgemeine Geobotanik: als Grundlage einer ganzheitlichen Ökologie. – 3. Aufl., Ulmer, Stuttgart.

WATSON, L. & DALLWITZ M.J. (1992): The Families of Flowering Plants: Descriptions, Illustrations, Identification, and Information Retrieval. – http://biodiversity.uno.edu/delta/' (Abrufdatum: 14. Dezember 2000).

WEBERLING, F. (1981): Morphologie der Blüten und der Blütenstände. – Ulmer, Stuttgart.

WERNER, F., C. (1972): Wortelemente lateinisch-griechischer Fachausdrücke in den biologischen Wissenschaften. – Suhrkamp.

WESTRICH, P. (1990): Die Wildbienen Baden-Würtembergs. – 2. Aufl., Ulmer Verlag, Stuttgart.

WILDE-DUYFJES, B.E. (1976): A Revision of the Genus Allium L. (Liliaceae) in Afrika. – Meded. Landbouwhogeschool Wageningen **11**.

WIRTH, H. (1965): Die Tollkirsche. – Neue Brehm-Bücherei, Akademische Verlagsgesellschaft Geest & Portig, Leipzig.

WITTIG, R. (1991): Ökologie der Großstadtflora: Flora und Vegetation der Städte des nordwestlichen Mitteleuropas. – G. Fischer, Stuttgart.

WÜNSCHE, O. & SCHORLER, B. (1912): Die verbreitetsten Pflanzen Deutschlands. – 6. Aufl., Teubner, Leipzig, Berlin.

WYDER, M. (1999): Bis an die Sterne weit? Goethe und die Naturwissenschaften. – Insel Verlag, Frankfurt/Main, Leipzig.

ZELLER, O. (1983): Blütenknospen. Verborgene Entwicklungsprozesse im Jahreslauf. – Urachhaus, Stuttgart.

ZHANG, J., DRUMMOND, F.A., LIEBMAN, M. & HARTKE, A. (1997): Insect Predation of Seeds and Plant Population Dynamics. – Technical Bulletin **163** (Maine Agricultural and Forest Experiment Station, Univesity of Maine).

ZONA, S. & HENDERSON, A. (1989): A review of animal-mediated seed dispersal of palms. – Selbyana **11**: 6–21.

ZOHARY, D. & HOPF, M. (1988): Domestication of plants in the Old World. – Clarendon Press, Oxford, England.

Informative Internetadressen verschiedener Institutionen:

Center for New Crops & Plant Products, at Purdue University:
http://www.hort.purdue.edu/newcrop/default.html

Fruits from America: An ethnocotanical inventory:
http://patula.ciat.cgiar.org/ipgri/fruits_from_americas/frutales/family.html

Botanikus Giftpflanzen-Datenbank:
http://www.botanikus.de

Technische Universität München, Lehreinheit Ackerbau und Informatik im Pflanzenbau:
http://www.dec1.agrinf.agrar.tu-muenchen.de/zw/arten/index.html.

Wayne's word: A Newsletter of Natural History Trivia:
http://www.waynesworld.palomar.edu/indexwayne.htm

Pacific Island Ecosystems at Risk (PIER):
http://www.hear.org/pier/home.htm

National Agricultural Library of the U.S. Department of Agriculture:
http://www.plants.usda.gov/plants/index.html

National Plants Database from United States Department of Agricultur National Resources Conservation Service:
http://www.invasivespecies.gov/profiles/main.shtml#terplants

United States Department of Agriculture Agricultural Research Service:
http://www.nal.usda.gov/ttic/tektran/data/000008/23/0000082375.html

Wiscinson Detpartment of Natural Resources:
http://www.dnr.state.wi.us/org/land/er/invasive/factsheets/garlic.htm

Stichwortegister

Deutsche Artnamen sind in normaler Schrift, wissenschaftliche Namen *kursiv* gedruckt. **Fett** gedruckte Zahlen verweisen auf die Doppelseite, auf denen die betreffende Art mit Text und Fotos behandelt wird.

fauna verlag

Nachtigallengrund 11, D-48301 Nottuln
Tel. 02502-24202 Fax 02502-24293
info@faunaverlag.de - www.faunaverlag.de

Weitere lieferbare Titel aus der Reihe „Fauna Naturführer" und „Sauers Naturführer".

Kurt Kormann
Schwebfliegen und Blasenkopffliegen Mitteleuropas

Endlich ist der einzige deutschsprachige Naturführer für diese beiden Insektengruppen wieder verfügbar! Diese vollständig neu überarbeitete Ausgabe bietet großformatige Bilder - für die meisten Arten sogar für beide Geschlechter -
die das Bestimmen dieser sympathischen Schweber erheblich erleichtern.
270 Seiten, 220 Farbfotos, 20,5 x 14,5 cm, Softcover, folienkaschiert

ISBN 3-935980-29-9 Preis: **24,50 Euro**

Eberhard von Hagen - Ambros Aichhorn
Hummeln - bestimmen · ansiedeln · vermehren · schützen

Mit einem Vorwort von HEINZ SIELMANN. In einer neu überarbeiteten und aktualisierten 5. Auflage.
Mit über 325 Seiten, 152 Farbfotos, 120 Farbzeichnungen, 15 Strichzeichnungen, Tabellen, Bezugsquellen u.v.m.
18,5 x 11,5 cm, Einband: Hardcover, folienkaschiert

ISBN 3-935980-28-0 Preis: **24,50 Euro**

Frieder Sauer
Bienen, Wespen und Verwandte - nach Farbfotos erkannt

Die wichtigsten Arten der Hautflügler (Bienen, Hummeln, Wespen und Ameisen) lassen sich mit diesem Naturführer leicht bestimmen.
2. Auflage.
M;it über 110 Seiten, 206 Farbfotos,
14,5 x 20,0 cm, Einband: Softcover, folienkaschiert

ISBN 3-935980-03-5 Preis: **13,00 Euro**

Frieder Sauer
Wildlilien Europas - nach Farbfotos erkannt

Die schönsten und wichtigsten Arten aus Europa, davon ca. 60 für Deutschland nachgewiesen Arten.
Mit 128 Seiten, 224 Farbfotos.
14,5 x 20,0 cm, Einband: Softcover, folienkaschiert

ISBN 3-935980-10-8 Preis: **10,50 Euro**

(Alle Titel portofrei beim Verlag bestellbar)